AUTORIZACIONES Y LICENCIAS, HOY
Un análisis sectorial tras la Directiva de Servicios

AUTORIZACIONES Y LICENCIAS, HOY

Un análisis sectorial tras la Directiva de Servicios

Director:

LUCIANO PAREJO ALFONSO

Autores:

ANTONIO DESCALZO GONZÁLEZ
DANIEL B. ENTRENA RUIZ
FERNANDO FONSECA FERRANDIS
ANTONIO FORTES MARTÍN
MANUEL GÁMEZ MEJÍAS
ISABEL HERNÁNDEZ SAN JUAN
ISABEL MONJAS BARRENA
LUCIANO PAREJO ALFONSO
JUANITA PEDRAZA CÓRDOBA
MARÍA NIEVES DE LA SERNA BILBAO
MARCOS VAQUER CABALLERÍA

tirant lo blanch

Valencia, 2013

Colección dirigada por:

Luciano Parejo Alfonso

© TIRANT LO BLANCH
EDITA: TIRANT LO BLANCH
C/ Artes Gráficas, 14 - 46010 - Valencia
TELFS.: 96/361 00 48 - 50
FAX: 96/369 41 51
Email:tlb@tirant.com
http://www.tirant.com
Librería virtual: http://www.tirant.es
DEPÓSITO LEGAL: V-3117-2012
I.S.B.N.: 978-84-9033-122-4
IMPRIME: Guada Impresores, S.L.
MAQUETA: PMc Media

ÍNDICE

ABREVIATURAS GENERALES

AAI	Autorización Ambiental Integrada.
AGE	Administración General del Estado.
AL	Administración local.
AALL	Administraciones locales.
AP	Administración pública.
AAPP	Administraciones públicas.
BO	Boletín oficial (Comunidades Autónomas).
BOE	Boletín Oficial del Estado.
CA	Comunidad Autónoma.
CCAA	Comunidades Autónomas.
CE	Constitución española de 27 de diciembre de 1978.
CNE	Comisión Nacional de la Energía.
CNC	Comisión Nacional de la Competencia.
DO	Diario oficial (Comunidades Autónomas).
DIA	Declaración de Impacto Ambiental.
DS o Directiva de Servicios	Directiva 2006/123, de 12 de diciembre, relativa a los servicios en el mercado interior.
DOUE	Diario Oficial de la Unión Europea.
EEAA	Estatutos de Autonomía de las Comunidades Autónomas.
LCCSNS	Ley 16/2003, de 28 de marzo, de cohesión y calidad del Sistema Nacional de Salud.
LEF	Ley de Expropiación Forzosa, de 16 de diciembre de 1954.
LEIA	Texto refundido de la Ley de Evaluación de Impacto Ambiental, aprobado por Real Decreto Legislativo 1/2008, de 11 enero.
LEN	Ley 25/1964, de 29 de abril, de Energía Nuclear.
LES	Ley 2/2011, de 4 de marzo, de Economía Sostenible.
LGS	Ley 14/1986, de 25 de abril, general de sanidad.
LI	Ley 21/1992, de 16 julio, de Industria.
LIPPC	Ley 16/2002, de 20 de abril, de Prevención y Control Integrado de la Contaminación.

LLAAS	Ley 17/2009, de 23 de noviembre, de libre acceso a las actividades de servicios y su ejercicio.
LM	Ley 29/2006, de 26 de julio, del medicamento.
LmaLLAAS	Ley 25/2009, de 22 de diciembre, de modificación de diversas leyes para su adaptación a la Ley sobre el libre acceso a las actividades de servicios y su ejercicio.
LOE	Ley 38/1999, de 5 de noviembre, de Ordenación de la Edificación.
LPAP	Ley 33/2003, de 3 de noviembre, de Patrimonio de las Administraciones Públicas.
LrBRL	Ley 7/1985, de 2 de abril, Reguladora de las Bases del Régimen Local.
LRJPAC	Ley 30/1992, de 26 de noviembre, de Régimen Jurídico de las Administraciones Públicas y del Procedimiento Administrativo común.
LRSOF	Ley 16/1997, de 25 de abril, de regulación de servicios de las oficinas de farmacia.
LRSV	Ley 6/1998, de 13 de abril, de Régimen del Suelo y Valoraciones.
LSE	Ley 54/1997, de 27 de noviembre, del Sector Eléctrico.
LSH	Ley 34/1998, de 7 de octubre, reguladora del Sector de Hidrocarburos.
LS56	Ley sobre régimen del suelo y ordenación urbana de 12 de mayo de 1956.
RAMINP	Decreto 2414/1961, de 30 de noviembre, por el que se aprueba el Reglamento de actividades molestas, insalubres, nocivas, y peligrosas.
RBCL	Reglamento de Bienes de las Entidades Locales, aprobado por Real Decreto 1372/1986, de 13 de junio.
RDU	Reglamento de Disciplina Urbanística, aprobado por Real Decreto 2187/1978, de 23 de junio.
RG	Reglamento de Gestión Urbanística, aprobado por Real Decreto 3288/1978, de 25 de agosto.
RP	Reglamento de Planeamiento Urbanístico, aprobado por Real Decreto 2159/1978, de 23 de junio.
RSCL	Reglamento de Servicios de las Corporaciones Locales, aprobado por Decreto de 17 de junio de 1955.
STC	Sentencia del Tribunal Constitucional.

STJUE	Sentencia del Tribunal de Justicia de la Unión Europea.
STSJ	Sentencia del Tribunal Superior de Justicia.
STS	Sentencia del Tribunal Supremo.
TFUE	Tratado de Funcionamiento de la Unión Europea.
TJUE	Tribunal de Justicia de la Unión Europea.
TRLdS08	Texto Refundido de la Ley de Suelo, aprobado por Real Decreto Legislativo 2/2008, de 20 de junio.
TRLS76	Texto Refundido de la Ley sobre Régimen del Suelo y Ordenación Urbana, aprobado por Real Decreto 1346/1976, de 9 de abril.
TUE	Tratado de la Unión Europea.
UE	Unión Europea.

ABREVIATURAS PARTICULARES UTILIZADAS EN LOS CAPÍTULOS SOBRE LICENCIAS DE OBRAS Y DE APERTURA

LandOU	Ley 7/2002, de 17 de diciembre, de Ordenación Urbanística de Andalucía.
LarU	Ley 3/2009, de 17 de junio, de Urbanismo de Aragón.
LasturOTyU	Decreto Legislativo 1/2004, de 22 de abril, por el que se aprueba el Texto Refundido de las Disposiciones Legales Vigentes en materia de Ordenación del Territorio y Urbanismo de Asturias.
LbDU	Ley 10/1990, de 23 de octubre, de disciplina urbanística de las Islas Baleares.
LcanOTyEN	Decreto Legislativo 1/2000, de 8 de mayo, por el que se aprueba el Texto Refundido de las Leyes de ordenación del territorio de Canarias y la Ley de espacios naturales protegidos.
LcantS	Ley 2/2001, de 25 de junio, de Ordenación Territorial y Régimen Urbanístico del Suelo de Cantabria.
LcatU	Decreto Legislativo 1/2010, de 3 de agosto, por el que se aprueba el Texto Refundido de la Ley de Urbanismo de Cataluña.
LclU	Ley 5/1999, de 8 de abril, de Urbanismo de Castilla y León.

LcmOTAU	Decreto Legislativo 1/2010, de 18 de mayo, por el que se aprueba el Texto Refundido de la Ley de Ordenación del Territorio y de la Actividad Urbanística de Castilla-La Mancha.
LexSyOT	Ley 15/2001, de 14 de diciembre, del Suelo y Ordenación Territorial de Extremadura.
LfnaTyU	Ley Foral 35/2002, de 20 de diciembre, de Ordenación del Territorio y Urbanismo de Navarra.
LgOU	Ley 9/2002, de 30 de diciembre, de Ordenación Urbanística y Protección del Medio Rural de Galicia.
LLrOTyU	Ley 5/2006, de 2 de mayo, de Ordenación del Territorio y Urbanismo de La Rioja.
LmS	Ley 9/2001, de 17 de julio, del Suelo de la Comunidad de Madrid.
LmuS	Decreto Legislativo 1/2005, de 10 junio, que aprueba el texto refundido de la Ley del Suelo de la Región de Murcia.
LpvU	Ley 2/2006, de 30 de junio, del Suelo y Urbanismo del País Vasco.
LvU	Ley 16/2005, de 30 de diciembre, Urbanística de la Comunidad Valenciana.

ABREVIATURAS PARTICULARES UTILIZADAS EN EL CAPÍTULO SOBRE LICENCIA DE APERTURA

DarPFAVyFR	Decreto 60/2009, de 14 abril, Regula el Plan aragonés para facilitar el acceso a la vivienda y fomentar la rehabilitación 2009-2012.
DasturRV	Decreto 92/2005, de 2 de septiembre, por el que se aprueba el Reglamento de vivienda de Asturias.
DcantRVPPyRS	Decreto 31/2004, de 1 abril, que Establece el Régimen de Viviendas de Protección Pública en régimen autonómico de la Comunidad Autónoma de Cantabria y su Régimen de Subvenciones.
DcmRJVPP	Decreto 3/2004, de 20 de enero, por el que se establece el régimen jurídico de las viviendas con protección pública de Castilla la Mancha.

DmRVPP	Decreto 74/2009, de 30 de julio, por el que se aprueba el Reglamento de Viviendas con Protección Pública de la Comunidad de Madrid.
LandEPAR	Ley 13/99, de 15 de diciembre, de espectáculos públicos y actividades recreativas de Andalucía.
LandGICA	Ley 7/2007, de 9 de julio, de gestión integrada de la calidad ambiental de Andalucía.
LandVPyS	Ley 13/2005, de 11 de noviembre, de vivienda protegida y suelo de Andalucía.
LarAL	Ley 7/99, de 9 de abril, de Administración local de Aragón.
LarEPARyEP	Ley 11/2005, de 28 de diciembre, de espectáculos públicos, actividades recreativas y establecimientos públicos de Aragón.
LarPA	Ley 7/2006, de 22 de junio, de protección ambiental de Aragón.
LasturEPAR	Ley 8/2002, de 21 de octubre, de espectáculos públicos y actividades recreativas de Asturias.
LbCACyPA	Ley balear 8/95, de 30 de marzo, por la que se atribuye a los Consejos insulares competencias en materia de actividades clasificadas y parques acuáticos.
LbLIA	Ley 16/2006, de 27 de octubre, de licencias integradas de actividad de Baleares.
LbMRL	Ley 20/2006, de 15 de diciembre, municipal y de régimen local de Baleares.
LcanACyEP	Ley 7/2011, de 5 de abril, de actividades clasificadas y espectáculos públicos de Canarias.
LcanV	Ley 2/2003, de 30 de enero, de vivienda de Canarias.
LcantCAI	Ley 17/2006, de 11 de diciembre, de control ambiental integrado de Cantabria.
LcatDV	Ley 18/2007, de 28 de diciembre, de derecho a la vivienda de Cataluña.
LcatEPAR	Ley 11/2009, de 6 de julio, de espectáculos públicos y actividades recreativas de Cataluña.
LcatPCAA	Ley 20/2009, de 4 de diciembre, de prevención y control ambiental de actividades de Cataluña.
LclEPAR	Ley 7/2006, de 2 de octubre, de espectáculos públicos y actividades recreativas de Castilla y León.

LclPA	Ley 11/2003, de 8 de abril, de prevención ambiental de Castilla y León.
LcmEARyEP	Ley 7/2011, de 21 de marzo, de espectáculos, actividades recreativas, y establecimientos públicos de Castilla la Mancha.
LexPCA	Ley 5/2010, de 23 de junio, de prevención y calidad ambiental de Extremadura.
LexV	Ley 3/2001, de 26 de abril, de vivienda de Extremadura.
LfnaAL	Ley Foral 6/90, de 2 de julio, de la Administración local de Navarra.
LfnaDV	Ley Foral 10/2010, de 10 de mayo, del derecho a la vivienda de Navarra.
LfnaEPAR	Ley 2/89, de 13 de marzo, por la que se regulan los espectáculos públicos y actividades recreativas de Navarra.
LfnaIPA	Ley Foral 4/2005, de 22 de marzo, de intervención para la protección ambiental de Navarra.
LgPMA	Ley 1/95, de 22 de enero, de protección del medio ambiente de Galicia.
LgV	Ley 18/2008, de 29 de diciembre, de vivienda de Galicia.
LInd	Ley 21/92, de 16 de julio, de industria.
LLrAL	Ley 1/2003, de 3 de marzo, de Administración local de La Rioja.
LLrEPAR	Ley 4/2000, de 25 de octubre, de espectáculos públicos y actividades recreativas de La Rioja.
LLrPMA	Ley 5/2002, de 8 de octubre, de protección del medio ambiente de La Rioja.
LLrV	Ley 2/2007, de 1 de marzo, de vivienda de La Rioja.
LmEA	Ley 2/2002, de 19 de junio, de evaluación ambiental de Madrid.
LmEPAR	Ley 17/97, de 4 de julio, de espectáculos públicos y actividades recreativas de Madrid.
LmuPAI	Ley 4/2009, de 14 de mayo, de protección ambiental integrada de Murcia.
LPCIC	Ley 16/2002, de 1 de julio, de prevención y control integrados de la contaminación.
LpvEPAR	Ley 4/95, de 10 de noviembre, de espectáculos públicos y actividades recreativas del País Vasco.

LpvPMA	Ley 3/1998, de 27 de febrero, de protección del medio ambiente del País Vasco.
LvCE	Ley 3/2004, de 30 de junio, de calidad de la edificación de Valencia.
LvEPARyEP	Ley 14/2010, de 3 de diciembre, de espectáculos públicos, actividades recreativas y establecimientos públicos de Valencia.
LvPCCA	Ley 2/2006, de 5 de mayo, de prevención de contaminación y calidad ambiental de Valencia.
LvV	Ley 8/2004, de 20 de octubre, de vivienda de Valencia.
RBASO	Decreto 347/2002, de 19 de noviembre, por el que se aprueba el Reglamento de bienes, actividades, servicios, y obras de las entidades locales de Aragón.
RandDU	Decreto 60/2010, de 16 de marzo, por el que se aprueba el Reglamento de disciplina urbanística de Andalucía.
RclU	Decreto 22/2004, de 29 de enero, por el que se aprueba el Reglamento de urbanismo de Castilla y León.
RcmDU	Decreto 34/2011, de 26 de abril, por el que se aprueba el Reglamento de disciplina urbanística de Castilla la Mancha.
RdLasturOTyU	Decreto 278/2007, de 4 de diciembre, por el que se aprueba el Reglamento de ordenación del territorio y urbanismo de Asturias.
RdLcatU	Decreto 305/2006, de 18 de julio, por el que se aprueba el Reglamento de la Ley de Urbanismo de Cataluña.
RDLMULC	Real Decreto-ley 19/2012, de 25 de mayo, de medidas urgentes de liberalización del comercio y de determinados servicios.
RgDULS	Decreto 28/99, de 21 de enero, por el que se aprueba el Reglamento de disciplina urbanística de aplicación de la Ley del suelo de Galicia.
RGPEPAR	RD 2816/82, de 27 de agosto, por el que se aprueba el Reglamento General de policía de espectáculos públicos y actividades recreativas.
ROAS	Decreto 179/1995, de 13 de junio, por el que se aprueba el Reglamento de obras, actividades y servicios de las Entidades Locales de Cataluña.

RvOGTU	Decreto 67/2006, de 12 de mayo, por el que se aprueba el Reglamento de ordenación y gestión territorial y urbanística de Valencia.

ABREVIATURAS PARTICULARES UTILIZADAS EN EL CAPÍTULO SOBRE COMUNICACIONES ELECTRÓNICAS

DIRA	Decreto 201/2001, de 11 de septiembre, autorizaciones para la instalación, modificación o reforma de las infraestructuras de telecomunicaciones en parques y pasajes naturales y en montes públicos de la Comunidad Autónoma de Andalucía.
DCanC	Decreto 358/2000, de 7 de noviembre, regulación de la instalación de redes públicas de telecomunicaciones en el dominio viario.
DCLIR	Decreto 267/2001, de 29 de noviembre, Instalación de infraestructuras de Radiocomunicación.
DOAIRC	Decreto 281/2003 de 4 de noviembre que modifica el Decreto 148/2001, de 29 de mayo, ordenación ambiental de las instalaciones de telefonía móvil y otras instalaciones de radiocomunicación.
DORR	Decreto 40/2002, de 31 de julio, ordenación de radiocomunicaciones en el ámbito de la Comunidad Autónoma de la Rioja.
DOTTC	Decreto 124/2011, de 14 de mayo, aprueba las directrices de ordenación territorial de las telecomunicaciones canarias.
DPSTB	Decreto 22/2006, de 10 de marzo, por el que se aprueba el Plan Director Sectorial de Telecomunicaciones en las Baleares.
LCMIR	Ley 8/2001, de 28 de junio, de instalaciones de radiocomunicación de Castilla-La Mancha.
LFERN	Ley Foral 10/2002, de 6 de mayo, para la ordenación de las estaciones base de telecomunicación por ondas electromagnéticas no guiadas en la Comunidad Foral de Navarra.
LGT	Ley 32/2003, de 3 de noviembre, General de Telecomunicaciones

LOTC	Ley 11/2009, de 15 de diciembre, de ordenación de telecomunicaciones de Canarias.
OICTs	Orden ITC/1644/2011, de 10 de junio, por la que se desarrolla el Reglamento regulador de las infraestructuras comunes de telecomunicaciones para el acceso a los servicios de telecomunicación en el interior de las edificaciones.
RDICTs	Real Decreto 346/2011, de 11 de marzo, por el que se aprueba el Reglamento regulador de las infraestructuras comunes de telecomunicaciones para el acceso a los servicios de telecomunicación en el interior de las edificaciones.
RDLICTs	Real Decreto-ley 1/1998, de 27 de febrero, sobre infraestructuras comunes en los edificios para el acceso a los servicios de telecomunicación.
RSPER	Real Decreto 1066/2001, de 28 de septiembre, por el que se aprueba el Reglamento que establece condiciones de protección del dominio público radioeléctrico.

ABREVIATURAS PARTICULARES UTILIZADAS EN LOS CAPÍTULOS SOBRE CENTROS SANITARIOS E INVESTIGACIÓN BIOMÉDICA

LandIB	Ley 7/2003, de 20 de octubre, por la que se regula en Andalucía la investigación con preembriones humanos no viables para la fecundación in vitro.
LE y TO	Ley 30/1979, de 27 de octubre, sobre Extracción y Trasplante de Órganos.
LCCSNS	Ley 16/2003, de 28 de mayo, de Cohesión y Calidad del Sistema Nacional de Salud.
LGS	Ley 14/1996, de 25 de abril, General de Sanidad.
LIB	Ley 14/2007, de 3 de julio, de Investigación Biomédica.
LM y PS	Ley 29/2006, de 26 de julio, de garantías y uso racional de los medicamentos y productos sanitarios.
LOPD	Ley Orgánica 15/1999, de 13 de diciembre, de Protección de Datos.
LrAP	Ley 41/2002, de 14 de noviembre, de Autonomía del Paciente y de Derechos y Obligaciones en materia de Información y Documentación Clínica.

LrTRHA de 2006	Ley 14/2006, de 26 de mayo, reguladora de las Técnicas de Reproducción Humana Asistida.
RB	Real Decreto 1716/2011, de 18 de noviembre, por el que se establecen los requisitos básicos de autorización y funcionamiento de los biobancos con fines de investigación biomédica y del tratamiento de muestras biológicas de origen humano y se regula el funcionamiento y organización del Registro Nacional de Biobancos para la investigación biomédica.
RCHT	Real Decreto1301/2006, de 10 de noviembre, por el que se establecen las normas de calidad y seguridad para la donación, la obtención, la evaluación, el procesamiento, la preservación, el almacenamiento y la distribución de células y tejidos humanos y se aprueban las normas de coordinación y funcionamiento para su uso en humanos.
REC	Real Decreto 223/2004, de 6 de febrero, por el que se regulan los ensayos clínicos con medicamentos.

I. ESTUDIO PRELIMINAR

LAS TRANSFORMACIONES EN CURSO EN LA INTERVENCIÓN ADMINISTRATIVA DE ACTIVIDADES: EVOLUCIÓN, DÉFICIT Y DEMANDAS REGULATORIAS

Luciano Parejo Alfonso
Catedrático de Derecho Administrativo
Universidad Carlos III de Madrid

I. INTRODUCCIÓN

El examen de la normativa reguladora de los sectores de la realidad social administrativizados o, dicho de otro modo, en los que la regulación establecida por el legislador demanda, para su efectividad, la continuación de la acción del poder público en sede ejecutiva y en forma administrativa, es inexcusable por varios motivos:

- En primer lugar, para conocer, determinar y resolver las cuestiones específicas que, en la práctica, suscita la norma sectorial por razón de su objeto.
- En segundo lugar, para comprobar la vigencia del edificio dogmático jurídico-administrativo que, desde una perspectiva general, aspira a encuadrar y, por tanto, disciplinar el conjunto de las instituciones y de las técnicas presentes en el ordenamiento jurídico-administrativo.

La investigación cuyo resultado se recoge en esta obra persigue cumplir ambos objetivos tomando pie en las transformaciones de calado que, en la intervención administrativa y por lo menos en el plano normativo, ha supuesto ya —y va a continuar suponiendo— el impacto de la Directiva de Servicios de 2006, especialmente en la actividad administrativa desarrollada a escala local. Su pertinencia resulta no tanto, aunque también, del que la doctrina ha convenido en señalar ya como "cambio de paradigma"[1], cuanto en los términos y las condiciones en que éste está teniendo lugar por virtud de la "ejecución" interna, que, además de amplificar innecesaria y descuidadamente el impacto de la regulación europea en nuestro sistema administrativo, nada o poco se ha preocupado de retejer los rotos inevitablemente producidos en el tejido normativo jurídico-administrativo y sentar las bases de la recuperación de la idoneidad de la organización administrativa en el nuevo modelo resultante. Antes al contrario ha sido fruto —el paquete integrado por las dos normas estatales de transposición transversal en cascada— de un exceso de entusiasmo digno de mejor causa (así, la doctrina del Consejo de Estado, que ha detectado en ellas propósito ampliatorio del ámbito de aplicación e intensificador de los nuevos principios) y pecado de precipitación y, como consecuencia, de empleo de una técnica discutible, al punto de poner en serio riesgo de cumplimiento, en plenitud, de la función integradora del contenido del Derecho comunitario que les incumbe (dictámenes 99/2009, de 18 de marzo, y 779/2009, de 21 de mayo).

No puede olvidarse desde luego que la causa de las transformaciones en curso radica en el clima comunitario europeo, en cuyo contexto se sitúa la apuntada Directiva, de replanteamiento del equilibrio entre economía y orden social equitativo y cohesionado caracterizador del modelo continental europeo (a favor de la primera), con un impulso, acrecentado con la crisis económica y cuya pulsión continúa[2], que ya algún autor —como ha señalado J. Esteve Pardo— ha calificado de verdadero *obsessive competitiveness disorder*[3]. Pero ello no empece a que, por lo dicho, la transposición española de la Directiva de Servicios haya multiplicado los efectos negativos del inevitable impacto en un sistema administrativo, como el nuestro, montado esencialmente sobre la intervención formal previa, significativamente la articulada mediante la autorización o licencia, dislocando los institutos y las técnicas existentes, incorporando los nuevos (¿?) sin definir suficientemente sus perfiles y generando así cuando menos tantos problemas como soluciones, amén de haber provocado —esta vez sí— un notorio desorden de anorexia en los regímenes de las condiciones básicas garantes de la igualdad de los ciudadanos

---

1 Expresión empleada, por primera vez (salvo error), por Santiago Muñoz Machado, *Las regulaciones por silencio (cambio de paradigma en la intervención administrativa en los mercados)*, El Cronista del Estado Social y Democrático de Derecho núm. 9, p. 77.

2 Véase la, en este sentido expresiva, Comunicación de la Comisión al Parlamento Europeo, al Consejo, al Comité Económico y Social Europeo y al Comité de las Regiones, *Hacia un mejor funcionamiento del mercado único de servicios, partiendo de los resultados del proceso de evaluación recíproca de la Directiva de servicio* [COM(2011) 20 final].

3 J. Esteve Pardo, *Introducción*, en Alba Nogueira López (coord.), *La termita Bolkenstein. Mercado único vs. Derechos ciudadanos*, Ed. Civitas-Thomson Reuters, Cizur Menor (Navarra) 2012, pág. 23.

(desde el punto de vista de su posición respecto a la intervención administrativa) en el ejercicio de la libertad de empresa, básico de las Administraciones públicas y del procedimiento administrativo común[4] y, como consecuencia, una dispersión y heterogeneidad indebidas de las soluciones que han ido y siguen adoptándose a escala autonómica.

Pero, más allá de estas apreciaciones de carácter genérico, el conjunto de los trabajos agrupados en este libro permiten formular, por lo que hace al campo de visión derivado de su planteamiento común, unas conclusiones más precisas, que importa formular.

II. EL SIGNIFICADO Y ALCANCE VERDADEROS DEL CAMBIO DE PARADIGMA: TRANSFORMACIÓN DE LAS REGLAS DEL JUEGO DE LAS TÉCNICAS DE INTERVENCIÓN ADMINISTRATIVA SIN O CON ALTERACIÓN DEL RADIO DE ACCIÓN DE ÉSTA

Habría que comenzar por preguntarse si, en realidad, hay realmente un cambio de paradigma. Si el criterio determinante de la respuesta hubiera de ser el de la novedad de las técnicas a que da lugar (declaración responsable y comunicación previa), la respuesta habría de ser negativa. La doctrina llamó la atención tempranamente[5] y ha corroborado luego[6] —corroboración a la que también contribuyen los estudios incluidos en este libro— que tales técnicas son conocidas en nuestro ordenamiento jurídico-administrativo desde hace tiempo y su uso dista de ser marginal, encontrándose, además, en crecimiento ya antes del dictado de la Directiva de Servicios, al menos en algunos sectores[7]. Otra cosa es si se adopta el criterio, de la economía interna del régimen de la intervención administrativa. Este punto de vista, que es el correcto, impone la respuesta positiva.

---

4 La apreciación de la escasa densidad de la regulación estatal en tales materias es ya común en la doctrina. Véanse, al respecto, los trabajos de S. Muñoz Machado, *Las transformaciones del régimen jurídico de las autorizaciones administrativas* y F. López Menudo, *La transposición de la directiva de servicios y la modificación de la Ley 30/1992: el régimen de la declaración responsable y de la comunicación previa*, ambos estudios en *Revista Española de la Función Consultiva*, núm. 14 (2010), págs. 85-109 y págs. 111-149, respectivamente.

5 Así, S. Muñoz Machado, *Las transformaciones del régimen jurídico de las autorizaciones administrativas*, op. cit. y F. López Menudo, *La transposición de la directiva de servicios y la modificación de la Ley 30/1992: el régimen de la declaración responsable y de la comunicación previa*, op. cit.

6 Baste con remitir a los trabajos incluidos en el reciente libro colectivo dirigido por A. Nogueira López, op. cit.

7 Es suficiente la alusión a la legislación de contratación pública, la urbanística, la industrial, la de subvenciones o la de telecomunicaciones y a dos referencias más precisas muy ilustrativas:

El cambio de paradigma no puede imputarse, empero, al nuevo artículo 39bis (en relación con el 71bis) de la Ley 30/1992, de 26 de noviembre [LRJAP], pues, estando dirigido a las Administraciones públicas simplemente ejecutoras de las normas[8], el mandato de opción por la acción menos interventora que contiene debe entenderse en el marco de las que permitan (si lo hacen) las que sean de aplicación, siendo ellas, así, las que deben determinar cual sea en cada caso el tipo y el alcance de la intervención administrativa a desarrollar. Debe, pues, atribuirse al artículo 5 de la Ley 17/2009, de 23 de noviembre, sobre el libre acceso a las actividades de servicios y su ejercicio [LAS] (más bien: a la propia Directiva de Servicios que aquélla solo "traduce"). Es este precepto, en efecto, el que, dirigiéndose al legislador, impone a éste (aunque la eficacia de tal imposición, al menos respecto del estatal, solo la produce verdaderamente la Directiva), la adopción de sus decisiones, con ocasión de la regulación del acceso a, o del ejercicio de, una actividad de prestación de servicios de conformidad con el criterio inscrito en el binomio: regla general (libre acceso y ejercicio)-excepción (sometimiento a autorización del acceso y/o el ejercicio cuando concurran condiciones tasadas).

El cambio existe pues, pero no supone tanto des-regulación, en el sentido de des-administrativización, como re-regulación de la intervención administrativa. Además de que el nuevo criterio ordenador del régimen administrativo de las actividades de servicio nada dice sobre los términos sustantivos de dicho régimen y ni siquiera altera el ya establecido en los sectores a los que es aplicable, la intervención administrativa persiste como tal incluso en los supuestos en los que la solución deba ser, y sea, la libertad de acceso y ejercicio. Más precisamente: sólo dice que, en tales sectores, queda excluida únicamente la intervención bajo la

---

- La declaración y comunicación catastrales como vías (según el artículo 11 del texto refundido de la Ley del catastro inmobiliario, aprobado por Real Decreto Legislativo 1/2004, de 5 de marzo) para la incorporación de toda clase de bienes y las alteraciones de sus características.
- La declaración fiscal, en particular las declaraciones del IRPF obligatorias para los obligados por el impuesto y los retenedores y otros obligados a practicar ingresos a cuenta, que llegan a incluso a determinar la autoliquidación del impuesto (artículos 96, 97 y 105 de la Ley 35/2006, de 28 de noviembre, del impuesto de la renta de las personas físicas y de modificaciones del impuesto sobre sociedades, sobre la renta de los no residentes y sobre el patrimonio).

8 Debe recordarse que el precepto legal está inscrito en el Capítulo I, normas generales, del Titulo IV de la Ley relativo a "la actividad administrativa", por lo que su contenido puede extrapolarse, como máximo, a la actividad normativa reglamentaria, la cual, en esta materia, está limitada (al estar implicada una libertad pública y, por tanto, una reserva de Ley) por las preceptivas opciones que efectúe el legislador formal, que —sin incumplir su función constitucional— no puede deferir al escalón reglamentario la decisión sobre el establecimiento o no de un régimen de intervención previa tradicional.
De otro lado, el artículo 71bis LRJAP se ubica sistemáticamente, de forma significativa, en las normas sobre el inicio del procedimiento administrativo (capítulo I) en el contexto de las disposiciones generales referidas a este último.

forma específica de autorización previa. O, dicho de otro modo, implica en ellos una transformación de la intervención administrativa tradicional que la adecue a las características de un régimen administrativo articulado sobre la libertad de acceso y/o ejercicio. Porque en modo alguno comporta, como parece deducirse de alguna opinión doctrinal[9], la mera sustitución de la autorización por una simple comprobación de las declaraciones y comunicaciones de los sujetos privados. Lo dejan absolutamente claro:

a) Los 39bis y 71bis LRJPAC, en la medida en que, de un lado, sitúa la comprobación y la verificación junto con la investigación e inspección, dotando estas potestades de mero carácter accesorio respecto de la función más amplia de velar por "el cumplimiento de los requisitos aplicables según la legislación correspondiente", y, de otro lado, la producción de efectos por las declaraciones responsables y las comunicaciones previas y las responsabilidades deducibles de la inexactitud de los datos en ellas facilitados se entienden sin perjuicio de las "facultades de comprobación, control e inspección que tengan atribuidas las Administraciones públicas".
b) El artículo 84 de la Ley 7/1985, de 2 de abril, reguladora de las bases de régimen local [LrBRL] incluye expresamente entre los medios de intervención de la actividad de los ciudadanos el sometimiento a comunicación o declaración responsable y a control posterior al inicio de la actividad a los efectos precisamente de verificar el cumplimiento de la normativa reguladora de la misma[10]. De lo que se sigue: i) la sujeción a declaración responsable o comunicación previa es una técnica de intervención administrativa; y ii) la Administración pública puede ejercer una intervención continuada de la actividad de los sujetos privados bajo la forma de genérica, pero expresiva, de control[11].

---

9 T. de la Quadra Salcedo Fernández del Castillo, *Introducción*, en T. de la Quadra Salcedo Fernández del Castillo, *La ordenación de las actividades de servicios: Comentarios a la Ley 27/2009, de 23 de noviembre*, Aranzadi 2010, pág. 90; A. Nogueira López, *La Administración comprobadora: defensa de los intereses generales y desarrollo de las garantías de los ciudadanos*, en A. Nogueira López (Dir.), op. cit., págs. 99 y sgs.

10 Sobre ello ha llamado la atención M. Rodríguez Font, *Técnicas de control en la transposición de la Directiva de servicios: comunicación previa y declaración responsable*, en A. Nogueira López (Dir.), op. cit., págs. 81 y sgs., aunque pueda discreparse de su opinión de que el artículo 84 LrBRL haya producido una "elevación" de la declaración responsable y la comunicación previa y la intervención *ex post* a técnicas de control.

11 En este mismo sentido abundan:
a) Desde una perspectiva general y por relación a la actividad de intervención de las entidades locales, la disposición adicional 8ª de la Ley 2/2011, de 4 de marzo, cuando obliga al Gobierno a evaluar la existencia de razones suficientes, conforme al nuevo art. 84bis de la LrBRL, en las previsiones existentes sobre licencias locales de actividad, para, según los resultados de dicha eva-

La transformación en la intervención administrativa que representa el cambio de paradigma comentado consiste, pues, no en la creación, sino en la recuperación —para cuando no juegue la técnica tradicional formal de la autorización previa— de la potestad general de vigilancia y control del respeto de los límites y el cumplimiento de los requisitos administrativos aplicables al comienzo y desarrollo de una actividad privada. Pues es ésta una potestad de suyo inscrita —igual que la de la organización— en el poder público y, por tanto, en las potestades legislativa, ejecutiva y judicial atribuidas al mismo. Se trata de un atributo (el *ius supremae inspectionis* propio de la vieja policía) del poder omnicomprensivo hoy constitucionalizado, pero que ya las Leyes II, VII y VIII de la Partida II denominaban poderío o imperio del emperador (que lo es de dos maneras: de derecho y de hecho) y señorío y regimiento o gobernamiento del reino por el rey. Y ello, sencillamente porque tal potestad es precisa para la obtención de información y la posesión de ésta, la verificación de su corrección, su tratamiento y su valoración son presupuesto indispensable de la acción de gobierno, la cual, a su vez, debe poder extraer e imponer las consecuencias que se sigan de aquella valoración.

Este paso brusco a primer plano, en la intervención administrativa, de la potestad de vigilancia y control, hasta ahora en la sombra por el protagonismo de la autorización o licencia previas, explica el confuso panorama que aquélla ofrece, pone de evidencia la deficiencia de la regulación de trasposición examinada y plantea, por tanto, la necesidad de la elaboración dogmática de su régimen para la compleción siquiera de los extremos básicos de éste. Sin perjuicio de la existencia ya de elementos valiosos proporcionados por la jurisprudencia: i) el Tribunal Constitucional tiene dicho (STC 244/1993, de 15 de julio), que la potestad que hemos calificado provisionalmente de vigilancia y control tiene carácter ejecutivo y es accidental o accesoria de la potestad sustantiva correspondiente; y ii) el Tribunal Supremo (p. ej. STS de 25 de junio de 1991, en materia de trabajo) ha perfilado, por su parte, las características y los efectos de la actividad de inspección administrativa. La falta de precisión de la terminología legal, jurisprudencial y doctrinal es, en todo caso, palmaria, pues en ella son equivalentes o difícilmente diferenciables los conceptos de comprobación, verificación, vigilancia, seguimiento, investigación, inspección, supervisión o control, por solo aludir a los de empleo más recu-

---

luación, proceder a la modificación de las normas en las que no concurran las razones citadas, *eliminando la correspondiente exigencia de licencia, sin perjuicio de su sustitución por otras formas de verificación y control administrativo*; y extiende tal obligación, bajo la forma de adaptación, a las Comunidades Autónomas y las Entidades locales.

b) Desde el punto de vista sectorial, la Ley 21/1992, de 16 de julio, cuyo artículo 4 (en su versión actual) conecta la sujeción a declaración responsable o comunicación previa de la instalación, ampliación y traslado de actividades industriales con el fin de la realización por la autoridad competente del "control de la actividad".

rrente[12]. No es posible aquí entrar en esta cuestión, pero sí puede apuntarse que la labor de la doctrina debe guiarse, cuando menos, por las distinciones entre i) potestades constitutivas o no de relaciones jurídicas según den lugar a actividades materiales o jurídicas (la vigilancia por si misma no las constituye, como no lo hace la desarrollada, como actividad técnica, por un policía en la calle); ii) ámbitos de la acción administrativa: *ad intra* (potestades inherentes a la dirección en el seno de una misma organización; de intervención en la actividad de otras Administraciones, como las previstas en la actual legislación de estabilidad presupuestaria o de régimen local, incluso bajo la forma tradicional de tutela financiera) o *ad extra* (potestades de supervisión en sectores regulados, como el financiero, o en relaciones de supremacía especial; o de vigilancia e inspección sobre actividades de sujetos ordinarios); y iii) alcance y efectos jurídicos (solo verificación o comprobación de la adecuación a los criterios legales con finalidad, por ejemplo, informativa; además, valoración del contraste de la realidad con los criterios; y, por último y además, adopción de decisiones, con efectos jurídicos, sobre la base de tal valoración). Y que dicha labor ha de tener presente que, desde la perspectiva de las relaciones jurídicas —sean intra— o interadministrativas, sean las propias de acción *ad extra* o social—, la categoría más genérica y central de todas las que se vienen empleando es la de control, por lo que ésta precisa de una verdadera construcción dogmática a partir de la cual puedan determinarse las restantes.

III. LOS EFECTOS DEL CAMBIO DE PARADIGMA EN EL ORDENAMIENTO JURÍDICO-ADMINISTRATIVO

1. *El ámbito del cambio y la extensión o instrumentación indebidos de éste*

La interposición de la transversal Ley "paraguas", puramente reproductora —aunque con amplificación— de la Directiva, ha tenido como consecuencia el "olvido" en el ordenamiento interno de la advertencia expresa por la Directiva (en su considerando 9[13]) de su no afectación de las regulaciones que no tienen por objeto directo el acceso a o el ejercicio como tales de actividades y simplemente deben ser respetadas por todos los sujetos privados en el desarrollo de las mismas (ejemplos: normas de tráfico, ordenación del territorio, urbanismo y ordenación

---

12 Sin que se analicen tampoco los diferentes tipos de actividad supervisora, comprobadora, vigilante, investigadora o inspectora, existiendo, como existen, generales y especiales, episódicas y continuas, funcionales y orgánicas, bastando con la referencia a la legislación de seguridad pública o ciudadana, del sistema financiero y de la energía nuclear como ejemplos paradigmáticos.

13 Sobre ello llama la atención el trabajo de M. Vaquer Caballería.

rural y construcción, así como las tipificadoras de infracciones y sanciones administrativas por incumplimiento de tales normas). Este olvido, sumado a i) el entusiasmo impreso al proceso de transposición; y ii) la peculiar articulación técnica de éste, han determinado:

a) La conversión, en la legislación básica de la acción administrativa (LRJPAC y LrBRL), de la apertura comunitaria al mercado de las actividades de servicio en cambio de paradigma de la intervención administrativa no sólo en dichas actividades, sino en todas las de los sujetos privados y, más aún, en la del ejercicio de derechos individuales (como, por ejemplo, en el urbanismo el de edificar[14]) y colectivos.

   El repaso de la legislación sectorial revela que, afortunadamente y por lo general, el legislador —cegado o deslumbrado, bajo su impulso, por el nuevo paradigma— no se ha tornado insensible para con respecto a las exigencias regulatorias (y sus consecuencias en el orden de la intervención administrativa) de las características específicas del sector de que se trate (lo prueba la legislación sobre instalaciones energéticas, farmacias, espectáculos públicos, redes de comunicaciones electrónicas y centros y servicios sanitarios[15], que mantiene la técnica autorizatoria). Lamentablemente pone también de evidencia que ello no ha impedido inconsecuencias en las soluciones adoptadas, sobre todo en el escalón autonómico, pero no sólo en él. Así, en la versión actual del artículo 4 de la Ley de industria se produce una sorprendente "rebaja" de la intensidad máxima posible de la intervención administrativa por conexión de la concurrencia de las razones imperiosas de interés general exclusivamente con el establecimiento de la técnica de la declaración responsable o la comunicación previa, que es inconsecuente con el régimen general básico de la intervención mediante autorización: en el artículo 5 de la Ley 17/2009, de 23 de noviembre, las aludidas razones juegan como condición para el establecimiento precisamente de ese específico régimen. Se trata de una "rebaja", sea dicho de paso, inconsecuente también con las necesidades elementales de información de la acción de gobierno, especialmente en materia de política eco-

---

[14] Esto se produce en un momento en el que el propio legislador estatal debía ser ya consciente de la necesidad de soluciones propias en el campo de la construcción y el urbanismo, porque efectivamente poco después cambió el sentido del silencio en la intervención administrativa en que tradicionalmente regía el positivo: la de la licencia de obras (artículo 23 del Real Decreto Ley 8/2011, de 7 de julio).

[15] Véanse los trabajos de M. Gámez Mejías, I. Hernández, A. Descalzo, J. Pedraza Córdoba y M.N. de la Serna, respectivamente.

nómica y, por tanto, también fiscal[16], que por si solas justifican ya el simple deber de comunicación (necesidades para cuya satisfacción no se articula, además, un sistema sustitutivo de obtención).

b) La consecuente confusión en la extracción de las consecuencias de semejante cambio de paradigma —no impuesto, en tales términos, por la Directiva— en el curso de la legislación administrativa que deba adaptarse/adecuarse a dicha legislación básica.

Ejemplo paradigmático, de entre los varios que podrían aducirse, es, además del ya apuntado de la Ley de industria, la aplicación por el legislador canario, en el ámbito urbanístico, de la técnica de la declaración responsable también a la tradicional licencia general de utilización u ocupación de toda clase de edificios, siendo así que el objeto de la intervención en tal caso es la comprobación de la conformidad de lo ejecutado con la licencia de obras previamente otorgada.

La consecuencia no es precisamente claridad sino confusión, lo que vale decir, incerteza, tanto más cuanto que en el proceso de adaptación de la legislación no se está atendiendo a los supuestos de concurrencia entre autorizaciones (de suerte que la simple eliminación de una o algunas de ellas, pero no de todas, suscita de suyo cuestiones acerca de los términos en los que puede producirse lícitamente la realización del acto o actos o el desarrollo de la actividad correspondientes[17]) y, menos aún, de los, ya absolutamente frecuentes, de incidencia del procedimiento de evaluación ambiental en los de intervención administrativa sustantiva (incluso y precisamente mediante simple declaración responsable o comunicación previa)[18]. En este último caso la simple eliminación, en la regulación sustantiva, de la intervención previa plantea muchos interrogantes añadidos a los que se suscitan incluso en el de persistencia de la autorización previa. Y ello porque en Derecho comunitario europeo no está previsto que la evaluación pueda entenderse positiva sin más ni siquiera por silencio positivo,

---

16 En el campo de responsabilidad del o de los Ministerios gestores de los recursos del sector público (según la organización gubernamental la economía y la hacienda se agrupan o se dividen departamentalmente) la legislación se cuida muy mucho de establecer obligaciones de suministro de información a la Administración y de facultar a ésta para captar datos (véanse, a título de ejemplo, las disposiciones adicionales 13ª y 14ª de la Ley 35/2006, de 28 de noviembre, del impuesto sobre la renta de las personas físicas y de modificación parcial de las Leyes de los impuestos sobre sociedades, sobre la renta de no residentes y sobre el patrimonio).

17 Que dependerán obviamente de los términos de la concurrencia de intervenciones administrativas y de la posición relativa que en dicha concurrencia ostenten tanto la o las autorizaciones subsistentes, como la o las eliminadas.

18 Sobre estos extremos es especialmente ilustrativo el trabajo de A. Fortes Martín.

tanto más por el hecho de que la actividad no esté, ella misma, sujeta a la obtención de una autorización o licencia (recuérdese que la propia Directiva de Servicios cede, por prescripción propia, ante normas específicas comunitarias divergentes). La inseguridad en este punto es evidente, por ejemplo, en la legislación canaria urbanística y de evaluación ambiental. A ello se suma la desorientación, tras el Real Decreto 2009/2009, de 21 de diciembre, de la secuencia tradicional, según el artículo 22.3 del Reglamento de Servicios de las Corporaciones locales de 1955, entre licencias (la de obras y la de establecimiento de características determinadas)[19].

La incertidumbre en las soluciones se extiende a técnicas, de gran tradición, conectadas con la de la intervención previa mediante autorización. Es el caso de la autorización demanial[20] o del silencio positivo, en el que, sin entrar en mucho detalle:

i) La combinación de la incidencia del cambio de paradigma también en las obras y la persistencia de la regla de la no obtención por silencio de lo inalcanzable por resolución expresa enreda la solución del problema de los supuestos en que pretenden concurrir los presupuestos legales tanto del juego del silencio positivo como de dicha regla. ¿Ha de estarse a la existencia del acto presunto para concluir la necesidad de su revisión o, por el contrario, a la no producción siquiera de aquél y, por tanto, la innecesariedad de tal revisión? Se trata de una cuestión cuya clarificación legal urge (por ejemplo en la línea propugnada en el trabajo de M. Vaquer Caballería), pues el legislador autonómico ya está pronunciándose sobre ella sin criterio básico que la guíe (así el legislador canario urbanístico, que impone, en algún caso, la necesidad de la revisión del acto producido *ope legis* como efecto del silencio).

ii) La ausencia de tal criterio básico, al menos uno suficientemente directivo, está produciendo soluciones diversas en cuanto a las excepciones al juego del efecto positivo *ex lege* del silencio (en este sentido, pueden compararse los análisis que de diversa legislación estatal y autonómica se realizan en los diversos trabajos incluidos en este libro).

2. *La desfiguración institucional de las técnicas de intervención y la dispersión de su régimen jurídico*

Desde el principio la doctrina ha criticado la legislación estatal transversal de doble escalón para la transposición de la Directiva de Servicios en la triple dimen-

---

19 Véase, al respecto, el trabajo de A. Fortes Martín.

20 Sobre este extremo véase el trabajo de D. B. Entrena Ruiz.

sión competencial, técnica de articulación de dicha operación de transposición y sustantiva de su contenido regulatorio. De las dos primeras va a prescindirse aquí por razones obvias, aunque ciertamente plantean cuestiones de mucho calado, de entre las que merecen ser destacadas aquí dos:

- La de la viabilidad misma —desde el punto de vista de la relación competencial, funcional y ordinamental entre la instancia comunitaria europea y la estatal— de la legislación básica de transposición por razón de la ocupación por la Directiva europea de todo el espacio normativo correspondiente, en el orden interno, a la competencia y legislación básica. Importa ahora el tercer punto de vista, desde el que se ha denunciado el insuficiente cumplimiento por dicha legislación básica o, en su caso, común de su función ordinamental de establecimiento de la regulación básica y generación, por tanto, de un triple y grave déficit en el régimen jurídico mínimo común de la actividad administrativa, el procedimiento administrativo común y la igualdad en las condiciones básicas de ejercicio por los ciudadanos de sus derechos constitucionales (fundamentalmente la propiedad y la libertad de empresa) en el contexto de su relaciones con las Administraciones públicas.
- La del cumplimiento sea por la Directiva, sea por la legislación básica y la ulterior legislación (estatal y autonómica) de ella derivada, según sea la respuesta a la cuestión anterior, de la reserva constitucional de Ley, estando implicadas en este caso, como lo ésta, cuando menos las libertades de empresa y de ejercicio de profesión y oficio, en la medida en que —por efecto de la combinación de los artículos 3 (definiciones) y 5 (regímenes de autorización)— la definición del criterio único rector de la necesidad del establecimiento del régimen de autorización se deslegaliza y, al propio tiempo, comunitariza, entregándose a la jurisprudencia del Tribunal de Justicia, con lo que queda excluida propiamente una decisión basada en la ponderación de los bienes protegidos constitucionalmente.

Interesa aquí la tercera de las dimensiones antes aludidas, en la que se ha denunciado el insuficiente cumplimiento por dicha legislación básica o, en su caso, común de su función ordinamental de establecimiento de la regulación básica y generación, por tanto, de un triple y grave déficit en el régimen jurídico mínimo común de la actividad administrativa, el procedimiento administrativo común y la igualdad en las condiciones básicas de ejercicio por los ciudadanos de sus derechos constitucionales (fundamentalmente la propiedad y la libertad de empresa) en el contexto de su relaciones con las Administraciones públicas. Esta opinión crítica no ha hecho sino intensificarse y generalizarse; línea en las que abunda el resultado de la investigación colectiva cuyos resultados se recogen en esta obra.

La transformación del régimen de la intervención administrativa ha incorporado la declaración responsable y la comunicación previa al elenco de las propias del régimen de la intervención administrativa. Pero, si es cierto que, como ya se ha dicho, ello comporta la deconstrucción y recomposición de tal régimen[21], lo primero que se echa en falta como guía en el proceso de recomposición, es su caracterización suficiente. Se entiende así que la doctrina:

- Hable de indefinición no despejada o clarificada ni por la LRJPAC, ni por la legislación sectorial, especialmente por lo que hace a la diferenciación entre declaración y comunicación (así, aparentemente, intercambiables).
- Identifique el *quid* de ambas técnicas en la legitimación del comienzo y el desarrollo de actividades sin la cobertura (previa o concomitante) de título administrativo habilitante, lo que significa: protagonismo y responsabilidad exclusiva del sujeto titular de la actividad, sin posibilidad de traslado a la Administración (ni siquiera parcial) de dicha responsabilidad en cuanto respecta a la adecuación de la actividad al marco legal aplicable.
- Afirme la correlación entre la potestad de verificación de la Administración y la responsabilidad del sujeto titular de la actividad.

A partir de aquí las opiniones no siempre son coincidentes. Esto vale especialmente para la naturaleza de la declaración o comunicación, que en algún caso se califican de actos jurídico-privados que tienen lugar fuera del contexto de cualquier relación jurídico-administrativa[22]. Lo que, en ausencia obvia de un procedimiento administrativo previo, guarda relación con la cuestión de si dan o no lugar a un tal procedimiento, por más que con objeto circunscrito a la verificación o comprobación de los datos suministrados. En este punto las opiniones van desde la afirmación genérica de no haber procedimiento administrativo concreto[23] a la de que, aunque no dan lugar a un procedimiento, los actos comentados o bien crean el presupuesto para la actuación (de oficio) de la Administración[24] o, incluso, actualizan el de iniciar un procedimiento de control (pero no determinan por si mismos dicha iniciación)[25], pero normalmente matizando que el ejercicio de este control es discrecional salvo en caso de infracciones graves y manifiestas y de denuncia de tercero. Se entiende así que vea en la declaración y la comunicación (por lo que hace al campo de su aplicación) el fin de la tutela a terceros prestada

---

[21] J. Esteve Pardo, *La deconstrucción y previsible recomposición del modelo de autorización administrativa*, en A. Nogueira López (Dir.), op. cit, págs. 29 y sgs.

[22] En este sentido M. Rodríguez Font, op. cit.

[23] Véase J. Esteve Pardo, op. cit.

[24] Dictamen 779/2009 del Consejo de Estado.

[25] J. González García, *Autorizaciones, comunicaciones previas y declaraciones responsables en la transposición de la Directiva de Servicios*, Revista d'Estudis Autonòmics i Federals núm. 11, octubre 2010.

por la Administración y la necesidad de éstos de recurrir a los mecanismos de la tutela judicial ordinaria.

El esfuerzo clarificador desplegado hasta ahora en sede doctrinal no parece haber agotado las posibilidades interpretativas que ofrece el artículo 71bis LRJPAC, sede del régimen común de los actos comentados. Pues dicho precepto, además de estar ubicado sistemáticamente —como ya se ha avanzado— en las disposiciones sobre los procedimientos administrativos y, en particular, las relativas a la iniciación de éstos:

- Califica expresamente ambos actos de documento.
- Diferencia, sin embargo, el contenido y los efectos de uno y otro, pero otorga a ambos carácter y trascendencia jurídico-administrativos (en otro caso no tendría sentido la imposición a las Administraciones públicas del deber de formular, publicar y mantener actualizados modelos). La declaración responsable se refiere a una declaración del sujeto privado que se perfecciona desde su formulación, produciendo efectos de suyo en todos los órdenes en que puedan ser relevantes (concretamente en orden a la exigencia de las distintas responsabilidades que pudieran derivarse de su no compleción o inexactitud): en sede jurídico-civil, jurídico-administrativa o jurídico-penal. La comunicación, por el contrario, tiene por objeto poner en conocimiento de la Administración —en los términos dispuestos por la legislación sectorial aplicable— el cumplimiento de los requisitos legales pertinentes "de acuerdo con lo establecido en el artículo 70.1", es decir, lo establecido respecto de la solicitud de iniciación de procedimiento administrativo.

Estos datos legales proporcionan las claves necesarias y suficientes para despejar las cuestiones aludidas, si se tiene en cuenta el régimen básico de las declaraciones y comunicaciones (común entre éstas y las autorizaciones) establecido en el artículo 7 de la Ley 17/2009, de 23 de noviembre. Este precepto configura claramente dichos actos —junto con las autorizaciones— como limitaciones administrativas de la libertad de acceso a y ejercicio de actividades de servicios y ordena a los sujetos la realización de las declaraciones y comunicaciones cuando y en la forma en que estén previstas por las normas aplicables. Está implícita, así, la colocación de dichos sujetos, en virtud del sometimiento a la intervención administrativa, a la obligación de suministrar la información correspondiente a la Administración no sin más, sino para que ésta pueda controlar la corrección del acceso a la actividad y del ejercicio de ésta[26]. Quiere decirse, pues, que la obligación de la que dimanan las técnicas analizadas constituye una relación jurídico-administrativa de

---

26 Así se deduce claramente del inciso final del artículo 5 del inciso final de la letra c) del artículo 5 de la Ley 17/2009, de 23 de noviembre, sobre el libre acceso a las actividades de servicios y

control (confirmándose, así, el carácter de categoría más genérica y amplia de la de control y la necesidad de su determinación dogmática).

Ciertamente la única equivalencia, en principio, entre comunicación y declaración es su carácter documental, pero —desde el punto de vista jurídico-administrativo— su diferente tratamiento legal no las separa excesivamente, ya que ambas se inscriben en la misma relación jurídica con la Administración. Si la comunicación equivale al documento "solicitud"[27] y, por tanto, inicia formalmente esa relación, la declaración se ofrece claramente como documento que, en su caso y en función de los requerimientos de la legislación sectorial aplicable, debe acompañarse a aquélla. En todo caso se trata de una diferenciación formal que no hace a la sustancia del acto (de hecho la legislación catastral y fiscal incluye en las declaraciones lo que son comunicaciones), pues el nombre no hace a la cosa: una declaración, si contiene los elementos de la comunicación, surte los efectos de ésta; y una comunicación, si contiene, además, una declaración responsable también produce los efectos de ésta. La singularidad de la equivalencia con la solicitud ordinaria deriva de la peculiaridad de la técnica de intervención de que se trata, que determina que la concreción de los términos de tal equivalencia debe tener lugar necesariamente en sede de la legislación reguladora de la actividad en presencia[28]. De esta suerte, la comunicación puede simplemente actualizar la posibilidad de la instrucción (de oficio) por la Administración del o los procedimientos que procedan o, incluso, comportar el deber de aquélla de instruir cuando menos el de verificación o comprobación de la comunicación y eventual declaración anexa, pero también, en el extremo, determinar por si misma el inicio del procedimiento pertinente (como sucede, por ejemplo, con las declaraciones catastrales y las que llevan aparejada autoliquidación).

Que, por su origen subjetivo, son actos de sujetos privados, no cabe duda alguna. Pero de ello no puede deducirse, por lo dicho, que sean títulos jurídico-privados. Podrán surtir efectos desde luego en el orden jurídico-civil, como también obviamente consecuencias en el orden jurídico-penal, pero por su fundamento,

---

su ejercicio., que dice: "...se facilite la información necesaria a la autoridad competente para el control de la actividad".

27 La prueba es que el artículo 70.3 LRJPAC habla indistintamente de solicitudes, comunicaciones y otros escritos.

28 Este es el sentido justamente de lo dispuesto en el apdo. 3 del artículo 71bis LRJPAC: "Las declaraciones responsables y las comunicaciones previas producirán los efectos que se determinen en cada caso por la legislación correspondiente y permitirán, con carácter general, el reconocimiento o ejercicio de un derecho o bien el inicio de una actividad, desde el día de su presentación, sin perjuicio de las facultades de comprobación, control e inspección que tengan atribuidas las Administraciones públicas".

formulación, formalización, finalidad y efectos primarios tienen carácter de actos regidos por el Derecho administrativo.

Por lo demás, y como demuestran los trabajos recogidos en esta obra, la legislación, estatal y autonómica, aplicativa de la LRJPAC acredita, por la diversidad de su soluciones, la debilidad del régimen estatal básico o común.

La gravedad de esto último no debe medirse sólo por la dispersión sectorial y autonómica del régimen de la intervención administrativa que posibilita y efectivamente se está produciendo, pues alcanza a la operatividad misma de la actividad administrativa de control que es correlato de la regla general de libre acceso a y ejercicio de actividades. En este orden de cosas no hay tanto poca densidad, como verdadera omisión de la regulación indispensable. No es posible ahora entrar a fondo en esta cuestión, aunque ya se ha avanzado algo al tratar de la procedencia de una verdadera construcción dogmática del control. Pero si debe suministrarse, en justificación de lo dicho, dos datos concluyentes:

1°. La regulación actual no incluye una regulación general (superadora de las sectoriales existentes, significativamente en el ámbito de la inspección tributaria) sobre las condiciones mínimas (habilitantes y garantizadoras) en que, en el curso de la actividad administrativa de control de actividades y para poder obtener los datos precisos, sea posible la entrada en dependencias de las empresas-personas jurídicas o examinar su documentación.

    Es ésta una cuestión en modo alguno pacífica, en la que la principal experiencia —la suministrada por la inspección tributaria— ha revelado la necesidad de ajustes a la doctrina del Tribunal constitucional, que, en su estado actual (SsTC 137/1985, de 17 de octubre, 69/1999, de 26 de abril y 136/2006, de 29 de mayo), puede resumirse así:

    - La protección que otorga el derecho constitucional a la inviolabilidad del domicilio se extiende a las personas jurídicas, con la siguiente triple precisión:
        i) El domicilio protegido no es igual a espacio sometido al exclusivo poder de disposición de su titular, es decir, su radio de acción protectora no se confunde con la protección de la propiedad de los inmuebles, ni de otras titularidades reales u obligacionales relativas a dichos bienes que puedan otorgar una facultad de exclusión de los terceros;
        ii) no existe, tampoco, plena correlación del concepto legal de domicilio de las personas jurídicas de la legislación mercantil o administrativa con el del domicilio constitucionalmente protegido: éste es más amplio que el concepto jurídico-privado o jurídico-administrativo; y

iii) el derecho fundamental esgrimible por las personas jurídicas no tiene un contenido enteramente idéntico con el que se predica de las personas físicas, puesto que éste entraña, en cuanto morada o habitación de la persona, una estrecha vinculación con su ámbito de intimidad o esfera privada (ámbito inexistente en el caso de las personas jurídicas).

- Los espacios de titularidad de personas jurídicas que son merecedores de la protección constitucional (si bien menor que las del domicilio de personas físicas, exigente del consentimiento del interesado o la autorización judicial) son aquéllos que, por la actividad que en ellos se lleva a cabo, deben ser preservados de la intromisión ajena, de modo que:
  a) Solo comprenden aquéllos que son indispensables para el desarrollo de su actividad sin intromisiones ajenas por i) constituir el centro de dirección de la sociedad o de un establecimiento dependiente de la misma o ii) servir a la custodia de los documentos u otros soportes de la vida diaria de la sociedad o de su establecimiento reservados al conocimiento de terceros; todo ello con independencia de cual sea el domicilio fiscal, la sede principal o la sede secundaria.
  b) No incluyen (no siendo así éstos objeto de protección) i) los establecimientos abiertos al público o en los que se lleve a cabo una actividad laboral o comercial por cuenta de la sociedad mercantil que no está vinculada con la dirección de la sociedad, ni sirve a la custodia de su documentación; y ii) las oficinas donde únicamente se exhiben productos comerciales o los almacenes, tiendas, depósitos o similares.

Lo que, en el ámbito tributario, significa, a partir cuando menos de la STS de 21 de enero de 1993 y siguiendo al Magistrado E. Barrachina Juan, que: si bien el acceso de la inspección tributaria a fincas, locales de negocio y demás establecimientos en que se desarrollan actividades sometidas a gravamen solo se requiere autorización administrativa en caso de oposición, demanda, bien la obtención del consentimiento del interesado, bien la de autorización judicial cuando la actuación deba tener lugar en el domicilio social y oficinas de la correspondiente sociedad vinculadas con la dirección de la empresa, así como en las que se guarde la documentación de la misma. De donde deriva la justificación y el requerimiento de la regulación básica antes, por inexistente, demandada.

2°. La regulación actual de los medios de ejecución forzosa solo incluye uno idóneo para adaptarse a las características de las medidas a adoptar en sede de control para garantizar, con una mínima eficacia, que las actividades se ejercen cumpliendo los requisitos y observando los límites legales: la multa coercitiva. El régimen básico de la intervención administrativa debía haber incluido, pues, una actualización de tales medios (que está, así, pendiente, especialmente para la efectividad de prohibiciones y órdenes) y una habilitación general para la imposición de multas coercitivas (comprensiva del régimen fundamental de dicha imposición en defecto de regulaciones sectoriales).

IV. LA NECESIDAD DE LA ACTUALIZACIÓN DE LA CATEGORÍA AUTORIZACIÓN O LICENCIA

La investigación realizada ha reportado frutos positivos también en el orden del conocimiento del grado de congruencia del edificio institucional general del Derecho administrativo y la regulación concreta por la legislación administrativa sectorial de las instituciones descritas en aquél. Y lo ha hecho, naturalmente, por relación a la figura paradigmática hasta ahora de la intervención administrativa: la autorización, conocida en el régimen local como licencia, al punto de autorizar la afirmación de la necesidad de una reconsideración de los términos en que se viene aún caracterizando dicha figura.

Se sabía ya de supuestos que se apartaban de la imagen tradicional y establecida de acto puramente declarativo, atenido estrictamente a la legalidad (que se presupone programadora en detalle de la aplicación en el caso concreto, predeterminando su resultado) y, por tanto, reglado y debido (en sentido tanto positivo, como negativo: otorgamiento o denegación según que, respectivamente, lo interesado sea o no conforme a Derecho). Pero faltaban y siguen faltando los estudios sectoriales que determinen la extensión y el alcance de la diversificación del régimen de la institución. Los que ahora se ofrecen contribuyen en buena medida al esfuerzo en tal sentido.

Si ya la jurisprudencia del Tribunal Supremo de finales de los años setenta y principios de los ochenta del S. XX advirtió que i) la noción de autorización o licencia experimenta múltiples modulaciones (STS de 24 de marzo de 1983) y ii) en el caso de las de apertura de establecimientos esas modulaciones presentan las características de una discrecionalidad relativa (SsTS de 8 de mayo de 1979 y 9 de julio de 1980) y derivan y están en función de las características de la legislación reguladora de las correspondientes actividades, el legislador local se ha acomodado a ello, al menos desde la vertiente tributaria (art. 20.4, i) de la Ley reguladora de haciendas locales, texto refundido aprobado por Real Decreto Legislativo 2/2004, de 5 de marzo). Pero en la última evolución es observable:

a) La dispersión en la denominación de la técnica, que, si comprensible (por razones competenciales) en la legislación básica estatal [p. ej. en el art. 8.1, b) del texto refundido de la Ley de suelo aprobado por Real Decreto Legislativo 2/2008, de 20 de junio], no lo es tanto en la legislación sectorial, especialmente la autonómica. Tanto más, cuanto que esta última (p. ej. la urbanística) ha comenzado a remitir, a su vez, a la normativa municipal.
   Esta dispersión hace difícil el conocimiento, a partir del término normativamente utilizado, de si se está o no ante una autorización, determinando la necesidad de analizar la regulación en concreto de la que se trate en cada caso. Un buen ejemplo lo suministra la "conformidad previa" prevista en la legislación urbanística extremeña, que se utiliza en ella incluso para tipificar infracciones administrativas. Pero se inscribe aquí también, en el escalón legislativo estatal (redes de comunicación electrónica), la sustitución de las licencias por certificaciones o habilitaciones ambientales.
b) La dispersión asimismo en el régimen del juego de la técnica, que, por ejemplo, suele quedar directamente condicionado por intervenciones previas, normalmente de Administración distinta (la autonómica), de carácter incluso discrecional, como las llamadas "calificaciones" en suelo rústico o no urbanizable, o, incluso, por la anteposición (con la finalidad confesada de obviar la libertad de acceso y ejercicio) de técnicas de creación *ad hoc*, cual sucede con los registros de preasignación para las actividades eléctricas de régimen especial (en particular las de generación a partir de energías renovables), que alcanzan a fijar cupos cuantitativos bajo la excusa de no referirse a la actividad misma, sino al derecho a percibir la "prima" retributiva asignada a dicho tipo de generación eléctrica.
c) La admisión progresiva (so capa de la categoría de las *conditiones iuris*) de verdaderas declaraciones accesorias de voluntad administrativa de efectos modales, cuya procedencia viene a reforzar tanto la incidencia en los procedimientos autorizatorios de los de evaluación del impacto ambiental, como la consagración, en el régimen básico autorizatorio, del principio básico de proporcionalidad[29].
d) La progresión del campo y el alcance de la discrecionalidad en función de las características del objeto de la intervención administrativa previa, como muestra el caso del sector de la energía en el que, a pesar del principio de libertad de acceso a y ejercicio de las actividades no reguladas, las autori-

[29] El en el ámbito de la investigación biomédica véase el trabajo F. Fonseca.

zaciones a otorgar conforme a una prolija regulación legal y reglamentaria resultan ser en diferente grado discrecionales hasta alcanzar uno alto en el caso de la construcción, puesta en funcionamiento y cese de centrales nucleares y almacenamientos subterráneos (en tal sentido, véase SAN de 30 de junio de 2011)[30].

30 Véase el trabajo de M. Gámez Mejías.

II. AUTORIZACIONES Y LICENCIAS EN SECTORES DE INTERÉS LOCAL

LAS LICENCIAS DE OBRAS

Marcos Vaquer Caballería
Catedrático de Derecho administrativo
Universidad Carlos III de Madrid

Sumario: I. INTRODUCCIÓN: ORIGEN, ACTUALIDAD, SISTEMA DE FUENTES Y COMPETENCIAS. II. OBJETO: OBRAS INCLUIDAS Y EXCLUIDAS. EN PARTICULAR, EL CASO SINGULAR DE LAS OBRAS PÚBLICAS. 1. Las obras públicas eximidas expresamente por la legislación sectorial y de ordenación del territorio. 2. Las obras y los actos de uso del suelo amparados por otras resoluciones administrativas de aprobación u órdenes de ejecución. 3. Los actos promovidos por el Ayuntamiento en su propio término municipal. III. LA INTERVENCIÓN ADMINISTRATIVA SOBRE LA EDIFICACIÓN Y LOS USOS DEL SUELO Y EL PRINCIPIO DE PROPORCIONALIDAD: LICENCIAS, COMUNICACIONES PREVIAS Y DECLARACIONES RESPONSABLES. IV. CONCURRENCIA CON OTROS ACTOS DE INTERVENCIÓN Y CON LA EVALUACIÓN DE IMPACTO AMBIENTAL. V. PROCEDIMIENTO Y RESOLUCIÓN. NATURALEZA Y EFICACIA DE LA LICENCIA. VI. EL SILENCIO ADMINISTRATIVO: SENTIDO, EFECTOS Y LÍMITES. VII. LA INVALIDEZ Y REVISIÓN DE LAS LICENCIAS DE OBRAS, LAS INFRACCIONES ADMINISTRATIVAS Y PENALES RELATIVAS A ELLAS Y LA PROTECCIÓN DE TERCEROS DE BUENA FE.

I. INTRODUCCIÓN: ORIGEN, ACTUALIDAD, SISTEMA DE FUENTES Y COMPETENCIAS

La licencia de obras es la resolución por la que la Administración pública autoriza una obra de edificación, construcción o instalación de un inmueble sobre o bajo el suelo, ya consista en su erección, ampliación, reforma, rehabilitación o demolición, previa instrucción de un procedimiento iniciado a solicitud del interesado y dirigido a comprobar su conformidad con la ordenación territorial y urbanística.

La licencia es una institución clásica del Derecho urbanístico español, que tradicionalmente ha encabezado su capítulo de disciplina urbanística, a su vez entendida en el sentido amplio de control de la legalidad urbanística y vertebrada mediante la secuencia lógica que se inicia con el control previo mediante la licencia de obras, sigue con las sucesivas licencias de funcionamiento, uso o actividad (cédula de habitabilidad, licencia de primera ocupación) y tiene continuidad en controles posteriores (inspección, restauración de la legalidad, sanción). Aunque este estudio se centrará en la licencia de obras, también deberemos hacer referencia a otras licencias urbanísticas —las de actividades— y otros actos sustitutivos o sucesivos de intervención administrativa sobre el uso del suelo.

Como recuerda la exposición de motivos de la Ley sobre Régimen del Suelo y Ordenación urbana de 1956, la intervención administrativa sobre la actividad constructiva es "precisamente uno de los casos más antiguos de actuación del poder público sobre las facultades dominicales. Y nada más justificado, puesto que, como se ha escrito la vinculación de los edificios a la ciudad es tan íntima que al construir los edificios no cabe olvidar que se está construyendo al mismo tiempo la ciudad".

En consecuencia, su artículo 165 sujetaba la edificación y el uso del suelo a intervención administrativa en forma de licencias municipales. Conforme a dicho precepto, estaban sujetas a previa licencia "las parcelaciones y reparcelaciones urbanas, los movimientos de tierras, las obras de nueva planta, modificación de estructura o aspecto exterior de las existentes, la primera utilización de los edificios y la modificación objetiva del uso de los mismos, la demolición de construcciones, la colocación de carteles de propaganda visibles desde la vía pública y los demás actos que señalaren los planes". Y su artículo 214 atribuía responsabilidad sancionadora solidaria al peticionario de licencia, el propietario, el empresario de las obras y el técnico director de las mismas respecto "de las infracciones que se cometieren por ejecutarla sin aquélla o con inobservancia de sus cláusulas legítimas". En sus líneas esenciales, quedaba ya dibujado el régimen urbanístico de las licencias urbanísticas (y de la mayoría de las restantes instituciones en la materia) con tinta indeleble hasta nuestros días, por más que el legislador posterior, primero estatal después autonómico, le haya añadido trazos nuevos, haya modificado algunos de los originales o haya emborronado el conjunto.

Desde entonces, la principal novedad en la materia es la que ha operado en el plano organizativo o de la distribución de competencias. De conformidad con lo dispuesto en el artículo 148.1.13ª de la Constitución, las comunidades autónomas han asumido la competencia plena en materia de urbanismo. Siendo la intervención sobre la edificación y el uso del suelo una institución típicamente urbanística, el Tribunal Constitucional declaró nula en la famosa Sentencia 61/1997, de 20 de marzo, la mayor parte de la regulación estatal sobre licencias contenida entonces en los artículos 242 a 244 del TRLS92, que éste ya preveía como supletorias.

Con algunas excepciones reseñables. En primer lugar, la sentencia sancionó la constitucionalidad de la regla según la cual "todo acto de edificación requerirá la preceptiva licencia municipal" (art. 244.1 TRLS92) porque "responde a la lógica interna de la regulación de las condiciones básicas que garanticen la igualdad en el ejercicio de los derechos de la propiedad urbana (derecho a edificar), regulación que al Estado compete en virtud del art. 149.1.1ª CE" [F.J. 34º a)]. Así pues, la sujeción misma a intervención administrativa de las obras de edificación es una condición básica de la igualdad en el ejercicio del derecho de propiedad inmobiliaria, del cual la edificación es una facultad (*ius aedificandi*). Nada cabe objetar a esta conclusión, aunque sí a las consecuencias concretas que de ella extrajo la sentencia que citamos, que no pudo evitar el trazo grueso en su interpretación de la ley, empujada por el volumen y la complejidad de los preceptos impugnados. Porque, de un lado, lo que ya no cabe amparar en el art. 149.1.1ª CE es la determinación de que la licencia sea necesariamente municipal, como prescribía el precepto sin que el Alto Tribunal hallara tacha en ello, pero de otro lado sí pueden concebirse análogamente como facultades del derecho de propiedad la mayoría de usos del suelo y el subsuelo a que se refería el apartado 2° del artículo, pese a lo cual su sujeción a licencia fue declarada inconstitucional y nula sin motivación específica, por el solo hecho de haber sido declarada supletoria por el legislador.

En segundo lugar, el Tribunal Constitucional también consideró conforme a la distribución de competencias la regla del art. 242.6 TRLS92, según la cual "en ningún caso se entenderán adquiridas por silencio administrativo licencias en contra de la legislación o del planeamiento urbanístico", por encontrarle cobertura "en la competencia del Estado sobre las bases del régimen jurídico de las Administraciones públicas y del procedimiento administrativo común (art. 149.1.18ª CE)". Sobre esta base sectorial del régimen administrativo volveremos más adelante en el apartado 6 de este capítulo.

En la actualidad, ambas reglas subsisten en la legislación estatal de suelo, que las ha incorporado al artículo 8 del TRLdS08, relativo al contenido del derecho de propiedad del suelo: facultades. Como es tradicional en nuestro Derecho, la Ley integra dentro de las facultades del derecho de propiedad del suelo la de edificar (*ius aedificandi*) sobre unidad apta para ello cuando la ordenación territorial y urbanística le atribuya edificabilidad para uso o usos determinados y se cumplan los demás requisitos y condiciones establecidos para edificar. Y respecto de dichos requisitos especifica lo siguiente:

> "Todo acto de edificación requerirá del acto de conformidad, aprobación o autorización administrativa que sea preceptivo, según la legislación de ordenación territorial y urbanística. Su denegación deberá ser motivada.
>
> En ningún caso podrán entenderse adquiridas por silencio administrativo facultades o derechos que contravengan la ordenación territorial o urbanística."

En lo demás, la legislación sobre las licencias de obras compete a las comunidades autónomas al amparo de su competencia sobre urbanismo. Pero eso no significa tampoco que gocen de toda libertad para configurar las licencias. Porque sobre ella prevalece asimismo la legislación básica sobre régimen local que, en lo que aquí interesa, establece que:

a) Los municipios deben ejercer competencias en materia de disciplina urbanística [art. 25.2.d) LrBRL].
b) Las entidades locales pueden someter la actividad de los ciudadanos a previa licencia y otros actos de control preventivo, si bien también pueden someterla a comunicación previa o a declaración responsable o a controles posteriores al inicio de la actividad (art. 84 LrBRL). A estos efectos, la regla

general es hoy la no sujeción a licencia u otro control preventivo local, que pasan pues a constituir excepciones que el legislador habilita, eso sí, entre otros supuestos para aquellas actividades que afecten a la protección del medio ambiente o del patrimonio histórico, la seguridad o la salud públicas (art. 84 bis LBRL), afecciones que es fácil observar en las obras sujetas a licencia urbanística.

En este marco, la legislación urbanística de las comunidades autónomas ha regulado esta materia —como en general la disciplina urbanística, que no ha ocupado el centro de su atención ni de su innovación— con un notable mimetismo inercial, que mantiene con carácter general la sujeción de la edificación y otras obras mayores a licencia municipal, así como los rasgos más característicos de su régimen jurídico, si bien:

a) Por lo que se refiere a la potestad en sí, algunas leyes sustituyen la licencia por comunicación previa para obras menores o permiten hacerlo por ordenanza municipal. De ello nos ocuparemos más detenidamente en el apartado III de este capítulo.
b) Por lo que hace a las competencias, algunas comunidades autónomas distribuyen las de autorización de obras y otros usos del suelo entre municipios y entes supramunicipales y organizan sus relaciones de diversa forma, como comentaremos en el apartado IV.

Por último y en el marco de la legalidad estatal y autonómica, resta cierto campo de ordenación de las licencias a las ordenanzas municipales. Sobre todo para determinar los aspectos procedimentales y organizativos propios de su autonomía en el marco de la legislación aplicable, habida cuenta de que la potestad de autoorganización es parte esencial de la autonomía local [art. 4.1.a) LBRL].

Respecto de los aspectos sustantivos del régimen jurídico de las licencias, la capacidad de regulación mediante ordenanza municipal es más limitada, habida cuenta de su afectación a los derechos constitucionales de propiedad y libertad de empresa, que están reservados a ley, lo que no impide que algunas leyes autonómicas hayan remitido a las ordenanzas, por ejemplo, la decisión de sustituir la licencia por un acto de intervención menos gravoso como la comunicación previa para ciertas obras y usos del suelo, como comprobaremos en el apartado III. Y así, por ejemplo, en uso de las habilitaciones contenidas al efecto en las Leyes catalana y vasca de urbanismo, respectivamente, puede consultarse la Ordenanza reguladora de los Procedimientos de Intervención Municipal en las Obras de Barcelona, aprobada definitivamente por el Pleno el 25 de febrero de 2011, que clasifica a las obras en mayores y menores a los efectos de sujetar a licencia a las primeras y a comunicación a las segundas; y la Ordenanza del Ayuntamiento de Bilbao sobre las Licencias y Consultas Urbanísticas y su Tramitación, aprobada por el Pleno el 25 de noviembre de 2010, cuyo artículo 1° mantiene la exigencia de licencia previa municipal para todas las obras y actos de edificación y uso del suelo y subsuelo, pero ya no para la apertura de establecimientos o el ejercicio de algún uso pormenorizado, para los que sólo requiere su comunicación previa al Ayuntamiento mediante una declaración responsable regulada en su artículos 77 y siguientes.

El alcance de la potestad normativa local y su relación con la reserva de ley es un problema largamente debatido en la doctrina científica y jurisprudencial, que requiere un juicio de ponderación entre las cláusulas constitucionales de Estado democrático y autonómico (que atribuye legitimidad democrática y autonomía a los gobiernos locales) y de Estado de Derecho (que instituye los principios de jerarquía normativa y reserva de ley). Un ejemplo notable de la aplicación de estas limitaciones a la potestad normativa local en materia de licencias urbanísticas lo tenemos en el control judicial ejercido sobre la Ordenanza de 29 de junio de 2009 el Régimen de Gestión de Control de las Licencias Urbanísticas de Actividades (OGLUA) del Ayuntamiento de Madrid, que incluye en su ámbito de aplicación la ejecución de obras en edificios o locales destinados a dichas actividades. Esta ordenanza abrió a la colaboración público-privada la gestión de las licencias urbanísticas, creando el status de las "entidades colaboradoras", organizaciones privadas que deben haber sido acreditadas por una "entidad de acreditación" (que son, a su vez, entidades privadas sin ánimo de lucro) y autorizadas por el Ayuntamiento para realizar bajo su responsabilidad actividades de verificación y control (bajo precio, claro está). Cuando el resultado de las mismas sea favorable al interesado, la entidad colaboradora debe expedir un certificado de conformidad "en el que se hará constar la adecuación del proyecto presentado a las normas generales, sectoriales y técnicas que sean de aplicación a la ejecución del mismo" y que acompaña preceptivamente a la solicitud de licencia, lo que supuestamente aliviará la instrucción del procedimiento y acelerará su resolución.

Pues bien, la sección 2ª de la Sala de lo Contencioso-Administrativo del Tribunal Superior de Justicia de Madrid ha anulado total o parcialmente más de sesenta preceptos de esta Ordenanza en sus Sentencias 303, 304, 306, 307, 309, 310 y 311/2011, todas ellas de 17 de febrero de 2011, "en atención a que hacen referencia a las entidades colaboradoras en la gestión de licencias urbanísticas, cuya creación no es competencia del Ayuntamiento y no tiene cobertura legal suficiente." Posteriormente, la Comunidad de Madrid ha otorgado cobertura legal a la "colaboración de entidades privadas en el ejercicio de las funciones administrativas de verificación, inspección y control en el ámbito urbanístico" de que se ocupa la disposición adicional 2ª de la Ley 8/2009, de 21 de diciembre, de Medidas Liberalizadoras y de Apoyo a la Empresa Madrileña. Y por Acuerdo de 25 de febrero de 2010, el Pleno del Ayuntamiento creó el Organismo Autónomo Local Agencia de Gestión de Licencias de Actividades y aprobó sus estatutos, en ejercicio de una dimensión del autogobierno local, como es la potestad de organización, mucho más pacífica como ya se ha comentado.

II. OBJETO: OBRAS INCLUIDAS Y EXCLUIDAS. EN PARTICULAR, EL CASO SINGULAR DE LAS OBRAS PÚBLICAS

El Real Decreto-Ley 8/2011, de 1 de julio, de medidas de apoyo a los deudores hipotecarios, de control del gasto público y cancelación de deudas con empresas y autónomos contraídas por las entidades locales, de fomento de la actividad empresarial e impulso de la rehabilitación y de simplificación administrativa, ha ampliado el elenco de obras y actos respecto de los cuales se exige intervención administrativa previa con carácter básico en su artículo 23, cuyo primer apartado se transcribe literalmente a continuación:

> "1. Los actos de transformación, construcción, edificación y uso del suelo y el subsuelo que se indican a continuación requerirán del acto expreso de conformidad, aprobación o autorización administrativa que sea preceptivo según la legislación de ordenación territorial y urbanística:
> a. Movimientos de tierras, explanaciones, parcelaciones, segregaciones u otros actos de división de fincas en cualquier clase de suelo, cuando no formen parte de un proyecto de reparcelación.
> b. Las obras de edificación, construcción e implantación de instalaciones de nueva planta.
> c. La ubicación de casas prefabricadas e instalaciones similares, ya sean provisionales o permanentes.
> d. La tala de masas arbóreas o de vegetación arbustiva que, por sus características, puedan afectar al paisaje.
> e. La primera ocupación de las edificaciones de nueva planta y de las casas a que se refiere la letra c) anterior."

Todas las leyes urbanísticas han establecido su propio listado de obras y actos de uso del suelo sujetos a licencia urbanística, que suelen añadir a los actos mencionados en el precepto citado algunos otros, como por ejemplo las obras de modificación de estructura o aspecto exterior de las edificaciones existentes o las de demolición de edificaciones y construcciones, siguiendo el precedente de la legislación estatal hoy subsistente con eficacia supletoria en el artículo 178.1 TRLS76. Así, pueden verse los artículos 169.1 LandOU, 236 LarU, 228.2 LasturOTyU, 2 LbDU, 166.1 LcanOTyEN, 183 LcantS, 187.2 LcatU, 97.1 LclU, 165 LcmOTAU, 189 LfnaOTyU, 194.2 LgOU, 192 LlrOTyU, 151.1 LmS, 221 LmuS, 207.1 LpvU, 191 LvU.

Por lo demás, existen tres supuestos típicos de exención de licencia de obras, hoy recogidos por ejemplo en el artículo 97.2 de la Ley de Urbanismo de Castilla y León. Son:

1. Las obras públicas eximidas expresamente por la legislación sectorial y de ordenación del territorio

Tradicionalmente, la licencia urbanística ha sido asimismo de aplicación en las relaciones interadministrativas, es decir, en las obras promovidas por Administraciones distintas a la competente para otorgarla. Esta regla general generó no pocos conflictos y ha dado pie a un número creciente de excepciones.

El supuesto prototípico es el que se contenía originalmente en el artículo 167 de la Ley sobre Régimen de Suelo y Ordenación Urbana de 1956, se modificaría en el 180 del Texto Refundido de la Ley de 1976, de donde pasó al artículo 244 del Texto Refundido de 1992 y que hoy está recogido en la disposición adicional 10ª del Real Decreto Legislativo 2/2008, por el que se aprueba el Texto Refundido de la Ley de Suelo. Es aquél en que, por "razones de urgencia o excepcional interés público" y previa consulta con el Ayuntamiento y la Comunidad Autónoma, el Consejo de Ministros puede aprobar un proyecto promovido por la Administración General del Estado que sea disconforme con la ordenación urbanística en vigor "y, en este caso, ordenará la iniciación del procedimiento de alteración de la ordenación urbanística que proceda, conforme a la tramitación establecida en la legislación reguladora".

Este precepto ha sido interpretado como una excepción a la regla general —que le precedía en la Ley estatal hasta la STC 61/1997, de 20 de marzo, y hoy han asumido la mayoría de leyes urbanísticas autonómicas— según la cual cualquier obra, incluidas las promovidas por las Administraciones públicas, requieren licencia municipal, de forma que el acuerdo del Consejo de Ministros que nos ocupa, "no es que no necesite licencia municipal, sino que precisamente constituye el procedimiento excepcional, al margen de licencia municipal, para autorizar obras promovidas por órganos de la Administración pública, cuando concurren razones de urgencia o excepcional interés público" (STS de 18 de diciembre de 2002, F.J. 8º).

Para fundamentar tal interpretación, una consolidada jurisprudencia del Tribunal Supremo trató de buscar acomodo a algunas obras de interés general dentro de la noción de ordenación del territorio, que supuestamente incluiría aquellas "grandes obras o construcciones de marcado interés público que siendo de competencia estatal —art. 149.1.24 de la Constitución— por su gran trascendencia para la sociedad no pueden quedar frustradas por la voluntad municipal ya que su relevancia excede del artículo 180 de la Ley del Suelo" (SSTS de 13 de diciembre de 1982, 20 de febrero de 1984, 31 de octubre de 1984, 28 de mayo de 1986, 17 de julio y 30 de noviembre de 1987, 28 de septiembre de 1990, 24 de abril de 1992, 17 de mayo de 1993 y 11 de octubre de 1994, por la que cito y que aboca a concluir que aprobar una gasolinera en un área de servicio de una autopista es ordenar el territorio).

Aunque después reorientada hacia las obras cuya "relevancia excede del artículo 180 de la Ley del Suelo" para eximirlas de intervención municipal sin necesidad de motivar razones de urgencia o excepcional interés público, sin embargo esta jurisprudencia se originó en el marco del ordenamiento preconstitucional para construir, justamente al amparo del artículo 180 del Texto Refundido de la Ley del Suelo de 1976, una excepción a la doctrina trabajosamente erigida por el propio Tribunal Supremo según la cual es necesario "rechazar todo intento de desapoderar a los municipios de las competencias urbanísticas en las zonas marítimo-terrestres, playas y zonas portuarias, tanto en punto a la intervención singular por la vía de la licencia, como en punto a la ordenación urbanística, es decir, en suma, (...) la ordenación y la ejecución urbanística es competencia exclusiva que a los Ayuntamientos corresponde en las precitadas zonas, como en general en el territorio que pertenece a los términos municipales de aquéllos". La primera excepción a esta doctrina de sujeción general a las competencias urbanísticas municipales la halla el Tribunal Supremo en los casos de las obras que, por razones de su urgencia o excepcional interés público, así lo exijan del artículo 180 TRLS 1976, en el bien entendido de que, tal y como resultaba de la entonces ley vigente, "el urbanismo en ésta regulado equivale no a una ordenación urbana, sino a una auténtica ordenación del territorio" (STS de 3 de diciembre de 1982) lo que daría pie a afirmar después que la excepción, contenida en dicha ley al igual que la regla, constituía un ejercicio de la ordenación del territorio, de suyo prevalente sobre la ordenación urbanística.

Pero parece que tal fundamento pueda seguir sosteniéndose en el ordenamiento postconstitucional. Porque "el orden constitucional de distribución de competencias ha diseccionado ciertamente la concepción amplia del urbanismo que descansaba en la legislación anterior a la Constitución de 1978" [STC 61/1997, de 20 de marzo, F.J. 6 b)] diferenciando, en lo que aquí interesa, entre ordenación del territorio y ordenación urbanística *stricto sensu* y también entre ellas y las competencias estatales sobre obras de interés general.

Pues bien, a la vista de la conflictividad que ha provocado estos esfuerzos interpretativos de la jurisprudencia, el legislador estatal ha ido generalizando las reglas expresas de excepción de licencia municipal. Primero, la Ley de Carreteras de 1988 estableció con carácter general la prevalencia de la aprobación del proyecto de una carretera sobre el planeamiento (art. 10.1), con independencia de su urgencia o relevancia. Asimismo, la Ley 27/1992, de 24 de noviembre, de Puertos del Estado y de la Marina Mercante eximió de control preventivo municipal a las obras en dominio público portuario, "por constituir obras públicas de interés general" (art. 19.3). La STC 40/1998, de 19 de febrero, sancionó la constitucionalidad de esta solución legal con un importante matiz: que "la competencia del Estado sobre puertos no puede justificar la exención de licencia municipal en aquellos casos en los que las obras de construcción o conservación, aun realizándose en la zona de servicio portuario, no afectan propiamente a construcciones o instalaciones portuarias, sino a edificios o locales destinados a equipamientos culturales o recreativos, certámenes feriales y exposiciones, posibilidad prevista en el art. 3.6 de la Ley" (F.J. 39º). Es decir, la exención de licencia es lícita sólo para los usos estrictamente portuarios, pero no para los diversos asimismo enclavados en la zona de servicio del puerto.

Más ampliamente, el Real Decreto Legislativo 1/2001, de 20 de julio, por el que se aprueba el Texto Refundido de la Ley de Aguas, ha eximido de licencia o control preventivo municipal no sólo a "las obras hidráulicas de interés general", sino también a "las obras y actuaciones hidráulicas de ámbito supramunicipal, incluidas en la planificación hidrológica, y que no agoten su funcionalidad en el término municipal donde se ubiquen". Posteriormente, la Ley 53/2002, de 30 de diciembre, extendió en su artículo 101 la misma regla de la Ley de Puertos a los aeropuertos e introdujo en el artículo 111 de la Ley de Costas una regla claramente inspirada en la antes comentada de la Ley de Suelo, pero aplicable a las "obras de interés general", que son las calificadas como tales por ministerio de la ley sin necesidad de justificar urgencia ni excepcional interés público, si bien el acuerdo aprobatorio del Consejo de Ministros no habilita en este caso para ejecutar la obra inmediatamente, sino luego de adaptado el planeamiento o incumplido el plazo establecido para hacerlo.

Y por último, la disposición adicional 3ª de la Ley 13/2003, de 23 de mayo, reguladora del Contrato de Concesión de Obras Públicas, ha abierto su supuesto de hecho a todas las obras públicas de interés general, respecto de las cuales si hay disconformidad con la Administración urbanística, "la decisión estatal respecto a la ejecución del proyecto prevalecerá sobre el planeamiento urbanístico, cuyo contenido deberá acomodarse a las determinaciones de aquélla."

En suma, a la vía de excepción de la legislación del suelo han ido añadiéndose diversas reglas especiales de otras tantas leyes sectoriales, y sobre su base ha acabado por imponerse una regla aparentemente general, último hito de una progresión que pretende generalizar lo que empezó siendo una excepción. Y tanto las leyes especiales referidas como la de concesión de obras públicas ya excluyen expresamente a las obras correspondientes de licencia u otro control preventivo municipal.

Sin embargo, la exención de licencia debe seguir interpretándose como regla excepcional y, en consecuencia, aplicarse restrictivamente. Así lo entendió ya el Tribunal Constitucional cuando hubo de juzgar la constitucionalidad del artículo 180 del Texto Refundido de la Ley de Suelo de 1976, pues sentenció que "establece una excepción al régimen urbanístico general" y que las facultades que arbitra "no pueden ser interpretadas como la posibilidad de realizar actos urbanísticos libremente y sin respetar el planteamiento previsto siempre que se den los presupuestos de urgencia y excepcional interés público, ni que la concurrencia de tales requisitos pueda ser estimada discrecionalmente por el Gobierno" (STC 56/1986, de 13 de mayo, F.J. 4°). Y así lo ha vuelto a recordar a propósito de la regla antes citada de la Ley de Puertos: si bien no puede "colegirse que la intervención del municipio en los casos de ejecución de obras que deben realizarse en su término tenga que traducirse, sin excepción alguna, en el otorgamiento de la correspondiente licencia urbanística", "es cierto que, como dispone el art. 84.1 b) LBRL, esa será la solución normal por lo que a la actividad de los ciudadanos se refiere, e incluso *deberá ser también la regla general en el caso de obras que deban realizarse por otras Administraciones*" (STC 40/1998, de 19 de febrero, F.J. 39°, la cursiva es mía).

A su vez, la legislación autonómica ha incorporado reglas inspiradas en los preceptos antes comentados, para aprobar las obras y actos de uso del suelo promovidos por sus respectivas Administraciones: pueden verse, por ejemplo, los artículos inspirados en la Ley de Suelo 170.3 LandU, 244.3 LarU, 167 LcanOTyEN, 190.2 LcatU, 198.2 LgOU, los más amplios e inspirados en la Ley reguladora del Contrato de Concesión de Obra Pública arts. 223.2 LmuS y 197.2 LvU, o los que combinan ambos modelos, de manera que eximen de licencia tanto a "las obras públicas de interés general de la Comunidad Autónoma", como también a las restantes promovidas por ella, que estarían sujetas de ordinario a licencia "pero razones de urgencia o excepcional interés público lo exijan" (art. 196 LlrOTyU) o se refieren indistintamente a "cuando se trate de realizar grandes infraestructuras públicas o cuando razones de urgencia y excepcional interés público declarado por el Gobierno así lo exijan" (art. 194.2 LcantS).

2. Las obras y los actos de uso del suelo amparados por otras resoluciones administrativas de aprobación u órdenes de ejecución

La edificación y su conservación o, llegado el caso, su demolición no son sólo facultades del derecho de propiedad sino también deberes al servicio de su función social, cuyo cumplimiento puede ser ordenado por la Administración. Así pues, la orden de ejecución es una resolución administrativa que no sólo habilita para realizar determinadas obras, sino que las prescribe, por lo que estas obras quedan lógicamente exentas de licencia. Así lo disponen, por ejemplo y además del citado precepto castellano-leonés, los artículos 169.3 LandOU, 228.2 LasturOTyU, 166.3 LcanOTyEN, 151.3 LmS, etc.

Por su parte, en las actuaciones sistemáticas de ejecución del planeamiento urbanístico, las obras de urbanización y las reparcelaciones urbanísticas suelen requerir sendos proyectos que son objeto de aprobación municipal, conjunta o sucesivamente al planeamiento de desarrollo, lo que los exime asimismo de licencia urbanística (por ejemplo, arts. 2.4 LbDU, 187.3 LcatU, 151.1.A y 3 LmS, 207.2 LpvU, 191.2 LvU).

3. *Los actos promovidos por el Ayuntamiento en su propio término municipal*

Cuando los actos de uso del suelo, construcción y edificación sean promovidos por los Ayuntamientos en su propio término municipal, el acuerdo municipal que los autorice o apruebe estará sujeto a los mismos requisitos y producirá los mismos efectos que la licencia urbanística (arts. 169.4 LandOU, 166.4 LcanOTyEN, 198.5 165.3 LcmOTAU, LgOU, 151.4 LmS, 207.4 LpvU, 197.4 LvU, etc.).

III. LA INTERVENCIÓN ADMINISTRATIVA SOBRE LA EDIFICACIÓN Y LOS USOS DEL SUELO Y EL PRINCIPIO DE PROPORCIONALIDAD: LICENCIAS, COMUNICACIONES PREVIAS Y DECLARACIONES RESPONSABLES

Como es bien conocido, la nueva regulación europea de los servicios impulsada por la Directiva Bolkestein llama a revisar y simplificar la intervención administrativa sobre los mismos.

La Directiva no afecta directamente a la edificación ni la construcción aunque sí a los servicios, por ejemplo profesionales, a ellas relativos. Una obra no es un servicio. Pese al amplísimo alcance dado por el artículo 4.1) de la Directiva a la noción de servicio, las propias instituciones europeas mantienen el criterio interpretativo aquí defendido en el considerando (9):

> "La presente Directiva solo se aplica a los requisitos que afecten al acceso a una actividad de servicios o a su ejercicio. Así, no se aplica a requisitos tales como normas de tráfico rodado, normas relativas a la ordenación del territorio, urbanismo y ordenación rural, normas de construcción, ni a las sanciones administrativas impuestas por no cumplir dichas normas, que no regulan específicamente o no afectan específicamente a la actividad del servicio pero que tienen que ser respetadas por los prestadores en el ejercicio de su actividad económica al igual que por los particulares en su capacidad privada."

Sin embargo, el legislador básico de transposición ha decidido dar alcance general a algunas de sus reformas, que ha introducido como principios o reglas generales del régimen administrativo: tal ocurre con el principio de proporcionalidad, que debe procurar siempre la forma de intervención menos gravosa y limitativa de la libertad y la atribución, a su servicio, de carta de naturaleza a la comunicación previa y la declaración responsable como alternativa preferible a la autorización (arts. 39 bis y 71 bis LRJPAC y 84, 84 bis y 84 ter LrBRL). La exposición de estas reformas del régimen jurídico administrativo general no corresponden a este trabajo.

Ahora bien, la materia que aquí nos ocupa demuestra claramente que ninguna de estas reformas es genuinamente innovadora de nuestro ordenamiento. El principio de proporcionalidad ya se expresaba de forma preclara en el artículo 6.2 del Reglamento de Servicios de las Corporaciones Locales de 1955 y la comunicación previa sustituye desde hace años a la autorización administrativa para algunas obras menores en varias comunidades autónomas. Sí se observa, en todo caso, una acentuación de la tendencia a reducir la carga de la intervención administrativa previa sobre la edificación y el uso del suelo tras la trasposición de la Directiva.

Así, por ejemplo, Castilla-La Mancha sujeta a comunicación previa, sustitutiva de la tradicional licencia, a ciertos actos de aprovechamiento y uso del suelo (incluidas las obras de modificación o reforma de los edificios y construcciones que no afecten a su estructura, aspecto exterior ni disposición interior ni alteren su uso) desde su ley reguladora de la ordenación del territorio y la actividad urbanística de 1998 (en la actualidad, pueden verse los arts. 157 a 159 LcmOTAU), como asimismo hace la ley extremeña de 2001, cuya modificación en 2010 ha ampliado además los actos sujetos a mera comunicación (que incluyen los cambios de uso y las reformas aunque modifiquen la disposición interior, siempre que no afecten a la estructura ni al aspecto exterior: art. 172 LexSyOT). También la vigente Ley madrileña del Suelo de 2001 sustituye la licencia por una comunicación previa para algunas obras distintas de las de edificación y para otros usos del suelo, de forma que transcurridos quince días hábiles sin que la Administración adopte medidas provisionales o dicte una orden de ejecución, la comunicación practicada en debida forma "producirá los efectos de la licencia urbanística" (art. 156 LmS).

Otras Comunidades Autónomas no han introducido la comunicación *ope legis* pero permiten hacerlo, remitiendo la decisión a la potestad normativa local. Así, la legislación catalana permite a las ordenanzas municipales sustituir la licencia urbanística por una comunicación previa "en función de la entidad de las obras o las actuaciones a realizar" (art. 187.4 LcatU). Análogamente, el País Vasco permite a las ordenanzas municipales "sustituir la necesidad de obtención de licencias por una comunicación previa, por escrito, del interesado al ayuntamiento, cuando se trate de la ejecución de obras de escasa entidad técnica, para las cuales no sea necesaria la presentación de proyecto técnico, o para el ejercicio de actividades que no tengan la condición de molestas, insalubres, nocivas o peligrosas, y para aquellas otras actuaciones que prevean las propias ordenanzas" (art. 207.4 LpvU).

En el apartado I de este capítulo ya hemos citado dos ejemplos, los de las ordenanzas de Barcelona y Bilbao, en que se ha ejercitado esta habilitación.

Además de estas modulaciones de la intervención administrativa sobre las obras establecidas por la legislación urbanística, debemos hoy tener en cuenta otras impulsadas desde la legislación sectorial y con eficacia, por tanto, parcial. Así, el artículo 3 del Real Decreto-Ley 19/2012, de 25 de mayo, de Medidas Urgentes de Liberalización del Comercio y de Determinados Servicios ha eximido de licencia a las obras de acondicionamiento de locales para la actividad comercial cuando no requieran proyecto de obra conforme a la LOE; y en Madrid la Ley 2/2012, de 12 de junio, de Dinamización de la Actividad Comercial ha ido más allá al eximir de licencia a las obras como cuando requieran proyecto técnico, que deberá acompañarse a la correspondiente declaración responsable.

En otras comunidades como en Canarias, por ejemplo, el *efecto Bolkestein* no se ha dejado sentir en las licencias urbanísticas de obras, pero sí en las de primera utilización y ocupación de edificaciones e instalaciones en general, que han pasado a ser objeto de declaración responsable (art. 166 bis LcanOTyEN).

De acuerdo con lo observado en los apartados anteriores, existen ciertos actos de uso del suelo —los de mayor entidad e impacto— para los que la legislación básica estatal ha establecido una suerte de *reserva de intervención previa*, exigiendo que se sujeten a un "acto expreso de conformidad, aprobación o autorización administrativa": son los actos de edificación a que se refiere el artículo 8 TRLdS08 y las parcelaciones, las segregaciones, los movimientos de tierra, las talas de árboles y masa vegetal, las construcciones, instalaciones y demás actos que ha añadido el art. 23 del Decreto-Ley 8/2011, también citado más atrás.

Ni la comunicación previa ni la declaración responsable son actos administrativos, sino del interesado. Aun en la hipótesis de que dichos actos no surtan efecto habilitante inmediato, como prevé "con carácter general" la legislación básica (art. 71 bis.3 LRJPAC), sino que la legislación sectorial pueda prever un plazo de eficacia demorada para posibilitar la reacción de la Administración antes del inicio de la obra o del uso del suelo de que se trate, y además de la inactividad de la Administración durante dicho plazo se presuma su consentimiento, conformidad o aprobación, en ningún caso se trataría de un "acto expreso" como exige la ley, sino de uno tácito. De donde cabe concluir que para los actos enunciados en el párrafo anterior no cabe sustituir la autorización previa por comunicación previa o declaración responsable.

Más allá de ellos, entendemos que el legislador autonómico puede disponer, en el ejercicio de su competencia legislativa sobre urbanismo y conforme al principio de proporcionalidad, acerca de las formas y técnicas de intervención, comprobación o supervisión administrativa sobre la transformación y el uso del suelo.

IV. CONCURRENCIA CON OTROS ACTOS DE INTERVENCIÓN Y CON LA EVALUACIÓN DE IMPACTO AMBIENTAL

Las licencias de obras concurren frecuentemente con otros actos de intervención administrativa previa. Esto es así, en nuestro sofisticado Estado autonómico de Derecho, porque varios son los intereses generales y varias las Administraciones territoriales con competencias a su servicio afectadas por los actos de edificación y uso del suelo. De un lado, en el ejercicio de la política de gobierno del territorio en el que se inserta el urbanismo, a veces se superpone a la intervención municipal otra de competencia autonómica para salvaguardar los intereses territoriales y ambientales de su competencia. De otro lado, los usos del suelo para ciertas actividades económicas reclaman una intervención sectorial, al servicio del interés general de que se trate en cada caso (comercial, industrial, energético, turístico, etc.) que demanda asimismo su debida coordinación con la intervención urbanística. En tercer lugar, cuando el suelo sea demanial o su uso implique asimismo la de otro bien de dominio público, como las costas o las aguas continentales, deberá contarse con el acto habilitante propio de la policía demanial, esto es, con la concesión o autorización correspondiente.

En todos estos casos de concurrencia de actos diversos de intervención previa sobre la edificación o el uso del suelo, el criterio general suele ser que la licencia municipal de obras es el último a otorgar, de manera que su estimación está condicionada a la obtención de todos los restantes. Y ello porque el municipal es el interés general territorialmente inferior, sobre el que prevalecen los demás, porque la intervención urbanística es horizontal o transversal y está llamada a integrar todos los intereses en juego por razón de su proyección espacial sobre el suelo y porque la intervención sobre la legalidad de las obras no se atiene sólo a parámetros físicos o estéticos, sino también funcionales como el tipo y la intensidad del uso a que la edificación o construcción está destinada, por lo que puede ser diferente de la autorización de dicho uso pero no indiferente a ella.

Y cuando se persigue integrar la licencia urbanística con otras autorizaciones de la competencia de la misma Administración, como por ejemplo hacen la ley gallega y la castellano-manchega, o se confunden en un mismo procedimiento y resolución que atiende indistintamente a los diversos intereses generales afectados (art. 163 LcmOTAU) o las restantes tienen prelación —sustantiva y temporal— sobre la urbanística, de manera que la propuesta de resolución —si forman piezas separadas del mismo procedimiento— o la resolución —en otro caso— debe preceder a la de la licencia de obras, que no podrá otorgarse si aquélla es desfavorable (art. 196 LgOU).

Este criterio general del condicionamiento del otorgamiento de la licencia de obras a la previa concesión de las restantes autorizaciones o concesiones preceptivas permite seguir manteniendo la tradicional configuración de aquella licencia como un acto ejecutorio y directamente habilitante de la ejecución de las obras. Ahora bien, aunque general y razonable este criterio no es necesario y en algunos casos el legislador se ha apartado de él, como por ejemplo la nueva legislación canaria de actividades clasificadas, que permite al interesado elegir qué licencia insta primero, si la de obras o la de instalación de actividad clasificada, de modo que aquélla puede otorgarse válidamente antes de resolverse sobre ésta y el Ayuntamiento es declarado exento *ope legis* de toda responsabilidad derivada de su eventual denegación, como se verá más adelante en este mismo apartado. También flexibilizadora de las relaciones entre licencias concurrentes, pero más consistente con el criterio general aquí expuesto es la regla de la ley cántabra según la cual "cuando conforme al proyecto presentado la edificación de un inmueble se destine específicamente a actividades mercantiles o industriales y se precise licencia de obras, la licencia de apertura se exigirá con carácter previo o simultáneo a la citada licencia de obras. Ello no obstante, el Ayuntamiento puede otorgar la licencia de obras bajo condición resolutoria a resultas del expediente de la licencia de apertura" (art. 187.2 LcantS).

Por lo demás, podemos afirmar sintéticamente que las relaciones entre todos estos actos de intervención administrativa previa están presididas, allí donde concurren dos o más de ellos, por los principios de competencia y de lealtad institucional. El principio de competencia diferencia el objeto o finalidad de las respectivas intervenciones (en el caso de la licencia de obras: verificar el cumplimiento de la legalidad territorial y urbanística) y ordena la prelación entre ellas (con criterios como los expuestos en el párrafo anterior). Y cuando las competencias de intervención recaigan sobre Administraciones distintas, el principio de lealtad institucional les obliga a no obstruir y sí prestar colaboración activa en el ejercicio de la ajena, a darle participación en la propia cuando ésta le afecte y a ponderar en su ejercicio también los intereses generales cuya gestión está encomendada a la otra Administración (arts. 4 LRJPAC y 55 LrBRL). Por ello, por ejemplo, no procede otorgar licencia urbanística a una obra para la que no se haya solicitado o se haya denegado una autorización diversa, pero previa y preceptiva.

En primer lugar y por lo que se refiere a la concurrencia de la licencia municipal con actos de intervención autonómica asimismo al servicio del gobierno del territorio (es decir, de sus competencias urbanísticas y de ordenación territorial), en nuestro país es tradicional la sujeción a autorización superior de ciertos usos del suelo no urbanizable (art. 85.1.2ª TRLS76).

En la actualidad, por ejemplo, en Galicia los usos lícitos del suelo rústico se clasifican en "usos permitidos", que son compatibles con la protección de cada categoría de suelo pero requieren licencia urbanística municipal, y "usos autorizables", que están sujetos a autorización de la Administración autonómica, previa a la licencia municipal, en la que debe "valorarse en cada caso las circunstancias que justifiquen su autorización, con las cautelas que procedan" lo que implica una mayor discrecionalidad (art. 34.1 LgOU).

En la Comunidad de Madrid los proyectos de edificación o uso del suelo, cuando pretendan llevarse a cabo en el suelo no urbanizable de protección o en el suelo urbanizable no sectorizado, requieren una "calificación urbanística", que por un lado completa la ordenación urbanística de la parcela donde quiera realizarse tales actos y, por otro, autoriza la ejecución del proyecto (art. 147 LmS). Y si se trata de usos de interés general que conlleven edificaciones, construcciones o instalaciones en el suelo urbanizable no sectorizado (nótese que en esta comunidad no existe SNU común, de manera que se integra en el urbanizable no sectorizado todo el suelo rústico que no sea SNU de protección), debe aprobarse un "proyecto de especial interés" (art. 149). En ambos casos, la competencia para su otorgamiento es autonómica (arts. 148.1 y 150.1) y no exime, en su caso, de la licencia municipal a la que debe preceder (arts. 148.4 y 150.2). Similar es el caso de Canarias, ciertos usos de cuyo suelo rústico requieren ser habilitados mediante Proyectos de Actuación Territorial o Calificaciones Territoriales previas a la licencia urbanística, siendo así que ésta debe solicitarse dentro de los 6 meses siguientes a su aprobación, con el añadido de declararse nulas de pleno Derecho las licencias otorgadas sin cumplirse dicho requisito previo (art. 170 LcanOTyEN).

La naturaleza jurídica de estas "calificaciones" territoriales o urbanísticas es controvertida, pues aunque de su configuración legal parece inferirse su naturaleza mixta, normativa (instrumento de ordenación) y ejecutiva (acto de intervención), la jurisprudencia ha rechazado tal cosa (SSTS 20 de noviembre de 2009 y 14 de enero de 2010, F.J. 5°) por lo que las subsume en la categoría de las autorizaciones aunque acepta que, dentro de ella, se diferencian de la especie de las licencias urbanísticas municipales por no ser actos debidos ni estrictamente reglados (STS de 30 de noviembre de 2011, F.J. 2°). Más clara parece esta naturaleza en las autorizaciones autonómicas en el suelo rústico directamente inspiradas en el TRLS76.

Pero con independencia de ello, en estos supuestos de concurrencia de la licencia municipal con una aprobación o autorización autonómica previa para ciertas obras y usos del suelo rural, la omisión o denegación de ésta puede constituir un caso de nulidad de pleno Derecho de la licencia que, en todo caso y aun antes de declararse su nulidad, no es por sí misma título habilitante suficiente para proceder a ejecutar las obras, de modo que la Comunidad Autónoma podrá incoar el procedimiento de restauración de la legalidad e incluso ordenar la demolición de las obras amparadas por la licencia, si procede y tiene competencia para ello, sin infringir por ello la autonomía local (SSTS de 21 de julio de 2011, FF.JJ. 6°.6 y 7°, y de 18 de noviembre de 2011, F.J. 3°).

Pasando del gobierno del territorio a las competencias más amplias sobre medio ambiente, las Comunidades Autónomas ostentan asimismo competencias autorizatorias sobre las obras y usos del suelo, que también preceden y prevalecen sobre la licencia urbanística municipal. Así, por ejemplo, la construcción o modificación sustancial de las "instalaciones" en las que se desarrollen actividades industriales incluidas en el anejo I de la Ley 16/2002, de 1 de julio, de Prevención y Control Integrados de la Contaminación está sometida a autorización ambiental integrada (art. 9), que precede a los demás medios de intervención administrativa en la actividad de los ciudadanos (art. 11.2). Su solicitud debe acompañarse de informe positivo del Ayuntamiento sobre la conformidad del proyecto con el planeamiento urbanístico [arts. 12.1b) y 15], informe que es independiente de la licencia de obras (a la que acabamos de ver que precede en el tiempo) pero vincula al Ayuntamiento en su otorgamiento (art. 5 del Real Decreto 509/2007, de 20 de abril, de Prevención y Control Integrados de la Contaminación). De esta autorización se ocupa otro capítulo de esta obra, a la que desde aquí remitimos para mayor detalle.

Y aunque la ley citada en el párrafo anterior afirma con carácter general en su artículo 29 que la autorización ambiental integrada sustituye a la intervención administrativa sobre las actividades molestas, insalubres, nocivas o peligrosas, permite a las Comunidades Autónomas mantener dicha intervención, que también en algunos casos se ha aliviado pasando de autorizaciones previas a comunicaciones previas o declaraciones responsables. No es éste el lugar para exponerla sistemáticamente, pero sí advertir que algunas leyes se ocupan de la concurrencia de esta intervención con la urbanística.

En Canarias, por ejemplo, la instalación, la apertura y la puesta en funcionamiento de los establecimientos que sirven de soporte a la realización de actividades clasificadas están sujetas con carácter general al régimen de *comunicación previa*, aunque por excepción se permite exigir *autorización* mediante Decreto del Gobierno para las que impliquen mayor riesgo. En todo caso, el artículo 7 de la Ley 7/2011, de 5 de abril, de Actividades Clasificadas y Espectáculos Públicos y Otras Medidas Administrativas Complementarias exige para el inicio de la instalación sobre edificaciones y para el comienzo de la actividad, la presentación previa por el promotor de una *declaración responsable* sobre el cumplimiento de la normativa urbanística y edificatoria acompañada de certificado de finalización de obra firmada por el técnico-director de obra, visado por el correspondiente colegio profesional, en su caso. Y para el caso de la dualidad de licencias, la de actividades clasificadas y la de obras, persigue su integración, para lo que establece que la de instalación incluirá la de obra, prevista en el apartado 1.b del artículo 166 LcanOTyEN, "cuando ésta fuere preceptiva tramitándose ambas de forma conjunta con arreglo al régimen jurídico y procedimiento establecido en la presente Ley.

Podrá, no obstante, el interesado solicitar la tramitación o autorización sucesiva o simultánea de una u otra licencia, en cuyo caso la ausencia de previa licencia de instalación de actividad clasificada no será causa de denegación ni de invalidez de la licencia de obra solicitada u otorgada previamente, pero exonerará a la Administración concedente de esta última de toda responsabilidad derivada de la ulterior denegación de la licencia de instalación de actividad clasificada."

En el País Vasco, por el contrario, las actividades clasificadas siguen generalmente sujetas a licencia municipal y ésta debe ser previa a la licencia de obras, de acuerdo con lo previsto en los artículos 55 y 61 de su Ley 3/1998, de 27 de febrero, General de Protección del Medio Ambiente.

Pero como es sabido, el medio ambiente no sólo comprende el medio natural (recursos naturales), sino también el artificial (bienes culturales). Y la Ley 16/1985, de 25 de junio, del Patrimonio Histórico Español requiere autorización previa para cualquier obra que se realice en los monumentos, jardines históricos, sitios históricos o zonas arqueológicas (arts. 19 y 22). En los casos de conjuntos históricos, sitios históricos o zonas arqueológicas, debe aprobarse un Plan Especial de Protección, bajo cuya cobertura los Ayuntamientos pueden autorizar directamente las obras que no afecten ni a monumentos ni a jardines históricos ni a su entorno (art. 20.4), pero en cuya ausencia no sólo se requiere resolución favorable de la Administración competente, sino que se prohíben la alteración de alineaciones, edificabilidad y parcelación (art. 20.3). La Ley, en todo caso, prohíbe el otorgamiento de la licencia hasta tanto no haya sido concedida la autorización que proceda (art. 23).

Por lo que se refiere, en tercer lugar, a la concurrencia de las licencias urbanísticas con otras sectoriales y en particular con las operativas o de funcionamiento de ciertas actividades económicas, ya el Reglamento de Servicios de las Corporaciones Locales establece que "cuando, con arreglo al proyecto presentado, la edificación de un inmueble se destinara específicamente a establecimiento de características determinadas, no se concederá el permiso de obras sin el otorgamiento de la licencia de apertura si fuere procedente" (art. 22.3 RSCL).

La notable STS de 26 de marzo de 2001 ha recapitulado en su F.J. 2º la doctrina del Alto Tribunal sobre esta concurrencia, según la cual "la jurisprudencia, desde antiguo, aunque reconoce la sustantividad de ambas licencias, declara su interdependencia en el supuesto del indicado precepto (STS de 6 de abril de 1961), y justifica la subordinación de la de obras a la de apertura invocando el interés del peticionario, para quien la anticipada autorización podría suponer evidentes perjuicios, de no obtenerse luego la de industria (SSTS de 16 de noviembre de 1971, 8 de febrero de 1977 y 27 de junio de 1979, entre otras muchas).

La licencia de apertura ha de obtenerse con anterioridad, o, por lo menos, simultáneamente, a la licencia urbanística (STS 28 de octubre de 1989). A tenor del artículo 22.3 RSCL, no es la licencia de apertura la que se subordina a la de obras, sino a revés, debiendo solicitarse aquélla con anterioridad o, por lo menos, al mismo tiempo que ésta (SSTS de 3 de enero y 21 de septiembre de 1985, 20 de febrero de 1989, 18 de junio de 1990, 15 de julio de 1992 y 26 de julio de 1996). Esta dependencia deriva de la primacía del destino específico de la construcción sobre la obra misma (STS 11 de diciembre de 1997)".

Ahora bien, la liberalización de los servicios económicos impulsada en los últimos años a partir de la Directiva Bolkestein ha reducido el campo de la concurrencia de autorizaciones, al sustituir varias de las sectoriales por meras comunicaciones previas o declaraciones responsables.

Así, la Ley 21/1992, de 16 de julio, de Industria, proclama en su artículo 4 la libertad de establecimiento para la instalación, ampliación y traslado de las actividades industriales, de forma que permite sujetarlos a comunicación o declaración responsable cuando así lo establezca una Ley por razones de orden público, seguridad y salud pública, seguridad y salud en el trabajo o protección del medio ambiente, o cuando se establezca reglamentariamente para el cumplimiento de obligaciones del Estado derivadas de la normativa comunitaria o de tratados y convenios internacionales, mientras que la autorización previa sólo puede prescribirse cuando sea necesario para cumplir las citadas obligaciones supra o internacionales.

Similar es el caso del comercio minorista, cuya ley prohíbe con carácter general sujetar a autorización la instalación de establecimientos comerciales y cuando por excepción así se haga deberá ser por tiempo indefinido, por razones imperiosas de interés general apreciadas de acuerdo con el principio de proporcionalidad y excluidas las de índole económica, encubridoras de una planificación de este tipo, y conforme a requisitos y criterios proporcionados, no discriminatorios, claros e inequívocos, objetivos, hechos públicos con antelación, predecibles, transparentes y accesibles (art. 6 de la Ley 7/1996, de 15 de enero, de Ordenación del Comercio Minorista).

Y en materia de turismo, por ejemplo, la ley canaria ha sustituido con carácter general la autorización por comunicación previa o declaración responsable, según los casos, la construcción, ampliación, rehabilitación o reforma de establecimientos turísticos de alojamiento y el acceso o ejercicio de actividades turísticas. Sin embargo y por excepción, "se sujetará a autorización administrativa la construcción, ampliación, rehabilitación y apertura de establecimientos turísticos de alojamiento cuando, por razones medioambientales o de ordenación del territorio, esté legal o reglamentariamente restringida o limitada la creación de nueva oferta de alojamiento turístico y, especialmente, siempre que dichas limitaciones vengan justificadas en la ordenación territorial atendiendo a la capacidad de carga de las islas" y en tal caso, "la autorización deberá obtenerse con carácter previo a la licencia de edificación o apertura y se otorgará por el respectivo cabildo insular" (art. 24 de la Ley 7/1995, de 6 de abril, de Ordenación del Turismo de Canarias). Como ha afirmado el Tribunal Superior de Justicia de Canarias, "la subordinación de la licencia de obras a la autorización turística, tal y como se configura en la legislación turística canaria, es evidente y obedece a la necesidad de que no se realicen obras para determinada finalidad que luego no podrá ser autorizada, esto es, se produce una accesoriedad funcional entre ambas autorizaciones" (STSJ de 1 de septiembre de 2004, F.J. 3º).

La presencia particularmente intensa y sensible de intereses generales en materia de energía ha hecho que en ella persistan las autorizaciones administrativas previas, por ejemplo para las instalaciones de producción, transporte y distribución de energía eléctrica, en las que además el sentido del silencio es negativo (arts. 21, 28, 36 y 40 de la Ley 54/1997, de 27 de noviembre, del Sector Eléctrico).

En fin, no podemos reconstruir aquí la matriz entera de disposiciones urbanísticas, territoriales, ambientales y sectoriales de las 17 CC.AA. que sujetan a alguna forma de intervención administrativa a las obras y actividades que implican la utilización del suelo, por razones evidentes de economía expositiva, ni menos aún agotar todas sus posibles combinatorias, pero los ejemplos ofrecidos son ilustrativos de ellas y de las relaciones que guardan entre sí. Algunas de estas intervenciones sectoriales, además, serán tratadas monográficamente en otros capítulos de esta obra, a los que remitimos.

De otro lado, cuando las obras o usos del suelo ocupen o utilicen el dominio público, precisan asimismo el título habilitante correspondiente, lo que tampoco les exime de licencia urbanística a la que aquél debe preceder, como se cuidan de advertir prácticamente todas las leyes autonómicas (por todos, art. 3.2 LbDU).

Así por ejemplo, las instalaciones y obras que ocupen o utilicen el dominio público marítimo-terrestre sólo podrán ampararse en la existencia de reserva (a la AGE), adscripción (a las CC.AA.), autorización (para instalaciones desmontables) o concesión (para obras o instalaciones no desmontables), según los artículos 31.1, 51 y 64 de la Ley 22/1988, de 28 de julio, de Costas. La disposición adicional 5ª de la Ley se refiere en su segundo apartado a la eventual concurrencia de este título habilitante con la licencia urbanística, de la que declara que aquél no exime y, en caso de que se invierta su orden ordinario y se obtenga antes la licencia, advierte que su eficacia quedará demorada hasta el otorgamiento de aquél, cuyas cláusulas considera prevalentes. Además, el artículo 42 exige acompañar a la solicitud del título habilitante para la utilización del demanio marítimo-terrestre al menos el proyecto básico que debe contener, entre otros documentos, planos informativos de la clasificación y usos urbanísticos del entorno y su autor responder de la exactitud y veracidad de los datos técnicos y urbanísticos consignados, de acuerdo con lo dispuesto en los arts. 88 y 96 de su Reglamento General de Desarrollo y

Ejecución, aprobado por Real Decreto 1471/1989, de 1 de diciembre. Estos requisitos obedecen a que, aunque la Administración autorizante o concedente de que aquí hablamos no sea la urbanística y aun cuando la obra o instalación también esté sujeta a la licencia por parte de ésta, aquélla deberá desestimar la solicitud no sólo cuando infrinja la legislación de costas, sino en general cuando infrinja el ordenamiento, también el territorial y urbanístico, al que el Tribunal Constitucional ya advirtió en su Sentencia 149/1991, de 4 de julio [F.J. 4° C) a)] que están igualmente sujetas las obras e instalaciones de que tratamos. Todo ello dejando a salvo las obras de interés general, de cuyo régimen excepcional nos hemos ocupado en el apartado II de este capítulo.

Mención aparte merece, por último, la evaluación de impacto ambiental de ciertos proyectos de obra porque no se trata ya de una autorización independiente, sino de un procedimiento incardinado, como pieza separada, en el seno del procedimiento de aprobación o autorización administrativa de la obra. De conformidad con lo dispuesto en los anexos I y II LEIA, no están sujetas a evaluación de impacto todas las edificaciones e instalaciones, pero sí las destinadas a ciertos fines (extractivos, industriales, energéticos, de gestión de residuos, etc.) y otros usos del suelo (talas de árboles, por ejemplo) sujetos a licencia urbanística, a los que la legislación ambiental de desarrollo puede añadir otros análogos o adicionales.

Como ya sabemos, muchas de estas obras y actividades están sujetas, además, a autorización operativa sectorial previa a la licencia urbanística, en cuyo caso es en éste procedimiento previo de autorización el que debe incorporar la EIA pues, de conformidad con lo dispuesto en el artículo 2.2 LEIA, "cuando un proyecto se vea afectado por diversos conceptos que precisen autorización, aprobación o, en su caso, control de la actividad y que se hubieren de otorgar o ejercer por distintos órganos de la Administración Pública estatal, autonómica o local, se considerará órgano sustantivo aquel que ostente las competencias sobre la actividad a cuya finalidad se orienta el proyecto, con prioridad sobre los órganos que ostentan competencias sobre actividades instrumentales o complementarias respecto a aquellas."

V. PROCEDIMIENTO Y RESOLUCIÓN. NATURALEZA Y EFICACIA DE LA LICENCIA

La licencia de obras es una resolución administrativa de intervención previa, de naturaleza autorizatoria y de carácter reglado y real.

En los términos utilizados por el Tribunal Supremo, por la licencia urbanística "se produce la remoción o alzamiento de una prohibición de ejercicio de un derecho subjetivo impuesta por la necesidad de contrastar previamente que dicho ejercicio se atiene a los límites que configuran el propio derecho según la ordenación urbanística. Se caracteriza por ser una medida de intervención administrativa en la actividad de edificación y uso del suelo, incidir no sobre el contenido del derecho a la edificación o uso del suelo sino sobre el ejercicio de dicho derecho, y tener por objeto controlar que el acto que se pretende ejercer está de acuerdo con la ordenación urbanística aplicable. Es decir, consiste en un control de licitud u observancia de los límites fijados al «ius edificandi». Así hemos señalado que toda licencia urbanística no es más que un acto administrativo de autorización, de simple declaración formal de un derecho preexistente, en virtud del cual y a través del pertinente procedimiento administrativo, se lleva a cabo un control de la actividad solicitada por el administrado, verificándose si se ajusta o no a las exigencias del interés público tal como han quedado plasmadas en la ordenación vigente, por lo que dada su naturaleza reglada, constituye un acto debido en cuanto que necesariamente debe otorgarse o denegarse según que la actividad pretendida se adapte o no a la concreta ordenación aplicable" (STS de 26 de marzo de 2001, F.J. 2º).

Detengámonos brevemente en los cuatro rasgos o elementos característicos que hemos manejado de la noción de licencia de obras: acto administrativo, autorizatorio, reglado y real.

Como acto administrativo, la licencia despliega sus efectos en el plano de las relaciones jurídico-administrativas. Como todavía reza el artículo 10 del Reglamento de Servicios de 1955, "los actos de las corporaciones locales por los que se intervenga la acción de los administrados producirán efectos entre la corporación y el sujeto a cuya actividad se refieran, pero no alterarán las situaciones jurídicas privadas entre éste y las demás personas". Por ello, la licencia de obras se otorga sin perjuicio del derecho de propiedad: "las autorizaciones y licencias se entenderán otorgadas salvo el derecho de propiedad y sin perjuicio del de tercero" sigue disponiendo el citado Reglamento en su artículo 12.1, norma que han reproducido algunas leyes urbanísticas (p.ej., arts. 237.2 LarU, 98.2 LclU, 152.d LmS, 211.2 LpvU, 193.1 LvU).

Por esta misma razón, la eficacia de esta resolución no es constitutiva de la facultad de edificar del derecho de propiedad (como establecía el art. 33.1 TRLS92), sino declarativa de la licitud de un determinado ejercicio de dicha facultad proyectado por el solicitante, que levanta la carga de la intervención administrativa previa para dicho ejercicio (art. 8.1 TRLdS08), según es característico de la técnica autorizatoria. La licencia de obras ni constituye el *ius aedificandi*, que viene atribuido y determinado por la ordenación urbanística [arts. 6 d) y 7.1 TRLdS08] ni tampoco patrimonializa la edificabilidad, lo que sólo ocurre por el acto edificatorio [art. 7.2 TRLdS08], sino que se sitúa en un momento intermedio, en el que autoriza un concreto uso del suelo conforme a aquélla ordenación y habilita el acto de la edificación proyectada, en su caso.

Y como autorización que es, constituye un acto administrativo favorable al interesado que la solicita, por lo que la Administración no puede revisarla libremente ni cuando aprecia en ella un vicio de anulabilidad (deberá declarar su lesividad para el interés público e impugnarla ante el orden contencioso-administrativo: art. 103 LRJPAC) ni menos aún por razones de oportunidad (irrevocabilidad: art. 105 LRJPAC). La legislación urbanística suele habilitar a la Administración a revocar las licencias cuyas obras no hayan concluido por cambio sobrevenido de la ordenación, para favorecer su más rápida efectividad, pero tal potestad ha de suponer una excepción al principio de no indemnizabilidad del *ius variandi* (art. 3.1 TRLdS08) y, por tanto, un supuesto indemnizatorio típico [art. 35 c) TRLdS08].

El carácter reglado de las licencias de obras significa que el contenido decisorio de la resolución viene plenamente predeterminado por la ordenación aplicable. Ha sido largamente afirmado por la doctrina y la jurisprudencia, para la que la Administración debe limitarse a contrastar la obra proyectada con la ordenación urbanística que le es aplicable, "disposiciones a las que los Ayuntamientos habrán de ajustarse en el doble sentido de tener que denegar las licencias de obras que se opongan a tales disposiciones y tener que conceder las que a las mismas se acomoden" (SSTS de 31 de octubre de 1958 y 29 de noviembre de 1968). Cuando, como aquí ocurre, la configuración de una potestad reglada es tal que no ofrece más alternativa que la de otorgar lo solicitado o denegarlo, afirmamos además que el otorgamiento de la licencia cuya solicitud es conforme a dicha ordenación, y su desestimación en el caso contrario, son actos debidos.

Sin perjuicio de ello, lo cierto es que el ordenamiento territorial, urbanístico y edificatorio ha ido ganando notoriamente en complejidad desde las sentencias citadas, lo que complica a su vez la operación de contraste a que nos hemos referido, que ni siempre permite descartar todo margen de apreciación ni siempre se plantea como una alternativa binaria pura (otorgar/denegar). De suerte que en algunas ocasiones la ordenación utiliza principios, conceptos jurídicos indeterminados (véase, por ejemplo, la STS de 18 de julio de 2002, F.J. 2º) o conceptos técnicos complejos cuya interpretación y aplicación al caso concreto requiere una operación de ponderación o admite una cierta discrecionalidad técnica. Y en otras ocasiones el procedimiento de licencia integra otro de evaluación de impacto ambiental, por ejemplo, por cuya virtud el contenido resolutorio de la licencia puede incorporar elementos accesorios limitativos, correctivos o condicionantes de la obra proyectada.

Debe tenerse presente, por otro lado, que la legalidad de referencia para su contraste con la obra proyectada no es la vigente al tiempo de la solicitud sino al tiempo de la resolución, siempre que ésta se produzca dentro de los plazos para ella establecida, conforme a la línea jurisprudencial dominante en la actualidad que entiende que "lo contrario implicaría el anómalo resultado de tener que poner en marcha los mecanismos revocatorios, o permitir construcciones que, desde el mismo momento de su autorización resultarían afectadas por el excepcional régimen de fuera de ordenación, con todas las consecuencias distorsionadoras que ello supone" (por todas, STS de 5 de julio de 1983). Varias leyes autonómicas han positivizado este criterio (p. ej., arts. 237.1 LarU, 188.1 LcantS, 98.1 LclU, 193.1 LlrOTyU y 193.2 LvU), que creemos conforme no sólo con el principio de irretroactividad de las disposiciones restrictivas de derechos individuales (puesto que no hay otro *ius aedificandi* del propietario que el determinado por el plan vigente en cada momento), sino también con los de subordinación de toda la riqueza al interés general (que demanda la validez y eficacia del *ius variandi* de la Administración) y de buena fe y confianza legítima (habida cuenta de la mayor prolongación del plazo para ejercer la potestad de planeamiento que la de licencia y de la sujeción de aquélla a información pública).

Y en atención a su carácter real, nuestra legislación prevé que las licencias son transmisibles (art. 13.1 RSCL) y, en el caso del País Vasco, presume su transmisión salvo pacto en contrario junto con la de la superficie de suelo o la construcción o edificación correspondiente (art. 208.2 LpvU).

Con el propósito de verificar el cumplimiento de la legalidad, la licencia, o el acto de intervención administrativa que la sustituya según la legislación de ordenación territorial y urbanística, debe ser aportada para su testimonio en las escrituras de declaración de obra nueva en construcción que autoricen los notarios (art. 20.1 TRLS 08). Asimismo, es habitual exigir la aportación o acreditación de licencia para obtener el suministro de los servicios básicos domiciliarios como la electricidad, el agua, el gas o la telefonía (por ejemplo, arts. 175.1 LandOU, 241 LarU, 232 LasturOTyU, 9 LbDU, 172.1 LcanOTyEN, 184 LcantS, 164 LcmOTAU, 194.3 LgOU, 214 LpvU, 199 LvU). Además, algunas leyes urbanísticas mantienen la vieja exigencia de publicidad de la licencia en el lugar de la obra: la ley castellano-leonesa, por ejemplo, manda tener a pie de todas las obras de urbanización y edificación una copia autorizada de la licencia y un anuncio visible desde la vía pública informativo de sus características esenciales (art. 100 LclU), anuncio que también prescriben las leyes balear (art. 7.10 LbDU), canaria (art. 175.1 LcanOTyEN) o cántabra (art. 193 LcantS). A nuestro juicio, todas estas exigencias de publicidad no constituyen requisitos para la eficacia de la licencia, sino una carga para gozar de los beneficios de la fe pública notarial y registral de las obras nuevas en el primer caso, y deberes en el segundo cuyo incumplimiento es constitutivo de una infracción administrativa.

La regulación sobre el procedimiento de otorgamiento de licencias urbanísticas suele remitirse a la legislación sobre régimen local (como todavía dispone supletoriamente el art. 178.3 TRLS 76), con alguna particularidad.

La solicitud deberá acompañarse de:

a) Normalmente cuando se trate de obras mayores, y en particular de obras de edificación, el proyecto de la obra suscrito por profesional legalmente competente para ello y visado por el colegio profesional [por ejemplo, arts. 229.2 LasturOTyU, 6.1 LbDU, 217.3 LmuS, 210.2.a) LpvU]. Lo que ya no rige, desde hace años, es el llamado "visado urbanístico" (art. 229.3 LasturOTyU), de forma que el visado es preceptivo pero despliega sus efectos en el plano profesional, no en el urbanístico. Algunas leyes especifican además que basta el proyecto básico, sin perjuicio de que sea preceptivo presentar posteriormente el de ejecución para la comprobación administrativa de su adecuación [arts. 7.3 LbDU, 208.1.a) LpvU].

De conformidad con lo previsto en el artículo 2.2 de la Ley 38/1999, de 5 de noviembre, de Ordenación de la Edificación, tienen la consideración de edificación y requieren proyecto las siguientes obras:

a. Obras de edificación de nueva construcción, excepto aquellas construcciones de escasa entidad constructiva y sencillez técnica que no tengan, de forma eventual o permanente, carácter residencial ni público y se desarrollen en una sola planta.
b. Obras de ampliación, modificación, reforma o rehabilitación que alteren la configuración arquitectónica de los edificios, entendiendo por tales las que tengan carácter de intervención total o las parciales que produzcan una variación esencial de la composición general exterior, la volumetría, o el conjunto del sistema estructural, o tengan por objeto cambiar los usos característicos del edificio.
c. Obras que tengan el carácter de intervención total en edificaciones catalogadas o que dispongan de algún tipo de protección de carácter ambiental o histórico-artístico, regulada a través de norma legal o documento urbanístico y aquellas otras de carácter parcial que afecten a los elementos o partes objeto de protección.

De acuerdo con ello, algunas leyes autonómicas eximen expresamente de proyecto técnico a las obras menores, entre las que se incluyen las que no afecten a la estructura, cimentación, volumen ni apariencia exterior de los edificios (por ejemplo, art. 195.3 LgOU).

Según prescribe el artículo 4 de la citada Ley de Ordenación de la Edificación, el proyecto es el conjunto de documentos mediante los cuales se definen y determinan las exigencias técnicas de las obras. El proyecto habrá de justificar técnicamente las soluciones propuestas de acuerdo con las especificaciones requeridas por la normativa técnica aplicable, y en particular el Código Técnico de la Edificación, aprobado por Real Decreto 314/2006, de 17 de marzo. Y de acuerdo con el artículo 10, la titulación académica y profesional del proyectista será la de arquitecto, arquitecto técnico, ingeniero o ingeniero técnico, según sea el uso de la edificación de que se trate.

Por lo que se refiere al visado colegial, la *Ley 25/2009, de 22 de diciembre, de modificación de diversas leyes para su adaptación a la Ley sobre el libre acceso a las actividades de servicios y su ejercicio* (más conocida como la "ley ómnibus" para la transposición de la ya varias veces citada Directiva Bolkestein) modificó el artículo 13 de la *Ley 2/1974, de 13 de febrero, sobre Colegios Profesionales* con el objeto de configurar con carácter general al visado como voluntario, aunque también otorgó al Gobierno la potestad de establecer los trabajos profesionales que exigirán visado obligatorio, atendiendo a los criterios de su necesidad, por afectar a la integridad física y seguridad de las personas, y de proporcionalidad. Pues bien, en el ejercicio de esta potestad el Gobierno dictó el Real Decreto 1.000/2010, de 5 de agosto, sobre Visado Colegial Obligatorio, que ha respetado la exigencia del mismo para los proyectos de ejecución y de demolición de la edificación.

b) Las restantes concesiones o autorizaciones que sean preceptivas para la obra o el uso de que se trate [arts. 172.2 LandOU, 161.2 c) LcmOTAU, 210.2, letras b) y c), LpvU], puesto que ya nos consta por lo comentado en el apartado anterior que la licencia integra y cierra la intervención administrativa previa sobre dicha obra o uso. En su adaptación al proceso Bolkestein, alguna Ley ha sustituido la aportación de las autorizaciones o concesiones preceptivas por una declaración responsable de que se han obtenido (art. 176 LexSOT) si bien, si el interesado tiene los títulos en su poder, no parece que la declaración suponga gran ventaja sobre la aportación y sí puede plantear problemas cuando dichos actos hayan establecido limitaciones, condiciones o medidas correctoras, si las mismas no se reproducen fielmente en la declaración responsable. Lo idóneo sería la comunicación telemática entre las Administraciones competentes, de manera que la municipal pudiera verificar el otorgamiento de las autorizaciones y concesiones previas en cada caso exigibles por sus propios medios, exonerando al interesado de toda carga probatoria.

Por lo demás, es común que las ordenanzas fiscales de los municipios sujeten a una tasa la solicitud de las licencias urbanísticas, al amparo de lo dispuesto en el artículo 20.4.h) de la Ley de Haciendas Locales (Texto Refundido aprobado por Real decreto Legislativo 2/2004, de 5 de marzo). Según la doctrina más reciente del Tribunal Supremo, que corrige una opinión anterior, "en las tasas por prestación de servicios urbanísticos el hecho imponible viene determinado por la realización, por los servicios municipales correspondientes, de la actividad municipal de estudio precisa para la determinación de la adecuación o inadecuación a la legalidad urbanística del proyecto presentado, con independencia del resultado de tal estudio y, consiguientemente, con independencia de que el solicitante obtenga finalmente la licencia pretendida o no la obtenga porque no se ajuste, en este último caso, a la legalidad urbanística". El hecho imponible de la tasa, pues, no es la obtención de la licencia sino la actividad municipal de su instrucción provocada por la solicitud, por lo que la misma se devenga igualmente si la resolución es desestimatoria, si se renuncia a la licencia otorgada, si se desiste de la solicitud e incluso si no se dicta resolución y se produce el silencio positivo, siempre que la Administración haya desplegado una actividad previa "concreta e individualizada", pues de lo contrario no se produce el hecho imponible y debe procederse a su reembolso, incluso de oficio (STS de 5 de febrero de 2010, F.J. 4º).

El Decreto-Ley 19/2012, de 25 de mayo, el que ya me he referido en el apartado III de este capítulo, ha ampliado el hecho imponible de la tas a la "realización de las actividades administrativas de control en los supuestos en los que la exigencia de licencias fuera sustituida por la presentación de declaración responsable o comunicación previa", como ha hecho el propio Decreto-Ley con las obras de acondicionamiento de locales comerciales que no requieran proyecto técnico.

En cuanto a la instrucción del procedimiento, es habitual considerar preceptivos los "informes técnico y jurídico sobre la conformidad del acto o el uso pretendidos con la ordenación urbanística aplicable, emitidos por los correspondientes servicios municipales o, en su caso, los de la organización pública establecida a efectos de cooperación conforme a esta Ley" [art. 157.2.1.b) LmS; en similares términos, arts. 172.4 LandOU, 229.5 LasturOTyU, 7.6 LbDU, 166.5.a) LcanOTyEN, 99.1.b) LclU, 188.3 LcatU, 166.3 LcmOTAU, 195.2 LgOU, 194.2 LvU, etc.]. En el País Vasco y Navarra, la Ley exige un solo informe sobre la conformidad de la solicitud a la legalidad urbanística [arts. 210.4 LpvU y 191.2.b) LfnaOTyU]. Los calificativos "técnico" y "jurídico" no se refieren tanto al contenido de los informes cuanto a la competencia para emitirlos. De ahí que, por ejemplo, la ley castellano-manchega exija que los informes técnicos "en todo caso deberán considerar la adecuación del proyecto a la legalidad urbanística, a las normas de edificación y construcción" (art. 166.3 LcmOTAU). Por último y como se verá en el último apartado de este capítulo, estos informes, cuando favorezcan actos contrarios al ordenamiento jurídico, pueden acarrear responsabilidad disciplinaria e incluso penal para sus autores.

La competencia para el otorgamiento de licencias de obras ha sido tradicionalmente (arts. 166.1 LS56, 179.1 TRLS76 y 243.1 TRLS92) y sigue siendo generalmente municipal, sin perjuicio de la excepción de ciertas obras públicas de interés supralocal y de la atribución por sustitución a otras Administraciones en casos de incumplimiento, a las que ya nos hemos referido. La competencia para resolver suele estar atribuida al Alcalde, de conformidad con lo dispuesto con carácter general en el artículo 21.1.q) LBRL, si bien para los municipios de gran población la regla general pasa a ser su atribución a la Junta de Gobierno Local *ex* art. 127.1.e) LBRL. Dicha competencia puede ser delegada, en los términos de los apartados 3º y 2º, respectivamente, de los preceptos citados, o desconcentrada o descentralizada conforme al régimen jurídico de estas técnicas organizativas, por ejemplo a favor de las Gerencias urbanísticas tal y como todavía prevé supletoriamente el segundo inciso del artículo 19 b) RGU.

Por lo que hace al contenido de la resolución y como ya nos consta, la denegación de la licencia debe ser motivada [art. 8.1.b) TRLS08]. Algunas leyes especifican, con buen criterio, que la motivación debe hacer referencia explícita a la norma o normas con las que el acto o uso sometido a licencia esté en contradicción (arts. 4.3 LbDU, 161.3 LcmOTAU, 157.2.2° LmS y 210.5 LpvU). La ley castellanoleonesa exige asimismo la motivación expresa de las resoluciones de otorgamiento de las licencias (art. 98.3 LclU) lo que, tratándose de actos reglados favorables, difícilmente podrá ir más allá de citar la ordenación urbanística que le es aplicable y declarar genéricamente su conformidad con ella.

La doctrina tradicionalmente ha concebido la licencia como un control específico, de donde ha inferido que debe atenerse exclusivamente a la ordenación urbanística, pero esto último parece hoy difícil de sostener en el marco de un ordenamiento progresivamente complejo, en el que la ordenación territorial y urbanística se integra en el orden ambiental junto a las normas relativas a los recursos naturales, al patrimonio histórico, a la edificación o a la vivienda de las que no pueden ser aisladas sin sacrificar los principios y orientaciones comunes que las inspiran desde la misma Constitución (arts. 45 a 47 CE). En virtud del principio de legalidad, la licencia deberá ser denegada no sólo por apreciar una infracción de las normas a que se refiera su objeto propio o específico (las de ordenación territorial y urbanística), sino cualquier infracción del ordenamiento jurídico que le sea aplicable (lo que excluye, por ejemplo, el Derecho civil de propiedad, pues ya nos consta que la licencia se otorga a salvo del mismo, de donde se sigue que en modo alguno puede infringirlo).

Y ello aun cuando las competencias ejecutivas en la materia estén atribuidas a otra Administración, en cuyo caso entran también en juego los principios de competencia y de lealtad institucional, a los que ya nos hemos referido en el apartado IV de este capítulo. El principio de lealtad institucional demanda que el Ayuntamiento requiera a la Administración afectada para que informe sobre los aspectos de su competencia [así, por ejemplo, art. 166.3.a) LcmOTAU] si no se ha pronunciado ya con un acto previo de intervención, y el de competencia exige que, si la Administración competente en la materia ya ha dictado un acto favorable (autorización o informe), el Ayuntamiento no pueda controlar su criterio sino todo lo más sujetarlo al control contencioso-administrativo en caso de discrepancia.

Siempre que se respeten el deber y el límite a que se refiere el párrafo anterior, no se infringe competencia alguna porque competencia y legalidad son dos principios jurídicos diversos: la sujeción "a la Constitución y al resto del ordenamiento jurídico" como un todo integrado no es competencia, sino deber general y común de los poderes públicos (arts. 9.1, 9.3 y 103.1 CE). Así pues, si el Ayuntamiento constata —de oficio, a instancia de algún interesado o mediante informe o petición razonada de otra Administración— que la obra proyectada infringe el ordenamiento jurídico, deberá denegar la licencia, porque de lo contrario dictaría a sabiendas un acto que es título habilitante para la ejecución de una obra ilícita. El fin u objeto específico de las licencias urbanísticas no constriñe el canon de legalidad a ellas aplicable, que de hecho está integrado naturalmente por otras normas distintas de las territoriales y urbanísticas, como las de edificación o las de vivienda, las ambientales cuando el proyecto sujeto a licencia requiera evaluación de impacto ambiental, las de protección del dominio público o de bienes de interés cultural cuando la obra se sitúe en su entorno inmediato, etc.

Por ello, por ejemplo, el artículo 194 de la ley gallega, sin perjuicio de advertir que la licencia urbanística "tiene por finalidad comprobar que los actos de ocupación, construcción, edificación y uso del suelo y del subsuelo proyectados se ajustan al ordenamiento urbanístico vigente", exige que la Administración verifique también "si las obras y usos proyectados reúnen las condiciones exigibles de seguridad, salubridad, habitabilidad y accesibilidad, así como el cumplimiento de las prescripciones contenidas en la normativa vigente en materia de incendios forestales", y las reglas de motivación incluidas en los artículos 161.3 de la Ley castellano-manchega y 210.5 de la vasca especifican que la resolución denegatoria deberá ser motivada, con referencia explícita a la norma o normas de la ordenación territorial y urbanística, *o de otro carácter*, con las que esté en contradicción el acto o la actividad sometida a licencia.

Las licencias de obras son un control específico porque tienen un fin u objeto determinado, como es la verificación de la conformidad de la obra proyectada con la ordenación territorial y urbanística, lo que significa que los informes técnico y jurídico preceptivos, por ejemplo, y la motivación de la resolución deben estar necesaria y específicamente referidos a tal objeto. Pero su entendimiento, además, como una prohibición de cualquier otra consideración legal no sólo se compadece mal con el principio de sujeción de los poderes públicos al ordenamiento jurídico, según ya se ha expuesto, sino que además parece contraproducente, en tanto que alienta a aumentar el menudeo ya existente de diversos actos o técnicas de intervención administrativa sobre la actividad económica, hasta alcanzar tantos como ramos y sectores del Derecho administrativo le afecten, cuando los principios de eficacia, coordinación y proporcionalidad y los criterios de eficiencia, celeridad y simplicidad que son sus corolarios deberían contrariamente llevar a tender en lo posible a la integración de la intervención administrativa sobre una misma actividad, un camino por el que ya ha avanzado el Derecho ambiental, por cierto, con la autorización ambiental integrada o la evaluación de impacto ambiental.

Por otro lado y sin perjuicio del principio de congruencia, el criterio *favor libertatis* aconseja que puedan otorgarse licencias parciales (que, por ejemplo, autoricen la ejecución de una o más fases de una obra mayor compleja) o condicionadas (por ejemplo, a la subsanación de un defecto del proyecto o el cumplimiento de un requisito administrativo) cuando lo solicite el interesado o cuando lo contrario obligaría a su desestimación. Las licencias parciales están previstas, por ejemplo, en la legislación valenciana (art. 195.3 LvU) y murciana (art. 216.5 LmuS), la vasca contempla las sujetas a condición [art. 208.1.b) y art. 213 LpvU] y la cántabra particularmente "bajo condición resolutoria a resultas del expediente de la licencia de apertura" (art. 187.2 LcantS), mientras que la castellano-manchega y la extremeña regulan ambas modalidades (arts. 168 LcmOTAU y 183 LexSyOT). Son éstas posibilidades, en todo caso, que aun en defecto de previsión legal expresa pueden regularse por reglamento autonómico u ordenanza municipal, habida cuenta de que quien puede lo más puede lo menos y que operan en beneficio del interesado.

La jurisprudencia ha confirmado reiteradamente las condiciones *iuris* impuestas en las licencias de obras sobre la base del principio de proporcionalidad y de lo dispuesto en el artículo 16 RSCL, porque no constituyen manifestaciones de la voluntad de la Administración sino de la legalidad y, como tales, son consecuentes con el carácter reglado y debido de la licencia.

En los términos de la STS de 23 de marzo de 2002 (F.J. 6º), que sigue a la de 5 de abril de 1999, "se distinguía ya en Derecho justinianeo entre condiciones que dependen de la voluntad de las partes (condiciones «facti») y las que, siendo ajenas a ésta, constituyen sin embargo requisitos o presupuestos implícitos de la validez del negocio jurídico celebrado (condiciones «iuris» o «tacitae») y que este último es el sentido que cabe dar al término condición en el artículo 16.1 del RSCL, como ha expresado la jurisprudencia de esta Sala en repetidas ocasiones (sentencias de 18 de diciembre de 1996, 9 de octubre de 1995, 14 de abril de 1993, 2 de julio de 1991 o 21 de abril de 1987). Precisamos que el artículo 16.1 RSCL no trata de auténticas condiciones en sentido propio, en cuanto les falta la incertidumbre propia de todo negocio jurídico condicional. Tampoco les acomoda la definición de «condicio iuris» en sentido estricto, entendida como presupuesto de eficacia que no existe en el momento de la conclusión del negocio, pero que se puede realizar con posterioridad, ya que es connatural a tal figura la existencia de una eficacia intermedia hasta el cumplimiento de la condición, distinta de la eficacia plena, que se desplegará cuando la condición se cumpla. El Diccionario de la Real Academia ofrece, junto al significado de condición como «acontecimiento incierto o ignorado que influye en la perfección o resolución de ciertos actos jurídicos» la acepción que aquí conviene de condición como situación o circunstancia indispensable para la existencia de otra. Se trata de requisitos o imposiciones al titular de la licencia que, como en el caso, resultan indispensables para que ésta se ajuste a la Ley y que quedan incorporadas a ella o, si se prefiere, en la medida en que no suspenden su eficacia, de cargas de origen legal. Son —como afirmó la sentencia de esta Sala de 14 de abril de 1993, con invocación de una nutrida jurisprudencia anterior— cláusulas que evitan la denegación de la licencia mediante la incorporación a ésta de exigencias del ordenamiento jurídico y que, sin embargo, no existían en la petición formulada por el interesado. Tales condiciones deben ser introducidas por virtud de las exigencias del principio de proporcionalidad (artículo 6 del Reglamento de Servicios), cuando la acomodación de la petición a la legalidad aplicable resulta posible con facilidad, y sin alterar sustancialmente la actuación pretendida."

La licencia urbanística, como cualquier otra resolución que pone fin a un procedimiento administrativo iniciado por solicitud de un interesado, surte efectos a partir de su notificación a éste (arts. 57.2 y 58.1 LRJPAC), lo que implica que desde ese momento puede iniciar la ejecución de la obra o la realización del acto o actividad interesada (art. 51 LrBRL). Ahora bien, la legislación urbanística también puede establecer un régimen de eficacia demorada que respete el *ius aedificandi* pero programe temporalmente su ejercicio para acompasarlo, por ejemplo, al establecimiento y puesta en marcha de los necesarios servicios públicos. Esto es, al igual que veremos que se fijan plazos máximos para iniciar las obras, también se pueden fijar plazos mínimos siempre y cuando sean razonables y proporcionados a la razón de interés general que los justifique. Pues los derechos y deberes relativos a la utilización del suelo no son sólo los de propiedad, sino también los de disfrute de un medio urbano adecuado [art. 4 a) y b) TRLS08], al servicio de cuya efectividad los poderes públicos deben adoptar las medidas de ordenación territorial y urbanística que procedan "para asegurar un resultado equilibrado, favoreciendo *o conteniendo*, según proceda, los procesos de ocupación y transformación del suelo" (art. 2.3 TRLS08, la cursiva es mía).

La revisión de 1998 del Plan General de Calvià, municipio turístico y muy poblado de Mallorca, estableció plazos mínimos escalonados para el inicio de las obras amparadas por las licencias que se otorgasen en ejecución de sus actuaciones sistemáticas, en previsión de que pudieran solicitarse y resolverse en bloque o masivamente. Ello suscitó, en cuanto al contenido, el debate sobre la compatibilidad de tal medida con el derecho constitucional de propiedad y, en cuanto a la forma, la cuestión de su respeto hacia la reserva de ley. La Sentencia del Juzgado de lo Contencioso-Administrativo nº 1 de Palma de Mallorca nº 41/2001, de 22 de febrero de 2001, resolvió a favor de la validez de la norma cuestionada sobre la base de la función social de la propiedad, que cumple al planeamiento urbanístico delimitar conforme a "la exigencia de un desarrollo racional de crecimiento de las ciudades".

La eficacia temporal de las licencias puede suspenderse por aprobación de una innovación del planeamiento incompatible con ellas, con vistas a su posterior revocación (por ejemplo, arts. 174 LandOU, 171 LcanOTyEN, 162.2 LcmOTAU, 211.3

LpvU), o por apreciarse en ellas indicios de ilegalidad (supuesto que algunas leyes autonómicas siguen ciñendo a considerarlas constitutivas de infracción muy grave o grave) hasta tanto se resuelve sobre su anulación, de la que nos ocuparemos en el último apartado de este capítulo (arts. 184 LcanOTyEN, 119.1 LclU). Distinta de esta suspensión de la eficacia de las licencias es la suspensión de la potestad de otorgamiento de licencias, que también se prescribe por ministerio de la ley cuando se inicia un procedimiento normativo (por ejemplo, la aprobación inicial de una alteración del planeamiento incompatible con las obras o usos legitimados por la ordenación vigente: art. 27 TRLS76 y normas autonómicas concordantes) o ejecutivo (por ejemplo, el de deslinde del dominio marítimo-terrestre: art. 12.5 de la Ley de Costas) para impedir la consolidación de derechos y situaciones contrarios a la eficacia inmediata de la norma o el acto proyectado. En los dos casos citados, la suspensión afecta también a las licencias solicitadas con anterioridad pero sobre las que todavía no se haya resuelto ni haya vencido el plazo para hacerlo, y dicha suspensión impide que se produzca el silencio administrativo (en este sentido, STS de 8 de julio de 2011, F.J. 11°) de que nos ocuparemos en el apartado siguiente.

Por último, las licencias de obras suelen tener limitada su eficacia temporal, a diferencia de las licencias de actividad u operativas: en los términos de la legislación madrileña, "todas las licencias se otorgarán por un plazo determinado tanto para iniciar, como para terminar las obras, salvo las referidas a usos, que tendrán vigencia indefinida sin perjuicio de la obligación legal de adaptación de los establecidos a las normas que en cada momento los regulen" (art. 158.1 LmS). Así pues y de conformidad con lo dispuesto en las leyes urbanísticas, las obras e instalaciones amparados por las licencias pueden tener unos plazos máximos de iniciación y finalización, vencidos los cuales la licencia caduca y dichas obras y actos requerirán el otorgamiento de una nueva (o la rehabilitación de la caducada en Castilla-La Mancha, que para el caso es lo mismo si devenga las mismas tasas: art. 167.4 LcmOTAU). Algunas CC.AA. establecen asimismo plazos máximos para las eventuales interrupciones de las obras, con los mismos efectos (arts. 183.2 LcantS, 102 LclU, 167 LcmOTAU, 197.1 LgOU, 215 y 216 LpvU). En todo caso, para surtir efectos, la caducidad debe ser declarada mediante un procedimiento con audiencia de los interesados (arts. 173 LandOU, 8 LbDU, 169 LcanOTyEN, 188.5 LcantS, 102 y 103 LclU, 189 LcatU, 194 LfnaOTyU, 197.3 LgOU, 216 LpvU, 198 LvU, etc.).

Una vez realizada la obra o el acto, el benemérito Reglamento de Servicios sostiene que la licencia tiene vigencia indefinida mientras subsista la edificación, construcción o instalación (art. 15.1 RSCL), lo que sin embargo hay que entender referido a las licencias —urbanísticas o no— de funcionamiento, no a las de obras. Así resulta expresamente de la Ley cántabra, por ejemplo, que sólo refiere a las licencias de apertura y de actividades clasificadas la declaración de que "son licencias de tracto sucesivo cuyas cláusulas mantendrán su vigencia mientras subsistan las condiciones que justificaron su otorgamiento" (art. 186.3 LcantS). En la configuración que las leyes urbanísticas hacen de la licencia de obras, no encaja la concepción de esta licencia como una intervención de tracto sucesivo con eficacia temporal indefinida. Más bien se trata de una autorización por operación cuya eficacia temporal se extingue por la terminación de las obras autorizadas o por caducidad al vencimiento del plazo correspondiente, como se ha visto, periodo al cual también se circunscribe la potestad de suspender y/o revocar la licencia por innovación del planeamiento vigente, a la que se ha hecho asimismo referencia más atrás.

Recordemos que la licencia es un acto declarativo de la facultad de edificar que habilita temporalmente un determinado ejercicio de la misma: una vez consumado éste (o el plazo para hacerlo), debe agotarse la eficacia de aquélla, de manera que lo edificado o construido a su amparo accede a la propiedad del suelo (se "patrimonializa", según el art. 7.2 TRLdS08, lo que significa que ya no integra el *ius aedificandi* sino el *ius in re*) y cualquier ejercicio nuevo o complementario de la facultad de edificar deberá someterse a nueva intervención administrativa conforme al Derecho entonces vigente.

VI. EL SILENCIO ADMINISTRATIVO: SENTIDO, EFECTOS Y LÍMITES

Como en todos los demás procedimientos iniciados por solicitud del interesado, el incumplimiento por parte de la Administración del plazo para dictar y notificar su resolución expresa produce el efecto del silencio administrativo (art. 43.1 LRJPAC). Tradicional y generalmente, el sentido del silencio es positivo, ya sea por previsión expresa de las leyes urbanísticas autonómicas ya por aplicación de la regla general supletoria establecida en el artículo 43.1 LRJPAC, "excepto en los supuestos en los que una norma con rango de Ley por razones imperiosas de interés general o una norma de Derecho comunitario establezcan lo contrario."

Ahora bien, el propio artículo 43.1 LRJPAC prescribe el sentido negativo del silencio para solicitudes "cuya estimación tuviera como consecuencia que se transfirieran al solicitante o a terceros facultades relativas al dominio público o al servicio público". El Tribunal Supremo ha aplicado esta regla de protección del dominio público en la STS de 27 de diciembre de 1999. Y las leyes urbanísticas han ampliado esta excepción a algún otro bien merecedor de especial protección, como por ejemplo en Castilla y León, donde el silencio es negativo "cuando el acto solicitado afecte a elementos catalogados o protegidos o al dominio público" (art. 99.3 LclU), en Murcia "si afectaran a bienes de dominio público o declarados de interés cultural (BIC), así como a los espacios naturales protegidos por la legislación sectorial correspondiente" (art. 217.4 LmuS) o en Valencia, respecto de las "licencias de intervención en edificios catalogados, o en trámite de catalogación" (art. 196.2 LvU).

Este panorama ha cambiado sustancialmente tras el Real Decreto-Ley 8/2011, de 1 de julio, cuyo artículo 23 ya ha sido citado en el apartado II de este capítulo a propósito de las obras y los actos de uso del suelo que sujeta preceptivamente a conformidad, autorización o aprobación administrativa en su apartado 1°, entre los que se encuentran las obras de edificación, construcción e implantación de instalaciones de nueva planta. Pues bien, su apartado 2° establece la regla del silencio negativo para tales procedimientos en los términos que siguen:

> "2. El vencimiento del plazo máximo sin haberse notificado la resolución expresa legitimará al interesado que hubiere deducido la solicitud para entenderla desestimada por silencio administrativo."

Paradójicamente, este Decreto-Ley es el mismo que contiene en su Anexo I una larga lista de procedimientos en los que el silencio pasa de ser negativo a positivo de conformidad con lo previsto en su artículo 26, dentro del conjunto de "medidas de simplificación administrativa" contenidas en su capítulo VI y con el ánimo de profundizar en la generalización del silencio administrativo positivo impulsada en nuestro régimen administrativo con ocasión de la transposición de la Directiva Bolkestein de servicios. Así pues, mientras nuestro régimen administrativo general sigue recorriendo con paso firme el camino de la simplificación administrativa, la generalización del silencio positivo y la supresión de autorizaciones previas, en el mismo Decreto-Ley el régimen administrativo básico especial para el urbanismo lo desanda, exigiendo la intervención previa y exceptuando el silencio positivo para las obras y actos de uso del suelo de mayor impacto e instituyendo, además, una nueva autorización administrativa para la constitución y modificación de complejos inmobiliarios.

La paradoja se explica por dos razones. La primera es que la intervención sobre obras y usos del suelo no forma parte del ámbito material de aplicación de la Directiva citada, como ya sabemos. La segunda, que el legislador estatal ha entendido que, en materia de estas obras mayores, existen "razones imperiosas de interés general" que justifican la excepción establecida, de acuerdo con el criterio del propio artículo 43.1 LRJPAC. Las razones aducidas por el legislador, tanto en el preámbulo como al intitular el capítulo correspondiente del Decreto-Ley, son de seguridad jurídica. Y se entienden mejor si se conoce la situación de inseguridad jurídica y desprotección para terceros adquirentes de buena fe (muchos de ellos, en el litoral y otras áreas turísticas, ciudadanos de otros Estados miembros de la UE) puesta en evidencia por un buen número de resoluciones judiciales que ordenaban la demolición de edificios erigidos al amparo de licencias después anuladas o de un silencio positivo asimismo declarado no conforme a Derecho. Un problema sobre el que volveremos en el siguiente apartado.

Más allá de estos casos en los que el sentido del silencio es negativo por imperio del Decreto-Ley 8/2011, la regla general sigue siendo la del silencio positivo en las licencias de obras. Pueden verse, por ejemplo, los artículos 172.5 LandOU, 243 LarU, 229.7 LasturOTyU, 166.5.c) LcanOTyEN, 192 LcantS, 188.2 LcatU, 99.3 LclU, 161.3 LcmOTAU, 191.2.a) LfnaOTyU, 195.5 LgOU, 195.3 LlrOTyU, 217.4 LmuS, 210.6 LpvU, 196.1 LvU, etc.

Sin embargo, ha sido igualmente tradicional en nuestro urbanismo entender que "no puede conseguirse por silencio lo que no pudiera obtenerse de forma expresa" (así lo afirma, por todas, la STS de 9 de junio de 1983) y, en consecuencia, que el silencio positivo no se produce ni surte efectos cuando las obras proyectadas sean *contra legem*. Así pues, de conformidad con lo dispuesto en el inciso final del artículo 8.1.b) TRLS08, "en ningún caso podrán entenderse adquiridas por silencio administrativo facultades o derechos que contravengan la ordenación territorial o urbanística", regla ésta que tiene sus precedentes en los artículos 178.3 TRLS76, 5 RDU y 23.2 y 242.6 TRLS92 y es concordante con otras análogas de la legislación urbanística autonómica.

Es ésta una prevención lógica para evitar que un mero incumplimiento formal de la Administración (el del deber de resolver en plazo) sea título bastante para consolidar un efecto sustantivamente ilegal (una obra contraria al interés general, probablemente también a derechos de vecinos o terceros) definitivamente en vía administrativa (puesto que la resolución expresa sólo puede ser confirmatoria del sentido del silencio positivo y el acto anulable favorable sólo puede ser declarado lesivo e impugnado por la Administración, pero no revisado por sus propios medios). Sin una cautela como la que nos ocupa, se corre el riesgo de propiciar la indisciplina urbanística generalizada y los delitos contra la ordenación urbanística de autoridades y funcionarios (art. 320 CP), mucho más fáciles de cometer impunemente por inactividad que cuando el ilícito requiera actos expresos para perfeccionarse. Pero también es una prevención que debilita notablemente los beneficios del silencio positivo como institución *pro libertate*, ya que la rodea de una inseguridad jurídica que frustra en buena medida su virtualidad práctica: el promotor de una obra difícilmente obtendrá financiación ajena para una obra supuestamente legitimada por el silencio de la Administración pero que ésta no ha autorizado expresamente, pues a las entidades de crédito no se les escapa la complejidad técnica del ordenamiento urbanístico y las dudas razonables que puede fundamentar sobre la legalidad de la obra proyectada. En la ponderación a que nos referimos entre legalidad y seguridad jurídica, la jurisprudencia y el legislador de suelo han primado a aquélla sobre ésta.

La jurisprudencia ha aplicado esta regla a las licencias de obras pese a que, en puridad, no se adquieren por su virtud facultades o derechos, sino que se levanta la prohibición de ejercerlos sin previa intervención administrativa. De hecho, en la doctrina legal fijada por la STS de 28 de enero de 2009 (a la que se hará referencia poco más adelante) se salva este obstáculo alterando la dicción de la regla legal, en cuya paráfrasis pasa a afirmar que lo que no puede entenderse adquirido por silencio administrativo positivo no son ya "facultades o derechos", sino "licencias en contra de la ordenación territorial o urbanística".

Esto supuesto, ¿qué efectos se siguen en ese caso del incumplimiento por la Administración del deber de resolver y notificar su resolución en plazo? La utilización de la negación por el legislador ("en ningún caso podrán entenderse ...") no facilita su interpretación. La jurisprudencia no aplica el régimen de invalidez de los actos administrativos presuntos ex arts. 62 y 63 LRJPAC, que exigiría su revisión por la Administración o su anulación por los órganos judiciales, sino que niega directamente la producción del silencio positivo, esto es, lo trata como un supuesto de inexistencia de dicho silencio. ¿*Quid* entonces? De conformidad con lo dispuesto en el artículo 43.1 LRJPAC, "en los procedimientos iniciados a solicitud del interesado, ..., el vencimiento del plazo máximo sin haberse notificado resolución expresa legitima al interesado o interesados que hubieran deducido la solicitud para entenderla estimada por silencio administrativo, excepto en los supuestos en los que una norma con rango de Ley por razones imperiosas de interés general o una norma de Derecho comunitario establezcan lo contrario." No cabe, en consecuencia, *tertium genus*: en los procedimientos iniciados a instancia del interesado en que la Administración incumpla su deber de resolver, si no hay silencio positivo es porque hay silencio negativo.

De hecho, la aplicación de la regla que nos ocupa había generado discrepancias tras la modificación del artículo 43.2 de la LRJPAC por la Ley 4/1999, de 13 de enero, que provocó que algunos tribunales sostuvieran que ya no cabía enervar el silencio positivo. Saliendo al paso de estas discrepancias, la Sentencia del Tribunal Supremo de 28 de enero de 2009, dictada en un recurso de casación en interés de ley, ha fijado como doctrina legal "que el artículo 242.6 del Texto Refundido de la Ley sobre Régimen del Suelo y Ordenación Urbana, aprobado por Real Decreto Legislativo 1/1992, de 26 de junio, y el artículo 8.1 b), último párrafo, del Texto Refundido de la Ley de suelo aprobado por Real Decreto Legislativo 2/2008, de 20 de junio, son normas con rango de leyes básicas estatales, en cuya virtud y conforme a lo dispuesto en el precepto estatal, también básico, contenido en el artículo 43.2 de la Ley 30/1992, de 26 de noviembre de Régimen Jurídico de las Administraciones Públicas y del Procedimiento Administrativo Común, modificado por Ley 4/1999, de 13 de enero, no pueden entenderse adquiridas por silencio administrativo licencias en contra de la ordenación territorial o urbanística". Una doctrina que ya estaba muy consolidada en la jurisprudencia del Alto Tribunal antes de la Ley 4/1999, que éste reafirma inalterada después en la sentencia citada y que han mantenido posteriormente, por ejemplo, nuevas SSTS de 25 de mayo y de 7 de diciembre de 2011 (F.J. 4º), que son a su vez posteriores a la nueva redacción dada al artículo 43 LRJPAC por la Ley 25/2009, de 22 de diciembre.

Esta doctrina parece interpretar el inciso antes citado del artículo 8.1.b) TRLS08 como una determinación sectorial plenamente conforme con el régimen jurídico general del silencio administrativo de la LRJPAC, pasando por alto que la infracción del ordenamiento por el acto o actividad solicitada es tratado en la primera como un supuesto de inexistencia del silencio positivo y por la segunda como un vicio de invalidez de dicho silencio [art. 62.1.f) LRJPAC], que obligaría a revisar el "acto presunto". Con ello no pretendo afirmar que haya entre ambas conflicto o antinomia ya que, supuesta su común condición de reglas básicas del régimen jurídico de las Administraciones públicas, la especial prevalece sobre la general desplazando su aplicación. Otra cosa es esclarecer a qué pueda obedecer que un mismo problema se resuelva en el régimen general acudiendo a la invalidez del acto presunto y en el especial a su inexistencia, que no es tarea fácil pero ese es ya un debate eminentemente dogmático y relativo a la naturaleza y régimen jurídico del silencio que excede del objeto de este trabajo.

Lo que sí ofrece interés a los efectos específicos de este estudio es precisar qué supuestos de hecho enervan o excluyen el silencio administrativo positivo que, de conformidad con lo dispuesto en el artículo 43 LRJPAC, "tiene a todos los efectos la consideración de acto administrativo finalizador del procedimiento" por lo que "la resolución expresa posterior a la producción del acto sólo podrá dictarse de ser confirmatoria del mismo", y que es al que se refiere el inciso que nos ocupa del art. 8.1.b) TRLS08. Esto supuesto, el impedimento del silencio positivo ¿es sólo la infracción de "la ordenación territorial o urbanística", como hemos visto que afirma expresamente el artículo 8.1.b) TRLS08, en su sentido literal o estricto, o cualquier infracción del ordenamiento? y, por otra parte, ¿incluye vicios procedimentales o sólo sustantivos?, es decir, ¿se produce el silencio aunque se haya omitido total y absolutamente la instrucción del procedimiento o se haya prescindido de trámites esenciales?

En mi opinión, la respuesta a la primera cuestión debe inclinarse por entender impedido el silencio positivo por cualquier infracción del ordenamiento. Apoya esta opinión la dicción literal de la regla contenida en el artículo 242.6 TRLS92, luego refundida en la del art. 8.1.b) TRLS08, porque no se refería sólo a la ordenación territorial y urbanística, sino a las "licencias en contra de la legislación o del planeamiento urbanístico", esto es, a todas las licencias otorgadas *contra legem*. En este sentido apunta también alguna ley urbanística como la canaria, que prescribe que "en ningún caso se entenderán adquiridas por silencio administrativo licencias urbanísticas en contra de la ordenación de los recursos naturales, territorial, urbanística *o sectorial* aplicables" (art. LcanOTyEN, la cursiva es mía).

De lo contrario, se llegaría al absurdo de tomar como canon de legalidad a la urbanística y no a la que es prevalente sobre ella, cuando ya he sostenido más atrás que no debe confundirse el objeto específico de un acto de intervención con los parámetros de legalidad que le son aplicables, o al de considerar que el silencio positivo no se produce *ex* art. 8.1.b) TRLS08 en el primer caso mientras que es nulo de pleno Derecho *ex* art. 62.1.f) LRJPAC en el segundo, lo que parece inconsistente. Por todas estas razones, la locución "ordenación territorial o urbanística" del art. 8.1.b) TRLS08 debe interpretarse ampliamente conforme a los criterios finalista y sistemático, no circunscrita a un ramo convencional del ordenamiento jurídico ni referida a determinados instrumentos de ordenación, sino más bien alusiva a cualesquiera normas "que organizan y definen el uso del territorio y del suelo" (art. 3.1 TRLS08), una noción funcional que extravasa a su adscripción formal o competencial.

Respecto de la segunda cuestión, relativa a la relevancia de los aspectos formales y procedimentales, parece plausible entender que sólo se produce el silencio administrativo positivo cuando en el expediente obren los elementos de juicio esenciales o necesarios para poder apreciar si la licencia es conforme o no con el ordenamiento. Y tal cosa sólo ocurrirá cuando la solicitud no adolezca de defectos que impidan su conocimiento y se hayan sustanciado o al menos impulsado los trámites esenciales para la resolución del procedimiento cuya evacuación corresponda a otra Administración para salvaguardar sus competencias (por ejemplo, el órgano ambiental autonómico en la evaluación de impacto ambiental, o el sectorial cuya autorización previa, propuesta de resolución o informe sea preceptivo y determinante). Porque en estos casos, la Administración actuante incumple no ya sólo el deber de resolver, sino también el de instruir obstruyendo el ejercicio de competencias ajenas: atribuirle efectos estimatorios a tan groseras infracciones del ordenamiento favorece al interesado pero perjudica a otras Administraciones y a los intereses generales a los que sirven, lo que altera la ponderación de intereses en juego. En consecuencia, aunque procedimentales, las infracciones de la legislación territorial y urbanística a que hacemos referencia pueden entenderse incluidas entre las que impiden adquirir derechos o facultades por silencio al amparo de lo dispuesto en el artículo 8.1.b) TRLS08.

La jurisprudencia, en efecto, descarta el silencio positivo ante vicios formales o procedimentales tales como que el interesado no haya atendido un requerimiento de subsanación de su solicitud (STS de 16 de mayo de 1990) o no la haya acompañado del preceptivo proyecto técnico (SSTS de 1 de diciembre de 1983 y 8 de noviembre de 1989) o del estudio de impacto ambiental (STSJ Andalucía de 24 de mayo de 1999). Podría aducirse que sólo impiden el silencio positivo los vicios imputables al interesado (ilegalidad sustantiva o defectos formales de la solicitud) pero no los de la instrucción, por graves que sean, porque sólo a la Administración actuante son imputables y no deben perjudicar a aquél. Sin embargo, de lo que aquí se trata no es, a la postre, de una regla de distribución de responsabilidades sino de ponderación entre principios (legalidad vs. seguridad jurídica), como ya se ha observado, y parece que obviar el preceptivo pronunciamiento de la Administración competente sobre el impacto ambiental de la obra o sobre los riesgos que genera para el medio ambiente, la salud o la seguridad de las personas, por ejemplo, es razón imperiosa de interés general para impedir el silencio positivo.

Así lo ha afirmado expresamente el legislador en algún caso. En Canarias, donde sabemos ya que la licencia de instalación de actividad clasificada incluye la licencia de obras, el silencio positivo se condiciona a que el informe de calificación haya sido favorable o, sólo en el caso de actividades molestas, a que no se haya evacuado antes de vencer el plazo para resolver. Y si requiere evaluación de impacto ambiental, para que el silencio sea positivo debe haberse emitido declaración de impacto positiva o no haber sido emitida ni notificada al interesado dentro del plazo establecido para ello por la legislación ambiental, siempre que por Ley o norma comunitaria no se anude a la falta de emisión o notificación en plazo de dicha declaración un efecto desfavorable u obstativo a la autorización de la actividad sometida a evaluación (artículos 24.2 y 27.2 de la Ley 7/2011, de 5 de abril, cit.).

Y es que hace años, cuando esta institución no gozaba aun de la generalidad ni del predicamento de hoy, el Tribunal Supremo ya advirtió que "la institución del silencio administrativo positivo no es, en definitiva, otra cosa que un mero acicate y remedio contra la lentitud y pereza o inactividad administrativa, y *medida siempre grave y delicada*, para defender a los administrados de la pasividad de la Administración, y en todo caso, un simple remedio supletorio de dicha actividad, por lo que es lógico y natural que, a través del mismo, *no pueda entenderse nunca concedido lo que era ilegal concederse expresamente, ni pueda utilizarse cuando la omisión de indeclinables cautelas pueda hacer peligrar los intereses de los otros administrados y los superiores de la Comunidad*" (STS de 18 de abril de 1983, la cursiva es mía).

Sea como fuere, lo cierto es que la cuestión controvertida ha perdido bastante relevancia desde que el Decreto-Ley 8/2011 ha prescrito el silencio negativo para todas las autorizaciones de edificaciones, construcciones o instalaciones de nueva planta, que es donde más presencia suelen tener los riesgos e impactos a que nos hemos referido y las competencias preventivas atribuidas para atajarlos.

Podemos concluir que el legislador urbanístico y la jurisprudencia, aunque de una forma confusa y asistemática que dificulta una visión de conjunto, han ido desplazando al silencio administrativo positivo de la posición central que llegó a ocupar en esta materia históricamente, justamente ahora que el legislador de régimen administrativo general quiere reforzar su aplicación sin apenas excepción. Y es que la amplia y larga experiencia ya ganada en el urbanismo ha mostrado los problemas de su aplicación indiscriminada, frente a la que ha ido decantando prevenciones y excepciones.

Porque, de un lado y como vimos en el apartado III, la aplicación del principio de proporcionalidad ha llevado a algunas CC.AA. a sustituir las licencias por comunicaciones previas para diversas obras menores. De otro lado y como acabamos de comprobar, para las obras de mayor entidad, interés y riesgo, que siguen sujetas a licencia urbanística, la ponderación entre los principios de legalidad y seguridad jurídica ha aconsejado sustituir el silencio positivo por el negativo (1°) en todas las de edificación, construcción e instalación de nueva planta, (2°) en las relativas al dominio público o a otros bienes especialmente protegidos (como los catalogados) y (3°) en las que contravengan la ordenación territorial o urbanística, lo que como mínimo incluye las obras contrarias al planeamiento vigente y aquéllas cuya solicitud carezca de proyecto o padezca otro defecto que impida su estimación, de acuerdo con la jurisprudencia.

VII. LA INVALIDEZ Y REVISIÓN DE LAS LICENCIAS DE OBRAS, LAS INFRACCIONES ADMINISTRATIVAS Y PENALES RELATIVAS A ELLAS Y LA PROTECCIÓN DE TERCEROS DE BUENA FE

Las licencias válidamente otorgadas pueden ser revocadas o modificadas cuando sobrevenga una ordenación territorial o urbanística distinta e incompatible con ellas, pero el perjuicio causado por ello deberá ser indemnizado [art. 35 c) TRLS08]. Esta regla de responsabilidad fija el necesario equilibrio entre el interés general por una pronta eficacia de la ordenación y el derecho particular de propiedad.

También puede ser indemnizable la anulación de la licencia, siempre que el perjudicado no haya contribuido a causar su invalidez mediante dolo, culpa o negligencia grave [art. 35 d) TRLS08]. La jurisprudencia del Tribunal Supremo tiene sentado que "es claro que el administrado en estos supuestos sufre una lesión patrimonial que es consecuencia directa del obrar no correcto de la Administración", por lo que la regla general debe ser su indemnización y la excepción relativa a los casos en que concurra dolo, culpa o negligencia grave imputables al interesado requiere "prueba que ha de correr a cargo de quien la alegue —como causa de exoneración— conforme a las reglas generales", en el bien entendido de que la solicitud acompañada del proyecto "no es suficiente".

Entre los criterios utilizados por la jurisprudencia para apreciar la excepción aludida se encuentra la utilización por el interesado de "formas o modos inexactos que pudieran razonablemente inducir a error a la Administración" u "ocultando o desfigurando datos que puedan inducir a error a la Administración", mientras que "las discrepancias entre los distintos servicios administrativos sobre la interpretación y alcance de las normas urbanísticas aplicables al caso" sólo son imputables a la Administración y excluyen la imputación del vicio al interesado (por todas, STS 27 de mayo de 2008, F.J. 3º).

Las licencias otorgadas con infracción del ordenamiento incurren normalmente en un vicio de anulabilidad, de acuerdo con el régimen general de invalidez de los actos administrativos del artículo 63 LRJPAC. Ahora bien, de acuerdo con lo previsto en el art. 62.1g) de dicha Ley, la legislación especial ha establecido algunos supuestos adicionales de nulidad radical o de pleno Derecho. Con carácter asimismo básico, el apartado 3° del artículo 10 TRLS08 declara nulos de pleno Derecho "los actos administrativos de intervención que se dicten con infracción de la ordenación de las zonas verdes o espacios libres previstos en los instrumentos de ordenación urbanística". Por su parte, la ley urbanística de Asturias se refiere también al caso de las licencias que se otorguen con infracción de la zonificación o uso urbanístico de las zonas verdes o espacios libres, públicos o privados, así como del suelo no urbanizable de especial protección o de costas (art. 229.8 LasturOTyU), que en Cataluña, respectivamente, se restringen a las que legitimen obras ilícitas que afecten sólo a zonas verdes o espacios libres de carácter público y se amplían a las que ocupen cualquier terreno no urbanizable (art. 210 LcatU), ampliación que también rige en Galicia (art. 34.3 LgOU), mientras que en Madrid se les añaden las que legitimen actos o usos que constituyan infracciones urbanísticas muy graves (art. 202 LmS). Otras posibles causas de nulidad radical son la carencia de las autorizaciones preceptivas previas a la licencia urbanística, en su caso y como ya se ha observado en el apartado IV de este capítulo respecto de Canarias (art. 170 LcanOTyEN), o en Baleares su otorgamiento "sin los preceptivos trámites de información o sin el acuerdo de la comisión insular de urbanismo cuando así lo establezca la normativa vigente" (art. 7.7 LbDU). La nulidad de pleno Derecho de un acto conlleva, como es bien sabido, la capacidad de la Administración para su revisión de oficio sin límite de tiempo al amparo de lo previsto en el art. 102 LRJPAC.

Además, es habitual prever la medida cautelar de la suspensión de la eficacia de las licencias otorgadas con infracción del ordenamiento, cuando menos para las infracciones graves, así como la sustitución del Ayuntamiento por una Administración territorial superior si éste no actúa para proteger la legalidad urbanística, siguiendo el modelo y precedente de lo dispuesto en el artículo 186 TRLS76.

Así pues, cuando la obra amparada por una licencia nula o anulable no se haya iniciado o esté en curso de ejecución, procede suspender los efectos de la licencia (y ordenar paralizar las obras, en el segundo caso) como media cautelar mientras se resuelve el o los procedimientos de disciplina urbanística que proceda incoar. Y cualquiera que sea la situación de ejecución de la licencia (ya estén sin iniciar, en curso o hayan terminado las obras), dichos procedimientos podrán tener por objeto la restauración de la legalidad urbanística y/o la imposición de las sanciones que procedan, que son medidas o decisiones independientes entre sí (art. 185.2 LcanOTyEN, art. 199.2 LmS y STS de 21 de julio de 2011, F.J. 8º) aunque puedan concurrir en el tiempo sobre unos mismos hechos, por lo que alguna ley autonómica permite su integración en un mismo procedimiento (arts. 199.2 LcatU, 226 LmuS).

Por virtud del procedimiento de restauración de la legalidad urbanística podrá anularse la licencia y ordenarse la demolición de las obras realizadas a su amparo (art. 187.1 pár. 2º TRLS76), si no fueran legalizables. Aunque la mayoría de leyes urbanísticas está adaptada a la legislación básica hoy vigente sobre régimen jurídico de las Administraciones públicas, al que remite en esta materia (por todos, art. 232 LmuS), algunas otras, inspiradas en la regla del citado artículo 187 TRLS76, siguen limitando el supuesto de la revisión de las licencias a las que sean constitutivas de infracción grave o muy grave y el plazo para proceder a ella a cuatro años desde su otorgamiento, esto es, el plazo de prescripción de tales infracciones (por todos, art. 185 LcanOTyEN, art. 119.2 LclU). Estas reglas confunden el orden sancionador con el de la revisión de los actos constitutivos o legitimadores de la infracción, pese a su teórica independencia a la que nos referíamos en el párrafo anterior.

Estas reglas traen causa, como decimos, de otra de la legislación estatal hoy supletoria y que en su momento pudo basar su autonomía sobre la legislación general de procedimiento administrativo en su carácter especial. El sistema de fuentes, sin embargo, es otro en el Estado autonómico, en el que la legislación estatal sobre bases del régimen jurídico de las Administraciones públicas y procedimiento administrativo común prevalece sobre la legislación urbanística autonómica. Luego sólo podría mantenerse esta especialidad si hallara cobertura en una norma asimismo básica pero especial del TRLS08. Y no es el caso. Más bien al contrario: esta disposición en nada se aparta del régimen general de validez de los actos administrativos de la LRJPAC, sino que descansa plenamente en él. Como ya sabemos, el artículo 10.3 TRLS08 —como ya antes hiciera el artículo 255.2 TRLS92, del que trae causa— se limita a prever un supuesto especial de nulidad radical de los actos de intervención, al amparo de lo previsto en el artículo 62 LRJPAC, y remite a ésta plenamente el régimen para su revisión: "se procederá a su revisión de oficio por los trámites previstos en la legislación de procedimiento administrativo común".

En consecuencia, las reglas urbanísticas a que se ha hecho referencia deben hoy interpretarse de conformidad con lo dispuesto en la LRJPAC, no sólo en lo relativo al procedimiento sino también por lo que hace al régimen sustantivo básico de la revisión de actos administrativos, que la prescribe por la vía del artículo 102 LRJPAC sin límite de tiempo para los actos nulos de pleno Derecho y que prevé la declaración de lesividad e impugnación ante el orden contencioso-administrativo de los meramente anulables y carácter favorable por la vía del artículo 103 dentro del plazo de cuatro años. Luego no es la tipificación como infracción sino la naturaleza del vicio invalidante la determinante del plazo, procedimiento y régimen de la revisión de oficio del acto.

En todo caso, habida cuenta de los dilatados plazos para incoar estos expedientes, es frecuente que los mismos se sustancien cuando el propietario de la edificación o construcción ya no sea su promotor, sino un tercero adquirente de buena fe, eventualidad que se agrava en el litoral español, donde buena parte de los compradores son extranjeros perfectos desconocedores de las instituciones jurídicas españolas. Pero el adquirente queda subrogado por imperio de la Ley en los derechos y deberes urbanísticos del anterior propietario (art. 19.1 TRLS08) y la ignorancia del Derecho no excusa de su cumplimiento (art. 6.1 C.c.) de manera que la buena fe no puede ser opuesta al imperio de la Ley. En las terminantes palabras del Tribunal Supremo, "el que los propietarios (...) tengan la condición de terceros adquirentes de buena fe carece de trascendencia a los efectos de impedir la ejecución de una sentencia que impone la demolición del inmueble de su propiedad por no ajustarse a la legalidad urbanística, pues la fe pública registral y el acceso de sus derechos dominicales al Registro de la Propiedad no subsana el incumplimiento del ordenamiento urbanístico, ya que los sucesivos adquirentes del inmueble se subrogan en los deberes urbanísticos del constructor o del propietario inicial" (STS de 26 de septiembre de 2006, F.J. 2°).

Así las cosas y aunque no haya contribuido en modo alguno a causar el vicio, el propietario actual sí deberá colaborar en su reparación, en particular demoliendo la edificación o construcción a su costa y reponiendo la finca a su estado anterior o a otro que sea conforme con la legalidad territorial y urbanística infringida. Normalmente, podrá ejercer la acción de responsabilidad patrimonial contra el promotor y/o contra la Administración que otorgó la licencia (por todas, SSTS de 9 de noviembre de 2006, F.J. 6°, 9 de julio de 2007, F.J. 9°, 12 de marzo de 2008, F.J. 1°), pero éste es un triste consuelo ya que la indemnización de su perjuicio llegará (si llega) tiempo después de ser éste efectivo.

Máxime si se entiende, como ha hecho nuestro Tribunal Supremo, que la lesión provocada a los adquirentes de buena fe por una orden de demolición "no constituye un daño efectivo hasta que dicha orden se lleve a efecto y los reclamantes de responsabilidad se vean obligados a abandonar sus propiedades. Cierto es que con la sola orden de demolición pueden derivarse daños reales y efectivos no encuadrables en el daño moral reconocido y del que más tarde nos ocuparemos, y valga a título de ejemplo los expresados por los recurrentes en el escrito de interposición (imposibilidad o dificultad de venta de los inmuebles afectados por la orden de demolición ya no solo por los adquirentes sino también por la promotora; imposibilidad o dificultad de que dichos inmuebles garanticen obligaciones; imposibilidad de ejecución derechos de mejora, de reforma, etc.), pero no es menos cierto que esos daños, precisamente por hipotéticos, en ningún momento acreditados, no pueden servir de apoyo para la reclamación extemporánea por prematura." (STS de 31 de mayo de 2011, F.J. 5º).

La legislación española ha tratado de enervar este problema mediante medidas preventivas y correctoras. Entre las primeras, el artículo 51 TRLS08 (modificado a estos precisos efectos por el Real Decreto-Ley 8/2011, de 1 de julio) acude a la publicidad registral, para lo que declara inscribible en el Registro de la Propiedad:

- La incoación de expediente sobre disciplina urbanística o de aquéllos que tengan por objeto el apremio administrativo para garantizar el cumplimiento de sanciones impuestas. Cuando los expedientes de disciplina urbanística afecten a la creación de nuevas fincas registrales por vía de parcelación, reparcelación en cualquiera de sus modalidades, declaración de obra nueva o constitución de régimen de propiedad horizontal, la Ley obliga a la Administración a practicar la anotación preventiva de su incoación y prevé que la omisión de la resolución por la que se acuerde dicha anotación dará lugar a la responsabilidad de la Administración competente en el caso de que se produzcan perjuicios económicos al adquirente de buena fe de la finca afectada por el expediente.
- La interposición de recurso contencioso-administrativo que pretenda la anulación de instrumentos de ordenación urbanística, de ejecución, o de actos administrativos de intervención.
- Los actos administrativos y las sentencias, en ambos casos firmes, en que se declare la anulación a que se refiere el inciso anterior, cuando se concreten en fincas determinadas y haya participado su titular en el procedimiento.

En el orden correctivo y para minimizar el perjuicio causado a los adquirentes de buena fe, Cantabria modificó la LcantS por Ley 2/2011, de 4 de abril, en relación con los procedimientos de indemnización patrimonial en materia urbanística. Con este objeto, se ha añadido a la Ley una disposición adicional, la sexta, según la cual cuando la lesión indemnizable se produzca como consecuencia de actuaciones administrativas declaradas ilegales que determinen el derribo de edificaciones, se deberá iniciar el procedimiento, de oficio o a instancia de parte, desde el momento en que se tenga conocimiento fehaciente de la existencia de una resolución judicial o administrativa, firme y definitiva, que establezca la obligación de derribar y sólo se podrá proceder a la demolición cuando haya finalizado el procedimiento de determinación de la responsabilidad patrimonial, se haya establecido en su caso el importe de indemnización y se haya puesto éste a disposición del perjudicado. Un régimen para el que el Tribunal Supremo ya se ha adelantado a advertir que nada obsta su criterio sobre el momento en que se hace efectivo el daño indemnizable, al que nos hemos referido más atrás (STS de 31 de mayo de 2011, cit., F.J. 7º).

El expediente sancionador, en segundo lugar, deberá incoarse si se aprecian indicios de alguna conducta tipificada como infracción administrativa imputable a los interesados o a los titulares de los órganos que han participado en la tramitación y el otorgamiento de la licencia. A estos efectos, conviene tener también presente que el Código Penal tipifica como delito algunas conductas dolosas que pueden cometerse con ocasión del otorgamiento de licencias ilegales.

El Código penal tipifica en primer lugar en su artículo 319 la ejecución por promotores, constructores o técnicos directores de obras de urbanización, construcción o edificación no autorizables sobre ciertas categorías de suelo, pudiendo el órgano judicial no sólo imponer la pena que corresponda sino también ordenar a cargo del autor del hecho la demolición de la obra y la reposición a su estado originario de la realidad física alterada, sin perjuicio de las indemnizaciones debidas a terceros de buena fe.

En su Circular 7/2011, de 16 de noviembre de 2011, la Fiscalía General del Estado interpreta el concepto de *obra no autorizable* basándose en la jurisprudencia que "había puesto de relieve en relación con la anterior redacción del artículo 319.1 que, cuando se realiza una construcción, el carácter delictivo viene determinado, en la práctica, *no sólo por no estar autorizada sino por no ser tampoco autorizable*. De no ser así, se penalizarían las construcciones realizadas sin licencia que no presentan una contradicción sustancial con la normativa urbanística aplicable. Por tanto, en este aspecto, la Ley Orgánica 5/2010 no viene sino a adaptarse a una interpretación jurisprudencial ampliamente mayoritaria de la norma precedente" (la cursiva es mía). Así pues, la conducta típica sólo se comete al realizar obras sin licencia (u otro título administrativo habilitante) y materialmente contrarias a la ordenación vigente al tiempo de realizarse los hechos. Luego la ejecución de obras sin licencia pero materialmente conformes con la ordenación (*no autorizadas pero autorizables*) y la de obras amparadas en licencias nulas o anulables (*autorizadas*) no acarrea responsabilidad penal.

Ahora bien, el Código también tipifica en su artículo 320 la prevaricación urbanística, esto es, la cometida por las autoridades o funcionarios públicos que informen favorablemente o resuelvan o voten a favor, a sabiendas de su injusticia, de licencias contrarias a las normas de ordenación territorial o urbanística vigentes.

Si se aprecian indicios de responsabilidad penal, el órgano administrativo competente para imponer la sanción lo pondrá en conocimiento del Ministerio Fiscal, absteniéndose aquél de proseguir el procedimiento sancionador mientras la autoridad judicial no se haya pronunciado (art. 42 TRLS08). La sanción penal excluirá la imposición de sanción administrativa (*non bis in idem*: siempre que haya identidad de sujeto, hecho y fundamento: art. 133 LRJPAC) sin perjuicio de la adopción de medidas de reposición a la situación anterior a la comisión de la infracción, que ya se ha comentado que son independientes de la potestad sancionadora aunque también puedan adoptarse con ocasión de su ejercicio.

Bibliografía básica de referencia

GARCÍA DE ENTERRÍA, EDUARDO y PAREJO ALFONSO, LUCIANO, *Lecciones de Derecho urbanístico*, Madrid, Cívitas, 1981.

IGLESIAS GONZÁLEZ, FELIPE, *Licencias urbanísticas*, Madrid, Francis Lefebvre, 2007.

NIETO-GUERRERO LOZANO, A. M., *Licencia urbanística y comunicación previa de obras*, Pamplona, Aranzadi, 2007.

PAREJO ALFONSO, LUCIANO, *La disciplina urbanística*, 2ª ed., Madrid, Iustel, 2012.

EL RÉGIMEN JURÍDICO-ADMINISTRATIVO DE LA LICENCIA MUNICIPAL DE APERTURA
(Análisis a la luz del actual marco regulatorio para el ejercicio de actividades en establecimientos mercantiles o industriales)

Antonio Fortes Martín
Profesor Titular de Derecho Administrativo
Universidad Carlos III de Madrid

Sumario: I. INTRODUCCIÓN. 1. La licencia como mecanismo tradicional de intervención administrativa en sede local. 2. La licencia administrativa como instrumento de control preventivo habilitador del ejercicio de una actividad. II. LA LICENCIA MUNICIPAL DE APERTURA EN EL MARCO DE LA MÁS AMPLIA COMPRENSIÓN DOGMÁTICA DE LA CATEGORÍA AUTORIZATORIA. 1. Sentido y alcance de la licencia administrativa. 2. Concepto y caracteres de la licencia administrativa. III. LA OPERATIVIDAD PRÁCTICA DE LA LICENCIA MUNICIPAL DE APERTURA EN EL ESCENARIO NORMATIVO ACTUAL. 1. La licencia municipal de apertura ¿(su)pervivencia en el marco de la nueva concepción europea de la libre prestación de servicios? 2. Concepto, objeto, y alcance de la licencia municipal de apertura: la autorización para la apertura de un local o establecimiento de cara al ulterior ejercicio de una actividad mercantil o industrial. 3. Las "señas de identidad" que definen y prescriben el régimen de la licencia municipal de apertura bajo el actual panorama normativo y jurisprudencial. IV. LA NECESARIA INTERRELACIÓN DE LA LICENCIA MUNICIPAL DE APERTURA CON OTROS TÍTULOS AUTORIZATORIOS Y OTROS MECANISMOS DE CONTROL PREVENTIVO. 1. El tradicional juego relacional de la licencia de apertura y su operatividad vinculante con respecto a la licencia de obras. 2. La utilización u ocupación de edificios, establecimientos, e instalaciones: el radio de acción de la licencia de apertura y su necesaria delimitación con la licencia de primera ocupación. 3. La licencia municipal de apertura como secuencia final del control previo al ejercicio de una actividad en un establecimiento. La imbricación de la licencia de instalación o actividad y la licencia de apertura o funcionamiento. 4. La virtualidad y operatividad funcional de la licencia de apertura a partir de la secuencia lógica que posibilita el posterior uso de una construcción ya terminada: actividad/instalación, obras, y apertura o funcionamiento. 5. La inserción de la licencia municipal de apertura en el marco normativo sectorial de intervención administrativa para el ejercicio de actividades en establecimientos. En especial la regulación de corte ambiental.

I. INTRODUCCIÓN

1. *La licencia como mecanismo tradicional de intervención administrativa en sede local*

La práctica totalidad de la doctrina iusadministrativista coincide a la hora de definir cuáles son los medios propios de la actividad de policía o actividad de intervención administrativa. Una concreción doctrinal de técnicas que se hace eco en cualquier caso de la enumeración, ya típica, contenida en el viejo artículo 5 RSCL[1] y que comprende la reglamentación de la policía, las autorizaciones y licencias, las órdenes o mandatos, y finalmente las prohibiciones.

Posteriormente, ha sido, en sede legal, el artículo 84 LrBRL el precepto que recoge prácticamente la misma enumeración, si bien la modificación operada en su tenor literal originario —primero por la LmaLLAAS y posteriormente por la LES— introduce la posibilidad de que la Administración se sirva de otras formas de control preventivo, junto a la autorización o licencia[2]; fórmulas que, en todo caso, presentan un carácter menos intenso, como resulta claramente del sometimiento a comunicación previa o a declaración responsable, de conformidad con lo establecido en el artículo 71 bis LRJPAC, y como viene a confirmar, recientemente, el artículo 4 RDLMULC para las actividades comerciales minoristas.

Sea como fuere, la licencia se ha erigido como un mecanismo tradicional para el desenvolvimiento de la Administración a la hora de intervenir la actividad privada de los particulares, sobre todo en el ámbito local, como "uno de los actos administrativos más enraizados en la actividad de los entes locales[3]". Precisamente, cómo énfasis del control preventivo autorizatorio desplegado en el ámbito local, la Sentencia del TS de 11 de noviembre de 1991 (RJ 1991/7854) dispone gráficamente que:

> "Dentro del término licencia se comprenden figuras afines (autorizaciones, permisos, habilitaciones, dispensas, inscripciones, etc), que son conceptos que definen la intervención administrativa atendiendo a situaciones diversas. *En el ámbito local, el término dominante en el que se designa la intervención administrativa a controlar la actividad de los administrados en defensa del interés público, es la licencia*[4]".

---

1 Vid. también artículo 55.1 ROAS

2 Y ello sin perjuicio del ejercicio de actividades de servicios incluidas en el ámbito de aplicación de la LLAAS, en cuyo caso se estará a lo dispuesto en la misma. Vid. también en el ámbito autonómico el artículo 46.3 de la Ley 6/2009, de 15 de diciembre, de medidas fiscales y administrativas para el año 2010 por el que se modifica el artículo 193.1 LLrAL; el artículo 1.2 de la Ley 1/2010, de 11 de febrero, de modificación de diversas leyes de Galicia para su adaptación a la DS por el que se da nueva redacción al artículo 286 LgAL; el artículo único apartado 2 de la Ley Foral 7/2010, de 6 de abril, por la que se modifica la LfnaAL para su adaptación a la DS y se da nueva redacción al artículo 180 de esta última disposición; el artículo 1.1 del Decreto-Ley 1/2010, de 27 de abril, de modificación de diversas leyes de la Comunidad Autónoma de Aragón para la transposición de la DS por el que se da nueva redacción al artículo 193 LarAL; el artículo 1 del Decreto Legislativo 3/2010, de 5 de octubre, de Cataluña de adecuación de normas con rango de Ley a la DS por el que se modifica la redacción del artículo 236.1 TRLcatMRL; y el artículo 3.1 de la Ley 12/2010, de 12 de noviembre, de modificación de diversas leyes para la transposición en Baleares de la DS, que da una nueva redacción al artículo 178.1 LbMRL

3 Vid. STC 40/98, de 19 de febrero, en cuanto se refiere expresamente a la licencia municipal urbanística

4 La cursiva es nuestra

Es ésta, así pues, una materia que se incardina tradicionalmente en la intervención administrativa municipal de las actividades privadas que presentan una incidencia o naturaleza económica, sean éstas industriales o mercantiles, donde además tienen una gran relevancia las Ordenanzas municipales que se dicten por las Corporaciones locales. Un reducto competencial, en definitiva, que atesoran los Ayuntamientos[5] y que, además, camina de la mano de la ordenación urbanística de las actividades. Asistimos, de este modo, a una regulación de gran calado en la tradicional intervención administrativa de las actividades de los particulares donde la licencia municipal de apertura de establecimientos industriales y mercantiles es una más de las distintas y variadas manifestaciones que puede tener la licencia administrativa en la vida local[6].

La justificación, en todo caso, del estudio de la categoría de la autorización o licencia administrativa, como una de las instituciones que gozan de más tradición en el seno de la disciplina del Derecho Administrativo, la realizamos teniendo presente que la misma reviste un doble prisma, a saber, como técnica de control preventivo por excelencia al servicio de la actividad administrativa de policía o de intervención de la actividad privada de los particulares. Y, en segundo lugar, dentro de la teoría general del acto administrativo, como una clase específica de acto administrativo por razón de su contenido, que presenta, a su vez, una serie de particularidades.

Sin mayores pretensiones dogmáticas, por tratarse ésta de una cuestión suficientemente abordada por nuestra principal doctrina y no ser éste el fin perseguido por el presente trabajo —de carácter mucho más práctico y funcional— la autorización administrativa ha sido y continúa siendo hoy día un instrumento clave

---

5 No obstante lo afirmado en el texto principal, debe tenerse en cuenta la D.A primera de la LcatPCAA conforme a la cual "La intervención de los entes locales en la apertura de actividades por razones de seguridad y salud de las personas es *compartida con la Administración de la Generalidad*", ejerciéndose dicha intervención, en los términos que disciplina la legislación sectorial aplicable, "de acuerdo con los principios de no concurrencia, simultaneidad y coordinación" (la cursiva es nuestra)

6 El artículo 180 LbMRL es un buen ejemplo de ello al disponer una auténtica clasificación actual de licencias municipales pudiendo distinguirse, en este sentido, i) las licencias urbanísticas para actos de edificación y uso del suelo, ii) la licencia ambiental para las actividades molestas, iii) las licencias integradas de actividades, iv) las licencias de ocupación, que se exigirán para la primera utilización de los edificios y la modificación de su uso, *cuando no sea necesaria la de apertura*, v) las autorizaciones o licencias para la utilización u ocupación de bienes del dominio público local, y vi) cualquier otra licencia de finalidad diferente de las anteriores de conformidad con las leyes, las ordenanzas y los reglamentos locales. También de una manera mucho más pormenorizada el RBASO dispone —artículos 155 a 161— una clasificación de licencias administrativas municipales entre las que cabe distinguir, i) licencias urbanísticas, ii) licencias de ocupación, iii) licencias de instalación, iv) licencias de actividades clasificadas o de protección ambiental, v) licencias de apertura de establecimientos, vi) autorizaciones y licencias demaniales, y vi) otras licencias

en el intervencionismo administrativo sobre la actividad de los particulares por más que, primero, se haya planteado, por activa y por pasiva, la supuesta "crisis" de la categoría autorizatoria dada la imposibilidad de acotar, en un esquema dogmático unitario, la realidad objeto de examen —ante la heterogénea diversidad de figuras que encuentran acomodo bajo el manto autorizatorio—. Y, en segundo término, por los nuevos vientos liberalizadores que corren en los últimos tiempos y que ha encontrado acomodo final en el régimen de las actividades comerciales minoristas y de ciertos servicios con la acción final representada en el RDLMULC. Este nuevo régimen —bajo la bandera de la necesaria dinamización del sector servicios y la reducción de cargas administrativas que afectan al inicio y ejercicio de las actividades para posibilitar, en última instancia, un régimen más flexible de apertura en los negocios seguidos por las PYMES y las microempresas— parece querer contribuir, cuanto menos, a su injusto (y definitivo) arrinconamiento[7].

2. *La licencia administrativa como instrumento de control preventivo habilitador del ejercicio de una actividad*

Si bien la voluntad de la DS, y con ella la de la LLAAS, es la de prescindir, como regla general, de un régimen de autorización en el acceso a una actividad de servicios y a su ejercicio, debe tenerse en cuenta, no obstante, que dichos regímenes de autorización pueden subsistir al amparo de lo dispuesto en el artículo 5 de la propia LLAAS. Una cosa es, por tanto, que la autorización administrativa pase a ser la excepción a la regla general —lo cual no deja de ser discutible en todos los casos— y otra bien distinta que el sometimiento a autorización vaya a desaparecer por completo, como si la DS nos obligara a apostar, irremisiblemente, por la liberalización o desregulación absoluta en la apertura de locales, establecimientos, o actividades, por lo que aquí ahora más nos interesa. Debe llamarse la atención, por ello, en el hecho de que pese al arrumbamiento que está llamada a sufrir la institución autorizatoria por la acción de la DS, todavía cabe hablar del advenimiento, si bien excepcional, de un régimen de autorización para el acceso a una actividad de servicios y su ejercicio. Buena muestra reciente de ello lo constituye el Decreto 50/2012, de 7 de junio, de Canarias por el que se establece la relación de actividades clasificadas a las que resulta de aplicación el régimen de autorización adminis-

---

7 Parece legítimo y lógico, en todo caso, el intento por continuar creyendo en las posibilidades de la autorización pese a tener que ser actuada ahora en un terreno distinto del que, tradicional y habitualmente, venía manifestando su potencialidad. Y no sólo compartiendo, obligadamente, protagonismo con la declaración responsable y la comunicación previa, sino, incluso, cediendo terreno a favor de estos otros dos instrumentos más flexibles como atestigua cabalmente el RDLMULC

trativa previa. Para ello se exige la concurrencia de una serie de condiciones, que debiendo motivarse convenientemente en la disposición normativa que establezca dicho régimen autorizatorio, pasa porque el mismo no sea discriminatorio, sea proporcionado[8] y, sobre todo y lo más importante, sea necesario en la medida en que el mismo esté justificado por una razón imperiosa de interés general[9]. De hecho, esta misma realidad, en sede local, es la que ha sido asumida, en lógica coherencia con la LLAAS, por la LrBRL —tras la modificación operada en la misma por la LES[10]— para restringir de este modo la posibilidad de exigir licencias únicamente a aquellas actividades en las que concurran razones imperiosas de interés general, vinculadas con la protección de la salud o seguridad públicas, el medio ambiente, o el patrimonio histórico-artístico[11].

---

8 Debe entenderse que no puede sujetarse a un régimen de autorización una actividad de servicios o su ejercicio cuando sea suficiente con una comunicación previa o una declaración responsable mediante la que se manifieste el cumplimiento de los requisitos exigidos y se facilite la información necesaria a la autoridad competente para el control ulterior de la actividad

9 Razón imperiosa de interés general que es definida por el artículo 3.11 LLAAS como la "razón definida e interpretada por la jurisprudencia del Tribunal de Justicia de las Comunidades Europeas, limitadas a las siguientes: el orden público, la seguridad pública, la protección civil, la salud pública, la preservación del equilibrio financiero del régimen de seguridad social, la protección de los derechos, la seguridad y la salud de los consumidores, de los destinatarios de servicios y de los trabajadores, las exigencias de la buena fe en las transacciones comerciales, la lucha contra el fraude, la protección del medio ambiente y del entorno urbano, la sanidad animal, la propiedad intelectual e industrial, la conservación del patrimonio histórico y artístico nacional y los objetivos de la política social y cultural"

10 Que también modifica el RD-Legislativo 2/2004, de 5 de marzo, por el que se aprueba el Texto Refundido de la Ley reguladora de las Haciendas Locales. La modificación de la redacción del apartado i) del artículo 20.4 de esta disposición normativa supone reconocer abiertamente, a día de hoy, la subsistencia de la licencia municipal de apertura al disponer que las entidades locales podrán establecer tasas por cualquier supuesto de prestación de servicios o de realización de actividades administrativas de competencia local, y en particular por el "otorgamiento de las licencias de apertura de establecimientos, así como por la realización de la actividad de verificación del cumplimiento de los requisitos establecidos en la legislación sectorial cuando se trate de actividades no sujetas a autorización o control previo". Cabe apuntar, no obstante, que en un último giro de tuerca liberalizador, el citado artículo 20.4.i) del Texto Refundido de la Ley reguladora de las Haciendas Locales ha sido nuevamente modificado por la D.F 1ª RDLMULC. Así, el nuevo y definitivo tenor literal pasa a ser el siguiente: "Otorgamiento de las licencias de apertura de establecimientos o realización de las actividades administrativas de control en los supuestos en los que la exigencia de licencia fuera sustituida por la presentación de declaración responsable o comunicación previa"

11 El artículo 84 bis LrBRL —añadido por el artículo 41.1 LES— dispone expresamente que: "Sin perjuicio de lo dispuesto en el artículo anterior, con carácter general, el ejercicio de actividades no se someterá a la obtención de licencia u otro medio de control preventivo. No obstante, *podrán someterse a licencia o control preventivo aquellas actividades que afecten a la protección del medio ambiente o del patrimonio histórico-artístico, la seguridad o la salud públicas, o que impliquen el uso privativo y ocupación de los bienes de dominio público, siempre que la decisión*

Así, claramente trasluce, en una perspectiva puramente sectorial, con uno de los marcos regulatorios donde ha tenido —y sigue teniendo a día de hoy— sentido y justificación la licencia de apertura, como es el caso de los espectáculos públicos y actividades recreativas. Como ejemplo clarividente de lo que ahora venimos exponiendo, el artículo 1 LclEPAR, dispone que

> "La finalidad del régimen normativo contenido en esta Ley es salvaguardar el orden público y la seguridad pública, la protección de los consumidores y destinatarios de los servicios, de los terceros no participantes en los espectáculos y de los trabajadores, del medio ambiente y del entorno urbano, así como la conservación del patrimonio cultural".

Para acto seguido añadir

> "*Dichas razones imperiosas de interés general exigen el régimen de autorizaciones administrativas* y requisitos establecidos en la Ley (...) para la realización de espectáculos públicos y actividades recreativas en establecimientos públicos, instalaciones o espacios abiertos que se desarrollen o ubiquen íntegramente en el territorio de la Comunidad[12]".

Ahora bien, sobre esta misma base que se viene exponiendo, la reciente acción regulatoria del RDLMULC ha restringido, aún más si cabe, la supervivencia de la licencia municipal. De hecho, como esgrime el artículo 3.1 RDLMULC, para el inicio y desarrollo de ciertas actividades comerciales minoristas y de prestación de servicios[13],

---

de sometimiento esté justificada y resulte proporcionada. En caso de existencia de licencias o autorizaciones concurrentes entre una entidad local y alguna otra Administración, la entidad local deberá motivar expresamente en la justificación de la necesidad de la autorización o licencia el interés general concreto que se pretende proteger y que éste no se encuentra ya cubierto mediante otra autorización ya existente" (la cursiva es nuestra)

12 La cursiva es nuestra

13 Esas actividades comerciales, en todo caso minoristas, y de prestación de determinados servicios son las previstas en el anexo del propio RDLMULC —a partir de su clasificación dispuesta por el RD 1175/90, de 28 de septiembre, por el que se aprueban las tarifas y la instrucción del impuesto sobre actividades económicas—. Se trata, en todo caso, de las realizadas a través de establecimientos permanentes situados en cualquier parte del territorio nacional, y cuya superficie útil de exposición y venta al público no sea superior a 300 metros cuadrados. No obstante como precisa la D.F 6ª RDLMULC, el Gobierno puede modificar, a propuesta del Ministro de Economía y Competitividad, el catálogo de actividades comerciales y servicios del anexo, sin perjuicio de que en todo caso se revisará en el plazo de un año desde su entrada en vigor. Por otra parte, y en relación con el umbral de superficie de los establecimientos —en la actualidad no superior a 300 metros cuadrados— la D.F 7ª RDLMULC contempla igualmente la posibilidad de modificar dicho umbral, sin perjuicio de su revisión en el plazo de un año desde la entrada en vigor del RDLMULC, "con el objeto de poder extenderlo a otras superficies adaptándose a las circunstancias del mercado y de la coyuntura económica". Finalmente, para las Comunidades Autónomas, la D.F 8ª RDLMULC, y

> "no podrá exigirse por parte de las administraciones o entidades del sector público la obtención de licencia previa de instalaciones, de funcionamiento o de actividad, ni otras de clase similar o análogas que sujeten a previa autorización el ejercicio de la actividad comercial a desarrollar o la posibilidad misma de la apertura del establecimiento correspondiente".

Porque la exigencia de la licencia —muy limitada, no obstante, en el nuevo escenario normativo dispuesto en su momento por la modificación que opera la LES en la LrBRL— no sólo pasa ya a estar justificada ante la concurrencia de alguna de las expuestas razones imperiosas de interés general del artículo 84 bis LrBRL, sino que se ve ahora mucho más coartada. En efecto, el artículo 2.2 RDLMULC deja al margen de la regulación contenida en su Título I —y por tanto donde no opera la supresión generalizada de licencias municipales vinculadas con establecimientos comerciales minoristas— a "las actividades desarrolladas en los mencionados establecimientos que tengan impacto en el patrimonio histórico-artístico o en el uso privativo y ocupación de los bienes de dominio público". En esas circunstancias —y sólo en esas, a saber, patrimonio histórico artístico y régimen demanial— la licencia municipal, incluso para las actividades comerciales minoristas, es exigible. Pero no así, como en cambio sí contemplaba el artículo 84 bis LrBRL con carácter general para cualquier tipo de actividad desarrollada en algún establecimiento —y no sólo las comerciales minoristas—, en los casos de protección de la salud o seguridad públicas y de medio ambiente, lo que no deja de ser, insistimos, más que discutible[14].

---

en el ámbito de sus respectivas competencias, podrá ampliarse igualmente el umbral de superficie de los establecimientos y el catálogo de actividades comerciales y servicios previsto en el anexo del RDLMULC

14 Precisamente nos asalta de inmediato el siguiente interrogante ¿por qué se opta por el mantenimiento de la razón de interés general fundada en el patrimonio histórico-artístico y no en el patrimonio natural como es el representado por la protección ambiental? El RDLMULC no justifica en ningún momento esta elección. Si bien el artículo 2.2 de la Ley 2/2012, de 12 de junio, de dinamización de la actividad comercial en la Comunidad de Madrid confirma esta misma postura en el ámbito autonómico. A lo más que llega en su Exposición de Motivos es a despacharse que con el propio Real Decreto-Ley "se avanza un paso más eliminando todos los supuestos de autorización o licencia municipal previa, motivados en la protección del medio ambiente, y de la seguridad o de la salud públicas (...) Se considera, tras realizar el juicio de necesidad y proporcionalidad, que no son necesarios controles previos por tratarse de actividades que, por su naturaleza, por las instalaciones que requieren y por la dimensión del establecimiento, no tienen un impacto susceptible de control a través de la técnica autorizatoria...". Ahora bien, echando un simple vistazo al anexo del RDLMULC y las actividades comerciales minoristas que entran dentro de su ámbito de aplicación, fácilmente se colige, por ejemplo, que en el comercio al por menor de carnes y despojos, de pescados y otros productos de la pesca, o de casquerías, vísceras y despojos, y finalmente las peluquerías se encuentra (de estarlo en algún momento) más comprometida la protección ambiental y la salud de las personas que el patrimonio histórico-artístico. Siendo esto

Sea como fuere, la licencia administrativa —dentro de la sistematización de supuestos de incidencia de la actuación administrativa sobre las situaciones jurídicas de los ciudadanos— no es más que traducción, en ese sentido, del ejercicio por la Administración de una serie de facultades tendentes a limitar los derechos de los particulares con el fin de prevenir o evitar los peligros que pueden derivarse potencialmente de su ejercicio como consecuencia del interés general concreto que se pretende proteger. Es, por tanto, en un estadio anterior al del desarrollo de actividades o ejercicio de derechos donde la licencia ha encontrado, como mecanismo de control preventivo, su razón de ser. De hecho, con la licencia administrativa no se pretende otra cosa, constituyendo ésta la auténtica idea-fuerza de la categoría autorizatoria, que alcanzar un equilibrio, una acertada composición de intereses entre el interés público y el interés privado al ejercicio de un derecho o actividad. Equilibrio o composición de intereses que trata también de proyectarse, todo sea dicho, un tanto forzadamente, sobre la funcionalidad operativa de la declaración responsable y la comunicación previa[15].

La potencial acción de la licencia administrativa sólo va a poder entrar en juego, además, en la medida en que se disponga por la Administración del suficiente respaldo normativo para operar la intervención u ordenación administrativa que sea precisa. Por tanto, tan sólo a través de la atribución normativa a la Administración de la facultad para limitar los derechos de los particulares puede ésta intervenir el ejercicio de las actividades privadas. Precisamente, en el ámbito local, resulta suficientemente ilustrativo de lo que ahora afirmamos el tenor del artículo 8 RSCL por el que "Las Corporaciones podrán sujetar a sus administrados al deber de obtener previa licencia *en los casos previstos por la Ley, el presente Reglamento u otras disposiciones de carácter general*[16]".

Observamos, pues, que la licencia administrativa se sustenta o trae causa necesariamente de una normativa previa que contempla la limitación, con prohibición relativa en este caso, al ejercicio de la actividad de los particulares. La norma aplicable a una concreta realidad puede prohibir ciertas facultades o actuaciones pri-

---

así, lo más lógico y pertinente hubiera sido hacer desaparecer también la razón imperiosa de interés general vinculada al patrimonio histórico-artístico y dejar sólo como razón imperiosa de interés general que justifica la exigibilidad de licencia para las actividades comerciales minoristas a la utilización u ocupación del dominio público

15 En este sentido, por ejemplo, el artículo 5 RDLMULC para las actividades comerciales minoristas trata de enfatizar, lo que por otra parte no hubiera sido necesario mencionar expresamente, que ambos mecanismos flexibilizantes —declaración responsable y comunicación previa— no prejuzgarán en modo alguno "la situación y efectivo acomodo de las condiciones del establecimiento a la normativa aplicable, ni limitará el ejercicio de las potestades administrativas, de comprobación, inspección, sanción, y en general de control que a la administración en cualquier orden, estatal, autonómico o local, le estén atribuidas por el ordenamiento sectorial aplicable en cada caso"

16 La cursiva es nuestra

vadas. Ahora bien, la propia norma puede igualmente contener la posibilidad de salvar esa misma prohibición anterior mediante la obtención, por el particular, de la preceptiva licencia administrativa como manifestación del control previo al ejercicio de una actividad. En definitiva, la intervención que realiza la Administración lo es de forma precedente al ejercicio de la actividad privada, es decir, el control en cualquier caso tiene lugar con carácter previo. Y como trasunto de lo anterior, la intervención o limitación que se articula con la licencia lo es con relación a una fase concreta del ejercicio de la actividad por el particular, justo en el momento previo a su ejercicio. Es por tanto antes de producirse éste cuando la Administración valora la posibilidad de desarrollar tal actividad conforme a las normas vigentes que reglamentan la conducta de los particulares, lo que se hace especialmente significativo, como tendremos ocasión de comprobar en las páginas siguientes, en el caso de la licencia municipal para la apertura o puesta en funcionamiento de una actividad en un establecimiento mercantil o industrial[17].

II. LA LICENCIA MUNICIPAL DE APERTURA EN EL MARCO DE LA MÁS AMPLIA COMPRENSIÓN DOGMÁTICA DE LA CATEGORÍA AUTORIZATORIA

1. *Sentido y alcance de la licencia administrativa*

Para comprender el alcance, presente y futuro, de la licencia municipal de apertura, interesa realizar previamente un somero acercamiento al origen de la categoría y al señalamiento de sus principales notas características, lo que permitirá, ulteriormente, confirmar o desmentir el ajuste de la licencia de apertura a la realidad cabal de la categoría. Este examen lo proponemos siendo conscientes de la falta de uniformidad de la categoría en sí, al incluirse bajo una misma realidad una serie de multiformes figuras —permisos, licencias, autorizaciones, inscripciones, habilitaciones, certificaciones—, en ocasiones de imposible o difícil determinación. La propia jurisprudencia del TS[18] también nos advierte de la situación a la que ahora nos enfrentamos cuando ha llegado a afirmar que "el concepto de licencia-autorización es susceptible de múltiples modulaciones, según el tipo de actividad a que se refiera".

---

17 Dejamos aparte en este estudio el caso de los establecimientos comerciales minoristas donde, no obstante, hay que tener muy en cuenta el nuevo escenario de inexigibilidad de licencia municipal al que nos conduce la aprobación y consecuentemente entrada en vigor del RDLMULC

18 Vid. por ejemplo la Sentencia del TS de 24 de marzo de 1983 (RJ 1983/1625)

La autorización administrativa se conforma, de un modo tradicional, en un mecanismo que se articula en dos fases. Por un lado, una prohibición policial de carácter preventivo, si bien de carácter relativo por la reserva de excepción que se realiza por el permiso policial, y que impide, al menos a priori, el ejercicio libre de las actividades privadas. Por otro lado, constituyendo el aspecto nuclear de la construcción clásica de la autorización administrativa, el otorgamiento de ese permiso remueve la prohibición anterior para el caso en concreto, restableciendo así la libertad del sujeto.

Como se puede advertir, en esta construcción dogmática de la categoría autorizatoria se emplea la palabra "restablecimiento" porque el sujeto viene a recobrar una libertad limitada de la que disponía con carácter previo, aunque si bien no de forma absoluta por mor de la prohibición policial preventiva. Ese permiso por el que se restablece la libertad del sujeto no tiene ningún contenido propio porque en definitiva no otorga nada que no tuviera ya el particular que resulta habilitado.

Así las cosas, la autorización no tiene ningún contenido propio, constituye únicamente un acto de la Administración que restablece un derecho preexistente al remover los límites existentes, justo hasta ese mismo instante, para su ejercicio. La autorización opera así, en la manida fórmula por todos conocida, el *rimozione dei limiti*, la remoción del límite u obstáculo que de forma preventiva planea sobre el derecho a ejercitar. En el fondo, este esquema, que pasa a convertirse en centro de atención de todo el escenario autorizatorio, está imponiendo sobre el particular un deber positivo de alcanzar u obtener la autorización antes de desarrollar la actividad[19]. Esto es lo que el propio RSCL está contemplando al referirse al "sometimiento a previa licencia" (artículo 5) o incluso al "deber de obtener previa licencia" (artículo 8).

Con todo, la actividad desplegada a través del otorgamiento de la autorización se reduce así a un mero examen, una simple medida de vigilancia y control de la idoneidad y de la falta de perturbación en el concreto ejercicio de la actividad pretendida respecto del interés público. La automaticidad que lleva además aparejado el control preventivo determina que el acto en que consiste la autorización se convierte así en un acto debido, lo que resultará de gran importancia para el posterior estudio de la licencia municipal de apertura. De este modo, en la medida en que no hay duda, tras el oportuno examen previo, de la ausencia de peligro o daño pa-

---

[19] Si en verdad puede hablarse de un deber positivo de obtener la licencia administrativa para poder ejercitar la actividad y que le permite al ciudadano pasar de una situación de simple interés legítimo a ostentar ya un auténtico poder concreto, un derecho subjetivo, frente a la Administración, la licencia se convierte así en un requisito legal, una carga, en definitiva, que pesa sobre el interesado y que una vez satisfecha o cumplida le permitirá el ejercicio de sus facultades

ra el público interés predicado de la actividad a autorizar, la Administración viene obligada a otorgar la licencia, en nuestro caso, de apertura.

2. *Concepto y caracteres de la licencia administrativa.*

Existe acuerdo en la doctrina mayoritaria, y de igual modo en la jurisprudencia[20], a la hora de concebir a la licencia administrativa como aquella

> "declaración de voluntad de la Administración Pública, con la que se permite a otro sujeto público o privado el ejercicio de un derecho, de que ya era titular, previa valoración de la legalidad de tal ejercicio, con relación a aquella zona del orden público que el sujeto autorizante debe tutelar, no implicando tal licencia, transferencia de derechos del ente público al sujeto privado, sino la simple eliminación de unas cortapisas establecidas previamente en el Ordenamiento Jurídico, al objeto de que el ejercicio de ciertos derechos por el particular no puede hacerse sin un cierto control por parte de la Administración".

El otorgamiento de una licencia consiste, como ha manifestado tempranamente el TS[21], "en una autorización a un particular para realizar un acto que está permitido, y se exige para averiguar si se cumplen las condiciones requeridas", como resulta, cabalmente, de la licencia municipal de apertura. Un acto de otorgamiento que cumple además una finalidad conciliatoria en el seno de la tensión existente entre la libertad, el interés público, y el derecho de los demás, y cuya armonización, por otra parte necesaria, trata de propiciar la misma licencia administrativa. De este modo, como afirma la Sentencia del TS de 18 de abril de 1984 (RJ 1984/2004), "la licencia administrativa, como institución, es una técnica tendente a garantizar que el uso de un derecho, en principio reconocido por el ordenamiento, se ha de ejercitar de forma armónica con el interés público y la conveniencia general". Es así como puede sostenerse que la autorización administrativa se reduce a un acto unilateral de aplicación de la norma a un caso singular, aplicación concretada en la procedencia de la oportunidad del ejercicio de la actividad en cuestión en función del interés público.

Como puede comprobarse, la definición descrita *ut supra* y, a través de ella, las notas características que se ponen de manifiesto, proporcionan los elementos nucleares que subyacen en la construcción clásica o tradicional de la autorización

---

20 La cita de jurisprudencia en este sentido se hace interminable. Nos limitamos a apuntar aquí algunos de los fallos más relevantes del TS. Vid. Sentencia de 7 de julio de 1980 (RJ 1980/3416), Sentencia de 11 de febrero de 1981 (RJ 1981/589), Sentencia de 24 de abril de 1992 (RJ 1992/3933), y de 22 de junio de 1993 (RJ 1993/4428)

21 Vid. Sentencia del TS de 8 de mayo de 1965 (RJ 1965/2774) y de 14 de abril de 1966 (RJ 1966/2080)

o licencia administrativa. Nos referimos a la idea del derecho preexistente y a la remoción de límites que opera la licencia salvando los obstáculos previos —prohibición relativa— que se oponen al libre ejercicio de las actividades privadas. Así ha sido constatado, incluso, por el propio Tribunal Constitucional en la STC 135/92, de 5 de octubre en la que se reconoce que

> "las autorizaciones son actuaciones singulares desprovistas por definición de contenido normativo. En definitiva, se trata de actos administrativos por su autor y su contenido, que consisten en remover los límites a los obstáculos para el ejercicio de un derecho preexistente en principio".

Por ello, la licencia se concibe como un acto declarativo de derechos porque por su otorgamiento no se constituye en nada nuevo al sujeto privado. La Administración no va a otorgar al particular ningún derecho *ex novo* que no preexistiera[22] ya en la esfera jurídica de éste. De este modo no opera una transferencia de facultades[23] desde la Administración al particular como la que tiene lugar, por contra, con la técnica concesional. En definitiva, la licencia se conforma como un acto reglado por el que simplemente se valora la legalidad del pretendido ejercicio del derecho por el particular. Un carácter reglado, el de la licencia administrativa, que además de predicarse de su otorgamiento por parte de la Administración, lo es asimismo en cuanto a su contenido[24]. En este sentido, la Administración no es libre para incorporar en la licencia las determinaciones que, según su voluntad, tuviera por conveniente, circunstancia ésta que se hace especialmente evidente con relación a la licencia municipal de apertura, como tendremos ocasión de comprobar más adelante.

De manera insistente, así pues, la jurisprudencia del máximo órgano jurisdiccional[25] se ha encargado de resaltar esas notas que se predican en todo caso de la

---

22 Idea central en el sentir de la tradicional doctrina jurisprudencial del máximo órgano jurisdiccional, como entre otras lo acredita la Sentencia del TS (Sala 4ª) de 14 de abril de 1966 (RJ 1966/2080): "que la propia naturaleza de estas autorizaciones administrativas [se refiere a la licencia municipal de apertura], al permitir el ejercicio de un derecho del que ya era titular el autorizado (...) muestra cómo mediante la licencia no se amplía el patrimonio del autorizado, con la adición de un bien o un derecho que antes no tuviera"

23 Esta misma circunstancia que caracteriza el otorgamiento de las licencias, como manifestación de las típicas autorizaciones de policía, lleva aparejada, por norma general, la aplicación del silencio administrativo positivo en caso de ausencia de resolución expresa por parte de la Administración. Alguna doctrina, incluso, ha entendido que esta situación determina la posibilidad de referirse a las que se han dado en llamar autorizaciones tácitas. Dicha postura encontraría cabida, en todo caso, en el artículo 9 RSCL y en el artículo 95 de la vieja Ley de procedimiento administrativo de 1958, que recogía de forma expresa el sentido positivo del silencio, sin denuncia de mora

24 Vid. Sentencia del TS de 21 de febrero de 1981 (RJ 1981/1147)

25 Vid. Sentencias del TS de 14 de mayo y 15 de junio de 1981 (RJ 1981/2069 y RJ 1981/2924), y de 15 de diciembre de 1989 (RJ 1989/9210)

noción tradicional de la licencia administrativa. Así, mientras en la Sentencia del TS de 22 de marzo de 1980 (RJ 1980/2715) se afirma que "licencia es acto declarativo de adecuación a los intereses públicos reglados de un derecho subjetivo preexistente", de forma más expresiva la Sentencia del TS de 26 de septiembre de 1980 (RJ 1980/3452) señala que "la licencia municipal es la simple constatación de que el ejercicio de un derecho subjetivo preexistente en el patrimonio del administrado va a desenvolverse dentro de los límites establecidos para la normativa aplicable, de lo que deriva su carácter eminentemente reglado". Y también la Sentencia del TS de 7 de mayo de 1981 (RJ 1981/2031) donde se concreta que

> "la licencia, en su propio y estricto sentido interventor, presupone de modo autónomo u originario el derecho subjetivo del particular que, a diferencia del derecho constituido por la concesión, no surge a virtud de acto administrativo, siendo sólo el ejercicio de aquel derecho subjetivo del particular lo que resulta intervenido por cualquiera de los modos señalados en el art. 5 del Reglamento de Servicios".

En la medida en que la Administración constata que tanto el sujeto como la actividad a desarrollar cumplen con todos y cada uno de los requisitos que la normativa aplicable exige, aquélla se encuentra obligada a otorgar el acto autorizatorio, sin posibilidad de "intervenir en los legítimos derechos de los administrados fuera y más allá de los específicos supuestos en que tal intervención resulta legalmente autorizada[26]". La licencia, como acto de control preventivo, se limita de este modo a declarar, en el caso en concreto, la licitud, la conformidad a Derecho, del ejercicio de la actividad por el interesado, al quedar verificada su conformidad con el público interés[27]. Mediante la licencia, en definitiva, no se amplía el patrimonio del individuo autorizado, a través de la adición de un bien o un derecho que antes no tuviera, si bien es cierto que, con la misma, se dilata (relaja) su esfera jurídica mediante la eliminación de las cortapisas establecidas previamente por el Ordenamiento, al objeto de que el ejercicio de ciertos derechos por el particular no puedan llevarse a cabo sin un previo control administrativo.

En resumen, la ingente jurisprudencia del TS[28] existente sobre este concreto particular permite cabalmente concluir que la licencia administrativa municipal puede concebirse como

---

26 Sentencia del TS de 1 de febrero de 1991 (RJ 1991/1163)

27 Como ha afirmado el TS en Sentencia de 6 de noviembre de 1984 (RJ 1984/5385), las licencias son "manifestación de una intervención municipal de carácter policial, que trata de medir la compatibilidad del proyecto privado al que se trata de dar efectividad con los intereses públicos afectados; control que no otorga derechos, sino que partiendo de los preexistentes en el patrimonio del solicitante (...) trata de indagar si el ejercicio que se pretende es o no compatible con el público interés, o con los límites previos reglamentariamente señalados"

28 Así, una clara muestra de ella la representan la Sentencia de 23 de julio de 1991 (RJ 1991/6354), Sentencia de 4 de marzo de 1992 (RJ 1992/3224), y Sentencia de 3 de julio de 1997 (RJ

"acto de control preventivo, no constitutivo, sino meramente declarativo de un derecho preexistente del administrado (...) que no transfiere facultades sino que remociona límites, por lo que su otorgamiento o denegación se ha de efectuar dentro de la más estricta legalidad, pues la Administración no es libre para decidir si otorga o no la licencia, puesto que el contenido del acto ha de ser por entero reglado".

Más allá de las definiciones proporcionadas por la jurisprudencia, en el modo expuesto, no existe, aparentemente en nuestro Derecho positivo, una definición legal —en términos absolutos y más allá de contextualizaciones sectoriales— de licencia o autorización administrativa. Podemos no obstante constatar una excepción a esta situación general. Salvedad que viene constituida por la noción que recoge el RD 1778/94, de 5 de agosto[29]. Esta disposición, en su artículo 1.2, señala que, a los efectos del propio RD,

"se entiende por autorizaciones todos aquellos actos administrativos, cualquiera que sea su denominación específica, por los que, en uso de una potestad de intervención legalmente atribuida a la Administración, se permite a los particulares el ejercicio de una actividad, previa comprobación de su adecuación al ordenamiento jurídico y valoración del interés público afectado".

La importancia de esta definición entendemos que es máxima, tanto por lo que se refiere a su vertiente formal, como por lo que respecta a su vertiente material. En la primera perspectiva apuntada porque, lejos de tratarse de una cuestión absolutamente pacífica, el precepto citado evita todos los problemas de *nomen iuris* existentes con las multiformes categorías autorizatorias que pueden ser empleadas bajo el amplio espectro del género común "autorización administrativa", optando así por una posibilidad que la aleja de cualquier tipo de polémica gratuita. De modo que serán autorizaciones todos aquellos actos que presenten las características enunciadas en la definición, y ello "cualquiera que sea su denominación específica". La elección por este concepto amplio se encuentra, sin duda, condicionada por el carácter del propio RD 1778/94, en el que debe darse cabida a multitud de supuestos. De ahí que la concepción amplia de autorización administrativa empleada, tal y como reconoce la propia Exposición de Motivos del RD 1778/94, acoge todas las denominaciones al uso sean autorizaciones, licencias, permisos, habilitaciones u otras.

Pasando ya a la perspectiva material resultante de la misma definición legal apuntada, la autorización no hace otra cosa que permitir, en el caso en concreto, el ejercicio de una actividad. Y para ello se lleva a cabo una valoración previa o

---

1997/5922)

29 Por esta disposición se produce la adecuación a la LRJPAC de las normas reguladoras de los procedimientos de otorgamiento, modificación y extinción de autorizaciones

comprobación de la adecuación de la misma al ordenamiento jurídico y su compatibilidad con el interés público que pudiera resultar afectado. La relevancia de este aspecto sustantivo de la caracterización de la autorización radica en la funcionalidad que se imprime a la categoría autorizatoria como mecanismo preventivo de control, abstracción hecha por tanto de la preexistencia o no en el sujeto de un derecho propio.

Conocido por tanto el *nomen iuris* de la categoría que centra nuestro interés, así como lo que por la misma se entiende, estamos en disposición de ahondar aún más en los aspectos intrínsecos de la licencia administrativa en su concepción dogmática originaria para constatar, ulteriormente, si la licencia municipal de apertura encaja o no en ese perfil jurídico. En este sentido, ha de destacarse, de entrada, su naturaleza negocial; su carácter reglado, declarativo y favorable de derechos; su carácter condicionado; y finalmente, el tratarse de un acto, concebido inicialmente, como un mecanismo por el que no se da lugar a la constitución de una relación jurídica continuada entre la Administración y el sujeto autorizado. Veamos brevemente a continuación cada uno ellos.

La licencia administrativa constituye un acto administrativo negocial, una mera declaración de voluntad de la Administración por la que se permite el ejercicio de un derecho que el sujeto ya tenía atribuido o del que dispone con anterioridad.

Por otra parte, de las construcciones originarias de la autorización administrativa se desprende, como ya nos consta, la misma consecuencia, a saber, la autorización carece de contenido propio, de modo que la autorización no atribuye nada nuevo al particular que no tuviera con carácter previo en su esfera jurídica.

Fácilmente se colige, con lo anterior, que la licencia administrativa simplemente declara o reconoce en el caso en concreto —sin atribuir ninguna facultad de la que no dispusiera previamente el particular— la posibilidad de llevar a cabo una actuación privada, y ello una vez superados los obstáculos que se ciernen de forma preventiva hasta la comprobación de la idoneidad y compatibilidad de la acción pretendida con el interés público.

La autorización declara, por tanto, sin constituir aparentemente en nada al sujeto autorizado, la posibilidad de ejercicio de su derecho. En su construcción clásica, la autorización tiene de este modo un carácter declarativo, no constitutivo, porque con el otorgamiento de la licencia no se está afectando al derecho en sí, a su contenido, sino tan sólo a la vertiente de su ejercicio.

Si, como se ha apuntado, la licencia es un acto administrativo declarativo por el que la Administración se inhibe de cualquier intervención posterior más allá de la potestad general de policía administrativa, resulta interesante dilucidar si la Administración puede condicionar el ejercicio de la actividad en el mismo acto autorizatorio. Por lo tanto, la licencia administrativa ¿es o no un acto condicionado?

La licencia administrativa es un acto reglado y debido por el que la Administración pasa a reconocer la posibilidad de ejercicio de un derecho. Ahora bien, lo que corresponde valorar también es la posibilidad de que la licencia se someta a condición por la Administración autorizante. En definitiva, que el acto administrativo autorizatorio contenga una serie de elementos —términos, condiciones, modos o cargas— o cláusulas accesorias.

Si tomamos como presupuesto de la construcción tradicional el carácter reglado del acto autorizatorio que se otorga, el mismo sólo puede incluir en su contenido las condiciones o determinaciones así previstas por la normativa aplicable, esto es, *conditio iuris* "puras y duras", sin que la Administración pueda añadir cualquier otro contenido a partir de una cláusula accesoria. En nuestra doctrina y jurisprudencia esta misma concepción tradicional se estima que es cumplida fielmente por la licencia de apertura, título autorizatorio que, de carácter reglado en su otorgamiento, sólo admite por ende la inclusión de *conditio iuris,* o lo que es lo mismo, "cláusulas que eviten la denegación mediante la incorporación a la licencia de exigencias derivadas del ordenamiento vigente[30]".

El condicionado de la licencia, por venir impuesto por la normativa aplicable, adquiere, a juicio del TS[31], el carácter de *conditio iuris* y de condición, no ya suspensiva, sino resolutoria[32] del acto administrativo autorizatorio en caso de no ejecutarse las mismas. Es más, como se ha llegado a afirmar en las Sentencias del TS de 22 de junio de 1993 (RJ 1993/4428) y de 9 de junio de 1998 (RJ 1998/5025) "el derecho a mantener la actividad está siempre sujeto al condicionamiento impuesto en la licencia", tal y como tendremos ocasión de constatar ulteriormente en el caso concreto de la licencia municipal de apertura.

En otro orden de cosas, y como consecuencia del fundamento mismo de la policía y de las pautas liberales predominantes al tiempo de alumbrarse la categoría autorizatoria —que determinan la no injerencia de la Administración en la actividad del sujeto privado— el otorgamiento de la licencia administrativa supone que la Administración se desentienda en el ejercicio posterior de la actividad. El sujeto autorizado es, a partir de ese instante, "libre" para decidir dar inicio al ejercicio de su actividad y, en su caso, para acordar la forma de llevarlo a cabo, debiendo observar tan sólo, en el ejercicio posterior de la misma, las limitaciones del régimen de policía general que aseguren la realización de los intereses públicos que se ven afectados.

---

30 Vid. Sentencia del TS de 2 de julio de 1991 (RJ 1991/5727)

31 Vid. Sentencia del TS de 9 de diciembre de 1988 (RJ 1988/4940)

32 El TS, en la Sentencia de 9 de diciembre de 1980 (RJ 1980/4990), ha llegado a afirmar que "las medidas correctoras a adoptar se han de entender respecto de la licencia con la virtualidad de una condición resolutoria"

La licencia, de acuerdo con su concepción clásica, no opera como título en el que pueda legitimarse la intervención posterior de la Administración en el ejercicio de la actividad. De admitirse esto, en el contexto de la concepción tradicional de la licencia administrativa, se estaría produciendo una injerencia ilegal de la Administración en el ámbito de libre disponibilidad del particular sobre el ejercicio de su actividad. Es más, incluso el sujeto que ha visto removidos los obstáculos para el ejercicio de su derecho no está obligado a desarrollar la actividad. Por tanto, ésta podrá o no ejercitarse, constituyendo una cuestión prácticamente indiferente para la Administración una vez que ha finalizado su función preventiva de control.

La función inhibitoria de la Administración, que sólo dispone de la potestad genérica de policía administrativa para en su caso intervenir en el desenvolvimiento normal de la actividad, implica que la única relación que se crea entre la Administración y el particular se inicia con la solicitud de autorización y concluye con su otorgamiento. Por tanto, se trata de una relación fugaz en la que, más allá del instante del otorgamiento, no existe comunicación alguna entre el acto de autorización, de naturaleza administrativa, y la actividad autorizada, de carácter privado.

A mayor abundamiento y en el sentido que estamos exponiendo, el otorgamiento en su caso de la licencia administrativa tiene otra lectura dentro del panorama de intervención negativa o inhibitoria por parte de la Administración. En efecto, a partir del otorgamiento de la autorización, la misma crea en el sujeto titular de la autorización una posición intangible frente a la Administración que no puede afectar su posición jurídica. Es más, lo que la concepción dogmática clásica de la figura autorizatoria está determinando es que la Administración no sólo no puede incidir positivamente sobre la misma, sino además viene obligada a respetarla. Se reconoce, en suma, un status especial en el titular de la licencia que se ha fundamentado, tradicionalmente y de forma artificiosa, en la aplicación de los principios del respeto a los derechos adquiridos y de irrevocabilidad de los actos favorables o declarativos de derechos que es justo el tipo de acto por el que se otorga una licencia administrativa.

III. LA OPERATIVIDAD PRÁCTICA DE LA LICENCIA MUNICIPAL DE APERTURA EN EL ESCENARIO NORMATIVO ACTUAL

1. *La licencia municipal de apertura ¿(su)pervivencia en el marco de la nueva concepción europea de la libre prestación de servicios?*

La licencia administrativa ha venido estando caracterizada, en sus planteamientos clásicos o tradicionales, por una serie de señas de identidad que, sin embargo, por acción en un momento dado de la revitalización del fenómeno de intervencionismo y expansión de la acción administrativa, demuestran no tener sustento en la realidad actual. El alumbramiento de nuevos ámbitos de actuación para la intervención administrativa ha erosionado los pilares en los que se cimentaba la concepción dogmática de la institución. Sin embargo, y pese a todo, no parece ser éste el caso de la licencia municipal de apertura de establecimientos mercantiles o industriales, que permanece —todavía en su cada vez más limitada y estrecha subsistencia— fiel a los postulados clásicos del instituto autorizatorio.

La técnica autorizatoria ha sufrido las consecuencias del profundo cambio de la realidad socioeconómica sobre la que la Administración opera. Consecuencias que de entrada ponen de relieve la imposibilidad de sustentar la categoría autorizatoria sobre la base de ciertos postulados primarios en el nacimiento de la institución, como la idea del derecho preexistente y la no injerencia de la Administración en el desarrollo posterior de la actividad. Si bien la licencia de apertura viene confirmando, aún, este primer extremo[33], no ocurre así con el segundo, concibiéndose, indubitadamente, como un mecanismo autorizatorio operativo o de funcionamiento que, no obstante, está llamado a compartir protagonismo, incluso, llegado el caso, a ser desplazado —cuando no apartado abiertamente, como ya nos consta— por otros instrumentos más flexibles o relajados en el marco de la nueva concepción europea de la libre prestación de servicios que nuestro Derecho interno ha asumido incondicionalmente.

En efecto, la intervención administrativa en materia de instalación de industrias y, sobre todo, apertura de establecimientos se enfrenta a una necesaria reordenación por mor de los postulados liberalizadores de la DS que, tras diversos avatares, encuentra además acomodo final, para ciertas actividades de comercio minorista y prestación de determinados servicios, en el RDLMULC.

La ordenación de la Administración sobre las actividades a través del mecanismo autorizatorio de la licencia municipal tiene como objeto último la salvaguarda del orden público y la seguridad pública, la protección de los consumidores y destinatarios de los servicios, del medio ambiente y de la salubridad e higiene públicas, del entorno urbano, así como la conservación, en su caso, del patrimonio cultural. Éstas han sido —y a nuestro juicio deben seguir siéndolo, bajo la veste de auténticas "razones imperiosas de interés general", sin perjuicio de la notoria restricción

---

33 Vid. Sentencia del TS de 13 de diciembre de 1982 (RJ 1982/7960) que justo enfatiza la idea de que "... no es posible abandonar totalmente dicha idea clásica de la preexistencia del derecho que sigue jugando un importante papel en relación a cierto tipo de autorizaciones o licencias, las de carácter reglado, precisamente, entre las que figura la de apertura de establecimientos"

que provoca el RDLMULC para las actividades de comercio minorista[34]— las circunstancias que propician que, para la apertura de establecimientos mercantiles e industriales de cara al ejercicio ulterior de una actividad, sea precisa la licencia municipal, conforme prescribe el artículo 84 bis LrBRL.

La licencia municipal de apertura se encuentra prevista en el artículo 22 RSCL así como en determinada legislación sectorial de la que luego nos ocupamos, como es el caso prototípico y fundamental del régimen de actividades clasificadas[35] y la legislación urbanística, todo ello de conformidad con lo establecido en la D.F 1ª y en la D.T 1ª LrBRL. La instalación y funcionamiento de establecimientos mercantiles e industriales es una actividad sometida a licencia previa que se inserta en las competencias locales en un doble aspecto, como tiene manifestado el TS[36]. Así, por un lado, puede distinguirse el general de apertura de todo establecimiento conforme a lo dispuesto en el artículo 22 RSCL. Y, de otro lado, el particular que se refiere a las actividades calificadas como molestas, insalubres, nocivas y peligrosas y que no permiten el funcionamiento sin licencia previa[37] por imperativo de los preceptos singulares de la normativa sectorial en la materia.

Ahora bien, ¿cuál es la incidencia que la DS, la LLAAS, la LmaLLAAS, la LES, y por último el RDLMULC —sin perjuicio también de las normas autonómicas de adaptación al marco regulatorio en materia de libre prestación de servicios— tienen sobre la licencia municipal de apertura a día de hoy? Lo primero de todo interesa tener presente que el artículo 22 RSCL ha sido modificado por el RD 2009/2009, de 23 de diciembre, de modo que el viejo RSCL sigue siendo una norma no sólo vigente, sino perfectamente aplicable pese a sus más de cincuenta años de vida. En este sentido, la nueva redacción dada al artículo 22.1 RSCL por la citada disposición reglamentaria dispone que

---

34 Recuérdese, como ya hemos tenido ocasión de precisar, que el artículo 2.2 RDLMULC deja únicamente al margen de la regulación contenida en su Título I y, por tanto, de la inexigibilidad de licencia, a las actividades de comercio minorista desarrolladas en establecimientos "que tengan impacto en el patrimonio histórico-artístico o en el uso privativo y ocupación de los bienes de dominio público"

35 Conforme ha manifestado el TS, "el marco normativo aplicable en materia de licencias de apertura de establecimientos lo constituyen las disposiciones vigentes respecto a actividades molestas, insalubres, nocivas y peligrosas, y los artículos 8 y 22 del Reglamento de Servicios de las Corporaciones Locales". Vid. Sentencias de 1 de febrero de 1991 (RJ 1991/1163) y de 1 de junio de 1998 (RJ 1998/4753)

36 Vid. Sentencia de 3 de noviembre de 1975 (RJ 1975/4768) y de 5 de mayo de 1987 (RJ 1987/5225)

37 A salvo el caso de las actividades de comercio minorista desarrolladas en establecimientos permanentes con una superficie útil de exposición y venta al público no superior a los 300 metros cuadrados, en cuyo caso y aún pudiendo constituir alguna de ellas una actividad clasificada, el RDLMULC determina (artículo 2.1 y 3.1) la inexigibilidad de licencia municipal y su sustitución por una declaración responsable o comunicación previa

"la apertura de establecimientos industriales y mercantiles podrá sujetarse a los medios de intervención municipal, en los términos previstos en la legislación básica en materia de régimen local y en la Ley 17/2009, de 23 de noviembre, sobre el libre acceso a las actividades de servicios y su ejercicio".

De este modo, esa sujeción de los establecimientos industriales y mercantiles ya no lo será únicamente a licencia, como venía siendo lo habitual, sino también a comunicación previa y a declaración responsable. Incluso la comunicación previa y la declaración responsable llegan a sustituir por completo a la licencia municipal de apertura. Esto sucede de forma general en el RDLMULC —si bien para los establecimientos comerciales donde se desarrollen alguna de las actividades de comercio minorista y de prestación de determinados servicios previstas en su anexo—. Y, por otra parte, y de forma más específica en el ámbito estrictamente industrial, en el artículo 4.2 LInd en su nueva redacción dada por el artículo 13 de la LmaLLAAS. El nuevo tenor del apartado segundo del artículo 4 LInd dispone que, no obstante el reconocimiento de la libertad de establecimiento para la instalación, ampliación y traslado de las actividades industriales —en los mismos términos que aparece generalmente reconocida la libertad de establecimiento en el artículo 4.1 de la LLAAS— se requerirá una comunicación previa o una declaración responsable del interesado —no autorización, como venía sucediendo hasta el momento— "a) cuando así lo establezca una ley por razones de orden público, seguridad y salud pública, seguridad y salud en el trabajo o protección del medio ambiente". Sin perjuicio de que la nueva redacción del artículo 4 LInd concreta, y contextualiza[38], las razones de orden público por las que es necesario obtener un instrumento de ordenación administrativa de la industria, el especial celo de la LmaLLAAS ha hecho prescindir —peligrosa e injustificadamente a nuestro juicio— de la necesidad de obtener autorización administrativa para el establecimiento e instalación de industrias al sólo referirse expresamente —en la nueva redacción dada al artículo 4 LInd— a la comunicación previa o a la declaración responsable. Los aires de liberalización que traen los nuevos vientos de la DS parece que nos obligan a renunciar a las bondades de la autorización como instrumento contrastado de control preventivo, con todo lo que ello supone en el ámbito local con la virtualidad de la licencia municipal, tal y como ha venido a confirmar en un estadio final la aprobación del RDLMULC para las actividades de comercio minorista. Y ello se hace por la LmaLLAAS de un modo exacerbado, a nuestro modo de ver, frente a la previsión que recoge la propia LLAAS, disposición esta última que permite, siquiera excepcionalmente, la existencia de un régimen autorizatorio siempre que el

---

38 A diferencia de lo que hacía la redacción originaria en el año 1992 que simplemente aludía a "razones de interés público" sin mayor concreción

mismo sea proporcionado, no discriminatorio, y necesario en la medida que venga justificado por una razón imperiosa de interés general, en los términos que ya han quedado concretados[39].

Sea como fuere, la instalación y posterior apertura de actividades, industrias, y establecimientos ha encontrado en el artículo 9 RSCL una regulación nuclear y plenamente consolidada. Este precepto dispone un procedimiento "general" de resolución de las solicitudes de licencia municipal a salvo lo previsto en otras disposiciones normativas sectoriales que resulten preferentemente aplicables. La importancia, además, de este precepto radica en la instauración de un régimen positivo de silencio administrativo. De este modo, transcurrido el plazo máximo para resolver sobre la solicitud de licencia, el apartado 7° letra a) del artículo 9 RSCL dispone expresamente, para "la implantación de nuevas industrias", que el interesado "podrá acudir a la Comisión provincial de Urbanismo donde existiere constituida, o, en su defecto, a la Comisión provincial de Servicios técnicos y si en el plazo de un mes no se notificare al interesado acuerdo expreso, quedará otorgada la licencia por silencio administrativo". Mientras que el mismo apartado 7° letra c) recrea que, tratándose de "*la apertura de toda clase de establecimientos*" la licencia "se entenderá otorgada por silencio administrativo[40]".

Esta regulación estatal, que ha propiciado el juego del silencio administrativo positivo, ha encontrado también, con la misma dimensión general, acomodo en la normativa autonómica. En este sentido, resulta necesario dar cuenta del ROAS. Esta disposición reglamentaria autonómica cuenta con un artículo 82 —con el

---

39 Como quiera entonces que el nuevo tenor del apartado 2 del artículo 4 LInd, en la redacción dada por la LmaLLAAS, alude a la coletilla "cuando así lo establezca una ley por razones de orden público, seguridad y salud pública, seguridad y salud en el trabajo o protección del medio ambiente" que recuerda en mucho a la fórmula de la "razón imperiosa de interés general" del artículo 5.b) de la LLAAS, entendemos que debería haberse mantenido, junto a la inserción de la comunicación previa y la declaración responsable, también la mención a la autorización administrativa. Téngase en cuenta que el último párrafo del artículo 5 LLAAS señala que "en ningún caso, el acceso a una actividad de servicios o su ejercicio se sujetarán a un régimen de autorización cuando sea suficiente una comunicación previa o una declaración responsable del prestador mediante la que se manifieste, en su caso, el cumplimiento de los requisitos exigidos y se facilite la información necesaria a la autoridad competente para el control de la actividad". La autorización administrativa puede resultar desplazada por el mayor empuje que se le pretende dar a la comunicación previa y a la declaración responsable "cuando sea suficiente" con una de estas dos últimas. Ahora bien, ¿cuándo y cómo se decide realmente que "es suficiente" una comunicación previa o una declaración responsable frente a una autorización administrativa en el establecimiento e instalación de industrias?

40 Silencio administrativo positivo que se erige en la regla general, a excepción de los casos en que la solicitud de licencia se refiera a actividades en la vía pública o en bienes de dominio público o patrimoniales, en cuyo caso lo que entra en escena es, imperiosamente, el régimen del silencio administrativo negativo o desestimatorio

título de "licencias presuntas"— que precisamente contempla el régimen del silencio administrativo positivo en los casos de licencias de obras y de ejercicio de actividades. El apartado primero de este precepto expresamente determina que "Transcurridos los plazos señalados en el artículo 81 de este Reglamento, y, en su caso, el de subsanación de deficiencias sin haberse notificado la resolución expresa, se entenderá estimada la solicitud de la licencia o autorización[41]". Y el apartado segundo del artículo 82 recoge una regla general residual para licencias que tengan por objeto actuaciones distintas de las previstas en el artículo 81, donde también

> "se entenderá estimada la solicitud transcurrido el plazo establecido en la normativa aplicable, y en su defecto el de tres meses, siempre que el acto presunto no transfiera al solicitante o a terceros facultades relativas al dominio público o al servicio público, en cuyo caso se entenderá desestimada[42]".

La aplicación del régimen del silencio administrativo positivo en el caso de la licencia municipal de apertura, sin perjuicio de lo que más adelante se dirá al tiempo de estudiar la legislación sectorial, permite constatar, también de este modo, la (su)pervivencia de dicho título autorizatorio, no sólo para la apertura de cualquier establecimiento mercantil —excepción hecha ahora de ciertas actividades comerciales minoristas previstas por el RDLMULC y desarrolladas en establecimientos comerciales— sino incluso para la implantación y ulterior funcionamiento de instalaciones industriales. De hecho, algunas Comunidades Autónomas, como es el caso del Decreto 154/2001, de 23 de julio, de Canarias, por el que se establece el procedimiento para la puesta en funcionamiento de industrias e instalaciones industriales, advierte claramente que —último párrafo del artículo 3.1— "no se podrá iniciar la actividad sin la obtención previa de la correspondiente licencia de apertura o actividad en su caso, o cualquier otro permiso que fuere necesario disponer".

Sin perjuicio de otra suerte de ordenaciones administrativas, más o menos intensas, en atención a otros fines de interés público a preservar, pervive otra finalidad más que acrecienta en gran medida y de forma insoslayable —en atención

---

41 Los supuestos en los que la solicitud de licencia se entenderá, por el contrario, desestimada son los que se refieren a la transferencia al solicitante o a terceros de facultades relativas al dominio público, o al servicio público, o que tratándose de obras de nueva planta no se hayan cumplido los deberes exigidos por la normativa urbanística aplicable y el planeamiento, o por la falta de informes preceptivos y vinculantes de otras Administraciones que sean determinantes del otorgamiento de la licencia

42 Porque, como ha precisado el TS en Sentencia de 15 de octubre de 1997 (RJ 1997/7793), "no cabe entender concedida una licencia de apertura para el ejercicio de una industria que contravenga lo dispuesto en el ordenamiento jurídico positivo, legalizándose así, mediante el silencio de la Administración, lo que no sería posible hacer mediante el otorgamiento expreso"

a los bienes objeto de tutela— el grado mismo de la intervención administrativa, lo que a nuestro juicio justifica todavía la pervivencia del régimen autorizatorio en forma de licencia municipal de apertura. Y ello por el corto radio de acción que presentan la comunicación previa y la declaración responsable en atención a los intereses en presencia —protección ambiental, salubridad, seguridad pública, y protección de los consumidores— en la apertura de determinadas actividades, instalaciones o establecimientos, pese a la apuesta, más que discutible en este sentido, que hace la regulación contenida en el RDLMULC para las actividades de comercio minorista que sólo justifica la subsistencia de la licencia por razones de protección del patrimonio histórico-artístico y de ocupación o utilización del dominio público. En este sentido, como ha tenido ocasión de precisar el TS[43],

> "en relación con la licencia de apertura debe tenerse en cuenta que, junto a la intervención administrativa de las Corporaciones locales sobre dichos establecimientos y actividades en general, la normativa sectorial establece *una intervención municipal especial y reforzada en relación con determinados establecimientos y actividades*" (la cursiva es nuestra).

Es así como se justifica que, quedando desplazada la licencia de apertura de instalaciones y establecimientos "inocuos" del artículo 9 RSCL a favor de la comunicación previa y la declaración responsable —por mor de lo dispuesto por el artículo 84 bis LrBRL[44]— pervive y debe pervivir en otros casos el control preventivo actuado a través de la licencia municipal, como resulta fundamentalmente del régimen de actividades clasificadas, de prevención y control integrados de la contaminación, del de establecimientos públicos y actividades recreativas, y el de los establecimientos comerciales[45]. Así, por ejemplo, en la Ley 12/2009, de 11 de diciembre, de Murcia, por la que se modifican diversas leyes para su adaptación a

---

43 Vid. Sentencia de 26 de marzo de 2001 (RJ 2001/6609)

44 No obstante esto, alguna legislación autonómica como es el caso de la LarPA, expresamente refiere —en su Exposición de motivos y posteriormente concretado en el artículo 60.3.b)— la pertinencia de mantener el control preventivo actuado a través de la licencia municipal de apertura para actividades no clasificadas —y en todo caso para las enumeradas en el anexo VII de la Ley—, según se regula en la legislación autonómica de régimen local. Por tanto, lejos de hacer desaparecer a la licencia de apertura, se estima que el control actuado a través de dicho título autorizatorio ofrece (todavía) suficientes garantías incluso para habilitar la puesta en funcionamiento de actividades inocuas

45 En estos últimos siempre y cuando no se trate de actividades de comercio minorista incluidas en el ámbito de aplicación (artículo 2) del RDLMULC, esto es, actividades desarrolladas mediante establecimientos permanentes en cualquier parte del territorio nacional y con una superficie útil de exposición y venta al público no superior a los 300 metros cuadrados. Porque con una superficie útil mayor de los 300 metros cuadrados el establecimiento está fuera del ámbito de aplicación del RDLMULC, es calificado como gran establecimiento comercial, y precisa, en última instancia, de licencia de apertura

la DS, su artículo 5.4 —por el que se modifica el artículo 5 de la Ley 11/2006, de 22 de diciembre, sobre régimen del comercio minorista y plan de equipamientos comerciales de Murcia— contempla, con carácter general, la no sujeción de la instalación y apertura de establecimientos comerciales a ningún régimen de autorización comercial, ello sin perjuicio de la ordenación administrativa que

> "corresponda a otras Administraciones públicas en esta materia y en particular, a los municipios, para establecer ordenanzas y *requerir licencia para la instalación y apertura de establecimientos comerciales*, conforme a la normativa de régimen local, urbanística y medioambiental" (la cursiva es nuestra).

En el mismo sentido, podemos citar el artículo 4.1 de la Ley 8/2009, de 21 de diciembre, de medidas liberalizadoras y de apoyo a la empresa madrileña por el que se modifica el artículo 18 de la Ley 16/1999, de 29 de abril, de comercio interior de la Comunidad de Madrid. Conforme a este precepto no se sujeta a régimen de autorización comercial la instalación o ampliación de un gran establecimiento comercial minorista requiriendo sólo la preceptiva licencia municipal de apertura otorgada por los respectivos ayuntamientos. Y más claro todavía es el caso de la Ley 2/2010, de 4 de mayo, de modificación de la Ley de Cantabria 1/2002, de 26 de febrero, del comercio de Cantabria, y de otras normas complementarias para su adaptación a la DS. El artículo 1.3 de la Ley citada 2/2010 de Cantabria modifica el artículo 8 de la Ley 1/2002, del comercio de Cantabria introduciendo una nueva redacción que, por lo que ahora interesa, implica, primero, la sustitución de la exigencia de la licencia comercial específica por un informe preceptivo emitido por la Consejería competente en materia de comercio y, en segundo lugar, la subsistencia, en todo caso, de la licencia municipal de apertura de un gran establecimiento comercial[46].

Con todo, también es verdad que otras Comunidades Autónomas han optado por hacer verdad los postulados del artículo 84 bis LrBRL cuando se afirma que "... con carácter general, el ejercicio de actividades no se someterá a la obtención de licencia u otro medio de control preventivo". Éste es el caso, dentro de la normativa urbanística autonómica, del artículo 6.1.a) y 24.1 RcmDU, que determinan que, con carácter general, la apertura o entrada en funcionamiento de servicios, locales e instalaciones comerciales, industriales y mercantiles, salvo que una ley las someta a licencia o autorización previa, se sujeta a un régimen de comunicación previa[47].

---

[46] "La apertura de un Gran Establecimiento Comercial en el territorio de la Comunidad Autónoma de Cantabria, definido de conformidad con lo previsto en la presente Ley, requerirá de manera preceptiva un informe de la Consejería competente en materia de comercio *con carácter previo a la concesión de la licencia municipal de apertura*" (la cursiva es nuestra)

[47] El propio RcmDU parece querer imprimir un mayor sesgo a la comunicación previa que a la licencia de apertura al referir su artículo 24.3 que la licencia de apertura o entrada en funcionamiento

Por otra parte puede citarse, en el mismo sentido, la LmuPAI, que expresamente dispone en sus artículos 73 y 81, en relación con el artículo 40, un régimen de comunicación previa una vez obtenida la licencia de actividad, ante el órgano autonómico competente que concedió la autorización ambiental autonómica, y ante el propio ayuntamiento, y en el que se debe poner de manifiesto la fecha prevista para el inicio de la actividad en cuestión.

También resulta interesante la mención del Decreto-Ley 3/2009, de 23 de diciembre, de medidas de impulso de las actividades de servicios en Castilla y León, que establece en su Título IV "Servicios Medioambientales" una importante modificación de la LclPA. A raíz de esa modificación, si bien subsiste la licencia ambiental de actividad, merece ser destacado, en atención a los fines de este trabajo, que el Decreto-Ley 3/2009 apuesta por la supresión de la licencia de puesta en marcha o de apertura de la actividad que debe obtenerse posteriormente al otorgamiento de la licencia ambiental. De este modo, la nueva redacción dada al artículo 33 LclPA —complementado con el tenor del artículo 35— sustituye la licencia de apertura —regida hasta entonces por el silencio positivo[48]— por una mera comunicación previa de puesta en marcha[49].

De una manera indirecta, aunque en la misma línea que estamos exponiendo, la LexPCA prevé como infracción leve tipificada en el artículo 153.3.b) "la puesta en marcha y funcionamiento de la instalación sin haber obtenido la preceptiva conformidad previa de la Administración competente", con lo que se demuestra, a partir del estudio del articulado de la norma y la ausencia expresa de mención a la licencia de apertura, que la misma "desaparece", por sustitución, por un régimen de comunicación previa.

---

de actividades y establecimientos, en los supuestos en que conforme a la Ley resulte exigible, *tendrá el mismo objeto que la comunicación previa* (la cursiva es nuestra)

48 La nueva redacción del artículo 35 LclPA mantiene el régimen del silencio positivo para la "apertura" de instalaciones sujetas a autorización ambiental. En este sentido, el párrafo segundo del apartado primero del artículo 35 LclPA, en la nueva redacción dada por el Decreto-Ley 3/2009, dispone a estos efectos que "Las actividades sujetas a autorización ambiental no podrán iniciar su actividad productiva hasta que la Administración Pública competente, una vez comunicada la puesta en marcha, compruebe que las instalaciones realizadas se ajustan al proyecto aprobado y a las medidas correctoras impuestas, y todo ello en el plazo de un mes desde la comunicación. No obstante, transcurrido dicho plazo sin haberse notificado resolución expresa, el titular podrá iniciar la actividad, todo ello sin perjuicio de que por parte de la Administración Pública competente se realicen las comprobaciones posteriores tendentes a verificar el cumplimento de todos y cada uno de los requisitos exigidos"

49 "Con carácter previo al inicio de las actividades sujetas a autorización y licencia ambiental, el titular deberá comunicar su puesta en marcha a la Administración Pública competente para el otorgamiento de la autorización o licencia ambiental, respectivamente"

Por último, y siguiendo la misma línea innovativa y evolutiva del Decreto-Ley 3/2009 de Castilla y León, puede citarse el caso reciente de la LcanACyEP. Esta disposición normativa apuesta (artículo 5.1) porque el régimen de intervención previa aplicable para la instalación, la apertura y la puesta en funcionamiento de los establecimientos que sirven de soporte a la realización de actividades clasificadas sea con carácter general el de comunicación previa[50], y ello sin perjuicio, en todo caso, de las facultades de comprobación, control, inspección y sanción que ostenta siempre la Administración. Regla general ésta que, no obstante, el mismo precepto excepciona "devolviendo" a su ser el control preventivo en la licencia administrativa para aquellas actividades clasificadas que: i) por sus propias características objetivas o su emplazamiento, presenten un riesgo de incidencia grave o muy grave de acuerdo con los factores recreados por el artículo 2.1.a) de la misma Ley, y ii) que, de producirse tal incidencia, los efectos negativos que se producirían fueren irreversibles o difícilmente reversibles. En este sentido, el Decreto 50/2012, de 7 de junio, de Canarias establece la relación de actividades clasificadas atendiendo a la concurrencia en las mismas de las dos circunstancias citadas, lo que determina su sujeción a un régimen de licencia administrativa previa.

En atención a todos los ejemplos normativos apuntados, y por lo expuesto, la subsistencia de la licencia municipal de apertura, a día de hoy, aparece necesariamente ligada a la constatación y justificación de la existencia de una serie de —en terminología europea— razones imperiosas de interés general, tratándose de la autorización de la puesta en funcionamiento de establecimientos mercantiles o industriales. En este sentido, es claro el tenor del artículo 84 bis LrBRL cuando claramente refiere, como excepción a la regla general dispuesta en el mismo precepto, que "No obstante, podrán someterse a licencia o control preventivo aquellas actividades que afecten a...".

Por contra, bastante singular es el caso de las actividades comerciales minoristas y de prestación de determinados servicios en establecimientos comerciales permanentes. Porque, en estos supuestos, lejos del alcance general del artículo 84 bis LrBRL, el RDLMULC hace desaparecer (artículo 1) la licencia municipal de apertura, de un modo general y automático, para las actividades de comercio minorista que entran dentro de su ámbito de aplicación (artículo 2.1) a favor de la acción de otros instrumentos más flexibles[51].

---

50 Vid. también artículo 34 LcanACyEP

51 Los resultados de esta operación, todo sea dicho, forzada, en que la licencia municipal está llamada a compartir escenario con otras fórmulas más flexibles conduce a situaciones de pérdida de absoluto rigor jurídico cuando no de una imprecisa generalidad para nada deseable. Este escenario que ahora criticamos es justo el que se produce con la D.A 7ª del RD-Ley 8/2011, de 1 de julio, de medidas de apoyo a los deudores hipotecarios, de control del gasto público y cancelación de deudas con empresas y autónomos contraídas por las entidades locales, de fomento de la

Sea como fuere, cada caso en concreto obliga a valorar —como lo justifican ciertas razones de peso por exigencias de protección del medio ambiente, seguridad, o salud pública— la pertinencia de desplegar, sobre el pretendido ejercicio de una actividad, un control preventivo como el que tradicionalmente se ha venido sustentando en la licencia municipal o "relajarlo" mediante una mera sujeción, más formal que otra cosa, a declaración responsable o comunicación previa. Ahora bien, ese escenario que parece tener una cierta extensión para permitir (todavía) el recorrido de la licencia se ha visto estrechado, aún más si cabe, por la acción del RDLMULC. Una disposición normativa ésta que —acotada para el caso de los establecimientos de comercio minorista, y por tanto no para el supuesto de establecimientos mercantiles e industriales como los que en este trabajo estamos considerando— incomprensible e injustificadamente no reseña en ningún momento en su Exposición de Motivos que traiga causa de la D.A 8ª LES.

En efecto, conforme a la citada D.A 8ª LES, y en un período de tiempo ya superado, la misma D.A 8ª disponía que en el plazo de seis meses desde la entrada en vigor de la propia LES, el Gobierno "evaluará la existencia de razones incluidas en el nuevo art. 84 bis de la Ley de Bases de Régimen Local en las previsiones existentes sobre licencias locales de actividad". Y a resultas de dicha labor de evaluación y de los resultados obtenidos

> "el Gobierno presentará en el mismo plazo un proyecto de ley de modificación de las normas en las que no concurran las razones citadas, eliminando la correspondiente exigencia de licencia, sin perjuicio de su sustitución por otras formas de verificación y control administrativo".

Dicha eliminación, como finalmente se ha concretado por el RDLMULC, de la exigencia de licencia —formalizada a través de una disposición normativa que provocará sin duda una nueva cascada de modificaciones normativas en el marco regulatorio autonómico del comercio minorista, como la que en su día propició,

actividad empresarial e impulso de la rehabilitación y de simplificación administrativa. Dicha D.A 7ª dispone que, a excepción de las autorizaciones previstas por la normativa de patrimonio de las Administraciones Públicas y de armas y explosivos, el conjunto de menciones contenidas en la legislación estatal a las licencias o autorizaciones municipales relativas a la actividad, funcionamiento o apertura se entenderán referidas a los distintos medios de intervención administrativa en la actividad de los ciudadanos de acuerdo con los principios de intervención de las Administraciones para el desarrollo de una actividad dispuestos por el "nuevo" artículo 39 bis LRJPAC. De hecho, el propio RD-Ley 8/2011 ejemplifica este mandato con una de las principales normas ambientales de nuestro ordenamiento jurídico, la LPCIC. En este sentido, el artículo 30 del RD-Ley 8/2011 modifica el texto de la LPCIC —artículos 11.2, 12.1.a) y 29.1— eliminando la mención concreta a la licencia de actividades clasificadas, por la coletilla "medios de intervención administrativa en la actividad de los ciudadanos que puedan establecer las Administraciones competentes para el ejercicio de actividades molestas, insalubres, nocivas y peligrosas" con un sentido más general, la LmaLLAS— no puede, a nuestro juicio, conducir a una desnaturalización completa del control preventivo. Y ello por más que el apartado primero de la misma D.A 8ª LES disponga que dicha eliminación lo será "sin perjuicio de su sustitución por otras formas de verificación y control administrativo". Porque incluso la voluntad de la propia D.A 8ª LES, como bien refleja su apartado segundo, es la de, insistimos, y de estar justificada, hacer subsistir el régimen de sometimiento a la licencia local de actividad. Por el contrario, y como finalmente se ha hecho realidad mediante el RDLMULC, el propósito del Gobierno —como también ha ocurrido recientemente en el caso de Madrid[52]— ha sido el de eliminar, con carácter general e indiscriminadamente, la licencia de apertura para todos los pequeños comercios minoristas y otros establecimientos en los que se presten determinados servicios cuya superficie útil de exposición y venta al público no sea superior a los 300 metros cuadrados.

En definitiva, como quiera que finalmente la disposición a la que aludía la D.A 8ª LES se ha hecho realidad mediante el RDLMULC y, en tanto tiene lugar, en el futuro más inmediato (pero en todo caso posterior al tiempo que se escribe este trabajo) el obligado reacomodo del ordenamiento autonómico en materia de

52 En este sentido, vid. Ley 2/2012, de 12 de junio, de dinamización de la actividad comercial en la Comunidad de Madrid. Su aprobación se justifica, por parte de los responsables políticos de esta Comunidad Autónoma, en la necesidad de eliminar las trabas con las que se encuentran los titulares de pequeños negocios y el número desbordante de solicitudes de licencias de apertura a las que se enfrentan, para resolver, los ayuntamientos. Precisamente, la Ordenanza del Ayuntamiento de Madrid, de 29 de junio de 2009, por la que se establece el régimen de gestión y control de las licencias urbanísticas de actividades, justificaba la decisión adoptada en dicha Ordenanza —que, sorprendentemente, lejos de apostar por la declaración responsable o la comunicación previa, suponía dar entrada a la colaboración privada tanto en el ámbito de la preparación de la solicitud de la licencia como en el mantenimiento ulterior de las condiciones que justifican el otorgamiento de la misma— en "el elevado volumen de solicitudes de licencia existentes en el Ayuntamiento de Madrid, fruto de la propia actividad económica de la ciudad, que exige de la Administración municipal dar una respuesta satisfactoria, desde el punto de vista del interés público, a cada una de dichas solicitudes". Como resulta sabido, el TSJ de Madrid, mediante Sentencia de 17 de febrero de 2011 (RJCA 2011/154) "tumbó" en un primer momento el pretendido modelo de gestión de licencias de la ordenanza anulando todos los artículos referidos a las entidades colaboradoras en la gestión de licencias urbanísticas. Ahora bien, la aprobación ulterior de la Ley 8/2009, de 21 de diciembre, de medidas liberalizadoras y de apoyo a la empresa madrileña y, en concreto, su D.A 2ª —relativa a la colaboración de entidades privadas en el ejercicio de las funciones administrativas de verificación, inspección, y control en el ámbito urbanístico— si bien, por haberse aprobado posteriormente no puede dar cobertura legal a la Ordenanza impugnada, sí que ha supuesto abrir la posibilidad, como ya reconocía el propio TSJ de Madrid en la Sentencia citada "a que en el futuro y una vez que se desarrolle dicha norma reglamentaria el sistema dibujado por la Ordenanza impugnada tenga cabida en el Ordenamiento Jurídico"

comercio minorista a este nuevo marco regulatorio estatal[53], interesa dar cuenta cumplidamente en este capítulo, y así se lo advertimos al lector, del régimen jurídico actual —sin perjuicio, insistimos, de la suerte que a partir de ahora deba correr la normativa estatal y autonómica en materia de comercio minorista en su obligado acomodo al RDLMULC— de un mecanismo preventivo cuya operatividad práctica y funcionalidad ha estado (y sigue estando) por encima de toda duda al amparo de la normativa actualmente vigente. Una normativa, como tendremos ocasión de comprobar acto seguido —y sin perjuicio de lo que resulta de la entrada en vigor del RDLMULC[54] por lo que respecta únicamente a las actividades de comercio minorista y a la prestación de determinados servicios incluidos en su ámbito de aplicación— que erige todavía a la licencia de apertura como el instrumento preventivo idóneo para disciplinar, no cualquier tipo de actividad, sino precisamente las desarrolladas en establecimientos mercantiles e industriales. Actividades, en suma, en las que estimamos concurren y siguen concurriendo las sobradas razones detalladas en el artículo 84 bis LrBRL —principalmente la seguridad y salud públicas, y la protección ambiental— para escenificar y dar carta de naturaleza a un régimen autorizatorio, si bien excepcional por el mayor empuje que pretende imprimírsele a la declaración responsable y a la comunicación previa, bajo la veste de la licencia municipal de apertura.

2. *Concepto, objeto, y alcance de la licencia municipal de apertura: la autorización para la apertura de un local o establecimiento de cara al ulterior ejercicio de una actividad mercantil o industrial*

La legislación de régimen local, pese a ser el contexto natural y habitual de desenvolvimiento de la licencia de apertura, no recoge, empero, ninguna definición relativa a dicho título autorizatorio. Y de entre toda la legislación sectorial, incluida

[53] No deja de resultar sorprendente la vehemencia y beligerancia que emplea el propio RDLMULC en su propósito de suprimir las licencias municipales de apertura y de actividad vinculadas con los establecimientos comerciales, sus instalaciones, así como determinadas obras previas (todas aquellas obras ligadas al acondicionamiento de los locales y que no precisen de redacción de un proyecto de obra). A esto mismo conduce la propia Exposición de Motivos al contener afirmaciones tan contundentes y categóricas como cuanto menos innecesarias del siguiente tenor: "cualquier norma, disposición o acto, adoptado por cualquier órgano de las administraciones autonómicas o locales que contravenga o dificulte la aplicación de este régimen, *podrá ser declarado nulo de pleno derecho*, sin perjuicio de la exigencia, en su caso, de la correspondiente responsabilidad patrimonial a la administración pública incumplidora" (la cursiva es nuestra)

[54] Conforme a lo dispuesto en la D.F 11ª RDLMULC, este Real Decreto-Ley entra en vigor el día siguiente al de su publicación en el BOE, esto es, el 27 de mayo de 2012. Cabe apuntar además, que por Resolución de 14 de junio de 2012, del Congreso de los Diputados, se ha procedido a la publicación del Acuerdo de Consolidación del propio RDLMULC.

la autonómica, únicamente la LbLIA es la que recoge una definición en toda regla de lo que se deba entender por licencia de apertura. De entrada, cabe destacar, que el artículo 4.18 LbLIA se refiere, explícitamente, a la "licencia de apertura y funcionamiento", de modo que, al igual que sostenemos en este trabajo, la licencia de apertura y funcionamiento se refieren a la misma realidad, sin que haya distingos o posibilidad de delimitar dos títulos autorizatorios, uno para la apertura y otro para el ulterior funcionamiento de una actividad. Un argumento éste que esgrimimos sobre la base de que la licencia de apertura misma supone la autorización para el inicio del funcionamiento de la actividad a realizar en el local o establecimiento cuya apertura, precisamente, la licencia municipal habilita. Es más, a la alusión a la misma idea de apertura y funcionamiento, cabe sumarle todavía una tercera relativa a la puesta en marcha y con la que también se caracteriza y viene identificando habitualmente el objeto y el alcance de la licencia municipal objeto de estudio[55].

En todo caso, y sea como fuere, apertura, funcionamiento, o puesta en marcha, conforme al citado artículo 4.18 LbLIA, la licencia de apertura y funcionamiento

> "es el título administrativo que recoge el condicionamiento de todas las autorizaciones sectoriales de aplicación, de las medidas preventivas, correctoras y de control impuestas y que permitirá, sólo entonces, el inicio de la actividad".

Esta definición da buena cuenta del alcance, incluso actual, de la licencia de apertura, como un título aglutinador o recipiendario de todos los demás condicionamientos sectoriales que sobre un local, establecimiento o edificio se proyectan de cara al pretendido ejercicio de la actividad que sobre el mismo se pretenda desarrollar. De hecho, así lo viene entendiendo el TS[56] al referirse a la licencia de apertura como "un acto complejo, unívoco, que significando cosas distintas, convienen en una misma razón, o sea, en la concesión de la apertura".

Sin perjuicio de la operatividad del sistema de comunicación previa en la apertura de establecimientos —confirmada junto a la declaración responsable por el RDLMULC para el comercio minorista— y, en general, en el ejercicio de actividades no clasificadas[57], la normativa autonómica de régimen local[58] ha concretado, tradicionalmente, el radio de acción de la licencia municipal de apertura. De esta manera, la licencia de apertura se exige para todos aquellos establecimientos co-

---

55 Claramente en el caso del artículo 58 LfnalPA
56 Vid. Sentencia de de 8 de julio de 1981 (RJ 1981/3242)
57 Vid. artículo 162.2.b) RBASO y artículo 92.2 y 96.1 ROAS
58 Vid. artículo 159 RBASO y artículo 92.1 ROAS

merciales[59], mercantiles, e industriales y los de prestación de servicios en los que se vaya a realizar algún tipo de actividad. El objeto de la licencia no es otro que asegurar que los locales, establecimientos, e instalaciones donde se pretende llevar a cabo una actividad reúnen las debidas condiciones de tranquilidad, seguridad, y salubridad, en particular la protección contra incendios y la salud y seguridad laboral, así como las demás exigidas por las normas, planes de urbanismo, y ordenanzas municipales.

La licencia de apertura o funcionamiento habilita, así, en el ejercicio de un poder de policía municipal, el ejercicio de una actividad en un local, establecimiento, edificio, recinto, o espacio físico, de acuerdo con las normas establecidas para el uso de aquellos en los planes y reglamentos aplicables, siempre según el tipo de actividad que pretenda desarrollarse. De hecho, no es casual que el artículo 22.1 RSCL se refiera y mencione expresamente a los "establecimientos industriales y mercantiles" —obviando cualquier mención a los establecimientos comerciales cuyo escenario actual, por la acción del RDLMULC, es de inexigibilidad de licencia para las actividades de comercio minorista—. Y la apertura de ese local o establecimiento lo es porque en su propietario o titular existe una clara intención de destinarlo a un uso que, por regla general, será el desarrollo de una actividad[60], lo que a su vez requiere la entrada en juego de las demás licencias y autorizaciones previstas en la legislación sectorial que resulte aplicable[61]. Es así como la licencia municipal de apertura parte del necesario presupuesto del ejercicio de una actividad mercantil[62] en un "establecimiento". Una idea de establecimiento que, en todo caso, y dada su dilatada trayectoria histórica en la legislación tradicional en materia de régimen local, trasciende, por no tener el mismo objeto y finalidad

---

59 Siempre y cuando no se trate de establecimientos donde se vayan a desarrollar actividades de comercio minorista bajo el halo del RDLMULC

60 Como ha reconocido expresamente el TS en Sentencia de 26 de marzo de 2001 (RJ 2001/6609), la "licencia de apertura de establecimiento no se limita al mero control y autorización de las instalaciones en cada caso necesarias sino que se proyecta hacia el futuro para condicionar de modo continuado el funcionamiento de la actividad que se autoriza"

61 "...en relación con la licencia de apertura debe tenerse en cuenta que, junto a la intervención administrativa de las Corporaciones locales sobre dichos establecimientos y actividades en general, la normativa sectorial establece una intervención municipal especial y reforzada en relación con determinados establecimientos y actividades. De ellas destaca la licencia contemplada en el Decreto 2414/1961, de 30 de noviembre, RAM, relativa a las actividades e industrias clasificadas de acuerdo con dicho Reglamento...". Vid. Sentencia del TS de 26 de marzo de 2001 (RJ 2001/6609)

62 Tal y como ha señalado el TS en Sentencia de 20 de abril de 1999 (RJ 1999/3079), a los efectos de sujetar o no una actividad a licencia de apertura, "negar preponderancia al elemento mercantil es ignorar el artículo 22.1 del Reglamento de Servicios de las Corporaciones Locales que sujeta a previa licencia a los «establecimientos industriales y mercantiles»..." y donde en estos "... el ánimo de lucro es un elemento estructural..."

que la licencia objeto de estudio, el derecho o la libertad de establecimiento[63] para los prestadores de servicios en el territorio de la UE que aparece consagrado por el artículo 49 TFUE y los artículos 9 a 15 DS. Y ello por más que esta libertad comunitaria de establecimiento[64], que comprende la facultad de crear y mantener, siempre que se respeten las normas profesionales, más de un centro de actividad en el territorio de la UE, ampare también, en los términos dispuestos por el artículo 10.4 DS, la apertura de agencias, sucursales, oficinas, o filiales por los nacionales de un Estado miembro establecidos en el territorio de otro Estado miembro[65].

En todo caso, por establecimiento —por ser ésta la idea principal que viene asociada a la "apertura" que posibilita el otorgamiento de la licencia municipal— debemos entender un local de comercio, conforme a la sexta acepción que al vocablo proporciona el Diccionario de la Real Academia de la Lengua Española. En este mismo sentido, la Sentencia del TSJ de Andalucía de 12 de septiembre

---

63 La DS define en su artículo 4.5 el establecimiento, en el marco del derecho a establecerse en cualquier país de la UE para desarrollar una actividad de servicios, como "el ejercicio efectivo de una actividad económica a que se hace referencia en el artículo 43 del Tratado [hoy día artículo 49 TFUE] por una duración indeterminada y *por medio de una infraestructura estable* a partir de la cual se lleva a cabo efectivamente la prestación de servicios". La cursiva es nuestra

64 Esa concepción genérica de la libertad de establecimiento encuentra acomodo inmediato, a su vez, en la libre prestación de servicios y por tanto en el libre acceso a las actividades no asalariadas, esto es, a los servicios, y a su posterior ejercicio. Un "servicio" es definido en el artículo 4 apartado 1) DS como "cualquier actividad económica por cuenta propia, prestada normalmente a cambio de una remuneración, contemplada en el artículo 50 TCE". El propio artículo 50 TCE (hoy día artículo 57 TFUE) considera como servicios "las prestaciones realizadas normalmente a cambio de una remuneración, en la medida en que no se rijan por las disposiciones relativas a la libre circulación de mercancías, capitales y personas". Finalmente los servicios comprenden, de acuerdo con lo previsto en el mismo artículo 57 TFUE, i) actividades de carácter industrial; ii) actividades de carácter mercantil; iii) actividades artesanales; y iv) actividades propias de las profesiones liberales. Vid. además el Considerando nº33 DS donde se enuncian, a título ejemplificativo, algunos de esos servicios

65 De acuerdo con la jurisprudencia del TJCE, la actividad profesional de un nacional de un Estado miembro, desarrollada de manera estable y continuada en otro Estado miembro, en la que, a partir de un centro de actividad profesional se dirige, entre otros, a los nacionales de ese Estado, está sujeta a las disposiciones del capítulo relativo al derecho de establecimiento. Vid. Sentencia de 30 de noviembre de 1995 (TJCE 1995/212) y de 11 de diciembre de 2003 (TJCE 2003/412). El criterio, en suma, para aplicar las prescripciones propias del derecho de establecimiento o de la libre prestación de servicios, no es otro que el carácter permanente y estable, o por el contrario puramente temporal, de la prestación de que se trate. En todo caso, el carácter temporal de la prestación no excluye tampoco la posibilidad de que el prestador de servicios se provea, en el Estado miembro de acogida, de cierta infraestructura ("establecimiento") —como una oficina, despacho o estudio— en la medida en que dicha infraestructura sea necesaria para realizar la referida prestación. Vid. Sentencia de 30 de noviembre de 1995 (TJCE 1995/212), de 7 de marzo de 2002 (TJCE 2002/87), de 13 de febrero de 2003 (TJCE 2003/40) y de 11 de diciembre de 2003 (TJCE 2003/412)

de 2002 (JUR 2002/7409) define por establecimiento industrial o mercantil, a los efectos del artículo 22 RSCL,

> "toda edificación habitable, esté o no abierta al público, que no se destine exclusivamente a la vivienda, y que se dedique al ejercicio de alguna actividad empresarial, fabril, artesana, de la construcción, comercial, y de servicios que esté sujeta al Impuesto sobre Actividades Económicas".

La interrelación, así pues, y por otra parte necesaria, entre la licencia de apertura y la existencia de un local donde desarrollar, con cierta vocación de permanencia[66], un negocio o actividad cuyo funcionamiento habilita la propia licencia es, por lo demás, una tradición que subyace, tanto en el viejo RAMINP —cuando en su artículo 1 se alude expresamente a las "instalaciones, establecimientos, actividades, industrias o almacenes"— como en la legislación en materia de espectáculos públicos y actividades recreativas[67] que se refiere a los establecimientos públicos como "aquellos locales, recintos o instalaciones de pública concurrencia". Como fácilmente se colige de lo anterior, la licencia de apertura se erige como licencia del establecimiento, local o instalación en el que se desarrolle ulteriormente una actividad mercantil o industrial. De esta forma, la actividad o el uso que se le vaya a dar al espacio físico —considerado éste como local, edificio, o establecimiento— queda amarrado a la licencia, de modo que en caso de pretenderse el ejercicio de una nueva (segunda) actividad, servicio, o uso resulta necesaria la obtención de una nueva licencia de apertura que ampare esa nueva realidad[68].

Sea como fuere, la existencia de un establecimiento mercantil o industrial —para su apertura de cara al ejercicio en el mismo de una actividad con ánimo de lucro— determina, a salvo ahora los supuestos de sustitución por una comunicación previa o una declaración responsable para las actividades de comercio minorista del RDLMULC, la necesaria obtención previa de la licencia municipal de apertura. Y ni siquiera este presupuesto queda afectado por el hecho de que el

---

66 Paradójicamente, el RDLMULC —que excluye de licencia municipal el ejercicio de determinadas actividades de comercio minorista— se refiere expresamente a "establecimientos permanentes", si bien sin definir lo que se entienda por los mismos

67 Vid. artículo 1.2 LfnaEPAR, artículo 1.2 LandEPAR, y artículo 3.1.c) LcatEPAR. También el artículo 2.1.c) LarEPARyEP alude a la idea de local, cerrado o abierto, de pública concurrencia en el que se consumen productos o reciben servicios por los clientes. Por su parte, el artículo 2.1.c) LcmEARyEP se refiere a local, recinto, o instalación de concurrencia pública. El artículo 1.1 LvEPARyEP asocia únicamente la idea de local a la de establecimiento público. Y finalmente, el artículo 2 LclEPAR habla de edificios, locales o recintos accesibles a la concurrencia pública

68 Vid. artículo 29.3 LbLIA, que además refiere que la nueva actividad o el nuevo servicio ha de ser compatible por sus exigencias de seguridad e higiene con los usos previamente autorizados por la primera licencia de apertura

local o establecimiento mercantil esté ubicado en un espacio que tenga a su vez la condición de bien demanial.

En efecto, muy interesante es, a estos efectos, el régimen de los locales y pequeños establecimientos radicados en estaciones de trenes, grandes intercambiadores de transportes en las grandes ciudades y, sobre todo, en los aeropuertos. A tal fin, resulta muy reveladora la propia caracterización que cabe conferir a dichas infraestructuras, a las que cabe identificar y reconocer como obras públicas de interés general[69]. Porque, en el caso específico de los aeropuertos, al tiempo de definir una infraestructura aeroportuaria se acomete, principalmente, la construcción de las pistas, las salas de embarque, el control del tráfico, los vestíbulos de tránsito de pasajeros, etc, que exceden del ámbito del control municipal por tratarse de obras aeroportuarias en sentido estricto. Éste es el caso, sin duda, de la construcción de una nueva pista en un aeropuerto, obra física, a juicio del TS, de "un elemento esencial de un aeropuerto, aquel sin el cual no puede existir... como obra que excede de lo meramente urbanístico, y por ello exenta de licencia municipal de obras y de uso o apertura[70]". Sin embargo, y comprobado esto, en atención al fin de este trabajo referido a la licencia municipal de apertura,

---

69 Obra pública de interés general que justifica que cualquier obra de nueva construcción, reparación y conservación realizada, por ejemplo en una instalación aeroportuaria y su zona de servicio, no esté sujeta a licencia municipal de obras. Vid. párrafo segundo del artículo 166.3 de la Ley 13/96, de 30 de diciembre, de medidas fiscales, administrativas y del orden social —en la redacción dada por el artículo 101 de la Ley 53/2002, de 30 de diciembre, de medidas fiscales, administrativas y del orden social— a raíz de la decisión del TC pronunciada en la Sentencia 204/2002, de 31 de octubre. En este pronunciamiento, el TC declara inconstitucional, y por ende anula, la redacción originaria del artículo 166.3 al excluir de cualquier acto de control preventivo municipal —y no sólo de licencia municipal— las obras realizadas por AENA en un aeropuerto. El Alto Tribunal entiende que la exención de licencia municipal de obras es constitucional en la medida en que dicho control municipal se canalice de otro modo, por ejemplo a través de un informe municipal a los proyectos de obras, en el mismo sentido que precisa el articulo 19.1 —conforme resulta interpretado a su vez por el TC en Sentencia 40/98, de 19 de febrero— de la derogada Ley 27/92, de 24 de noviembre de puertos del Estado y de la marina mercante, hoy día artículo 57.2 del Texto Refundido de la Ley de Puertos y de la Marina Mercante aprobado por RD-Legislativo 2/2011, de 5 de septiembre. En definitiva, a juicio del TC, "se garantiza, por tanto, la intervención del ente local tal y como exige la garantía institucional de la autonomía municipal, por lo que no puede apreciarse un menoscabo ilegítimo de la misma". Vid. también artículo 10.1 del RD 2591/98, de 4 de diciembre, apartado tercero de la D.A tercera de la Ley 13/2003, de 23 de mayo, reguladora del contrato de concesión de obras públicas, y D.A décima TRLdS08

70 Como el propio TC reconoce en la Sentencia 204/2002, de 31 de octubre —asumiendo la doctrina jurisprudencial previa de la Sentencia 40/98, de 19 de febrero— para que el Estado emprenda la ejecución de determinadas obras, modulando a su vez la competencia de la Administración municipal urbanística, sin obtención previa de licencia municipal, debe tenerse en cuenta "no el espacio físico en donde las obras han de realizarse (en este caso, la zona portuaria), sino la finalidad que constituye su razón de ser (en este caso, el tratarse de obras portuarias en sentido estricto)"

"cuestión distinta son las obras y/o actividades auxiliares o complementarias realizadas dentro del recinto aeroportuario como es el caso de *tiendas, restaurantes, establecimientos comerciales de alquiler de vehículos, e incluso los propios establecimientos de las compañías aéreas instalados dentro del vestíbulo del aeropuerto*[71]".

En este otro escenario donde, más allá de la obra física de construcción de la instalación aeroportuaria, existen diversos locales, negocios y establecimientos abiertos al público, la competencia exclusiva del Estado en materia de aeropuertos, al amparo del artículo 149.1.20 CE, no limita, en absoluto, la autonomía municipal ni en concreto "la competencia asignada a los Ayuntamientos para otorgar la licencia de apertura o primera utilización de las edificaciones, incluso de las establecidas en terrenos de dominio público[72]".

Este escenario general del alcance de la licencia municipal de apertura ha venido a ser concretado en el marco sectorial del destino concreto al que se vaya a destinar el local cuya apertura se pretende[73]. Así, por lo que respecta al régimen de establecimientos públicos y actividades recreativas, el artículo 40.1 RGPEPAR exige, como requisito previo e inexcusable, para la apertura de todo local o recinto de nueva planta o reformado[74] —destinado exclusiva o preferentemente a la presentación de espectáculos públicos o a la realización de actividades recreativas— la licencia municipal de apertura o funcionamiento, de modo que la no obtención de

---

71 En esos casos, cabe tener presente, como se pone de manifiesto en la Sentencia del TS de 17 de diciembre de 1987 (RJ 1987/9670) que el concesionario demanial titular del local o establecimiento no se encuentra exceptuado de la aplicación de las potestades administrativas municipales de control preventivo plasmadas en la necesidad de solicitar las licencias que, sobre todo la de apertura, y para cada caso exijan las normas vigentes

72 Vid. entre otras muchas las Sentencias del TS de 18 de noviembre de 1987 (RJ 1987/9230), de 17 de diciembre de 1987 (RJ 1987/9670), de 26 de julio de 1989 (RJ 1989/6121), de 29 de mayo de 1997 (RJ 1997/4052), y de 17 de diciembre de 1997 (RJ 1997/9670), todas ellas en línea con la doctrina constitucional manifestada en la Sentencia del TC 40/98, de 19 de febrero y asumida ulteriormente en la Sentencia 204/2002, de 31 de octubre. En estos dos últimos pronunciamientos el máximo intérprete constitucional afirma que "La facultad del Estado de incidir sobre la competencia urbanística, sustituyendo la previa licencia por el informe, se limita, por tanto, a las obras portuarias en sentido estricto, pero no puede alcanzar a aquellas otras que, aunque realizadas en la zona de servicio del puerto, son de naturaleza diversa [edificios o locales destinados a equipamientos culturales o recreativos, certámenes feriales y exposiciones]; en tales casos, será de aplicación la legislación urbanística general y, en principio, la exigencia de licencia previa [de apertura] que corresponde otorgar al Ayuntamiento competente"

73 Porque tratándose de locales o establecimientos donde se pretende desarrollar alguna de las actividades de comercio minorista contempladas en el anexo del RDLMULC, no procede la exigencia de licencia municipal alguna

74 También para la transformación y dedicación a la realización de espectáculos o actividades recreativas, con carácter continuado, de locales que vinieran estando habitualmente destinados a distinta utilización

licencia no permite el ejercicio de la actividad en el local (artículo 40.2 RGPEPAR). Alguna normativa autonómica[75] —más allá del acta de control inicial que acredite que las instalaciones cumplen los requisitos establecidos por la legislación aplicable— ha introducido algún requisito previo que opera como presupuesto indispensable para el otorgamiento de la citada licencia de apertura como lo es el referido a que los titulares de los locales y establecimientos tengan suscrito un contrato de seguro que cubra el riesgo de responsabilidad civil por daños.

Sea como fuere, el artículo 40.3 RGPEPAR dispone que la licencia de apertura tendrá por objeto comprobar que la construcción o la reforma y las instalaciones se ajustan íntegramente a las previsiones del proyecto previamente aprobado por el Ayuntamiento al conceder la licencia de obra, especialmente en aquellos aspectos y elementos de los locales y de sus instalaciones que guarden relación directa con las medidas de seguridad, sanidad, y comodidad de obligatoria aplicación a los mismos.

A mayor abundamiento, el régimen de espectáculos públicos y actividades recreativas es el único que contempla la posibilidad de otorgar licencias de apertura provisionales[76]. En este sentido, y con carácter general, el artículo 44.1 RGPEPAR[77] prevé que cuando sea preciso subsanar o modificar alguna o algunas de las características o elementos estructurales, o de instalaciones o servicios, del local o recinto de que se trate, puede concederse una licencia provisional para su funcionamiento, con la significativa particularidad de que dicha licencia será concedida de oficio o a petición del interesado por un plazo de seis meses prorrogables por una sola vez.

En otro de orden de cosas y siguiendo con la licencia municipal de apertura y funcionamiento para locales y establecimientos donde se van a desarrollar actividades recreativas y espectáculos públicos, tratándose a su vez de establecimientos públicos donde vayan a desarrollarse actividades molestas, insalubres, nocivas, y peligrosas, procede la obtención de la licencia de actividades clasificadas, a partir de lo dispuesto por el artículo 37 RGPEPAR[78]. Este precepto prescribe en su apartado primero que

---

75 Vid. artículo 7.1 y 5.3 LLrEPAR, artículo 8.2 LclEPAR, artículo 8.1 LmEPAR, artículo 23.3 LcatEPAR, y artículo 16.1 LcmEARyEP

76 Por el contrario, el otro "gran" régimen sectorial municipal de control preventivo como es el relativo a las actividades clasificadas veta la posibilidad de otorgar licencias municipales provisionales, no sólo de apertura, sino también de instalación. Vid. artículo 16 LbCACyPA

77 En el ámbito autonómico, vid. artículo 14.1 LLrEPAR, artículo 14.1 LpvEPAR, artículo 10 LmEPAR, y artículo 31.1 LcatEPAR

78 Hay que tener en cuenta que el artículo 1.3 RGPEPAR advierte del carácter supletorio del RGPEPAR respecto de otras disposiciones especiales dictadas para garantizar la higiene y sanidad pública y la seguridad ciudadana, proteger a la infancia y a la juventud, y defender los intere-

> "Cuando se trate de obras de nueva planta, adaptación o reforma de locales o recintos relativos a espectáculos o actividades recreativas, incluidos en el ámbito de aplicación del Reglamento de actividades clasificadas, la tramitación del expediente a que se refiere el artículo anterior se ajustará a lo prevenido en el art. 30 de dicho Reglamento".

De hecho, el artículo 9.1 LasturEPAR es bastante claro al respecto al establecer que "en el caso de ser de aplicación la normativa correspondiente a actividades clasificadas, [se] dará lugar a una única licencia".

Es así, con lo expuesto, como se alcanza a comprender la operatividad de la licencia de apertura o funcionamiento en el marco de los espectáculos públicos y actividades recreativas en la medida en que, con la misma dinámica que en el régimen de actividades clasificadas, una vez efectuada la previa comprobación administrativa de que las instalaciones se ajustan al proyecto presentado para la obtención de la oportuna licencia y de que, en su caso, las medidas correctoras adoptadas funcionan con eficacia, se dicta "una resolución expresa del órgano competente que constituye en el supuesto de ser positiva, la licencia de funcionamiento[79]".

Con todo, la licencia de apertura o funcionamiento sigue siendo el mecanismo de control preventivo por excelencia en el campo de los espectáculos públicos y actividades recreativas, sin entrar ahora, por ser objeto de tratamiento en otro capítulo de esta obra colectiva, en el régimen autorizatorio mismo del ulterior desarrollo, organización, o celebración de espectáculos públicos y actividades recreativas en esos mismos establecimientos ya abiertos al público. De hecho, son muy pocas las normas autonómicas[80] que contemplan la posibilidad de autorizar un espectáculo público o actividad recreativa mediante una declaración responsable, y prácticamente ninguna a comunicación previa[81]. La más reciente LcmEARyEP somete la apertura de establecimientos públicos a la presentación de una declara-

ses del público en general, así como para la prevención de incendios y otros riesgos colectivos. También, en el mismo sentido, y en el ámbito autonómico, vid. artículo 3 LfnaEPAR, artículo 7 y 9.2 LpvEPAR, artículo 3 y 8.2 LasturEPAR, artículo 4.5 LclEPAR, artículo 2 LmEPAR, artículo 4.6 y 38.1 LcatEPAR, y artículo 2.7 LcmEARyEP. Estos dos últimos preceptos de las Leyes catalana y castellano-manchega son los dos únicos, de todos los citados, que reconocen la prevalencia de las leyes sectoriales sobre la propia regulación en materia de espectáculos públicos y actividades recreativas

79 Vid. artículo 8.3 LmEPAR

80 Vid. artículo 6.1 y 9 LvEPARyEP, y artículo 7.1 LcmEARyEP

81 La única mención, salvo error u omisión involuntario por nuestra parte, la encontramos en el artículo 29.6 LcatEPAR que indirectamente reconoce la posibilidad de sustitución del régimen de autorización por el de comunicación previa en los casos en que la legislación sobre el control ambiental preventivo no requiera autorización ni licencia

ción responsable, si bien acto seguido se reconoce que, entre otras cosas, para la apertura de establecimientos[82],

> "el orden público, la seguridad pública, la protección civil, la salud pública, la protección de los consumidores, de los destinatarios de los servicios y de los trabajadores, la protección del medio ambiente y del entorno urbano y la conservación del patrimonio histórico y artístico son razones imperiosas de interés general que motivan la necesidad de obtener la autorización o licencia de la Administración".

Mientras que, en el caso de la LvEPARyEP, se "solapan", un tanto equívoca e injustificadamente, a nuestro modo de ver, ambos controles preventivos conciliando, sorpresivamente, la virtualidad de la declaración responsable con la licencia de apertura a la que parece está llamada, teóricamente, a sustituir. Así, el artículo 9.3 LvEPARyEP expresamente dispone que en el plazo máximo de un mes a computar desde la fecha del registro de entrada de la declaración responsable en el Ayuntamiento, debe girarse por éste visita de comprobación al establecimiento para acreditar la realidad de lo expresado e informado por el titular o prestador. Y es una vez girada la visita y verificados los extremos anteriores, cuando el ayuntamiento otorga la correspondiente licencia de apertura[83].

3. Las "señas de identidad" que definen y prescriben el régimen de la licencia municipal de apertura bajo el actual panorama normativo y jurisprudencial

El estudio normativo y jurisprudencial emprendido de la licencia municipal de apertura "arroja", de entrada, dos efectos-consecuencia para nada casuales. La licencia municipal de apertura se erige no sólo como un acto reglado sino, a mayor abundamiento, como un acto debido de modo que procede únicamente la denegación de la licencia cuando el establecimiento para el que se solicite no reúna las condiciones reglamentarias o legales exigibles. La Administración carece de margen de maniobra y, sin posibilidad de introducir ningún criterio valorativo externo, está obligada a conceder la licencia en la medida en que lo solicitado por el particular no contravenga la legalidad aplicable y constatada la pertinencia y adecuación de la documentación acompañada a la solicitud. Una licencia, la de apertura de locales, que es de otorgamiento reglado y debido, al estar someti-

---

82 Gráficamente el artículo 7 LcmEARyEP se refiere al "riesgo que motiva la exigencia de licencia"

83 Fruto de la confusión en la que parece encontrarse el legislador valenciano, la LvEPARyEP "complica" aún más las cosas al contemplar la posibilidad i) de que la licencia de apertura se conceda antes de presentarse por el interesado la declaración responsable, y ii) que el ayuntamiento no conceda la licencia de funcionamiento pero el interesado pueda dar inicio a la actividad por la fuerza que proyecta la declaración responsable

do su otorgamiento al principio de legalidad, de modo que cumpliéndose por la actividad o el uso pretendido de lo edificado las determinaciones de la normativa aplicable —urbanística y ambiental fundamentalmente— no puede decidir la Administración otra cosa que su otorgamiento[84], "sin que puedan exigirse otros requisitos ni condicionamientos distintos de los que aparezcan autorizados por dicha legalidad[85]". Las licencias municipales de apertura vienen a considerarse así por el TS[86] como "declaraciones de voluntad por las que la Administración permite a uno o varios sujetos el ejercicio de un derecho subjetivo, previa valoración de la legalidad del ejercicio de la actividad".

El carácter reglado de la licencia de apertura ha sido, no obstante, atemperado por la acción de la jurisprudencia, admitiendo en alguna ocasión el ejercicio de facultades discrecionales por parte de la Administración a la hora de posibilitar su otorgamiento. De hecho, en la Sentencia del TS de 20 de junio de 1980 (RJ 1980/3323), se reconoce ya que la materia de apertura de establecimientos

> "no implica la carencia por parte de la Administración de un cierto margen de discrecionalidad, entendido, no como un apoderamiento de ejercicio libre de sus prerrogativas, sino como delegación en ella de la apreciación de las circunstancias concurrentes en determinados supuestos, ante la imposibilidad de que «a priori» y normativamente pueda predeterminarse la calificación que deban merecer, por ejemplo, en la materia que nos ocupa cierto tipo de actividades".

En cualquier caso, al carácter reglado de la licencia cabe sumarle además su naturaleza declarativa. El otorgamiento de la licencia de apertura, como ha manifestado el TS[87] tempranamente, no confiere ningún derecho nuevo al particular del que éste no dispusiera, sino tan sólo "se limita a declarar que no hay obstáculo

---

84 Vid. en el marco de la normativa autonómica reguladora de los espectáculos públicos y las actividades recreativas, el artículo 10.1 LpvEPAR referido a la licencia municipal de establecimiento (apertura). La jurisprudencia del TS viene siendo muy clara y firme en este sentido, al concretar que "la Administración municipal no pueden rehusar la concesión de estas licencias cuando los locales reúnen las condiciones materiales exigidas y la industria o el comercio que se pretende ejercer se hallen autorizados por la Ley y además se hayan cumplido o sean susceptibles de cumplimiento los requisitos administrativos y fiscales procedentes" (Sentencia del TS de 5 de febrero de 1979 —RJ 1979/545—)

85 Vid. entre otras muchas las Sentencias del TS de 30 de enero de 1985 (RJ 1985/935), de 19 de noviembre de 1985 (RJ 1985/562), de 3 de febrero de 1986 (RJ 1986/1221), de 2 de febrero de 1989 (RJ 1989/ 800), de 8 de julio de 1989 (RJ 1989/5729), de 26 de octubre de 1989 (RJ 1989/7497), de 15 de diciembre de 1989 (RJ 1989/9210), de 23 de julio de 1991 (RJ 1991/6354), de 14 de julio de 1995 (RJ 1995/5999), y de 11 de noviembre de 1996 (RJ 1996/9615)

86 Vid. Sentencia de 7 de julio de 1980 (RJ 1980/3416), de 11 de febrero de 1981 (RJ 1981/589), de 30 de septiembre de 1991 (RJ 1991/7643), y de 22 de junio de 1993 (RJ 1993/4428)

87 Sentencia del TS de 8 de mayo de 1979 (RJ 1979/2389) y de 9 de julio de 1980 (RJ 1980/3423)

o motivos de interés general que impidan el ejercicio de dicha actividad, o bien, que es necesario condicionarle para armonizarla con el interés general".

Por lo expuesto, en el caso de la licencia de apertura comprobamos que, aparentemente, el esquema clásico sigue siendo válido para incardinar el acto administrativo autorizatorio en la concepción dogmática de la categoría. Una autorización por la que se permite el funcionamiento de actividades una vez superados, mediante el otorgamiento de la licencia, los obstáculos iniciales a ese ejercicio[88]. Esta misma situación, además, no ha sido obviada por la jurisprudencia del TS que ha defendido la virtualidad del carácter reglado de la licencia de apertura sin que la misma conceda al interesado ningún derecho que éste no tuviera ya atribuido con anterioridad[89].

Así, una buena muestra del carácter declarativo y reglado de la licencia municipal de apertura se encuentra en el transcurso del plazo previsto por la normativa correspondiente sin que la Administración se haya pronunciado sobre su concesión. En ese caso, la normativa sobre régimen local[90] y, en particular el régimen legal en materia de apertura de establecimientos en los que se vaya a albergar, para su ulterior ejercicio, una actividad[91] —incluso de tipo molesta, insalubre, nociva y peligrosa[92], o bien sometida al régimen de prevención y control integrados de la contaminación[93]— se ha decantado por hacer operar, de forma general, las reglas propias del silencio positivo en consonancia con lo dispuesto, primero, por el artículo 9 RSCL y, ulteriormente, por el artículo 43.1 párrafo primero LRJPAC,

---

88 En definitiva, el otorgamiento de la licencia municipal de apertura consiste en una autorización a un particular para realizar un acto que está permitido pero que se exige para averiguar si se cumplen las condiciones requeridas para el mismo

89 En concreto, y por la relevancia de lo expresado en ese considerando, reproducimos la tesis del máximo órgano jurisdiccional expresada en la Sentencia de 13 de diciembre de 1982 (RJ 1982/7960): "la licencia que se otorga *no concede*, propiamente, *al administrado ningún derecho que éste no tuviera con anterioridad*, pues lo único que hace la Administración al otorgarla es hacer posible el ejercicio de un derecho ya existente en el patrimonio del administrado, pues, aunque haya entrado en revisión el concepto de autorización, como genus, exigiendo, en todo caso la preexistencia en el sujeto autorizado de un derecho para desplazarse a la consideración de tal acto como aquél que consiente a un particular el ejercicio de una actividad inicialmente prohibida, sin embargo, no es posible abandonar totalmente dicha idea clásica de la preexistencia del derecho que sigue jugando un importante papel en relación a cierto tipo de autorizaciones o licencias, las de carácter reglado, precisamente, *entre las que figura la de apertura de establecimientos*" (la cursiva es nuestra)

90 Vid. artículo 318 LfnaAL, el artículo 194.3.5° LarAL, el artículo 194.e) LLrAL, y el artículo 179.d) LbMRL

91 Vid. con carácter general artículo 88.1 LbLIA

92 Vid. artículo 44 LbCACyPA, precepto no obstante derogado en la actualidad por la Disposición derogatoria única primera de la LbLIA

93 Vid. artículo 29.3 LfnaIPA, artículo 74.2 LarPA, y artículo 64.1 LvPCCA

entendiéndose en todo caso superado el mecanismo de la denuncia de la mora contemplado por el artículo 9 RSCL[94]. Por ello, y como consecuencia de no tener un carácter constitutivo el título autorizatorio, el interesado queda en este sentido habilitado para dar inicio a los usos por los que se solicitó licencia de apertura sin necesidad de satisfacer otros requisitos adicionales. Ahora bien, el sujeto autorizado no es libre para decidir cuándo abrir o poner en funcionamiento el local cuya apertura se ha autorizado so pena de caducidad de la licencia municipal concedida[95].

No obstante lo anterior, el silencio administrativo positivo no constituye la regla general absoluta aplicable en todos los casos de otorgamiento no expreso de licencia municipal de apertura. De esta forma, si bien la apertura al público de locales o recintos y la entrada en funcionamiento de las instalaciones destinadas a espectáculos o actividades recreativas bajo el régimen del RGPEPAR tiene lugar sin ningún tipo de mención a la posible entrada en juego del silencio administrativo[96], la normativa autonómica en materia de espectáculos públicos y actividades recreativas, si bien es bastante parca al no pronunciarse, por lo general, sobre la posible entrada en juego del silencio administrativo[97], las disposiciones que contienen alguna mención al respecto ofrecen una visión dispar del silencio administrativo en los casos de falta de resolución expresa de la Administración a la hora de permitir la apertura de un local o establecimiento público. Así, puede diferenciarse de un lado un conjunto de disposiciones autonómicas que claramente disponen el juego del silencio negativo para la apertura de establecimientos abiertos al público para llevar a cabo espectáculos públicos y actividades recreativas[98]. Mientras que, de otro lado, puede comprobarse la existencia de otras normas autonómicas que reconocen —salvo entre otros condicionantes el típico que se refiere a la conce-

94 Vid. por ejemplo en el ámbito territorial de Cataluña el artículo 82 ROAS

95 Vid. artículo 47.2 RGPEPAR para la licencia de apertura de locales destinados a espectáculos públicos y actividades recreativas donde se prevé que la licencia de apertura y funcionamiento queda sin efecto a los seis meses contados desde el otorgamiento o desde el comienzo de la inactividad, debiendo el propietario del local o el empresario solicitar su reconocimiento previo, antes del inicio o la reanudación de sus actividades. Vid. también artículo 11.2 LLrEPAR, artículo 13.1.a) LasturEPAR, y artículo 37.3 LcatEPAR

96 La Sección segunda del Capítulo tercero del Título primero del RGPEPAR, relativa a la apertura al público de locales o recintos y la entrada en funcionamiento de las instalaciones destinadas a espectáculos o actividades recreativas no contempla ninguna norma específica (artículos 43 y 44) en relación con el silencio administrativo por lo que, sin perjuicio de la regulación general de la LRJPAC, resulta necesario acudir a la normativa autonómica en la materia para encontrar alguna respuesta más concreta

97 Así ocurre, salvo error u omisión por nuestra parte, con la LfnaEPAR; la LpvEPAR; la LLrEPAR; y la LclEPAR

98 Éste es el caso del artículo 33.2 LcatEPAR, de los artículos 9.2 y 14.2 LasturEPAR, y del artículo 2.10 LandEPAR

sión de facultades relativas al dominio público o al servicio público— el silencio administrativo positivo[99].

Por otra parte, la licencia municipal de apertura no es sólo manifestación del ejercicio de una potestad reglada en cuanto al otorgamiento de la misma. Además, ese mismo carácter reglado cabe predicarlo, a mayor abundamiento, del contenido de la propia licencia. De este modo, la licencia de apertura no puede desnaturalizarse mediante la introducción de elementos o factores imputables subjetivamente a la Administración. La licencia de apertura no admite, pues, cláusulas accesorias. No tienen así cabida determinaciones accesorias relativas a condiciones impuestas por la simple voluntad de la Administración, sino únicamente las denominadas *conditio iuris*, en tanto que explicitación y concreción, en cada licencia, de la legalidad vigente a modo de simples concreciones de exigencias legales y reglamentarias[100].

En el fondo, con la admisión de esas *conditio iuris*, propiamente dichas[101], se consigue evitar lo que en otras circunstancias conduciría al interesado a la denegación de la licencia. De ese modo, las condiciones impuestas, siempre de acuerdo con la legalidad vigente, han de interpretarse como exigencias legales[102] por las que se ajusta o completa a la ordenación administrativa, urbanística y ambiental, el proyecto de actividad o uso inicialmente formulado por el particular de cara a la pretendida apertura de un negocio en un local o establecimiento.

En otro orden de cosas, el carácter transmisible de la licencia municipal de apertura es una posibilidad que se encuentra recogida, con carácter general, en

---

99 Como ocurre con el artículo 16.2 LvEPARyEP; el párrafo segundo del artículo 8.3 LmEPAR; el artículo 17.2 LarEPARyEP; y el artículo 10.3 LcmEARyEP

100 Vid. Sentencia del TS de 13 de febrero de 1984 (RJ 1984/2439) y de 26 de diciembre de 1985 (RJ 1985/1539)

101 Respecto a la posibilidad de someter las licencias a condiciones o cargas modales no se puede desconocer que tal eventualidad ha sido posible porque las condiciones o modos no son propiamente tales, en el sentido rigurosamente jurídico-técnico del término, sino más bien auténticas *conditio iuris*. En definitiva, determinaciones de voluntad que no vienen a contradecir, sino más bien aplicar las previsiones y habilitaciones de la ordenación que resulte aplicable

102 Claramente el artículo 43.2 RGPEPAR determina que "En la resolución [se refiere a la licencia de apertura] se determinará, en relación con las características del local y de sus instalaciones y servicios, el aforo máximo permitido, el número máximo de personas que puedan actuar en él y la índole de los espectáculos o actividades recreativas o servicios que se pueden ofrecer, instalaciones técnicas, material y maquinaria de todo tipo cuya existencia se prevea y que las condiciones del local o recinto permitan, así como las medidas que se considere necesario imponer como complemento de las contenidas en el Proyecto para garantizar la higiene, seguridad y comodidad". También en el marco regulatorio autonómico de los espectáculos públicos y las actividades recreativas, vid. artículo 9.1 LLrEPAR, que prescribe que "la Administración Autonómica podrá determinar, en cada caso, los condicionamientos técnicos que, en aplicación de la normativa vigente, considere exigibles, los cuales se incorporarán a la licencia municipal"

el artículo 13 RSCL y confirmado por la jurisprudencia del TS[103]. La transmisión se supedita a la previa solicitud o comunicación de esta vicisitud a la Corporación municipal, y siempre y cuando se trate de licencias cuyo otorgamiento no sea limitado por un número tasado[104]. En definitiva, con la aceptación de la transmisión de la licencia se demuestra al mismo tiempo que la licencia de apertura no se otorga atendiendo a la circunstancia personal del particular sino que en cualquier caso desvela su naturaleza *ob rem* o de licencia que puede calificarse de real, recayendo en definitiva la transmisión sobre la actividad o el uso autorizado, y por ende sobre el título que la habilita[105]. De este modo, si bien el artículo 15 RSCL determina que las licencias relativas a las condiciones de una instalación gozan de vigencia en tanto subsistan aquéllas, cualquier cambio de naturaleza subjetiva en la actividad, no tiene por qué determinar, al menos a priori, la finalización de los efectos de la licencia, siempre y cuando las condiciones objetivas de la actividad o el uso para el que fueron autorizados permanezcan inmutables.

Finalmente, la licencia municipal de apertura nos sitúa, de lleno, en el escenario de las llamadas autorizaciones operativas o con funcionalidad operativa. Abordamos pues una manifestación de la categoría autorizatoria —de origen doctrinal y a la que la jurisprudencia[106] le ha dado posteriormente un indubitado respaldo— que presenta como rasgo peculiar que el acto autorizatorio de la Administración no se agota con la emisión del mismo, sino que la Administración cumple una función de vigilancia respecto de la actividad autorizada a lo largo del tiempo. Así pues, con la licencia no se da pie a una relación momentánea entre la Administración y el particular que perdura tan sólo durante la tramitación del procedimiento autorizatorio, desentendiéndose ulteriormente la Administración del ejercicio de la actividad por el sujeto autorizado, circunstancia ésta más propia de las denominadas autorizaciones por simple operación. Por el contrario, con la autorización de funcionamiento —de tracto continuo— se genera un vínculo permanente que

---

103 Por todas la Sentencia del TS de 27 de junio de 1994 (RJ 1994/4999) que reconoce abiertamente que la licencia de apertura "puede ser transmisible, sobre todo cuando se trata simplemente de una mutación en la titularidad de aquélla por un cambio de nombre (...) por tratarse del tipo de la licencia calificada de reales y objetivas, no incursas en ninguna de las clases que pueden impedir su transmisión, de acuerdo con lo regulado en el art. 13 del Reglamento de Servicio de las Corporaciones Locales"

104 Artículo 13.3 RSCL. Vid. además la Sentencia del TS de 19 de junio de 1995 (RJ 1995/4709). En el ámbito de los espectáculos públicos y actividades recreativas, vid. artículo 10.1 LasturEPAR, artículo 36.1 LcatEPAR y artículo 9.4 LcmEARyEP

105 En el ámbito de los espectáculos públicos y las actividades recreativas, vid. artículo 2.4 LandEPAR

106 Vid. Sentencias del TS de 28 de noviembre de 1990 (RJ 1990/10150), de 29 de julio de 1992 (RJ 1992/6594), de 12 de noviembre de 1993 (RJ 1993/2431), y de 3 de mayo de 1994 (RJ 1994/4106)

supone un sometimiento permanente a las potestades públicas, en este caso, municipales. La licencia de apertura que habilita el ejercicio de una actividad o un uso tiene una vigencia indefinida en el tiempo, por regla general[107], lo que no obsta para que deba ajustarse en todo momento a las exigencias del interés público, lo que posibilita que la Administración vigile si el condicionado de la licencia se adecua a las contingencias que pueden surgir en el futuro ejercicio de la actividad[108].

La operatividad de la autorización operativa que cabe predicar de la licencia municipal de apertura descansa, de este modo, sobre el elemento fundamental del "interesamiento" permanente de la Administración en el ejercicio de la actividad privada[109], marcando ésta además las pautas de desarrollo de la misma. Es así como, con el otorgamiento de la autorización operativa, se origina la constitución de una relación jurídica continuada entre Administración y particular, si bien impensable en la construcción tradicional decimonónica de la institución autorizatoria anclada en los postulados del Estado liberal.

El interés general obliga, así pues, a que los sujetos conduzcan sus actividades o los usos que quepa hacer de los locales y establecimientos —cuya apertura se ha autorizado— del modo más conveniente para las necesidades públicas, esto es, de la forma que disciplina la Administración, superándose, de este modo, el esquema tradicional de inhibición de la Administración sobre el ejercicio posterior de la actividad privada que provocaba el otorgamiento de la autorización. La Administración ahora tutela y ordena, sin solución de continuidad y a lo largo del ejercicio de la actividad o el uso en el local o establecimiento, el modo en que se tienen que desarrollar aquellos. Esto se explica del modo siguiente. El control que realiza la Administración no concluye cuando se acredita que la actividad pretendida cumple con todos los requisitos para su perfecta apertura y puesta en marcha. Esto se traduce para la Administración en una posibilidad de actuación —vigilancia, supervisión— que se enmarca directamente en la policía administrati-

---

107 La LbLIA contempla expresamente que la licencia de apertura y funcionamiento se otorgará por un plazo máximo de 10 o 15 años (artículo 30.1 y 2) en función de si la actividad permanente habilitada mediante la misma es mayor o menor. Ahora bien, al vencimiento de dicho plazo, si la Administración no se pronuncia sobre la actualización (revisión) de la licencia solicitada por su titular, la misma se entiende renovada con las mismas condiciones con las que fue otorgada (artículo 30.4)

108 Vid. claramente artículo 46.4 RGPEPAR para la licencia de apertura de locales destinados a espectáculos públicos y actividades recreativas

109 Como se reconoce en la Sentencia del TS de 26 de marzo de 2001 (RJ 2001/ 6609), "el control administrativo se extiende «ex post facto», para verificar materialmente, mediante la correspondiente comprobación, efectuada antes de dar comienzo a la actividad autorizada, primero, el cumplimiento efectivo de las condiciones fijadas en la licencia, y después, a lo largo de todo el desarrollo de la actividad, el funcionamiento adecuado de la misma en las condiciones precisas de tranquilidad, seguridad, y salubridad"

va gozando de unos poderes de intervención constantes con el fin de salvaguardar en todo momento el interés público, concretado en la protección de personas y bienes, sean estos últimos materiales y/o naturales. Una finalidad, en suma, que la habilita para la imposición de las medidas que estime necesarias en cada preciso momento. La Administración está en condiciones de velar por las condiciones de la licencia inicialmente incorporadas a la misma, para mantenerlas correctamente adaptadas a lo largo de la vigencia de la actividad, a las exigencias del interés público. Así lo ha venido a expresar el TS en la Sentencia de 25 de junio de 1991 (RJ 1991/6326), donde el otorgamiento de la licencia

> "no ha de implicar un cheque en blanco para el ejercicio de esta actividad, puesto que el control de la Administración en esta materia no termina con el formulismo del otorgamiento de la licencia, ya que a ello siguen unas comprobaciones, inspecciones, requerimientos e incluso nuevas comprobaciones que dejan siempre abierta la puerta para que el debido control de la actividad no se dé por terminado".

Puede decirse así, que la licencia municipal de apertura, como licencia de tracto continuo o sucesivo, lleva incorporada una condición implícita (acto-condición) por la que la misma en todo instante queda sometida a los requerimientos y circunstancias que en cada momento resulten exigibles, manteniendo su vigencia mientras subsistan las condiciones que justificaron su otorgamiento[110]. El titular de la licencia de apertura se encuentra en la tesitura de mantener una "permanente y obligada adecuación a la norma[111]" atendiendo a su carácter dinámico. En todo caso, las adaptaciones impuestas en la licencia a las exigencias derivadas de las modificaciones de la normativa aplicable en cada momento han de ser proporcionadas y congruentes con el interés público que se trate de proteger[112]. Una adecuación a la norma, en suma, no sólo como presupuesto existencial, sino incluso de lícita vigencia, en la medida en que debe seguir siendo conforme en todo momento al interés general.

A mayor abundamiento, este escenario parece conducir abiertamente a la manifestación palmaria de la cláusula *rebus sic stantibus* ínsita en la relación jurídica creada con el otorgamiento de la licencia municipal de apertura. Circunstancia

---

110 Vid. muy gráficamente el artículo 24.4 RcmDU y la Sentencia del TS de 14 de julio de 1995 (RJ 1995/5999)

111 Vid. Sentencias del TS de 15 de diciembre de 1988 (RJ 1988/9960), y de 4 de julio de 1992 (RJ 1992/6251). En el ámbito de los espectáculos públicos y actividades recreativas es bastante significativo el artículo 10.3 LandEPAR y el artículo 35.3 LcatEPAR

112 Vid. artículo 141.2 RBASO y artículo 74.2 ROAS

que la propia normativa así viene a confirmar[113] y que determina a juicio del TS[114] que

> "se atenúan o incluso quiebran las reglas relativas a la intangibilidad de los actos administrativos declarativos de derechos, pues la actividad está sometida siempre a la condición implícita de tener que ajustarse a las exigencias del interés público, lo que permite llegar en último término, cuando todas las posibilidades de adaptación a aquellas exigencias han quedado agotadas, a la revocación de la autorización".

Ocurre pues que la licencia municipal de apertura queda supeditada a las exigencias sociales que en cada momento, y por lo que respecta a la actividad ejercida en un local o establecimiento, pueden impetrar una mayor comodidad y seguridad para los ciudadanos. Por ello, y como determina la Sentencia del TS de 3 de julio de 1991 (RJ 1991/6330), "la concesión de las licencias no se convierten en situaciones petrificadas e inamovibles[115]". De esto resulta que la licencia de funcionamiento no implica para su titular la asunción de un derecho adquirido al mantenimiento del ejercicio de la actividad sin variaciones[116], lo que debe ser puesto en relación con las facultades revisoras, e incluso revocatorias, que la legislación reconoce en este mismo sentido —y en concreto por lo que se refiere a la licencia municipal de apertura— a la Administración[117]. Más bien, y por el contrario, constituye "un derecho debilitado que cedería ante la norma y el interés

---

[113] Una manifestación clara de la naturaleza jurídica que estamos predicando de la licencia de apertura la encontramos en el artículo 15.1 RSCL conforme al cual "las licencias relativas a las condiciones de una obra o instalación tendrán vigencia mientras subsistan aquéllas"

[114] Sentencia de 19 de febrero de 1988 (RJ 1988/1371), de 10 de junio de 1992 (RJ 1992/5109), y de 12 de diciembre de 1992 (RJ 1992/2431)

[115] El pronunciamiento citado goza de suma importancia al equiparar la potestad modalizadora interna de los servicios públicos reconocida a la Administración, con las facultades que en materia de policía administrativa han de reconocerse igualmente a la Administración para "velar por la seguridad de las personas y de los bienes de la forma en que técnicamente mejor se pueda conseguir"

[116] Vid. Sentencia del TS de 12 de noviembre de 1993 (RJ 1993/2431). Es más, como se establece en la Sentencia del TS de 9 de junio de 1998 (RJ 1998/5025), la Administración viene obligada a variar "el contenido de la autorización inicialmente otorgada para mantenerlo correctamente adaptado, a lo largo de su vigencia, a las exigencias del interés público"

[117] En este sentido es muy revelador el artículo 2.7 LandEPAR, conforme al cual, "Todas las autorizaciones municipales y autonómicas de los establecimientos públicos destinados a la celebración de espectáculos o actividades recreativas tendrán la consideración de modificables o revocables de conformidad con los cambios de normativa, de innovaciones tecnológicas o de condiciones técnicas exigibles que en el futuro se pudieran producir y sea exigible de acuerdo con la correspondiente norma de desarrollo". Vid. también el artículo 19.2 LarEPARyEP, el artículo 37.2.c) LcatEPAR, y el artículo 16.1 LvEPARyEP. En el ámbito de las actividades clasificadas, vid. artículo 61.5 LpvPMA que habilita a la revocación de la licencia por la adopción de nuevos criterios interpretativos que rigen las normas de otorgamiento de dicho título autorizatorio. Finalmente, y con carácter general, vid. también artículo 34.1 LbLIA

público a cuyas exigencias, en necesaria y permanente adecuación, deben ajustarse estas autorizaciones de funcionamiento[118]".

IV. LA NECESARIA INTERRELACIÓN DE LA LICENCIA MUNICIPAL DE APERTURA CON OTROS TÍTULOS AUTORIZATORIOS Y OTROS MECANISMOS DE CONTROL PREVENTIVO

1. *El tradicional juego relacional de la licencia de apertura y su operatividad vinculante con respecto a la licencia de obras*

La licencia de apertura presenta una importante incidencia en el ámbito municipal. Es por ello que el papel desempeñado con carácter general por la licencia administrativa en el esquema normativo de la instancia local[119] podríamos atrevernos a calificarlo como de estelar. La licencia se erige, como ya nos consta, como una de las posibilidades, si no la más importante, para limitar la actividad privada de los particulares cediendo protagonismo —sólo de forma reciente, y únicamente de modo generalizado para las actividades comerciales minoristas y de prestación de determinados servicios, conforme recrea el RDLMULC— a favor de la comunicación previa y la declaración responsable.

Las principales manifestaciones de esa realidad autorizatoria bajo la denominación de licencia administrativa municipal encuentran concreción tanto en la licencia urbanística de obras —artículo 21.1 RSCL[120]— como en la licencia de apertura de establecimientos —artículo 22.1 RSCL—.

Ambos tipos de licencias, aun compartiendo el mismo carácter de técnica preventiva de intervención administrativa, tienen una finalidad y naturaleza completamente distinta, siendo igualmente diferente su procedimiento de concesión[121]. Como han señalado las Sentencias del TS de 17 de junio de 1981 (RJ 1981/2726), de 27 de marzo de 1991 (RJ 1991/2021), de 16 de diciembre de

---

118 Vid. Sentencia del TS de 23 de marzo de 1992 (RJ 1992/3229)

119 Artículo 84.1 b) LrBRL y artículo 5 b) RSCL

120 Este precepto señala los actos que están sujetos a previa licencia, como son los casos de parcelaciones y reparcelaciones urbanas, movimientos de tierras, obras de nueva planta, modificación de la estructura o el aspecto exterior de las existentes, la primera utilización de los edificios y la modificación objetiva del uso de los mismos, la demolición de construcciones, y demás actos que señalen los planes, con remisión en este sentido a la legislación urbanística. Vid. también coincidiendo en lo sustancial con el mismo contenido señalado, el artículo 178.1 TRLS76

121 Vid. no obstante el tenor del artículo 99.1.d) LclU, que establece que "cuando además de licencia urbanística se requiera licencia de actividad, ambas serán objeto de resolución única (...)"

1992 (RJ 1992/9846), de 25 de mayo de 1994 (RJ 1994/3909), y de 28 de octubre de 1996 (RJ 1996/8687),

> "la licencia de obras tiende a comprobar la adecuación del proyecto al planeamiento urbanístico, en tanto que la de apertura se endereza a verificar si los locales o instalaciones reúnen las condiciones de tranquilidad, seguridad, y salubridad normativamente exigibles, y los que, en su caso, estuvieran dispuestos en los planes de urbanismo debidamente aprobados".

Pese a las diferentes finalidades entre una y otra licencia municipal existe, empero, entre las dos una limitada interdependencia prevista en el art. 22.3 RSCL al establecer dicho precepto que "cuando, con arreglo al proyecto presentado, la edificación de un inmueble se destinara específicamente a establecimiento de características determinadas, no se concederá el permiso de obras sin el otorgamiento de la licencia de apertura, si fuera procedente". En este mismo sentido[122],

> "la finalidad de ambas licencias (de obras y de apertura) es diferente aunque convergente en aras de alcanzar la más amplia garantía en el logro de la seguridad y salubridad necesarias, para la seguridad pública, la paz social y el adecuado sosiego en las incidencias habituales de la vida familiar e individual".

Pero es precisamente esa interrelación, sumado al extremo de que ambas son otorgadas por la misma Administración, la que ha suscitado innumerables problemas a los que ha tenido que hacer frente la jurisprudencia para dar respuesta a la cuestión relativa a la preferencia en el otorgamiento y, en última instancia, a la preeminencia de una sobre otra.

En efecto, los problemas a los que conducía la ausencia de criterios que rigieran el otorgamiento de la licencia municipal de obras y de apertura es una cuestión a la que, imponiendo un indubitado criterio de prevalencia, vino a resolver tempranamente el artículo 22 RSCL. Posteriormente alguna legislación urbanística autonómica[123] y, sobre todo, la jurisprudencia del TS[124], no sin algu-

---

122 Sentencias del TS de 2 de octubre de 1995 (RJ 1995/7700), de 20 de noviembre de 1995 (RJ 1995/ 8339), y de 28 de octubre de 1996 (RJ 1996/8687)

123 Vid. artículo 196.2 LgOU y artículo 234.2 LarU

124 Vid. Sentencias del TS de 5 de noviembre de 1969 (RJ 1969/4914), de 16 de noviembre de 1971 (RJ 1971/5140), de 5 de julio de 1972 (RJ 1972/4366), de 24 de diciembre de 1976 (RJ 1976/1591), de 13 de diciembre de 1977 (RJ 1978\360), de 14 de febrero de 1978 (RJ 1978/632), de 27 de junio de 1979 (RJ 1979/2990), de 22 de marzo de 1980 (RJ 1980/2715), de 5 de octubre de 1981 (RJ 1981/4063), de 28 de septiembre de 1982 (RJ 1982/4622), de 7 de junio de 1984 (RJ 1984/3450), de 3 de enero (RJ 1985/401) y de 21 de septiembre de 1985 (RJ 1985/ 5119), de 27 de julio de 1987 (RJ 1987/7680), de 16 de mayo de 1989 (RJ 1989/3723), de 17 de abril de 1990 (RJ 1990/3645), de 25 de noviembre de 1992 (RJ 1992/9329), de 4 de mayo de 1993 (RJ 1993/3687), y de 26 de julio de 1996 (RJ 1996/6359), donde en todas ellas se llega a la conclusión de que la licencia de obras no prejuzga la de apertura, más bien al contrario

nos titubeos[125], han despejado cualquier atisbo de duda que pudiera existir con relación a la preferencia en el otorgamiento de la licencia de obras o de apertura *ex* artículo 22 RSCL, afirmando taxativamente que "es la licencia de apertura[126] la que vincula a la de obra y no viceversa[127]". Se propicia finalmente así solución a una práctica irregular que había consolidado la inversión del sentido lógico del otorgamiento de una y otra licencia. Tal y como se manifiesta, por tanto, en la Sentencia del TS de 15 de julio de 1992 (RJ 1992/5756),

> "(...) a través de la concesión de la licencia de apertura la Administración municipal controla determinadas condiciones de los edificios que son distintas de las que se verifican por medio de la licencia de obras, por lo que el otorgamiento de ésta no puede implicar la concesión de la apertura. Es cierto que el mencionado art. 22 ordena que determinados supuestos, como el que ahora se examina, no se conceda el permiso de obras sin el otorgamiento de la licencia de apertura, pero si bien la concesión por el Ayuntamiento, en los supuestos mencionados, de un permiso de obras sin haberse obtenido previamente la licencia de apertura puede significar una actuación municipal no ajustada estrictamente a lo dispuesto en el mencionado precepto legal, ello no puede implicar, por las razones antes expuestas, que la concesión de la licencia de obras suponga la de apertura".

En última instancia, la regla contemplada en el artículo 22.3 RSCL[128] —en la que no obstante el TS ha admitido en ocasiones alguna excepción, por otra parte discutible[129]— no permite otra lectura que la supeditación de la licencia de obras a la previa (o incluso simultánea) obtención de la licencia de apertura. Y esta dependencia resulta, por la lógica y el sentido que tiene la distinta finalidad dada a los

---

125 En alguna ocasión el máximo órgano judicial ha considerado que con el otorgamiento de la licencia de apertura tan sólo en apariencia se hace algo tan anómalo e ilógico como "construir la casa por el tejado" autorizando la apertura de un establecimiento cuya construcción todavía no ha sido autorizada. De hecho a ello parece referirse la Sentencia del TS de 28 de octubre de 1996 (RJ 1996/8687) en la que se acepta la alteración del orden temporal de otorgamiento de una y otra licencia fijado por el artículo 22.3 RSCL "porque el citado precepto no significa que no se pueda otorgar la licencia de obras sin el previo otorgamiento de la de apertura"

126 Sin que pueda estimarse que el otorgamiento de la licencia de apertura exima de la necesidad de obtener igualmente la de obras. Vid. Sentencia del TS de 4 de marzo de 1992 (RJ 1992/3224)

127 Como se reconoce en las Sentencias del TS de 23 de noviembre de 1983 (RJ 1983/6631) y de 29 de julio de 1992 (RJ 1992/6594), "nunca puede entenderse implícitamente concedida la licencia de apertura al ser otorgada la de obras, máxime cuando se trata de actividades calificadas"

128 Vid. también el artículo 77.4 ROAS donde se precisa en el mismo sentido que "en ningún caso se otorgará la licencia de obras sin la concesión previa o simultánea de la relativa a la actividad"

129 En algunos pronunciamientos el TS ha afirmado que el requisito de la preferencia temporal de la licencia de apertura y la licencia de obras "puede obviarse cuando los intereses que se trataban de salvaguardar ya se encontraran protegidos o dicha protección resultara ya innecesaria". Vid. entre otras las Sentencias de 2 de octubre de 1995 (RJ 1995/7700), de 11 de diciembre de 1997 (RJ 1997/9460), de 26 de mayo de 1998 (RJ 1998/4373), y de 17 de mayo de 1999 (RJ 1999/3636)

controles actuados con cada uno de estos dos títulos autorizatorios, de *la primacía del destino específico de la construcción sobre la obra misma*[130]. A mayor abundamiento, queda con ello además salvaguardada, en última instancia, la posición del particular interesado, como por otra parte declara la citada Sentencia del TS de 15 de julio de 1992 (RJ 1992/5756) cuando alude a que "el apartado tercero del precepto al que nos venimos refiriendo está pensado para evitar los perjuicios[131] que se derivarían de la construcción de un edificio con el correspondiente permiso de obras y la posterior denegación de la licencia de apertura". Porque, puede añadirse, conforme a la Sentencia del TS de 8 de mayo de 1989 (RJ 1989/3850), "las obras no son un fin en sí mismas, sino el medio para el desarrollo de una actividad, de suerte que de no resultar ésta viable, no sería razonable e iría contra al principio de la buena fe autorizar la realización de aquéllas".

En resumen, la licencia municipal de apertura, como "acto complejo", goza de preeminencia sobre la licencia de obras, ostentando en cualquier caso la forma de intervención municipal contenida en el artículo 22 RSCL conforme a un doble contenido, tal y como dispone la Sentencia del TS de 3 de diciembre de 1985 (RJ 1985/ 976):

> "a) verificar si los locales e instalaciones reúnen las condiciones de tranquilidad, seguridad y salubridad, y b) comprobar las que, en su caso, estuvieran dispuestas en los planes de urbanismo debidamente aprobados. Así pues, el acto de otorgamiento o denegación de una licencia de apertura supone el ejercicio de una dualidad de competencias con apoyo en ordenamientos sectoriales diversos que han de ser aplicados concurrentemente".

2. *La utilización u ocupación de edificios, establecimientos, e instalaciones: el radio de acción de la licencia de apertura y su necesaria delimitación con la licencia de primera ocupación*

El ordenamiento urbanístico, con el fin de asegurar su correcta aplicación, contempla diversas técnicas que permiten a la Administración controlar una construcción, desde el momento antes de iniciarse ésta, durante su ulterior desarrollo, y también cuando aquélla ya ha terminado. Es así que la normativa estatal en materia de edificación[132] ya preceptúa con carácter general que, no sólo la construcción

---

130 Vid. Sentencias del TS de 11 de diciembre de 1997 (RJ 1997/9460) y de 26 de marzo de 2001 (RJ 2001/6609)

131 De hecho el otorgamiento de la licencia de obras con carácter previo a la de apertura puede suponer un supuesto de responsabilidad patrimonial de la Administración a favor del perjudicado por funcionamiento anormal de los servicios públicos. Vid. Sentencia del TS de 18 de junio de 1990 (RJ 1990/4829)

132 Vid. artículo 5 LOE

de edificios y la realización de las obras que en ellos se ejecuten, sino también su ocupación precisará de "las preceptivas licencias y demás autorizaciones administrativas procedentes, de conformidad con la normativa aplicable".

De una manera mucho más intensa, la vieja legislación urbanística estatal[133] —sobre la base de los presupuestos del artículo 21.1 RSCL— disciplina, conforme posteriormente ha venido a reproducir miméticamente el grueso de la legislación autonómica —principalmente urbanística[134] y en menor medida la de régimen local[135]— el sometimiento previo a licencia del acto consistente en la primera utilización u ocupación de los edificios, establecimientos, e instalaciones una vez ya construidos, así como la modificación ulterior del uso de los mismos, sin perjuicio de las demás autorizaciones que sean procedentes con arreglo a la legislación sectorial aplicable.

Esa primera utilización u ocupación de edificios e instalaciones se ha venido hasta el momento apoyando —y continúa en la actualidad amparándose mayoritariamente en el grueso de las Comunidades Autónomas, sin perjuicio de lo que al final se dirá[136], y de la acción que provoca el RDLMULC para el caso de establecimientos permanentes destinados al ejercicio de actividades comerciales minoristas— en la licencia municipal de primera ocupación —o de usos según también alguna legislación autonómica[137]— y, ya de forma más residual, en la cédula de habitabilidad[138] para la primera ocupación de viviendas, incluidas aquellas

---

133 Vid. artículo 165 de la Ley de suelo y ordenación urbana de 1956 —que remitía en cuanto al procedimiento y condiciones de otorgamiento de la licencia de primera utilización al RSCL—, artículo 178 TRLS76, artículo 178.1 RG, y artículo 1.10 RDU

134 Vid. artículo 2.8 LbDU, artículo 169.1.a) LcmOTAU, artículo 151.1.f) LmS, artículo 191.1.f) LvU, artículo 189.1.h) LfnaTyU, artículo 194.2 LgOU, artículo 228.2 LasturOTyU, artículo 236 LarU, artículo 169.1.e) LandOU, artículo 23.1 RcmDU, artículo 8.e) RandDU, artículo 564.2.j) RdLasturOTyU, artículo 288.b)3° RclU, y artículo 10.8 RgDULS

135 Vid. artículo 156.1 RBASO y artículo 90.1 ROAS

136 Donde cabe apuntar el caso excepcional de Canarias, Extremadura y Cataluña

137 Éste es el caso, entre otras, de la LcmOTAU y la LexSyOT

138 Las escasas disposiciones urbanísticas autonómicas que todavía, a día de hoy, hacen subsistir a la cédula de habitabilidad como mecanismo para ocupar o alquilar una vivienda, edificio residencial, o local de trabajo con la misma funcionalidad actual que la licencia de primera ocupación son, entre otras, la LbDU (artículo 58), la LcatU (artículo 209), el RdLcatU (D.A sexta apartado segundo), y la LvCE (D.T 2ª apartado tercero). Por el contrario, la mayor parte de las Comunidades Autónomas han optado por prescindir de la misma, fundamentalmente en su normativa en materia de vivienda, entendiendo que la licencia de primera ocupación habilita el uso no sólo de un edificio sino también de una vivienda. Vid. DastRV, DcmRJVPP, artículo 5 LvV, artículo 20 LgV, y artículo 4.5 y D.F 1ª DarPFAVyFR. Singular y especial es el caso de Canarias, porque por una parte su LcanV contempla expresamente en su artículo 80 la subsistencia de la cédula de habitabilidad y, por otro lado, el artículo 172.2 LcanOTyEN —modificado por la D.A 6.4 LcanACyEP— dispone claramente que la calificación definitiva, tratándose de la construcción de edificios destinados a viviendas de protección oficial, y en los demás casos la declaración responsable de la finalización

sometidas a algún régimen público de protección[139]. Títulos habilitantes estos, de naturaleza clara y exclusivamente urbanística, que ofrecen así un sentido y alcance perfectamente diferenciado y diferenciable del de la licencia de apertura, con el fin de comprobar, además de otros aspectos de interés público, fundamentalmente si el edificio, o parte del mismo, puede ser destinado a determinado uso por estar situado en zona apropiada, por resultar conforme a la normativa y a la ordenación urbanística que resulte aplicable al caso, y reunir, por último, unas mínimas condiciones técnicas de seguridad y salubridad. Éste es el tenor general que se desprende del estudio de la legislación urbanística autonómica[140] y también de la jurisprudencia[141], salvo alguna excepción en la que parece querer ofrecerse una perspectiva intercambiable en cuanto al significado de ambas licencias, como si se tratara del mismo título autorizatorio[142].

---

de la obra presentada por el promotor ante el ayuntamiento correspondiente "sustituirá a todos los efectos a la cédula de habitabilidad regulada en el Decreto 117/2006, de 1 de agosto". Por otra parte, también cabe destacar el caso de Cataluña. El artículo 26 LcatDV contempla expresamente el régimen de la cédula de habitabilidad desplazando a la licencia de primera ocupación en el caso de viviendas protegidas. Y en el caso de Navarra, el artículo 34.2 y 3 LfnaDV se refiere a la cédula de habitabilidad, silenciando a la licencia de primera ocupación, para todas las viviendas construidas o edificadas, quedando sustituida dicha cédula de habitabilidad por la calificación definitiva en el caso de viviendas sujetas a un régimen público de protección. Finalmente, la legislación de vivienda de Extremadura y de La Rioja mantienen —lo que ha sido, durante algún tiempo, tónica habitual en algunas Comunidades Autónomas— la vigencia tanto de la licencia de primera ocupación —que acredita el cumplimiento de las condiciones impuestas en la licencia de obras, siendo su otorgamiento simultáneo al de la cédula de habitabilidad— como de la propia cédula de habitabilidad —que se erige como el documento que acredita que la vivienda cumple con los requisitos de construcción y es apta para ser empleada como residencia humana y permite, para ello y sólo mediante ella, la conexión del abastecimiento de agua potable, electricidad, de telecomunicaciones y demás servicios comunitarios—. Vid. artículos 14 y 15 LexV y artículo 6 LLrV

139 La licencia de primera ocupación es precisa también para las viviendas protegidas tal y como dispone el artículo 10.1 LandVPyS

140 Claramente, como explicita la Exposición de motivos de la LvCE, "la licencia de ocupación viene a suponer el punto de encuentro entre el proyecto y modificaciones del mismo, aprobadas en su caso, la obra ejecutada y el uso o destino final de la edificación..."

141 Muy gráficamente en el caso de los pronunciamientos de los Tribunales Superiores de Justicia. Por ejemplo, la Sentencia del TSJ de Cataluña de 25 de febrero de 1997 (RJCA 1997/596), donde advertida la necesidad de no confundir la licencia de primera utilización de los edificios con la licencia de apertura de establecimientos industriales y mercantiles, la Sentencia enfatiza que por eso mismo aquélla "se denomina de «primera» utilización, indicándose con ello que si el uso o utilización, o también destino del edificio, o de parte del mismo, no se modifica en el futuro, no se requerirá una nueva licencia de dicha clase"

142 Ésta es la primera impresión que resulta del tenor del artículo 229.1 LarU y del artículo 183.3 LcantS, que se refieren a la "obtención de la licencia de primera ocupación o apertura" para la utilización de las obras o instalaciones. Sin embargo, esta última disposición normativa diferencia

El resultado final, en el posicionamiento del complejo entramado de títulos autorizatorios con los que se debe contar en una edificación, pasa porque la licencia de primera ocupación presupone siempre la licencia de obras y es a su vez independiente de la licencia de apertura. En relación con esta última, y a los efectos de su necesario deslinde —tal y como ha sido reconocido por la legislación urbanística autonómica[143] y la jurisprudencia del TS[144]— la licencia de primera ocupación se exige para la primera ocupación de los edificios de nueva construcción —siempre y cuando las obras de urbanización estén completamente finalizadas[145]— o que hayan sido objeto de ampliación o modificaciones sustanciales, teniendo por finalidad verificar el cumplimiento efectivo de las prescripciones contenidas en la licencia de obras y de los usos permitidos por el Plan[146]. Por contra, y para su delimitación con aquélla, la licencia de apertura —si bien también como "parte de las licencias urbanísticas, al afectar al uso del suelo y modificación objetiva de los edificios[147]"— tiene como finalidad verificar si los locales e instalaciones industriales y mercantiles reúnen las debidas condiciones de tranquilidad, seguridad y salubridad, así como las que, en su caso, estuviesen previstas en el planeamiento urbanístico, de cara a la puesta en funcionamiento de la actividad. Así las cosas, la delimitación entre la licencia de primera ocupación y la licencia de apertura viene reducida en la práctica al concreto destino que se le dé al inmueble edificado. De esta forma, cuando conforme al proyecto presentado la edificación de un inmueble se destine específicamente a actividades mercantiles o industriales, se hace precisa la licencia de apertura, ello sin perjuicio, ante el carácter molesto, insalubre, nocivo y/o peligroso de la actividad a ejercer, de la licencia de actividades clasificadas u otro título autorizatorio ambiental por el impacto que la actividad puede provocar en el medio ambiente, como resulta con la autorización ambiental integrada en el régimen de prevención y control integrados de la contaminación. En otro caso, y cuando no se pretende, en principio[148], el desarrollo de ninguna actividad mercantil o industrial en el edificio en cuestión —y, por tanto, no puede

---

cabalmente, como no podía ser de otra manera, la licencia de primera ocupación (artículo 185) de la licencia de apertura (artículo 186)

143 Vid. artículos 185 y 186 LcantS, y artículo 284.c) LmuS

144 Vid. Sentencias de 5 de diciembre de 1988 (RJ 1988/9459), de 19 de diciembre de 1989 (RJ 1989/9489), y de 2 de julio de 1991 (RJ 1991/5727)

145 Vid. artículo 55.1.e) LandOU

146 El artículo 23.2 RcmDU prevé también que la licencia de primera ocupación tenga por objeto velar por la observancia de la obligación de urbanizar, en los casos que se autorice la edificación y urbanización simultáneas

147 Vid. Sentencia del TS de 15 de diciembre de 1988 (RJ 1988/9960)

148 Decimos que "en principio" porque el artículo 169.2.b) LcmOTAU prevé que si la actividad para la que se precisa la licencia de primera ocupación está sujeta al régimen de actividades clasificadas, a evaluación de impacto ambiental o a autorización ambiental integrada, su titular, al tiempo de

hablarse en puridad de "establecimiento industrial o mercantil"— sino su mera ocupación habitacional o residencial como vivienda[149] o para un uso genérico del suelo acorde a unas mínimas condiciones de seguridad, salubridad, ornato público, y decoro, es necesaria la licencia de primera ocupación[150]. Este último supuesto de sometimiento a licencia de primera ocupación es el caso, también, del ejercicio —en un piso o en los bajos comerciales de un edificio— de una actividad profesional liberal como la que principalmente aparece caracterizada en los despachos de abogados, gestorías, o estudios de arquitectura. En estos, si bien no es necesaria la licencia de apertura[151] —por realizarse una actividad profesional pero no mer-

---

solicitar aquélla, debe acompañar en su solicitud la documentación necesaria para la tramitación de la correspondiente licencia o procedimiento ambiental

149 Tratándose de la construcción de edificios de viviendas en régimen de protección oficial, el otorgamiento de la licencia de primera ocupación queda supeditado a la calificación definitiva de las mismas por parte del órgano competente. Vid. artículo 154.7° LmS. También el artículo 33.5 RcmDU y el artículo 568.3 RdLasturOTyU prevén que, tratándose de la construcción de viviendas sujetas a alguno de los regímenes de protección pública, la licencia de primera ocupación no podrá concederse sin que se acredite la calificación definitiva de las mismas o del documento previsto en la normativa de viviendas protegidas, emitida por el órgano competente. En el caso específico de la normativa autonómica de vivienda, vid. artículo 19.b) LandVPyS, artículo 12.3.d) DcmRJVPP, y artículo 39.1.a) DcantRVPPyRS. Finalmente, el artículo 33.5 LvCE y artículo 5 LvV reconocen que en el caso de viviendas protegidas de nueva construcción, la cédula de calificación definitiva sustituirá a la licencia de ocupación cuando se trate de la primera transmisión de la vivienda. Y el artículo 26.3 LcatDV y el artículo 21 DmRVPP directamente contemplan el régimen de la calificación definitiva sin mención alguna a la licencia de primera ocupación que es sustituida por ésta en todos los casos

150 Claramente, el artículo 16.1 LmuPAI dispone que el control de las actuaciones que puedan afectar al medio ambiente y *no estén sujetas a ninguna de las autorizaciones ambientales autonómicas ni a licencia de actividad*, pero sí a licencia urbanística y, en su caso, de primera ocupación, se llevará a cabo por el órgano municipal competente a través de la respectiva licencia (la cursiva es nuestra)

151 El TS viene admitiendo, indubitadamente, que un despacho de abogados o un estudio de arquitectura en el que se ejerce la correspondiente profesión no es un establecimiento mercantil o industrial a los efectos de la aplicación del artículo 22 RSCL —y ser por ello necesaria la licencia de apertura— ni tampoco, como regla general, constituye una actividad clasificada. Vid. Sentencias de 7 de mayo de 1987 (RJ 1987/5247), de 29 de septiembre de 1989 (RJ 1989/6716), de 16 de octubre de 1990 (RJ 1990, 8245), de 18 de febrero de 1993 (RJ 1993/555), de 5 de febrero de 1997 (RJ 1997/802), y de 23 de junio de 1998 (RJ 1998/4777). A mayor abundamiento, como ha reconocido el máximo órgano jurisdiccional en Sentencias de 29 de septiembre de 1989 (RJ 1989/6716), de 22 de julio de 1996 (RJ 1996/6203), y de 25 de febrero de 1998 (RJ 1998/1814), en el caso de la apertura de un despacho profesional la misma implica, aparte el caso ahora de un edificio que ya fuera objeto de un uso anterior, "una primera utilización del edificio —más generalmente, de una parte del mismo— en cuyo caso será necesaria una licencia de primera utilización que habilite específicamente el determinado uso que integra el despacho profesional". En todo caso, y como también recuerda el TS en Sentencias de 28 de septiembre de 1988 (RJ 1988/7273), de 16 de octubre de 1990 (RJ 1990/8245), de 18 de febrero de 1993 (RJ 1993/555), y de 23 de junio de 1998 (RJ 1988/4777), la falta de consideración de un despacho de abogados

cantil[152] o fabril— sí es necesaria una licencia de primera ocupación en la medida en que el artículo 9.1 RSCL alude expresamente al procedimiento de obtención de licencias para actividades personales[153].

A la distinción apuntada entre licencia de apertura y licencia de primera ocupación responde, fidedignamente y en un primer estadio, la normativa urbanística. En este sentido, destaca el artículo 7.d) RandDU conforme al cual la licencia de ocupación se exigirá cuando el uso previsto sea el de vivienda[154], y la licencia de utilización —uso, apertura, funcionamiento, inicio, puesta en marcha— en los demás supuestos. Y también el artículo 469.1 RvOGTU cuando prescribe que la licencia de primera ocupación se exige para la primera utilización de los edificios tanto cuando se destinen a vivienda, como cuando no sea necesario el correspondiente instrumento de intervención ambiental, ni la correspondiente autorización de inicio o licencia de apertura, en su caso[155]. De otro lado, y en un segundo

---

como establecimiento mercantil o industrial a los efectos de la aplicación de las previsiones del artículo 22 RSCL y de actividad clasificada lo es "sin perjuicio de que pueda estarlo por razones particulares concurrentes en determinados casos, siempre de obligada justificación por la Administración municipal, por los elementos o instalaciones de que disponga o por cualquier otra circunstancia"

152 La distinción, de cara a conocer si resulta necesaria la licencia de apertura o la licencia de primera utilización radica, por encima de la denominación del local donde vaya a desarrollarse la actividad —despacho, oficina, establecimiento— realmente en el carácter de la actividad. De este modo, resulta necesario diferenciar si nos encontramos ante una actividad profesional —no sujeta a licencia de apertura— o ante una actividad mercantil —que sí está sujeta a licencia de apertura al primar el carácter "empresarial" y al referirse expresamente el artículo 22.1 RSCL a los establecimientos mercantiles—

153 Ahora bien, cabe tener en cuenta, en este mismo supuesto, el caso, por ejemplo, de las actividades de alquiler de viviendas o de locales, de promociones inmobiliarias, y de salones, institutos de belleza, o gabinetes de estética desarrolladas todas ellas en locales o en pisos de edificios. Porque en todas estas, y siendo de otro modo eventualmente necesaria la licencia de primera ocupación o la de apertura, en cambio, y por la acción del RDLMULC (artículo 3.1), no cabe ya exigir licencia previa de instalaciones, de funcionamiento o de actividad, "ni otras de clase similar o análogas que sujeten a previa autorización el ejercicio de la actividad comercial a desarrollar o la posibilidad misma de la apertura del establecimiento correspondiente"

154 Ésta es una constante en toda la legislación autonómica que algunas Comunidades Autónomas han escenificado con una mayor carga de notoriedad. Así, el artículo 20.1 LgV dispone que "La licencia de primera ocupación es el acto administrativo que acredita que el edificio o vivienda cumple los requisitos exigidos para ser destinado a uso residencial". Y el artículo 4.1 de la hoy día derogada Ley 4/2003, de 29 de julio, de vivienda de Galicia era mucho más gráfico aún al sentenciar que "El otorgamiento de la licencia municipal de primera ocupación de los edificios reconoce y ampara la aptitud de las unidades residenciales en que puedan dividirse *para tener la consideración de viviendas*" (la cursiva es nuestra)

155 Vid. también en el mismo sentido el artículo 156.1 RBASO, que viene a disciplinar el alcance de la licencia de primera ocupación "en los casos en los que no haya sido necesaria la licencia de actividades clasificadas o de apertura"

estadio, también la jurisprudencia del TS —claramente en las Sentencias de 7 de febrero de 1984 (RJ 1984/1034), de 5 de diciembre de 1988 (RJ 1988/9459), y de 27 de marzo de 1991 (RJ 1991/2021)— llama la atención sobre la necesidad de

> "no confundir la licencia urbanística que consiste en la primera utilización u ocupación de un edificio con la de apertura de una industria, establecimiento o actividad que en dependencias del mismo se pretenda ejercer, porque sólo tiende a legitimar el ejercicio de la correspondiente empresa, en tanto la primera propende a la verificación de que el uso de aquél se ajusta al Plan Urbanístico, es decir, que la misma tiende a comprobar si la obra o construcción cumple las exigencias legalmente establecidas".

Centrando ahora nuestra atención en este epígrafe en la licencia de primera ocupación, y sobre la base de la anterior distinción con la licencia de apertura, de toda la legislación urbanística autonómica, la LarU es la única que recoge una cabal definición y explicitación de la naturaleza y alcance de la licencia de primera ocupación[156]. En este sentido, el artículo 233 LarU dispone que

> "La licencia de ocupación es una modalidad de las licencias urbanísticas, que se exigirá para la primera utilización de los edificios y la modificación del uso de los mismos, cuando no sean necesarias ni la licencia ambiental de actividades clasificadas ni la de apertura".

Quedando claro, a resultas de lo expuesto, que la licencia de primera ocupación "descarta", por inaplicación, a la licencia de apertura en los casos en que es precisa aquélla, la licencia de primera ocupación —tal y como preceptúa el artículo 41.2 RG y en tanto que licencia que despliega un control del futuro uso a hacer sobre lo construido— no puede habilitar la ocupación del inmueble en tanto no esté acabada totalmente la urbanización que afecta a dicho edificio —salvo que se hubiera autorizado la ejecución simultánea de la urbanización y de la edificación[157]— y estén en condiciones óptimas de funcionamiento los suministros de agua, energía eléctrica, y redes de alcantarillado. De hecho, no resulta posible la contratación definitiva de dichos servicios de suministros sin el otorgamiento previo de la licencia de primera ocupación[158]. Al mismo tiempo, y paradójicamen-

---

156 También el artículo 32.1 LvCE establece que "La licencia municipal de ocupación es el acto que reconoce y ampara la aptitud para el uso de las edificaciones a las que se refiere esta Ley, ya sea en su totalidad o en alguna de sus partes susceptibles de uso individualizado. Tiene por objeto comprobar la adecuación de la obra ejecutada al proyecto para el que fue concedida la licencia municipal de edificación"

157 En cuyo caso se certificará igualmente la recepción de las obras de urbanización. Vid. artículo 33.4 RcmDU y artículo 568.2 RdLasturOTyU

158 Vid. artículo 156.5 RBASO. Específicamente, por lo que respecta a la legislación urbanística, vid. artículo 220 LmuS, artículo 160.2 LmS, artículo 175.2 LandOU, artículo 232 LasturOTyU, artículo 17.5 RgDULS, artículo 32.2 LvCE, artículo 23.4 RcmDU, artículo 26.2 RandDU, artículo

te, conforme recrea el artículo 32.1.a) RDU —y, como trasunto de él, el artículo 84.3.a) RcmDU, el artículo 40.1.a) RandDU, y el artículo 316.4 RclU—, se considera que unas obras de nueva planta amparadas por licencia están totalmente acabadas, en defecto de expedición del certificado final de obras por facultativo competente, "desde la fecha de notificación de la licencia de ocupación o de la cédula de habitabilidad".

La legislación urbanística autonómica[159] ha precisado, aún con mayor claridad, que el otorgamiento de la licencia de primera ocupación queda supeditado a la certificación del facultativo director de las obras que acredite el cumplimiento de las condiciones de la correspondiente licencia urbanística e, incluso —como en el caso dispuesto por el RBASO, el ROAS, la LgOU, el RdLasturOTyU, y el RcmDU[160]— a la previa visita de comprobación de los servicios técnicos municipales. Dicho de otra manera, el otorgamiento de la licencia de primera ocupación[161] pasa por la necesaria constatación de que la obra realizada —lo edificado— se ajusta a los términos en que la licencia urbanística de obras fue concedida[162], así como que el edificio en cuestión reúne las condiciones técnicas de seguridad, salubridad, habitabilidad, y accesibilidad y que puede habilitarse para el uso al que se destina[163]. Es más, en el caso del RandDU (artículo 29.6) —siendo éste el único supuesto que recoge toda la normativa urbanística autonómica— el otorgamiento de la licencia de primera ocupación o utilización de un inmueble se condiciona expresamente al cumplimiento por el solicitante, y una vez acabada la obra, de la obligación consistente —sin perjuicio de la adopción de las órdenes de ejecución que proce-

585.2 RdLasturOTyU, artículo 302 RclU, artículo 476.1.c) RvOGTU, y artículo 236.2 RdLcatU. En el caso de Canarias, el artículo 172.2 LcanOTyEN supedita la contratación de dichos servicios de suministro a la calificación definitiva por parte del órgano competente, tratándose de viviendas de protección oficial, o en los demás casos y con carácter general, a la copia de la declaración responsable presentada por el promotor de la obra finalizada ante el ayuntamiento correspondiente

159 Vid. artículo 185.2 LcantS, artículo 195.6 LgOU, artículo 568.2 RdLasturOTyU, artículo 34.1 LvCE, artículo 292.2.d) RclU, y artículo 13.1.d) RandDU

160 De toda la legislación urbanística autonómica, el RcmDU es la única disposición que recoge en su artículo 33 una regulación detallada y acabada del procedimiento a seguir para el otorgamiento de la licencia de primera ocupación, ello a salvo la normativa específica de régimen local, como es el caso del artículo 91 ROAS

161 Que en el caso del RandDU (artículo 27.1) se erige como *conditio sine qua non* para el otorgamiento de la escritura pública y la inscripción en el Registro de la Propiedad de la declaración como obra nueva terminada de toda construcción o edificación

162 La licencia de primera ocupación tiene, así, por objeto confrontar la obra realizada con el proyecto que sirve de soporte a la licencia de obra en su día otorgada. Es por ello que, como ha reconocido la Sentencia del TS de 4 de noviembre de 1985 (RJ 1985/6299), por este mismo motivo "se trata, pues, de una actividad reglada y de pura comprobación"

163 Vid. artículo 214.c) LmuS

dan— en la retirada de la información y publicidad de la obra y sus soportes con la restitución, en su caso, de la realidad física alterada por la colocación de dicha información.

En todo caso, tal y como sucede con la licencia municipal de apertura, el otorgamiento de la licencia de primera ocupación también puede producirse por la entrada en funcionamiento del régimen del silencio administrativo, que en el caso de la licencia de primera ocupación, tal y como recrea la normativa urbanística autonómica y de régimen local[164], es de sentido positivo.

Con carácter general, prácticamente toda la legislación urbanística autonómica contempla la licencia de primera ocupación como un título que habilita, en los términos ya expuestos, a la primera utilización u ocupación de un edificio, instalación o inmueble cuya construcción, en su totalidad, ya se ha finalizado previamente con el objeto de constatar y contrastar, en atención al destino último del inmueble, la aptitud de la obra para el uso al que se destina[165]. No obstante esto, el RcmDU (artículo 20), el RandDU (artículo 9.2), y el RvOGTU (artículo 481.1) contemplan la posibilidad del otorgamiento de licencias de primera ocupación limitadas a una parte o partes de una construcción o instalación. En definitiva, el RcmDU, el RandDU, y el RvOGTU habilitan la concesión de licencias de primera ocupación "parciales" siempre y cuando, primero, las partes para cuya primera ocupación o utilización se solicite licencia resulten técnica y funcionalmente susceptibles de ser utilizadas de forma independiente[166], sin detrimento de las restantes. Y, en segundo término, en el momento de la solicitud de la licencia parcial se estén cumpliendo los plazos de ejecución del resto de las obras[167] y demás condi-

---

164 Vid. artículo 192 LcantS, artículo 196.1 LvU, artículo 35 LvCE, artículo 243.1 LarU, artículo 229.7 LasturOTyU, artículo 299 RclU, y artículo 576.1 RdLasturOTyU. Dentro de la normativa de régimen local, específicamente para la licencia de primera ocupación, vid. artículo 91.4, en relación con el artículo 82 ROAS

165 Es por ello, como refiere el artículo 478.3 RvOGTU, que las licencias de primera ocupación se transmiten con el inmueble al que se refieren

166 Es más, el propio artículo 20 RcmDU en su apartado tercero, el artículo 9 RandDU en su apartado cuarto, y el artículo 481 apartado segundo RvGOTU prevén que la licencia de primera ocupación parcial pueda tener por objeto partes de las construcciones e instalaciones que cumplan la normativa urbanística, cuando existan otras partes que no se ajusten a la misma en aspectos de detalle o escasa entidad. En todo caso, acabada la obra en su totalidad se debe producir el ajuste de esas partes a la normativa que le resulte de aplicación, sin perjuicio de que en el caso del RandDU sea preciso la constitución de una garantía por el solicitante de la licencia de primera ocupación parcial

167 El RandDU y el RvOGTU llegan aún más lejos contemplando la posibilidad (artículo 9.3 y artículo 481.1.c, respectivamente) de que el ayuntamiento exija al solicitante la constitución de una garantía, en alguna de las formas previstas en la legislación de contratos del sector público, para asegurar la correcta ejecución de las obras restantes

ciones previstas tanto en la licencia previamente otorgada como en la normativa que resulte de aplicación.

Finalmente, cabe apuntar que, al igual que hemos podido comprobar a lo largo de este trabajo en relación con la licencia de apertura —que es sustituida en algunas normas por el régimen más flexible de la declaración responsable y la comunicación previa— lo mismo acontece también, aunque no de forma extendida y generalizada, con la licencia de primera ocupación, confirmándose, además con ello, que con una y otra licencia nos encontramos ante el mismo mecanismo de control preventivo si bien con un objeto y finalidad distintos. Éste es el caso, siendo prácticamente residual en la actualidad, de Canarias, Extremadura, y Cataluña, que decididamente han optado por sustituir abiertamente el régimen de la licencia de primera ocupación, en el caso de Canarias, por una declaración responsable prevista en el artículo 166 bis LcanOTyEN[168]. Y, en el caso de Extremadura y Cataluña, por una comunicación previa, conforme disponen el artículo 172.g) LexSyOT[169] y el artículo 187.5 LcatU[170], respectivamente.

168 El artículo 166.1.h) LcanOTyEN disponía en un principio el sometimiento a previa licencia de la primera utilización y ocupación de las edificaciones e instalaciones con carácter general. Ahora bien, dicho apartado h) ha sido derogado por la D.A 6.1 LcanACyEP, quedando sin objeto la licencia de primera ocupación y sustituyéndose por la declaración responsable del artículo 166 bis LcanOTyEN. Este artículo 166 bis LcanOTyEN —añadido por la D.A 6.3 LcanACyEP— obliga, para la primera utilización y ocupación de edificios e instalaciones en general, a la presentación, ante el ayuntamiento correspondiente, de una declaración responsable a la que se debe adjuntar un certificado de finalización de obra firmado por técnico competente, en el que se acredite la adecuación de la actividad o instalación al proyecto presentado conforme a la normativa urbanística, ordenanzas municipales, a la legislación sectorial aplicable y, en particular, cuando se trate de viviendas, a la adecuación de las condiciones de habitabilidad establecidas para el proyecto edificatorio

169 El artículo 172.g) LexSyOT sujeta al régimen de comunicación previa tanto la primera ocupación o, en su caso, habitabilidad de las construcciones como la apertura de establecimientos en general, salvo que, la actividad pretendida en ese establecimiento esté sujeta a su vez a autorización ambiental, en cuyo caso se hace precisa la licencia municipal de usos y actividades prevista en el artículo 64.1 y 76.1 LexPCA. Vid. artículo 184.1 LexSyOT para aquellos usos y actividades sujetos al régimen de actividades clasificadas o de evaluación de impacto ambiental

170 El apartado 5 del artículo 187 LcatU ha sido añadido por la modificación operada en la LcatU por la Ley 3/2012, de 22 de febrero. La comunicación previa dispuesta por la LcatU para la primera utilización y ocupación de edificios y construcciones —no para el cambio de uso que sigue estando sujeto a licencia de primera ocupación— debe acompañarse de una certificación del facultativo director que acredite la finalización de las obras, que se han efectuado de acuerdo con el proyecto aprobado, y que, en última instancia, la edificación está en condiciones de ser utilizada

3. La licencia municipal de apertura como secuencia final del control previo al ejercicio de una actividad en un establecimiento. La imbricación de la licencia de instalación o actividad y la licencia de apertura o funcionamiento

La secuencia lógica en la que una licencia —instalación de actividad— precede a la otra —apertura/funcionamiento— parece clara y así ha venido a corroborarlo el TS[171], máxime cuando la licencia de instalación o actividad, y la de apertura o de funcionamiento cumplen una finalidad diferente aún proyectándose sobre el mismo objeto. La Sentencia del TS de 17 de abril de 1978 (RJ 1978/1605) dejó sentada, tempranamente, la distinción que reina entre los distintos títulos autorizatorios que se hacen precisos sobre una actividad de las consideradas clasificadas. Concretamente en esa ocasión el TS afirmaba:

> "el correcto funcionamiento de las actividades sujetas al Reglamento de 30 de noviembre de 1961 está enmarcado por dos diversos tipos de actuación administrativa, a cargo, esencialmente, del Alcalde-Presidente de la Corporación municipal; y así, si bien el acto amparador básico viene constituido por la llamada licencia de apertura, de tracto sucesivo y sometida, por tanto, a las facultades de vigilancia y control de la Autoridad municipal y de la tutela que las normas aplicables señalan, el hecho material y efectivo del funcionamiento o puesta en marcha de la actividad requiere (...) una autorización de funcionamiento que se supedita a la comprobación técnica positiva de adopción de las medidas correctoras precisas y con el grado de eficacia suficiente para eliminar o paliar los riesgos de insalubridad, nocividad, etc derivados de su potencial calificación".

Con posterioridad, se ha venido a confirmar esta tesis, claramente, en la Sentencia del TS de 25 de enero de 1985 (RJ 1985/845) que señala

> "que nuestro Ordenamiento regula dos clases de licencia, la de instalación que exige que la memoria o proyecto se adecue, inicialmente, a las exigencias legales, y la de apertura, que tiene como condición para su otorgamiento el que se compruebe que se han adoptado las medidas correctoras que en su caso se hayan determinado".

Mientras que la Sentencia del TS de 27 de marzo de 1996 (RJ 1996/2551), a nuestro juicio auténtico paradigma de la tesis que aquí exponemos, estipula que:

> "tampoco puede sostenerse que hay identidad entre la licencia de actividad e instalaciones y la de funcionamiento, exigiendo dos licencias por el mismo hecho, pues es patente que tratándose de actividades calificadas, la licencia de actividad e instalación

---

171 No obstante, pueden localizarse pronunciamientos, eso sí, aislados, en los que de forma reiterada el máximo órgano jurisdiccional se refiere como un acto unívoco a la "licencia de instalación, apertura y funcionamiento". Vid. Sentencia del TS de 8 de julio de 1981 (RJ 1981/3242). O bien que "el Reglamento de 30 de noviembre de 1961 contempla una única licencia de instalación, apertura y funcionamiento". Vid. Sentencia de 14 de julio de 1994 (RJ 1994/5732)

tiene un campo específico distinto de la de funcionamiento. Tratándose de actividades e instalaciones no calificadas la de funcionamiento es innecesaria".

Esta jurisprudencia —que se hace eco de la autonomía y singularidad de la licencia de actividad o instalación y la licencia de apertura[172]— se construye sobre el indubitado presupuesto del artículo 34 RAMINP que marcó en su momento el rumbo de la interrelación de la que ahora nos ocupamos entre la licencia de instalación (actividad) y la licencia de apertura o funcionamiento. El precepto citado determinaba que, una vez obtenida la licencia de instalación de una actividad calificada como molesta, insalubre, nociva, o peligrosa, no podía comenzar a ejercerse ésta sin que antes se girase la oportuna visita de comprobación por el funcionario técnico competente. Y a resultas de dicha visita de comprobación previa, no sólo por la actividad, sino también por la naturaleza del daño que pudiera llegar a causarse, se levantaba acta con el que a partir de ese momento podía entenderse "abierto" al público el local o negocio para el desarrollo de la actividad industrial, mercantil o comercial de que en cada caso se tratase.

Este esquema por el que una vez finalizada la ejecución de la instalación pretendida resulta procedente valorar la apertura y entrada en funcionamiento del local o establecimiento que alberga la instalación donde se va a ejercer la actividad[173] ha sido posteriormente seguido por prácticamente toda la legislación autonómica. Ahora bien, en función de la normativa autonómica manejada, se requiere contar, bien con una autorización que recibe la denominación de licencia de actividad (o instalación) —cuyo otorgamiento previo condiciona a su vez la

---

172 Una autonomía y singularidad que difícilmente pueden llegar a alcanzar la manifestación contenida en la Sentencia del TS de 5 de noviembre de 1969 (RJ 1969/4914). En este pronunciamiento expresamente se admite que la licencia de instalación del RAMINP "absorbe y unifica las de obras y apertura que establecen por separado la Ley de Suelo y el RSCL, ya que dicha licencia abarca tanto la realización material de unas obras de instalación, como la posibilidad de funcionamiento posterior". No siendo suficiente con la sorprendente declaración anterior, el mismo fallo declara, como consecuencia de la obtención de la licencia de instalación como unificadora de las otras dos, la inoperancia del artículo 22.3 RSCL, "por cuanto éste contempla un caso de duplicidad de licencias que la de instalación tratada hace desaparecer". Sin embargo, este pronunciamiento ha de considerarse en sus justos términos, esto es, como un fallo aislado dentro de la doctrina jurisprudencial mantenida, incluso con anterioridad al mismo, por ejemplo en la Sentencia de 15 de octubre de 1964 (RJ 1964/4244) y en la que se defiende la autonomía e independencia de las diferentes autorizaciones y licencias que la normativa exige. Prueba de ello lo constituye, un año después del pronunciamiento de 5 de noviembre de 1969 (RJ 1969/4914), la Sentencia del TS de 9 de abril (RJ 1970/3361) y de 20 de noviembre de 1970 (RJ 1970/5129)

173 Como refiere claramente el TS en Sentencia de 4 de mayo de 1983 (RJ 1983/2883), "una cosa es la concesión de una licencia autorizando una determinada actividad industrial o mercantil y otra distinta es la de examinar, en el momento de apertura, si las obras y medidas correctoras ordenadas en la licencia han sido o no cumplidas..."

concesión de la licencia de obras para las actividades clasificadas[174]—, bien la normativa construye un régimen autorizatorio dual —la LbCACyPA (artículo 34.1[175]), y la LpvPMA[176] (artículo 55.1, 56 y 61.3)— donde, además de la licencia de actividad o instalación, es necesaria una segunda licencia para la puesta en marcha de la actividad. Esa segunda licencia es la licencia de apertura (o de funcionamiento), que no se otorgará si el titular de la instalación no ha adoptado todas las medidas correctoras impuestas para la actividad[177], y que se concede —salvo en el caso de aquellas Comunidades Autónomas donde expresamente se ha suprimido o no se contempla su existencia para actividades clasificadas[178]— una vez se haya expe-

---

174 Expresión del sentido originariamente recogido en el artículo 22.3 RSCL y que se ha venido reproduciendo hasta la actualidad. El artículo 22.3 RSCL condiciona la concesión del permiso de obras al previo otorgamiento de la licencia de apertura en los términos que ya han quedado expuestos *ut supra*

175 No obstante, hoy día derogado por la Disposición derogatoria única primera LbLIA

176 Esta Ley, en su artículo 55.2 contempla la posibilidad de que determinadas actividades, por su escasa incidencia o afección en el medio ambiente y en la salud de las personas, queden excluidas de la obligación de contar con la preceptiva licencia "procediendo el establecimiento de mecanismos que permitan otorgar una mayor celeridad a los trámites administrativos necesarios para su instalación" (Exposición de Motivos del Decreto 165/99). Esta previsión de la Ley vasca ha sido desarrollada mediante el Decreto 165/99, de 9 de marzo por el que se establece la relación de actividades exentas (las incluidas en el anexo I, II, y III) de la obtención de la licencia de actividad prevista en la LpvPMA. No obstante, pese a la ausencia de obtención de licencia previa, la protección ambiental queda salvaguardada mediante la supeditación de esas actividades al control y requisitos de la normativa sectorial aplicable en materia ambiental, sanitaria, y de seguridad industrial, fundamentalmente. Además los titulares de estas actividades, con carácter previo al inicio de su ejercicio, deben presentar la documentación técnica a la que se refiere el anexo IV. Posteriormente el Ayuntamiento procede a la supervisión técnica de esa documentación, notifica personalmente a los vecinos el emplazamiento de la actividad y abre un período de información pública. A la vista de lo que resulte del examen de la documentación y de las alegaciones practicadas, el Ayuntamiento puede imponer la adopción de medidas complementarias. El interesado debe entonces presentar las certificaciones técnicas precisas para acreditar el cumplimiento por su actividad, de las medidas complementarias impuestas. En el control ambiental de estas actividades, también se prevé la realización de visitas de comprobación por los servicios técnicos municipales para verificar que la actividad se ajusta constantemente a la documentación que inicialmente se presentó. Como puede apreciarse, las garantías arbitradas con relación a este tipo de actividades son importantes

177 Tal y como claramente preceptuaba el artículo 35.2 LbCACyPA, precepto hoy día derogado por la Disposición derogatoria única primera LbLIA

178 Éste es el caso excepcional de la Comunidad Autónoma de Aragón, cuya LarU claramente establece en su artículo 232 que "La licencia de apertura se exigirá para los establecimientos comerciales, industriales y de prestación de servicios *que no precisen licencia ambiental de actividades clasificadas...*" (la cursiva es nuestra). Porque para la apertura y puesta en funcionamiento de aquellos establecimientos sujetos a licencia ambiental de actividades clasificadas la LarU (artículo 231) prevé una licencia de inicio de actividad

dido el acta de comprobación del cumplimiento por la actividad de los requisitos establecidos en la licencia de actividad para su funcionamiento[179].

Queda demostrado, así pues, que el otorgamiento de la licencia municipal de actividades clasificadas, y en su caso de otras autorizaciones requeridas igualmente por la instalación en los términos expuestos, no puede conducirnos a la idea equivocada de pensar que el titular de la instalación se encuentra en disposición de dar inicio a su actividad. Una serie de comprobaciones se oponen a esta circunstancia de modo que pese a contar con la licencia que habilita el ejercicio de la actividad —licencia de instalación—, esta misma no va a poder ser iniciada todavía. Y ello porque todavía resta un último control conducente a posibilitar el comienzo de la actividad; control actuado mediante el otorgamiento de la licencia de apertura.

En efecto, la actividad debe someterse, una vez otorgada la licencia de instalación/actividad, a un control inicial que se concreta en la visita de comprobación de la actividad por el funcionario técnico competente, municipal o autonómico[180]. Trámite de comprobación previa que alcanza a la actividad en sí, y al posible daño que se pueda derivar del funcionamiento de la misma y que, en la normativa autonómica ambiental más reciente, adquiere una propia significación y caracterización como comprobación ambiental *stricto sensu*[181]. Éste es el caso del acta de control ambiental inicial del artículo 70 LcatPCAA, y del acta de conformidad ambiental dispuesto por los artículos 20 y 34 LcantCAI. Centrándonos ahora, por su mayor relevancia a los efectos de este trabajo[182], en el régimen de la LcantCAI —complementado con el tenor del artículo 39.1— el mismo pauta la forma en que ha de ponerse en marcha una instalación con el consiguiente inicio de la actividad. Dicha puesta en marcha o funcionamiento queda supeditada —aparte ahora la certificación expedida por el técnico director de la ejecución del proyecto— a la comprobación de la efectividad de las medidas correctoras exigidas y acreditada mediante acta levantada al efecto, hasta el punto, y esto es lo más destacado, que, de conformidad con lo dispuesto en el artículo 35 LcantCAI, son nulas de pleno

---

179 Vid. artículo 61.3 LpvPMA, artículo 58.2 LfnalPA, y artículo 73.1 LarPA

180 En este último caso si el Ayuntamiento no dispone de este tipo de funcionario cualificado

181 Éste es el caso destacado del artículo 6 LcantCAI donde la comprobación ambiental es definida como el "trámite o serie de trámites que, en el seno del procedimiento de una autorización municipal de apertura o actividad, determina las condiciones de protección ambiental a las que deben sujetarse cualesquiera instalaciones o actividades que puedan ser causa de molestias, riesgos o daños para las personas, sus bienes o el ambiente" y no estén sometidas a ningún otro control

182 No obstante esto, el régimen catalán también ofrece alguna particularidad digna de mención como la recogida en el artículo 69.4 LcatPCAA, conforme al cual, el acta de control ambiental inicial, y que habilita a la persona titular ejercer la actividad, es emitido por una entidad colaboradora de la Administración ambiental. También el artículo 26.1 LandGICA prevé que la comprobación previa de puesta en marcha de la actividad pueda ser desarrollada por entidades colaboradoras en materia de protección ambiental

derecho las autorizaciones de apertura o funcionamiento otorgadas sin la debida comprobación ambiental.

Este control previo al ejercicio mismo de la actividad ha dado lugar —en el caso de la normativa autonómica que sólo recoge como necesaria la licencia de instalación o actividad— a una construcción ampliamente extendida entre la doctrina y en la propia jurisprudencia que, sin embargo, no podemos compartir. Dicha tesis pasa por estimar que hasta que tenga lugar la visita y en su caso la expedición del acta de comprobación[183] favorable, los efectos de dicha licencia se mantienen en suspenso. La eficacia[184] del título autorizatorio queda condicionada —en situación de pendencia o latencia— no comienza a surtir efectos en tanto que no se dé cumplimiento a ese requisito previo, que constituye una *conditio iuris* de carácter suspensivo.

Estimamos, por contra, y teniendo siempre presente la secuencia de controles sucesivos sobre una misma actividad —secuencia que se inicia con la licencia de actividad, continúa con la licencia de obras, y concluye con la licencia de apertura— que no existe pendencia o suspensión de la eficacia de la licencia. La licencia de actividad en ese caso es plenamente eficaz y produce efectos jurídicos, lo que no obsta para que se condicione la puesta en marcha material de la actividad. Su otorgamiento no posibilita en cualquier caso el comienzo de la actividad porque no es esa su finalidad, como hemos tenido ocasión de comprobar precedentemente, y por ello todavía deben satisfacerse otra serie de condiciones. El problema, en definitiva, de esta artificiosa construcción de pendencia se acentúa, a nuestro juicio, en el caso de la normativa de actividades clasificadas que no distingue claramente entre licencia de actividad y licencia de apertura al establecer que sólo es preciso un único título autorizatorio. De este modo, en la legislación autonómica que somete a la actividad a la obtención además de la licencia de apertura, la tesis de la situación de pendencia no tiene base alguna porque ahí sí queda claramente constatada la eficacia y distinta finalidad cumplida por uno y otro título autorizato-

---

183 El TS ha llegado a manifestar en la Sentencia de 8 de julio de 1981 (RJ 1981/3242) que "la comprobación no es un acto administrativo, sino un elemento del acto administrativo complejo". Acto administrativo complejo que viene conformado por la integración secuencial de cada uno de los trámites que conducen finalmente al ejercicio de la actividad, esto es, "el acto administrativo de licencia de apertura, instalación y comprobación, que significando cosas distintas, convienen en una misma razón"

184 Que no su existencia o validez porque el acto es válido desde el mismo instante de su dictado y ulterior notificación al interesado. Vid. Sentencia del TS de 14 de julio de 1994 (RJ 1994/5732). Además ha de entenderse que se trata de una afección de la eficacia material del acto autorizatorio porque el acto en sí goza de eficacia formal desde el mismo instante que se notifica al interesado, lo que sucede es que sus efectos quedan en suspenso. El artículo 57.2 LRJPAC contempla el supuesto general en el que la eficacia del acto administrativo quede "demorada cuando así lo exija el contenido del acto o esté supeditada a su notificación, publicación o aprobación superior"

rio, a saber, la licencia de actividad y la licencia de apertura. Así, la superación del trámite de comprobación favorable, y como resultado de ello, la constatación de que la instalación se ajusta al proyecto aprobado y a las medidas adicionales impuestas en la licencia de instalación, permite el otorgamiento por el Ayuntamiento de la segunda licencia, la licencia de apertura, que es la que realmente permite dar inicio a la actividad[185]. Como perfectamente resume el TS en su Sentencia de 4 de mayo de 1983 (RJ 1983/2883)

> "una cosa es la concesión de una licencia autorizando la instalación de una determinada actividad industrial y otra distinta es la de examinar, en el momento de apertura, si las obras y medidas correctoras ordenadas en la licencia han sido o no cumplidas, pues esto no incide en la legalidad de la licencia, sino en la posibilidad de iniciar el ejercicio de la actividad que autoriza".

A partir de ese instante, y porque se ha concedido la licencia de apertura —que se suma a la previa de instalación— el titular tiene luz verde para desarrollar su actividad. Ahora bien, ésta no es una cuestión que se enmarca en el reducto de libertad del particular por la que decide si desea iniciar o no su actividad. Porque el determinar, una vez otorgada la licencia y posibilitado el ejercicio de la actividad, si la explotación de la instalación se lleva a cabo no es un aspecto del que se desentienda por completo la Administración. El interesamiento constante de la Administración sobre la actividad, desde el mismo instante en que la licencia es concedida, es tal que origina una imposición en el particular. Concretamente la de dar inicio a su actividad, y además de una forma continuada, sin paralizaciones o interrupciones en períodos de tiempo considerable. De lo contrario, y de asumir un comportamiento pasivo, se pena esa conducta con la declaración de caducidad de la licencia que, por tanto, en ese caso resulta ya ineficaz para habilitar el ejercicio de una actividad que no se va a efectuar de ningún modo.

Comprobado, en los términos expuestos, la necesidad de contar con la licencia de apertura —en el marco del régimen de actividades clasificadas— contando ya previamente con una licencia de instalación o actividad, la exigencia de la citada licencia de apertura se hace extrema incluso en la regulación de la LbCACyPA. Así, entre las condiciones a incluir expresamente y *ope legis* en la licencia de actividad —que se expresan en el artículo 30 de la Ley citada[186]— figura de forma expresa

---

[185] Vid. especialmente el artículo 61.3 LpvPMA. En el mismo sentido, como manifiesta la Sentencia del TSJ de Cantabria de 29 de octubre de 1998 (RJCA 1998/3964), la licencia de actividad es "un acto que de suyo no habilita para el ejercicio de la actividad autorizada, pues se halla pendiente de la ulterior concesión de la licencia de apertura o de funcionamiento, previas las visitas de comprobación necesarias"

[186] Con carácter general, en el régimen de licencias integradas de actividad dispuesto por la LbLIA, vid. también artículo 72 y 81 de modo que, como una de las condiciones a incluir en el permiso

la pertinencia de contar con esa licencia de apertura cuando haya concluido la ejecución de las instalaciones, de modo que no se podrá comenzar el ejercicio de la actividad sin la misma. Así las cosas, una vez ejecutadas las instalaciones y obras existe la obligación para el interesado de solicitar la licencia de apertura y funcionamiento acompañando su solicitud "con el visado del colegio profesional correspondiente y la póliza de responsabilidad civil[187] con el documento que acredite su vigencia y estar al corriente de pago". La licencia de apertura y funcionamiento en el régimen balear[188] no se concede si se comprueba que no se han ejecutado todas las medidas correctoras que se impusieron en la licencia de actividad o instalación. Y aún más, su otorgamiento se supedita a la acreditación, por parte del particular, de la obtención previa de las autorizaciones, licencias o concesiones que la normativa sectorial aplicable igualmente exija para el funcionamiento de la actividad.

En todo caso, y sin perjuicio de lo expuesto, merece una especial atención el caso singular de la LcanACyEP. Esta disposición introduce (artículo 14.1) en la secuencia lógica de la licencia de actividad o instalación y la apertura ulterior de un local o establecimiento el instrumento de la declaración responsable, siendo el único caso existente, hasta el momento, en el régimen sectorial de las actividades clasificadas. Conforme al mismo, la apertura y puesta en funcionamiento de una actividad se condiciona al cumplimiento del trámite —previsto en el artículo 28— de la presentación de una declaración responsable. La "novedad" que supone el régimen de la LcanACyEP, en la tradicional regulación en la materia, descansa en la "sustitución" de la hasta entonces "visible" licencia de apertura —como un título autorizatorio más a añadir en la "bolsa" de licencias que el titular de una instalación o actividad está obligado a solicitar y obtener— por la fórmula más flexible y flexibilizante de la declaración responsable[189], a salvo ahora el catálogo de actividades clasificadas recogidas en el numenclátor del Decreto 50/2012, de 7 de junioy a las que resulta de aplicación el régimen de licencia administrativa previa. En este sentido, la LcanACyEP se convierte en la normativa autonómica más innovadora y versátil en la materia al apostar firmemente, tanto por la comunicación

---

de instalación concedido, se encuentra la de contar con la necesaria licencia de apertura y funcionamiento para poder comenzar la actividad

187 También la D.A 2ª LcanACyEP y el artículo 45.1 LLrPMA exigen un seguro de responsabilidad civil que responda de las indemnizaciones que proceda frente a terceros y que cubra las responsabilidades que pudieran derivarse del ejercicio de la actividad

188 Vid. artículo 35 LbCACyPA y artículo 21 y 85.1 LbLIA

189 El artículo 28 LcanACyEP dispone que la declaración responsable a presentar por el promotor de la actividad, de cara a posibilitar la puesta en marcha de una actividad clasificada, deberá venir acompañada de la certificación técnica —visada por el colegio profesional correspondiente en caso de actividades calificadas como insalubres o peligrosas— acreditativa de la conclusión de las obras y de su adecuación a las condiciones establecidas en la licencia de instalación

previa, como regla general, en lugar de la licencia de actividad o instalación, como por la declaración responsable en lugar de la licencia de apertura.

En otro orden de cosas, y en el caso de la normativa en materia de espectáculos públicos y actividades recreativas, alguna legislación autonómica ha secuenciado, cabalmente, la interrelación entre una y otra licencia como títulos autorizatorios distintos e independientes, como no podía ser de otro modo. En este sentido, el artículo 4.1 LfnaEPAR, dispone que

> "ningún local, sea cerrado o descubierto podrá dedicarse a la celebración de espectáculos públicos y actividades recreativas sin haber obtenido previamente las correspondientes *licencias de actividad y de apertura* previstas en la legislación vigente".

Por otra parte, la obtención de la licencia de apertura es previa a su vez para la concesión del resto de autorizaciones[190] de enganche o suministro de energía eléctrica, de utilización de combustibles líquidos o gaseosos, y de abastecimiento de agua potable, igualmente necesarias para el funcionamiento de la actividad[191]. Es más, en el caso de la LfnaIPA, el artículo 58.4 claramente preceptúa que las autorizaciones de enganche estarán condicionadas a la obtención de la licencia de apertura, que de ser denegatoria conllevarán la automática denegación de las mismas y la obligación de proceder inmediatamente al corte de los suministros.

4. La virtualidad y operatividad funcional de la licencia de apertura a partir de la secuencia lógica que posibilita el posterior uso de una construcción ya terminada: actividad/instalación, obras, y apertura o funcionamiento

Como ya nos consta del estudio resultante de las páginas precedentes, la licencia municipal es un acto administrativo de control preventivo del ejercicio de una actividad en los casos, ya comprobados, en los que no está llamada a ceder

---

190 Vid. artículo 61.4 LpvPMA, artículo 8.5 LasturEPAR, artículo 29.4 y 58.4 LfnaIPA, y artículo 75 LarPA

191 No obstante, resulta posible el otorgamiento de autorizaciones provisionales de enganche o ampliación de suministro eléctrico, utilización de combustibles líquidos o gaseosos, o de abastecimiento de agua potable. La razón de ese otorgamiento provisional se encuentra en la necesidad, antes de otorgarse la licencia de apertura que en su caso posibilita la concesión de estas otras autorizaciones, de realizar pruebas en las instalaciones acerca de la idoneidad de las medidas correctoras impuestas en la licencia de actividad. Por ello se faculta el otorgamiento de estas autorizaciones provisionales que deberán señalar expresamente su plazo de vigencia, transcurrido el cual sin haberse obtenido la licencia de apertura, se procede al corte de suministro. El otorgamiento de estas autorizaciones provisionales puede suponer además para el interesado la necesidad de constituir una fianza o la contratación de un seguro si se trata de una actividad, la suya, con riesgo potencial grave para las personas, los bienes, o el medio ambiente

su protagonismo a la comunicación previa o a la declaración responsable. Y además nos encontramos ante un control de naturaleza doble actuado mediante la licencia urbanística y la licencia de actividad. Ello porque con dicho acto se va a comprobar, por un lado, la legalidad urbanística en lo relativo al uso del suelo y, de otro lado, se van a controlar todos y cada uno de los aspectos técnicos ambientales de la actividad que se sujeta a autorización[192]. No existe, pues, solapamiento entre la licencia de actividad y en su caso la licencia urbanística porque ambas responden a controles distintos efectuados en momentos diferentes. Así, con la licencia de actividad se viene a controlar si el proyecto de actividad material, normalmente sustentada en una instalación, puede llevarse a cabo de acuerdo con la legislación urbanística y las circunstancias ambientales, de seguridad, y de salud. Mientras que con la licencia urbanística se trata de habilitar el mero soporte físico de la actividad. Se autoriza el cómo y el dónde de la obra física necesaria para el desarrollo ulterior de la actividad. En definitiva, la creación de la infraestructura necesaria como base de la actividad desde el punto de vista de la legislación urbanística. Finalmente, esta secuencia de controles de nada serviría si no se completa con la licencia de apertura, donde se lleva a cabo el control que posteriormente va a posibilitar el comienzo de la actividad en la infraestructura realizada[193].

Se descubre así que la licencia es manifestación de una intervención administrativa de doble naturaleza, del ejercicio de una dualidad de competencias municipales. Competencias que, insertadas en distintos ordenamientos sectoriales, se aplican en este supuesto de forma concurrente, como ha tenido ocasión de precisar el TS[194], distinguiéndose para ello dos planos o perspectivas. Uno general con relación a los artículos 9 y 22 RSCL para la apertura de cualquier tipo de establecimiento mercantil o industrial. Así, este precepto dispone que la intervención que en todo caso los municipios desarrollen sobre las actividades que traten de desarrollarse consistirá en

> "1° verificar si los locales e instalaciones reúnen las condiciones de tranquilidad, seguridad y salubridad, y,
> 2° comprobar las que en su caso estuvieren dispuestas en los planes de urbanismo debidamente aprobados".

Y el segundo es de carácter particular con relación a las actividades que se consideran molestas, insalubres, nocivas y peligrosas. Este caso, que es el que ahora

---

192 Vid. Sentencia del TS de 11 de julio de 1985 (RJ 1985/4942)

193 La licencia de apertura lo es para la apertura de establecimientos físicos que sirven a su vez de soporte a la realización de cualquier tipo de actividad económica, industrial, o comercial

194 Vid. Sentencia del TS de 3 de noviembre de 1975 (RJ 1975/4768), de 5 de mayo de 1987 (RJ 1987/ 5225), de 19 de noviembre de 1990 (RJ 1990/ 8769), y de 17 de mayo de 1994 (RJ 1994/3902)

ocupa nuestro interés, determina que el control se sustenta en una doble fundamentación, a saber, una primera urbanística sobre la localización de la industria en atención a las normas de esta misma naturaleza y otra, en segundo término, que se apoya en las condiciones molestas, insalubres, nocivas y peligrosas de la actividad proyectada. En el fondo, como determina la Sentencia del TS de 17 de mayo de 1994 (RJ 1994/3902), se produce una confluencia del régimen sectorial de las actividades clasificadas con la ordenación urbana

> "ya que con ocasión de la licencia de apertura actúa la genérica potestad municipal concretada en el ejercicio simultáneo de dos competencias municipales atribuidas por sendos ordenamientos: el sectorial de actividades clasificadas y el urbanístico".

En resumen, la licencia de instalación, la licencia de obras, y la licencia de apertura responden a un control secuencial distinto sobre una misma actividad en cada una de las fases sucesivas en que las mismas tienen lugar. Mediante la primera se analiza la viabilidad del proyecto presentado, de la actividad que se proyecta llevar a cabo, y ello desde el punto de vista territorial o urbanístico, como desde la vertiente de la salud, la seguridad y el ambiente. A través de la segunda se determina de qué forma y dónde se acomodará, desde la óptica de la legislación urbanística, la infraestructura que constituye el soporte de la actividad. Y, finalmente, con la licencia de apertura, "que se sitúa en el «iter» de trámites, como última diligencia de comprobación[195]", se controla el comienzo mismo de la actividad.

Todos estos controles, en definitiva, responden a una clara finalidad preventiva, incluso por razones de salud pública y seguridad de las instalaciones y, en todo caso, son complementarios, y no sustituibles por ello, del control ambiental en sentido estricto que se efectúa mediante las autorizaciones sectoriales que tienen por objeto el control del impacto mismo generado o producido por la puesta en marcha o funcionamiento de esa actividad, como comprobamos acto seguido en el siguiente y último epígrafe de este trabajo.

5. *La inserción de la licencia municipal de apertura en el marco normativo sectorial de intervención administrativa para el ejercicio de actividades en establecimientos. En especial la regulación de corte ambiental*

La obtención de la licencia de instalación/actividad con la inclusión de las medidas correctoras que sean precisas[196], bien de forma expresa, bien por el juego del

195 Vid. Sentencia del TSJ de Andalucía de 11 de febrero de 2000 (RJCA 2000/354)

196 Que en el caso de la LbCACyPA (artículo 31) puede dar lugar a la realización de pruebas de funcionamiento de las máquinas y de las instalaciones, debiendo comunicar el interesado dicho

silencio administrativo[197], no exime de la obligación de contar —preceptivamente y, por ende, con carácter anterior en el tiempo a la concesión en su caso de la licencia apertura— con el resto de las autorizaciones sectoriales necesarias para el ejercicio de la actividad y que, tradicionalmente en el régimen de actividades clasificadas han venido concediendo las autoridades estatales[198]. El tenor de la D.A. 5ª RAMINP[199] es bastante claro al respecto cuando recordaba que las autorizaciones estatales "será requisito previo para la concesión de las licencias municipales de instalación, apertura y funcionamiento de actividades".

Cincuenta años más tarde, la LcanACyEP recrea este mismo esquema en su artículo 6 al advertir que la instalación y la apertura de actividades clasificadas deberá venir precedida de las autorizaciones sectoriales u otros títulos habilitantes equivalentes que, en cada caso, resulten preceptivas para la instalación o ejercicio de la actividad de que se trate[200].

En la actualidad, y pese a la todavía posible vigencia eventual de la D.A 5ª RAMINP —a partir de lo dispuesto en la Disposición derogatoria única de la Ley 34/2007, de 15 de abril, de calidad del aire y protección de la atmósfera— es el régimen de prevención y control integrados de la contaminación el que ha pasado

---

extremo al Ayuntamiento

197 En este supuesto, las medidas correctoras que se imponen a la actividad son las que en un principio se propusieron por el propio interesado en su solicitud

198 Autorizaciones estatales que no "suplen o sustituyen la licencia municipal", "ni siquiera la condicionan". Vid. entre otras la Sentencia del TS de 13 de junio de 1983 (RJ 1983/3503), de 18 de diciembre de 1985 (RJ 1985/6369), y de 17 de julio de 1995 (RJ 1995/6167)

199 La D.A 5ª RAMINP fue introducida por la modificación operada en el RAMINP por el Decreto 3494/64, que a su vez recoge la previsión que ya contenía el artículo 3.2 de las Instrucciones complementarias de 1963, por el que el otorgamiento de las autorizaciones para la instalación, ampliación y traslado de industrias constituye requisito previo para la concesión de la licencia municipal. Además, la jurisprudencia pronto manifestó que el otorgamiento de la licencia de actividades no podía sustituir al de otras autorizaciones concurrentes que fueran igualmente precisas prevaleciendo la primera sobre estas últimas. Así, la Sentencia de 20 de noviembre de 1970 (RJ 1970/5129) determinaba que "cuando para la realización de una obra se necesite la concurrencia de permisos o autorizaciones de varias entidades u organismos administrativos, cada uno con privativas y específicas competencias en razón a las finalidades de interés público que respectivamente tutelan, tales permisos se tramitan y conceden de forma independiente, aunque sea necesario que después todos ellos concurran para que la obra pueda realizarse legalmente, siendo obligación de cada órgano administrativo velar por el cumplimiento de las exigencias que a él atañen". Vid. también Sentencia del TS de 19 de enero de 1973 (RJ 1973/351), de 9 de octubre de 1979 (RJ 1979/3404), de 29 de julio de 1992 (RJ 1992/6594) y de 7 de octubre de 1992 (RJ 1992/7768)

200 A tal fin, en los supuestos sometidos a comunicación previa, la autorización sectorial o título habilitante equivalente debe ser previa a la presentación de la comunicación, y en los supuestos sometidos a licencia o autorización de instalación, la autorización sectorial debe ser previa al otorgamiento de tales títulos habilitantes

a "actualizar" tal previsión en lo que se refiere a la legislación básica estatal en materia de medio ambiente. En este sentido, el artículo 29.1 LPCIC dispone que

> "el procedimiento para el otorgamiento de la autorización ambiental integrada sustituirá a los medios de intervención administrativa en la actividad de los ciudadanos que puedan establecer las Administraciones competentes para el ejercicio de actividades molestas, insalubres, nocivas y Peligrosas".

Esta suerte de sustitución del procedimiento de otorgamiento de la autorización ambiental integrada por los medios de intervención administrativa para el ejercicio de actividades clasificadas supone, necesariamente y también, tener en cuenta el alcance, en este sentido, de la licencia municipal de apertura. La necesaria toma en consideración, junto a la licencia municipal, de otros modos de intervención administrativa —como la comunicación previa o la declaración responsable[201]— no debe suponer, en último término, la necesaria desaparición de la licencia municipal de apertura dentro del régimen de prevención y control integrados de la contaminación[202]. Porque si bien es cierto que el artículo 13 bis RdLPCIC —añadido por el artículo 18.4 del Real Decreto 367/2010, de 26 de marzo, de modificación de diversos Reglamentos ambientales para su adaptación a la LLAAS y a la LmaLLAAS— parece estar prescindiendo de la licencia municipal de apertura[203], en todo caso su vigencia queda relegada, como con-

---

201 Ocurre que, como quiera que el apartado 1 del artículo 29 LPCIC ha sido modificado por el artículo 30.3 del RD-Ley 8/2011, de 1 de julio para dar cabida, precisamente, a otros regímenes de intervención más flexibles como son la comunicación previa o la declaración responsable, parece diluirse el alcance de la licencia municipal, entre otras, de apertura para el ejercicio de actividades clasificadas. Ciertamente, en línea de coherencia con lo expuesto, la redacción originaria del artículo 29.1 LPCIC resultaba más gráfica al hablar de la sustitución del procedimiento para el otorgamiento de la licencia municipal de actividades clasificadas por el procedimiento para el otorgamiento de la autorización ambiental integrada, careciendo el tenor literal del precepto actualmente vigente, tras la modificación operada por el citado RD-Ley 8/2011, de todo el rigor jurídico exigido

202 No lo es en el caso de todos y cada uno de los supuestos de actividades comerciales minoristas del RDLMULC para las que no es posible exigir ya licencia de apertura. Y no lo es porque si bien muchas (por no decir todas) de esas actividades constituyen ejemplos convencionales de actividades clasificadas en el día a día de nuestra ciudades, ninguna de ellas está sujeta en cambio al régimen, de mayor entidad, de prevención y control integrados de la contaminación

203 Esta situación se alcanza cuando el propio artículo 13 bis está contemplando que una vez realizado el trámite de evaluación de impacto ambiental y obtenida, en su caso, la autorización ambiental integrada, el inicio efectivo de la actividad se producirá a partir de la presentación de una declaración responsable o comunicación, con la incorrección jurídica de no especificar cuál de los dos instrumentos procede o si el titular de la instalación industrial puede optar indistintamente por cualquiera de ellos

cretamos acto seguido, a lo que hayan dispuesto las legislaciones autonómicas en la materia[204].

Por lo que respecta a la legislación autonómica, la misma ha asumido, con absoluta naturalidad, dicho esquema de supeditación de la licencia municipal de apertura a la precedente autorización administrativa, estatal o autonómica, bien con carácter general —sin concretar el alcance de cuáles sean dichas autorizaciones, estatales o autonómicas, aunque en todo caso de corte o naturaleza ambiental[205]— bien especificando y aludiendo expresamente al previo pronunciamiento de la declaración de impacto ambiental resultante del proceso evaluatorio de impacto ambiental[206], o de la obtención de la autorización ambiental integrada para aquellas actividades que entran dentro del ámbito de aplicación del régimen de prevención y control integrados de la contaminación[207]. En éste último caso merece ser destacado el supuesto contemplado por el artículo 63 LvPCCA. Conforme a este precepto, la licencia de apertura será necesaria para las actividades a las que se les ha concedido previamente licencia ambiental (de actividades clasificadas). Empero, para las actividades sujetas al régimen de prevención y control integrados de la contaminación —y a las que se les ha concedido autorización ambiental integrada— se precisa una licencia de apertura que pasa a ser rebautizada con el nombre de "autorización de inicio de la actividad[208]".

Finalmente, cabe apuntar que el régimen de la licencia de apertura para establecimientos públicos y actividades recreativas sujetos a su vez a licencia ambiental

---

204 A tal fin, y para superar la aparente contradicción que se produciría entre el régimen estatal básico —LPCIC y RdLPCIC— que apuesta por la supresión de la licencia municipal de apertura y las leyes autonómicas de protección ambiental y de prevención y control integrados de la contaminación que, justamente, hacen subsistir la licencia de apertura, debemos entender que dicha pervivencia de la licencia municipal de apertura debe encontrar acomodo en la competencia de las Comunidades Autónomas para dictar normas adicionales de protección al amparo del artículo 149.1.23 CE, en la medida en que con la licencia de apertura se propicia un control sobre las condiciones, no sólo de salubridad e higiene, sino también de naturaleza ambiental

205 Buena prueba de ello es el artículo 5.4 LgPMA que preceptúa que la autorización (ambiental) se erige como un requisito previo, preceptivo, y vinculante, en la medida en que en ningún caso podrá otorgarse licencia de apertura sin la previa obtención de la autorización correspondiente

206 Como acontece con el artículo 235 LarU, y con los artículos 36.1 y 47.2 y 4 LmEA. De hecho, el apartado 4 del artículo 47 LmEA citado en último lugar claramente determina que el Informe de Evaluación Ambiental de Actividades favorable será un requisito previo e indispensable para la concesión de cualquier licencia municipal relacionada con el proyecto o actividad en cuestión

207 Muy significativo a este respecto es el caso del artículo 10.1 y 22.2 LLrPMA. Vid. también artículo 13.1 y 29.1 LfnalPA, y artículo 72.1 LarPA que se refieren, con la misma funcionalidad, en lugar de a la licencia de apertura, a la licencia de inicio de actividad. En el mismo sentido, vid. artículo 231 LarU y artículo 474.3 RvOGTU

208 Con el importante añadido de que la misma no es concedida por el Ayuntamiento, como sucede habitualmente con el otorgamiento de la licencia de apertura, sino por la misma Administración autonómica que concede la autorización ambiental integrada

ha conducido —en el escenario general recreado por la normativa autonómica vigente— a su solicitud simultánea y, en la medida de lo posible, a su tramitación también conjunta. En concreto, el artículo 38 LcatEPAR contempla expresamente la integración en el procedimiento de otorgamiento de las licencias o autorizaciones de establecimientos abiertos al público, espectáculos públicos o actividades recreativas, de la intervención administrativa de control preventivo correspondiente a la licencia ambiental, de forma que esta licencia es sustituida por el informe integrado de las materias ambientales por parte del órgano ambiental competente, y si procede, por la declaración de impacto ambiental[209].

209 De modo que si este informe ambiental o la declaración de impacto ambiental son desfavorables o si determinan limitaciones en cuanto a emisiones, prescripciones técnicas y controles periódicos, tienen carácter vinculante para el otorgamiento de la licencia de apertura del establecimiento público

LAS LICENCIAS EN LOS ESPECTÁCULOS PÚBLICOS Y ACTIVIDADES RECREATIVAS

Antonio Descalzo González
Profesor Titular de Derecho administrativo
Universidad Carlos III de Madrid

I. INTRODUCCIÓN SOBRE EL REPARTO DE COMPETENCIAS EN MATERIA DE POLICÍA DE ESPECTÁCULOS

Desde antiguo, la organización y celebración de los espectáculos públicos y de las actividades recreativas o de ocio ha concitado la atención de la policía administrativa entendida como una función de intervención pública "cuando existiere perturbación o peligro de perturbación grave de la tranquilidad, seguridad, salubridad o moralidad ciudadanas, con el fin de restablecerlas o conservarlas", según establece el todavía vigente artículo 1 del Reglamento de Servicios de las Corporaciones Locales, aprobado mediante Decreto de 17 junio 1955 (en adelante, RSCL). Intervención tradicionalmente llamada policía de espectáculos que encuentra en la técnica de la autorización una de sus pieza maestras de manifestación, conforme podremos comprobar un poco después y se desprende del propio objeto general de la presente obra colectiva.

De esta manera, y aunque es cierto que la vertiente de protección de la moralidad ciudadana mantiene todavía alguna presencia en la presente materia desde la óptica principal de la protección de los menores, no cabe duda que en la actualidad, en el marco de un Estado social y democrático de Derecho, el régimen de intervención en los espectáculos y actividades recreativas abiertas al público atiende, conforme ordena el artículo 8.1 de la Ley orgánica 1/1992, de 21 de febrero, de protección de la seguridad ciudadana (en adelante, LOPSC), a los fines siguientes:

a) Garantizar la seguridad ciudadana frente a los riesgos que, para las personas o sus bienes, se puedan derivar del comportamiento de quienes organicen un espectáculo o actividad recreativa, participen en ellos o los presencien.

b) Asegurar la pacífica convivencia cuando pudiera ser perturbada por la celebración del espectáculo o el desarrollo de la actividad.

c) Limitar las actividades de los locales y establecimientos públicos a las que tuvieren autorizadas, e impedir, en todo caso, el ejercicio en ellos de cualesquiera otras que estuvieren prohibidas.

d) Fijar las condiciones a las que habrán de ajustarse la organización, venta de localidades y horarios de comienzo y terminación de los espectáculos o actividades recreativas, siempre que sea necesario, para que su desarrollo transcurra con normalidad.

Vale decir entonces que la ordenación y actuación de la policía administrativa que nos ocupa se inscribe, con carácter general, en el ámbito de la seguridad y protección del orden público y, con ello, y al mismo tiempo, pasa por reconocer las competencias que desde la protección de otros intereses públicos pueden igualmente recaer bien sobre el evento o la actividad, bien sobre el lugar o establecimiento donde tienen lugar y que, en su caso, pueden corresponder a distintas Administraciones públicas.

Por consiguiente, y antes de dar cuenta y razón de las técnicas concretas de intervención o limitación en este sector, procede hacer antes un sumario recordatorio sobre la distribución constitucional de competencias en materia de seguridad ciudadana, donde descansa, como digo, la regulación más concreta y específica que aquí nos ocupa: la organización y celebración de espectáculos públicos y de actividades recreativas o de ocio.

Dos son los preceptos constitucionales a considerar a este respecto. De un lado, el artículo 149.1.29 CE a cuyo tenor corresponde al Estado la competencia exclusiva sobre "seguridad ciudadana" y, de otra parte, el artículo 148.1.19 CE según el cual las Comunidades Autónomas podían asumir, en principio, competencias en "la adecuada utilización del ocio"; regla ciertamente abierta que, no obstante, hoy ha sido ya superada por la generalidad de los Estatutos de Autonomía al afirmar que corresponde a la respectiva Comunidad Autónoma, y al margen de otros títulos posibles de intervención, el régimen de "espectáculos públicos" (por todos, artículo 141 del Estatuto de Autonomía de Cataluña, aprobado por Ley Orgánica 6/2006, de 19 de julio).

Por lo que hace a la competencia general-estatal, el Tribunal Constitucional ha señalado muy repetidamente que "no toda seguridad de personas y bienes, ni toda normativa encaminada a conseguirla, o a preservar su mantenimiento, puede englobarse en el título competencial de "seguridad pública", pues si así fuera la práctica totalidad de las normas del ordenamiento serían normas de seguridad pública, y por ende competencia del Estado, cuando es claro que se trata de un concepto más estricto, en el que hay que situar de modo predominante las organizaciones y los medios instrumentales, en especial los cuerpos de seguridad a que se refiere el art. 104 de la Constitución" (STC 59/1985, de 6 mayo 1985, FJ 2).

Ahora bien, y por lo mismo, el mismo Tribunal Constitucional razona igualmente que si bien no toda la normativa dirigida a garantizar la seguridad de las personas y bienes ha de ser calificada como "seguridad pública", no por ello resulta aceptable la tesis según la cual "quedaría vedada toda regulación normativa al Estado, «ex» art. 149.1.29 CE, en el ámbito de los espectáculos, en general, y, en concreto, en el de las competiciones de fútbol por el hecho de que la Generalidad haya asumido la competencia exclusiva en materia de «espectáculos»" (STC 148/2000, de 1 junio, FJ 6).

Nos encontramos así, y como es común en nuestro sistema descentralizado de poder público, ante una confluencia de competencias, de entrecruzamiento o yuxtaposición de títulos distintos, cuya delimitación ha de hacerse, en nuestro caso, atendiendo a las peculiaridades concretas de la "seguridad pública" atribuida al Estado y de los "espectáculos públicos" asumidos en los Estatutos de Autonomía (SsTC 59/1985, de 6 de mayo, FJ 2; 203/1992, de 26 de noviembre, FJ 2; y 313/1994, de 24 de noviembre FJ 6).

Por todas, la doctrina constitucional a este respecto se encuentra quizá detallada en la STC 148/2000, de 1 junio, FJ 10, donde al hilo precisamente de la resolución del conflicto positivo de competencia promovido por el Consejo Ejecutivo de la Generalidad de Cataluña en relación con el Real Decreto 769/1993, de 21 mayo, por el que se aprueba el Reglamento para la prevención de la violencia en los espectáculos deportivos, se realiza la siguiente exposición:

> "La realización del deslinde competencial que se nos exige debe partir de una doble constatación previa. *Sin duda, se incardinan en la materia «seguridad pública» los preceptos cuyo objeto sea la protección de las personas o bienes y el mantenimiento de la tranquilidad u orden ciudadano, aspectos ambos que, según hemos reiterado, constituyen la «seguridad pública» en sentido estricto*. Por tanto, como ya hemos puesto de manifiesto en el F. 6, puede resultar legítimo, desde la perspectiva del orden constitucional de competencias, que el Estado regule, por razones de «seguridad pública», determinadas actuaciones preventivas y reactivas respecto de las manifestaciones de violencia que pudieran producirse con motivo de la celebración de determinados espectáculos deportivos. Pero, de otro lado, *también es claro que el ámbito propio de la llamada «policía de espectáculos» no es ajeno al desarrollo ordenado de los mismos y, por tanto, a la inclusión en su seno de las medidas proporcionadas a tal fin, lo que, en ocasiones, cuando el orden debido pueda verse alterado, habrá de exigir la intervención de las fuerzas del orden*.

Por tanto, la delimitación entre ambos títulos dista de ser automática y requiere otras puntualizaciones complementarias.

Es sobradamente conocido que los encuentros de fútbol profesional y los restantes eventos deportivos objeto del RPVED constituyen una ocasión para la generación de fenómenos violentos, bien sea de forma espontánea, bien de forma organizada, en razón a la proliferación de grupos radicalizados que, de modo más o menos encubierto, aprovechan la concurrencia masiva a estos espectáculos para llevar a cabo actuaciones antisociales, caracterizadas, en ocasiones, por su extrema peligrosidad. Estas manifestaciones de violencia suponen ante todo un riesgo cierto para las personas asistentes a los estadios, incluidos los deportistas participantes, y también para las cosas allí radicadas. Pero el elemento que sustantivamente les caracteriza se refiere a la posibilidad de causar verdaderas alteraciones de la paz y orden ciudadanos, produciéndose las mismas tanto en el interior como extramuros de las instalaciones donde se celebra el espectáculo deportivo.

Por tanto, no existe duda de que esta peligrosidad potencial, para ser evitada y en su caso encauzada, puede precisar de un dispositivo que constituya a las fuerzas y cuerpos de seguridad en el elemento determinante del control del propio espectáculo, activando las medidas que hubieran de resultar necesarias en cada caso.

Así resultarán encuadrables en la materia «seguridad pública», respecto de los brotes de violencia que pudieran producirse con ocasión de los encuentros deportivos de que aquí se trata, *todas aquellas medidas o cautelas que, dirigiéndose a la protección de personas y bienes, tengan como finalidad aún más específica evitar graves riesgos potenciales de alteración del orden ciudadano y de la tranquilidad pública*. Ello se ha de manifestar a través de la necesaria puesta en práctica de «medidas preventivas y reactivas íntimamente relacionadas» (STC 104/1989, F. 4), medidas que han de reclamar, como complemento obligado y permanente, la presencia efectiva de las fuerzas del orden durante el desarrollo del espectáculo mismo, con el fin de controlar directamente los factores de riesgo. Ha de tratarse, en fin, de la posible existencia de contingencias o «situaciones extraordinarias» (STC 52/1993, de 11 de febrero, F. 5), si bien el carácter extraordinario del riesgo no ha de ser sinónimo de excepcionalidad, pues estos encuentros de fútbol se caracterizan, precisamente, por el hecho de que la potencial alteración del orden ciudadano puede manifestarse con habitualidad.

Por el contrario, habrán de incardinarse en la materia «espectáculos» las prescripciones que, velando por el buen orden de los mismos, se encaucen a la protección de las personas y bienes «a través de una intervención administrativa ordinaria —de carácter normal y constante—» (STC 313/1994, de 24 de noviembre, F. 6), de modo que, aun cuando la misma pueda conllevar la intervención de las fuerzas de seguridad, ello no se conciba como elemento integrante del sistema preventivo habitual del control del espectáculo.

En suma, la policía de espectáculos se caracterizará por el hecho de que sus medidas o disposiciones permitan el desarrollo ordenado del acontecimiento, según la naturaleza del espectáculo de que se trate, sin necesidad de recurrir a medidas extraordinarias, pues cuando aquéllas puedan resultar insuficientes para garantizarlo será necesario arbitrar medidas de estricta «seguridad pública» (STC 54/1990, de 28 de marzo, F. 3).

El canon expuesto debe integrarse con otros dos elementos. De un lado, la necesaria «inherencia o complementariedad» (SSTC 104/1989, F. 6, y 175/1999, F. 5) de determinadas funciones no policiales respecto de las que tienen estricta naturaleza policial. Y de otro, la inclusión en la competencia sobre la propia «policía autónoma», según advertíamos antes, de un ámbito relacionado con la dimensión orgánica y funcional de aquélla" (el subrayado es mío).

Hasta aquí la cita, la larga cita de la doctrina constitucional que, sin embargo, parece oportuna toda vez que resuelve el ámbito propio que corresponde a la llamada "policía de espectáculos" en su relación con la "seguridad pública" y, por tanto, la distinta atribución de competencias que corresponde hacer en las dos materias en presencia, a saber: la "seguridad pública", que es una competencia del Estado *ex* artículo 149.29 CE; y el de los "espectáculos públicos", que es un título autonómico recogido en los respectivos Estatutos de Autonomía.

Establecido que el régimen de los "espectáculos públicos" es una materia autonómica cuyo objeto propio y concreto consiste en que "sus medidas o disposiciones permitan el desarrollo ordenado del acontecimiento, según la naturaleza del espectáculo de que se trate, sin necesidad de recurrir a medidas extraordinarias", quedaría pendiente la situación de las llamadas actividades recreativas o de ocio en el marco general de la ya aludida policía de espectáculos.

Pues bien, y frente a otras posibles alternativas interpretativas, el Auto del Tribunal Constitucional núm. 46/2001, de 27 febrero, resuelve la cuestión sentando que, en rigor, "se trata de un único conjunto normativo que, a los efectos competenciales propios del bloque de la constitucionalidad, no existe dificultad en incardinar en la materia «espectáculos públicos»". O, dicho de otra manera, que a efectos competenciales, no puede otorgarse virtualidad independiente a la materia "actividades recreativas".

Despejada la sustantividad de la materia espectáculos públicos y actividades recreativas, así como su atribución autonómica, el cuadro normativo resultante aparece marcado hoy, con carácter general, por la existencia en cada una de las Comunidades Autónomas de una ley de cabecera que tiene por objeto ordenar de manera completa su adecuada organización y desarrollo bajo la idea ya conocida de la policía de espectáculos o, en palabras de la exposición de motivos de la Ley 11/2009, de 6 de julio, de espectáculos públicos y las actividades recreativas de Cataluña, guiada por tres principios básicos: convivencia, seguridad y calidad.

Los textos normativos autonómicos son los siguientes: Ley 13/1999, de 15 de diciembre, de espectáculos públicos y actividades recreativas de Andalucía; Ley 11/2005, de 28 de diciembre, de espectáculos públicos, actividades recreativas y establecimientos públicos de Aragón; Ley 7/2011, de 5 de abril, actividades clasificadas y espectáculos públicos de Canarias; Ley 7/2006, de 2 de octubre, de espectáculos públicos de Castilla y León; Ley 7/2011, de 21 de marzo, de espectáculos, actividades recreativas y establecimientos públicos de Castilla-La Mancha; Ley 11/2009, de 6 de julio, de espectáculos públicos y las actividades recreativas de Cataluña; Ley 14/2010, de 3 de diciembre, de espectáculos, actividades recreativas y establecimientos públicos de la Comunidad Valenciana; Decreto 292/2004, de 18 de noviembre, por el que se aprueba el catálogo de espectáculos públicos y actividades recreativas de la Comunidad Autónoma de Galicia; Ley 4/2000, de 25 de octubre, de espectáculos públicos y actividades recreativas de La Rioja; Ley 17/1997, de 4 de julio, de espectáculos públicos y actividades recreativas de Madrid; Ley Foral 2/1989, de 13 de marzo, de espectáculos públicos y actividades recreativas de Navarra; Ley 4/1995, de 10 de noviembre, de espectáculos públicos y actividades recreativas del País Vasco; Ley 8/2002, de 21 de octubre, de espectáculos públicos y actividades recreativas del Principado de Asturias y, en fin, Ley 2/2011, de 2 de marzo, de admisión en espectáculos públicos, actividades recreativas y establecimientos públicos de la Región de Murcia. A los efectos de aliviar, en la medida de lo posible, la lectura del texto en lo que sigue la cita de cada una de las leyes se reducirá a la identificación de la Comunidad Autónoma correspondiente.

Las Comunidades Autónomas de Islas Baleares, Cantabria y Extremadura no obstante contar igualmente con el correspondiente título competencial sobre espectáculo públicos han optado, hasta el momento, y en su lugar, por aplicar el derecho general-estatal supletorio, esto es, el Reglamento general de policía de espectáculos públicos y actividades recreativas, aprobado por el Real Decreto 2816/1982, de 27 de agosto (en adelante, REPAR).

Establecida la competencia de las Comunidades Autónomas y el carácter de derecho supletorio del REPAR de 1982 hay que anotar, a continuación, la que corresponde en este tema a los entes locales.

Al respecto, y con independencia de las atribuciones concretas que veremos un poco más adelante, quizás conviene recordar que sobre la base principal del artículo 25.2 m) de la Ley 7/1985, de 2 abril, reguladora de las Bases del Régimen Local (en adelante, LrBRL), según el cual los municipios ejercerán, en todo caso, competencias, en los términos de la legislación del Estado y de las Comunidades Autónomas, en "actividades o instalaciones culturales y deportivas: ocupación del tiempo libre", es claro que la AL constituye la tercera de las AAPP de carácter territorial con potestades para la debida satisfacción del interés general en este orden de consideraciones.

Por de pronto, y por directo mandato constitucional, artículos 138, 140 y 141, los Municipios y las Provincias gozan de personalidad jurídica y gestionan con autonomía sus intereses respectivos. Su gobierno y administración corresponde, respectivamente, a los Ayuntamientos —integrados por Alcaldes y Concejales— y las Diputaciones provinciales. Aunque, desde luego, las entidades locales pueden actuar con arreglo al Derecho privado, es claro que su estatuto propio y particular es el que corresponde a las AAPP, según establecen los artículos 103, 106 y 149.1.18 CE. De esta manera, y en lo que ahora importa, la AL se encuentra sujeta a las reglas dispuestas por la LRJPAC (artículo 2), así como por las que en sus respectivos ámbitos competenciales establezca bien el Estado, bien las CCAA.

Con todo, y dicho y conocido este extremo, importa destacar en este momento que la doctrina constitucional ha logrado concretar también con cierta precisión los términos en que la intervención estatal o autonómica resulta compatible con la autonomía local garantizada en los artículos 137 y 140 de la norma fundamental.

A este concreto respecto, quizá no resulte impertinente recordar, muy sumariamente, que en ambos preceptos constitucionales la CE garantiza, efectivamente, la autonomía de los Municipios para la gestión de sus propios intereses. Protección de dicha autonomía que se articula a través de la técnica de la garantía objetiva de la presencia y permanencia del autogobierno local, en cuanto institución, en el ordenamiento estatal en su conjunto, es decir, de una garantía institucional, como tiene perfectamente establecido la doctrina constitucional y, en particular, la STC 46/1992, de 2 de abril, donde se señala certeramente que "la autonomía local, tal y como se reconoce en los artículos 137 y 140 CE, goza de una garantía institucional con un contenido mínimo que el legislador debe respetar; más allá de este contenido mínimo, la autonomía local es un concepto jurídico de contenido legal, que permite, por tanto, configuraciones diversas, válidas en cuanto respeten esa garantía institucional".

Como quiera además que el artículo 140 CE atribuye a las respectivas Corporaciones el gobierno y administración de los distintos Municipios, la autonomía local debe entenderse, en todo caso, con un contenido mínimo que no puede ser alterado por ninguna otra instancia territorial del Estado capaz de incidir normativamente en la configuración del régimen local.

De esta manera, y con independencia de la complejidad que subyace en la delimitación precisa del ámbito de decisiones propias y autónomas que deben reservarse en todo caso al poder público local, es claro que aquél, cuando menos, incluye y comprende la potestad de decisión de determinar y configurar el desarrollo de la vida y de las actividades de los ciudadanos sobre el territorio municipal. En efecto, la gestión de los intereses locales exige y presupone la dotación de las correspondientes competencias con dicha potestad de organización, pues de lo que se trata en definitiva es de asegurar la existencia y el funcionamiento de centros de decisión dotados de una economía y una lógica propias.

Todo esto anterior permite adelantar, sin duda alguna, la competencia de los entes locales para intervenir en materia de policía de espectáculos. Regla que, por lo demás, ya establecía, de manera ciertamente muy amplia y genérica, el artículo 1 RSCL al afirmar que los Ayuntamientos podrán intervenir la actividad de sus administrados en el ejercicio de la función de policía.

Ello no obstante, hay que decir que en el derecho supletorio general-estatal determinado por el citado REPAR el grueso de las competencias recaen en las autoridades gubernativas generales-estatales dedicadas a la seguridad ciudadana en sentido estricto (artículos 74 y 75), mientras que a las entidades locales corresponde la relativa a la resolución de las licencias de obras y/o de apertura y funcionamiento de los establecimientos dedicados a los espectáculos. Regla que, en rigor, se encuentra en perfecta línea de continuación con las previsiones ya contenidas en su día en los artículos 8, 21 y 22 del RSCL.

La posterior legislación autonómica que ha sustituido al REPAR en la ordenación de la materia ha mantenido, por lo común, esa misma idea de establecer en el nuevo escalón territorial superior —encarnado ahora en la Administración autonómica, aunque sin la antigua vinculación a la seguridad ciudadana— las competencias sobre los espectáculos y las actividades, así como la de atribuir a los entes locales la competencia sobre la resolución de las licencias de obras y de apertura y/o funcionamiento, pero, al mismo tiempo, reconoce ahora un mayor protagonismo de los entes locales en la intervención sobre los espectáculos públicos y actividades recreativas.

En este sentido, un buen ejemplo de la observada competencia general de la Administración autonómica aparece reflejada en el artículo 5 de la Ley de Andalucía, a cuyo tenor le corresponde, entre otras, dictar las disposiciones necesarias para el desarrollo y ejecución de las normas reguladoras de las materias objeto de la citada ley, así como en el artículo 4.e) de la Ley de Castilla-La Mancha donde se establece que corresponde a la Administración de la Comunidad Autónoma ejercer las funciones de policía, inspección y de control de espectáculos públicos, establecimientos públicos y actividades recreativas, mediante el personal habilitado para tales funciones.

A su vez, la tradicional competencia municipal sobre las licencias de obras y de apertura y funcionamiento aparece, por ejemplo, en el artículo 5.2 de la Ley de Castilla-La Mancha, donde se atribuye a los ayuntamientos recibir y comprobar las declaraciones responsables, así como otorgar las licencias o autorizaciones que correspondan en relación con la apertura de los establecimientos públicos, la instalación de estructuras no permanentes o desmontables. Competencia que aparece igualmente en el artículo 6 de la Ley de Andalucía, en el artículo 17 de la Ley de Aragón o, en fin, en el artículo 13 de la Ley de Cataluña.

Pero, desde luego, donde se visualiza mejor la posición relevante otorgada a los ayuntamientos en la legislación autonómica es con ocasión de la regla general según la cual les corresponde también, con carácter general, tanto la potestad reguladora del sector mediante las correspondientes ordenanzas, como las funciones de policía, inspección y de control de los espectáculos públicos, actividades recreativas y establecimientos públicos, sin perjuicio de las que ejerza la Comunidad Autónoma.

En este sentido, la legislación autonómica reconoce y detalla la potestad de los ayuntamientos de establecer prohibiciones, limitaciones o restricciones en zonas urbanas mediante el planeamiento urbanístico o las ordenanzas y reglamentos municipales respecto de la instalación, apertura y ampliación de los establecimientos públicos, así como limitar, en su caso, el horario de terrazas o veladores ubicados en espacios públicos (artículo 5 de la Ley de Castilla-La Mancha, artículo 6 de la Ley de la Rioja).

A su vez, y bajo el principio de lealtad institucional al que apela el artículo 4 LRJPAC y el artículo 55 LrBRL, la legislación autonómica establece, por lo común, y en primer lugar, que ambas administraciones participan en las funciones de policía, inspección y control de los espectáculos públicos y actividades recreativas pero, al mismo tiempo, y en segundo lugar, dicha regla va acompañada de otra de sustitución, según la cual en el caso de que un ayuntamiento no las ejerza pasa a ejercerlas la Administración autonómica (artículo 15 de la Ley de Cataluña, artículo 9 de la ley de Aragón, artículo 5 de la Ley de Andalucía y artículo 4 de la Ley de Castilla-La Mancha).

Regla de sustitución que, como se sabe, debe ejercerse conforme dispone el artículo 60 LrBRL y, en particular, sólo cuando tras el oportuno recordatorio no se haya ejecutado la competencia por la instancia local.

II. EL OBJETO DE LA INTERVENCIÓN ADMINISTRATIVA EN LOS ESPECTÁCULOS PÚBLICOS Y ACTIVIDADES RECREATIVAS: LA NOCIÓN DE ESTABLECIMIENTOS, INSTALACIONES Y DE ESPECTÁCULOS Y ACTIVIDADES RECREATIVAS

Conforme a la idea ya avanzada de encuadrar el régimen jurídico de los espectáculos públicos y actividades recreativas dentro de la clásica acción de policía administrativa —que atiende, según expuso en su día Otto Mayer, a "la actividad del Estado que tiene por fin la defensa del buen orden de la cosa pública, mediante los recursos del poder de la autoridad, contra las perturbaciones que las existencias individuales pueden ocasionar"— cabe afirmar que su economía interna parte de considerar la existencia de un determinado orden o tranquilidad que la Administración pública debe salvaguardar y garantizar a través, fundamentalmente, de diversas técnicas de control de las actividades de los particulares; técnicas de intervención que incluso con la ejecución en nuestro ordenamiento de la Directiva 2006/123/CE, de 12 de diciembre, del Parlamento Europeo y del Consejo, de servicios en el mercado interior (en adelante se citará como Directiva Bolkestein o, más sencillamente, como la Directiva) tienen todavía hoy su mejor exponente en las licencias y autorizaciones y, en su caso, en las prohibiciones, inspecciones y sanciones.

El objetivo común de la acción administrativa de la policía de espectáculos se centra, por tanto, en la defensa y/o restauración del orden o tranquilidad público en relación con una serie de eventos o actividades realizados en unos ciertos lugares abiertos al público. La intervención tiene, por tanto, dos objetos claros de atención: bien la actividad consistente en un espectáculo o en una actividad de recreo, bien el establecimiento o el lugar donde tienen lugar.

Buena prueba de esta concreta orientación de la actividad administrativa de control sobre los operadores económicos privados se encuentra en el artículo 1.1 de la Ley de Andalucía, a cuyo tenor tiene por objeto "la regulación de todas las actividades relativas a la organización y celebración de los espectáculos públicos y actividades recreativas, así como la regulación de las condiciones técnicas y de seguridad que deben reunir los establecimientos públicos donde aquéllos se celebren o realicen".

Así pues, la previa delimitación de los eventos públicos y de las actividades recreativas, así como de los lugares donde tienen lugar constituyen elementos fundamentales en la configuración de la acción de administrativa de intervención que nos ocupa.

En este sentido, y siguiendo una línea general bien asentada en la normativa de policía de espectáculos, la Ley de la Región de Murcia, determina en su artículo 2 que son espectáculos públicos los actos organizados con la finalidad de congregar al público en general para presenciar una representación, actuación, exhibición, proyección, competición de naturaleza artística, cultural, deportiva u otra de carácter análogo, orientados al entretenimiento o al tiempo libre, tengan o no finalidad lucrativa.

Por actividades recreativas se entiende las actividades que congregan al público con el objeto principal de participar en la actividad o recibir servicios con finalidad de ocio, entretenimiento o diversión y, en fin, son establecimientos públicos los locales, instalaciones o recintos dedicados a llevar a cabo en ellos espectáculos públicos y actividades recreativas (en la misma línea pueden verse también: artículo 1 de la Ley de Cataluña, artículo 2 de la Ley de Aragón; en parecidos términos, aunque no se hace referencia expresa a la idea de participación del público en la actividad recreativa el artículo 1.2 de la Ley de Andalucía).

Por el contrario, y como también es común en la legislación en la materia, quedan excluidas del ámbito de su aplicación las celebraciones de espectáculos, el desarrollo de actividades recreativas o de actividades de carácter estrictamente privado o familiar, así como las que supongan el ejercicio de derechos fundamentales en el ámbito laboral, político, religioso, sindical o docente (artículo 4.5 de la Ley de Cataluña, artículo 1.4 de la Ley de Andalucía, artículo 2.3 de la de Castilla-La Mancha, artículo 4 de la Ley de Aragón).

Exclusión que, evidentemente, no significa que tales eventos o actividades estén siempre a salvo de los problemas que trata de prevenir y atajar toda esta normativa cuanto, más bien, la consideración de que escapan a la policía de espectáculos para entrar de lleno en el régimen de los derechos fundamentales controvertidos. Como demuestra el hecho de que, sin embargo, los espacios o lugares donde se celebran tales actividades están sujetos a las condiciones de seguridad aquí en examen, según acredita, por ejemplo, el artículo 2 de la Ley de Asturias.

Conviene retener igualmente que la mayoría de las normas legales autonómicas prevén una legislación específica para determinados espectáculos y actividades como, por ejemplo, los taurinos, deportivos y de juego (artículo 3 de la Ley de Aragón, artículo 4 de la Ley de Castilla y León, artículo 2 de la Ley de Castilla-La Mancha).

A su vez, y a los efectos de la policía de espectáculos, la normativa autonómica (artículo 2 de la Ley de Castilla y León, artículo 1 de la Ley Valenciana) distingue normalmente tres tipos de lugares o espacios donde pueden desarrollarse los espectáculos y actividades, a saber:

Establecimientos públicos: aquellos edificios, locales o recintos accesibles a la concurrencia pública, en los que se ofrecen espectáculos o actividades con fines de ocio, entretenimiento, esparcimiento, recreo, evasión o diversión.

Instalaciones: estructuras muebles permanentes o provisionales, portátiles o fijas, aptas para el desarrollo de espectáculos públicos o actividades recreativas.

Espacios abiertos: aquellas zonas, parajes o vías públicas, ubicados dentro de uno o varios términos municipales que, con independencia de su titularidad, sean aptos para el desarrollo de espectáculos públicos o actividades recreativas.

Distinción que, como luego veremos, tiene relevancia para determinar el régimen de intervención mediante licencia o autorización al que se encuentran sujetos cada unos de ellos.

Todo ello no obstante, el carácter abierto y genérico tanto de la noción de los espectáculos y actividades como de los establecimientos o instalaciones donde se realizan determina que las leyes autonómicas contengan también como anexo un catálogo, susceptible de desarrollo por Decreto autonómico, donde se detallan y clasifican los mismos en atención a sus peculiaridades, pero que, como se encarga de advertir la normativa, no tiene carácter exhaustivo y, por tanto, no excluye la aplicación de las leyes a otras posibles manifestaciones o ubicaciones (artículo 2 de la Ley de Castilla-La Mancha).

Es bastante común también que en las leyes autonómicas la clasificación mediante anexo vaya acompañada de la previsión de una calificación reglamentaria de los espectáculos de carácter informativo sobre los contenidos de éstos, las edades de los usuarios y que podrá producir efectos en relación con la acción de fomento de las Administraciones públicas (artículo 6 de la Ley de País Vasco y artículo 3 de la Ley de La Rioja).

III. EL RÉGIMEN DE INTERVENCIÓN PREVIA SOBRE LOS ESTABLECIMIENTOS, INSTALACIONES Y ESPACIOS DEDICADOS A LOS ESPECTÁCULOS PÚBLICOS Y ACTIVIDADES RECREATIVAS

1. La licencia urbanística

En tanto que dirigidas, como bien sabemos, a la celebración de espectáculos públicos y actividades recreativas es claro que las mismas implican un uso del suelo (en la medida en que tienen lugar en establecimientos que han de alojarse en construcciones o, en su caso, necesitan de la ubicación de estructuras o instalaciones permanentes o provisionales), que requiere, en nuestro ordenamiento jurídico y para su realización, la obtención de la preceptiva licencia urbanística. Aunque en el trabajo de Marcos Vaquer Caballería incluido en esta obra colectiva se ofrece un estudio detallado de la figura al que nos remitimos por entero, es posible retener ahora las siguientes ideas principales en su conexión particular con el objeto de nuestra atención.

El artículo 8.1.b) TRLdS08 dice de manera clara y tajante que "todo acto de edificación requerirá del acto de conformidad, aprobación o autorización administrativa que sea preceptivo, según la legislación de ordenación territorial y urbanística"; regla que viene a repetir el artículo 23 del Real Decreto-ley 8/2011, de 1 de julio, para establecer el silencio negativo. Según esto, la Ley, al declarar sujetos a previa licencia los actos de edificación y uso del suelo, apodera a la AP para intervenir *ex ante* la realización de dichas operaciones, de modo que éstas sólo son legítimas si cuentan con el amparo de la preceptiva licencia. Como indicaba ya la Ley de 12 de mayo de 1956, sobre régimen del suelo y ordenación urbana: "es éste precisamente, uno de los casos más antiguos de actuación del poder público sobre las facultades dominicales. Y nada más justificado, puesto que, como se ha escrito, la vinculación de los edificios a la ciudad es tan íntima, que al construir los edificios no cabe olvidar que se está construyendo al mismo tiempo la ciudad".

Aparecen así los elementos determinantes de esta licencia. Se trata, en primer lugar, de una medida de intervención administrativa previa en la actividad edificatoria y de uso del suelo, en cuanto excluye el libre ejercicio de esta actividad. Incide, en segundo lugar, no sobre el contenido del derecho a edificar, sino sobre el ejercicio de dicho derecho. Y, por último, controla que el acto que se pretende ejercer cumple efectivamente la ordenación urbanística aplicable.

Por consiguiente, es claro que la licencia urbanística encaja sin dificultad alguna en la genérica técnica autorizatoria prevista en nuestro Derecho público, esto es, constituye el alzamiento de una prohibición legal (establecida bajo reserva de excepción) de ejercicio de un derecho subjetivo impuesta por la necesidad de verificar que tal ejercicio se mantiene dentro de los límites definidos por la delimitación del contenido del derecho efectuada por la ordenación urbanística. Más breve aún: la licencia urbanística implica una prohibición general, pero con reserva de excepción a otorgar por la Administración municipal.

La consolidada exigencia de la licencia urbanística en nuestro Derecho hace que la legislación de espectáculos públicos se limite, a sus concretos efectos, y con carácter general, a darla por supuesta y, consecuentemente, que se remita a la correspondiente normativa urbanística en cuanto a su necesario cumplimiento por los establecimientos dedicados al espectáculo o actividad recreativa (artículo 16.1 de la Ley de Aragón, artículo 12 de la Ley de Castilla-La Mancha, artículo 9 de la Ley de Madrid).

De resto, y dado que no todas las leyes autonómicas se pronuncian sobre este punto, conviene quizá recordar que según observa el artículo 22 RSCL cuando la edificación de un inmueble se destine específicamente a establecimiento de características determinadas (y los que nos ocupan lo son con carácter general) no procede el otorgamiento de la licencia de obras sin el de la licencia de apertura, si fuera procedente.

2. La licencia municipal de apertura y funcionamiento como técnica de control previo de los establecimientos e instalaciones dedicados a los espectáculos públicos y actividades recreativas

La aprobación de la Ley 17/2009, de 23 de noviembre, sobre el libre acceso a las actividades de servicios y su ejercicio, que ejecuta la Directiva Bolkestein, comporta un nuevo marco de referencia en la regulación del sector servicios que viene marcado por una serie de principios que implican, según dice su preámbulo, la introducción de formas de control de la actividad más eficaces, pero menos gravosas para ciudadanos y empresas gracias, principalmente, a la sustitución del control mediante autorizaciones y licencias por las llamadas comunicaciones y declaraciones responsables.

En este contexto se sitúa, en lo que ahora importa, el Real Decreto 2009/2009, de 23 diciembre, que, entre otros preceptos, modifica el artículo 22.1 del RSCL con el confesado propósito de adecuar su contenido a esos nuevos principios en relación con la regulación de la llamada licencia de apertura de establecimientos industriales y mercantiles.

Dicho precepto dispone ahora, en efecto, que la apertura de establecimientos industriales y mercantiles puede sujetarse a los medios de intervención municipal en los términos previstos en la legislación básica en materia de régimen local y en la Ley 17/2009, de 23 de noviembre, sobre el libre acceso a las actividades de servicios y su ejercicio.

Vale decir, por tanto, y conforme expresa en particular el artículo 84.1 LrBRL que la apertura de establecimientos dedicados a espectáculos públicos y actividades recreativas pueden quedar sujetos bien a previa licencia, bien sometida a comunicación previa o a declaración responsable, pues el precepto reglamentario no cierra el sistema de control que puede finalmente establecerse, aunque, de hecho, la rúbrica del artículo 22 RSCL sigue hablando sólo de la licencia como título administrativo de referencia.

Ello no obstante, no hay ninguna duda que la Directiva Bolkestein ha operado en nuestro ordenamiento una reforma altamente favorable a la sustitución de las autorizaciones y licencias como instrumentos de control preventivo de las actividades privadas por las llamadas comunicaciones previas y declaraciones responsables, como fórmulas que hacen posible un control *ex post* de esas actividades privadas.

Buena prueba de esto anterior es, en efecto, que si bien es cierto que en la Directiva Bolkestein la necesaria sustitución de las técnicas preventivas de control administrativo tiene por objeto preciso el libre acceso a las actividades de servicios y su ejercicio —incluso con señaladas excepciones como, por ejemplo, los servicios financieros, los servicios audiovisuales y las actividades de juego— entre nosotros dicho objetivo se ha convertido en una verdadera regla general en todos los sectores de intervención como acredita, de entrada, la introducción por la Ley 25/2009, de 22 diciembre, del artículo 39 bis en la LRJPAC, a cuyo tenor "las Administraciones Públicas que en el ejercicio de sus respectivas competencias establezcan medidas que limiten el ejercicio de derechos individuales o colectivos o exijan el cumplimiento de requisitos para el desarrollo de una actividad, deberán elegir la medida menos restrictiva, motivar su necesidad para la protección del interés público así como justificar su adecuación para lograr los fines que se persiguen, sin que en ningún caso se produzcan diferencias de trato discriminatorias".

Opción por la medida menos restrictiva —comunicación previa o declaración responsable— frente a la supuestamente más gravosa de las autorizaciones y licencias que en el ámbito local, y en lo que ahora más interesa, se concreta y materializa en el artículo 84 bis LrBRL, añadido por la Ley 2/2011, de 4 de marzo, al disponer de manera clara que, sin perjuicio de los dispuesto en el artículo anterior sobre las técnicas posibles de intervención, con carácter general, el ejercicio de actividades no se someterá a la obtención de licencia u otro medio de control preventivo, salvo que resultase necesario para la protección de la salud o seguridad públicas, el medioambiente o el patrimonio histórico-artístico, o cuando requiriesen de un uso privativo y ocupación del dominio público pero, en todo caso, condicionando su exigibilidad a un juicio de necesidad y proporcionalidad.

Fiebre reformadora que tiene su última manifestación, por ahora, en el Real Decreto-ley 19/2012, de 25 de mayo, de medidas urgentes de liberalización del comercio y de determinados servicios, donde, avanzando un paso más, se eliminan todos los supuestos de autorización o licencia municipal previa para los establecimientos comerciales —esto es, no para los que son objeto de nuestra atención— que se detallan en su anexo con una superficie de hasta 300 metros cuadrados, sobre la base de la protección del medio ambiente, de la seguridad o de la salud públicas.

Sabido esto, sucede, sin embargo, que en materia de policía de espectáculos la mencionada regla de intervención posterior, derivada de la Directiva, no es seguida de manera general, pues, antes al contrario, viene manteniéndose —hasta el momento— el viejo y conocido régimen de la sujeción a previa licencia de apertura y funcionamiento para los establecimientos que aquí particularmente nos ocupan.

Al respecto, y por lo que hace a la normativa general-estatal, procede anotar, en primer lugar, que la licencia de que ahora se trata aparece todavía inicialmente regulada en el Reglamento de Actividades Molestas, Insalubres, Nocivas y Peligrosas, aprobado por Decreto 2414/1961, de 30 de noviembre de 1961 —sobre este Reglamento conviene recordar que la disposición derogatoria única de la Ley 34/2007, de 15 de noviembre, de calidad del aire y protección de la atmósfera, dice que mantendrá su vigencia en aquellas Comunidades y Ciudades Autónomas que no tengan normativa aprobada en la materia, en tanto no se dicte dicha normativa—, ya que conforme al carácter abierto de las actividades reguladas en su interior es posible su aplicación a los establecimientos públicos en atención, sobre todo, a su naturaleza "molesta"; conforme acredita la referencia expresa en el nomenclátor anexo al mismo de las salas de proyección de películas, locales de teatro, academias y salas de fiesta y baile, y locales de circo, por producción de ruidos.

La exigencia de la licencia municipal de apertura y funcionamiento aparece igualmente recogida de manera expresa en el artículo 40.1 del supletorio REPAR como requisito previo e inexcusable para la apertura de los locales de negocio aquí en examen (sobre su aplicación STS de 25 abril de 1991, Ar. 3083).

Pero, como digo, al margen de las citadas normas generales-estatales de carácter supletorio y anteriores a la Directiva, dicha sujeción se mantiene en la legislación autonómica. Frente al proclamado cambio de paradigma en la intervención administrativa sobre la actividad económica de los ciudadanos que parece imponer Bolkestein, cabe subrayar como en este sector se mantiene los principios centrales de la intervención previa mediante un abigarrado conjunto de autorizaciones y licencias.

Así pues, el punto más llamativo de esta opción de la legislación autonómica por la intervención administrativa previa mediante la tradicional figura de la licencia de apertura y funcionamiento es, muy seguramente, su aparente escasa relación con la filosofía que anima el contenido de la Directiva Bolkestein, así como con su corolario español de carácter general: la Ley 17/2009, de 23 de noviembre, sobre el libre acceso a las actividades de servicios y su ejercicio, la LRJPAC y la LrBRL.

Pues no se cumplen expresamente aquí, por lo común, las reglas del artículo 9 de la Directiva, del artículo 5 de la Ley 17/2009, de 23 de noviembre, y del artículo 84 bis LrBRL, según los cuales no podrá imponerse un régimen de autorización, salvo excepcionalmente y siempre que concurran las siguientes condiciones, que habrán de motivarse suficientemente en la ley que establezca dicho régimen, a saber: i) no discriminación; ii) necesidad, esto es, que el régimen de autorización esté justificado por una razón imperiosa de interés general; y iii) proporcionalidad, consistente en que dicho régimen sea el instrumento más adecuado para garantizar la consecución del objetivo que se persigue porque no existen otras medidas menos restrictivas que permitan obtener el mismo resultado, en particular cuando un control a posteriori se produjese demasiado tarde para ser realmente eficaz.

En este orden de cosas puede hacerse la siguiente sumaria clasificación. En primer lugar están aquellas leyes autonómicas que habiendo sido dictadas antes de la Directiva y exigiendo previa licencia de apertura para los establecimientos no han sido modificadas en este punto (artículos 6 y 9 de la Ley de Andalucía; artículo 17 de la ley de Aragón; artículo 7 de la Ley de La Rioja, artículo 8 de la Ley de Madrid, artículo 4 de la Ley de Navarra, artículo 10 de la Ley del País Vasco, artículo 11 de la Ley de Asturias).

Hay que decir, sin embargo, que en el caso de Andalucía el Decreto 247/2011, de 19 de julio, por el que se modifican diversos Decretos en materia de espectáculos públicos y actividades recreativas, para su adaptación a la Ley 17/2009, de 23 de noviembre, sobre el libre acceso a las actividades de servicios y su ejercicio, introduce una nueva redacción en el artículo 4.1 del Decreto 78/2002, de 26 de febrero, por el que se aprueban el Nomenclátor y el Catálogo de Espectáculos Públicos, Actividades Recreativas y Establecimientos Públicos de la Comunidad Autónoma de Andalucía, donde en clara contradicción con el régimen de la previa obtención de licencia de apertura previsto en la Ley 13/1999, de 15 de diciembre, se viene a sentar que "sin perjuicio de las licencias urbanísticas correspondientes, la apertura de establecimientos públicos fijos dedicados a la celebración y desarrollo de espectáculos públicos y actividades recreativas permanentes y de temporada se someterá con carácter general, de conformidad con lo establecido en la legislación básica en materia de régimen local a declaración responsable ante el Ayuntamiento y al correspondiente control posterior al inicio de la actividad, a efectos de verificar el cumplimiento de la normativa reguladora de la misma".

En similar situación confusa se encuentra la Ley de Castilla y León que, siendo también anterior a la Directiva, se ha modificado luego para cumplir sus mandatos pero, lejos de hacerlo para seguir la línea de sustituir autorizaciones y licencias por comunicaciones previas y declaraciones responsables, lo hace, por el contrario para mantener el régimen de autorizaciones y licencias en atención a una serie de razones imperiosas de interés general (artículos 1 y 8 de la Ley de Castilla y León, aunque bajo la configuración de la licencia ambiental recogida en la Ley 11/2003, de 8 de abril, de prevención ambiental).

Por lo que hace a las leyes autonómicas posteriores a la Directiva hay que decir que se siguen la misma tónica. Así, la Ley de Cataluña expresa en su preámbulo que "no hay duda que en estos establecimientos existen razones imperiosas de interés general (objetivos de salud pública, protección de los consumidores y protección del entorno urbano)" que justifican la aplicación del régimen de autorización (artículo 29).

Por su parte, la Ley de Castilla-La Mancha, aludiendo expresamente en su exposición de motivos tanto a la Directiva como a la Ley 17/2009, de 23 de noviembre, considera inicialmente (artículo 7.1) que para la apertura de los establecimientos públicos basta con la presentación de una declaración responsable pero, a continuación (artículo 7.2), y citando las razones imperiosas de interés general, termina exigiendo la obtención de la licencia municipal de funcionamiento para determinados establecimientos públicos.

La Ley de Valencia, aunque en su preámbulo dice que con arreglo a la Directiva y a la Ley 17/2009, de 23 de noviembre, "la novedad fundamental de esta ley es el cambio del procedimiento general para la realización de un espectáculo público y/o actividad recreativa así como, correlativamente, para la apertura de un establecimiento público", resulta que luego, y de manera un tanto curiosa, su artículo 9 regula un llamado "procedimiento de apertura mediante declaración responsable" que finaliza con el otorgamiento de la "correspondiente licencia de apertura".

Por el contrario, y como clara excepción a la regla establecida, el artículo 5.1 de la Ley de Canarias, también posterior a la Directiva Bolkestein, prevé que "el régimen de intervención previa aplicable para las instalaciones, la apertura y la puesta en funcionamiento de los establecimientos que sirven de soporte a la realización de actividades clasificadas será con carácter general el de comunicación previa".

Hay que decir también, de inmediato que, a reglón seguido, este mismo precepto de la Ley canaria determina luego de manera expresa que excepcionalmente, será de aplicación el régimen de autorización administrativa previa con respecto a aquellas actividades clasificadas que así se establezcan, expresa y motivadamente, por decreto del Gobierno de Canarias, por concurrir en las mismas las dos circunstancias siguientes: i) que, por sus propias características objetivas o su emplazamiento, presenten un riesgo de incidencia grave o muy grave de ocasionar molestias, alterar las condiciones de salubridad, causar daños al medio ambiente o producir riesgo para las personas o para las cosas, cualquiera que sea la naturaleza jurídica del suelo donde se asienten; ii) que, de producirse tal incidencia, los efectos negativos que se producirían fueren irreversibles o difícilmente reversibles.

Pues ocurre, en efecto, que con arreglo al reciente Decreto de Canarias 52/2012, de 7 de junio, por el que se establece la relación de las actividades clasificadas y se determinan aquellas a las que resulta de aplicación el régimen de autorización administrativa previa, los espectáculos públicos y actividades recreativas merecen dicha calificación de actividad clasificada, conforme al punto 12, del apartado 1 del nomenclátor que figura en el anexo del referido Decreto.

Sea como sea, y según establece desde hace mucho tiempo el artículo 22 RSCL, como quiera que, en cualquier caso, la intervención municipal mediante licencia de apertura y funcionamiento tiende a verificar, en nuestro caso particular, si los establecimientos y locales reúnen las condiciones de tranquilidad, seguridad y salubridad establecidas, no cabe ninguna duda que, al margen de la mayor o menor corrección formal en el cumplimiento de los requisitos marcados por la Directiva, la exigencia en las leyes autonómicas de la licencia de apertura para los establecimientos dedicados a los espectáculos públicos responde a razones imperiosas de interés general —particularmente de protección de la salud y seguridad públicas— que, lejos de ser realmente contraria al espíritu de la Directiva, la cumple en puridad al considerar que no en todos los casos la sustitución de las medidas de control preventiva constituye la medida más eficaz y eficiente en el arreglo de todos los intereses públicos y privados en presencia, esto es, del interés general.

En todas las leyes autonómicas se repite, como digo, que la licencia de apertura atiende a esa necesidad de garantizar que los locales y establecimientos reúnen los requisitos y condiciones técnicas que ofrezcan seguridad al público asistente, higiene en las instalaciones, así como evitar molestias a terceros (artículo 6 de la Ley de Madrid, artículo 10 de la Ley de Andalucía y artículo 5 de la ley de Asturias).

Todo ello no obstante, y en relación con el régimen de autorización administrativa previa previsto en el artículo 15.3 de la Ley 21/1992, de 16 de julio, de industria (en adelante, LI) para los llamados organismos de control, procede observar que la reciente Sentencia del Tribunal Supremo de fecha 29 junio 2011 examina justamente su conformidad a Derecho desde la perspectiva del cumplimiento formal de las reglas derivadas de ya citada Ley 17/2009, de 23 de noviembre, sobre el libre acceso a las actividades de servicios y su ejercicio, que traspone la Directiva

Bolkestein. La doctrina sentada en relación con dicha cuestión formal resulta de cierto interés por su posible aplicación en el sector aquí objeto de atención.

Para el Tribunal Supremo, en efecto, de esta última normativa resulta que si el Estado español quiere establecer un régimen de autorización previa debe justificar la concurrencia de una razón imperiosa de interés general o, en concreto, que resulte obligado para el cumplimiento de sus obligaciones comunitarias o internacionales. Justificación que puede estar en una Ley o, en su defecto y siempre que la correspondiente ley sectorial lo admita, en un reglamento aprobado por la AP.

Pues bien, y en el supuesto que allí se discute, "el artículo 15 de la LI, tras su reforma por la referida Ley 25/2009, mantiene en general la exigencia de autorización para los organismos de control. Pero en virtud de lo establecido en el artículo 9 de la Directiva de Servicios y en consideración al principio de primacía del Derecho comunitario, así como en atención a lo dispuesto en el artículo 5 de la Ley 17/2009 y en el artículo 4 de la LI, tal exigencia legal sólo puede aplicarse, tal como se ha indicado, cuando el Estado justifique mediante Ley o reglamento la concurrencia de una razón imperiosa de interés general o que resulte obligado para el cumplimiento de sus obligaciones comunitarias o internacionales".

Sin embargo, ni la propia LI, cuyo artículo 15 se limita a prever la regla general de necesidad de autorización, ni tampoco ningún reglamento de desarrollo, hacen referencia alguna a esta justificación, lo que obliga a declarar al Tribunal Supremo la inaplicación de la exigencia general de autorización para los organismos de control, salvo en los casos en los que se hubiera acreditado tal necesidad de autorización según los criterios antes señalados. Esto supone, por tanto, que, en defecto de autorización, y al margen de la obligatoriedad de acreditación, los organismos de control quedan en cambio obligados a efectuar la comunicación o declaración responsable prevista en el artículo 4 de la LI y en los términos previstos en dicho precepto.

La licencia de apertura y funcionamiento constituye, conforme ha señalado de manera reiterada la jurisprudencia del Tribunal Supremo, un supuesto típico de las denominadas autorizaciones de funcionamiento, en cuanto faculta para el desarrollo de una actividad lícita a lo largo del tiempo y no se inscribe en una relación momentánea entre la AP autorizante y el sujeto autorizado, sino que genera un vínculo permanente entre ambos, permitiendo que la AP proteja adecuadamente en todo momento el interés público asegurándolo frente a posibles contingencias que puedan aparecer en el futuro de la actividad (por todas, STS de 8 de octubre de 1988).

Se trata, por tanto, de un tipo de autorización que trasciende a la intervención *ex ante* para exigir también una intervención *ex post* de seguimiento y comprobación, con el fin de que la actividad a que se refiere la licencia se mantiene dentro de los límites legales y no perturba los derechos de los ciudadanos. Este tipo de licencia pertenece así a la categoría de las llamadas autorizaciones de funcionamiento y tracto continuo. Ello significa que, al contrario de la licencia de obras, el transcurso del tiempo no supone la consolidación de las situaciones, en principio, clandestinas (por no amparadas por licencia), sino que la licencia puede ser exigida en cualquier momento.

No por otra razón, es nota común en la legislación autonómica exigir la obtención de nueva licencia en caso de reforma, por el cambio de emplazamiento de una actividad, por la ampliación de actividades, así como por utilizar con carácter permanente un establecimiento o local para una actividad distinta a la que tuviera autorizada (artículo 8 de la Ley de Asturias, artículo 9 Ley del País Vasco, artículo 11 de la Ley de Valencia) y, consecuentemente, que el incumplimiento de los requisitos y condiciones previstos en la licencia de apertura determine la pérdida de eficacia de la misma, previa instrucción del expediente correspondiente, con la posibilidad de clausurar temporalmente el establecimiento en tanto se procede a su resolución (artículo 16 de la Ley de Valencia).

Despejada la cuestión sobre la exigencia, con carácter general, de la licencia de apertura para los establecimientos públicos, entendidos como edificios, locales o recintos permanentes accesibles a la concurrencia pública, hay que reseñar igualmente que la tranquilidad, seguridad y salubridad justifican que la realización de espectáculos y actividades recreativas bien en instalaciones no permanentes, bien en espacios abiertos requieran también la obtención de la correspondiente licencia (artículo 17 de la Ley de Valencia, aunque se denomina declaración responsable, artículo 15 de la Ley del País Vasco, artículo 6 de la Ley de Navarra).

Dentro todavía de la perspectiva de la garantía de la seguridad que luce en la clásica licencia de apertura —que tiende a verificar si las instalaciones reúnen las condiciones de tranquilidad, seguridad y salubridad—, es necesario dar sumaria cuenta en este lugar de otros dos títulos de intervención públicos que pueden recaer, en algún caso, sobre las actividades objeto aquí de consideración desde la perspectiva concreta del medio ambiente: la evaluación de impacto ambiental y la autorización ambiental integrada.

Sin perjuicio de remitirnos al estudio detallado de ambas figuras contenido en los trabajos de Antonio Fortes y de Isabel Monjas, cabe decir aquí que la evaluación de impacto ambiental, regulada en el Texto refundido de la Ley de Evaluación de Impacto Ambiental, aprobado por Real Decreto Legislativo 1/2008, de 11 enero, consiste en un conjunto de estudios y sistemas técnicos que permiten estimar los efectos que la ejecución de un determinado proyecto, obra o actividad causa sobre el medio ambiente. Por tanto, constituye una técnica i) preventiva, ya que se sustancia en el seno de los procedimientos de autorización de determinados proyectos, ii) horizontal, porque tales proyectos son de naturaleza y fines muy diversos y iii) cuya pretensión es documentar y publicar los efectos de dichos proyectos con el objeto de su control cívico.

Y, a su vez, la autorización ambiental integrada, regulada en Ley 16/2002, de 1 julio, de prevención y control integrados de contaminación, es la resolución del órgano competente de la CA en la que se ubique una instalación, por la que se permite, a los solos efectos de la protección del medio ambiente y de la salud de las personas, explotar la totalidad o parte de una instalación, bajo determinadas condiciones destinadas a garantizar que la misma cumple el objeto y las disposiciones de dicha Ley (artículo 3 Ley 16/2002, de 1 julio).

Por lo que hace ya a la relación procedimental en el tiempo de las dos figuras ahora contempladas, el artículo 11.2 de la Ley 16/2002, de 1 de julio, expresa que el otorgamiento de la autorización ambiental integrada debe preceder, en su caso, a las demás autorizaciones sustantivas o licencias que sean obligatorias y, al mismo tiempo, hay que observar también que con arreglo a la disposición adicional quinta de la Ley 25/2009, de 22 diciembre, que cuando se exija una declaración responsable o una comunicación para el acceso a una actividad o su ejercicio y también una evaluación de impacto ambiental conforme al texto refundido de la Ley de impacto ambiental o a la normativa autonómica de desarrollo, la declaración responsable o la comunicación no puede presentarse hasta haber llevado a cabo dicha evaluación de impacto ambiental, debiendo disponerse, en todo caso, de la documentación que así lo acredite.

Todo esto, en fin, conforme a la legislación estatal. Por su parte, la legislación autonómica, que, en materia medioambiental, es competente, constitucional y estatutariamente, para establecer medidas adicionales de protección ambiental, puede exigir controles para proyectos que no estén sometidos a evaluación de acuerdo con la legislación básica estatal.

IV. EL RÉGIMEN DE CONTROL SOBRE EL DESARROLLO DE LOS ESPECTÁCULOS Y ACTIVIDADES RECREATIVAS

En tanto el objeto de la licencia de apertura y funcionamiento gira en nuestro caso sobre el espectáculo o actividad al que se dedica el establecimiento, se comprende que la legislación autonómica establezca como regla que su celebración regular en su interior no requiera de ninguna otra autorización en particular (artículo 7 de la Ley de Aragón, artículo 18 de la Ley de Madrid, artículo 13 de la Ley de Castilla y León, artículo 7 de la Ley de Navarra).

Por el contrario, y en razón a la dificultad de realizar un control de seguridad de carácter general en las instalaciones o estructuras eventuales, portátiles o desmontables, la normativa exige en tales supuestos la obtención de la previa licencia municipal para el concreto y particular espectáculo o actividad que se quiera celebrar (artículo 21 de la Ley de Aragón, artículo 15 de la Ley de Castilla y León, artículo 15 de la Ley de Madrid). No se trata aquí, por tanto, de tratar de controlar o examinar el contenido mismo del espectáculo o actividad, cuanto de poder garantizar antes de su realización concreta las condiciones de seguridad establecidas para los establecimientos fijos o estables.

Por la misma razón de garantía previa de las condiciones de seguridad, de higiene y de convivencia entre los ciudadanos, es común en la policía de espectáculos requerir licencia municipal —en algunos casos con evacuación en el expediente de informe favorable por parte de la Administración autonómica— para la realización de espectáculos y actividades en edificios declarados de interés cultural, cuyas características arquitectónicas no permitan el pleno cumplimiento de las condiciones técnicas establecidas con carácter general, pero siempre que quede garantizada la seguridad y salubridad del edificio y la comodidad de las personas, así como cuando tengan lugar en vías públicas del término municipal o en espacios de uso público (artículos 12 y 16 de la Ley de La Rioja, artículos 11, 16 y 17 de la Ley de Madrid).

En todos estos supuestos anteriores, en fin, es igualmente requisito previo indispensable a la obtención de la licencia que el organizador del espectáculo o actividad acredite tener concertado un contrato de seguro de responsabilidad civil que cubra los riesgos del evento.

De resto, y para ratificar de manera contundente que la corriente abierta por la Directiva Bolkestein para eliminar los controles preventivos en los servicios no ha llegado a la policía de espectáculos por la probada existencia de razones imperiosas de interés general, debe anotarse que en determinados supuestos la concesión de la licencia para su celebración está atribuida a la Administración autonómica sobre la misma base de ofrecer garantías de seguridad, higiene y convivencia entre los ciudadanos. Entre otras, pueden citarse las siguientes: actividades recreativas o deportivas cuyo desarrollo discurra por más de un término municipal; actividades relacionadas con casinos, juegos y apuestas.

1. Los espectáculos y actividades recreativas prohibidos; en particular, los que implican un maltrato a los animales

Una nota común en la legislación autonómica de policía de espectáculos es la insistencia en prohibir, de manera expresa y tajante, los espectáculos o actividades recreativas contrarios a un conjunto de bienes y derechos, a saber: i) los que atenten contra los derechos fundamentales y libertades públicas reconocidas en la Constitución Española, y particularmente aquellos que inciten a la violencia, al racismo, al sexismo o a cualquier tipo de discriminación; ii) los que impliquen crueldad, sufrimiento o maltrato para los animales.

Esta cláusula general de prohibición de espectáculos y actividades contrarios a los derechos y deberes constitucionales y, particularmente, al derecho de igualdad de todas las personas; así como la prohibición del maltrato a los animales se repite, como digo, con unas u otras palabras, en la legislación autonómica acompañada, las más de las veces, de una última regla final que realmente abarca a las dos anteriores, y que, por ello, y muy seguramente, incurre en reiteración, toda vez que recuerda algo tan obvio como es la prohibición de espectáculos y actividades recreativas que sean constitutivos de delito.

Al respecto, y a los efectos que aquí más interesan, basta quizá con recordar como en relación con la primera preocupación el vigente Código penal castiga en su artículo 510 la provocación a la discriminación, odio o violencia contra grupos, o asociaciones, por motivos racistas, antisemitas u otros referentes a la ideología, religión o creencias, situación familiar, la pertenencia de sus miembros a una etnia o raza, su origen nacional, su sexo, orientación sexual, enfermedad o minusvalía; así como el posterior artículo 607.2 pena igualmente la difusión por cualquier medio de ideas o doctrinas que justifiquen los delitos de genocidio; en tanto que el artículo 525 prevé el delito de escarnio consistente en ofender los sentimientos de los miembros de una confesión religiosa.

De otra parte, y por lo que hace a la prohibición del maltrato a los animales en los espectáculos y actividades recreativas, cabe recordar que el artículo 337 del mismo Código penal dispone que "el que por cualquier medio o procedimiento maltrate injustificadamente a un animal doméstico o amansado, causándole la muerte o lesiones que menoscaben gravemente su salud, será castigado con la pena de tres meses a un año de prisión e inhabilitación especial de uno a tres años para el ejercicio de profesión, oficio o comercio que tenga relación con los animales".

Pues bien, y por lo que hace a la primera de las prohibiciones recién referidas, quizá no sea del todo inoportuno recordar en este momento la doctrina del Tribunal Constitucional en relación con la resolución de los casos donde hay una colisión entre el ejercicio de la libertad de expresión o, más particularmente, de la de creación literaria y artística, recogidas en el artículo 20.1. a) y b) de la norma fundamental, toda vez que ambas se manifiestan muy normalmente a través de espectáculos públicos, bien con otros derechos fundamentales, como es caso del derecho al honor reconocido en el artículo 18.1 CE, bien con bienes o valores constitucionales como es "el mantenimiento del orden público protegido por la Ley", previsto en el artículo 16.1 de norma constitucional, o con la protección de la juventud y la infancia, que menciona el artículo 20.4 de la misma CE.

En este orden de ideas procede anotar, en primer lugar, la Sentencia 51/2008, de 14 de abril, donde el Tribunal Constitucional establece una elaboración acabada de la libertad reconocida en el artículo 20.1.b) de la CE. Considera que su constitucionalización expresa le otorgan un contenido autónomo que, sin excluirlo, va más allá de la libertad de expresión de modo que:

> "el objetivo principal de este derecho es *protegerla libertad del propio proceso creativo* literario, manteniéndolo inmune frente a cualquier forma de censura previa (art. 20.2 CE) y *protegiéndolo respecto de toda interferencia ilegítima proveniente de los poderes públicos o de los particulares*. Como en toda actividad creativa, que por definición es prolongación de su propio autor y en la que se entremezclan impresiones y experiencias del mismo, la creación literaria da nacimiento a una nueva realidad, que se forja y transmite a través de la palabra escrita, y que no se identifica con la realidad empírica. De ahí que no resulte posible trasladar a este ámbito el criterio de la veracidad, definitorio de la libertad de información, o el de la relevancia pública de los personajes o hechos narrados, o el de la necesidad de la información para contribuir a la formación de una opinión pública libre. *Además hay que tener en cuenta que la creación literaria, al igual que la artística, tiene una proyección externa derivada de la voluntad de su autor, quien crea para comunicarse, como vino a reconocer implícitamente la STC 153/1985, de 7 de noviembre, F. 5. De ahí que su ámbito de protección no se limite exclusivamente a la obra literaria aisladamente considerada, sino también a su difusión"* (el subrayado es mío).

A su vez, y con ocasión justamente de la resolución de una cuestión de inconstitucionalidad respecto del párrafo segundo del artículo 607 del Código penal, referido a la difusión por cualquier medio de ideas o doctrinas que justifiquen los delitos de genocidio, la STC 235/2007, de 7 de noviembre, entra a conocer sobre las conductas que en nuestro Derecho pueden ser consideradas como una modalidad del llamado "discurso del odio", entendido como forma de expresión de ideas, pensamientos u opiniones que no cabe incluir dentro de la cobertura otorgada por el derecho a la libertad de expresión, considerando al respecto que:

> "En lo que se refiere a la conducta consistente en la mera negación de un delito de genocidio la conclusión ha de ser negativa ya que dicho discurso viene definido —en la ya citada STEDH Ergogdu e Ince c. Turquía, de 8 de julio de 1999— como aquél que, por sus propios términos, supone una incitación directa a la violencia contra los ciudadanos o contra determinadas razas o creencias, lo que, como también ha quedado dicho, no es el supuesto contemplado en ese punto por el art. 607.2 CP. Conviene destacar que la mera difusión de conclusiones en torno a la existencia o no de determinados hechos, sin emitir juicios de valor sobre los mismos o su antijuridicidad, afecta al ámbito de la libertad científica reconocida en la letra b) del art. 20.1 CE. Como declaramos en la STC 43/2004, de 23 de marzo, la libertad científica goza en nuestra Constitución de una protección acrecida respecto a las de expresión e información, cuyo sentido finalista radica en que "sólo de esta manera se hace posible la investigación histórica, que es siempre, por definición, polémica y discutible, por erigirse alrededor de aseveraciones y juicios de valor sobre cuya verdad objetiva es imposible alcanzar plena certidumbre, siendo así

que esa incertidumbre consustancial al debate histórico representa lo que éste tiene de más valioso, respetable y digno de protección por el papel esencial que desempeña en la formación de una conciencia histórica adecuada a la dignidad de los ciudadanos de una sociedad libre y democrática" (FJ 4).

La mera negación del delito, frente a otras conductas que comportan determinada adhesión valorativa al hecho criminal, promocionándolo a través de la exteriorización de un juicio positivo, resulta en principio inane. Por lo demás, ni tan siquiera tendencialmente —como sugiere el Ministerio Fiscal— puede afirmarse que toda negación de conductas jurídicamente calificadas como delito de genocidio persigue objetivamente la creación de un clima social de hostilidad contra aquellas personas que pertenezcan a los mismos grupos que en su día fueron víctimas del concreto delito de genocidio cuya inexistencia se pretende, ni tampoco que toda negación sea per se capaz de conseguirlo. En tal caso, sin perjuicio del correspondiente juicio de proporcionalidad determinado por el hecho de que una finalidad meramente preventiva o de aseguramiento no puede justificar constitucionalmente una restricción tan radical de estas libertades (STC 199/1987, de 16 de diciembre, FJ 12), la constitucionalidad, a priori, del precepto se estaría sustentando en la exigencia de otro elemento adicional no expreso del delito del art. 607.2 CP; a saber, que la conducta sancionada consistente en difundir opiniones que nieguen el genocidio fuese en verdad idónea para crear una actitud de hostilidad hacia el colectivo afectado. Forzar desde este Tribunal una interpretación restrictiva en este aspecto del art. 607.2 CP, añadiéndole nuevos elementos, desbordaría los límites de esta jurisdicción al imponer una interpretación del precepto por completo contraria a su tenor literal. En consecuencia, la referida conducta permanece en un estadio previo al que justifica la intervención del Derecho penal, en cuanto no constituye, siquiera, un peligro potencial para los bienes jurídicos tutelados por la norma en cuestión, de modo que su inclusión en el precepto supone la vulneración del derecho a la libertad de expresión (art. 20.1 CE)".

Hasta aquí la argumentación del Tribunal Constitucional que conduce a "declarar inconstitucional y nula la inclusión de la expresión "nieguen o" en el primer inciso artículo 607.2 del Código penal".

Pues bien, este sumario recordatorio me parece importante a los efectos de la debida evaluación y aplicación por las autoridades —locales, autonómicas o estatales— de las severas normas de prohibición o, caso de haber comenzado ya, de suspensión de los espectáculos o actividades recreativas que se contemplan de manera muy generalizada, como digo, en las leyes autonómicas (artículo 26 de la Ley de Madrid, artículo 35 de la Ley de La Rioja).

De otro lado, y por lo que hace ya a la segunda de las prohibiciones que aparecen de manera reiterada en la normativa autonómica, cabe recordar que la preocupación normativa por el bienestar de los animales como un bien o valor jurídico autónomo respecto de los intereses de los humanos surge a finales de la pasada centuria, tanto a escala internacional como en nuestro propio suelo.

Desde la primera de las perspectivas sobra ahora con la reseña del Convenio de 23 de noviembre de 1972 para la protección del patrimonio mundial cultural y natural, así como de la conocida Declaración universal de los derechos del animal, adoptada primero por la Liga Internacional de los Derechos del Animal en 1977 y luego aprobada por la UNESCO el 15 de octubre de 1978. Y, por lo que hace a la segunda, arranca de manera resuelta con la aprobación de la Ley 4/1989, de 27 de marzo, de conservación de espacios naturales y de la flora y la fauna silvestre. Desde entonces, la idea de la protección y conservación de los animales por el Derecho se ha desarrollado de manera continuada y creciente hasta llegar incluso a la reivindicación de considerarlos sujetos titulares de derechos morales.

Pero, en su lugar, y al margen de las muchas dificultades teóricas apuntadas por la doctrina para poder atribuir derechos a los animales, cabe sostener que la preocupación por el bienestar de los animales se ha traducido hasta el momento presente en una cascada de normas donde el criterio dominante ha sido otro, a saber: establecer límites, obligaciones y deberes sobre las personas.

Esta intervención dirigida a lograr un cierto respeto y buen trato para con los animales si bien es cierto que no sustituye totalmente las bases del régimen jurídico tradicional, ha corregido muy severamente todo el sistema anterior al imponer a la áspera y dura idea de la propiedad de los animales como un "derecho de gozar y disponer de una cosa, sin más limitaciones que las establecidas en las leyes" (artículo 348 del Código Civil), una muy amplia red de reglas y principios donde, insisto, se hace especial hincapié en delimitar y limitar esa anterior facultad de uso y abuso que presidía la relación de los hombres con los animales.

Para ello, y como ahora veremos brevemente, el camino seguido por nuestro ordenamiento ha sido establecer y afianzar alrededor de los animales toda una serie de intereses públicos protegidos por la Administración pública mediante la asignación de las correspondientes potestades públicas; esto es, y en síntesis, la protección y defensa de los animales se ha instrumentado a través de una progresiva publificación o *publicatio* de la inicial regulación privada que recaía sobre nuestra fauna.

En este sentido, justa y precisamente, se enmarca este énfasis de la reciente legislación autonómica por la protección de los animales en los espectáculos y actividades recreativas que enlaza, además, con las normas principalmente municipales que ya en el pasado siglo se ocupaban de establecer ciertas prohibiciones o límites al maltrato o degradación de los animales en el marco de las medidas de la policía de orden público.

De este modo, se puede comprender también que el trato jurídico a los animales se haya desarrollado a través de dos grandes líneas de actuación, a saber: de un lado, la que han recibido los animales salvajes o silvestres y, de otra parte, la establecida para los animales domésticos y domesticados.

Por lo que hace a los primeros, y a los efectos de este estudio, bastará con dejar apuntado que sobre la base inicial de la sucesiva regulación de la actividad cinegética, los animales salvajes o silvestres han merecido una atención muy preferente del legislador mediante toda una normativa propia alejada de las estrictas coordenadas del Derecho privado que hoy se desarrolla primordialmente dentro de la protección del medio ambiente.

Ocurre, por el contrario, que hasta no hace mucho tiempo, y al margen de la mencionada normativa local de orden público, se consideró bastante y suficiente con aplicar a los animales domésticos y domesticados las reglas de propiedad en el sentido amplio otorgado por el ya citado artículo 348 del Código Civil.

Así lo prueba, *sensu contrario*, y como digo, la intensa reacción legislativa que en los últimos tiempos, desde la última década del pasado siglo, han protagonizado fundamentalmente las Comunidades Autónomas para tratar de invertir el sistema establecido, según bien expone, por todas, la exposición de motivos de una de las primeras, la Ley madrileña 1/1990, de 1 de febrero, de protección de los animales domésticos, cuando indica que "la inexistencia de una legislación global y actualizada sobre la protección de los animales domésticos, que recoja los principios de respeto, defensa y protección de los mismos, tal como ya figuran en los convenios y tratados internacionales y en las legislaciones de los países socialmente más avanzados, hace necesaria una ley adecuada, en el ámbito de esta Comunidad Autónoma, que garantice su mantenimiento y salvaguarda".

Leyes autonómicas que tomando pie en una reciente sensibilidad social hacia los animales que se encuentran más cercanos a las personas, han venido a incidir con un abanico de medidas de ordenación e intervención sobre las atenciones mínimas que deben recibir los animales domésticos, y específicamente los de compañía, desde el punto de vista higiénico-sanitario, malos tratos, mutilaciones, sacrificio, esterilización y su utilización en espectáculos, fiestas populares y actividades deportivas o recreativas que impliquen crueldad, abandono, cría, venta y transporte, así como la inspección, vigilancia, sanciones y obligaciones de sus poseedores o dueños, y de los centros de recogida o albergues, y de las instalaciones para su mantenimiento temporal.

En efecto, una reciente y creciente sensibilidad social hacia dichos animales ha dado lugar a toda nueva ordenación donde la propiedad o posesión de las personas es objeto de muy severas correcciones mediante un muy amplio conjunto de límites, obligaciones y deberes que corresponde hacer cumplir, en último término, a las Administraciones públicas competentes en cada caso.

Como ha observado la mejor doctrina, las técnicas de protección ensayadas sobre los animales domésticos por la totalidad de la legislación autonómica preocupada por el bienestar de los animales ha consistido realmente en "la extensión hasta el mundo animal de técnicas de constricción y limitación que ya estaban ensayadas en otros dominios en los que existían bienes u objetos merecedores de especial protección o regulación. La propiedad monumental, la propiedad urbana, o los derechos sobre las aguas, la protección del patrimonio escultórico o pictórico o los museos" (Muñoz Machado).

Un muy buen ejemplo de este régimen de sujeción especial que recae ahora sobre los animales domésticos se encuentra en el Decreto Legislativo de Cataluña 2/2008, de 15 de abril, por el que se aprueba el texto refundido de la Ley de protección de los animales, y que trae causa, precisamente, de la primera de las leyes autonómicas dictadas en esta concreta materia referida al bienestar de los animales, la hoy ya derogada Ley 3/1988, de 4 de marzo. Texto que, por tanto, puede utilizarse aquí como excelente botón de muestra de la regulación general establecida por la totalidad de las Comunidades Autónomas.

En este sentido, y en relación con las obligaciones que pesan sobra las personas propietarias y poseedoras de animales, puede quizá destacarse como la indicada norma catalana establece que las personas propietarias y las poseedoras de animales deben mantenerlos en buenas condiciones higiénico-sanitarias, de bienestar y de seguridad, de acuerdo con las características de cada especie; así como prestarle la atención veterinaria básica para garantizar su salud (artículo 4).

En segundo lugar, y por lo que hace ya al régimen de las prohibiciones concretas, merece anotarse que con arreglo a la misma Ley quedan vedadas las actuaciones siguientes respecto a los animales: maltratarlos, agredirlos físicamente o someterlos a cualquier otra práctica que les produzca sufrimientos o daños físicos o psicológicos; suministrarles sustancias que puedan causarles alteraciones de la salud o del comportamiento, excepto en los casos amparados por la normativa vigente o por prescripción veterinaria; abandonarlos; mantenerlos en instalaciones indebidas desde el punto de vista higiénico-sanitario, de bienestar y de seguridad del animal; practicarles mutilaciones, extirparles uñas, cuerdas vocales u otras partes u órganos, salvo las intervenciones efectuadas con asistencia veterinaria en caso de necesidad terapéutica, para garantizar su salud o para limitar o anular su capacidad reproductiva, así como por motivos científicos o de manejo, se podrán realizar dichas intervenciones previa autorización de la autoridad competente; no facilitarles la suficiente alimentación; hacer donación de un animal como premio, recompensa, gratificación o regalo de compensación por otras adquisiciones de naturaleza diferente a la transacción onerosa de animales; venderlos a personas menores de dieciséis años y a personas incapacitadas sin la autorización de quienes tienen su potestad o su custodia; comerciar con ellos fuera de los certámenes u otras concentraciones de animales vivos y establecimientos de venta y de cría autorizados, salvo las transacciones entre las personas particulares cuando se limiten a sus animales de compañía, no tengan afán de lucro y se garantice el bienestar del animal; exhibirlos de forma ambulante como reclamo; someterlos a trabajos inadecuados respecto a las características de los animales y a las condiciones higiénico-sanitarias; mantenerlos atados durante la mayor parte del día o limitarles de forma duradera el movimiento que les es necesario; mantenerlos en locales públicos o privados en condiciones de calidad ambiental, luminosidad, ruido, humos y similares que les puedan afectar tanto física como psicológicamente y, en fin, matarlos por juego o perversidad o torturarlos (artículo 5).

Evidentemente, y en tercer lugar, todo este muy amplio conjunto de prohibiciones aparece luego respaldado por un completo sistema de infracciones y sanciones llamadas a reprimir las conductas que no cumplen los mandatos legales establecidos (artículos 44, 45 y 46 de la misma Ley).

Más concretamente, y por lo que hace a su íntima relación con la prohibición contenida en la normativa de espectáculos públicos, particular interés presenta el régimen dedicado a la utilización de animales en certámenes, espectáculos públicos o grabaciones para cines y televisión, así como, desde luego, la prohibición de peleas y otras actividades. De esta manera, los certámenes, las actividades deportivas con participación de animales y otras concentraciones de animales vivos deben cumplir la normativa vigente, en especial la relativa a condiciones higiénico-sanitarias, de protección y de seguridad de los animales mientras que, por el contrario, queda prohibido el uso de animales en peleas y en espectáculos u otras actividades si les pueden ocasionar sufrimiento o pueden ser objeto de burlas o tratamientos antinaturales, o bien si pueden herir la sensibilidad de las personas que los contemplan, tales como los siguientes: peleas de perros; peleas de gallos; matanzas públicas de animales; atracciones feriales giratorias con animales vivos atados y otras asimilables y el tiro al pichón y otras prácticas asimilables.

Ahora bien, y como se sabe, en la vigente normativa de protección de los animales de la Comunidad Autónoma de Cataluña, tomada aquí de ejemplo y referencia, quedan excluidas de la prohibición las fiestas con novillos sin muerte del animal («correbous») en las fechas y localidades donde tradicionalmente se celebran mientras que, por el contrario, están incluidas expresamente en la prohibición de su celebración "las corridas de toros y los espectáculos con toros que incluyan la muerte del animal y la aplicación de las suertes de la pica, las banderillas y el estoque, así como los espectáculos taurinos de cualquier modalidad que tengan lugar dentro o fuera de las plazas de toros", conforme se establece en el artículo 6.1 del mencionado Decreto Legislativo de Cataluña 2/2008, de 15 de abril, por el que se aprueba el texto refundido de la Ley de protección de los animales.

En nuestro suelo sucede que la celebración de la llamada fiesta de los toros tiene hoy un distinto tratamiento, pues en muchas Comunidades Autónomas, no obstante establecerse la regla general de la prohibición de espectáculos que impliquen un maltrato de los animales, se encuentran expresamente admitidas como parte de la tradición común, aunque sujetas a una normativa específica dentro de la policía de espectáculos públicos que, en cualquier caso, impone la previa obtención de la oportuna licencia para su celebración (artículo 5 de la Ley de Aragón, artículo 20 de la Ley de Asturias, artículo 3 de la Ley de Castilla-La Mancha, artículo 14 de la Ley de Navarra).

2. *El derecho de admisión dentro de la policía de espectáculos*

Aunque, como ya nos consta, el régimen jurídico de intervención sobre los espectáculos y actividades recreativas atiende a los fines principales de garantizar la seguridad, la salubridad y la convivencia ciudadana frente a los riesgos que pueden derivarse del comportamiento de quienes organicen un espectáculo o actividad recreativa, participan en ellos o los presencian, no cabe duda que la vertiente de protección de los derechos fundamentales de los ciudadanos que asisten o participan en tales eventos conserva también una importante presencia bien desde la óptica de la protección de los menores (artículos 18 y 20.4 de la Constitución), bien desde la ya mencionada perspectiva del derecho a la igualdad establecido en el artículo 14 de la misma norma fundamental.

Por lo que hace a la primera cuestión conviene quizá subrayar e insistir aquí en la necesaria ponderación que deben realizar las autoridades competentes entre, de un lado, las libertades fundamentales de expresión y de creación artística y, de otro, la protección de los menores a la hora de aplicar las prohibiciones establecidas en las leyes autonómicas (artículo 34 de la Ley de Valencia).

En tal sentido deben entenderse y aplicarse las reglas sobre calificación de los espectáculos y actividades recreativas establecidas en las leyes en examen pues, lejos de constituir un sistema de censura previa inadmisible en nuestro sistema constitucional, se enderezan a proporcionar información suficiente sobre su contenido, así como, y conforme resulta de la doctrina constitucional sentada con ocasión del régimen de calificación de las llamadas películas "X" en la STC 49/1984, de 5 de abril, se configuran "como un fenómeno de intervención, de carácter negativo, restrictivo de unas actividades, que se hace eficaz mediante limitaciones (...). Todo este conjunto, ligado a la calificación, se orienta a la protección de un bien constitucionalizado, como es la protección de la juventud y de la infancia (art. 20.4 y, en su caso, art. 39.4 de la CE), en relación con la sensibilidad moral del espectador medio. Se trata en este caso de una intervención coactiva de signo policial y de medidas negativas desestimuladoras de una actividad".

Dentro de la segunda línea general apuntada, la referida a la debida garantía del derecho a la igualdad establecido en el artículo 14 CE, cabe destacar, insisto, el claro objetivo de erradicar cualquier situación abusiva o discriminatoria para las personas que pudiera darse con ocasión de la facultad reconocida a los titulares de los establecimientos y los organizadores de espectáculos y actividades recreativas de determinar las condiciones de acceso y de permanencia en los establecimientos públicos (Ley de la Región de Murcia, artículo 33 de la Ley de Valencia).

A tal efecto, y por lo común, los textos legales autonómicos establecen, primero, una regla general prohibitiva en el ejercicio del derecho de admisión, a continuación, y como contrapunto, se prevé un conjunto de situaciones legales donde el titular u organizador debe proceder a impedir el acceso y permanencia en los establecimientos para, de inmediato, regular las condiciones específicas de admisión que, previo control de la Administración pública autonómica, puede establecer el titular de la instalación como es, por ejemplo, la prueba de aptitud que deben superar las personas encargas de hacer valer y cumplir en los correspondientes recintos unas y otras. Todo ello acompañado, finalmente, del correspondiente sistema de inspección y de represión mediante sanciones (véase al respecto las reglas de la Ley de la Región de Murcia).

Aunque, como se acaba de decir, la actividad de policía quiere centrarse aquí en la regla general impeditiva de que "pueda producirse discriminación alguna por razón de nacimiento, raza, sexo, religión, opinión o cualquier otra condición o circunstancia personal o social de los usuarios, tanto en lo relativo a las condiciones de acceso como a la permanencia en los establecimientos y al uso y goce de los servicios que se presten en ellos" —artículo 5 de la Ley de la Región de Murcia—, sucede, sin embargo, que las limitaciones generales que corresponde hacer cumplir por mandato legal a los titulares y organizadores de los eventos en relación a la admisión y permanencia de los ciudadanos en su interior responden, al mismo tiempo, a otras finalidades típicas de la policía de espectáculos, a saber: garantizar la seguridad ciudadana frente a los riesgos que, para las personas o sus bienes, se puedan derivar del comportamiento de quienes participan en ellos o los presencien, así como asegurar la pacífica convivencia cuando pudiera ser perturbada por la celebración del espectáculo o el desarrollo de la actividad recreativa.

En este sentido se mueven las leyes al establecer que los titulares de los establecimientos públicos y los organizadores de espectáculos y actividades recreativas están obligados a impedir el acceso al local cuando el aforo establecido se halle completo o una vez llegado el horario de cierre del local. Más en particular, los titulares de los establecimientos públicos y los organizadores de espectáculos y actividades recreativas deben igualmente impedir el acceso a las personas que manifiesten actitudes violentas, se comporten de forma agresiva o provoquen altercados, así como a las que porten armas u objetos susceptibles de ser utilizados como tales, a los que exhiban prendas, símbolos u objetos que inciten a la violencia, a la xenofobia o a la discriminación, a los que atenten contra cualesquiera otros derechos fundamentales reconocidos en la Constitución o, en fin, a las personas que con su actitud pongan en peligro o causen molestias a otros espectadores o usuarios.

Para hacer cumplir este mandato, se habilita a los titulares y organizadores a que insten a tales personas a que abandonen el local pudiendo, en su caso, requerir la asistencia e intervención de las Fuerzas y Cuerpos de Seguridad del Estado.

A su vez, la legislación prevé que el titular del establecimiento público o el organizador de un espectáculo o actividad recreativa que pretenda establecer condiciones específicas de admisión de carácter permanente o temporal, distintas de las limitaciones de acceso generales recién mencionadas, deberá solicitar la aprobación de las mismas a la Consejería competente en materia de espectáculos públicos. Según esto, el ejercicio del derecho de admisión para determinar las condiciones de acceso y permanencia en los establecimientos y eventos se encuentra condicionado a la previa intervención autorizatoria de la Administración autonómica, de modo que sólo son legítimas las condiciones si cuentan con el amparo de la preceptiva autorización.

Aparecen así los elementos determinantes de esta autorización de las condiciones específicas; autorización a la que en algún momento la leyes autonómicas se refiere, de manera un tanto confusa, como "visado" de las mismas (así en el artículo 9.3 de la Ley de la Región de Murcia).

Se trata, en primer lugar, de una medida de intervención administrativa previa, en cuanto excluye el libre ejercicio en la determinación de las condiciones específicas. Incide, en segundo lugar, no sobre el contenido del derecho de admisión, sino sobre el ejercicio de dicho derecho. Y, por último, controla que la actividad de admisión que se pretende ejercer cumple efectivamente la ordenación aplicable.

Por consiguiente, es claro que la llamada aprobación o visado de las condiciones encaja sin dificultad alguna en la genérica técnica autorizatoria prevista en nuestro Derecho público, esto es, constituye el alzamiento de una prohibición legal (establecida bajo reserva de excepción) de ejercicio de un derecho subjetivo impuesta por la necesidad de verificar que tal ejercicio se mantiene dentro de los límites definidos por la delimitación del contenido del derecho efectuada por la ordenación de espectáculos públicos. Más breve aún: implica una prohibición general, pero con reserva de excepción a otorgar por la Administración autonómica.

Autorización, en fin, de funcionamiento o de tracto sucesivo, aunque se admite en algunos casos la posibilidad de condiciones específicas temporales, vinculadas a determinado espectáculo o actividad recreativa, para las que se prevé una tramitación sumaria del expediente.

Constituye, pues un nuevo supuesto típico de las denominadas autorizaciones de funcionamiento por cuanto, en efecto, faculta para el ejercicio de una actividad lícita a lo largo del tiempo y no se inscribe en una relación momentánea entre la Administración pública autorizante y el sujeto autorizado, sino que genera un vínculo permanente entre ambos, permitiendo que la Administración proteja adecuadamente en todo momento el interés público asegurándolo frente a posibles contingencias que puedan aparecer en el futuro de la actividad.

Se trata, por tanto, de un tipo de autorización que trasciende a la intervención *ex ante* para exigir también una intervención *ex post* de seguimiento y comprobación, con el fin de que la actividad a que se refiere la licencia se mantiene dentro de los límites legales y no perturba los derechos de los ciudadanos.

Con todo, y una vez más, el punto quizás más llamativo de esta intervención administrativa previa es su relación con los mandatos contenidos en la ya muy conocida Directiva Bolkestein.

Pues, en efecto, sucede que para esta concreta autorización no se cumplen, por lo común, las ya citadas y conocidas reglas del artículo 9 de la norma comunitaria, según la cual no podrá imponerse un régimen de autorización, salvo excepcionalmente y siempre que concurran las siguientes condiciones, que habrán de motivarse suficientemente en la ley que establezca dicho régimen, a saber: i) no discriminación; ii) necesidad, esto es, que el régimen de autorización esté justificado por una razón imperiosa de interés general; y iii) proporcionalidad, consistente en que dicho régimen sea el instrumento más adecuado para garantizar la consecución del objetivo que se persigue porque no existen otras medidas menos restrictivas que permitan obtener el mismo resultado, en particular cuando un control a posteriori se produjese demasiado tarde para ser realmente eficaz.

Por lo común, no hay en el interior de las leyes una motivación expresa suficiente que sirva de apoyo formal bastante al establecimiento del régimen autorizatorio finalmente previsto. Aunque, desde el punto de vista material, cabe sostener que se cumple la regla de la no discriminación entre los prestadores, así como que podría haber acudido, sin gran dificultar, a la noción de seguridad o de protección de los consumidores manejadas en la Directiva Bolkestein para justificar la necesidad del régimen autorizatorio, no parece tan claro, sin embargo, que en este caso concreto de la ordenación del derecho de admisión, dicho régimen autorizatorio sea el instrumento más adecuado para garantizar la consecución del objetivo que se persigue porque no existen otras medidas menos restrictivas que permitan obtener el mismo resultado.

Buena prueba de esto anterior es, muy seguramente, que en la configuración del régimen autorizatorio previsto en la Ley de la Región de Murcia se mencionen términos como el de "comunicación de las condiciones" o el de "condiciones específicas de admisión visadas" que parecen mucho más cercanas, quizás, a las comunicaciones previas y declaraciones responsables; nuevas formas de control que se suponen más eficaces, pero menos gravosas para ciudadanos y empresas, a las que apela, con carácter general, la Directiva Bolkestein y, asimismo, el artículo 71 bis de la Ley 30/1992, de 26 de noviembre, de régimen jurídico de las Administraciones públicas y del procedimiento administrativo común.

Sea como sea, este claro déficit en la ordenación del derecho de admisión en el ejercicio de la actividad de espectáculos públicos y actividades recreativas se repite normalmente con ocasión de la regulación de la función de control de acceso a los establecimientos y actividades mediante un sistema de habilitación previa por parte de la Administración autonómica que da lugar, en caso superación, a la expedición del correspondiente carné de controlador de acceso.

Sin perjuicio de poder compartir la oportunidad de regular el ejercicio de la actividad de control en los accesos a los espectáculos y actividades recreativas en atención a los problemas que se han venido produciendo en ciertas ocasiones, no cabe duda que, como ya se ha dicho, la aprobación y puesta en ejecución de la Directiva Bolkestein supone un nuevo marco de referencia en la regulación del sector servicios que viene marcado por una serie de principios que implican la introducción de nuevas formas de control de la actividad —comunicaciones previas y declaraciones responsables—, que, seguramente, hacía necesario una mayor y mejor explicación del sistema de habilitación previa administrativa por el que finalmente se ha optado en las leyes para el personal encargado del control de los accesos en los establecimientos y eventos.

Bibliografía

BARRANCO VELA, R. (director), BULLEJOS CALVO, C. (coordinador) y CAMPOS SÁNCHEZ, M. Á., *Espectáculos públicos, actividades recreativas y establecimientos públicos*, Las Rozas, 2011.

CASINO RUBIO, M., "Art. 148.1.19 CE. Promoción del deporte y de la adecuada utilización del ocio", en el volumen colectivo *Comentarios a la Constitución Española. XXX aniversario*, dirigido por María Emilia Casas y Miguel Rodríguez-Piñero, Madrid, 2008.

CASTILLO BLANCO, F., ROJAS MARTÍNEZ DEL MÁRMOL, P., *Espectáculos públicos y actividades recreativas: régimen jurídico y problemática actual*, Valladolid, 2000.

MAYER, O., *Derecho administrativo alemán*, traducción directa del original francés al castellano por Horacio H. Heredia y Ernesto Krotoschin, Tomo II, 2.ª edición inalterada, Buenos Aires, 1982.

MUÑOZ MACHADO, S., "Los animales y el Derecho", en Los animales y el Derecho, Madrid, 1999.

EL DESARROLLO DE ACTIVIDADES EN LA VÍA PÚBLICA EN EL CONTEXTO DE LA LIBRE PRESTACIÓN DE SERVICIOS

Daniel B. Entrena Ruiz

Profesor Contratado Doctor

Área de Derecho Administrativo

Universidad Carlos III de Madrid

I. INTRODUCCIÓN. ACOTACIÓN DEL ÁMBITO DE ANÁLISIS: EL DESARROLLO DE ACTIVIDADES EN DOMINIO PÚBLICO EN EL NUEVO CONTEXTO DE LIBRE PRESTACIÓN DE SERVICIOS

La Directiva 2006/123/CE del Parlamento Europeo y del Consejo de 12 de diciembre de 2006, relativa a los servicios en el mercado interior (en adelante Directiva de Servicios) ha supuesto un auténtico revulsivo para el desarrollo del mercado interior de servicios, entre otras formas mediante la implantación del principio general de erradicar todo régimen autorizatorio que obstaculice las libertades de establecimiento y prestación, y su sustitución por un régimen de comunicación previa o declaración responsable. En el marco de la presente obra colectiva dirigida por el profesor Luciano Parejo, a quien agradecemos sincera y hondamente su iniciativa y la amable invitación de participar en ella, el objeto de este trabajo es analizar el impacto que este modelo ha tenido en el régimen autorizatorio para el desarrollo de actividades en dominio público (artículo 84 LPAP), en particular si puede seguir siendo exigible y las características que deberían hacerlo posible.

La primera parte del trabajo está dirigida a poner de manifiesto las características esenciales del nuevo régimen de intervención pública en la vida social a resultas de la Directiva de Servicios. Seguidamente nos adentraremos en el régimen jurídico general del desarrollo de actividades en dominio público, para a partir de ahí contrastar uno y otro régimen. Podremos así comprobar la dificultad para casarlos, en particular de acuerdo con el principio de indisponibilidad constitucional de los bienes de dominio público; este análisis nos va a conducir a su vez a plantearnos si el nuevo paradigma de intervención puede conducir a la necesidad de reformular la conceptualización del dominio público como categoría sustantiva si bien desde una perspectiva meramente indagatoria; esto es, el trabajo no tiene otra pretensión que aproximarse a los rasgos generales de la problemática planteada, para así apuntar líneas futuras de investigación y posibles problemas jurídicos prácticos.

Finalmente, de cara a comprobar como esta problemática no esa meramente dogmática analizaremos la implantación del nuevo régimen de libre prestación de servicios respecto las actividades desarrolladas en la vía pública, lo que conduce necesariamente a adentrarnos en su regulación a escala local. Plantear el estudio en estos términos resulta excesivamente ambicioso por la variedad tipológica de actividades que pueden desarrollarse en la vía pública. Así, por ejemplo, en el momento que escribimos estas líneas era noticia la aprobación por una Ayuntamiento gallego de una Ordenanza Municipal que limitaba la concentración de personas en las calles, patinar o montar en bicicleta por las aceras[1].

---

1 Igualmente se celebra el aniversario de la masiva concentración de ciudadanos en las calles los días previos a la celebración de las elecciones municipales y autonómicas en mayo de 2011, con la pretensión común de una mejora de nuestro sistema democrático. Para recordar el fenómeno, que traspasó nuestras fronteras incluso más allá del océano Atlántico puede consultarse el siguiente link: http://elpais.com/diario/2011/05/21/espana/1305928803_850215.html.El análisis más usual sobre los hechos se situaba en la noción de orden público y el peligro de verse alterado en periodo electoral para, a partir de aquí, concretar las facultades de la policía de seguridad para garantizar su mantenimiento. Lo acontecido denota una notable confusión jurídico administrativa en torno a tres elementos confluyentes: i) el régimen jurídico del ejercicio del derecho de reunión en la vía pública, regulado por la Ley Orgánica 9/1983, de 15 de julio; ii) el alcance de la habilitación policial para intervenir y su concreta finalidad ante sucesos de esta naturaleza, cuyo marco está presidido por la Constitución, la Ley ya mencionada y la Ley Orgánica 1/1992, de 21 de febrero de Protección de la Seguridad Ciudadana; iii) y finalmente los actos que, en el marco de lo previsto de la Ley Orgánica 5/1985, de 5 de julio de Régimen Electoral General, pueden llevar a cabo los ciudadanos, desde la convocatoria, los días de campaña electoral el posterior día de reflexión y el de su celebración, cuestión respecto la que se ha pronunciado en diversas ocasiones el Tribunal Constitucional (SSTC 170/2008, 37/2009, 38/2009). Al margen de este

Estos ejemplos evidencian la necesidad de acotar el objeto del trabajo y para ello nos vamos a valer de tres criterios: el ámbito territorial de las actividades desempeñadas, su naturaleza sustantiva y el título requerido para su desempeño.

Conforme al primer criterio nos vamos a centrar en un modelo concreto: el seguido en la ciudad de Madrid. Creemos indiscutible la relevancia de la ciudad como capital del Estado que es y desde luego por gozar de un fuerte entramado organizativo, lo que sin duda ha favorecido la pronta implantación del nuevo modelo diseñado tras la Directiva de Servicios.

Este es precisamente el segundo criterio elegido para acotar el ámbito de estudio: nos centraremos en el estudio de las actividades vinculadas a la prestación de servicios que pueden realizarse en la vía pública de conformidad con la definición de servicios que establece el artículo 4 de la Directiva de Servicios: *Cualquier actividad económica por cuenta propia, prestada normalmente a cambio de una remuneración, contemplada en el artículo 50 del Tratado*[2]. En consonancia con esta definición no van a ser objeto de análisis el régimen jurídico de otras actividades que los ciudadanos puedan realizar en la vía pública pero que en sí mismas no constituyen servicios en sentido estricto; es el caso, por ejemplo, de actividades de carácter político o reivindicativo, artístico-cultural, deportivas y de esparcimiento en general, o vinculadas a la movilidad (estacionamiento o pasos permanentes de vehículos de los garajes de inmuebles).

Tampoco entran dentro del presente trabajo aquellas actividades que, en puridad, están fuertemente vinculadas o son accesorias respecto servicios predominantes que no necesariamente se desarrollan en la vía pública; nos referimos en concreto a la ocupación puntual del dominio público para rodajes cinematográficos o comerciales, la realización de mudanzas, la instalación de recipientes de escombros para la realización de obras, las acometidas de aguas o calas, o la realización de vertidos al alcantarillado. Todas estas actividades poseen un régimen jurídico autorizatorio específico en la ciudad de Madrid pero su tratamiento excede el ámbito de análisis de este trabajo, además de haber sido abordadas

---

análisis los hechos pueden ser analizados también desde la perspectiva de la ocupación de la vía pública, incluso mediante instalaciones desmontables permanentes tal y como aconteció, quizás de forma no exclusiva ni excluyente pero sí con evidentes efectos sobre otras personas como los comerciantes de la zona, y en esta medida la habilitación de los Ayuntamientos para exigir un título administrativo específico.

2 El vigente artículo 57 del Tratado de Funcionamiento de la Unión Europea, que se corresponde con el artículo 50 del Tratado de la Comunidad Europea define los servicios como "las prestaciones realizadas normalmente a cambio de una remuneración, en la medida en que no se rijan por las disposiciones relativas a la libre circulación de mercancías, capitales y personas. Los servicios comprenderán, en particular: a. actividades de carácter industrial; b. actividades de carácter mercantil; c. actividades artesanales; d. actividades propias de las profesiones liberales".

con acierto en el marco de otros proyectos de investigación y recientes trabajos colectivos[3]. Finalmente, dejamos fuera del presente trabajo otras actividades que siendo de servicios desarrollados en la vía pública están sometidos a un régimen de intervención bajo un título distinto al dominio público, como la prestación de servicios de movilidad o la ordenación del tráfico; nos referimos en concreto al servicio de taxi o la utilización de la calzada para la realización de prácticas de enseñanza de conducción.

De conformidad con los anteriores criterios, en la parte final del trabajo nos vamos a centrar en el estudio del régimen jurídico de dos de las actividades de servicios prototípicas desarrolladas cotidianamente en la vía pública o dominio público, para las cuales la vigente normativa municipal de Madrid establece un título autorizatorio: la venta ambulante y las terrazas con veladores. Desde luego no son las únicas, y así podrían ser incorporadas los kioscos de venta de prensa o de loterías integradas en la red de loterías del Estado, la explotación de recintos de ferias y festejos populares y desde luego la venta en mercados de abastos sean mayoristas o minoristas. Sin embargo, en estos casos o bien requieren un título distinto al autorizatorio (concesión) o el título administrativo que justifica su control es un mero contrato de gestión de servicios públicos pese a que equivocadamente pueda denominarse autorización. Dejamos además al margen las cuestiones tributarias que plantea la utilización de la vía pública, cuya realidad plante interesantes problemas dogmáticos, si bien al margen del específico enfoque con que pretendemos abordar la cuestión.

Mediante la realización de este estudio aspiramos a aportar una herramienta de utilidad para la ordenación de estas actividades en todos los municipios y los profesionales implicadas en ellas, no solo quienes las desarrollan como protagonistas sino también quien tiene que vigilar el cumplimiento de la legalidad: representantes políticos, técnicos municipales y de la Administración Pública, y profesionales del Derecho en general.

---

3 Nos remitimos a estos efectos al interesante y práctico Estudio de los Procedimientos de Autorización del Ayuntamiento de Madrid realizado por el Grupo de investigación para el estudio de la mejora de la regulación y la reducción de cargas administrativas, creado en el seno del Instituto Nacional de Administración Pública en octubre de 2009, por Resolución de la Directora de 14 de octubre de 2009. Igualmente, debe ser mencionado el reciente libro colectivo editado por Atelier y dirigido por los profesores Aguado i Cudolá, V. y Noguera de la Muela, B: El impacto de la Directiva de Servicios en las Administraciones Públicas, aspectos generales y sectoriales, 2011, 394 págs.

II. EL NUEVO RÉGIMEN JURÍDICO DE LAS ACTIVIDADES DE SERVICIOS

1. *El nuevo paradigma de intervención pública en la sociedad y la libre prestación de servicios*

Bajo la denominada sociedad del bienestar se agrupan toda una serie de fenómenos político-jurídicos que poseen una raíz común: la reversión en los ciudadanos de actividades que venía tradicionalmente desarrollando el Estado a través de la Administración Pública. Son manifestaciones de esta tendencia las privatizaciones, la sustitución de la noción de servicio público por la de servicios de interés general, el recurso a fórmulas jurídico privadas en actividades típicamente públicas, como la inspección mediante entidades colaboradoras, la participación de éstas en los procedimientos de concesión de licencias y autorizaciones o, en general, el contrato de colaboración público-privada.

Todos estos fenómenos se caracterizan porque los ciudadanos adquieren un nuevo protagonismo en el desarrollo de esas actividades, sustituyendo así la centralidad que con mayor o menor intensidad venía teniendo el Estado. La idea general es limitar la intensidad de la intervención estatal no sólo en la actividad económica sino también en toda la vida social[4], ampliándose la confianza en los ciudadanos para alcanzar los objetivos colectivos que impone el Estado Social. Esto no significa que el Estado se despreocupe de los objetivos sociales, pues continúa responsabilizándose de su cumplimiento mediante el control de la actividad de los sujetos privados[5], aunque sea a través de medios distintos, por ejemplo mediante la imposición de obligaciones de servicio público, la reglamentación estricta de las actividades hasta entonces publicitadas o la colaboración por parte de sujetos pri-

---

4 La crisis del Estado de Bienestar ha favorecido la consolidación del denominado Tercer Sector, integrado por organizaciones privadas sin ánimo de lucro que complementan e incluso sustituyen los compromisos sociales adquiridos por el Estado. Acerca de la evolución y problemas actuales de este ámbito ver Muñoz Machado: "La contribución de las organizaciones sociales a la transformación del Estado de Bienestar", en VVAA (Muñoz Machado, S., García Delgado, J.L., González Seara, L): Las estructuras del bienestar. Propuestas actuales de reforma y nuevos horizontes, Escuela Libre Editorial-Civitas, 2002, págs. 709-789.

5 Existe además un consenso en que la actuación estatal en el mercado es necesaria con mayor razón o más justificada si cabe en esta época de la globalización, sólo puesto en duda por quienes proclaman la muerte de la actuación estatal o su disminución al máximo posible, lo que no son sino postulados que responden a una ideología ultraliberal antes que a la realidad y que decaen con el tiempo, tal y como sucedió con otros de signo contrario que abogaban por la empresa pública o la planificación como paradigmas de actuación pública y de solución de problemas en el orden socio económico. Véase el discurso del Sr. Manuel Pizarro Moreno con motivo de su ingreso en la Real Academia de Jurisprudencia y Legislación, así como la contestación de D. S. Martín-Retortillo al mismo en Junio de 2002.

vados en la actividad estatal de fiscalización, mediante entidades de acreditación o de gestión[6]. Esta reordenación de las atribuciones del Estado conlleva a su vez un incremento de la libertad individual, al no necesitarse necesariamente el control previo, esto es, el pronunciamiento expreso de la Administración, para el ejercicio de las actividades privadas[7].

Pues bien, dentro de esta tendencia debe enmarcarse el nuevo régimen de control de actividades de servicios que, ha impulsado la Directiva de Servicios, para garantizar las libertades de establecimiento y de prestación de en el artículo 57 del Tratado de la Comunidad Europea[8]. Esta norma ha sido a su vez transpuesta en nuestro país por las Leyes 17/2009, de 23 de noviembre, sobre el libre acceso a las actividades de servicios y su ejercicio y la Ley 25/2009, de 22 de diciembre, de modificación de diversas leyes para su adaptación a la Ley sobre el libre acceso a las actividades de servicios y su ejercicio, y en el ámbito del sector comercial por la Ley 1/2010, de 1 de marzo, de reforma de la Ley 7/1985, de 15 de enero, de Ordenación del Comercio Minorista (LOCM).

La Directiva de Servicios prohíbe que ningún Estado imponga requisitos desproporcionados para el acceso y desarrollo de esa actividad[9], y en particular, entre

---

6 Este nuevo proceso ha ocasionado que se replanteen las formas de actuación administrativa, pues de una actividad prestacional se pasa a otra ordenadora de las actividades privadas y fundamentalmente de Policía o vigilancia de las mismas, aunque el marco jurídico de actuación estatal sigue siendo el del Estado Social y Democrático de Derecho. Afirmaba el profesor S. Martín-Retortillo que la ordenación estatal de la actividad económica se caracteriza porque el Estado se retira aunque en ningún caso desaparece, "sencillamente cambia criterios y procedimientos de actuación", interviene selectivamente; de una Administración prestacional se ha pasado a otra fundamentalmente policial al devolver a los ciudadanos el impulso de la actividad económica. No significa que el Estado desaparezca o se abstenga de actuar porque entre otras cosas puede darse la situación de que se regulen detalladamente determinadas actividades que anteriormente carecían de tal grado de detalle ("La ordenación jurídico-administrativa del sistema económico en los últimos cincuenta años", RAP nº150, septiembre-diciembre, 1999, 272 y ss). En el mismo sentido, Parejo Alfonso afirma que se abandona la actividad estatal directa pero se asume o refuerza la actividad de dirección, supervisión o control [Ver "El Estado Social y Administración prestacional", Revista Vasca de Administración Pública nº 57, 2000, Pág. 21]

7 Como afirma Parejo Alfonso se ha producido una alteración del papel del mercado; de ser un instrumento de organización de intercambio de bienes y servicios ha pasado a ser un criterio de organización idóneo para la entera vida social [Ver "Estado Social y Estado de Bienestar a la luz del orden constitucional", en VVAA (Muñoz Machado, S., García Delgado, J.L., González Seara, L): Las estructuras del bienestar. Propuestas actuales de reforma y nuevos horizontes, Escuela Libre Editorial-Civitas, 2002, Pág. 802)].

8 Art 57 TFUE *in fine*: Sin perjuicio de las disposiciones del capítulo relativo al derecho de establecimiento, el prestador de un servicio podrá, con objeto de realizar dicha prestación, ejercer temporalmente su actividad en el Estado miembro donde se lleve a cabo la prestación, en las mismas condiciones que imponga ese Estado a sus propios nacionales.

9 Desde la doctrina científica se ha apuntado con acierto que la Directiva de Servicios antes que establecer mecanismos específicamente dirigidos a eliminar definitivamente las trabas para la

otros instrumentos: i) mediante la prohibición de establecer autorizaciones y la sustitución de las vigentes por comunicaciones previas o declaraciones responsables; ii) la conversión del silencio administrativo positivo en regla general para el inicio de la actividad.

De este modo, se amplía considerablemente el margen de libertad de los sujetos privados, al permitírseles el inicio de la actividad de servicios sin necesidad de control administrativo previo. Así, la Ley 17/2009, de 23 de noviembre, establece en su artículo 5: "La normativa reguladora del acceso a una actividad de servicios o del ejercicio de la misma no podrá imponer a los prestadores un régimen de autorización, salvo excepcionalmente". La Ley opta por establecer como regla general la prohibición de control previo para el ejercicio de la actividad, de tal modo que las actividades puedan iniciarse mediante una simple comunicación previa o la declaración de que se cumplen todos los requisitos establecidos por la normativa sectorial de aplicación (artículo 7).

Los artículos 5 y 7.3 de la Ley 17/2009, de 23 de noviembre contemplan las excepciones que pueden justificar el establecimiento de un régimen autorizatorio preventivo de actividades de servicios. El primero de ellos se refiere a la existencia de razones imperiosas de interés general; en ese caso se entiende que existe una afectación proporcionada del derecho a iniciar la actividad de servicios, siempre y cuando vengan establecidas en una norma con rango de Ley y los trámites y procedimientos para su obtención tengan carácter reglado, sean claros e inequívocos, objetivos e imparciales, transparentes, proporcionados al objetivo de interés general y dados a conocer con antelación (artículo 6).

Por su parte, el artículo 7.3 de esa misma contempla la posibilidad de acotar motivadamente el ámbito territorial de validez de las autorizaciones y, en consecuencia circunscribirse a una parte del territorio, por "razones de orden público, seguridad pública, salud pública o protección del medio ambiente, resulte proporcionado y no discriminatorio". Además, podrá obligarse a obtener una autorización para cada establecimiento físico "cuando esté justificado por una razón

---

consolidación del mercado interior de servicios establece un modelo ultraliberal de intervención estatal en el ámbito económico, lo que supera al ámbito competencial de la Unión Europea, y en consecuencia puede suponer una suerte de mutación constitucional respecto al espacio de soberanía cedido por los Estados miembros. Ver De La Quadra-Salcedo Fernández Del Castillo, T: "La Directiva de Servicios y la libertad de empresa", El Cronista del Estado Social y Democrático de Derecho nº 7, octubre 2009; De La Quadra-Salcedo Janini, T: "*¿Quo vadis,* Bolkestein? ¿Armonización o mera desregulación de la prestación de servicios? Revista Española de Derecho Europeo nº 22, 2007; Parejo Alfonso, L: "La desregulación de los servicios con motivo de la Directiva Bolkestein", El Cronista del Estado Social y Democrático de Derecho nº6, junio 2009; Muñoz Machado, S: "Las regulaciones por silencio (Cambio de paradigma en la intervención administrativa en los mercados), El Cronista del Estado Social y Democrático de Derecho nº9, enero 2010; Esteve Pardo, J: Lecciones de Derecho Administrativo, Marcial Pons, 2011

imperiosa de interés general, resulte proporcionado y no discriminatorio" (artículo 8.3). Sin perjuicio de lo que a continuación abundemos al respecto, bajo esta excepción se puede incluir la exigencia de autorización o incluso concesión para la utilización privativa del dominio público, como es el caso, por ejemplo, de las autorizaciones exigidas para la venta ambulante en la vía pública, o la instalación de terrazas con veladores[10]

Fuera de esas excepciones el control previo autorizatorio por parte de la Administración está vedado en el sector servicios. Por eso mismo es posible afirmar que bajo este modelo el propio Estado se ha autolimitado la posibilidad de definir el modelo colectivo que quiere alcanzar, por cuanto está predefinido ex ante por la Directiva[11] y la propia Ley[12]. No obstante, debe tenerse presente que la excepcionalidad del control preventivo autorizatorio no impide la posibilidad de exigir otros requisitos para el ejercicio de la actividad, siempre y cuando no sean de los expresamente prohibidos por el artículo 9 de la Ley 17/2009, de 23 de noviembre. Ahora bien, la Ley no anuda razón imperiosa de interés general a régimen autorizatorio, y nada impide que ese caso el régimen de control de la actividad puede ser ex post.

---

10 Los tres requisitos son relativamente novedosos, y deberían estar presentes en toda acción administrativa a la hora de determinar el interés general mediante una decisión concreta con consecuencias jurídicas, si bien no a la luz del principio de proporcionalidad, sino a la del principio de razonabilidad, que asegura que aquella acción va dirigida a los valores comunes atribuidos constitucionalmente al Estado y no solo a la salvaguardia del mero interés privado o particular (Ver De La Quadra-Salcedo Fernández Del Castillo, T: "La Directiva de Servicios y la libertad de empresa", El Cronista del Estado Social y Democrático de Derecho nº 7, octubre 2009). En todo caso creemos que el nuevo modelo posee un límite que no debería soslayarse: La Directiva no se aplica a los servicios puramente administrativos, ni a los servicios sanitarios ni a los servicios sociales ni, en general, a los servicios de interés general, ni a aquella parte de los de carácter económico que cumplen misiones de interés general. El Considerando 8 de la Directiva es muy expresivo: "Conviene que lo dispuesto en la presente Directiva sobre la libertad de establecimiento y la libre circulación de servicios se aplique siempre que las actividades de que se trate estén abiertas a la competencia y, por tanto, no se obligue a los Estados miembros ni a liberalizar servicios de interés económico general ni a privatizar entidades públicas que presten este tipo de servicios, ni a abolir los actuales monopolios para otras actividades o determinados servicios de distribución"

11 Por tal razón la Directiva de Servicios fue fuertemente contestada desde antes de su aprobación formal, desde el momento en que fue germinada como mero proyecto, por sectores sociales partidarios de una mayor intervención social del Estado (Ver al respecto Los servicios públicos ante la Directiva relativa a los servicios en el mercado interior: entre la solidaridad y el mercado (De la Cuadra-Salcedo, dir), Marcial Pons, 2009).

12 Esta circunstancia puede suponer una limitación de los programas ideológicos que puedan ser desarrollados en el marco del Estado Social, lo que plantea también evidentes problemas constitucionales, teniendo en consideración la concepción plural de nuestro modelo territorial. Ver Muñoz Machado, S: "Las regulaciones por silencio (Cambio de paradigma en la intervención administrativa en los mercados), El Cronista del Estado Social y Democrático de Derecho nº9, enero 2010, págs. 72-73.

Con la pretensión de garantizar la permanencia en el mercado de los prestadores de servicios sin trabas periódicas la Ley 17/2009, de 23 de noviembre establece con carácter general que la vigencia de las autorizaciones debe ser indefinida. Sin embargo, cuando razones imperiosas de interés general lo justifiquen o el número disponible de autorizaciones sea limitado, las autorizaciones para el desarrollo de actividades de servicios podrán tener vigencia acotada (artículo 7.1). En particular, la limitación del número de autorizaciones deberá estar justificada por la escasez de recursos naturales o inexcusables requisitos de carácter técnico (artículo 8.1). Cuando concurran estas circunstancias, "la autorización que se conceda tendrá una duración limitada y proporcionada atendiendo a las características de la prestación del servicio y no dará lugar a un procedimiento de renovación automática ni conllevará, una vez extinguida la autorización, ningún tipo de ventaja para el prestador cesante o para personas especialmente vinculadas con él".

Además, en esos mismos casos, continúa el artículo 8.2 de la Ley 17/2009, de 23 de noviembre, el procedimiento de concesión garantizará el cumplimiento de los principios de publicidad, objetividad, imparcialidad, transparencia y concurrencia competitiva. No obstante, "las Administraciones Públicas podrán tener en cuenta consideraciones en materia de salud pública, objetivos de política social, de salud y seguridad de los trabajadores por cuenta ajena y por cuenta propia, de protección del medio ambiente, de conservación del patrimonio cultural y cualquier otra razón imperiosa de interés general, siempre que estos criterios estén contemplados en las bases reguladoras de la concesión de las autorizaciones y guarden relación con el objeto de la concesión".

En definitiva, cuando la vigencia de las autorizaciones no sea indefinida el carácter reglado de las autorizaciones que preconiza el artículo 5 de la Ley 17/2009, de 23 de noviembre, puede verse relajado mediante la introducción de elementos de discrecionalidad relativos a objetivos de política social, de orden público, seguridad pública, salud pública, protección del medio ambiente, de protección de la salud y seguridad de los trabajadores o del patrimonio cultural o de cualquier otra razón imperiosa de interés general.

Finalmente, al anterior régimen no enerva la posibilidad de revocar las autorizaciones concedidas, en particular cuando revocar la autorización, en especial cuando dejen de cumplirse las condiciones para su concesión (artículo 7.2).

2. *La implantación del modelo en el régimen general de las Administraciones Públicas*

El modelo impulsado por la Directiva de Servicios no se ha plasmado únicamente en ese ámbito sustantivo. Manifestación de ello es la Ley 2/2011, de 4 de marzo de Economía Sostenible que, entre otros principios en materia de regulación, establece que "la iniciativa normativa que se proponga deberá ser el instrumento más adecuado para garantizar la consecución del objetivo que se persigue, tras constatar que no existen otras medidas menos restrictivas y menos distorsionadoras que permitan obtener el mismo resultado".

El anterior régimen se ha plasmado en el nuevo artículo 39 bis de la LRJPAC, titulado "Principios de intervención de las Administraciones Públicas para el desarrollo de una actividad". Dicho precepto establece ya no respecto las actividades de servicios, sino respecto cualquiera que los ciudadanos quieran desarrollar:

> "1. *Las Administraciones Públicas que en el ejercicio de sus respectivas competencias establezcan medidas que limiten el ejercicio de derechos individuales o colectivos o exijan el cumplimiento de requisitos para el desarrollo de una actividad, deberán elegir la medida menos restrictiva, motivar su necesidad para la protección del interés público así como justificar su adecuación para lograr los fines que se persiguen, sin que en ningún caso se produzcan diferencias de trato discriminatorias*".

Igualmente alguna Comunidad Autónoma ha ido más allá, al establecer mediante norma con rango de Ley, como principio inspirador, "la transformación de los procedimientos de autorización administrativa previa en declaraciones responsables y comunicaciones previas del interesado", y no necesariamente por tanto actividades de servicios [artículo 2.c) Ley 8/2009, de 21 de diciembre, de Medidas Liberalizadoras y de Apoyo a la Empresa Madrileña, mediante la que se transpone la Directiva de Servicios]. Esta Ley parte de tres principios generales, uno de ellos acaba de ser indicado, el segundo es la eliminación de trabas para el ejercicio de actividades económicas como los procedimientos, registros y demás requisitos que no sean necesarios, y el tercero y último la implantación del régimen de silencio administrativo positivo (artículo 2).

El nuevo modelo tenía que repercutir también, naturalmente, en el ámbito local, y de hecho ha constituido una fuente de quebraderos importantes para los responsables municipales, lo que motivó que la Federación Española de Municipios y Provincias elaborase un manual de evaluación para la implantación de la Directiva de Servicios y las Leyes mediante las que se transpuso.

Con carácter general, la Ley 7/1985, de 2 de abril, de Bases de Régimen Local (LrBRL) ha sido de hecho reformada para incorporar este nuevo paradigma, y así dispone el nuevo artículo 84 bis:

> *"(...) el ejercicio de actividades no se someterá a la obtención de licencia u otro medio de control preventivo. No obstante, podrán someterse a licencia o control preventivo aquellas actividades que afecten a la protección del medio ambiente o del patrimonio histórico-artístico, la seguridad o la salud públicas, o que impliquen el uso privativo y ocupación de los bienes de dominio público, siempre que la decisión de sometimiento esté justificada y resulte proporcionada. En caso de existencia de licencias o autorizaciones concurrentes entre una entidad local y alguna otra Administración, la entidad local deberá motivar expresamente en la justificación de la necesidad de la autorización o*

licencia el interés general concreto que se pretende proteger y que éste no se encuentra ya cubierto mediante otra autorización ya existente".

El precepto contempla la prohibición de establecer un control preventivo previo para el desarrollo de actividades por los ciudadanos en general, salvo en determinados supuestos excepcionales, entre los que precisamente se encuentra la protección del dominio público, previsión que, por cierto, no se encontraba en el proyecto de Ley de Economía Sostenible mediante la que se incorporó dicho precepto a la LrBRL. Recientemente, el Real Decreto-ley 19/2012, de 25 de mayo, de medidas urgentes de liberalización del comercio y de determinados servicios, afirma literalmente ha apuntalado el anterior régimen al suprimir cualquier tipo de licencia para el inicio y desarrollo de actividades comerciales (desarrolladas en establecimientos comerciales) excepto la relativa a la ocupación del dominio público o cuando exista un impacto en el patrimonio histórico artístico.

Paralelamente también se ha modificado el Reglamento de Servicios de las Corporaciones Locales para eliminar de su artículo 5 la referencia a las autorizaciones o licencias como uno más de los medios disponibles por las Entidades Locales para intervenir en las actividades que desarrollan los ciudadanos. Sin embargo, en consonancia con el nuevo modelo de intervención, el pionero artículo 6 del mismo texto legal no ha sido modificado: "Contenido de los actos de intervención de las Corporaciones locales de la actividad de sus administrados 1. El contenido de los actos de intervención será congruente con los motivos y fines que los justifiquen. 2. Si fueren varios los admisibles, se elegirá el menos restrictivo de la libertad individual".

Cumpliendo con el modelo impuesto por el nuevo marco normativo[13], los Ayuntamientos han optado por incorporar el nuevo paradigma de intervención bien siguiendo el diseño efectuado a nivel estatal, esto es una norma horizontal aplicable con carácter general a cualquier actividad al tiempo que se aprueba una norma de modificación de las ordenanzas municipales para adaptarlas al nuevo régimen de intervención, bien optando por aprobar únicamente esta última norma

---

13 A nuestro juicio, el modelo considera a los Ayuntamientos los hermanos menores de las Administraciones Públicas por ser ellos quienes tienen que justificar la compatibilidad de las autorizaciones o licencias que establezcan en comparación con las establecidas a nivel estatal o autonómico. La previsión posiblemente se justifique sobre la base de la predeterminación normativa del ámbito local por la legislación del Estado y de las Comunidades Autónomas, pero no es del todo respetuoso con la garantía de la autonomía local constitucionalmente garantizada, por sujetarse su alcance a la predeterminación reglamentaria por parte de las Administraciones estatal y autonómica de sus respectivos títulos de intervención, cuyos requisitos se concretan en normas infralegales, por mucho que la autorización deba estar recogida con carácter general en una norma con rango de Ley (artículo 7 Ley 17/2009, de 23 de noviembre).

que modifica las disposiciones municipales precisas. Este segundo caso ha sido el del Ayuntamiento de Madrid, que con fecha de 30 de marzo de 2011 aprobó la Ordenanza Municipal de Adaptación al ámbito de la Ciudad de Madrid de las previsiones contenidas en la normativa estatal y autonómica de transposición de la Directiva 2006/123/CE, del Parlamento Europeo y del Consejo de 12 de diciembre de 2006, relativa a los servicios en el mercado interior.

Esta norma municipal contiene i) el régimen general aplicable a todos los procedimientos administrativos, y que pivota sobre su simplificación en particular mediante la sustitución autorizaciones por comunicaciones previas o declaraciones responsables, la supresión de duplicidades de procedimientos y trámites, y la inscripción de oficio en registros cuando sea necesari; ii) la simplificación documental, entre otras formas aceptando los documentos emitidos por cualquier Administración Pública, y la eliminación de exigencias tradicionales como la aportación del DNI o de documentos originales; iii) la tramitación electrónica de los procedimientos; y iv) la instauración del régimen de ventanilla única que facilita el establecimiento y la prestación de servicios mediante el reconocimientos de los efectos de las autorizaciones emitidas por otras autoridades y la posibilidad de indagar sobre la veracidad y el ajuste a la legalidad de las actuaciones de los prestadores.

La Ordenanza Municipal constituye un buen ejemplo de la intensidad del impacto que el nuevo marco de intervención ha provocado en el ámbito local y no sólo en relación con la prestación de servicios por los ciudadanos[14]. Dicha norma modifica las siguiente normativa municipal:

- Reglamento de Prestación del Servicio de los Mercados Centrales de Abastecimiento (Mercamadrid), de 6 de abril de 1984
- Ordenanza General sobre Mobiliario Urbano, de 1 de marzo de 1985 ANM 1985\1
- Reglamento de Funcionamiento del Mercado Central de Pescados, de 31 de mayo de 1985
- Reglamento de Funcionamiento del Mercado Central de Frutas y Verduras, de 31 de mayo de 1985
- Reglamento de Funcionamiento del Mercado Central de Carnes, aprobado el 24 de julio de 1985 (BO. Comunidad de Madrid 12/10/1985 pág. 37-42) (derogado)

[14] La misma comprobación se puede efectuar acudiendo, por ejemplo, a las ordenanzas fiscales de cualquier municipio en las que se detallan las distintas actividades que devengan el pago de una tasa por aprovechamiento del dominio público. Así, la Ordenanza Fiscal de Barcelona 3.11 para el año 2012, puede ser consultada en *http://www.bcn.cat/hisenda/es/informacio_normativa_fiscals_2012.html*.

- Ordenanza Reguladora de los requisitos para la Prestación de Servicios Funerarios en el Municipio de Madrid, de 21 de marzo de 1997
- Ordenanza Gestión de Recintos de Ferias y Festejos Populares de las Juntas Municipales de Distrito, de 30 de julio de 1998.
- Ordenanza Fiscal Reguladora del Impuesto sobre Actividades Económicas (IAE)
- Ordenanza Fiscal Reguladora de la Tasa por Utilización Privativa o Aprovechamiento Especial del Dominio Público Local

  Ordenanza Fiscal reguladora del Impuesto sobre el Incremento del Valor de los Terrenos de Naturaleza Urbana
- Normas reguladoras de las ayudas económicas a las obras derivadas de la Inspección Técnica de Edificios, de 20 de diciembre de 2001
- Normas para la Tramitación de Expedientes de Abono de los Servicios Funerarios Gratuitos de Carácter Social en el Municipio de Madrid, de 30 de abril de 2003
- Ordenanza de Comercio Minorista de la Alimentación, de 27 de marzo de 2007
- Ordenanza Municipal de Protección de los Consumidores, de 27 de marzo de 2003
- Ordenanza Municipal Reguladora de la Venta Ambulante, de 27 de marzo de 2003
- Ordenanza Reguladora de Subvenciones de Consumo, de 30 de marzo de 2004 ANM 2004\21
- Reglamento Orgánico de Participación Ciudadana del Ayuntamiento de Madrid, de 31 de mayo de 2004
- Régimen de concesión de Prestaciones Sociales de Carácter Económico para Situaciones de Especial Necesidad y/o Emergencia Social en los Servicios Sociales del Ayuntamiento de Madrid, de 28 de septiembre de 2004
- Modifica Ordenanza de Subvenciones para la Modernización y Dinamización de los Mercados de Distrito y Centros Comerciales de Barrio, de 23 de diciembre de 2004
- Ordenanza de Subvenciones para la Dinamización del Comercio de Proximidad y el Fomento del Asociacionismo y la Formación en el Sector Comercial
- Reglamento del Reglamento del Registro de Personal del Ayuntamiento de Madrid, de 22 de diciembre de 2005
- Reglamento de Ordenación del Personal del Ayuntamiento de Madrid, de 22 de diciembre de 2005
- Ordenanza Municipal Reguladora de los Pasos de Vehículos, de 26 de abril de 2006

- Ordenanza de Diseño y Gestión de Obras en la Vía Pública, de 31 de mayo de 2006.
- Ordenanza de Gestión y Uso eficiente del Agua de la Ciudad de Madrid de 31 de mayo de 2006
- Ordenanza Reguladora de las Terrazas de Veladores y Quioscos de Hostelería, de 21 de diciembre de 2006
- Ordenanza fiscal reguladora del Impuesto sobre Construcciones, Instalaciones y Obras
- Reglamento de Adjudicación de Viviendas afectas a los Programas Municipales de Vivienda a aplicar por la Empresa Municipal de la Vivienda y Suelo de Madrid, S.A., de 30 de mayo de 2008
- Ordenanza Reguladora de la Distribución Gratuita de Prensa en la Vía Pública, de 29 de septiembre de 2008
- Ordenanza Reguladora de la Publicidad Exterior, de 30 de enero de 2009
- Ordenanza Reguladora de los Quioscos de Prensa, de 27 de febrero de 2009
- Ordenanza de Limpieza de los Espacios Públicos y Gestión de Residuos, de 27 de febrero de 2009
- Ordenanza por la que se establece el Régimen de Gestión de Control de las Licencias Urbanísticas de Actividades (OGLUA), de 29 de junio de 2009
- Ordenanza Reguladora del Acceso a los Servicios de Ayuda a Domicilio para Mayores y/o Personas con Discapacidad, de 29 de julio de 2009

Esta relación de normas nos ayuda a vislumbrar el cambio tan impactante que ha supuesto la Directiva de Servicios en el ámbito local. Los municipios se han visto así zarandeados ante la necesidad de reevaluar todo el régimen de intervención en las actividades de los ciudadanos, desde la pertinencia para exigir una autorización, el régimen de silencio administrativo o los requisitos que se venían exigiendo para permitir su desarrollo, entre otros lugares en la vía públicas.

III. EL RÉGIMEN GENERAL DEL DESARROLLO DE ACTIVIDADES EN LA VÍA PÚBLICA EN EL ANTERIOR CONTEXTO: ¿HACIA UNA REFORMULACIÓN DEL DOMINIO PÚBLICO?

1. Régimen jurídico de las autorizaciones para la utilización del dominio público

Seguidamente va a ser analizado como casa el tradicional régimen jurídico de los bienes de dominio público con el vigente contexto de excepcionalidad de controles previos de actividades implantado a resultas de la Directiva de Servicios.

El interrogante así es si a raíz de esta norma deben ser sustituidos los procedimientos autorizatorios por un régimen de comunicación previa o declaración responsable. ¿Debe ponerse fin al régimen de sometimiento a autorización concesión administrativa para la utilización de bienes de dominio público? Este interrogante nos llevará a su vez a indagar en la conceptualización del dominio público como institución, esto es, como categoría vinculada a la Administración bien como una propiedad especial bien como una *res extra comercium* respecto la cual ejerce un *dominio eminente* o potestades singulares para garantizar un uso conforme al interés general. Naturalmente el estudio tiene un carácter meramente aproximativo pero quizás valga la pena sentar algunas bases al respecto para dejar planteados interrogantes para ulteriores estudios de mayor calado.

Como es conocido, el régimen jurídico de la utilización de los bienes públicos está recogido en los artículos 84 y siguientes de la Ley 33/2003, de 3 de noviembre, de Patrimonio de las Administraciones Públicas (LPAP)[15]. Pues bien, para el aprovechamiento especial o el uso privativo de los bienes de dominio público el artículo 86 de la LPAP establece la exigencia de autorización administrativa cuando la ocupación se efectúe mediante una instalación desmontable o exceda de cuatro años, y concesión administrativa cuando se exceda de este plazo o el bien sea ocupado mediante instalaciones fijas esto es, en atención a la solidez o permanencia de la instalación (STS de 5 de noviembre de 1996, Ar. 1993)[16]. El procedimiento se sustancia conforme a las reglas generales de la LRJPAC, iniciándose de parte y teniendo el incumplimiento por la Administración de su deber de resolver en el plazo de seis meses los efectos de entender desestimada la petición (artículos 92 y 96)[17].

Igualmente el Reglamento de Bienes de las Entidades Locales, aprobado mediante el Real Decreto 1372/1986, de 13 de junio, distingue en su artículo 75 entre uso común y uso privativo de los bienes de dominio público, pudiendo ser el primero general o especial en atención a su peligrosidad, intensidad o cualquier otra circunstancia de esa naturaleza, mientras que el segundo consiste en la ocu-

---

15 Dicho régimen jurídico es explicado de forma comentada en distintas obras. Nosotros nos hemos guiado por el trabajo del profesor Parejo Alfonso, L: "El régimen jurídico general de los bienes públicos", en Parejo Alfonso, L. y Palomar Olmeda, A: Derecho de los bienes públicos, Tomo I, Aranzadi-Thomson Reuters, 2009, págs. 119 y ss, 2009.

16 En este sentido, sin perjuicio del criterio de permanencia de la instalación, la STSJ Galicia 27 de enero 2000 (Ar. 1012) considera criterio determinante del uso privativo frente al común el impacto que supone la actividad proyectada para el disfrute de mismo bien por el resto de los ciudadanos; así mientras la implantación de una terraza con mesas y silla requiere autorización, instalar una carpa conlleva delimitar y cerrar un determinado espacio, y por tanto una actuación más excluyente y agresiva, por mucho que no requiriese proyecto técnico dada su sencillez.

17 Parejo Alfonso, L: "El régimen jurídico general...", *Op. Cit.* Parejo Alfonso, L. y Palomar Olmeda, A (Coord), Aranzadi-Thomson Reuters, 2009, págs. 191 y ss

pación del dominio público con limitación o exclusión de los demás interesados. De esos usos, de conformidad a su vez con el Reglamento de Servicios de las Corporaciones Locales (artículo 5) el único que no requiere título administrativo previo es el uso común general, exigiéndose licencia administrativa para el común especial si es normal, esto es, si es conforme a la naturaleza del bien, y concesión administrativa para el uso privativo y en general para aquellos usos anormales o no conformes con el destino natural del bien.

Por lo que respecta al otorgamiento de las autorizaciones demaniales la regla general es otorgarla directamente a sus peticionarios, admitiendo así una pluralidad de usos. Para que la habilitación pueda tener lugar pueden ser exigidos tanto requisitos objetivos como subjetivos, lo que significa que no necesariamente debe tener carácter reglado, pues la Administración debe realizar una ponderación circunstanciada del interés público con la finalidad perseguida por el peticionario y las garantías de que va a satisfacerla. Así, entre dichas condiciones pueden encontrarse conceptos jurídicos indeterminados lo que supone la atribución de cierto margen de interpretación a la Administración, sin duda alguna también la atribución en determinadas ocasiones de discrecionalidad técnica e incluso de auténtica discrecionalidad, como pone de manifiesto la posibilidad de que el artículo 92.4 reconozca la posibilidad de que el otorgamiento de determinadas autorizaciones conlleven la valoración de condiciones especiales de los solicitantes, como por ejemplo la propia defensa de dichos bienes u otros bienes jurídicos como el medio ambiente urbano, incluyendo la estética de la instalación [TSJ de Galicia, de 27 de enero de 2000 (Ar.1012)]. Esta regla general cede en favor de una especial cuando el número de autorizaciones se encuentre limitado por cualquier circunstancia. Se trata así de una condición objetiva cuya presencia origina regladamente la aplicación de este régimen jurídico especial[18].

Las autorizaciones deben otorgarse bajo un procedimiento iniciado de oficio en el que compiten los adjudicatarios en régimen de concurrencia, excepto cuando no deban valorarse condiciones especiales en los solicitantes (aunque el número de autorizaciones si se encuentre limitado), en cuyo caso adjudicación se debe efectuar mediante sorteo.

En segundo lugar, la LPAP establece un plazo máximo de duración de las autorizaciones incluyendo las prórrogas de cuatro años. Además, la LPAP establece una prohibición general de transmisibilidad para aquellas autorizaciones para cuyo otorgamiento se requiera valorar circunstancias personales o cuando su número se encuentre limitado, salvo que las condiciones por las que se rigen admitan su transmisión (artículo 92.3).

---

18 Parejo Alfonso, L: "El régimen jurídico general...", *Op. Cit.* Parejo Alfonso, L. y Palomar Olmeda, A (Coord), Aranzadi-Thomson Reuters, 2009, págs. 192.

Finalmente, el artículo 92 en su apartado cuarto contempla la posible revocación unilateral por la Administración en cualquier momento por razones de interés público en los siguientes supuestos tasados: cuando resulten incompatibles con las condiciones generales aprobadas con posterioridad, produzcan daños en el dominio público, impidan su utilización para actividades de mayor interés público o menoscaben el uso general. Dicha revocación puede ser efectuada, además, sin obtener ningún derecho indemnizatorio, lo que es considerado por PAREJO ALFONSO una manifestación de que se trata de una autorización de tracto sucesivo concedida en precario y por tanto de su pleno acomodo a la garantía patrimonial de los artículos 33.3 y 106.2 CE[19]. No obstante, señala el mismo autor, todas las causas que motivan la revocación son regladas siendo por tanto pleno el control jurisdiccional cuando aquélla se lleva a cabo[20].

A la luz de lo anterior, aparentemente el régimen autorizatorio para la utilización del dominio público es compatible con lo previsto en la Ley 17/2009, de 23 de noviembre, salvo en su concreto régimen jurídico. La regulación de uno y otro título autorizatorio contempla la posibilidad de introducir cierto margen de discrecionalidad en el otorgamiento de las autorizaciones cuando su número sea limitado o concurran circunstancias especiales a valorar, como las que puedan corresponderse con razones imperiosas de interés general. Además, deben seguir cumpliéndose los requisitos establecidos en la Ley 17/2009, de 23 de noviembre respecto el procedimiento de otorgamiento, o la prohibición de integrar aspectos que constituyan barreras económicas de entrada.

Sin embargo el régimen jurídico de la autorización demanial no termina de encajar con el previsto en la Ley 17/20093, de 23 de noviembre, en particular en lo referido a su duración y renovación, transmisibilidad, otorgamiento por silencio, o revocación. ¿Cómo hacer posible entonces la compatibilidad entre ambos regímenes respecto los servicios prestados en la vía pública?

---

19 No obstante, Chinchilla en un excelente trabajo sobre las especialidades del régimen jurídico de los bienes de las entidades locales desde la perspectiva jurisprudencial, alude a la Sentencia del Tribunal Supremo de 13 de diciembre de 1997 8Ar.9540) en la que se reconoce el derecho a obtener una indemnización como consecuencia de la revocación de una autorización demanial tras la adopción de nuevos criterios para su concesión (ver Chinchilla, JA: "Los bienes de dominio público de las entidades locales. Especialidades", en Op. Cit. Parejo Alfonso, L. y Palomar Olmeda, A (Coord), Aranzadi-Thomson Reuters, 2009, pág. 274).

20 Parejo Alfonso, L: "El régimen jurídico general...", *Op. Cit.* Parejo Alfonso, L. y Palomar Olmeda, A (Coord), Aranzadi-Thomson Reuters, 2009, págs. 198.

2. *La inadmisibilidad de un hipotético control a posteriori de las actividades dearrolladas en el dominio público*

La primera posibilidad es proteger el dominio público mediante un control de las actividades a posteriori, esto es, mediante comunicación previa o comunicación responsable. En este sentido, aunque al reproducirlo anteriormente no lo hemos destacado, el artículo 84 bis LrBRL prevé como motivo excepcional para el establecimiento de un régimen autorizatorio la protección del dominio público, o incluso concesional, siempre que "la decisión de sometimiento esté justificada y resulte proporcionada".

De este precepto puede deducirse que el establecimiento de un régimen autorizatorio o concesional respecto actividades de servicios desarrolladas en el dominio público es dispositivo; los Entes Locales antes de someter una actividad de servicios a autorización administrativa por ocupación del dominio público deben así evaluar que i) la medida es necesaria para la protección del interés público, representado en este caso por el dominio público (ex artículo 132 CE); ii) que la restricción es proporcionada al fin perseguido, y por tanto que no puede alcanzarse de una manera menos restrictiva para la libertad individual de los ciudadanos; y iii) que la medida es idónea para la consecución de los fines perseguidos, lo que nos sitúa en clave de eficacia de la autorización o concesión exigida, esto es, que una medida distinta como el control a posteriori pudiera alcanzar el mismo objetivo.

La hipótesis plantea una dificultad dogmática relativa a la propia concepción y características del dominio público. Porque si el régimen de comunicación previa o declaración responsable conlleva la posibilidad de comenzar a desarrollar la actividad mediante su simple formalización, sin someterse a un control preventivo ex ante de la Administración Pública, cuando se desarrolla en dominio púbico ¿implica que los particulares poseen un derecho preexistente a emplear los bienes que lo integran? Esta posibilidad nos traslada de lleno a la ya vieja polémica en torno a la naturaleza del dominio público, que puede verse así reabierta como consecuencia del régimen autorizatorio excepcional que pretende implantarse a resultas de la Directiva de Servicios.

Simplificando mucho los valiosos trabajos doctrinales que se han ocupado de la materia y sin pretender ser exhaustivos en su identificación, la teoría predominante en España, bajo la influencia de la francesa elaborada por HARIOU, ha sido concebir los bienes de dominio público como una propiedad especial de la Administración Pública dada su indisponibilidad incluso para ella misma (ENTRENA CUESTA[21]) y a partir de la afectación como una circunstancia eventual (GARCÍA DE

---

[21] "El servicio de taxis", RAP nº 27, septiembre-diciembre 1958, págs. 29-61; Régimen Jurídico de los Hidrocarburos, RAP nº 29, 1959 pág. 329-376; "Naturaleza y régimen jurídico de las rocas", RAP nº. 30, 1959.

ENTERRÍA[22]) que no impide la concurrencia del resto de facultades inherentes de dicho derecho real, como por ejemplo recoger sus frutos (GARRIDO FALLA[23]).

A su vez, desde esta perspectiva subjetiva del dominio público, para enervar la crítica realizada desde la tesis objetiva que a continuación va a referirse, SAINZ MORENO entiende que la configuración social del derecho de propiedad ex artículo 33.2 CE ha acercado sustantivamente la de naturaleza de la propiedad privada y pública, en el sentido de que una y otra están delimitadas de acuerdo con el interés general, aunque la segunda en mayor grado o intensidad que la primera, lo que es una manifestación a su vez de la subordinación de la riqueza al interés general que preconiza el artículo 128.1 CE. Además, el hecho de que sobre los bienes de dominio público se articulen competencias administrativas distintas no enerva ni el dominio de una de ellas sobre la cosa ni su posible coordinación, a su vez, teniendo en cuanta que una de ellas será predominante.

En contraste con la anterior doctrina[24], otro sector entiende que la Administración no puede ser considerada propietaria de los bienes de dominio público; de entrada porque la nota de inalienabilidad niega una facultad dominical esencial, y en consecuencia la naturaleza de la relación entre la Administración Pública y el dominio público debe apartarse de su concepción civil o patrimonialista. El objeto central de la categoría es así la afectación de sus bienes al interés general y las potestades dirigidas a protegerlos. Bajo esta perspectiva, el dominio público volvería a considerarse, según los casos, una cosa fuera del comercio de los hombres, pero sobre todo un título de intervención pública sobre ellos y las actividades a que se destinan (VILLAR PALASÍ[25], FONT LLOVET[26], SANCHEZ MORON[27], MORILLO-VELARDE PÉREZ[28], GONZÁLEZ GARCÍA[29]). En esta segunda línea, aunque intermedia entre las dos posiciones, se sitúa también el profesor PAREJO ALFONSO para quien las características constitucionales de los bienes de dominio público imposibilita

---

22 Dos estudios sobre la usucapión en Derecho Administrativo, Thomson-Civitas, 2007 (4ªed)

23 Tratado de Derecho Administrativo, Vol II, 2002, pág. 453 y ss.

24 Las distintas teorías elaboradas respecto la naturaleza de los bienes de dominio público se han planteado según PAREJO ALFONSO desde una perspectiva historicista y anclada al Derecho civil, lo que ha dificultado la elaboración de una teoría propia *ius* administrativa que diera respuesta a los interrogantes que plantea la categoría en el marco de un Estado Social y Democrático de Derecho ("Dominio público: Un ensayo de reconstrucción de su teoría general", RAP nº 100-102, 1983, págs. 2379-2422).

25 "Naturaleza y regulación de la concesión minera", RAP nº 1, 1950, págs. 79-116

26 "La protección del dominio público en la formación del Derecho Administrativo español: potestad sancionadora y resarcimiento de daños", RAP nº 123, 1993, págs. 7-81

27 Sanchez Morón, M (Coord) *et al:* Los bienes públicos (régimen jurídico), Tecnos, 1997, págs. 64-73.

28 Morillo Velarde Pérez, JI: Dominio Público, ed. Trivium 1992

29 Gonzalez García, J: La titularidad de los bienes de dominio público, Marcial Pons, 1998.

atribuir su propiedad a la Administración Pública, lo que no impide que en ellos pueda afirmarse que sí hay rasgos atributivos de propiedad, si bien lo trascendental es el fin al que están destinados y las potestades dirigidas para alcanzarlo, con la finalidad última de satisfacer las necesidades colectivas que impone el Estado Social[30].

Pues bien, sostener la existencia de un derecho preexistente a la utilización del dominio público supondría una razón más para negar a la Administración Pública la condición de nuda propietaria de los bienes de dominio público a favor de los particulares, que podrían incluso poseer un derecho real de utilización de estos bienes en el sentido de su disponibilidad inmediata, y que pondría en peligro su imprescriptibilidad sin necesidad de desafectación previa, incluso tácita[31]. Porque, en efecto, dichos bienes podrían prescribir a favor de los particulares a partir de la simple comunicación o declaración responsable por los ciudadanos de su utilización para satisfacción propia. Serían ellos quienes determinasen su destino idóneo, al margen de su concreta afectación, y se les conferiría la posibilidad de dotar al interés público de su contenido, esencialmente coincidente con el suyo propio, cuando sabemos no sólo que no es siempre así.

Igualmente, el reconocimiento de ese derecho preexistente supondría una limitación de las facultades administrativas para preservar esos bienes de acuerdo con su concreta afectación y en última instancia del interés general perseguido en virtud de la cláusula de Estado Social. Serían así los ciudadanos quienes decidiesen el concreto destino que podría darse a los bienes de dominio público, cuando es obvio que no pueden hacerlo ni siquiera con los que son de su propiedad, ex artículo 33.2 CE. Igualmente, si los ciudadanos pueden ocuparlos sin necesidad de comprobar la Administración que su utilización es conforme al interés general ¿Dónde queda el régimen de utilización de los bienes de dominio público? ¿Y las facultades exorbitantes dirigidas a protegerlo? ¿Y la precariedad de las autorizaciones demaniales?[32] ¿En qué medida podrían utilizar la Administración Pública el denominado interdicto propio para recuperar los bienes si la apariencia de buen derecho cae del lado de los particulares? ¿Y la posibilidad de revocar su título habilitante por circunstancias sobrevenidas? ¿Y la consideración negativa del si-

---

30 "La *summa divisio* de las cosas. Las cosas públicas. El patrimonio de las Administraciones Públicas y el dominio público", en Parejo Alfonso, L. y Palomar Olmeda, A (Coord), Op. Cit. Tomo I, 2009 págs. 9 y 35.

31 Ver Sainz Moreno, F: Dominio Público: una reflexión…" *Op. Cit*, 1999, págs. 503 y ss; y respecto la desafectación tácita en especial el conocido trabajo del profesor García De Enterría, E: "Dos estudios…", *Op. Cit*, 2007, pág. 102 y ss.

32 Ver SSTS 22 de febrero de 1999 (Ar. 1386), 29 de junio de 2000 (Ar.10355), 6 de abril de 1997 (Ar.4236).

lencio administrativo a partir de la adquisición de facultades relativas al dominio público?

El reconocimiento de ese derecho preexistente a la utilización del dominio público pondría en peligro la ordenación racional del uso de los bienes públicos y por tanto la realización de la finalidad de interés general a que van destinados. En definitiva aplicar el régimen de comunicación previa o declaración responsable a la utilización de los bienes de dominio público supondría rebajar su protección jurídica no ya al nivel de protección de los bienes patrimoniales, sino incluso por debajo de estos, al negar características inherentes a la condición de propietario, pero también de las prerrogativas públicas dirigidas a garantizar el interés público, que pasarían a formar parte de la esfera jurídica de los ciudadanos, lo que es inadmisible como regla general[33].

La famosa STC 227/1988, de 29 de noviembre afirmaba que el régimen garantizado por el art 132 CE *"no puede quedar reducido a la finalidad de preservar en manos de los poderes públicos la nuda titularidad sobre los bienes demaniales, sino que se extienden en sentido sustantivo a asegurar una ordenación racional y socialmente aceptable de su uso y disfrute, cuya incongruencia con la cesión ilimitada en el tiempo del dominio útil o aprovechamiento privativo resulta patente"*.

De la anterior doctrina constitucional se infiere que únicamente puede corresponder a la Administración Pública gravar los bienes de dominio público como consecuencia de su nuda titularidad, y en todo caso dentro de los límites de la inalienabilidad e imprescriptibilidad. Es el titular del bien, sin perjuicio de las demás competencias de otras Administraciones Públicas respecto al mismo (STC 227/1988), quien puede autorizar un uso de los bienes mediante el destino que en cada momento se disponga y en su caso o exigir una concesión administrativa. El aprovechamiento de estos bienes debe efectuarse sobre la base de un régimen que excluye la posibilidad de que los particulares dispongan de ellos, de entrada ilimitadamente, pero además en virtud de su propia voluntad. Constitucionalmente sólo puede corresponder a las Administraciones Públicas habilitar a los ciudadanos el empleo de bienes de dominio públicos[34].

En el contexto de un Estado Social se exige actuaciones positivas a los Poderes Públicos para generar el bienestar de los ciudadanos en su conjunto sobre la base última de un conjunto de valores y entre ellos la dignidad de la persona (artículos 9.2 y 10.2 CE), y con tal fin se atribuye la concreta misión a las Administraciones Públicas de la defensa del interés general (artículo 106.1 CE). Con esta meta la Constitución les dota de potestades exorbitantes, entre las que se encuentran

---

33 Ver Morillo Velarde Pérez, JI: *Op. Cit.*, 1992, pág. 92

34 Ver Garrido Falla, F: Tratado..., *Op. Cit*, 2004, pág. 530; Sainz Moreno, F: *Op. Cit*, 1999, pág. 503.

las destinadas a garantizar la integridad y correcto destino de los bienes de dominio público; bienes que incluso son plenamente indisponibles para ellas por configurarlos como *res extra commercium*[35], confiriéndoles unos rasgos propios de una garantía institucional[36] que garantiza su inmanencia junto a potestades exorbitantes frente a usurpaciones ilegítimas, para su defensa y garantía. Por este motivo, desde el momento en que se estipulase un régimen que arrumbara con este armazón, que anulara estas potestades, que supusiera incluso la posibilidad de situar los bienes de dominio público en el tráfico jurídico ordinario e implicase la pérdida por las Administraciones Públicas de su facultad de ordenación del uso de dichos bienes para primar la disponibilidad jurídica por los ciudadanos, supondría el desapoderamiento a aquellas de un instrumento para mejorar el bienestar colectivo y por ello en último término se estaría afectando a un elemento basal del propio Estado Social.

Se comprende así que el artículo 84 de la LPAP estipule que "*Nadie puede, sin título que lo autorice otorgado por la autoridad competente, ocupar bienes de dominio público o utilizarlos en forma que exceda el derecho de uso que, en su caso, corresponde a todos*". Desde una perspectiva legal, sustantivamente la utilización privativa del dominio público no puede ampararse en una comunicación previa o declaración responsable, en la medida que la Administración se encuentra desapoderada para vigilar el posible exceso de uso que, en su caso —y por tanto no inherentemente— puede corresponder a todos. Desde una perspectiva formal, además, la comunicación previa o declaración responsable no tienen la consideración de títulos administrativos habilitantes, al carecer de su propia esencia: no son títulos administrativos sino promovidos por los propios particulares.

3. *La conjugación del régimen de libre prestación de servicios con el de autorizaciones demaniales desde la consideración del dominio público una manifestación de autoridad pública y el doble título de intervención sobre las actividades desarrolladas en los bienes que lo integran*

Si no es admisible el establecimiento de un control ex post de las actividades que con especial intensidad se desarrollan en dominio público, ¿cómo justificar entonces la permanencia del régimen autorizatorio en el contexto de la libre prestación de servicios?

---

35 Ver Morillo-Velarde Pérez, JI: *Op. Cit.*, 1992, pág. 135.

36 Vid. Gonzalez García, J: *Op. Cit*, 1998, pág. 105.

La primera e inmediata posibilidad es considerar que el dominio público constituye una de las razones imperiosas de interés general que justifican el establecimiento excepcional de un régimen autorizatorio. De hecho, así parece deducirse del tenor literal del artículo 84 bis LrBRL, al incluir junto a ellas la protección del dominio público.

Sin embargo, aunque la cuestión requiera un estudio en profundidad del que ahora pueda avanzarse creemos que el dominio público no constituye una razón imperiosa de interés general ni formal ni sustantivamente, lo que no quita para que tenga un reconocimiento debido en el régimen de libre prestación de servicios dada la imbricación entre la actividad y el lugar físico en que se ejerce. Al fin y al cabo la sustantividad propia del dominio público es servir de título de intervención para el desarrollo de medidas dirigidas a la satisfacción del interés general, de ahí su concepción dinámica en atención a los objetivos que en cada momento se señalen a los poderes públicos en el marco del vigente Estado Social[37].

En efecto, desde una perspectiva formal, la Ley 17/2009, de 23 de noviembre contempla una serie de razones imperiosas de interés general, además de forma tasada, en contraste con lo que efectúa la propia Directiva de Servicios[38]. Pues bien, ni en una ni otra norma integran el dominio público como razón imperiosa de interés general, y aunque la Directiva permite considerar razones imperiosas de interés general otras distintas a las expresamente contempladas en ella, debe estar avalado por la jurisprudencia del TJUE, lo que no ha sucedido, salvo error por nuestra parte.

La Ley 17/2009, de 23 de noviembre hace referencia al establecimiento físico como motivo que puede amparar la limitación territorial de regímenes de declara-

---

37 Ver Parejo Alfonso, L: "Dominio Público:...", *Op. Cit,* 1983, pág. 2404.

38 El artículo 3 de la Ley 17/2009, de 23 de noviembre define como razón imperiosa de interés general: "razón definida e interpretada [por[la jurisprudencia del Tribunal de Justicia de las Comunidades Europeas, **limitadas** las siguientes: el orden público, la seguridad pública, la protección civil, la salud pública, la preservación del equilibrio financiero del régimen de seguridad social, la protección de los derechos, la seguridad y la salud de los consumidores, de los destinatarios de servicios y de los trabajadores, las exigencias de la buena fe en las transacciones comerciales, la lucha contra el fraude, la protección del medio ambiente y del entorno urbano, la sanidad animal, la propiedad intelectual e industrial, la conservación del patrimonio histórico y artístico nacional y los objetivos de la política social y cultural". En cambio la Directiva de Servicios no establece un *numerus clausus* de razones imperiosas de interés general; así el Considerando 40 afirma literalmente: "*El concepto de "razones imperiosas de interés general" al que se hace referencia en determinadas prescripciones de la presente Directiva ha sido desarrollado por el Tribunal de Justicia en su jurisprudencia relativa a los artículos 43 y 49 del Tratado y puede seguir evolucionando. La noción reconocida en la jurisprudencia del Tribunal de Justicia abarca al menos los ámbitos siguientes...*". Por este motivo, define en su articulado razón imperiosa de interés general la "reconocida como tal en la jurisprudencia del Tribunal de Justicia, **incluidas** las siguientes...".

ción responsable o autorizatorios, siempre que a su vez exista una razón imperiosa de interés general (artículo 7.3 *in fine*):

> *Asimismo, podrá exigirse una autorización, una comunicación o una declaración responsable individual para cada establecimiento físico cuando esté justificado por una razón imperiosa de interés general, resulte proporcionado y no discriminatorio. Cuando el prestador de servicios ya esté establecido en España y ejerza legalmente la actividad, estas autorizaciones o declaraciones responsables no podrán contemplar requisitos que no estén ligados específicamente al establecimiento físico a partir del cual pretende llevar a cabo dicha actividad.*

De conformidad con este precepto, la configuración de las condiciones sobre el establecimiento físico en el que se desarrolla la actividad constituye una causa justificativa para la limitación territorial de la formalidad requerida para el desarrollo de la actividad, antes que una razón objetiva para la implantación de regímenes autorizatorios o de requisitos cuyo cumplimiento debe ser cumplido mediante una declaración responsable. De esta manera, la concurrencia de razones imperiosas de interés general como el medio ambiente, la salud o el entorno urbano podrán motivar la exigencia de una autorización administrativa o no, en atención a la ponderación que se haga de acuerdo con el principio de no proporcionalidad para el desarrollo de la actividad, pero ese régimen puede tener que sujetarse a limitaciones territoriales como consecuencia de un factor externo relacionado con el establecimiento físico, pero no necesariamente circunscrito al mismo: en lo que a nosotros interesa la protección del dominio público.

A nuestro juicio el artículo 7.3 *in fine* de la Ley 17/2009, de 23 de noviembre está otorgando cobertura a la posibilidad de limitar el ámbito territorial de validez de las autorizaciones o en su caso declaraciones responsables como consecuencia de un factor que no está incluido en el ámbito de la libre prestación del servicio, como es el lugar donde puede desarrollarse. Mientras la prestación del servicio es una actividad manifestación del derecho a la libertad de empresa, una conocida jurisprudencia constitucional excluye de su contenido esencial su ejercicio ilimitado, y por tanto su delimitación conforme a las exigencias del interés general, lo que incluye el lugar donde puede desarrollarse, sea propiedad privada o pública y en especial si es dominio público.

El dominio público constituye así un título de intervención autónomo y diferenciado del que justifica la ordenación de la actividad de servicios mediante el sometimiento a requisitos concretos (aunque sea a través de una declaración responsable), para así equilibrar la libre prestación de aquella con otros bienes jurídicos merecedores de protección, como son las razones imperiosas de interés general[39]. Entre

---

39 Vid Morillo Velarde, JI: *Op. Cit.* 1992, págs. 131-132.

estas razones formalmente no figura la protección del dominio público, pero es que sustantivamente no puede hacerlo: no sólo porque, como se ha razonado anteriormente, no está al alcance de los particulares determinar cuándo pueden utilizarlo dada su caracterización constitucional, sino también porque el dominio público, y el conjunto de potestades públicas dirigidas a su protección y correcto uso parece estar excluido de la Ley 17/2009, de 23 de noviembre.

En efecto, la Directiva de Servicios excluye de su ámbito de aplicación *i) las actividades vinculadas al ejercicio de la autoridad pública de conformidad con el artículo 45 del Tratado"*. Pues bien, dispone actualmente el artículo 51 del TFUE (antiguo artículo 45 TCE), aplicable a la libertad de prestación de servicios según el vigente artículo 62 del mismo texto legal (antiguo artículo 55 TCE): *Las disposiciones del presente capítulo no se aplicarán, en lo que respecta al Estado miembro interesado, a las actividades que, en dicho Estado, estén relacionadas, aunque sólo sea de manera ocasional, con el ejercicio del poder público.*

A la luz de dicha causa de exclusión la pregunta que inmediatamente surge es ¿Acaso el régimen de utilización de los bienes públicos no constituye una manifestación del ejercicio de autoridad pública, en el sentido del artículo 51 del TFUE? ¿No es el dominio público considerado en sí mismo una potestad para proteger la finalidad pública a la que están afectados los bienes públicos? A nuestro parecer, sin perjuicio de estudio de mayor calado sobre el tema, aparentemente se impone una respuesta positiva, sobre todo si se pone dicho régimen en conexión con las potestades administrativas dirigidas a proteger la titularidad de los bienes, los fines de interés público a que están afectados o sus propias características: inventarios, catalogación investigación, deslinde, *interdictum propium,* deshaucio administrativo, limitaciones y servidumbres sobre colindantes y las propias notas inherentes de inembargabilidad, inalienabilidad e imprescriptibilidad[40].

Esta impresión se puede confirmar atendiendo a la jurisprudencia recaída sobre esta materia. La STJUE de 24 de mayo de 2011 (Ar. TJCE 2011\148) fue emitida con ocasión de la legislación luxemburguesa que discriminaba el acceso a la profesión de notario a favor de los nacionales de dicho país sobre la base de considerar las funciones que estos profesionales desempeñan propias del ejercicio de poder público. Pues bien, señala la Gran Sala del TJUE varios criterios para poder aplicar dicha excepción; en primer lugar su debida interpretación restrictiva, de tal modo que se limite el alcance del artículo 51 TFUE *"a lo estrictamente necesario para salvaguardar los intereses cuya protección les está permitida a los Estados miembros por esta disposición"* (FJ84), y en todo caso a actividades *directa y específicamente*

---

40 Ver Parejo Alfonso, L: "El régimen jurídico general...", Op. Cit. Parejo Alfonso, L. y Palomar Olmeda, A (Coord), Aranzadi-Thomson Reuters, 2009, págs. 156-169; Sanchez Morón M (Coord). *et al:* Los bienes públicos...; *Op. Cit.* 1997, págs. 64-73.

relacionadas con el ejercicio del poder público (FJ85)". De entrada por tanto, la excepción únicamente debe comprender actividades relacionadas con el ejercicio de autoridad pública, en las que puede incluirse sin dificultad todo el régimen de exorbitancias de Derecho Público, entre las que se encuentra la exigencia de un título habilitante específico para la utilización del dominio público y sin duda algunas las potestades dirigidas a protegerlo.

Así, el *Tribunal de Justicia ha tenido ocasión de declarar que no se encuentran comprendidas en dicha excepción: "actividades auxiliares o preparatorias respecto de las ejercidas por el poder público (véanse, en este sentido, las sentencias, antes citadas, Thijssen [TJCE 1993, 120], apartado 22; Comisión/España [TJCE 1998, 263], apartado 38; Servizi Ausiliari Dottori Commercialisti [TJCE 2006, 98], apartado 47; Comisión/Alemania [TJCE 2007, 338], apartado 38, y Comisión/Portugal [TJCE 2009, 328], apartado 36), o ciertas actividades cuyo ejercicio, aunque implique mantener contactos, incluso regulares y orgánicos, con autoridades administrativas o judiciales y hasta una colaboración obligatoria en su funcionamiento, deja intactas las facultades de apreciación y de decisión de dichas autoridades (véase, en este sentido, la sentencia Reyners, antes citada, apartados 51 y 53), o determinadas actividades que no implican el ejercicio de facultades decisorias (véanse, en este sentido, las sentencias, antes citadas, Thijssen, apartados 21 y 22; de 29 de noviembre de 2007, Comisión/Austria [TJCE 2007, 337], apartados 36 y 42; Comisión/Alemania [TJCE 2007, 338], apartados 38 y 44, y Comisión/Portugal [TJCE 2009, 328], apartados 36 y 41), de poderes coercitivos (véase, en este sentido, en particular, la sentencia Comisión/España, antes citada, apartado 37), o de poderes de compulsión (véanse, en este sentido, las sentencias de 30 de septiembre de 2003 [TJCE 2003, 295], Anker y otros, C-47/02, Rec. p. I-10447, apartado 61, y Comisión/Portugal [TJCE 2009, 328], antes citada, apartado 44).*

La concesión de autorizaciones demaniales no se encuentran en ninguno de los casos anteriores; esto es, no son manifestación de una actividad auxiliar respecto las ejercidas por el poder público porque son precisamente una manifestación principal de éste, son emitidas por la autoridad pública que debe pronunciarse obligatoriamente respecto su concesión, y contienen un evidente contenido decisorio, sobre todo si son de carácter discrecional, que ya sabemos que sí. Además, las facultades dirigidas a la protección de dominio público tienen un evidente poder coercitivo tanto estrictamente jurídico como material (delisnde, registros y catálogos, recuperación posesoria, deshaucio administrativo). A la luz de esta jurisprudencia puede convenirse que el régimen jurídico de los bienes públicos y desde luego las facultades administrativas dirigidas a su protección son una manifestación de autoridad pública al menos respecto la categoría de bienes demaniales, por lo que debería quedar fuera del ámbito de aplicación de la Directiva de Servicios. Su finalidad no es así establecer ninguna traba prohibida a la libre prestación de servicios sino proteger un determinado tipo de bienes al margen de que en ellos pretenda desarrollarse esa u otra actividad.

Por este motivo, el legislador al redactar el artículo 84 bis LrBRL cometió tres errores conceptuales: el primero equiparar razón imperiosa de interés general, y la consiguiente posibilidad de exigir requisitos concretos para prestar un servicio, con la posibilidad de limitar territorialmente la formalidad habilitante (sea o no autorización) anudándola a un establecimiento físico; el segundo equiparar esta última noción con la de dominio público, pues obviamente la actividad de servicios no tiene por qué desarrollarse siempre en dicho tipo de bien, aunque el espacio físico donde se desarrolle sí puede condicionar el territorialmente el título formal para ejercerla (por ejemplo porque se trate de un entorno protegido por razones ambientales, culturales o artísticas); finalmente el tercer error que contiene el precepto es considerar al dominio público una razón imperiosa de interés general, cuando el régimen jurídico de éstas en relación con las actividades no le es aplicable, lo que no quita para que cuando la actividad se desarrolle en él sea un motivo para limitar la validez territorial de las declaraciones responsables o autorizaciones sobre ella en relación con el espacio físico donde se desarrolla.

Esta es la interpretación que a nuestro juicio corresponde otorgar al artículo 7.3 *in fine* de la Ley 17/2009, de 23 de noviembre; la mención al establecimiento físico sirve de cobertura respecto la posibilidad de tener que limitar territorialmente las declaraciones responsables o autorizaciones para el desarrollo de la actividad en relación con el lugar en que se efectúa, como consecuencia de un régimen jurídico aplicable a ese ámbito, distinto del relativo a la libre prestación en que aquella se desenvuelve. Por este motivo decíamos atrás que existe una imbricación entre esta normativa y la aplicable a los bienes de dominio público, al reconocer esta posibilidad la Ley 17/2009, de 23 de noviembre en relación con un régimen jurídico ajeno[41].

La actividad de servicios podrá así ser ordenada en garantía de determinados bienes jurídicos pero cuando tiene lugar en dominio público, debe desarrollarse conforme a su régimen constitucional y legal y consiguientemente de forma respetuosa con él; a estos efectos, no puede obviarse que la supeditación de la riqueza del país al interés general comprende también los bienes públicos, y por tanto exige el pleno respeto por los particulares de sus características esenciales y el destino que el interés general demande, y que nada impide que sea coincidente

---

41 Como tempranamente explicó García De Enterría y señala en igual medida Entrena Cuesta, la ordenación de la actividad no puede producirse sobre la base de la utilización del dominio público, de acuerdo con la concepción del *lien indivisibe*, porque supondría el imperio o control pleno de las actividades que se desarrollan en él (Ver Entrena Cuesta: "El servicio de taxis", RAP nº 27, septiembre-diciembre 1958, págs. 29-61).

con el perseguido por los particulares (art 128.1 CE), en particular cuando se trate de bienes públicos cuyo interés primordial no sea su exclusiva utilización o correcta explotación por las Administraciones Públicas[42].

A nuestro parecer esta es la única forma de conjugar cabalmente la exigencia constitucional de un régimen autorizatorio para la utilización de bienes de dominio público con el régimen para la prestación de servicios en el vigente contexto: diferenciar de un lado las condiciones para el desarrollo de la actividad en cuanto servicio y de otro lado las exigibles respecto al lugar donde pretende ejercerse, que además no tiene por qué ser dedicado en exclusiva a dicha actividad[43]. De hecho, unas y otras actividades responden a títulos diferenciados: la prestación de servicios está vinculada con la libertad de empresa (artículo 38 CE), y la posibilidad de delimitar su ejercicio para la protección de otros bienes jurídicos, entre ellos la propia protección del dominio público (artículo 132 CE).

La interpretación efectuada es mucho más respetuosa con la cláusula constitucional de Estado Social, al suponer el reconocimiento de un derecho previo al ejercicio de la actividad económica, delimitado de acuerdo con su vertiente o función social, al tiempo que el dominio público no pierde la finalidad que lo justifica de establecer un conjunto de bienes fuera del comercio para destinarlos a satisfacer necesidades de interés general. Pero además casa plenamente con la cláusula de Estado autonómico, en la medida que, tal y como declaró la STC 227/1998, la titularidad del dominio público no puede impedir el ejercicio de sus competencias por el resto de las Administraciones Públicas. La autorización demanial no impide así el sometimiento a regímenes diferenciados de la actividad que se desarrolla en él, incluso en el supuesto de que corresponda aplicarlos a otras Administraciones Públicas[44].

---

42 Ver González García, J: *Op. Cit,* 1998, pág. 96 y ss.

43 Desde esta óptica es quizás como debe evaluarse también el artículo 26 de la Ley 32/2003, de 2 de noviembre General de Telecomunicaciones, que reconoce el derecho de los operadores a la ocupación del dominio público, aunque merecería una atención específica acorde con el carácter de servicio económico de interés general de las telecomunicaciones.

44 En materia de distribución de competencias entre el Estado y las CCAA respecto al dominio público la jurisprudencia constitucional diferencia entre la de carácter básico del Estado sustentada sobre el régimen jurídico de las Administraciones Públicas (art 149.1.18 CE), precisamente el título competencial que la LPAP invoca para declarar que el artículo 84 tiene esa naturaleza, y la relativa a la titularidad así como la incidencia de otras competencias sobre los bienes que lo integran. En esta última cuestión es capital la STC 227/1988, de 29 de noviembre recaída a propósito de la Ley 29/1985, de 2 de agosto, de Aguas: "un plano de reflexión más general, puede afirmarse que, con base en el texto de la Constitución y de los Estatutos de Autonomía, las normas que distribuyen competencias entre el Estado y las Comunidades Autónomas sobre bienes de dominio público no prejuzgan necesariamente que la titularidad de los mismos corresponda a éste o a aquéllas. (...). De donde se sigue que son, en principio, separables la propiedad pública de un bien y el ejercicio de competencias públicas que lo utilizan como soporte natural.

Se entiende así que en el entorno de libre prestación de servicios exista un derecho preexistente al desarrollo de la actividad que sin embargo no puede ser ilimitado, entre otras razones por la posibilidad de condicional el lugar donde ejercerlo puesto que no forma parte de su contenido esencial. De esta manera, es plenamente admisible condicionar el ejercicio del derecho a la libertad de empresa a un régimen de comunicación previa o declaración responsable, puesto que los ciudadanos sí lo tienen reconocido en el marco de la Economía Social de Mercado. A su vez, la adopción de este régimen como regla general para el ejercicio de actividades, incluso cuando se pretende efectuar en dominio público, en puridad otorga sentido a la conformación de éste como un título causal de intervención pública de contenido variable en atención a los cometidos específicos de las Administración Pública en cada momento[45].

Si actualmente el paradigma de intervención supone el detraimiento de la intervención preventiva estatal a favor de aumentar la de los particulares, cobra sentido el empleo de la técnica de la comunicación previa y declaración responsable en cuanto se opta por un modelo de impulso de la iniciativa privada, lo que incluye un aprovechamiento potencial de los bienes que integran el dominio público en pos de su utilidad económica[46], que puede comprender así desde la realización de venta ambulante a la instalación de terrazas de veladores. De este modo, se posibilita la adaptación de la categoría del dominio público al nuevo contexto de liberalización e incluso de globalización en la línea apuntada por parte de la doctrina[47]. También creemos que el criterio permite una mejor selección y adscripción de los recursos públicos a finalidades de interés general, en definitiva garantiza un mejor cumplimiento de un criterio esencial de la actuación administrativa, y en concreto de la gestión de los bienes públicos [artículo 8.1.a) LPAP], habitualmente

---

En otros términos, no puede compartirse sin más la afirmación de que, en todo caso, la potestad de afectar un bien al dominio público y la titularidad del mismo sean anejas a las competencias, incluso legislativas, que atañen a la utilización del mismo". Ver González García, J: *Op. Cit,* 1998, pág. 134 y 160 y ss.

45 Ver Parejo Alfonso, L: "Dominio Público:...", *Op. Cit,* 1983, pág. 2404.

46 Font Llovet, T: "La protección...", *Op. Cit,* 1993, págs. 25-26.

47 Señala Moreu Carbonell que la privatización formal y material de la actuación administrativa y la globalización han puesto en cuestión principios hasta entonces intangibles de los bienes públicos, sobre todo en relación con los de carácter patrimonial no afectados a servicios públicos, provocando en general respecto el conjunto de los bienes públicos una hipertrofia de la categoría. Por este motivo propone una reformulación sobre la base de la noción de obligaciones de dominio público, en línea de abandonar la noción de titularidad para avanzar hacia la garantía de su finalidad esencial, que es la afectación para el servicio al interés general ("Desmitificación, privatización y globalización de los bienes públicos: del dominio público a las obligaciones de dominio público", RAP nº 161, 2003, págs. 435-477).

ignorado o confundido con el de eficacia como es el de eficiencia, tal y como ha analizado en profundidad por el profesor VAQUER CABALLERÍA[48].

En todo caso esta configuración no puede suponer una atribución a los ciudadanos de su titularidad respecto a ellos, algo imposible desde el punto de vista constitucional[49]. El control a posteriori de las actividades desarrolladas en dominio público no implica la desafectación tácita del bien de que se trate, ni mucho menos supone una despublificación de éste ni de su régimen jurídico de protección. En estos supuestos las actividades que desarrollen un uso común especial del dominio público podrán someterse simplemente a un régimen de comunicación previa o declaración responsable o incluso autorizatorio, pero siempre irán acompañadas de la autorización demanial correspondiente.

Como vamos a poder comprobar este no es ciertamente el modelo habitualmente seguido. Lo más común es exigir en un único título autorizatorio el cumplimiento de condiciones que están ligadas en unas ocasiones más bien a la ordenación de la actividad en relación con diversas razones imperiosas de interés general, y de forma destacada el medio ambiente, la salubridad o el urbanismo, con otras vinculadas a la defensa del dominio público. De este modo se confunden uno y otro tipo de condiciones cuando, en puridad obedecen a títulos de intervención diferenciados y consiguientemente a regímenes jurídicos distintos: en un caso la actividad desplegada y en otro el lugar donde se desarrolla en relación con un concreto bien jurídico: el dominio público. En este sentido GARRIDO FALLA entiende que estas autorizaciones son distintas: la referida al dominio público, que constituye un acto de tolerancia, y la relativa a la actividad que es propia de la actividad de Policía administrativa, cuya característica esencial es que sirve para remover el obstáculo formal a un derecho preexistente[50].

Efectuando esa diferenciación propiciaría aclara el régimen de otorgamiento de la autorización, sus condiciones y formalidades —como el otorgamiento o no por silencio administrativo, posible en el caso de la actividad, pero inadmisible en relación con el dominio público—, su extensión temporal y posibilidad de ser transmitida, así como de su revocación. Además sería más sencillo evitar que se aprovecharse la protección del dominio público para la fijación de barreras de entrada para el establecimiento o la prestación de actividades de servicios, y sobre todo de

---

48 Considera así este autor que la eficiencia "es un criterio complementario del principio de eficacia, que significa empleo y asignación racionales de los recursos en general. Más aún, podemos concebir la eficiencia como un concepto integrador de la eficacia, que la presupone o concurre con ella, según se considere. Porque siendo la eficiencia una noción relativa, que evalúa la idoneidad de la combinación de recursos empleados para alcanzar la finalidad perseguida, enriquece la noción absoluta de eficacia" (RAP nº. 186, 2011, págs. 101-103, 111).

49 Ver Sainz Moreno, F: "El dominio público: una reflexión...", *Op. Cit,* 1999, pág. 493.

50 Garrido Falla, F. "Tratado...", *Op. Cit,* 2004, pág. 530.

emplear el dominio público con una finalidad no querida en el vigente contexto, sin perjuicio de su posible consideración como desviación de poder. En concreto debe evitarse incurrir en la prohibición establecida en el artículo 10 apartado e), de establecer requisitos de "*naturaleza económica que supediten la concesión de la autorización a la prueba de la existencia de una necesidad económica o de una demanda en el mercado, a que se evalúen los efectos económicos, posibles o reales, de la actividad o a que se haga una apreciación de si la actividad se ajusta a los objetivos de programación económica fijados por la autoridad competente o a que se comercialicen productos o servicios de un tipo o procedencia determinada. Las razones imperiosas de interés general que se invoquen no podrán encubrir requisitos de planificación económica*".

IV. RÉGIMEN JURÍDICO DE LA VENTA AMBULANTE EN MADRID

1. *Legislación estatal*

A continuación vamos a comprobar el engarce de la autorización demanial con el nuevo régimen de actividad de servicios en dos ejemplos concretos: la venta ambulante y las terrazas con veladores.

Es notorio que la primera de estas dos actividades habitualmente es permitida únicamente en determinados días de la semana en que se permite instalar infraestructuras desmontables en los lugares específicamente indicados por los Ayuntamientos. También es una práctica común prohibir la venta de productos perecederos, o establecer obligaciones respecto distancias que deben guardarse con los comerciantes permanentes del municipio. A raíz del régimen implantado por la Ley 17/2009, de 23 de noviembre, muchos Ayuntamientos se cuestionaron si eran admisibles este tipo de restricciones.

Muestra de la confusión existente es la aprobación por el Gobierno a iniciativa del otrora Ministerio de Economía y Hacienda de un Real Decreto regulador de la venta ambulante, cuando el mero sentido común conduce a pensar que no se trata de una materia que deba estar regulada uniformemente a nivel nacional. De hecho la Ley 7/1996, de 15 de enero, de Ordenación del Comercio Minorista (LOCM en adelante) fue parcialmente declarada inconstitucional por la STC 124/2003, de 19 de junio, entre otros aspectos, por la regulación de la venta ambulante que originariamente contenía, al entender que se había producido una invasión competencial por parte del Estado, y en particular respecto las atribuciones de las Comunidades Autónomas en materia de comercio interior.

Para mandar un mensaje de tranquilidad a los Ayuntamientos, el entonces Ministerio de Economía y Hacienda propuso la ordenación desde el Estado de la venta ambulante, sobre la única habilitación competencial del artículo 149.1.13

CE, que otorga la competencia al Estado sobre las bases y coordinación de la planificación general de la actividad económica, cuando podría haber invocado algún título competencial adicional, como la igualdad de derechos y obligaciones en todo el territorio del Estado (artículo 149.1.1 CE); y, así, tras ser reincorporada la materia extensamente a la LOCM mediante la Ley 1/2010 de 1 de marzo, fue elevado al Consejo de Ministros el Real Decreto 199/2010, de 26 de febrero, que regula el ejercicio de la venta ambulante o no sedentaria.

A) Noción y ejercicio de la venta ambulante

La LOCM considera venta ambulante la realizada fuera de un establecimiento comercial (artículo 5), y el Real Decreto 199/2010, de 26 de febrero concreta como modalidades de ella la venta en mercadillos, en mercados ocasionales o periódicos, en la vía pública y mediante camiones-tienda. Pues bien, para el ejercicio de las anteriores actividades establece la posibilidad de establecer un régimen autorizatorio, si bien no llega a concretar ni siquiera en su exposición de motivos las razones imperiosas de interés general que justifican inclinarse por esta opción; simplemente alude a la necesidad de actualizar el régimen de las autorizaciones municipales, razón que no se encuentra entre las consideradas imperiosas de interés general por la Ley 17/2009, de noviembre.

Para paliar este déficit, el Real Decreto 199/2010, de 26 de febrero, afirma que el régimen autorizatorio está justificado en que este tipo de actividad comercial "requiere del uso de suelo público que debe conciliarse con razones imperiosas de interés general como el orden público, la seguridad y la salud pública (Exposición de Motivos), lo que sin embargo no enerva el inconveniente de que la razón imperiosa de interés general venga determinado por una norma con rango de Ley formal [artículo 5.b) Ley 17/2009, de 23 de noviembre]. Al margen de este obstáculo, la cita evidencia los dos motivos excepcionales para establecer un régimen autorizatorio frente al régimen general de control a posteriori de las actividades de servicios: la existencia de razones imperiosas de interés general y la necesidad de condicionar la actividad al establecimiento de requisitos ligados al espacio físico donde se desarrolla.

De acuerdo con lo razonado anteriormente respecto las condiciones ligadas al establecimiento como excepción distinta de las causas de interés general, debería ser posible diferenciar las exigencias dirigidas a proteger las razones imperiosas de interés general de aquellas otras justificadas sobre la base de la protección del dominio público. Sin embargo, esto no llega a producirse en el Real Decreto 199/2010, de 26 de febrero porque el régimen jurídico trazado para el ejercicio de la venta ambulante denota que la auténtica preocupación del Gobierno, es establecer los concretos límites para evitar que al cobijo de esta posibilidad se escondan trabas reales para el ejercicio de la venta ambulante.

Esta realidad así encaja en la invocación de la competencia estatal para establecer las bases y coordinación de la planificación general de la actividad económica (art 149.1.13 CE), de tal modo que serán las CCAA primero y los propios Ayuntamientos posteriormente quienes concreten las razones imperiosas de interés general que justifican la imposición de limitaciones adicionales a las establecidas para la protección del dominio público propio.

La LOCM traza algunos límites del marco en el que deben desenvolverse los Ayuntamientos al exigir la obtención previa de una autorización para el desarrollo de la venta ambulante, a saber:

1. La prohibición de que la duración de las autorizaciones sea por tiempo indefinido, sin perjuicio de la posibilidad de recuperar la amortización de las inversiones realizadas y una remuneración equitativa de los capitales invertidos.
2. La obligación de que el procedimiento de otorgamiento sea transparente y garantice la imparcialidad, en concreto mediante la publicidad adecuada del inicio, desarrollo y fin del proceso
3. La prohibición de que la renovación de la autorización sea automática o conlleve alguna ventaja para el prestador cesante o las personas que estén especialmente vinculadas con él.

A los anteriores límites, el Real Decreto 199/2010, de 26 de febrero adiciona otros con el mismo objetivo. Reproduciendo el régimen estipulado por la LOCM (artículo 6) respecto las autorizaciones para establecimientos comerciales, con los que en adelante coinciden respecto a su régimen jurídico, el Real Decreto establece que los requisitos para obtener la autorización habrán de ser necesarios, proporcionales y no discriminatorios.

B) Procedimiento de otorgamiento de las autorizaciones

Respecto al procedimiento de otorgamiento de las autorizaciones, el Real Decreto 199/2010 establece que será establecido por cada Ayuntamiento, respetando las previsiones de la Ley 33/2003, de 3 noviembre, de Patrimonio de las Administraciones Públicas, y en todo caso lo previsto en la Ley 17/2009, de 23 de noviembre. De este modo, se manifiesta ya que el régimen jurídico de la utilización del dominio público y de la actividad desarrollada confluyen a través del procedimiento de otorgamiento de la autorización demanial cuando, en puridad como anteriormente se ha visto, no tiene por qué ser así, y de hecho es lo que va a originar la confusión entre uno y otro régimen.

En particular, se establece que dicho procedimiento debe ser público y su tramitación debe desarrollarse conforme a criterios claros, sencillos, objetivos y predecibles. Además prevé la prohibición de la intervención de competidores en los órganos encargados de informar sobre la concesión o denegación de la autorización; el Real Decreto prohíbe exigir para su otorgamiento requisitos de naturaleza económica, entre otros aquellos que supeditaban el otorgamiento de la autorización a la prueba de la existencia de una necesidad económica o de una demanda en el mercado, que se evaluaran los efectos económicos posibles o reales de la actividad, o que se hiciera una apreciación de si la actividad se ajustaba a los objetivos de programación económica establecidos por la autoridad competente. Finalmente prevé que el procedimiento debe garantizar la concurrencia competitiva entre los competidores, sin que pueda exigirse la residencia en el término municipal correspondiente para optar a una de ellas, lo que supone la posibilidad de valorar para el otorgamiento circunstancias personales de los solicitantes, descartando así la adjudicación directa y el sorteo, para introducir elementos de discrecionalidad, precisamente lo contrario a lo pretendido por la Ley 17/2009, de 23 de noviembre[51].

C) Régimen Jurídico de las autorizaciones

Ya respecto el régimen jurídico las autorizaciones municipales el Real Decreto 199/2010, de 26 de febrero establece: i) que deben ser transmisibles previa comunicación al Ayuntamiento otorgante; ii) la posibilidad de que el Ayuntamiento las revoque por incumplimiento de la normativa, lo cual únicamente es posible realizar bajo el procedimiento de revisión de actos favorables de la Ley 30/1992,

---

[51] En ese sentido, el artículo 10 de la Ley 17/2009, de 23 de noviembre establece como requisitos prohibidos para el establecimiento de una actividad de servicios supeditarla a: (...) "E) Requisitos de naturaleza económica que supediten la concesión de la autorización a la prueba de la existencia de una necesidad económica o de una demanda en el mercado, a que se evalúen los efectos económicos, posibles o reales, de la actividad o a que se haga una apreciación de si la actividad se ajusta a los objetivos de programación económica fijados por la autoridad competente o a que se comercialicen productos o servicios de un tipo o procedencia determinada. Las razones imperiosas de interés general que se invoquen no podrán encubrir requisitos de planificación económica. F) Intervención directa o indirecta de competidores, incluso dentro de órganos consultivos, en la concesión de autorizaciones o en la adopción de otras decisiones de las autoridades competentes relativas al establecimiento para el ejercicio de una actividad de servicios, sin perjuicio de la actuación de colegios profesionales y consejos generales y autonómicos de colegios profesionales, como autoridades competentes, en el ámbito de las competencias que les otorga la Ley. Esta prohibición se extiende a organismos como las cámaras de comercio y a los interlocutores sociales en lo que concierne al otorgamiento de autorizaciones individuales, pero esa prohibición no afectará a la consulta de organismos como las cámaras de comercio o de los interlocutores sociales sobre asuntos distintos a las solicitudes de autorización individuales, ni a una consulta del público en general".

de 26 de noviembre de Régimen Jurídico de las Administraciones Públicas y del Procedimiento Administrativo Sancionador, o como revocación sanción, lo que debería haber sido tipificado en la propia LOCM, que no es el caso. En todo caso, el texto legal deja al margen la revocación a que se refiere el artículo 92.4 de la LPAP, lo que nos indica que, respecto esta concreta cuestión, se produce un alejamiento para situarse en las previsiones de la Ley 17/2009, de 23 de noviembre (artículo 7.2).

Junto a los anteriores límites, el Real Decreto 199/2010, de 26 de febrero establece otros vinculados al desarrollo de la venta ambulante en dominio público, aunque en puridad no se corresponden con parámetros propios del mismo. Así, el artículo 4.1 alude genéricamente a los artículos 86 y siguientes de la Ley 33/2003, de 3 de noviembre, de Patrimonio de las Administraciones Públicas. Sin embargo, acto seguido establece respecto al concreto emplazamiento una prohibición vinculada a una razón imperiosa de interés general como es la seguridad pública: la venta ambulante debe desarrollarse en accesos a edificios de uso público, establecimientos comerciales e industriales ni lugares que dificulten la circulación. Paradójicamente la norma no refiere la prohibición de que los mercadillos se localicen en zonas de riesgo por las condiciones geográficas como barrancos o cursos de ríos secos, situación habitual sobre todo en lugares potencialmente afectados por la gota fría y, por ello, fuente habitual de desgracias.

Finalmente, con vistas a garantizar los derechos de los consumidores el Real Decreto 199/2010, de 26 de febrero obliga a que los datos que deben constar en ellas y la obligación de exponerlas al público por los comerciantes junto con una dirección a la que remitir posibles reclamaciones, así como la posibilidad de crear registros de comerciantes ambulantes interconectados, que en ningún caso tendrán consideración habilitante para el ejercicio de la actividad.

El Real Decreto 199/2010, de 26 de febrero no agota la regulación de la materia —puesto que constitucionalmente no es posible— y hay que tomarlo como una norma dirigida a establecer un marco general para el ejercicio de la venta ambulante, dentro del cual deben determinarse tanto la normativa autonómica que pueda ser aprobada en materia de comercio interior como los Ayuntamientos para regular las autorizaciones en su término municipal.

La primera impresión que se obtiene al repasar el Real Decreto es de confusión en relación con los objetivos pretendidos, porque entremezcla la protección del dominio público con la ordenación de la actividad, y si comienza invocando al primero, en realidad las condiciones que estipula están vinculadas a esta actividad antes que la protección de aquel, y así lo confirma el régimen jurídico que establece para su ejercicio, más próximo al de la Ley 17/2009, de 23 de noviembre que a la LPAP.

2. *Legislación autonómica*

En la Comunidad Autónoma de Madrid la venta ambulante está regulada por la Ley 1/1997, de 8 de enero, modificada por la ya mencionada Ley 8/2009, de 21 de diciembre, de Medidas Liberalizadoras y de Apoyo a la Empresa Madrileña. De las distintas modalidades de venta ambulante que prevé aquella Ley nos vamos a centrar en la venta en mercadillos por ser la que esencialmente sigue el resto.

A) Eejercicio de la venta ambulante

La Ley establece unas prescripciones dirigidas a la ordenación de los mercadillos por los municipios para la protección de distintos bienes jurídicos como el orden público económico, la salud, el urbanismo o el medio ambiente, mientras que otras están directamente relacionadas con el régimen jurídico de las autorizaciones para el desarrollo de la actividad de venta ambulante.

En efecto, entre las del primer orden se encuentran las siguientes:

- la habilitación a los Municipios para fijar el día y hora de celebración de los mercadillos;
- la ubicación donde deben situarse: solares o espacios libres necesariamente calificados como suelo urbano dentro de o contiguo al núcleo urbano consolidado, sin que puedan localizarse en accesos a edificios de uso público, como hospitales, colegios o mercados, etc., ni en cualquier otro lugar que dificulte los accesos, la circulación de peatones y vehículos o haga peligrar la seguridad ciudadana)
- su distribución sectorial;
- las instalaciones que deben tener y su mantenimiento;

Ejemplo de las prescripciones antedichas son las prohibiciones establecidas en los apartados quinto y sexto del artículo 11 de la Ley: Proceder a la instalación y montaje de los puestos antes de las siete treinta horas A.M; Aparcar el vehículo del titular en su respectivo puesto, salvo para la instalación y montaje del mismo, hasta media hora antes del inicio de la actividad; Pernoctar en los respectivos vehículos cerca de la zona destinada a mercadillo; dejar limpios de residuos y desperdicios sus respectivos puestos.

La Ley establece también la obligación de los Ayuntamientos de obtener informe positivo de carácter vinculante de la Dirección General de Prevención y Promoción de la Salud, sobre el grado de adecuación a la normativa higiénico-sanitaria. Dicho informe en caso de no ser emitido en el plazo de tres meses se entiende desfavorable, condicionando así la implantación, ampliación o reforma del mercadillo, y en este sentido, de forma indirecta, la prestación del servicio de venta ambulante. Como se puede comprobar este régimen de vinculación al informe previo y el carácter negativo del silencio se apartan del régimen general de informes y dictámenes contenido respectivamente en el artículo 83 y en el artículo 43 de la Ley 30/1992, de 26 de noviembre, si bien al amparo de una razón imperiosa de interés general como es la salud pública.

Las anteriores prescripciones referidas a la ordenación de los mercadillos encuentran acomodo bien en razones imperiosas de interés general como el orden público, la seguridad pública, el medio ambiente o el entorno urbano, bien en las condiciones que debe cumplir el establecimiento físico y que se incorporarán a la correspondiente autorización. No obstante, en ese segundo caso la ordenación efectuada no está directamente vinculada con la protección del dominio público, o al menos no de forma exclusiva con este elemento.

Por ejemplo, el apartado segundo del artículo 11 establece: "Los puestos deberán estar dotados de estructura tubular desmontable a los que se podrá dotar de toldos. Los puestos tendrán con carácter general una longitud mínima de cinco metros, separados entre sí por un metro lineal. Excepcionalmente, y cuando la naturaleza del producto comercializado así lo aconseje, se podrán autorizar dimensiones inferiores de los puestos, nunca menores a los tres metros lineales. La distancia mínima de pasillo central será de cinco metros. En todo caso se dispondrá de tomas de agua que faciliten la limpieza del recinto, contenedores suficientes de basuras, servicios de primeros auxilios, balanza de repeso, así como aseos desmontables si no se habilitan al efecto los de algún edificio público localizado en los alrededores".

De este modo, al tiempo que se establecen determinadas condiciones respecto el establecimiento físico y en particular respecto al dominio público, se persigue ordenar racionalmente la actividad de venta ambulante bajo el manto de la clásica actividad de policía administrativa para proteger distintos bienes jurídicos cuyo tronco común es el orden público, como son la protección de la seguridad pública, el medio ambiente, la salud o el urbanismo, y que coinciden grosso modo con las razones imperiosas de interés general que justifican el sometimiento a un procedimiento autorizatorio. Dicha ordenación responde a su vez a las facultades de intervención públicas reconocidas constitucionalmente en el marco de la cláusula de Estado Social y en particular en materia de comercio interior (artículos 9.2, 38, 51, 130 y 131.1 CE). En atención a este marco constitucional, los Ayuntamientos ordenan los mercadillos de venta ambulante, como pueden ordenar los de abastos [artículo 25.2.g) de la Ley de Bases de Régimen Local] —con la diferencia de que en este segundo caso se trata de un servicio público preceptivo (STS 4 de febrero de 2009).

No hay duda alguna de que esos requisitos condicionan la actividad de la venta en mercadillos, si bien no lo harán de forma contraria al régimen de libre prestación y establecimiento de servicios que garantiza la Ley 17/2009, de 23 de noviembre. En primer lugar porque conceptualmente, en puridad, no todos ellos deben formar parte de los exigidos para obtener la autorización de venta ambulante, aunque la mayoría podrán concretarse en ella. Y en segundo lugar porque aunque puedan supeditar el acceso a una actividad de servicios cumplen los requisitos establecidos en el artículo 9 de la Ley 17/2009, de 23 de noviembre), a saber: a) no son discriminatorios puesto que se aplican a todos los comerciantes de venta ambulante por igual; b) están cada uno de ellos justificados por una razón imperiosa de interés general; c) parecen proporcionados; d) desde luego son claros, inequívocos, y objetivos; e) son conocidos públicamente con antelación; f) y son transparentes y accesibles.

Ahora bien, anteriormente señalábamos un límite insoslayable en el establecimiento de requisitos ligados al establecimiento físico el acceso o la prestación de una actividad de comercio: la prohibición de maquillar bajo este tipo de requisitos otros de naturaleza económica, y en particular mediante la supeditación de las autorizaciones a requisitos como la demanda de mercado de los productos o la participación de competidores en los órganos que otorgan la correspondiente autorización.

A nuestro juicio la Ley 1/1997, de 8 de enero de venta ambulante de la Comunidad de Madrid puede traspasar ese límite cuando condiciona el establecimiento de un mercadillo por un Ayuntamiento a un informe previo y vinculante por parte de la Dirección General de Comercio y Consumo de la Comunidad de Madrid sobre el impacto que va a tener en el comercio de la zona, teniendo en cuenta el equipamiento comercial existente en la zona, la adecuación de éste a la estructura y necesidades de consumo de la población, que en caso de no ser emitido en el plazo de tres meses debe entenderse desfavorable (artículo 6.2).

Es cierto que el informe en cuestión no debe ser emitido con ocasión de cada petición de autorización para vender en los mercadillos municipales sino con la propia implantación de estos, y por tanto que la limitación es general para todos los potenciales vendedores y por tanto no discriminatoria. Sin embargo, como se ha mencionado en el apartado anterior, esta exigencia no cabe en un contexto de libertad de prestación y establecimiento de servicios, puesto que está prohibido el establecimiento de requisitos ligados a condicionamientos económicos y no cabe duda de que, en última instancia, atribuir carácter vinculante a un informe con dicho contenido o al silencio en caso de no ser evacuado, restringe indirectamente el acceso por los prestadores a la actividad de venta ambulante de forma prohibida conforme a la Ley 17/2003, de 23 de noviembre.

Desde esa misma óptica es cuestionable la previsión de que cada Ayuntamiento determine los artículos cuya venta está permitida en los mercadillos que se celebren en su término municipal (artículo 4); en principio, salvo que concurra una razón imperiosa de interés general, como salubridad, seguridad, la protección de derechos e intereses legítimos como la propiedad intelectual o industrial[52], no debería poderse impedir la oferta de cuantos bienes se deseen por cuenta y riesgo de cada comerciante de venta ambulante.

No debe pasarse por alto que, como ya ha sido señalado, el mercado de venta ambulante no es un servicio público como el de abastos, en cuyo contexto sí es posible determinar los productos que deben ofrecer los comerciantes en los puestos e incluso condicionar el cese de su actividad (ver STS de 5 de febrero de 1998, STSJ País Vasco 958/2002, de 7 de noviembre o STSJ Baleares 149/2003, de 4 de marzo)[53]. Ahora bien, ni siquiera en este segundo contexto es posible limitar el comercio que se desarrolla ajeno al mercado de abastos para proteger a los adjudicatarios de sus puestos, por lo que en menor medida será posible en el caso de un mercadillo de venta ambulante; en este sentido, STS de 31 de enero de 2001 resolvió el recurso contencioso-administrativo interpuesto contra la denegación de una licencia de apertura de un supermercado por encontrarse a menos de 200 metros de un mercado de abastos, distancia mínima exigida por la Ordenanza Municipal reguladora. Pues bien, afirma el Tribunal Supremo:

> *"El problema, por tanto, es decidir si las competencias municipales en materia de abastos justifican la prohibición de establecimiento contenida en el artículo 65 de la Ordenanza. Obsérvese que la exclusión que en dicho precepto se consagra se deriva de los productos que son objeto de tráfico en el mercado. Es decir, al hilo de la regulación del Mercado de Abastos se establece una prohibición de establecimiento, en un espacio ju-*

---

52 De hecho, el propio artículo 6.4 prohíbe expresamente "la comercialización de productos perecederos de alimentación por los vendedores, cuando se incumpla la normativa específica que regule la comercialización de cada grupo de producto, incluidas las prohibiciones establecidas en el Real Decreto 1010/1985, por el que se regula el ejercicio de determinadas modalidades de venta fuera de un establecimiento comercial permanente, así como la normativa general sobre defensa de los consumidores. Igualmente, se prohíbe la venta de productos de alimentación no sometidos a proceso de transformación en enclaves aislados en la vía urbana. Queda expresamente prohibida la autorización para la venta de productos perecederos de alimentación en aquellos mercadillos en los que el Ayuntamiento respectivo carezca de los medios suficientes para garantizar, en el ejercicio de sus competencias, la observancia de las condiciones higiénicas y sanitarias correspondientes".

53 Afirma la Sentencia del TSJ Andalucía 17 de noviembre de 1998 (Ar.5007): "Los mercados de los Ayuntamientos son bienes de Dominio Público de las Entidades Locales (arts. 344 del CC y 2.1 del Reglamento de Bienes de las Corporaciones Locales, destinados al servicio público (art. 4 del RBCL). La explotación de un puesto en el mercado público constituye un «uso privativo», que ocupa una porción de ese Dominio, de modo que excluye o limita la utilización por los demás interesados uso privativo «normal» y cuando lo es conforme al destino principal del Dominio Público al que afecte (art. 75.2.° y 3.°), y que requiere una concesión administrativa [art. 78, c)], debiendo fijarse en toda concesión las cláusulas con arreglo a las cuales se otorgare, entre ellas, los deberes y derechos del concesionario otorgamiento o las sanciones (art. 80, 4.°, 11.° y 12.°) Es así la concesión un derecho subjetivo del concesionario que se desenvuelve en una relación jurídica disciplinada por el régimen jurídico aludido".

rídico determinado, ajeno al mercado, de algunos de los productos que son expendidos en él. Por tanto, la prohibición controvertida no tiene justificación en la regulación del Mercado, que es el objeto de la Ordenanza, sino en finalidades extrañas a dicho fin".

B) Otorgamiento de las autorizaciones

Por lo que respecta a las prescripciones relativas al régimen jurídico de las autorizaciones para la venta en mercadillos, la Ley madrileña 1/1997, de 8 de enero exige un primer requisito para su concesión: la inscripción en un registro autonómico de comerciantes ambulantes que proporciona la obtención de un carnet de vendedor profesional. Esta inscripción es meramente formal al requerir únicamente presentar documentación acreditativa de identidad, estar al día en el impuesto de actividades económicas, y copia de contratos de trabajo de trabajadores en su caso. La inscripción es así automática, de carácter reglada, aunque preclusiva para optar por una autorización municipal de venta en el mercadillo. Ahora bien, el artículo 6 del Real Decreto 199/2010, de 26 de febrero, reguladora de la venta ambulante establece que la inscripción en estos registros debe producirse cuando se produzca el otorgamiento de la autorización municipal; por tanto, la inscripción en el registro autonómico al obtener el carnet de vendedor profesional no encaja del todo con dicha prescripción del régimen estatal, conforme a la cual dio acto formal deviene con el otorgamiento de una autorización para poder vender de forma ambulante en el correspondiente municipio.

Por otro lado, la Ley madrileña 1/1997, de 8 de enero, establece que la autorización municipal es válida únicamente para el municipio que la concede, sin que el referido carnet de vendedor signifique necesariamente la adjudicación de un puesto de venta por ejemplo mediante la simple comunicación previa de la intención de ofertar productos en el mercadillo de que se trate. Esta previsión sí está, así, plenamente en línea con el régimen estatal regulador de la venta ambulante, que como se ha visto contempla el otorgamiento de autorizaciones por cada municipio, pero sobre todo con la previsión de que cada municipio proteja su dominio público, sometiendo el uso especialmente intenso a autorización o llegado el caso incluso concesión (artículo 77 RBEL) y que a su vez encuentra su reflejo en el artículo 7.3 Ley de la 17/2009, de 23 de noviembre.

Como en el apartado anterior se indicó, según el Real Decreto 199/2010, de 26 de febrero, corresponde a los Ayuntamientos establecer el concreto procedimiento de otorgamiento de las autorizaciones, que en todo caso deben "tener carácter reglado, ser claros e inequívocos, objetivos e imparciales, transparentes, proporcionados al objetivo de interés general y darse a conocer con antelación" (artículo 6 Ley 17/2009, de 23 de noviembre). Además, conforme a esta misma Ley, los procedimientos deben garantizar la aplicación general del silencio administrativo positivo de tal modo que los supuestos de silencio administrativo negativo son excepcionales y tienen que están contemplados no sólo en una norma con rango de Ley sino también justificados por razones imperiosas de interés general. Sin embargo, al tratarse de un procedimiento cuya estimación tiene como consecuencia que se transfirieran al solicitante facultades relativas al dominio publico el silencio administrativo es negativo por así imponerlo el artículo 43.1, párrafo segundo, de la LRJPAC. Por su parte, en consonancia con este régimen a Ley autonómica no prefija el procedimiento de otorgamiento de las autorizaciones, limitándose a señalar que las solicitudes deberán presentarse entre el 1 de noviembre y el 31 de enero de cada año (artículo 9.3).

C) Régimen jurídico de las autorizaciones: en especial su vigencia y transmisibilidad

El artículo 9.4 de la Ley autonómica establece que debe ser de quince años, en consonancia con el artículo 54 de la LOCM y el artículo 3.1 del Real Decreto 199/2010, de 26 de febrero que establecen que el plazo debe ser limitado. Se acota así en un extenso periodo el ámbito temporal de validez de estos títulos, lo que otorga seguridad jurídica a los comerciantes sobre todo a la hora de recuperar sus inversiones, que es precisamente una precisión que establece la normativa estatal reguladora de la venta ambulante.

Ahora bien, llama la atención este plazo de vigencia contextualizándolo con el régimen general de la Ley 17/2009, de 23 de noviembre, conforme al cual, las autorizaciones deben tener duración indefinida excepto que existan razones de interés general que justifiquen su limitación temporal —entre las cuales, por cierto, no está la protección del dominio público, aunque sí el orden público, el medio ambiente o el entorno urbano—, o exista una escasez de los recursos naturales o inequívocos impedimentos técnicos (artículo 7.1 e relación con artículo 8 de la Ley 17/2009, de 23 de noviembre). La Ley madrileña antes de su modificación por la Ley 8/2009, de 21 de diciembre, de Medidas Liberalizadoras y de Apoyo a la Empresa Madrileña, establecía un plazo de cinco años de duración de las autorizaciones. Posiblemente este plazo fuera insuficiente para amortizar las inversiones realizadas, pero parece contradictorio con el propio espíritu de la Directiva de Servicios en el mercado interior extender el plazo de vigencia de las autorizaciones hasta los 15 años, que además es renovable por otro periodo de la misma extensión, aunque no llega a afirmar que esta renovación sea automática lo que chocaría de lleno con la prohibición expresa que establece el artículo 54 de la LOCM.

La previsión de que las autorizaciones para la prestación de servicios sean indefinidas es precisamente una garantía de los prestadores de que no se les puede remover su estatus, cuya expresión máxima sería la revocación del título. Este régimen legal cede cabalmente cuando el número autorizaciones es limitado, como sucede con la venta ambulante debido a que se realiza sobre dominio público, debiendo en tal caso acotarse su plazo de vigencia precisamente para permitir la entrada de nuevos competidores [artículo 8.2, letra b) Ley 17/2009, de 23 de noviembre][54].

A estos efectos, la Ley madrileña porque su Disposición Transitoria Segunda de la Ley madrileña prevé la ampliación en otros 15 años de las autorizaciones previamente existentes a la aprobación de la Ley 8/2009, de 21 de diciembre, de medidas liberalizadoras y de apoyo a la empresa madrileña, prorrogables por el mismo plazo, lo cual grava el dominio público mediante un uso intensivo pero sin duda disminuye la llegada de nuevos prestadores y por tanto de competencia en el sector[55].

Por otro lado, el excesivo plazo de duración de las autorizaciones de venta ambulante se debería ver compensado por el régimen general de libre transmisibilidad que, en principio, estipula el artículo 9.4 de la Ley madrileña, en sintonía a su vez con lo previsto en el artículo 3.2 del Real Decreto 199/2010, de 26 de febrero. Sin embargo, desde la perspectiva de la protección del dominio público, no estamos seguros de que esta característica sea lo más beneficioso, al poder escapar a la Administración las personas que practican la actividad y por tanto generarse un

---

54 Artículo 8 Ley 17/2009, de 23 de noviembre: 1. Sólo podrá limitarse el número de autorizaciones cuando esté justificado por la escasez de recursos naturales o inequívocos impedimentos técnicos. 2. Cuando el número de autorizaciones para realizar una determinada actividad de servicios esté limitado: a) El procedimiento de concesión por las Administraciones Públicas garantizará el cumplimiento de los principios de publicidad, objetividad, imparcialidad, transparencia y concurrencia competitiva. En dicho procedimiento, las Administraciones Públicas podrán tener en cuenta consideraciones en materia de salud pública, objetivos de política social, de salud y seguridad de los trabajadores por cuenta ajena y por cuenta propia, de protección del medio ambiente, de conservación del patrimonio cultural y cualquier otra razón imperiosa de interés general, siempre que estos criterios estén contemplados en las bases reguladoras de la concesión de las autorizaciones y guarden relación con el objeto de la concesión; b) La autorización que se conceda tendrá una duración limitada y proporcionada atendiendo a las características de la prestación del servicio y no dará lugar a un procedimiento de renovación automática ni conllevará, una vez extinguida la autorización, ningún tipo de ventaja para el prestador cesante o para personas especialmente vinculadas con él"

55 "Las autorizaciones municipales para el ejercicio de la venta ambulante para los titulares que vinieran desarrollando la actividad con anterioridad a la entrada en vigor de la Ley 8/2009, de 21 de diciembre, de Medidas Liberalizadoras y de Apoyo a la Empresa Madrileña, y que hayan solicitado u obtenido la renovación de la misma para el actual período quedarán prorrogadas automáticamente por un plazo de quince años, a contar desde la entrada en vigor de la Ley 5/2010, de 12 de julio, de Medidas Fiscales para el Fomento de la Actividad Económica, con la acreditación del cumplimiento exclusivamente de los requisitos exigidos para la obtención de la autorización originaria, con anterioridad a la entrada en vigor de la Ley 8/2009 en su mercadillo habitual, y prorrogables por otros quince años en los términos que establezcan las ordenanzas municipales".

riesgo para la protección de los bienes públicos, y en su caso otros bienes jurídicos como la protección de los consumidores o los intereses de otros comerciantes.

Por esta razón seguramente, la propia LOCM condiciona la novación subjetiva de la autorización a la comunicación previa de la autorización (artículo 6.4). Esta posibilidad no enerva la crítica anterior puesto que la comunicación conlleva poder comenzar a ejercer la actividad desde que dicha formalidad es cumplida (artículo 71 bis LRJPAC), razón por la cual el mismo apartado segundo del artículo 3 del Real Decreto 199/2010, de 26 de febrero estipula que "Las Administraciones Públicas podrán comprobar e inspeccionar, en todo momento, los hechos, actividades, transmisiones y demás circunstancias de la autorización concedida".

Esta conclusión se consolida atendiendo al régimen transitorio de la Ley madrileña reguladora de la venta ambulante (Disposición Transitoria Tercera), conforme al cual las autorizaciones otorgadas con antelación a la aprobación de la Ley 8/2009, de 21 de diciembre podrán ser transmitidas en situaciones sobrevenidas, "como los casos de incapacidad laboral, enfermedad o situaciones análogas, suficientemente acreditadas" al cónyuge o ascendientes y descendientes de primer grado, cuando así lo decida el titular de la autorización, por el plazo que reste de autorización o de su prórroga, esto es, 15 años adicionales, cuando no incluso 30 conforme al régimen de la Disposición Transitoria Segunda.

De este modo, además, se otorga una ventaja a quienes mantienen relación directa con el titular de la autorización, sin necesidad de someterse a un procedimiento público y transparente de otorgamiento, lo que fricciona con el régimen previsto en el artículo 8.3 de la Ley 17/2009, de 23 de noviembre así como el artículo 54 de la LOCM, más aún en la medida que la Ley madrileña prevé como "causahabientes" a las mismas personas indicadas cuando el titular de la autorización fallece, lo que en puridad debería conducir a la extinción del título autorizatorio (artículo 100 Ley 33/2003, de 3 de noviembre de Patrimonio de las Administraciones Públicas). En definitiva, ni la duración acotada por un periodo de tiempo tan largo ni el régimen de transmisibilidad son una auténtica garantía para la libertad de prestación del servicio de venta ambulante.

Finalmente, en el apartado anterior se indicó que Real Decreto prevé la revocabilidad de las autorizaciones por los Ayuntamientos por incumplimiento de la normativa (artículo 3.6), pero no llega a concretar nada más. Decíamos también entonces que esta revocación sanción debería haber sido concretada en una norma con rango de Ley ex artículo 25 CE, excepto que se trate de un incumplimiento de las condiciones que dieron lugar al otorgamiento de la autorización (artículo 92.4 LPAP).

La normativa madrileña abunda en la senda de confusión iniciada por el legislador estatal respecto los diversos títulos de intervención que confluyen en la venta ambulante, al confundir la ordenación de la actividad con la protección del dominio público. Las características de las autorizaciones se asemejan al régimen jurídico de la libre prestación de servicios. Sin embargo, de forma paradójica, la Ley parece defraudar éste en relación principalmente con la vigencia y transmisibilidad de las autorizaciones, puestas a su vez en conexión con el régimen transitorio.

3. *La venta ambulante en el Municipio de Madrid*

Como colofón del anterior estudio nos vamos a centrar en el régimen jurídico de esta actividad en el municipio de Madrid, tal y como advertimos al comienzo del trabajo. La venta ambulante está regulada por la Ordenanza Municipal de 27 de marzo de 2003, y para el caso específico de la venta en el singular Rastro de Madrid por la Ordenanza Municipal específica de fecha de 26 de octubre de 2000; ambas normas han sido convenientemente adaptadas al nuevo escenario de libre prestación de servicios mediante una Ordenanza Municipal horizontal aprobada el 30 de marzo de 2011. En adelante nos vamos a referir la primera de ellas por ser la segunda una especialidad propia del valor histórico que el mercado del Rastro posee.

Como vamos a poder comprobar, la regulación de la venta ambulante si bien sigue a pies juntillas lo dispuesto en la normativa sectorial estatal y autonómica, también evidencia que la libre prestación de servicios que pretende instalar la Ley 17/2009, de 23 de noviembre no es definitiva.

Con carácter general, la normativa municipal es expresiva de la mencionada conjunción entre la protección del dominio público y la ordenación de la venta ambulante en sentido estricto que caracterizan tanto a la normativa estatal como la autonómica. Fruto de ello es la ordenación de las características físicas de los puestos de venta en mercadillo —modalidad que vamos a continuar tomando como referencia—, el horario de apertura y cierre, la necesidad de cumplir la normativa sanitaria, de protección de los consumidores y usuarios y cuanta normativa sectorial le sea de aplicación (artículo 3 OM de 27 de marzo de 2003).

Por lo que respecta al otorgamiento de las autorizaciones, la OM de 27 de marzo de 2003, establece que anualmente por Juntas Municipales de Distrito aprueban los mercadillos comprendidos en su territorio y su concreta situación. Los solicitantes deben presentar solicitudes y documentación exigida, que incluye los productos de venta, enclaves por los que opta y número de metros que necesita. La característica más sobresaliente de este régimen es quizás el criterio general que guía el otorgamiento de las autorizaciones. Conforme al artículo 16 de la OM de 27 de marzo para el otorgamiento de las autorizaciones "*se valorarán con carácter preferente la profesionalidad, la protección de los consumidores y factores de política social. El desarrollo y baremación de estos criterios se establecerá me-*

diante Instrucción del órgano competente, una vez consultadas las asociaciones representativas del sector a nivel local".

Este precepto supone, de entrada, el otorgamiento de un considerable margen de libertad a la Administración para concretar los criterios que deben guiar el otorgamiento de las autorizaciones para vender en mercadillos, sin perjuicio de que deban ser necesariamente conocidos (y además debidamente publicados), claros y precisos. Pero además implica la posibilidad de que tras los requisitos de otorgamiento se escondan auténticas barreras de entrada no amparadas en razones imperiosas de interés general y mucho menos en la protección del dominio público. Es cierto no obstante que, posteriormente, en el otorgamiento de las autorizaciones deberán baremarse oportunamente la satisfacción de los criterios que se establezcan, y en esta medida el otorgamiento está imbuido de un importante componente de discrecionalidad técnica. Sin embargo, puesto que el número de autorizaciones son limitadas lo natural es que su otorgamiento se efectuase mediante sorteo, tal y como establece la LPAP.

Si se pone en conexión esta característica con las condiciones de otorgamiento de las autorizaciones para la venta ambulante que regulan la normativa estatal y autonómica sectorial, la impresión que se tiene es que a pesar de que la Ley 17/2009, de 23 de noviembre y el RD 199/2010, de 26 de febrero establecen que las autorizaciones para la prestación de servicios deben tener carácter reglado, la normativa autonómica de Madrid y la municipal de su capital, buscan un mecanismo para controlar el acceso de los vendedores de venta ambulante, sin por ello incurrir de forma directa en la prohibición de evaluar efectos económicos con ocasión del otorgamiento de cada autorización. Esto es, cada paso que se avanza en la concreción del régimen jurídico de acceso a la prestación del servicio consistente en vender ambulantemente se va difuminando la idea de acceso reglado y limitado al número de autorizaciones disponibles, sin atender a los productos ofertados y la incidencia sobre los comerciantes permanentes de la zona.

Así, en el caso de la normativa autonómica, el control se efectúa mediante el informe preceptivo de la Dirección General de Comercio y Consumo de la Comunidad de Madrid que debe emitirse con ocasión de la implantación de cada mercadillo. En el caso del Ayuntamiento de la ciudad de Madrid, el control se efectúa al establecer como criterio preferente para el otorgamiento de las autorizaciones la profesionalidad, la protección de los consumidores y factores de política social, conceptos que suponen un amplio margen para determinar qué incluyen y por tanto cómo deben ser oportunamente concretados en atención al interés público presente en cada caso.

Hay así un control indirecto, mediato si se quiere, de los vendedores que practican la venta ambulante y sobre todo de sus productos, no necesariamente al amparo de razones imperiosas de interés general o de las características del establecimiento físico, lo que puede llegar a colisionar con el nuevo régimen de libre prestación de servicios, por mucho que la limitación no sea discriminatoria.

Esta percepción, aumenta teniendo en consideración que la OM de 27 de marzo de 2003 establece un plazo mínimo de duración de las autorizaciones de 15 años (artículo 13). Este plazo excede el establecido por la Ley madrileña reguladora de la venta ambulante, que contempla los mismos años de duración pero como máximo posible (si bien permite su renovación por el mismo periodo), y evidencia también el apartamiento del plazo general de 4 años que establece la LPAP; pero sobre todo ahonda el problema ya detectado en el que incurre aquella Ley de que el plazo debe acortarse para que entren otros posibles competidores a prestar el servicio.

Finalmente, por lo demás, la OM de 27 de marzo de 2003, siguiendo lo previsto en la Ley sectorial madrileña contempla que las autorizaciones para la venta ambulante son transmisibles mediante simple comunicación (artículo 14), y contempla la posibilidad de revocar las autorizaciones cuando sobrevengan circunstancias que motivan el incumplimiento de las condiciones bajo las cuales fueron originariamente otorgadas o de haber existido entonces hubieran motivado su denegación (artículo 15), escapando así de la noción de revocación sanción para situarse en el de revocación unilateral por la Administración de la LPAP.

Esquema ordenación autorizaciones para venta ambulante[56][57]

	Requisitos y procedimiento de otorgamiento	Silencio administrativo	Duración y renovación	Transmisibilidad	Revocación
LPAP	Se otorga a peticionario directamente aunque debe celebrarse sorteo cuando el número de autorizaciones sea limitado o no se requiera valorar circunstancias especiales, en cuyo caso se puede de celebrar procedimiento competitivo	Negativo	4 años, incluyendo prórroga	No como regla general, aunque admite que pueda serlo sí así se prevé en cada caso[56]	Sí, incluso sin indemnización bajo causas tasadas[57] cuando resulten incompatibles con las condiciones generales aprobadas con posterioridad, produzcan daños en el dominio público, impidan su utilización para actividades de mayor interés público o menoscaben el uso general (artículo 92.4)

56 En igual sentido artículo 13.2 RSCL: "Las licencias concernientes a las cualidades de un sujeto o al ejercicio de actividades sobre bienes de dominio público serán o no transmisibles, según se prevea reglamentariamente, o en su defecto, al otorgarlas". Además, el artículo 14 del mismo Texto legal establece que las actividades autorizadas deberán ser desarrolladas por el titular de la autorización, permitiéndose la representación sólo si así se contempla en la normativa de de aplicación y en todo caso si el representante las mismas cualidades que el representado en el momento del otorgamiento.

57 El artículo 16 RSCL establece: "1. Las licencias quedarán sin efecto si se incumplieren las condiciones a que estuvieren subordinadas, y deberán ser revocadas cuando desaparecieran las circunstancias que motivaron su otorgamiento o sobrevinieran otras que, de haber existido a la sazón, habrían justificado la denegación y podrán serlo cuando se adoptaren nuevos criterios de apreciación. 2. Podrán ser anuladas las licencias y restituidas las cosas al ser y estado primitivo cuando resultaren otorgadas erróneamente. 3. La revocación fundada en la adopción de nuevos criterios de apreciación y anulación por la causa señalada en el párrafo anterior, comportarán el resarcimiento de los daños y perjuicios que se causaren".

L17/2009, LOCM Y RD REGULADOR VENTA AMBULANTE	Otorgamiento reglado. Requisitos proporcionados, claros y no discriminatorios, establecidos por cada Ayuntamiento, que no escondan barreras económicas Procedimiento transparente y público. Criterios claros, sencillos, objetivos y predecibles. Se sigue la LPAP Prohibición de participar competidores en otorgamiento Ámbito territorial de validez limitado a municipios	Positivo con carácter general, aunque admite excepcionalmente negativo	Prohibición de duración indefinida, salvo régimen especial: razones imperiosas de interés general que justifica la limitación de su vigencia (artículo 8.2) Además ese régimen especial impone también la prohibición de renovación automática, y de favorecer a prestador cesante o a personas con relación directa con él	Permite transmisibilidad previa comunicación a Ayuntamiento	Admite revocación por incumplimiento de la normativa
LVAMB CAM	La implantación exige evaluación del impacto económico sobre la zona Los Ayuntamientos pueden condicional productos ofertados Un 10% de los puestos pueden ser reservados a comerciantes del municipio Requiere inscripción reglada en registro autonómico previamente a obtención Su ámbito de validez es municipal	Negativo, conforme LRJPAC	15 años, renovable por mismo periodo Régimen transitorio para prestadores anteriores	Libremente transmisible previa comunicación a Ayuntamiento. Permite ventaja en familiares bajo causas singulares	Guarda silencio

OM VENTA AMBULANTE AYTO MADRID	La Junta Municipal aprueba anualmente los mercadillos implantados en el Distrito. El otorgamiento de las autorizaciones se efectúa de acuerdo con los criterios que aprueba el órgano competente mediante Instrucción entre los que destaca el preferente consistente en la profesionalidad, la protección de los consumidores y factores de política social	Guarda silencio. Se aplica el régimen general de la LRJPAC	15 años como mínimo, guarda silencio respecto renovación	Guarda silencio. Se aplica régimen Ley autonómica	Contempla revocación por causas sobrevenidas que hubieran motivado en su momento la denegación de la autorización

V. RÉGIMEN JURÍDICO DE LAS TERRAZAS CON VELADORES EN EL MUNICIPIO DE MADRID

El contraste entre el régimen autorizatorio para la implantación de terrazas de veladores con los parámetros exigidos por el nuevo régimen de actividades de servicios es aparentemente más sencillo al no existir una normativa especial estatal ni autonómica interpuesta; podemos así acudir directamente a la Ordenanza Municipal de 21 de diciembre de 2006 reguladora en el Municipio de Madrid de las terrazas de veladores y quioscos de hostelería para comprobar cómo casa con las previsiones contenidas, de un lado en la Ley 17/2009, de 23 de noviembre y de otro lado a la LPAP, y comprobar si lo previsto en la primera de dichas normas es satisfecho y si la intervención sobre la actividad obedece realmente a la protección del dominio público o a otras razones en su caso de interés general.

Resumiendo el régimen implantado por la Ley 17/2009, de 23 de noviembre el establecimiento de un régimen autorizatorio para el desarrollo de actividades servicios, debe ser excepcional, efectuarse mediante una norma con rango de Ley, los requisitos que se establezcan no deben ser discriminatorios y estar siempre motivados al amparo de razones imperiosas de interés general (artículo 5 y 10). Entre los requisitos de otorgamiento no pueden incluirse aquellos de carácter económico que la supediten a la prueba de la existencia de una necesidad económica o de una demanda de mercado, ni tampoco pueden prever la participación directa o indirecta de los competidores en el otorgamiento, sin perjuicio de la posibilidad de que sean consultados (artículo 10). Además, los procedimientos y trámites requeridos para el otorgamiento de las autorizaciones deben darse a conocer con antelación y ser "reglados, claros e inequívocos, objetivos e imparciales, transparentes, proporcionados al objetivo de interés general", y por consiguiente que no existan otras medidas menos restrictivas que permitan obtener el mismo resultado, en particular que el control a posteriori de la actividad de que se trate no garantice su eficacia (artículo 5 en relación con artículo 9). En todo caso, para la concesión de las autorizaciones el silencio administrativo debe ser interpretado en sentido positivo con carácter general, constituyendo los supuestos de silencio administrativo excepciones justificadas por razones imperiosas de interés general previstos en una norma con rango de Ley (artículo 6). Finalmente, si bien las autorizaciones deben tener en principio vigencia indefinida determinados supuestos, fundamentalmente la existencia de razones imperiosas de interés general o la necesidad de limitar cuantitativamente las autorizaciones, justifican su acotación temporal. Dichas razones igualmente amparan su limitación territorial o poder exigir un título por cada establecimiento físico.

Distinto radicalmente es el régimen de concesión de licencias demaniales para usos comunes especiales o privativos (artículos 84 y ss LPAP); Parte así del otorgamiento directo al peticionario como regla general salvo que el número de títulos disponibles sea limitado, en cuyo caso se otorgará bien por sorteo bien en procedimiento competitivo cuando haya de valorarse circunstancias especiales. A falta de respuesta por la Administración se entiende desestimatoria de la solicitud presentada. El plazo de vigencia de las autorizaciones es de cuatro años, comprendiendo la posible prórroga. Como regla general no puede ser transmitida salvo que las condiciones lo permitan y se permite su revocación por incumplirse las condiciones para su otorgamiento o circunstancias sobrevenidas, en ambos casos sin derecho a obtener una indemnización.

Pues bien, el régimen de autorizaciones para la implantación de terrazas de veladores en el municipio de Madrid sigue a pies juntillas este último régimen, una vez adaptado al contexto de la Directiva de Servicios, mediante la Ordenanza de transposición de la Directiva 2006/123/CE, del Parlamento Europeo y del Consejo de 12 de diciembre de 2006, relativa a los servicios en el mercado interior ANM 2011\16. Esta adaptación ha originado la confluencia en un mismo título autorizatorios de las exigencias derivadas del contexto de libre prestación de servicios y de la ocupación demanial[58], lo que puede conducir a problemas de aplicación dada la disparidad de regímenes en uno y otro caso, sobre todo a la hora de desarrollar las potestades dirigidas a la protección del dominio público.

Tanto antes como después de la aludida modificación la implantación de terrazas con veladores requieren autorización administrativa cuando se instalan en dominio público. Según la OM en dominio privado también pueden ser establecidas previa autorización especial, si bien con el límite de no admitir el cerramiento permanente, lo que obedece a razones de aprovechamiento urbanístico (artículo 2). Aquí tenemos ya un primer ejemplo de confusión. En realidad el título de intervención en uno y otro tipo de terrazas no es el mismo: cuando las terrazas de veladores son montadas en dominio público, además de la protección de éste la autorización tiene como objeto ordenar el ejercicio de la actividad; sin embargo, cuando las terrazas se instalan en suelo privado, el sometimiento a un régimen autorizatorio obedece de un lado a la ordenación de la actividad, como sucede en el primer caso, pero además a la presencia de una razón imperiosa de interés general como es el debido respeto a la ordenación urbanística, esto es, en previsión de que la terraza implique un aprovechamiento no concedido mediante el planeamiento. En este segundo caso el régimen de intervención podría haber sido de declaración responsable, mientras que en el primero esta posibilidad sólo sería posible respecto la ordenación de la actividad prestada, pero no respecto la protección del dominio público. Sin embargo, tanto una como otra actividad se someten a autorización, que implica entre otras cosas la imposibilidad de ceder su explotación a terceros (artículo 24) y la inexistencia tanto en un caso como en otro de un derecho preexistente a la instalación de las te-

58 Señala así el artículo 4.2 de la Ordenanza Municipal: "*Esta autorización incluirá la licencia demanial de ocupación de terrenos y la licencia urbanística en el supuesto de terrazas de veladores con cerramientos estables*"

rrazas, lo cual no deja de sorprender habida cuenta la naturaleza del bien y el nuevo régimen de libertad de prestación de servicios[59].

La OM reguladora configura la autorización como una extensión del establecimiento principal del que depende, de ahí que no requiera licencia urbanística, puesto que tampoco encaja en los usos provisionales admitidos en la normativa urbanística tolerados en precario. Son así consideradas actividades toleradas por la Administración en dominio público, y en esta medida y a la vista de la existencia de distintos criterios de otorgamiento la propia Ordenanza Municipal las perfila como autorizaciones de naturaleza discrecional, al establecer que el Ayuntamiento podrá concederlas o denegarlas motivadamente de acuerdo con las circunstancias concurrentes en todo caso, prevaleciendo el interés general sobre el particular (artículo 5). Así, para su otorgamiento pueden ser tenidas en consideración: existencia de expedientes sancionadores, valor turístico de la zona, tradición de la instalación, la concurrencia de instalaciones de terrazas de veladores o la incidencia en la movilidad de la zona. Por tanto, estas autorizaciones pese a que su número no tiene por qué estar limitado de entrada (salvo por razones de saturación ambiental o estética urbanística de la zona en que pretendan implantarse) no son otorgadas directamente a su peticionario y tampoco por sorteo. Se valora en cada caso su concesión o no, lo que se aleja considerablemente del régimen estipulado en la Ley 17/2009, de 23 de noviembre.

La autorización debe contener así determinaciones referidas al espacio ocupado, su situación y la distribución de las mesas, las características que el mobiliario debe cumplir, el horario de apertura o prescripciones ambientales. Se trata así de un conjunto de determinaciones que no coinciden con la mera protección del dominio público, sino que pueden ser claramente identificadas con la ordenación de la actividad prestada en sí mismo. En este sentido es altamente ejemplificativo el régimen de renovación de la autorización. La autorización posee una vigencia vinculada a periodo de funcionamiento de la terraza: del 31 de marzo a 15 de octubre. Su renovación es automática, salvo indicación en contrario por cualquiera de las partes quince días antes al inicio del periodo de funcionamiento (artículo 26).

Pues bien, la Administración posee la obligación de oponerse a la renovación bajo determinados supuestos tasados: impago de la tasa, previsión de que pueda

---

[59] Señala así el artículo 5 de la OM: "*Carencia de derecho preexistente. 1. Instalaciones que se soliciten en terrenos de titularidad y uso público: en virtud de las notas de inalienabilidad e imprescriptibilidad de los bienes de dominio público, la mera concurrencia de los requisitos necesarios para que la ocupación pueda ser autorizada no otorga derecho alguno a su concesión. El Ayuntamiento, considerando todas las circunstancias reales o previsibles, podrá conceder o denegar la autorización, haciendo prevalecer el interés general sobre el particular. 2. Instalaciones que se soliciten en terrenos de titularidad y uso privado: el órgano competente, considerando las circunstancias reales o previsibles, podrá conceder o denegar motivadamente las mismas, teniendo en cuenta que el interés general ha de prevalecer sobre el particular*".

alterarse la realidad física, si se han iniciado procedimientos de los que se deduzcan molestias a otras personas, o en general se observa el incumplimiento de las condiciones bajo las que fue otorgada (artículo 26). Las causas de oposición a que el título sea renovado tienen no sólo un contenido híbrido, al formularse sobre cuestiones relativas al dominio público y al funcionamiento de la actividad, sino que además apoderan al Ayuntamiento de un amplio margen de apreciación, puesto que ¿Cuántas denuncias deben haberse formulado contra una terraza para que la renovación no se produzca? ¿qué son molestias? ¿durante cuánto tiempo deben haberse producido? ¿Tiene algún derecho el establecimiento autorizado, por ejemplo procedimental, respecto la renovación del título habilitante?

Estas cuestiones que no tienen una respuesta inmediata, y que debieran ser resueltas mediante criterios que sirvieran para delimitar el margen de apreciación de la Administración, indican que el título autorizado posee un componente mixto aunque predominantemente conformado por la utilización del dominio público. El hecho de que la renovación no se lleve a cabo confirma que los propietarios de establecimientos carecen de un derecho preexistente a realizar una actividad de servicios fuera de aquellos, al margen del lugar donde fuera a desarrollarse, porque respecto a este es evidente que dicho derecho no existe por tratarse de dominio público y ni siquiera privado como atrás se ha visto.

Por otro lado, en relación con las determinaciones referidas al ejercicio de la actividad, no a la utilización del dominio público, la pregunta inmediata que surge entonces es ¿cuál es el alcance de las potestades de defensa demanial respecto las determinaciones? Por ejemplo, respecto la revocación, la OM señala que las autorizaciones podrán ser revocadas en cualquier momento sin indemnización por motivos de interés público, cuando resulten incompatibles con las condiciones generales aprobadas con posterioridad, produzcan daños en el dominio público, impidan su utilización para actividades de mayor interés público o menoscaben el uso general.

Lo anterior a plantearse si puede ser revocada una autorización por ejemplo porque cambien las determinaciones relativas a la ordenación turística, la protección ambiental o simplemente las estéticas. ¿La precariedad del título junto con las potestades de defensa del demanio alcanzan hasta este punto? No parece que sea razonable que sea así y mucho menos sin tener que indemnizar al beneficiario. Por ello, para evitar posibles complicaciones lo razonable sería en caso de revocación distinguir entre los distintos títulos administrativos de intervención para, a partir de ahí, optar entre el cauce del artículo 92.4 LPAP concretado en el 16 RSCL, que reconoce el derecho a obtener indemnización por cambio de apreciación de la Administración respecto el uso autorizado en el demanio público, o el previsto en el artículo 7.2 Ley 17/2009, de 23 de noviembre en tanto que revocación sanción por incumplimiento de las condiciones originarias para la obtención de la autorización sobre la actividad de servicios.

Esquema autorizaciones terrazas con veladores

	Requisitos y procedimiento de otorgamiento	Silencio administrativo	Duración y renovación	Transmisibilidad	Revocación
L17/2009	**Regla general:** otorgamiento mediante condiciones y procedimiento reglado. Requisitos proporcionados, claros y no discriminatorio. Criterios claros, sencillos, objetivos y predecibles. Se sigue la LPAP **Regla especial:** introducción de elementos de discrecionalidad, para valorar elementos relativos a razones imperiosas de interés general, en el otorgamiento de las autorizaciones cuando su vigencia sea limitada debido a la protección de los recursos naturales o existencia de singulares circunstancias técnicas	**Positivo con carácter general**, aunque admite excepcionalmente negativo, siempre que sea reconocido en norma con rango de Ley y al amparo de razones imperiosas de interés general	Regla general: Prohibición de duración indefinida, Regla especial: concurrencia de razones imperiosas de interés general o autorizaciones disponibles limitada. En tal caso limitación obligada de su vigencia (artículo 8.2) Además ese régimen especial impone también la prohibición de renovación automática, y de favorecer a prestador cesante o a personas con relación directa con él	Guarda silencio	Admite revocación, en especial por no cumplirse las condiciones que motivaron el otorgamiento
LPAP	Se otorga a peticionario directamente aunque debe celebrarse sorteo cuando el número de autorizaciones sea limitado o **no se requiera valorar circunstancias especiales.** Si es así puede adjudicarse mediante régimen de concurrencia y decidir de acuerdo con el mayor interés y utilidad pública de la utilización o aprovechamiento solicitado, que se valorarán en función de los criterios especificados en los pliegos de condiciones (artículo 96)	**Negativo**	**4 años, incluyendo prórroga**	**No como regla general, aunque admite que pueda serlo sí así se prevé en cada caso**	**Sí, incluso sin indemnización** bajo causas tasadas: cuando resulten incompatibles con las condiciones generales aprobadas con posterioridad, produzcan daños en el dominio público, impidan su utilización para actividades de mayor interés público o menoscaben el uso general (artículo 92.4)

OM Madrid terrazas de veladores y quioscos de hostelería (21/12/2006)	Terrazas con veladores: Cuando se instalan en dominio público requieren autorización administrativa[60] —en dominio privado también pueden ser establecidas previa autorización especial, si bien con el límite de no admitir cerramiento permanente por razones de aprovechamiento urbanístico—. Dicha **autorización no requiere licencia urbanística, por no ser consideradas una actividad distinta del establecimiento principal ni encajar en los usos provisionales admitidos en la normativa urbanística tolerados en precar**io. Son así consideradas actividades toleradas por la Administración en dominio público **Son autorizaciones discrecionales, por no existir derecho preexistente y tener que valorar cuestiones relativas al medio ambiente, estética urbana o seguridad**	**Dos meses de duración del procedimiento**, sin determinación expresa de efectos del silencio	**Vigencia vinculada a periodo de funcionamiento**: del 31 de marzo a 15 de octubre, debiendo ser solicitadas dentro de un plazo estricto (artículo 25-26) (cerramientos estables, dos años de vigencia) **Renovación automática, previo pago de tasa y renovación póliza seguros diferenciada,** salvo indicación en contrario 15 días antes al inicio del periodo de funcionamiento (artículo 26). **Obligación de indicar posición contraria a renovación por la Administración: si se han iniciado procedimientos de los que se deduzcan molestias, se observa incumplimiento de condiciones, impago de tasa o previsión de alteración de la realidad fisica** No obstante**, si la terraza está situada en zonas saturadas el otorgamiento y renovación se efectuará por cada año natural** (artículo 26).	**Transmisibilidad sólo vinculada a la del establecimiento principal** (artículo 24.1) **Prohibición expresa de arrendamiento o cualquier forma de cesión que permita la explotación por terceros**. Sólo desarrollo directo (artículo 4.8 y 24.2)	Diferencia entre: **– suspensión:** concurren razones de interés público que impiden el desarrollo de la actividad: obras. No motiva indemnización **– revocación:** en cualquier momento por razones de **interés público, cuando resulten incompatibles con las condiciones generales aprobadas con posterioridad, produzcan daños en el dominio público, impidan su utilización para actividades de mayor interés público o menoscaben el uso general. No genera derecho a indemnización** **– reintegro o interdicto posesorio por ocupación ilegal o excesiva del dominio público** (artículo 47)
	Terrazas de veladores con cerramientos estables y quioscos de temporada: la autorización demanial absorbe la urbanística de uso				
	Quioscos permanentes: concesión demanial				

60 El régimen autorizatorio se cimienta sobre el derogado artículo 8 RSCL "Las Corporaciones podrán sujetar a sus administrados el deber de obtener previa licencia en los casos previstos por la Ley, el presente Reglamento u otras disposiciones de carácter general"

OM Madrid terrazas de veladores y quioscos de hostelería[61] tras adaptación a directiva servicios (om *omnibus* 30/03/2011)[62]	Se parte de la misma concepción de las autorizaciones, esto es títulos habilitantes diferenciados del régimen urbanístico. Continúan concibiéndose de carácter discrecional La OM **distingue nominalmente entre la autorización en sí misma para el ejercicio de la actividad y la licencia demanial, que absorbe, y en su caso la urbanística** (artículo 4.4). La autorización debe contener limitación espacial, situación, horario, prescripciones ambientales, y mobiliario Además, para su otorgamiento pueden ser tenidas en consideración: **existencia de expedientes sancionadores, valor turístico de la zona, tradición de la instalación, la concurrencia de instalaciones de terrazas de veladores o la incidencia en la movilidad de la zona** [razones imperiosas de interés general] En todo caso, el cumplimiento de los requisitos no otorga el derecho a obtener autorización: "El Ayuntamiento, considerando todas las circunstancias reales o previsibles, podrá conceder o denegar la autorización, haciendo prevalecer el interés general sobre el particular" (artículo 5) Se limita la comercialización de productos a los mismos del establecimiento principal	Dos meses de duración del procedimiento, sin determinación expresa de efectos del silencio	**Vigencia vinculada a periodo de funcionamiento: del 31 de marzo a 15 de octubre, sin perjuicio de poder ser solicitadas en cualquier momento** (artículo 25-26) (cerramientos estables, dos años de vigencia) **Renovación automática, previo pago de tasa y renovación póliza seguros diferenciada, salvo indicación en contrario 15 días antes al inicio del periodo de funcionamiento** (artículo 26). **Obligación de indicar posición contraria a renovación por la Administración: si se han iniciado procedimientos de los que se deduzcan molestias, se observa incumplimiento de condiciones, impago de tasa o previsión de alteración de la realidad fisica** **No obstante, si la terraza está situada en zonas saturadas el otorgamiento y renovación se efectuará por cada año** natural (artículo 26).	Transmisibilidad sólo vinculada a la del establecimiento principal (artículo 24.1) Prohibición expresa de arrendamiento o cualquier forma de cesión que permita la explotación por terceros. Sólo desarrollo directo (artículo 4.8 y 24.2)	Diferencia entre: – suspensión: concurren razones de interés público que impiden el desarrollo de la actividad: obras. No motiva indemnización – revocación: en cualquier momento por razones de interés público, cuando resulten incompatibles con las condiciones generales aprobadas con posterioridad, produzcan daños en el dominio público, impidan su utilización para actividades de mayor interés público o menoscaben el uso general. No genera derecho a indemnización – reintegro o interdicto posesorio por ocupación ilegal o excesiva del dominio público (artículo 47)

61 Como todas las actividades que requieren licencia o concesión de ocupación de dominio público, se excluye del ámbito de aplicación de la OM de 29 de junio de 2009, por la que se establece el régimen de gestión de control de las licencias urbanísticas de actividades (artículo 4 de esta última OM)

62 Entre los cambios efectuados en la OM examinada, tras su adaptación a la Directivas de Servicios, destacan: la posibilidad de que los hoteles instalen terrazas en dominio público (artículos 2.1, 14), la eliminación de la obligación de someterse a evaluación ambiental estratégica (artículos 4.4, 6.5, 30), prohibición de publicidad (artículo 9), condiciones para la instalación de la terraza y mobiliario, por cierto más exigente el nuevo régimen y no necesa-

VI. CONCLUSIONES

Primera. Del análisis realizado puede concluirse que el régimen de actividades en la vía pública se ha visto efectivamente alterado como consecuencia del nuevo paradigma de intervención pública en la sociedad implantado a raíz por la Directiva de Servicios y ya internamente de forma destacada por la Ley 17/2009, de 23 de noviembre. Este régimen ha provocado la necesidad de acomodar la normativa administrativa al régimen de control preventivo excepcional obligando así a las Administraciones Públicas a reformular sus procedimientos autorizatorios, con vistas en particular a evaluar su sustitución por procedimientos de comunicación previa o declaración responsable.

Segunda. De los procedimientos autorizatorios analizados en ninguno de ellos se ha producido esta sustitución del control ex post de las actividades de servicios. La causa fundamental radica en que el servicio prestado se desarrollo sobre bienes de dominio público, respecto los cuales se ha mantenido la exigencia de una autorización demanial para usos comunes especialmente intensos o privativos. La continuidad de este régimen autorizatorio deriva de la propia Constitución, siendo la posibilidad de sustituirlo por un régimen de comunicación previa o comunicación responsable contraria a sus determinaciones.

Tercera. Además, el régimen de autorización demanial puede entenderse excluido del ámbito de aplicación de la Directiva de Servicios, a partir de su consideración como una manifestación del ejercicio de autoridad pública, y por tanto no puede ser considerado una razón imperiosa de interés general. Esta exclusión no impide que tenga su reflejo en la Ley 17/2003, de 23 de noviembre a partir de su consideración como causa de limitación territorial de la autorización sobre la actividad por el lugar físico donde se desarrolla, esto es, el dominio público.

Cuarta. La posibilidad de someter el desarrollo de actividades de servicios a un régimen de comunicación previa o declaración responsable, deriva directamente de la configuración del derecho a la libertad de empresa, cuya vertiente social impide su ejercicio en el lugar que se desee. Las Administraciones Públicas, sea en cuanto propietarias sea en cuanto titulares que deben garantizar la racionalidad

---

riamente como consecuencia del obligado preestablecimiento de los requisitos que deben ser satisfechos para el otorgamiento de la autorización, por ejemplo respecto condiciones estéticas que pueden ser diferentes por zonas (artículo 17), plazo de presentación de las solicitudes, ahora más generoso al poderse efectuar en cualquier momento (artículo 25), acomodamiento al nuevo régimen de gestión de licencias urbanísticas, para incorporar la posibilidad de que las del establecimiento principal sea otorgada por silencio administrativo (artículo 27), documentación a aportar, bien por no ser exigible conforme al nuevo régimen relativo a documentos ya obrantes en manos de la Administración Pública (licencia de funcionamiento del establecimiento principal), bien por no exigirse requisitos que antes sí lo eran (evaluación ambiental) (artículo 28).

del uso de los bienes de dominio público, de acuerdo con el fin al que estén afectados, son así las únicas que pueden atribuir la posibilidad de ejercer la actividad en aquellos, cuyo régimen constitucional impide el reconocimiento previo a los particulares de utilizarlo y por tanto de disponer de forma inmediata de él.

Quinta. El régimen de utilización de los bienes de dominio público para la prestación de servicios obedece a un doble título de intervención que, sin embargo, no está siempre convenientemente clarificado. Los regímenes autorizatorios analizados ponen de manifiesto que existe cierta confusión al respecto, al entremezclarse condiciones que obedecen a uno u otro título, respecto las cuales se aplican potestades y limitaciones que debieran ser discriminadas. De hecho nada impediría la posibilidad de exigir una declaración responsable para el ejercicio de la actividad correspondiente, sin perjuicio del deber de obtener en caso la correspondiente autorización demanial. Sin embargo, a poco que se abunda en los regímenes autorizatorios se puede comprobar que se incumple la pretendida finalidad de que se otorguen de forma reglada, no sean indefinidos y no beneficien a los anteriores poseedores, y sobre todo en el caso exclusivo de la venta ambulante de que no se introduzcan condicionamientos de carácter económico que supongan barreras reales de entrada a nuevos competidores.

TÍTULOS HABILITANTES LOCALES PARA EL ESTABLECIMIENTO Y EXPLOTACIÓN DE REDES DE COMUNICACIONES ELECTRÓNICAS

Juanita Pedraza Córdoba

I. INTRODUCCIÓN

La garantía de las condiciones para el ejercicio de la ciudadanía digital[1], constituye un aspecto relativamente novedoso dentro del estudio del ámbito competencial material de las entidades locales, concretamente de los Ayuntamientos.

---

1 Esta noción comenzó a perfilarse en los estudios de la OCDE, de 2001, relativos a los factores de exclusión social, que apuntaron a la necesidad de promover el acceso a las facilidades provistas por las tecnologías de la información y comunicación (TIC's) como instrumento al servicio de la inclusión en las actividades políticas, sociales y económicas de los ciudadanos del siglo XXI.

Para la atención de este cometido, los Ayuntamientos están obligados a promover y divulgar los beneficios de la adquisición de este nuevo estatus (el de ciudadano digital) y a crear las condiciones infraestructurales que le permitan a los residentes, dentro del término municipal, el acceso y uso de los servicios derivados de la aplicación de las tecnologías de la información y comunicación al desarrollo de las actividades sociales cotidianas. Es en el plano infraestructural, específicamente en el del despliegue y explotación de las redes de comunicaciones electrónicas, en el que se advierten de manera palmaria los efectos de la convivencia de este nuevo propósito público con otros cometidos tradicionales, tales como, la protección del medio ambiente, la ordenación del territorio, la materia urbanística, la salud pública, entre otros, toda vez que el acto material de implantación del conjunto de elementos que integran la red que sirve de soporte para la provisión de las facilidades de comunicación, incide, necesariamente, sobre el espacio físico y puede afectar el desarrollo de la vida cotidiana (tráfico peatonal o vehicular, actividad comercial, etc).

Los ciudadanos están interesados en tener acceso a las facilidades de comunicación y gestión provistas a través de las redes de nueva generación[2] y este ánimo es promovido desde las instancias comunitarias a partir de iniciativas, tales como, la Agenda digital para Europa (COM 2010/0245f) y tutelado a través de instrumentos legislativos nacionales como, las leyes de promoción de la sociedad de la información y del comercio electrónico (Ley 56/2007, de 28 de diciembre, Ley 34/2002, de 11 de julio), ley de administración electrónica (Ley 11/2007, de 22 de junio), entre otras.

Corresponde a los ayuntamientos, en el marco de las iniciativas y del ordenamiento nacional, comunitario y autonómico, articular el ejercicio de sus competencias con miras a salvaguardar los bienes y valores cuya guarda les ha sido confiada y, entre ellos, el de la garantía del ejercicio cabal y eficaz de la ciudadanía digital. Este capítulo pretende referenciar las manifestaciones más significativas de la incidencia de este nuevo cometido público en el ejercicio de competencias tradicionales, tales como, la materia urbanística la ordenación del territorio, salubridad pública y protección del medio ambiente, entre otras. A tales efectos, se ha considerado pertinente abordar el estudio de la delimitación competencial, en materia de comunicaciones electrónicas, entre el ámbito estatal, autonómico y local, analizando, de manera más detallada, los alcances de la regulación autonó-

---

2 La Comisión Europea las define como "redes de acceso cableadas que consisten total o parcialmente en elementos ópticos y son capaces de prestar servicios de acceso de banda ancha con características mejoradas en comparación con los servicios prestados a través de las redes de cobre existentes". Directrices comunitarias para la aplicación de las normas sobre ayudas estatales al despliegue rápido de redes de banda ancha (2009/C 235/04).

mica sobre la materia, empleando como metodología expositiva el examen de los efectos de la confluencia del ejercicio de los títulos competenciales atribuidos a las tres instancias de poder en el desarrollo de actividades concretas relacionadas con el establecimiento y explotación de las redes de comunicaciones electrónicas: el despliegue de las redes alámbricas (par de cobre, fibra óptica, cable coaxial, etc.) a través de las calas o canalizaciones que discurren por el subsuelo dentro del término municipal; el establecimiento de las infraestructuras comunes de telecomunicaciones en las edificaciones (ICTS) y la instalación de estaciones radioeléctricas. A partir del estudio del régimen jurídico aplicable a estas actividades, se pretende dar cuenta de las soluciones que, tanto el Tribunal Constitucional, como el Tribunal Supremo, han alcanzado en torno a la articulación de los ámbitos competenciales antes reseñados, en el marco de la actividad administrativa de supervisión y, concretamente, respecto del recurso a la técnica autorizatoria o a otras que también pueden tipificarse como instrumentos de control previo (declaraciones responsables, comunicación, etc.) cuya utilización se propicia desde las instancias comunitarias, especialmente desde la promulgación de la Directiva 2006/123/CE del Parlamento Europeo y del Consejo, de 12 de diciembre de 2006, relativa a los servicios en el mercado interior (DS).

Atendiendo la finalidad y metodologías precitadas, se realiza una descripción del problema competencial (apartado II) en la que se precisan los títulos de cada uno de los tres niveles de poder concernidos con la materia, analizando, de manera más prolija, los alcances de la regulación autonómica vigente, que resulta aplicable a las tres actividades precitadas. El apartado III se ocupa de definir, con base en la jurisprudencia, un conjunto de reglas para la delimitación competencial y para la actuación coordinada entre Administraciones, en los eventos que resultaren concurrentes los títulos, bien por estar en presencia de competencias transversales, o por tratarse de competencias que coinciden, total o parcialmente, en su sustrato material. Una vez reseñada la posible concurrencia competencial, se analizan los diferentes mecanismos de coordinación y colaboración que permiten la convivencia pacífica del quehacer de las diferentes Administraciones (apartado IV) para concluir examinado algunos casos en los que se ha definido un criterio prevalente para la resolución de posibles colisiones competenciales. Por último, en el apartado de conclusiones se consignan algunas consideraciones sobre la manera como los ordenamientos autonómicos han articulado los distintos instrumentos de intervención en la actividad; los efectos de la concurrencia de facultades accesorias de inspección y una observación final sobre la adaptación de las habilitaciones a las exigencias contenidas en la DS, en la Ley 17/2009, de 23 de noviembre, libre acceso a las actividades de servicio y su ejercicio (LLAAS) y a la Ley 2/2011, de 4 de marzo, de economía sostenible (LES).

II. LA DESCRIPCIÓN DEL PROBLEMA COMPETENCIAL

El tema de los títulos habilitantes que deben obtener los operadores para extender y explotar las redes de comunicaciones electrónicas en los municipios españoles, pone en evidencia la dificultad de definir reglas claras para el ejercicio de las competencias que detentan distintas instancias del poder público concernidas con el desarrollo de una actividad económica como la que se analiza.

En efecto, la red de comunicaciones electrónicas está compuesta, al tenor de lo dispuesto en el apartado 25 del Anexo II de la Ley 32/2003, de 3 de noviembre, General de Telecomunicaciones (LGT)[3] por los sistemas de transmisión y, cuando proceda, los equipos de conmutación o encaminamiento y demás recursos, incluso los que no son activos, que permitan el transporte de señales, con independencia del tipo de información transportada (voz, datos, imágenes, etc). Abarca, por tanto, las redes satelitales, las terrestres fijas (de conmutación de circuitos y de paquetes, incluido Internet) y las redes móviles, e inclusive, los sistemas de tendido eléctrico, en la medida en que se utilicen para la transmisión de señales de la naturaleza antes descrita.

Como resulta evidente de la simple lectura de la norma precitada y de la constatación de la realidad, el establecimiento y explotación de una red de comunicaciones electrónicas es una actividad que se traduce en un acto material de planificación, despliegue y ubicación de elementos (materiales o inmateriales) en un espacio físico que se ve afectado por su presencia. Justamente por incidir sobre el territorio y afectar el desarrollo de la vida en comunidad es que entran en juego diversos intereses cuya tutela está confiada a distintas autoridades: así, tratándose de redes terrestres, el despliegue de redes incide sobre el planeamiento urbanístico, la ordenación del territorio, la protección del paisaje y del medioambiente, así como puede entroncar con la tutela de los bienes demaniales y patrimoniales, o con la protección del patrimonio histórico y artístico. La realización de obras, tales como, las canalizaciones, puede afectar la seguridad en lugares públicos y la ordenación del tráfico de vehículos y personas en vías urbanas y, tratándose de los emplazamientos para la colocación de las antenas para la telefonía móvil, estos intereses se conjugan con el recelo que, en la colectividad, se ha despertado en torno a los efectos de las radiaciones no ionizantes en la salud de los habitantes.

---

3 En este texto, toda mención a la LGT incluye la modificación introducida por el Real Decreto-ley 13/2012, de 30 de marzo, por el que se transponen directivas en materia de mercados interiores de electricidad y gas y en materia de comunicaciones electrónicas, y por el que se adoptan medidas para la corrección de las desviaciones por desajustes entre los costes e ingresos de los sectores eléctrico y gasista.

Sobre la confluencia de títulos competenciales en esta materia, ha dicho el Tribunal Supremo: "El art. 2 de la Ley 32/2003, de 3 de noviembre, General de Telecomunicaciones, configura al servicio de Telecomunicaciones, como un servicio de interés general. Su competencia exclusiva se atribuye al Estado por el artículo 149.21 de la Constitución. Esto no quiere decir, no obstante, que la prestación de este servicio no tenga incidencia en las competencias que son propias de otras Administraciones Territoriales, pues no debe olvidarse que los servicios de telecomunicaciones son prestados mediante instalaciones y redes, cuyo tendido, así como las infraestructuras que las soportan, se realiza sobre suelo, vuelo y subsuelo.

Ello determina, en primer lugar, que su base física se despliegue sobre terrenos que pueden tener la consideración de dominio público autonómico o local, con la consiguiente incidencia en el régimen demanial de estos bienes, en lo referente a su policía, uso y aprovechamiento, cuya defensa corresponde a la Administración territorial que ostenta la titularidad de los mismos.

En segundo término, aunque se extiendan, en todo o en parte, sobre propiedad privada, no puede desconocerse las funciones que a tales administraciones corresponde en materia de ordenación del territorio, urbanismo, sanidad y medio ambiente en el ámbito de sus competencias, y cuyo ejercicio es de cumplimiento obligatorio.

Conciliar el ejercicio de estas competencias de tal modo que se garantice la prestación del servicio de telecomunicaciones, pero sin que ello suponga menoscabo, o lo suponga en la menor medida de lo posible, de otros ámbitos susceptibles de protección, significa, de un lado, que los operadores de telecomunicaciones no pueden desconocer las potestades que tienen atribuidas otras Administraciones territoriales, ni que éstas, con base en sus competencias, obstaculicen la implantación de las instalaciones necesarias para la prestación del servicio." STS del 3 de abril de 2007 [FJ2].

Así las cosas, se tiene que el acto material del despliegue y explotación de la red y los efectos que de él se derivan, guarda relación con los siguientes títulos competenciales:

a) A nivel estatal es de competencia exclusiva del Estado la regulación de la materia "telecomunicaciones" (CE; art. 149.1.21) cuyo alcance se delimita en el plano positivo (LGT y normas de desarrollo) y en sede judicial. Así mismo compete al Estado, de manera exclusiva, fijar el régimen general de las comunicaciones (CE; art. 149.1.21) y definir, con carácter básico, el régimen de sanidad (CE; art. 149.1. 16) y de medio ambiente (CE, art. 149.1.23), pudiendo las CCAA, en este último caso, establecer normas adicionales de protección.

En relación con la delimitación por el derecho positivo de la materia telecomunicaciones ha de señalarse que el establecimiento y explotación de estas redes constituye una actividad, que junto a la prestación de los servicios y facilidades que se soportan en ella, tiene el carácter de servicios de interés general que se prestan en régimen de libre competencia (LGT; art. 2.1). La salvaguardia del interés general presente en la actividad, relacionado con el objeto que se examina, la red de comunicaciones electrónicas, implica atender, entre otros frentes, la garantía de las condiciones de competencia efectiva en el mercado, así como la gestión recursos escasos que resultan esenciales para la provisión de los servicios (espectro radioeléctrico, numeración y derechos de ocupación de la propiedad pública y privada), concretándose en los siguientes objetivos (LGT; art. 3): fomentar la competencia efectiva (LGT; art. 3.a); promover la inversión eficiente en materia de infraestructuras incluyendo, cuando proceda, la competencia basada en infraestructuras y fomentando la innovación (LGT; art. 3.b); impulsar el desarrollo del sector de las telecomunicaciones, así como la utilización de los nuevos servicios y el despliegue de redes, fomentando el acceso, la conectividad y la interoperabilidad extremo a extremo, en condiciones de igualdad (LGT; art. 3.d); promover el desarrollo de la industria de productos y servicios de telecomunicaciones (LGT; art. 3.h) y contribuir al desarrollo del mercado interior de servicios de comunicaciones electrónicas en la Unión Europea (LGT; art. 3.i). En cuanto a los recursos escasos, necesarios para explotar las redes y servicios, corresponde a las autoridades proteger y hacer posible su uso eficaz, así como garantizar el acceso a los derechos de ocupación de la propiedad pública y privada (LGT; art. 3.e).

A la consecución de estos objetivos están llamadas las Administraciones de todos los niveles territoriales, empero, como se tendrá ocasión de explicar, la legitimación para actuar o el deber de hacer, fundamento de la noción de competencia, corresponde, en principio, a las autoridades nacionales de reglamentación [Ministerio de Industria, Turismo y Energía y Comisión del Mercado de las Telecomunicaciones (LGT; art. 46.1)], mientras que la participación de los restantes niveles se funda en los principios de lealtad institucional, colaboración, cooperación y coordinación (LRJPAC; art. 4).

b) A nivel autonómico, en los términos definidos por el bloque de constitucionalidad, corresponde a las autoridades velar por las siguientes materias: la ordenación del territorio, urbanismo y vivienda (CE, art. 148.1.3); la gestión en materia de protección del medio ambiente (CE, art. 148.1.9); el patrimonio monumental de interés de la Comunidad Autónoma (CE; art. 148.1.16) y la sanidad e higiene (CE; art. 148.1.16).

Con base en tales títulos competenciales, las CCAA han expedido las siguientes normas relacionadas con el establecimiento y explotación de redes de comunicaciones electrónicas:

CCAA	Disposiciones relacionadas con el establecimiento y explotación de redes de comunicaciones electrónicas	RESUMEN DE SU CONTENIDO
ANDALUCÍA	Decreto 166 de 2001, de 10 de julio, coordinación de actuaciones para el desarrollo de la sociedad de la información. Modificado por el Decreto 100/2006, de 16 de mayo, y Decreto 51/2010, de 23 de febrero.	El Decreto 166/2001, prevé, dentro del conjunto de actuaciones relacionadas con la sociedad de la información, el desarrollo e implantación de redes e infraestructuras de telecomunicaciones (art. 3.a).
	Decreto 72/2003, 18 de marzo, de impulso de la sociedad del conocimiento.	Define los ámbitos (educación, sanidad, tejido industrial, etc) y las medidas de actuación (concesión de ayudas, formación, etc) para la promoción de la sociedad de la información en Andalucía.
	Ley 7/2007, de 9 de julio de gestión integrada de la calidad ambiental de Andalucía. (LandGICA)	La primera precisión que debe efectuarse es que existe un régimen general para la instalación de estaciones radioeléctricas contenido en la LandGICA (calificación ambiental) y otro especial, previsto en el DIRA (autorización ambiental autonómica), si éstas se ubican en parques, pasajes naturales y montes públicos. La entrada en vigor de la LandGICA introduce cambios en el contenido normativo del DIRA, al consagrar un régimen de autorización ambiental autonómica (autorización ambiental integrada y la autorización ambiental unificada) que debe hacerse congruente con el previsto en el DIRA. En otras palabras, antes de entrar en vigor la LandGICA, el DIRA contenía una autorización ambiental previa autonómica que no puede entenderse sustituida por el instrumento de protección ambiental (calificación ambiental) consagrado en el LandGICA, toda vez que la competencia para su tramitación se atribuye al ayuntamiento y la protección de los montes y espacios protegidos corresponde a la Administración autonómica, conforme lo dispuesto en el art. 13.6 y 7 del Estatuto de Andalucía.

	Decreto 201/2001, de 11 de septiembre, autorizaciones para la instalación, modificación o reforma de las infraestructuras de telecomunicaciones en parques y pasajes naturales y en montes públicos de la Comunidad Autónoma de Andalucía. (DIRA)	**Régimen especial:** se entiende entonces que, cuando se consagra un régimen de autorización previa en el DIRA (art. 2), este corresponde a la autorización ambiental unificada (LandGICA; arts. 27 y ss), toda vez que en el apartado 27.1.d) LandGICA se incluye, dentro de la materia sometida a esta habilitación, "Las actuaciones públicas y privadas que, no estando incluidas en los apartados anteriores, puedan afectar directa o indirectamente a los espacios de la Red Ecológica Europea Natura 2000". Se estima que el ámbito material regulado por el DIRA se encuadra dentro del supuesto de hecho precitado. La obtención de la autorización ambiental unificada es requisito previo para la tramitación de las licencias municipales (LandGICA; arts. 17.2); la autoridad local interviene en la tramitación de esta habilitación rindiendo un informe de compatibilidad urbanística que condiciona el sentido de la autorización ambiental toda vez que, de ser desfavorable, impone el archivo de la actuación (LandGICA; art. 31.2.b) párr. 2). De conformidad con lo previsto en el art. 31.6 LandGICA, la Consejería dictará y notificará la resolución que ponga fin al procedimiento en el plazo máximo de ocho meses (ampliable hasta por 10 meses, si median razones justificadas) vencido el cual los interesados podrán entender desestimada su solicitud. La puesta en marcha requerirá la certificación acreditativa del técnico director de la actuación de que ésta se ha llevado a cabo conforme al proyecto presentado y al condicionado por la autorización (LandGICA; art. 35.2). **Régimen general:** con arreglo a lo dispuesto en el art 41.1 LandGICA, la instalación de redes de telecomunicaciones es una actividad sometida a calificación ambiental (Anexo I 13.57 infraestructuras de telecomunicaciones), emanada del Ayuntamiento, que ejerce, además, las funciones de vigilancia, control y ejercicio de la potestad sancionadora con respecto a las actividades sometidas a dicho instrumento (LandGICA; art. 43.1). Junto con la solicitud de la correspondiente licencia, los operadores deberán presentar un análisis ambiental como documentación complementaria al proyecto técnico (LandGICA; art. 44.2) y, en todo caso, la puesta en marcha de la instalaciones se realizará una vez que se traslade al Ayuntamiento la certificación acreditativa del técnico director de la actuación de que ésta se ha llevado a cabo conforme al proyecto presentado y al condicionado de la calificación ambiental (LandGICA; art. 45). La calificación ambiental se solicita de manera concomitante a las licencias urbanísticas (LandGICA; art. 44.1) y se tramita de forma concurrente, aún cuando aquella constituyan requisito previo para la tramitación de éstas (LandGICA; arts. 17.2 y 41.2), dando lugar a la expedición de un único acto (LandGICA; art. 44.3).

BALEARES	Decreto 22/2006, de 10 de marzo, por el que se aprueba el Plan Director Sectorial de Telecomunicaciones en las Baleares (DPSTB).	**a) Canalizaciones:** se requiere la autorización para la ocupación del dominio público viario (DPSTB; art. 10) cuya obtención es requisito para la concesión de las licencias urbanísticas. **b) Estaciones radioeléctricas:** su instalación y explotación se somete a la aprobación del proyecto de implantación por la Consejería de Agricultura, Medio Ambiente y Territorio (DPSTB; art. 22.2), de acuerdo con criterios urbanísticos y de ordenación territorial (DPSTB; art. 23), que constituye requisito previo a la tramitación de las licencias urbanísticas de instalación, obras y apertura y funcionamiento (DPSTB; art. 24). El plazo máximo para resolver sobre la aprobación del proyecto de implantación es de 3 meses, vencido el cual, sin que se haya notificado resolución expresa, debe entenderse estimada la petición (DPSTB; art 22.3 párr.2). Las licencias urbanísticas (instalación, obras y apertura y funcionamiento) se tramitan de forma sucesiva (DPSTB; art. 24.1) La licencia de instalación debe solicitarse en un plazo no superior a 6 meses desde la aprobación del proyecto de implantación (vencido dicho plazo la licencia no podrá tramitarse —art. 25.1 DPSTB). Con arreglo a lo dispuesto en el art. 84.2 de LbLIA, transcurrido un mes desde la presentación, en debida forma, de la solicitud de instalación sin que se haya notificado resolución expresa, opera el silencio administrativo positivo. La licencia de obras se rige por lo dispuesto en la Ley 10/1990, de 23 de octubre de disciplina urbanística, que prevé, en su art. 7.1, un régimen de silencio administrativo positivo, con arreglo a los plazos y condiciones previstos en la legislación de régimen local. Esta licencia no podrá otorgarse si no se obtiene previamente la licencia de instalación (DPSTB; art. 26) Una vez concluida la obra, debe solicitarse la licencia de apertura y funcionamiento, acompañando la solicitud de una certificación del técnico director de las obras que acredite su conformidad con la licencia de instalación (DPSTB; art. 27.1) ante el Ayuntamiento correspondiente; vencido el plazo máximo para resolver, que se fija en 15 días (DPSTB; art. 87.1), la solicitud de entiende resuelta favorablemente (art. 88.1. LbLIA). **c) ICTs.:** Los artículos 28 y ss DPSTB recogen, fundamentalmente, la regulación estatal sobre la materia y hace obligatoria, para el otorgamiento del certificado municipal de terminación de obra, la presentación del certificado de la Jefatura Provincial de Inspección de Telecomunicaciones (DPSTB; art. 29.3).
CANARIAS	Ley 11/2009, de 15 de diciembre, de ordenación de telecomunicaciones de Canarias (LOTC). Decreto 124/2011, de 14 de mayo, aprueba las directrices de ordenación territorial de las telecomunicaciones canarias (DOTTC).	Esta normativa contiene una parte de la regulación sustantiva de las habilitaciones para la extensión y explotación de redes de telecomunicaciones: Los artículos 6 y 7 de la LOTC consagran el régimen de obligaciones de los operadores habilitados para la instalación y explotación de estaciones radioeléctricas, en relación a las distancias mínimas y al uso de la mejor tecnología disponible. Asimismo, las directrices 31, 32, 34 y 35 fijan los objetivos para la extensión de redes móviles y fijas. Al tiempo que los artículos 15 y 16 de la LOTC tipifican infracciones y sanciones específicas en materia de telecomunicaciones.

CASTILLA LA MANCHA	Ley 8/2001, de 28 de junio, de instalaciones de radiocomunicación de Castilla-la Mancha[4] (LCMIR).	La instalación y explotación de una estación radioeléctrica está sometida a las siguientes habilitaciones: a) Aprobación del plan territorial de despliegue de red por parte de la Administración de la Junta de Comunidades, requisito indispensable para la tramitación de las licencias urbanísticas, so pena de incurrir en un vicio de nulidad de pleno derecho (LCMIR; art. 12.1) b) La Comisión de Redes de Radiocomunicación aprueba el plan de implantación de instalaciones en suelo rústico, conforme al instrumento de ordenación precitado, contando con un plazo máximo para resolver de 3 meses, vencido el cual, sin que se haya notificado resolución expresa, debe entenderse estimada la petición (LCMIR; art. 12.1) c) Las licencias urbanísticas se otorgan con arreglo a lo dispuesto en el Decreto Legislativo 1/2010, de 18 de mayo, por el que se aprueba el texto refundido de la Ley de Ordenación del Territorio y de la Actividad Urbanística de Castilla-La Mancha (LOTAUCM) y al régimen particular de la LCMIR, en relación a: las distancias mínimas y los niveles máximos de emisión (LCMIR; art. 5); limitaciones a los emplazamientos por razones de protección del patrimonio histórico-artístico (LCMIR; art. 6), entre otras. El plazo máximo para tramitar una solicitud de licencia de obra será el previsto en las Ordenanzas municipales que, en ningún caso podrá exceder de 2 meses y en defecto de previsión municipal éste se tendrá por tal (LOTAUCM; art. 166.4) y el plazo máximo para resolver una solicitud de licencia de actividad será el previsto también en la Ordenanza, que en ningún caso será de mayor de 6 meses y, en ausencia de plazo se tendrá por tal el de 3 meses (LOTAUCM; art. 169.3) al tiempo que, el sentido del silencio administrativo, en ambos casos, es positivo (LOTAUCM; art. 161.3). El régimen de inspección contempla la obligación de efectuar revisiones anuales (LCMIR; art. 7) cuyos resultados deberán comunicarse a la Consejería en el plazo de dos meses. Asimismo, se consagran infracciones (LCMIR; arts. 17-20) y sanciones particulares (LCMIR; arts. 21 y 22) para la inobservancia de lo previsto en el LCMIR.

4 Cuya validez fue revisada mediante sentencia del Tribunal Constitucional STC 8/2012, de 18 de enero.

CASTILLA LEÓN	Decreto 267/2001, de 29 de noviembre, Instalación de infraestructuras de Radiocomunicación. (DCLIR)[5]	El art. 3 del DCLIR califica la instalación de estaciones radioeléctricas como actividad clasificada de modo tal que el art. 4 del DCLIR determina que el desarrollo de esta actividad requerirá la previa obtención de las siguientes autorizaciones o licencias: - Licencia urbanística y, en suelo rústico, autorización excepcional de uso del suelo, conforme a lo dispuesto en la Ley 5/1999, de 8 de abril, de Urbanismo de Castilla y León. (LUCL). - Licencia ambiental, de acuerdo con lo previsto en la Ley 11/2003, de 8 de abril, de prevención ambiental de Castilla y León (LclPA). Conforme lo dispuesto en el art. 99.1d) LUCL, la licencia de obras y la ambiental serán objeto de resolución única, sin perjuicio de la tramitación de piezas separadas. La propuesta de resolución de la licencia de actividad tendrá prioridad, por lo que si procediera denegarla, se notificará sin necesidad de resolver sobre la licencia urbanística; en cambio, si procediera otorgar la licencia de actividad, se pasará a resolver sobre la urbanística, notificándose en forma unitaria. La fijación del plazo para la resolución de la licencia de obras se remite a las ordenanzas (LUCL; art. 99.2) y el sentido del silencio es positivo (LUCL; art. 99.3). La actividad está sujeta a licencia ambiental (LclPA; arts. 24 y ss). El plazo máximo para resolver la solicitud de licencia ambiental es de 4 meses (LclPA; art. 30.3) y el sentido del silencio es positivo (LclPA; art. 30.3). Interviene un órgano supramunicipal, la Comisión de Prevención, que emite informe sobre el expediente de instalación o ampliación de la actividad solicitada. Este informe será vinculante para el Ayuntamiento en caso de que implique la denegación de la licencia ambiental o la imposición de medidas correctoras adicionales (LclPA; art. 27.4) El art. 5 DCLIR regula las condiciones que debe cumplir la instalación, fijando, entre otros extremos, los límites máximos de exposición en zonas sensibles (colegios, hospitales) que se aminora en un 25% de los valores generales, distancias entre los emplazamientos, etc. Con carácter previo al inicio de las actividades sujetas a licencia ambiental, el titular deberá comunicar su puesta en marcha al ayuntamiento (LclPA; 33), acompañando la comunicación de certificación del técnico director de la ejecución del proyecto y certificación emitida por un organismo de control ambiental acreditado y demás documentación que garantice que la instalación se ajusta al proyecto aprobado, así como a las medidas correctoras adicionales impuestas (LclPA; art. 34.1) 2. En el caso de actividades sujetas a licencia ambiental, la presentación de esta documentación habilita para el ejercicio de la actividad y supone la inscripción de oficio en los correspondientes registros ambientales (LclPA; art. 35.2).

5 Su validez fue revisada por el Tribunal Supremo, mediante Sentencia de 3 de abril de 2007.

CATLUÑA	Decreto 281/2003 de 4 de noviembre que modifica el Decreto 148/2001, de 29 de mayo[6], ordenación ambiental de las instalaciones de telefonía móvil y otras instalaciones de radiocomunicación (DOAIRC)	Conforme lo dispuesto en art. 12.1 DOAIRC, las instalaciones fijas de radiocomunicación están sometidas a los sistemas de intervención administrativa en materia de urbanismo y medio ambiente. En lo referente a la materia ambiental se sujetan a lo dispuesto en la Ley 20/2009, de 4 de diciembre, de prevención y control de actividades de Cataluña (LcatPCAA) y, concretamente, a los regímenes de licencia ambiental sin necesidad de someterse a ningún procedimiento de evaluación ambiental, si se trata de emplazamientos en demarcaciones urbanas o se cumplen las demás previsiones del Anexo II, apartado 12.44.a) [LcatPCAA; art. 7.1.c).3)] o al régimen de comunicación previa (LcatPCAA; art. 7.1.d) si están sitas en demarcación no urbana o cumplen las condiciones del Anexo III, apartado 12.44.b). En cuanto a la licencia ambiental, se observa lo dispuesto en los arts. 35 y ss LcatPCAA que prescriben un trámite complejo con solicitudes de informes a distintas autoridades y periodo de información pública. El plazo máximo para resolver y notificar se fija en 6 meses (LcatPCAA; art. 48.1) vencido el cual debe entenderse desestimada la solicitud (LcatPCAA; art. 48.3). La comunicación previa, por su parte, se rige por lo dispuesto en los arts. 51 y ss LcatPCAA y conforme lo prescrito en el art. 52.5 LcatPCAA una vez efectuada la comunicación, el ejercicio de la actividad puede iniciarse bajo la exclusiva responsabilidad de las personas titulares y técnicas que hayan entregado las certificaciones, las mediciones, los análisis y las comprobaciones a los que se refieren las normas vigentes, sin perjuicio de que el operador deba contar con otras habilitaciones no ambientales. Las actividades están sometidas a un control ambiental inicial previo a la puesta en funcionamiento y a controles ambientales periódicos posteriores, para garantizar la adecuación permanente a las determinaciones ambientales legales y a las determinaciones fijadas específicamente en la autorización o licencia ambientales (LcatPCAa; art. 68.1) El acta de control, que debe ser presentada a la Administración competente en el plazo máximo de un mes a contar desde la finalización del control, habilita para el ejercicio de la actividad y comporta la inscripción de oficio en los registros ambientales correspondientes (LcatPCAa; art. 70.2). Las actividades sometidas a comunicación previa pueden sujetarse a un régimen de autocontroles periódicos cuyo resultado se verifica de conformidad con lo que establece a nivel municipal (LcatPCAa; art. 73.1).

6 Su validez fue revisada por el Tribunal Supremo, mediante sentencia del 22 de marzo de 2011.

CATALUÑA	Decreto 358/2000, de 7 de noviembre, regulación de la instalación de redes públicas de telecomunicaciones en el dominio viario (DCanC).	Hay que tener en cuenta que las habilitaciones ambientales deberán otorgarse conforme las previsiones contenidas en el DOAIRC, en especial, las relativas a las condiciones generales de las instalaciones y su funcionamiento (DOAIRC; art. 6). El régimen de control ambiental sobre las instalaciones está consagrado en el art. 14 DOAIRC que faculta al ayuntamiento para efectuar un control periódico con la asistencia técnica del Centro de Telecomunicaciones y Tecnologías de la Información. Asimismo se consagra el deber de compartir la información resultante de la inspección con las autoridades ambientales y de telecomunicaciones. La materia urbanística viene regulada por el Decreto Legislativo 1/2010, de 3 de agosto, por el que se aprueba el texto refundido de la Ley de Urbanismo de Cataluña (LUCat), en el que se prevé la sujeción de las instalaciones a la obtención de una licencia urbanística (LUCat; art. 187.2.q) cuyo tramitación se regulará en Ordenanza Municipal, sin que se fije un plazo máximo para resolver, pero sí el sentido del silencio administrativo: positivo (LUCat; art. 188.2). Por último, en cuanto a las canalizaciones, para la extensión de redes fijas, el gobierno autonómico ha expedido el DCanC que prescribe la obligación de obtener autorización para la ocupación del subsuelo en la zona de dominio público de las carreteras de titularidad de la Generalitá (DCanC; art. 1), que no supone cesión de dominio público, ni servidumbre y se otorga a reserva de otras autorizaciones y licencias, sin perjuicio de terceros (DCanC; art. 4.1). El plazo máximo para resolver es de seis meses (DCanC; art. 12), vencido el cual, sin que medie notificación de la resolución expresa, debe entenderse desestimada la petición.
NAVARRA	Ley Foral 10/2002, de 6 de mayo, para la ordenación de las estaciones base de telecomunicación por ondas electromagnéticas no guiadas en la Comunidad Foral de Navarra[7] (LFERN).	La aprobación del plan territorial de infraestructuras por el Gobierno de Navarra es requisito indispensable para la tramitación municipal de la licencia de obra (LFERN; arts. 9. 10 y 12.1), de tal suerte que, si se concede ésta adoleciendo de aquella está viciada de nulidad de pleno derecho (LFERN art. 12.1) Se fijan unas distancias mínimas y límites máximos de exposición al público (LFERN; arts. 5 y anexos 1, 2, 3, 4) y limitaciones a los emplazamientos por razones de protección del patrimonio histórico y artístico. Se prescribe además un régimen coordinado de supervisión, mediante el cual las condiciones del emplazamiento, incluidas las obras y el funcionamiento, están sujetas a la inspección del ayuntamiento. Esta actividad se complementa con la inspección realizada por los organismos autonómicos competentes (LFERN; art. 15). Finalmente está previsto un régimen sancionador particular, con clasificación de infracciones (LFERN; arts. 17-20); identificación de sanciones —apercibimiento, multa, suspensión (LFERN; art. 21); definición de competencia (LFERN; art. 23) y sujetos responsables (LFERN; art. 24)

7 La validez de una Orden anterior sobre la materia (Orden Foral 1324/2000, de 27 de noviembre) fue revisada por el Tribunal Supremo mediante sentencia de 27 de diciembre de 2007.

RIOJA	Decreto 40/2002, de 31 de julio, ordenación de radiocomunicaciones en el ámbito de la Comunidad Autónoma de la Rioja[8] (DORR)	Las instalaciones de radiocomunicación o las modificaciones sustanciales de las mismas requieren las siguientes habilitaciones (DORR; art. 5): Licencia ambiental (DORR; art. 5.1.a), de acuerdo con lo dispuesto en la Ley 5/2002, de 8 de octubre de protección del medio ambiente de la Rioja (LLrPMA) y licencia urbanística, conforme lo dispuesto en la Ley 5/2006, de 2 de mayo de ordenación del territorio y urbanismo de la Rioja (DORR; art. 5.1.b). En lo atinente a la licencia urbanística puede señalarse que el plazo máximo para resolver es de un mes (art. 195.1) y transcurrido dicho plazo sin haberse notificado la resolución, el interesado podrá entender estimada su petición por silencio administrativo (art. 195.3) La instalación de estaciones radioeléctricas se somete a licencia ambiental (LLrPMA; art. 25.1) que constituye requisito previo indispensable para el otorgamiento de las licencias o autorizaciones que la actividad precise para su ejecución o puesta en marcha (LLrPMA; art. 10.1), so pena de que se configure una causa de nulidad de pleno derecho (LLrPMA; art. 10.3). El plazo máximo para resolver se fija en 4 meses, vencidos los cuales, sin que se haya notificado la resolución, la petición se entiende desestimada (LLrPMA; art. 26.c). En relación con el régimen sustantivo de la habilitación debe señalarse que el DORR prevé unos niveles máximos de emisión (DORR; art. 6 y anexo II) así como limitaciones a los emplazamientos por razones de protección de patrimonio histórico-artístico. Las condiciones del emplazamiento, incluidas las obras y el funcionamiento, están sujetas a la inspección del ayuntamiento (DORR; art. 12). Para verificar si los valores de las mediciones no exceden a los límites de los anexos, la autoridad autonómica realizará labores de inspección. Los ayuntamientos, garantizando el derecho de audiencia, pueden dejar inactivas o desmontar las instalaciones que no cuenten con licencia (DORR; art. 9).

c) La intervención de los entes locales, garantizada por los artículos 137 y 140 constitucionales, se basa en los siguientes títulos competenciales: seguridad en lugares públicos (LrBRL; art. 25.2.a); ordenación del tráfico de vehículos y personas en vías urbanas (LrBRL; art. 25.2.b); protección civil, prevención y extinción de incendios (LrBRL; art. 25.2.c); ordenación, gestión y disciplina urbanística (LrBRL; 25.2.d); protección del medio ambiente (LrBRL; 25.2.f); protección del patrimonio histórico artístico (LrBRL; 25.2.e) y salubridad pública (LrBRL; art. 25.2.f).

La articulación del ejercicio de estas competencias no está desprovista de conflictividad, como queda patente a continuación, con una somera revisión de las decisiones más relevantes que sobre esta materia han sido adoptadas por el Tribunal Constitucional y el Tribunal Supremo.

8 Su validez fue revisada por el Tribunal Supremo, mediante sentencia de 13 de noviembre de 2007.

III. FUNDAMENTOS CONSTITUCIONALES: LA COMPETENCIA ESTATAL EN MATERIAL DE TELECOMUNICACIONES, LA AUTONOMÍA LOCAL Y LAS COMPETENCIAS AUTONÓMICAS

Conforme a reiterada jurisprudencia constitucional, el elemento material caracterizador del ejercicio de las competencias exclusivas atribuidas al Estado por mor del art. 149.1.21 CE, consiste en "*la regulación de los extremos técnicos del soporte o instrumento* del cual la radio y la televisión se sirven —las ondas radioeléctricas o electromagnéticas— quedan dentro de la materia radiocomunicación y, por tanto, de la competencia estatal «ex» art. 149.1.21 C.E., para ordenar el dominio público radioeléctrico. Y es constitucionalmente legítimo que el Estado regule desde una concepción unitaria —dada la unidad intrínseca del fenómeno— la utilización del dominio público radioeléctrico, y proceda a una ordenación conjunta de todas las variantes de telecomunicación y de radiocomunicación, en particular, y no sólo las destinadas a emisiones de radio y televisión cualificadas por su recepción por un gran número de usuarios". STC 168/1993, de 27 de mayo, [F.J. 4] (resaltado por fuera del original).

Si bien los extremos técnicos del soporte para la prestación de servicios de telecomunicaciones abarcan aspectos más amplios que la regulación del espectro radioeléctrico, la jurisprudencia constitucional se ha referido a este recurso escaso como factor de deslinde competencial, especialmente cuando revisa regulaciones atinentes a los servicios de difusión, cuyas competencias normativas y ejecutivas comparte el Estado con las CCAA, al tenor de lo dispuesto en el art. 149.1.27 CE. Sobre este particular ha dicho el Tribunal, que si la cuestión excede la regulación de aspectos técnicos e incide sobre el ejercicio del derecho fundamental consagrado en el art. 20 CE, vinculado, además, a valores superiores como el pluralismo político, la materia se encuadra en el ámbito del artículo 149.1.27 CE y no en el 149.1.2.1 CE "Mientras, en cambio, aspectos técnicos claramente atinentes a la regulación del soporte o instrumento del cual la radio y la televisión se sirven —las ondas radioeléctricas, hertzianas o electromagnéticas— quedan dentro de la competencia estatal exclusiva «ex» art. 149.1.21 C.E. para ordenar el dominio público radioeléctrico; dominio que, no es ocioso ahora recodarlo, es susceptible de distintos usos para otros tipos de comunicaciones que se efectúan también mediante ondas radioeléctricas y distintas de la radiodifusión; razón por la cual es menester una ordenación unitaria del problema mediante la asignación de frecuencias y potencias para cada uno de los usos, en cumplimiento de la disciplina internacional del tema, así como la previsión de otros problemas como, v. gr., puede ser la evitación de interferencias". STC 244/1993, de 15 de julio [F.J. 2].

Al revisar la constitucionalidad del apartado del Estatuto Catalán que atribuía las competencias ejecutivas en materia de comunicaciones electrónicas a las instancias autonómicas, el TC reiteró la distinción entre las competencias atribuidas al Estado, de manera exclusiva, vía el artículo 149.1.21 CE en contraste con el art. 149.1.27 CE y agregó: "es preciso tener en cuenta que el art. 149.1.21 CE también contempla la competencia exclusiva estatal respecto del "régimen general de comunicaciones" y que esta competencia de "régimen" atribuida al Estado "comprende, desde luego, la totalidad de las competencias normativas sobre la misma (SSTC 84/1982, FJ 4 y 38/1983, FJ 3); pero implica también un plus", ya que "puede comportar la atribución de las competencias de ejecución necesarias para configurar un sistema materialmente unitario" (STC 195/1996, de 28 de noviembre, FJ 6)." STC 31/2010, de 28 de junio, [FJ 85].

Así las cosas se tiene que la regulación de los aspectos vinculados a la planificación y gestión del espectro radioeléctrico integra el acervo competencial del Estado, que lo ejerce de manera exclusiva, junto con la facultad de fijar las reglas aplicables a las restantes cuestiones técnicas relativas a la red de comunicaciones electrónicas. La cuestión entonces consiste en clarificar, en cada caso en concreto, sí el supuesto que se analiza encuadra o no en la materia técnica de las telecomunicaciones, o si excede de dicho ámbito material. Tal ejercicio hermenéutico ha sido realizado en innumerables ocasiones por el Tribunal Supremo, especialmente en el ámbito del establecimiento del régimen jurídico aplicable a la instalación y funcionamiento de las estaciones radioeléctricas, sin que hasta el momento se pueda afirmar, salvo para algunos aspectos, que existe un criterio, siquiera mayoritario, sobre el particular. Como lo ha señalado el propio Tribunal "La jurisprudencia de esta Sala Tercera del Tribunal Supremo no ha dejado de llamar la atención sobre la operatividad de la atribución competencial en virtud de la cual se aprobaron esas normas [se refiere a regulaciones sobre estaciones radioléctricas], pues, aun cuando son numerosas las sentencias que han confirmado la legalidad de diferentes regulaciones autonómicas o municipales de esta índole, el razonamiento que ha conducido a tal conclusión siempre ha partido de una contemplación casuística y circunstanciada de cada asunto, asentada sobre la distinción dialéctica entre lo que son cuestiones predominantemente atinentes al urbanismo/ordenación del territorio y sanidad/medio ambiente, aptas para su regulación por Comunidades Autónomas y Ayuntamientos, frente a las materias básicamente técnicas, que como tales encajan en la competencia estatal consagrada en el precitado artículo 149.1.21de la Constitución [STCs. 168/1993, FJ.4, Sentencia 244/1993, de 15 de julio, Sentencia del Tribunal Constitucional 31/2010, de 28 de junio (RTC 2010, 31)" STS 22 de marzo de 2011 [FJ7].

Si bien la definición concreta de la materia técnica, claramente diferenciable de las materias que, conforme al bloque de constitucionalidad o la LrBRL, corresponden a las CCAA o a los entes locales, no tiene una vocación general, sino casuística, sí que puede afirmarse que el Tribunal Supremo ha decantado reglas de articulación de competencias, en relación con estos extremos:

1. La competencia estatal en materia de telecomunicaciones, no excluye la autonómica (STC 8/2012, de 18 de enero [FJ.3]), ni la local (STSs 18 de junio de 2001 [FJ3], 17 de noviembre de 2009 [FJ.3], 4 de mayo de 2010 [FJ3] y 22 de marzo de 2011 [FJ7]) para la gestión de sus respectivos intereses.

2. Se trata de títulos competenciales que se limitan y contrapesan entre sí, impidiendo el mutuo vaciamiento de sus contenidos respectivos (STC 8/2012, de 18 de enero [FJ.3]).

3. El ejercicio de los títulos competenciales locales o autonómicos no puede contrariar el ordenamiento, ni traducirse en restricciones absolutas, ni limitaciones desproporcionadas (STS 18 de junio de 2001 [FJ3]).

4. La prohibición de establecer restricciones absolutas o desproporcionadas se refiere a la imposibilidad de prestar adecuadamente el servicio (tutela a los usuarios) o la posibilidad de prestarlo en condiciones de gravosidad desproporcionadas (tutela de los operadores). (STS 4 de mayo de 2010 [FJ3]).

5. La coexistencia de títulos competenciales con incidencia en el mismo espacio físico, hace imprescindible desarrollar técnicas de coordinación, colaboración y cooperación interadministrativas, si bien, cuando los cauces de composición voluntaria se revelan insuficientes, la resolución del conflicto sólo podrá alcanzarse a costa de dar preferencia al titular de la competencia prevalente, que desplazará a los demás títulos competenciales en concurrencia (STC 8/2012, de 18 de enero [FJ.3] y STS 22 de marzo de 2011 [FJ8]).

IV. LOS MECANISMOS DE COMPOSICIÓN DE INTERESES: COORDINACIÓN Y COLABORACIÓN ENTRE LAS ADMINISTRACIONES TERRITORIALES CONCERNIDAS

Tal y como lo ha venido señalando la jurisprudencia, en aplicación de los principios de coordinación, colaboración y lealtad institucional que rigen las relaciones interadministrativas, con arreglo a lo dispuesto en el art. 4 de la LRJPAC, las Administraciones que ejercen títulos competenciales relacionados con el establecimiento y explotación de redes de comunicaciones electrónicas deben actuar de manera coordinada, de tal suerte que los intereses que cada una salvaguarda se vean cabalmente tutelados. En el derecho positivo, atinente a la materia que sea analiza y, desarrollados por la jurisprudencia del Tribunal Supremo, pueden identificarse algunos ejemplos ilustrativos de la operación de estas técnicas de articulación de competencias:

1. La planificación urbanística

El artículo 26 de la LGT consagra, en primera instancia, el derecho de los operadores a ocupar el dominio público, en la medida en que ello sea necesario para el establecimiento de la red pública de comunicaciones electrónicas de que se trate. Asimismo, prescribe que "2. Los órganos encargados de la redacción de los distintos instrumentos de planificación territorial o urbanística deberán recabar de la Administración General del Estado el oportuno informe sobre las necesidades de redes públicas de comunicaciones electrónicas en el ámbito territorial a que se refieran. Los instrumentos de planificación territorial o urbanística deberán recoger las necesidades de redes públicas de comunicaciones electrónicas contenidas en los informes emitidos por el Ministerio de Ciencia y Tecnología y garantizarán la no discriminación entre los operadores y el mantenimiento de condiciones de competencia efectiva en el sector."

Se tiene entonces que mediante Ley estatal, basada en la competencia exclusiva recogida en el art. 149.1.21 CE, se establecen exigencias (procedimentales —solicitud de informe— y sustantivas —garantía de no discriminación entre operadores y de competencia efectiva en el mercado—) que condicionan el desarrollo de las competencias de ordenación del territorio y urbanismo, que ejercen también en exclusiva las Comunidades Autónomas. La legitimidad de ese condicionamiento, que se traduce, en el plano procedimental, en la necesidad de desarrollar un trámite coordinado de acciones para la definición de las necesidades de las redes de comunicaciones electrónicas que dan servicio al público, no ha sido puesta entredicho; por el contrario, el Tribunal Supremo ha avalado su puesta en marcha, indicando, al resolver sobre la validez de la Orden de fecha 29 de abril de 2003, de la Consejería de Política Territorial, Obras Públicas y Vivienda, por la que se aprobó definitivamente el Plan General de Ordenación Municipal de Orense, que "bien, con la misma finalidad [la de definir los alcances de las técnicas de coordinación, colaboración y cooperación interadministrativas] y por ende la misma justificación, la Ley General de Telecomunicaciones 11/1998, en su art. 44.3, estableció la previsión que ahora nos ocupa, a cuyo tenor se exige que los órganos encargados de la redacción de los instrumentos de planificación territorial o urbanística recaben un informe estatal para determinar las necesidades de redes públicas de telecomunicaciones, añadiéndose que esos instrumentos de planificación territorial o urbanística deberán recoger las necesidades de establecimiento de redes públicas de telecomunicaciones, señaladas en los informes elaborados en ese trámite por el órgano estatal competente. El problema reside en que esta Ley sectorial de telecomunicaciones no define lo que entiende por "instrumentos de planificación territorial o urbanística ", y ello nos obliga a plantearnos si debemos configurar como tales única y estrictamente los que con ese carácter se dibujan en los ordenamientos propiamente urbanísticos, o si por encima del significante hemos de atender a la finalidad y contenido de la norma para determinar su inclusión en el precepto. Situados, pues, ante la necesidad de precisar cuáles son esos instrumentos de planificación territorial o urbanística cuya aprobación está condicionada por la previa emisión del informe estatal, entendemos que, obviamente, precisarán ese informe los instrumentos de planeamiento expresa y formalmente caracterizados como tales en las correspondientes legislaciones autonómicas. Ahora bien, partiendo de la base de que desde una perspectiva de realismo jurídico lo que importa no es tanto la denominación formal del instrumento jurídico sino su naturaleza, finalidad y contenido real, pues "las cosas son lo que son, y no como se las llame "(Sentencia del Tribunal Supremo de 27 de mayo de 2008, recurso de casación 5748/2005), lo verdaderamente determinante para requerir la emisión de ese informe será que, a través de la iniciativa autonómica o municipal concernida con independencia de su caracterización o presentación formal, se pretenda introducir una ordenación jurídica con repercusión sobre la ordenación territorial y urbanística, que como tal incida directamente en la esfera de intereses que justamente quiere proteger y salvaguardar la atribución competencial a favor del Estado en materia de telecomunicaciones, intereses entre los que, por cierto, se encuentra un principio esencial como es el de unidad de mercado, que opera como un límite frente a eventuales excesos de las Comunidades Autónomas en el ejercicio de sus competencias que pudieran derivar en una distorsión relevante del mercado nacional en esta materia". STS de 9 de marzo de 2011 [FJ6][9].

Se concluye entonces que, tal y como lo definió la Sentencia de 9 de marzo precitada, la obtención del informe estatal, en la tramitación de cualquier ordenación jurídica con repercusión sobre la ordenación territorial y urbanística, que afecte el desarrollo del mercado único de las redes y servicios de comunicaciones electrónicas, es obligatoria y, en consecuencia, su elusión conduce a la nulidad del instrumento de planificación, quedando así fortalecida la técnica de coordinación entre las Administraciones.

2. *La resolución de conflictos en materia de derechos de ocupación de dominio público y privado o compartición de infraestructuras*

En virtud de lo dispuesto en el art. 30, apartados 2 y 3 de la LGT "2. Cuando los operadores tengan derecho a la ocupación de la propiedad pública o privada y no puedan ejercitar por separado dichos derechos, por no existir alternativas

---

9 En el mismo sentido STS del 22 de marzo de 2011 [FJ 5]

por motivos justificados en razones de medio ambiente, salud pública, seguridad pública u ordenación urbana y territorial, la Administración competente en dichas materias, previo trámite de información pública, acordará la utilización compartida del dominio público o la propiedad privada en que se van a establecer las redes públicas de comunicaciones electrónicas o el uso compartido de las infraestructuras en que se vayan a apoyar tales redes, según resulte necesario.

3. El uso compartido se articulará mediante acuerdos entre los operadores interesados. A falta de acuerdo, las condiciones del uso compartido se establecerán, previo informe preceptivo de la citada Administración competente, mediante Resolución de la Comisión del Mercado de las Telecomunicaciones. Dicha resolución deberá incorporar, en su caso, los contenidos del informe emitido por la Administración competente interesada que ésta califique como esenciales para la salvaguarda de los intereses públicos cuya tutela tenga encomendados.".

La disposición precitada contiene varios elementos normativos, cuyo análisis resulta pertinente a los efectos de este apartado:

Objetivo: regula la definición de los términos y condiciones bajo los cuales los operadores de redes y servicios de comunicaciones electrónicas pueden resultar obligados a compartir sus infraestructuras (uso compartido) o los emplazamientos (utilización compartida) en las que éstas se sitúan, tanto en dominio público, como en propiedad privada.

Subjetivos: refiere a los operadores como titulares del derecho de ocupación de dominio público y privado, así como del deber de compartir infraestructuras o de permitir el uso compartido de emplazamientos, reconociéndoles la facultad de llegar a acuerdos voluntarios sobre las condiciones de materialización de la compartición.

Atribuye a la Administración a la que se le haya confiado la salvaguardia de medio ambiente, salud pública, seguridad pública u ordenación urbana y territorial (generalmente el ayuntamiento) la competencia para acordar, tanto el uso como la utilización compartidos. La facultad se circunscribe a la imposición de la obligación, considerada en sí misma, y no a su contenido. Esta limitación del objeto competencial viene dada por la forma como se articulan los títulos estatal y autonómico: "La regulación de la coubicación y compartición de infraestructuras cae, sin lugar a dudas, dentro de la esfera de competencias del Estado. En primer lugar, porque en la medida en que persigue hacer efectivo el derecho de ocupación de los operadores necesario para el establecimiento de la red y afecta a las condiciones de prestación de los servicios de telecomunicaciones y al régimen jurídico de los operadores, la regulación entra dentro de la competencia estatal en materia de telecomunicaciones (art. 149.1.21 CE). Y, en segundo lugar, porque al tratarse de una regulación de las infraestructuras que persigue asegurar la efectividad de las comunicaciones y la virtualidad de las competencias estatales en materia de telecomunicaciones, se encuentra también dentro de la competencia estatal para establecer el régimen general de las comunicaciones

Ahora bien, no puede olvidarse que, tal y como se deduce incluso de la normativa europea (art. 12 de la Directiva 2002/21/CE, de 7 de marzo [LCEur 2002, 1040], relativa a un marco regulador común de las redes y los servicios de comunicaciones electrónicas), la coubicación y compartición de infraestructuras es también una técnica que se configura primordial, aunque no exclusivamente, como una herramienta para resolver el conflicto que puede surgir entre la necesidad de despliegue de redes de telecomunicaciones y la preservación de otros intereses públicos afectados por el mismo como la ordenación territorial y urbana, el medio ambiente, la salud o la seguridad pública". STC 8/2012, de 18 de enero [FJ9].

Reconoce a la Comisión del Mercado de las Telecomunicaciones la competencia para fijar los términos del uso o utilización compartidos, en caso de que los operadores no alcancen un acuerdo sobre este particular, teniendo en cuenta el informe preceptivo de la Administración sectorial y, en concreto, las consideraciones que ésta realice en torno a lo que considera esencial para salvaguardar los intereses cuya guarda le hayan sido confiada.

Formales: El procedimiento para la imposición de obligaciones de uso y utilización compartidos de elementos físicos[10] de red está integrado por varias fases: 1. Debe mediar una solicitud de ocupación de bienes de dominio público o privado por un operador; 2. El Ayuntamiento debe resolver tal petición y, en caso de que no pueda hacerlo favorablemente, en el sentido de reconocer derechos individuales y autónomos de ocupación, atendiendo razones medioambientales, de salud y seguridad públicas u ordenación urbana y territorial, propondrá una utilización o uso compartido de recursos. Esta propuesta se somete a un periodo de información pública y a la audiencia de los operadores afectados, como fases previas a la adopción de la decisión definitiva. Este acto administrativo concreta la obligación de compartir los recursos, establecida genéricamente en la norma estatal (LGT; arts. 29.1 párrafo final y 30), pero su alcance y contenido se difiere a la negociación entre los operadores. 3. Sólo en caso de desacuerdo entre los operadores, interviene la Comisión del Mercado de las Telecomunicaciones, como órgano competente para la resolución del conflicto, en los términos y condiciones señalados previamente.

Como lo ha señalado el Tribunal Supremo, se trata de una manifestación del ejercicio concurrente de títulos: "En resumen, la legislación estatal incorpora hoy una regulación acorde a la concurrencia competencial, deslindando adecuada-

---

10 Se quiere con este calificativo excluir todos los aspectos lógicos de red y demás manifestaciones de compartición de recursos, distintas a las que pueden ser objeto material de derechos de ocupación de dominio público o privado.

mente las esferas de decisión correspondientes a las distintas instancias territoriales y regulando, allí donde es preciso, mecanismos de cooperación, como los informes. Se reconoce que las Administraciones autonómicas y locales pueden, en ejercicio de sus respectivas competencias, imponer a los operadores la coubicación y compartición de infraestructuras, si bien la determinación imperativa de los términos y condiciones del uso compartido corresponde a la Comisión del Mercado de las Telecomunicaciones, con la finalidad de preservar la competencia entre operadores, aunque la comisión deberá atender a los contenidos de los informes sectoriales que persiguen la salvaguarda de las «exigencias esenciales»". [FJ9] STC 18 de enero de 2012

El carácter preceptivo del informe que ha de rendir la Administración Sectorial y la imposición del deber de motivación del acto mediante el cual la Comisión del Mercado de las Telecomunicaciones resuelve el conflicto entre operadores que pretenden ejercer de manera concurrente sus derechos de ocupación sobre el mismo bien, que deriva en la exigibilidad de un pronunciamiento expreso sobre los aspectos que la autoridad sectorial califica como esenciales para la salvaguardia de los intereses, constituyen una forma adicional de fortalecimiento de la eficacia de la técnica de articulación.

De otra parte, la jurisprudencia del Tribunal Supremo ha distinguido entre varias hipótesis, a la hora de resolver sobre la validez de normas que constituyen regulaciones, de orden autonómico y local, sobre esta materia:

A) Norma autonómica que define el alcance del acuerdo de imposición de obligaciones de compartición por un ente autonómico

Advierte el TC que la decisión de la autoridad autonómica se circunscribe a la imposición de la obligación, no a sus condiciones: "es más clara la conformidad a la distribución constitucional de competencias de la regulación contenida en el artículo 14 de la Ley castellano manchega que prevé que la Administración autonómica negocie con todos los operadores para propiciar acuerdos dirigidos a la compartición de infraestructuras, así como que la formalización de tales acuerdos entre la Administración autonómica y los operadores supone la aprobación de los planes territoriales de despliegue de red. También es acorde con las competencias autonómicas y no invade las estatales en materia de telecomunicaciones que se establezca que, en caso de no conseguirse el acuerdo correspondiente, la Administración autonómica determine en la aprobación de los planes, los emplazamientos que los operadores deberán compartir, en atención a los principios de protección de la salud, del medio ambiente y del paisaje, si bien la decisión de utilización compartida del dominio público o de la propiedad privada deberá adoptarse respetando lo dispuesto en la legislación estatal, singularmente la obligación de realizar previamente un trámite de información pública (art. 30.2 de la Ley general de telecomunicaciones de 2003), correspondiendo, por otra parte, a la Comisión del Mercado de las Telecomunicaciones, a falta de acuerdo entre operadores, la determinación imperativa de las condiciones del uso compartido de infraestructuras. Así interpretado, el precepto no invade las competencias estatales en materia de telecomunicaciones y, en consecuencia, puede considerarse constitucional, por lo que esta interpretación de conformidad se llevará al fallo." STC 08/2012, de 28 de enero [FJ9]

B) Norma autonómica que establece la prevalencia de un tipo de terrenos para la compartición

La norma demandada prioriza el terreno público frente al privado en caso de que se configuren las causas para la imposición de la obligación de compartición de infraestructuras. El Tribunal Supremo lo acepta porque entiende que la compartición es voluntaria y que sólo en igualdad de condiciones se da prevalencia al terreno público "a los meros efectos de restringir al máximo las perturbaciones en la propiedad privada (ocupación, servidumbres y otros derechos) que los operadores de telefonía están habilitados a imponer a los titulares de terrenos y edificios privados." [FJ6] STS de 3 de abril de 2007.

C) Normas autonómicas que imponen la obligatoriedad de la compartición de acuerdo con criterios (tipos de suelo, distancias)

En el Decreto 40/2002 de la Rioja, que regula la instalación de estaciones radioeléctricas, se fijaba como principio de ordenación la obligación de compartir infraestructuras en suelo no urbanizable, siempre que fuera técnicamente válido. Indica el Tribunal Supremo que "no corresponde a las Administraciones distintas a la General del Estado la imposición unilateral de la compartición de infraestructuras". STS 13 de noviembre de 2007 [FJ4]. En el mismo sentido, al juzgar la Orden Foral 1324/2000, de 27 de noviembre, también relativa a la ubicación de las antenas de telefonía móvil, el Tribunal Supremo determinó "Desde el momento en que se está imponiendo un uso compartido para instalaciones a una determinada distancia se está contraviniendo lo dispuesto en la normativa estatal, que no establece esas prohibiciones ni limitaciones al número de infraestructuras, menos aún con carácter general para todos los supuestos sin tener en cuenta las peculiaridades de cada situación concreta, y se está cercenando la competencia que esa legislación atribuye a la Comisión del Mercado de Telecomunicaciones para adoptar la resolución final con base en la viabilidad económica de la coutilización, las obras adicionales que hayan de realizarse. Ni razones urbanísticas ni medio ambientales permiten una limitación tan general como la establecida en la Orden impugnada" STS 27 de diciembre de 2007 [FJ5].

D) Normas locales que consagran de forma genérica el deber de compartición, de forma similar a como éste viene recogido en la normativa estatal (Ordenanza de Barcelona)

Se enjuiciaba la validez de lo previsto en el art. 91.3.b) de la Ordenanza de los usos del paisaje urbano de Barcelona, en su redacción del 2003, que era del siguiente tenor: "b) El Ayuntamiento, de acuerdo con la exigencia de racionalización del uso tecnológico del espacio urbano de la ciudad Barcelona y en atención a razones urbanísticas, paisajísticas, medioambientales y/o de preservación de la salud de las personas, podrá imponer, mediante resolución del órgano competente para la concesión de licencias relativas al establecimiento de instalaciones de telefonía por radiocomunicación, la obligación de compartir emplazamientos a las empresas solicitantes de nuevas licencias, aunque estos emplazamientos ya hayan sido autorizados con anterioridad a otras operadores.". Advierte el Tribunal Supremo "Participamos del criterio del Juzgador de instancia, pues el uso compartido puede imponerse, según declaramos en nuestras sentencia de veinticuatro de octubre y veintitrés de noviembre de dos mil seis —recursos de casación números 2103/2004 (RJ 2006, 9442) y 3783/2003 (RJ 2006, 8369)— siempre lo requieran los intereses medioambientales o urbanísticos que las Corporaciones locales deben proteger, y aquí, en el supuesto que enjuiciamos, no se acredita por la recurrente que existían otras medidas alternativas o complementarias que condicionaran al Ayuntamiento de Barcelona para imponer ese uso compartido" STS 17 de noviembre de 2009 [FJ6].

Se concluye de lo anteriormente expuesto que el rango normativo es indiferente a la hora de definir la validez de las regulaciones infraestatales sobre la coubicación: la jurisprudencia del Tribunal Constitucional y del Tribunal Supremo es unánime en definir que la concreción de la obligación de compartir infraestructuras forma parte de las competencias autonómicas o locales, con fundamento en sus títulos competenciales de ordenación del territorio, protección del medio ambiente, entre otros; en ejercicio de dichas competencias, la Administración autonómica o local podrá definir el trámite para la imposición de la obligación y establecer, de manera general, unos criterios de preferencia en materia de emplazamientos, que no sustituyen, ni se imponen, a la voluntad de los operadores, ni menoscaban las competencias de resolución de conflictos de la Comisión del Mercado de las Telecomunicaciones.

Bajo esta premisa, las sentencias precitadas perfilan un poco más la manera como se coordinan las competencias entre autoridades al avalar, condicionadamente, que las autoridades locales y autonómicas definan condiciones genéricas para la compartición de infraestructuras: sólo sí dichas condiciones no son imperativas, sino que se configuran como criterios de preferencia de una solución sobre otra, basados en cuestiones media ambientales, urbanísticas, paisajísticas, de ordenación del territorio, etc., pueden validarse jurídicamente, de tal suerte que, en el marco de las negociaciones entre operadores, operen como factor de decantación en caso de disyuntiva frente emplazamiento equivalentes y, en sede de la Comisión, operen como cuestiones esenciales sobre las que este organismo regulador debe pronunciarse.

3. *La tramitación articulada de las habilitaciones*

En la normativa autonómica analizada existen varios ejemplos de tramitación concurrente o sucesiva de habilitaciones, que constituye una manifestación adicional de la articulación del ejercicio competencial coordinado o cooperativo de varias Administraciones.

La relación entre instrumentos de planificación urbanística y de ordenación del territorio y las habilitaciones urbanísticas: en los arts. 12.1, ambos del LFERN (Comunidad de Navarra) y LCMIR (Comunidad de Castilla la Mancha) se somete el otorgamiento de las licencias urbanísticas a la aprobación previa, en su orden, por el Departamento de Gobierno de Navarra o por la Junta de Comunidades (órgano autonómico de Castilla la Mancha), del plan territorial de despliegue de red, añadiendo, como consecuencia jurídica de la elusión de este trámite, la nulidad de pleno derecho de tales habilitaciones (LCMIR; art. 12.1).

La relación entre la autorización del plan de despliegue específico de cada operador, a la luz de lo previsto en el instrumento de planificación urbanística, al que se alude en el apartado anterior, y las habilitaciones urbanísticas: en las Islas Baleares, los arts. 22 y 23 DPSTB prescriben la obligatoriedad de obtener autorización para el plan de implantación por la Consejería competente, como requisito previo para la obtención de las licencias urbanísticas necesarias para la instalación de estaciones radioeléctricas. Similar previsión se contiene en el art. 12.1 del LCMIR.

La relación entre las autorizaciones ambientales y las urbanísticas: En la comunidad andaluza el art. 2 DIRA consagra un régimen de autorización previa de carácter ambiental (autorización ambiental unificada) que, constituye requisito previo para la tramitación de las licencias municipales (LandGICA; art. 17.2). El art. 3 del DCLIR somete la actividad a la obtención de las licencias ambientales y urbanísticas que se tramitan como piezas separadas, pero pueden ser objeto de una resolución única; el sentido de la habilitación ambiental condiciona el contenido de la licencia urbanística. En Cataluña, el art. 12 DOAIRC prescribe la obligatoriedad de obtener una licencia ambiental, que puede ser tramitada de forma simultánea y otorgada conjuntamente con las licencias urbanísticas (LcatPCAA; art. 49.2) y que, en todo caso, puede ser negada atendiendo razones urbanísticas (LcatPCAA; art. 40.4.b).

Por último, con arreglo a lo dispuesto en el art. 25.1 de la LLrPMA, la obtención de licencia ambiental se considera requisito previo para la tramitación de las licencias urbanísticas (LLrPMA; art. 10.1), so pena de nulidad de pleno derecho (LLrPMA; art. 10.3).

La relación entre las solicitudes de ocupación de dominio y las habilitaciones urbanísticas: En el caso de Cataluña, el art. 6.2 DCanC establece que de la solicitud de ocupación del dominio público viario elevada por un operador de telecomunicaciones, se le dará traslado a la Secretaría de Estado para las Telecomunicaciones y la Sociedad de la Información, para que informe sobre las necesidades de despliegue de red que le han sido notificadas, al tiempo que se abre un periodo de información pública por 20 días para que el resto de operadores ponga de manifiesto su interés. La promoción de acciones coordinadas se extiende también a los operadores toda vez que, existiendo varios interesados en la realización de obras, ha de designarse un promotor principal quien presenta la solicitud definitiva acompañada de anteproyecto (DCanC; art. 8.1).

V. LA DEFINICIÓN DEL INTERÉS PREVALENTE EN CASO DE CONFLICTO

Una vez agotadas las posibilidades de articular mecanismos o técnicas que permitan el ejercicio concurrente de las habilitaciones competenciales, la jurisprudencia señala la necesidad de establecer, conforme las reglas de interpretación decantadas en los estrados judiciales, cuál es el interés prevalente que desplaza o modula el ejercicio de las restantes competencias. En el caso del despliegue de las redes de las comunicaciones electrónicas no hay unanimidad sobre este aspecto, tal y como se describe a continuación.

1. La cuestión técnica y el mercado único como fundamentos de la preponderancia del interés estatal

Las infraestructuras comunes de telecomunicaciones (en adelante ICTs) que consisten en el conjunto de equipos cables y medios técnicos que transportan los servicios de comunicaciones desde los puntos de interconexión de los diferentes servicios hasta las tomas de usuario en el interior de las viviendas y comprende las canalizaciones por donde discurren los cables y los armarios de distribución o registro donde se alojan los equipos, están reguladas en el Real Decreto-ley 1/1998, de 27 de febrero, sobre infraestructuras comunes en los edificios para el acceso a los servicios de telecomunicación (RDLICTs), el Real Decreto 346/2011, de 11 de marzo, por el que se aprueba el Reglamento regulador de las infraestructuras comunes de telecomunicaciones para el acceso a los servicios de telecomunicación en el interior de las edificaciones (RDICTs) y la Orden ITC/1644/2011, de 10 de junio, por la que se desarrolla el Reglamento regulador de las infraestructuras comunes de telecomunicaciones para el acceso a los servicios de telecomunicación en el interior de las edificaciones (OICTs).

Con arreglo a lo dispuesto en los arts. 2 RDLICTs y 3 del RDICTs el ámbito de aplicación de estas normas se extiende "1. A todos los edificios y conjuntos inmobiliarios en los que exista continuidad en la edificación, de uso residencial o no, y sean o no de nueva construcción, que estén acogidos, o deban acogerse, al régimen de propiedad horizontal regulado por la Ley 49/1960, de 21 de julio, sobre Propiedad Horizontal.

2. A los edificios que, en todo o en parte, hayan sido o sean objeto de arrendamiento por plazo superior a un año, salvo los que alberguen una sola vivienda."

Para tales edificaciones se establece la obligación de acompañar el proyecto técnico anejo a una solicitud de licencia de obras (construcción o rehabilitación integral), de un proyecto concreto para las ICTs que debe cumplir con las exigencias previstas en las normas reglamentarias estatales, sin el cual "no se concederá autorización para la construcción o rehabilitación integral de ningún edificio de los contemplados en su ámbito de aplicación, si al correspondiente proyecto arquitectónico no se une el que prevea la instalación de una ICT". (RDL; art. 3.1 y OMICTs; art. 2.3.3)

No se está en presencia, en este caso, de una habilitación particular, sino de una exigencia que se suma a las contenidas en la normativa aplicable (ley de edificación, normativa local) a la obtención de la licencia de obra para nueva construcción y rehabilitación integral. Cabe reseñar que la actividad de control sobre el cumplimiento de este requisito se circunscribe a identificar sí la solicitud de licencia se acompaña del proyecto técnico ICT, sin que le asistan a la entidad local competencias para verificar los alcances materiales del mismo. Tal circunstancia se explica por el hecho de que el proyecto de ICT debe ser objeto de validación por las entidades de verificación debidamente acreditadas por la Entidad Nacional de Acreditación (ENAC) (RegICT; art. 9) a quienes se les ha confiado dicha función de supervisión, en línea con lo previsto el Ley 25/2009, de 22 de diciembre, de modificación de diversas leyes para su adaptación a la Ley sobre el libre acceso a las actividades de servicios y su ejercicio, que, a su vez, incorporó, parcialmente, al Derecho español, la Directiva 2006/123/CE del Parlamento Europeo y del Consejo, de 12 de diciembre de 2006, relativa a los servicios en el mercado interior.

Una vez concluida la obra, debe enviarse, por la propiedad, a la SETSI y al órgano competente (local o autonómico) boletín de instalación y certificado, dependiendo de la complejidad de la obra (RDICTs; art. 10.2)[11].

Según lo previsto en el art. 10. 4 del RDICTs, "Cuando a petición de los constructores o promotores, para obtener la cédula de habitabilidad o licencia de primera ocupación, se solicite de las Jefaturas Provinciales de Inspección de Telecomunicaciones la acreditación del cumplimiento de las obligaciones establecidas en este reglamento, dichas Jefaturas expedirán una certificación a los solos efectos de acreditar que por parte del promotor o constructor se ha presentado el correspondiente proyecto técnico que ampare la infraestructura, y el boletín de la instalación y, en su caso, el certificado que garanticen que ésta se ajusta al proyecto técnico.

Asimismo, cuando la Secretaría de Estado de Telecomunicaciones y para la Sociedad de la Información tenga conocimiento del incumplimiento de alguno de los requisitos que debe reunir el proyecto técnico, lo comunicará a la Administración autonómica o local correspondiente.".

Como se infiere del análisis del art. 10.4 RDICTs la actividad de control de la SETSI se circunscribe a certificar que ha recibido, de los sujetos obligados, la documentación acreditativa del cumplimiento de las exigencias estatales, sin que exista, en principio, un pronunciamiento sobre el fondo del asunto. El párrafo segundo, por su parte, alude a la verificación del alcance del proyecto, dando lugar a la correspondiente denuncia por parte de la SETSI a las autoridades locales o autonómicas competentes en materia de urbanismo y vivienda. Lo anterior no debe entenderse en el sentido de que la propia SETSI carezca de facultades de inspección y no pueda imponer sanciones por incumplimiento de la normativa estatal: el art. 11 RDLICTs otorga a este órgano competencias de inspección y sancionadoras, en concordancia con lo dispuesto en la LGT y el art. 10 del RDICTs regula su ejercicio.

De lo anterior puede concluirse que la SETSI ostenta facultades de inspección y sanción, concurrentes con las autoridades autonómicas y locales: cada una de estas Administraciones está obligada a salvaguardar los intereses cuya guarda les ha sido confiada, estando obligadas a colaborar con las restantes en el ejercicio de sus propias competencias, a través del mecanismo de denuncia.

El deslinde competencial en esta materia ha sido decantado por la jurisprudencia del Tribunal Supremo en tres pronunciamientos contra diversas normas catalanas expedidas sobre la materia: «El punto central del debate no es tanto discernir los límites de las respectivas competencias estatal y autonómica sobre

---

[11] El artículo 29 DPSTB hace obligatoria, para el otorgamiento de licencia de primera ocupación, la presentación del boletín de instalación del instalador, del certificado del Director de la obra y el certificado de la Jefatura Provincial de Inspección de Telecomunicaciones.

ciertas materias, pues esto se encuentra determinado en el bloque de la constitucionalidad y en la doctrina del Tribunal Constitucional que se cita en la sentencia recurrida, sino más bien identificar la naturaleza de la norma impugnada, con el fin de encuadrarla en el correspondiente ámbito competencial, de tal forma que si se llega a la conclusión de que se trata de una materia perteneciente al ámbito de las telecomunicaciones, su regulación estaría reservada de forma exclusiva al Estado, conforme al artículo 149.1.21ª de la Constitución (RCL 1978, 2836), mientras que si se concluye que se trata de materia de vivienda y edificación, sería de la competencia de la Generalidad de Cataluña, conforme al artículo 148.1.3ª CE, en relación con el 9.9 de su Estatuto de Autonomía (RCL 1979, 3029).

Hay que poner de relieve que no siempre es fácil realizar esta delimitación de ámbitos, pues existen materias que pueden de manera directa o indirecta afectar al mismo tiempo a diferentes sectores, cuya regulación corresponde a distintas Administraciones. En estos casos, lo que hay que determinar es cuál es el sector más directamente afectado, y atribuir la competencia a la Administración que conforme al bloque de la constitucionalidad tiene conferida su regulación, siempre que no sea posible una normativa independiente para ambos sectores implicados.

No hay duda de que, en el presente caso, existe una cierta interferencia de sectores en la materia en cuestión, pues no puede dejar de reconocerse que en gran medida afecta a la construcción de edificios en cuya estructura se insertan las instalaciones, mecanismo y obras que sirven de soporte a las telecomunicaciones. Desde esta perspectiva podría en principio pensarse que la competencia es de titularidad autonómica, al incluirse en el campo de la vivienda y edificación. (...) el carácter más específico de la infraestructura permite en principio adelantar que el sector dominante en la materia es el de las telecomunicaciones, pues las instalaciones y obras a realizar requiere un tratamiento diferenciado del resto de la infraestructura de la edificación, y exigen unas canalizaciones, recintos y elementos complementarios que permitan, como señala el Anexo IV del Real Decreto 279/1999, albergar la infraestructura común de telecomunicaciones (ICT) para facilitar su despliegue, mantenimiento y reparación, que permitan a los usuarios finales acceder a los servicios de telefonía disponible al público y red digital de servicios integrados, Telecomunicaciones por cable y Radiodifusión y Televisión." STS de 26 de septiembre de 2006 [FJ2][12].

En el caso de las ICTs entonces es claro que la prevalencia del interés la otorga "el grado afectación" de la materia que constituye el elemento objetivo del título competencial: las telecomunicaciones, tratándose de estas infraestructuras insertas en edificaciones, se evidencia como la prioridad, al particularizarlas y diferenciarlas

12 Reiterada en la STS del 26 de septiembre de 2006, contra el Decreto 117/2000 [FJ4] y STS del 12 de diciembre de 2006, contra el Decreto 172/1999 [FJ4]

del resto de partes integrantes del inmueble. La definición de las características de la edificación que hacen posible el acceso a los servicios de comunicaciones electrónicas por los usuarios finales, al tiempo que permiten el uso compartido de estas infraestructuras por varios operadores, de modo tal que se propicia la competencia en este tramo de la red, hacen que la materia sea propia del ámbito competencial regulado por el art. 149.1.21 CE.

2. *La titularidad del demanio público como fundamento de la preponderancia del interés local*

En el caso de obras en el suelo y subsuelo municipal, el criterio del Tribunal Supremo también es unánime: la titularidad del bien de dominio público da prevalencia al interés. Al conocer de la validez de la Ordenanza de canalizaciones de Las Palmas, el Tribunal consideró" a) La competencia estatal en relación con las telecomunicaciones no excluye la del correspondiente municipio respecto a la utilización del demanio municipal que exija el tendido de redes, cables o, como dice la Sentencia de instancia, instalaciones o canalizaciones.

b) La competencia municipal se orienta a la preservación de intereses municipales y la normativa de régimen local especialmente concernida es la relativa a bienes y servicios municipales y planeamiento urbanístico.

Por consiguiente, los Ayuntamientos pueden, en el planeamiento urbanístico, establecer condiciones para las nuevas redes de telecomunicaciones, y contemplar exigencias y requisitos para realizar las correspondientes instalaciones en ordenanzas o reglamentos relativas a obras e instalaciones en la vía pública o de «calas y canalizaciones», como la denomina el Ayuntamiento de Las Palmas de Gran Canaria [art. 4.1 a) Ley Reguladora de las Bases de Régimen Local, Ley 7/1985, de 2 de abril (RCL 1985\799, 1372 y ApNDL 205) y 5 del Reglamento de Servicios de las Corporaciones locales (RCL1956\85 y NDL 22516)].

c) El ejercicio de dicha competencia municipal en orden al establecimiento de exigencias esenciales derivadas de los intereses cuya gestión encomienda el ordenamiento a los Ayuntamientos no puede traducirse, en ningún caso, en restricciones absolutas al derecho de los operadores al uso u ocupación del dominio público municipal, ni siquiera en limitaciones que resulten manifiestamente desproporcionadas.". STS 24 de enero de 2000 [FJ2]

Fija el alto Tribunal los criterios para el ejercicio de las competencias de gestión y custodia de los bienes de dominio público, en concurrencia con las de telecomunicaciones: los titulares de dichos bienes están facultados para regular el ejercicio de los derechos de ocupación, siempre y cuando no los hagan nugatorios, y las restricciones y condiciones sean proporcionadas. El alcance de la interdicción de establecer restricciones absolutas al derecho de ocupación reconocido a los operadores de comunicaciones electrónicas por el art. 26 LGT ha sido definido por el Tribunal Supremo: "(...) no debe ser interpretada en el sentido de que deba garantizarse, siquiera alternativamente, el derecho de los operadores a la ocupación de cada franja o porción, bien del dominio público, bien del dominio privado, que es la posición a que apunta la argumentación de la recurrente. En tal caso, las competencias municipales que se proyectan sobre el campo de las telecomunicaciones, en especial la urbanística, sanitaria y medioambiental, se verían claramente cercenadas, impidiéndole de facto establecer prohibiciones al establecimiento de instalaciones sobre zonas determinadas.

Hemos de entender, por el contrario, que la prohibición de establecer restricciones absolutas se refiere, bien a la imposibilidad de prestar adecuadamente el servicio en determinada zona o lugar, bien a la posibilidad de prestarlo solo en condiciones de gravosidad desproporcionada en relación con los beneficios que la restricción pueda revertir a los intereses municipales." STS 4 de mayo de 2010 [FJ3][13]

3. *La dificultad de delimitar el alcance de la materia técnica de telecomunicaciones en el caso de las estaciones radioeléctricas*

Cuestión de gran complejidad ha resultado la dilucidación, en los estrados judiciales, de lo que constituye la materia propia de las telecomunicaciones en relación a la instalación de estaciones radioeléctricas. Existen, en sede del Tribunal Supremo, decisiones aparentemente contradictorias, en el sentido de que algunas se muestran proclives a favorecer el ejercicio de las competencias autonómicas o locales en materia de urbanismo, medio ambiente, ordenación del territorio, protección del patrimonio histórico, salud pública, frente a las estatales del art. 149.1.21 (telecomunicaciones y comunicaciones) y otras que, por el contrario, manifiestan una adhesión plena a la prevalencia de los intereses estatales sobre los demás. La contradicción, las más de las veces, no pasa de ser una cuestión formal o aparente, teniendo en cuenta que, las regulaciones objeto de revisión no tienen contenidos idénticos y la revisión se hace caso por caso, empero, tampoco puede hablarse de una línea argumental clara sobre toda la materia, de tal suerte que, sobre este punto, sólo una verificación cabal de los alcances de los pronunciamientos permiten extraer ciertas reglas interpretativas, circunscritas a materias concretas.

---

13 La sentencia es una reiteración de lo señalado en las STs de 15 de diciembre de 2003 y 4 de julio de 2006, y la doctrina sentada en este pronunciamiento también ha sido traída a colación en las STs de 5 de octubre de 2010 y 18 de enero de 2011, entre otras.

Previa la exposición sistemática de las decisiones más relevantes del Tribunal Supremo, resulta procedente dejar planteado el problema, desde la perspectiva del régimen jurídico aplicable a esta actividad.

El Real Decreto 1066/2001, de 28 de septiembre, por el que se aprueba el Reglamento que establece condiciones de protección del dominio público radioeléctrico, restricciones a las emisiones radioeléctricas y medidas de protección sanitaria frente a emisiones radioeléctricas[14] (RPSER), fija, con carácter básico, al amparo de lo dispuesto en el art. 149.1.16 CE y de los artículos 18, 19, 24 y 40 de la Ley 14/1986, de 25 de abril, General de Sanidad, los límites de exposición en las zonas en las que puedan permanecer habitualmente las personas y en la exposición a las emisiones de los equipos terminales (RPSER; art. 6 y Anexo II); el deber de realizar de manera coordinada entre los Ministerios Industria, Turismo y Energía, Sanidad y las CCAA, una evaluación sanitaria de riesgos por emisiones radioeléctricas que permita actualizar los contenidos del anexo II (RPSER; art. 7) y la regulación de las limitaciones y servidumbres para la protección de determinadas instalaciones radioeléctricas, relacionadas con la defensa y seguridad nacional, con la propia gestión del espectro radioeléctrico, etc. (RPSER; Capit. II).

Con fundamento en lo previsto en el art. 149.1.21 CE y de la LGT, el RPSER también se ocupa de regular el régimen de autorización e inspección de instalaciones radioeléctricas en relación con los límites de exposición (RPSER; arts. 8 y 9). En general, se prescribe la obligatoriedad de acompañar a la solicitud de licencia para uso privativo del espectro radioeléctrico un estudio detallado, realizado por un técnico competente, que indique los niveles de exposición radioeléctrica en áreas cercanas a sus instalaciones radioeléctricas fijas en las que puedan permanecer habitualmente personas, junto con un proyecto de instalación de señalización y, en su caso, vallado que restrinja el acceso de personal no profesional a zonas en las que pudieran superarse las restricciones establecidas en el anexo II. El estudio deberá hacerse de conformidad con los límites de emisión fijados en el Anexo II del RPSER respetando, en todo caso, las siguientes premisas (RPSER; art. 8.7): a) Minimizar los niveles de exposición, con conservación de calidad de servicio; b) Evitar, en la medida de lo posible, la incidencia de la estación sita en una cubierta, sobre el propio edificio que la aloja; c) Protección de espacios sensibles, tales como escuelas, centros de salud, hospitales o parques públicos.

La instalación de las estaciones debe hacerse por personal cualificado (RPSER; art. 9.2) y el cumplimiento de los límites de emisión es verificado por los servicios de inspección del Ministerio como requisito previo a la utilización del dominio público radiológico (RPSER; art. 9.1). Asimismo, los servicios técnicos de la SETSI

---

[14] Cuya validez, a la luz del principio de precaución, fue revisada mediante STS del 19 de abril de 2006.

deben elaborar planes de inspección para comprobar la adaptación de las instalaciones a lo dispuesto en el Reglamento y los operadores deberán remitir, en el primer trimestre de cada año natural, una certificación emitida por técnico competente de que se han respetado los límites de exposición establecidos en el anexo II del RPSER durante el año anterior (RPSER; art. 9.3).

Con miras a que la vigilancia sobre esta actividad se realice de manera integrada, el RPSER consagra varios escenarios de cooperación interadministrativa y hasta de participación de la ciudadanía en general:

Información sometida al conocimiento público: Con carácter anual, la SETSI, sobre la base de los resultados obtenidos en las inspecciones (previas a la instalación de estaciones o desarrolladas dentro del plan de inspección) y a las certificaciones presentadas por los operadores, elaborará y hará público un informe sobre la exposición a emisiones radioeléctricas (RSPER; art. 9.3).

Información a la que tiene acceso el Ministerio de Sanidad, Servicios Sociales e Igualdad: la que resulte necesaria sobre los niveles de exposición (RPSER; art. 8.4) y sobre el resultado de las inspecciones y certificaciones sobre cumplimiento de los niveles de emisión a que se refieren los apartados anteriores de este artículo. (RSPER; art. 9.4).

Información a la que pueden tener acceso las CCAA, previa solicitud al Ministerio de Sanidad, Servicios Sociales e Igualdad: toda aquella que le ha sido suministrada por la SETSI (RSPER; arts. 8.4 y 9.4).

Excede del objeto de este Capítulo la verificación del grado de implantación y eficacia de los instrumentos de cooperación y coordinación consagrados en el RPSER; empero sí que resulta relevante, a los fines de este análisis, verificar que la información general sobre la actividad de inspección tiene carácter público, y que toda cuestión particular puede ser conocida, directamente por el Ministerio de Sanidad e indirectamente, empleando a éste como canal de comunicación con la SETSI, por las CCAA.

Como colorario de lo anterior puede afirmarse que, en materia de instalación de estaciones radioeléctricas, el Estado ha ejercitado las competencias previstas en los arts. 149.1.16 y 149.1.21 CE al expedir el RSPER, norma contentiva, con carácter básico en el marco de la competencia sanitaria, de regulaciones atinentes a los límites de exposición a las emisiones y a los mecanismos de coordinación interadministrativa tendentes a garantizar la observancia del principio de precaución en una materia que despierta inquietud entre los ciudadanos y que está sometida a la evolución tecnológica. El sistema de protección está configurado de manera holística, esto es, se implanta un engranaje de coordinación, que permite el intercambio de información y puede llegar a conducir a una actualización de los contenidos tuitivos del Decreto, concretamente, de los alcances de la protección definidos en el Anexo II. Pese a tal evidencia, la realidad demuestra que, a la fecha, el Anexo II no ha sido objeto de modificaciones, aún cuando las iniciativas autonómicas y locales tendentes a ampliar y fortalecer los mecanismos de protección han proliferado.

Bajo este marco jurídico y relevadas ciertas evidencias de interés para el estudio, puede revisarse la jurisprudencia de los Tribunales Constitucional y Supremo sobre la materia.

A) El plan técnico de ejecución

Como tuvo ocasión de precisarse en el apartado de este estudio relativo a la normativa autonómica, la obligatoriedad de someter a autorización el plan técnico de ejecución del despliegue de la red de telefonía móvil, como requisito previo a la tramitación de las licencias urbanísticas, constituye un lugar común en el derecho positivo español (Comunidades de Islas Baleares y Castilla la Mancha). Este tipo de exigencias gozan del aval de la jurisprudencia de los Tribunales Constitucional y Supremo, al considerar que los títulos de ordenación del territorio, urbanismo, protección del medio ambiente, del paisaje, entre otros, justifican dicha exigencia. En palabras del Tribunal Constitucional "Para resolver la discrepancia competencial en torno al artículo 12 de la Ley castellano-manchega es preciso tener en cuenta que, tal y como están configurados, los planes territoriales de despliegue de red en suelo rústico no son un instrumento para la regulación, ordenación o gestión del dominio público radioeléctrico, sino para facilitar la ordenación de los emplazamientos en suelo rústico de las instalaciones de radiocomunicación en el contexto más general de la ordenación territorial, es decir, de la planificación de usos sobre el territorio y de la protección, a través de la misma, de otros intereses públicos sectoriales que también competen a la Comunidad Autónoma (protección medioambiental, sanitaria, del patrimonio histórico-artístico). (...) Ninguna invasión de estas competencias se produce mediante el sometimiento de los operadores a la presentación de planes territoriales de despliegue de red que han de proporcionar la información necesaria para que la Comunidad Autónoma afectada pueda realizar un control previo de la conformidad de las previsiones de nuevas instalaciones con la normativa sectorial que haya dictado en ejercicio de sus competencias para la preservación de intereses públicos que le están encomendados de forma exclusiva o compartida con el Estado (ordenación del territorio, urbanismo, medio ambiente, sanidad)." STC 18 de enero de 2012 [FJ8][15].

---

15 En cuanto al carácter proporcionado y razonado de la exigencia, puede verse [FJ2] 13 de noviembre de 2007. En relación a los títulos competenciales autonómicos que justifican tal regulación: [FJ3] de 17 de noviembre de 2009, [FJ5] 22 de febrero de 2011, [FJ2] 22 de marzo de 2011. En cuanto a las competencias de las entidades locales sobre esta materia puede revisarse: STSs de

B) La incorporación de la mejor tecnología disponible

Esta exigencia consiste, básicamente, en la obligación de introducir las mejores técnicas disponibles en materia de minimización del impacto visual de las estaciones bases en los municipios, de tal suerte que sus características vayan mimetizándose progresivamente en el entorno hasta hacerlas tan invisibles y poco intrusivas del orden social, como el avance tecnológico lo permita. Como se infiere fácilmente de esta descripción del problema, los títulos competenciales aducidos son la protección del paisaje y del patrimonio [STSs 3 de abril de 2007 (FJ5), 22 de febrero de 2011 (FJ 6)] y, de acuerdo con el último pronunciamiento revisado sobre la materia, la exigencia se considera válida siempre y cuando no incida sobre la gestión del espectro radioeléctrico, o sobre otras cuestiones técnicas del funcionamiento de las redes móviles "La obligación de actualización tecnológica para minimizar el impacto ambiental y visual de las instalaciones que impone la legislación castellano-manchega ha de interpretarse de conformidad con la legislación estatal de telecomunicaciones. Por tanto, por un lado, hay que entender que la obligación que se impone a los operadores de incorporar las mejoras tecnológicas que vayan apareciendo queda circunscrita a aquellos supuestos en los que, estando justificado en aras de la protección medioambiental o urbanística, el uso de una nueva tecnología no afecte, incida o altere las características técnicas de la red, las condiciones de prestación del servicio y de explotación de la red, ni modifique las condiciones de gestión del espacio radioeléctrico, pues, en caso contrario, se estaría invadiendo la competencia estatal en materia de telecomunicaciones." STC [FJ7] 18 de enero de 2012[16].

C) La exigencia de la licencia de instalación y funcionamiento

De conformidad con lo dispuesto en la disposición derogatoria única de la Ley 34/2007, de 15 de noviembre, de calidad del aire y protección de la atmósfera, el Reglamento de actividades molestas, insalubres, nocivas y peligrosas, aprobado por Decreto 2414/1961, de 30 de noviembre (en adelante, RAMINP) queda derogado, manteniendo su vigencia sólo en aquellas comunidades y ciudades autónomas que no tengan normativa aprobada en la materia, en tanto no se dicte dicha

---

18 de junio de 2001 (Ordenanza de Barcelona), 15 de diciembre de 2003 (Ordenanza de Las Palmas), 17 de noviembre de 2009 [FJ 3] (Ordenanza de Barcelona), 14 de septiembre de 2010 (Ordenanza de Utiel)[FJ4], 22 de febrero de 2011 [FJ 5] (Ordenanza de Valladolid), 12 de abril de 2011 (Ordenanza de Valladolid).

16 Para conocer pronunciamientos sobre normas locales pueden revisarse: STs 24 de mayo de 2005 (Ordenanza de Barcelona), 4 de mayo de 2010 (Ordenanza de Toledo), 5 de octubre de 2010 (Ordenanza de Bonrepós) y 12 de abril de 2011 (Ordenanza de Valladolid).

normativa. Adicionalmente, el art. 2.2.b) de esta norma, excluye de su ámbito de aplicación las radiaciones ionizantes y o ionizantes que se rigen por su propia normativa.

De tales disposiciones se infiere que, en materia de emisiones ionizantes, estará vigente el RSPER y todas aquellas regulaciones que guarden relación con dicha actividad en concreto, algunas de las cuales aparecen consagradas en las normas que sustituyen el RAMINP o este mismo cuerpo normativo que está vigente en aquellas CCAA que carezcan de regulación propia.

Así las cosas se tiene que, el Tribunal Supremo ha avalado la exigencia de una autorización de funcionamiento, basada en el RAMINP o norma sustitutiva autonómica, bajo el entendido que "las emisiones radioeléctricas pueden incidir sobre la salud de las personas que las reciben, y en tal sentido el Anexo II del Real Decreto 1066/2001, de 28 de septiembre, en el apartado 2 contiene las restricciones básicas de exposición a los campos eléctricos, magnéticos y electromagnéticos basadas en los efectos conocidos; es indudable que estas inmisiones se comprenden en la definición de «insalubres» que hace el RAMINP, lo que justifica que se declaren estas actividades como clasificadas y estén sujetas a la preceptiva licencia municipal de actividad, sin que pueda sustituirse esta licencia de actividad por el cumplimiento de los requisitos para la autorización de las instalaciones radioeléctricas recogidos en el artículo 8 de aquel Real Decreto. Así la compatibilidad de estas medidas de seguridad con otras más estrechas en el ámbito de la protección del medio ambiente frente a las actividades clasificadas resulta también del hecho de que, en materia de medio ambiente como en materia de seguridad pública, la vigencia de una normativa protectora no impide la introducción, desde ámbitos competenciales diversos, de otras medidas de carácter acumulativo o complementario tendentes a una mejor protección." STS 13 de noviembre de 2007 [FJ2] y STS de 4 de mayo de 2010 [FJ3][17].

La obligación de obtener una licencia de actividad para la instalación y explotación de estaciones radioeléctricas se tipifica, en principio, dentro del régimen de excepción consagrado en el art. 5 de la LLAAS, toda vez que, conforme la jurisprudencia precitada, existen razones imperiosas de interés general que justifican su existencia y se satisface el test de proporcionalidad.

---

17 En el ámbito local pueden revisarse STs 14 de octubre de 2006 (Ordenanza de Avila), 17 de noviembre de 2010 (Ordenanza de Burjassot) [FJ 4], 23 de noviembre de 2010 (Ordenanza de Taverness) [FJ5] y 18 de enero de 2011 (ordenanza de Medina de Rioseco) [FJ5].

D) La fijación de niveles de emisión diferentes a los previstos en el Anexo II del RPSER

Se trata, como ya se había anticipado, de la cuestión más controversial en la jurisprudencia, y también en la doctrina. No existe una posición unánime, ni siquiera una tendencia mayoritaria, acerca de sí las CCAA o las entidades locales pueden consagrar en sus normativas, basadas en sus títulos competenciales de sanidad y medioambiente, límites de emisión más exigentes que los contenidos en el RSPER. Al tiempo que se pueden citar las sentencias de 17 de noviembre de 2009[18] y de 4 de mayo de 2010[19], como favorables a esta posición, ha de advertirse que los últimos pronunciamientos del Tribunal Supremo[20] y Tribunal Constitucional apuntan en otra dirección, como se expone a renglón seguido:

1. Validez de la inclusión textual de los límites contenidos en el RSPER en normas autonómicas: "No habiéndose alegado que los niveles de emisión difieran de los contenidos en el Real Decreto 1066/2001 (sobre cuya validez esta Sala del Tribunal Supremo se pronunció en sentencia de 19 de abril de 2006, el mero hecho de que se transcriban en el anexo de un Decreto autonómico no determina su nulidad. [FJ3] STS 3 de abril de 2007.

2. Validez de una regulación autonómica más exigente, que respete los mínimos fijados por el RPSER: "No existe inconveniente alguno para que la Administración Autonómica, en desarrollo de las bases sobre sanidad y medio ambiente, intervenga en la materia, y por tratarse de limitaciones en la exposición de emisiones radioeléctricas es jurídicamente posible que las Comunidades Autónomas, sin disminuir la calidad ambiental y de protección a la salud de las personas que deriva de la legislación básica estatal (mínimo común normativo aplicable en principio en toda España en garantía de la igualdad prevista en el artículo 149.1.1ª de la Constitución Española), introduzcan mayores restricciones ante el riesgo potencial derivado de las emisiones radioeléctricas en la salud y calidad de vida de las perso-

---

18 Sobre el Acuerdo del plenario del Ayuntamiento de Barcelona de 17.10.2003 por el que se aprueba la Modificación parcial de la Ordenança del usos del paisatge urbà de la ciutat de Barcelona, publicada en el BOP de 6.11.2003.

19 Sobre la Ordenanza Municipal para la Ordenación de las Telecomunicaciones en el término municipal de Toledo

20 Para conocer la posición del Tribunal Supremo en relación con los límites contenidos en Ordenanzas, pueden revisarse las siguientes sentencias: A FAVOR: STs 6 de abril de 2010 (Ordenanza de Alcoy) [FJ3], 4 de mayo de 2010 (Ordenanza de Toledo), 5 de octubre de 2010 (Ordenanza de Bonrepós) [FJ4], 14 de septiembre de 2010 (Ordenanza de Utiel), 23 de noviembre de 2010 (Ordenanza de Taverness) [FJ4], 22 de febrero de 2011 (Ordenanza de Valladolid) [FJ 6], 12 de abril de 2011 (Ordenanza de Valladolid). EN CONTRA: 28 de marzo de 2006 (Ordenanza de Totana), 12 de julio de 2011 (Menorca), 14 de julio de 2011 (Menorca), 15 de noviembre de 2011 (Ordenanza de Ondara), 16 de noviembre de 2011 (Ordenanza de Avilés).

nas, que aunque no aparezca en la actualidad definitivamente demostrado en sus efectos, es lo cierto y averiguado que la cuestión dista de ser pacífica en el ámbito de la ciencia, de modo que no careciendo de cobertura legal la mayor protección a la salud y el medio ambiente plasmada en las previsiones normativas autonómicas." [FJ2] STS 13 de noviembre de 2007.

3. Invalidez de cualquier modificación de los límites fijados por el RPSER fundada en el carácter técnico de las previsiones y en la salvaguardia del mercado único de las telecomunicaciones.

Las CCAA no puede alterar los límites toda vez que se trata de una competencia del Estado al versar sobre de cuestiones técnicas [FJ10] que afectan la unidad del mercado de las telecomunicaciones: "No cabe invocar, para rebatir o contrarrestar cuanto acabamos de decir, la competencia autonómica de desarrollo en materia de sanidad (ex artículo 149.1.16 de la Constitución), o la competencia para dictar normas adicionales de protección en materia de ambiente (ex artículo 149.1.23). Como antes resaltamos y ahora hemos de reiterar, esos títulos competenciales autonómicos no pueden llegar al extremo de desvirtuar las competencias que la propia Constitución reserva al Estado, pues si la Constitución ha atribuido al Estado la competencia en materia de telecomunicaciones, lo ha hecho por entender que en ese ámbito concurre un interés general superior que ha de prevalecer sobre la perspectiva más limitada de las competencias propias de las Comunidades Autónomas, y no hay duda de que la razón determinante de la atribución al Estado de esta competencia fue garantizar la operatividad del mercado de las telecomunicaciones como mercado único, sobre la base de que la propia naturaleza de este sector exige una regulación general común para toda la nación. [F.J11 y, en todo caso es el Estado quien debe conciliar la libertad de empresa con los requisitos de sanidad y protección al medio ambiente [FJ12]. STS de 22 de marzo de 2011.

4. Invalidez de cualquier modificación de los límites fijados por el RPSER: Los límites corresponden al ejercicio de la competencia básica en materia de sanidad, operan como un presupuesto del ejercicio de las competencias estatales en materia de telecomunicaciones y, concretamente, del ejercicio de las facultades de autorización, seguimiento e inspección de las instalaciones radioeléctricas y garantizan la unidad del mercado. "En definitiva, el Estado en ejercicio de sus competencias en materia de sanidad y telecomunicaciones, está configurando un procedimiento para la determinación de los niveles de emisión radioeléctrica tolerable, para su actualización conforme al progreso científico, así como para el control del cumplimiento por los operadores de estos niveles de emisión a través de un sistema de autorización, seguimiento, inspección y control, en el que se entrelazan aspectos sanitarios y aspectos de telecomunicaciones. Y correlativamente está regulando las condiciones y obligaciones que corresponden a los operadores de telecomunicaciones. Así lo evidencia el que precisamente en el Real Decreto 424/2005, de 15 de

abril (RCL 2005, 861), por el que se aprueba el reglamento sobre las condiciones para la prestación de servicios de comunicaciones electrónicas, el servicio universal y la protección de usuarios, dictado al amparo del título competencial de telecomunicaciones (disposición final sexta), se establezca entre las condiciones exigibles a los operadores que exploten redes públicas de comunicaciones electrónicas [art. 18 e)] la de «respetar las limitaciones establecidas en la Ley 32/2003, de 3 de noviembre (RCL 2003, 2593), y en su normativa de desarrollo en relación con las emisiones radioeléctricas y la exposición al público a campos electromagnéticos».

(...). Es preciso, por tanto, afirmar que la norma que establece los niveles de emisión y que sirve de canon de constitucionalidad del precepto autonómico, satisface los requisitos, tanto de orden material como formal, que han de reunir las normas básicas, de acuerdo con la doctrina de este Tribunal (...) En efecto, la regulación de los niveles de emisión persigue una uniformidad que responde a un claro interés general no sólo porque los niveles tolerables para la salud han de serlo para todos los ciudadanos por igual, sino también porque los mismos operan como un presupuesto del ejercicio de las competencias estatales en materia de telecomunicaciones y, concretamente, del ejercicio de las facultades de autorización, seguimiento e inspección de las instalaciones radioeléctricas. Es más, correlativamente, esos niveles de emisión fijados por el Estado funcionan, también, como un elemento determinante del régimen jurídico de los operadores de instalaciones de radiocomunicación, así como de la funcionalidad del mercado de las telecomunicaciones, asegurando su unidad. En definitiva, a través del Real Decreto 1066/2001, el Estado ha establecido una regulación que ofrece, para todo el ámbito nacional, una solución de equilibrio entre la preservación de la protección de la salud y el interés público al que responde la ordenación del sector de las telecomunicaciones.

Constatado el carácter básico de la regulación estatal de los niveles tolerables de emisión, es preciso concluir que las Comunidades Autónomas no pueden alterar esos estándares, ni imponer a los operadores una obligación de incorporar nuevas tecnologías para lograr una minimización de las emisiones, no sólo porque ello resulte contrario a las bases establecidas por el Estado en materia sanitaria, sino también porque de esa forma se vulnerarían, en último término, las competencias legítimas del Estado en materia de telecomunicaciones. STC de 18 de enero de 2012 [FJ6].

A juicio quien redacta este capítulo resulta cuando menos sorprendente que el criterio de prevalencia del interés presente en una regulación como la contenida en el RPSER se identifique como el resultante de una amalgama entre el carácter básico de norma, dictada al amparo del art. 149.1.16 y la presencia de elementos técnicos, de las materias propias del régimen de telecomunicaciones, así como de la salvaguarda de unidad de mercado de las telecomunicaciones. Esta posición parece dotar de una relevancia significativa a un concepto hasta hora tratado como instrumental, el mercado, al tiempo que parecer subestimar la garantía de igualdad de trato, que subyace tras la legislación básica, y el funcionamiento del sistema integral de cooperación y colaboración interadministrativa al que se ha aludido previamente. No se advierten las razones que justifiquen tal posicionamiento: a) La eficacia, a la luz del principio de precaución, de los límites a las emisiones contenidos en el Anexo II del RPSER ha sido validada por el Tribunal Supremo; b) Existe un mecanismo de actualización del posicionamiento técnico sobre el riesgo que involucra a todas las administraciones concernidas con la materia y c) No hay justificación jurídica para dispensar un trato de protección diferencial en relación con las emisiones radioeléctricas, basado en función a la ubicación dentro del territorio: todos los habitantes del territorio español deben gozar del mismo nivel de protección frente a un riesgo tecnológico como el analizado.

Es, cuando menos, incierto, que la imposición de límites más rigurosos por parte de las CCAA o entes locales incida sobre las facultades de autorización e inspección estatales toda vez que, sí hubiesen razones que justificaran el trato diferencial entre habitantes, ello no afectaría el otorgamiento de la habilitación estatal, sino el de la local o autonómica y, por ende, las facultades de supervisión accesorias. Asimismo, la circunstancia de que esta regulación afectase el despliegue de la red, incidiendo sobre la configuración del mercado, no pasa de ser un aspecto menor del problema, en el sentido de que se trataría de una manifestación adicional de la confluencia del ejercicio competencial de las telecomunicaciones y de ordenación del territorio, protección del medioambiente, del patrimonio histórico, etc., y que la perspectiva del problema es parcial toda vez que sólo se valora la posición de un agente dentro del mercado: el operador. En suma, lo que se pretende resaltar en este punto, es que apuntalar el criterio de prevalencia de un interés sobre otro con una alusión a un mercado configurado para la protección de los operadores, introduce confusión sobre el objetivo de la salvaguardia de las condiciones de competencia efectiva, que no es la pervivencia o rentabilidad de la actividad desplegada por los operadores, sino la garantía del ejercicio del derecho a la comunicación, contenida en el art. 20 CE, dotando de argumentos a quienes consideran que la rivalidad entre agentes es un objetivo público, en sí mismo y no un simple instrumento al servicio de la realización del sistema axiológico constitucional.

VI. CONCLUSIONES

La ausencia de una delimitación meridiana del ámbito competencial de cada una de las administraciones concernidas con la gestión de una actividad como el establecimiento y explotación de la redes de comunicaciones electrónicas incide, necesariamente, sobre el funcionamiento de la técnica autorizatoria. Así, tal y como se ha puesto de presente en los apartados anteriores de este escrito, la intervención concurrente de las Administraciones a quienes se les ha confiado la guarda de los intereses públicos presentes en la actividad, genera varios escenarios de convivencia de las técnicas de intervención y sus facultades de inspección accesorias:

1. *Procedimientos articulados con efectos jurídicos concordantes con el deber de colaboración entre autoridades*

Del análisis de algunos supuestos de coordinación y colaboración competencial (apartado II.b) puede concluirse que existe una diversidad de técnicas de coordinación y colaboración [desde la necesidad de obtener informes (facultativos, preceptivos), hasta la obligación de contar con una habilitación previa] cuya incorporación en el ordenamiento no parece obedecer a alguna lógica concreta, en el sentido de que pueda establecerse una relación entre la técnica y, verbigracia, los bienes jurídicos tutelados por las Administraciones concernidas, tal y como se pretende ilustrar a continuación:

MATERIA	TITULOS COMPETENCIALES	AP	Intervención de AP1	Intervención de AP2	Efecto de la omisión de la intervención
CANALIZACIONES	Telecomunicaciones-gestión de bienes demaniales	AGE y CCAA	AGE informe facultativo	CCAA otorga la autorización para la ocupación	Irregularidad sin efecto invalidante (DCanC; art. 8.1).
PLANIFICACIÓN URBANÍSTICA	Telecomunicaciones-urbanismo y ordenación del territorio	AGE, CCAA EL	AGE Informe preceptivo sobre las necesidades de las redes	CCAA, EL: Instrumento de planeamiento urbanística	Nulidad del instrumento de planeamiento
ICTS	Comunicaciones-urbanismo /edificación	AGE y CCAA	AGE participa indirectamente exigiendo la presencia de proyecto certificado	CCAA otorga la licencia de rehabilitación o construcción	Nulidad de la licencia urbanística

LICENCIAS URBANÍSTICAS	Ordenación del territorio-urbanismo	CCAA y EL	CCAA aprobación del instrumento de planeamiento territorial autonómica para la implantación de red	EL Licencia urbanística	Nulidad de pleno derecho de la licencia urbanística (art. 12.1 LFERN y art. 12.1. LCMIR).
	Ordenación del territorio-urbanismo	CCAA y EL	CCAA aprobación del plan específico de despliegue de red	EL licencias urbanísticas	Nulidad de las licencias urbanísticas LCMIR; art. 12.1 y 22 y 23 DPSTB
	Medio ambiente-urbanismo	CCAA y EL	CCAA autorización autonómica medioambiental	EL licencia urbanística e informe facultativo	Nulidad de pleno derecho de la licencia urbanística (LLrPMA; art. 10.3).

Abreviaturas: EL: ente local; AGE: Administración General del Estado; CCAA: ente autonómico.

Como lo evidencia este cuadro resumen, la tensión dialéctica entre intereses salvaguardados por dos instancias administrativas diferentes, conduce a soluciones diversas: en algunos casos conlleva la necesidad de obtener un informe preceptivo, en otros a requerir una autorización previa y, en los demás, una exigencia en doble vía: informe, de un lado, y autorización de otro, sin que pueda establecerse una explicación plausible sobre la diferenciación de tratamiento. Sólo puede anotarse, con carácter general, que los alcances de la coordinación y los efectos de su omisión adquieren mayor entidad en tanto en cuanto haya más compartición de responsabilidades con respecto a las materias, en otras palabras, que la técnica de colaboración es mucho más robusta en el ejercicio de competencias compartidas que en el de competencias exclusivas.

2. *La concurrencia de facultades de inspección atribuidas a varias Administraciones*

Teniendo en cuenta que "Las facultades de inspección son de naturaleza ejecutiva y accidentales respecto de las competencias sustantivas, según una muy reiterada y constante jurisprudencia constitucional [F.J. 6] STC 244/1993, de 15 de julio[21] resulta evidente que, tratándose de la instalación de las estaciones radio-

---

21 En el mismo sentido, el FJ8 de la STC 168/1993, de 27 de mayo.

eléctricas, confluyen dos facultades de supervisión[22]: de una parte, la de la AGE derivada del otorgamiento de la habilitación para uso privativo del espectro radioléctrico y, de otra, la de los entes locales dimanada de la licencia de actividad.

Si nos atenemos a los alcances de las últimas decisiones judiciales, los ámbitos materiales de las dos habilitaciones son diferentes y, en esa medida, también diferenciables serán los objetos de inspección: la AGE vigilará la observancia del RSPER y demás normativa aplicable a su habilitación, al tiempo que los entes locales velarán por el cumplimiento de las normas que consagran la parte sustantiva de la licencia de funcionamiento. En cualquier caso, la observancia de los deberes de lealtad institucional, de colaboración y coordinación, impone la obligatoriedad de denunciar, ante las autoridades competentes, la verificación de irregularidades que no sean objeto de vigilancia y sanción por parte de la Administración que realiza la inspección, de forma similar a como está articulado el procedimiento tratándose de las ICTs: en este caso, si bien el deber de denuncia sólo está positivizado, de manera concreta, para la AGE (10.4 RDICTs), la observancia de lo dispuesto en el art. 4 de la LRJPAC conduce a una conclusión similar tratándose de la inspección realizada por los entes locales.

Como aspectos diferenciales a resaltar en este punto se tiene que, tanto en la Comunidad de Castilla la Mancha como en Navarra, las habilitaciones para la instalación y explotación de estaciones radioeléctricas son otorgadas por los ayuntamientos quienes ejercen facultades de inspección accesorias pero de manera concurrente a las atribuidas a un órgano autonómico, de manera directa (LCMIR; art. 15 y LFERN; art. 15). Esta colaboración interadministrativa puede explicarse, como mínimo, desde dos perspectivas: a) como una suerte de apoyo técnico provisto por la entidad autonómica en auxilio de los ayuntamiento que carezcan de medios técnicos para realizar mediciones a las emisiones radioeléctricas y b) como una manifestación del grado de implicación de este nivel territorial del poder con la gestión del riesgo.

3. *La adaptación de las habilitaciones a las exigencias del LLAAS y a la LRBRL tras los cambios introducidos por la LES.*

Bajo esta perspectiva y sobre las habilitaciones analizadas a lo largo de este capítulo, podrían efectuarse las siguientes observaciones:

---

22 Sobre la concurrencia de facultades de supervisión puede verse STS 13 de noviembre de 2007 [FJ2]

A) El test de proporcionalidad y los regímenes autorizatorios analizados

La presencia de razones imperiosas de interés general puede verificarse en las tres actividades analizadas: de una parte, en las canalizaciones, la titularidad sobre el bien de dominio público, así como razones urbanísticas, de ordenación del territorio, de seguridad pública, de regulación de la circulación de personas y coches, entre otros, pueden justificar la existencia de las dos habilitaciones analizadas en la regulación catalana sobre la materia: autorización para la ocupación del subsuelo y licencia de obras.

En relación a la instalación de las estaciones radioeléctricas conviven, como ya se ha advertido, la habilitación para el uso privativo del espectro y la licencia de funcionamiento. La viabilidad jurídica de la segunda de estas habilitaciones dependerá de la existencia de razones de interés público que no sean salvaguardadas, o no lo sean de manera suficiente, por la AGE, a través del primer instrumento de control *ex ante*; en otras palabras, de que las condiciones de funcionamiento de la instalación, que no guarden relación con los aspectos técnicos de la operación de la red móvil de telecomunicaciones, sean de entidad suficiente como para justificar que otra Administración desarrolle funciones de control sobre la actividad, traducibles en una autorización.

En cuanto a las ICTs, se ha afirmado previamente que el RDICTs observa cabalmente lo previsto en la LLAAS, toda vez que el control sobre el alcance del proyecto ICTs se realiza por una empresa certificada, conforme a las exigencias de la regulación estatal. Asimismo, el otorgamiento de las licencias de primera ocupación se somete a la aportación del boletín de instalación y/o certificado de instalación, suscritos por personal competente, de manera tal que la intervención de la SETSI se circunscribe, en esta fase de la ejecución de la obra, a certificar que los sujetos responsables han remitido esta documentación, sin perjuicio de que, durante toda la tramitación pueda ejercer sus facultades generales de inspección, de oficio a instancia de parte.

Por último, como ejemplo del recurso a otras técnicas de control *ex ante* puede citarse lo dispuesto en el art. 7.1.d) de la LcatPCAA por el cual la instalación de estaciones sitas en zona no urbana o que cumplan las condiciones del Anexo III, apartado 12.44.b), se someterá al régimen de comunicación previa. En todo caso ha de señalarse que, en términos de distribución de responsabilidades, esta comunicación previa se asemeja más a la declaración responsable del art. 71 bis de la LRJPAC que a la comunicación tal y como quedó definida en el art. 71.2 LRJPAC, toda vez que, con arreglo a prescrito por el art. 52.5 LcatPCAA "una vez efectuada la comunicación, el ejercicio de la actividad puede iniciarse bajo la exclusiva responsabilidad de las personas titulares y técnicas que hayan entregado las certificaciones, las mediciones, los análisis y las comprobaciones a los que se refieren las normas vigentes".

B) Análisis del sentido del silencio administrativo.

En el análisis del régimen jurídico aplicable a las habilitaciones para la instalación y explotación de redes de comunicaciones electrónicas sólo aparecen cuatro excepciones a la regla general del silencio administrativo positivo consagrada en la LRJPAC y fortalecida por la entrada en vigor del Real Decreto Ley 8/2011, de 1 de julio, de medidas de apoyo a los deudores hipotecarios, de control del gasto público y cancelación de deudas con empresas y autónomos contraídas por las entidades locales, de fomento de la actividad empresarial e impulso de la rehabilitación y de simplificación administrativa: en relación con la autorización para la ocupación de dominio público (que constituye una manifestación de la regla contenida en el art. 43.1 de la LRJPAC), para las licencias ambientales en las Comunidad Autónomas de Cataluña (LcatPCAA; art. 48.3) y de la Rioja (LLrPMA; art. 26.c), así como para la autorización ambiental unificada de la Comunidad andaluza (LandGICA; art. 31.6).

C) Simplificación de procedimientos y trámites administrativos.

Como se verifica con la lectura de los cuadros resumen que se incluyen a continuación, el establecimiento y explotación de redes de comunicaciones electrónicas no puede calificarse de una actividad desregulada o exenta de una tramitación compleja.

De los supuestos analizados sólo la extensión de ICTs se somete a un régimen de certificaciones por órgano competente que, en alguna medida, puede considerarse legatario del espíritu de la LLAAS y la LES. Las obras de canalización, por su parte, se hallan sujetas, como mínimo, a la obtención de la autorización para la ocupación y/o el uso del dominio público y a una licencia de obras, mientras que la instalación de estaciones radioeléctricas está sujeta, también como mínimo, a la obtención de una licencia de obras que puede ir acompañada de una habilitación de carácter ambiental o de actividad.

Lo anterior no debe interpretarse en el sentido de que este ámbito jurídico haya sido totalmente refractario a los impulsos desreguladores que se advierten en las normas precitadas, toda vez que existen manifestaciones concretas de este cambio de perspectiva sobre la manera de ejercer las labores de supervisión administrativa:

1. En el caso de algunas de las Comunidades que prevén habilitaciones ambientales (Andalucía, Castilla y León y Cataluña), el control que se ejerce a través

de las licencias de actividad se sustituye por un sistema de certificaciones por órganos competentes, que dan cuenta de la sujeción de las obras a lo exigido por la habilitación ambiental, en línea con la desregularización impulsada desde las instancias comunitarias.

2. Asimismo, el régimen catalán contiene, en los supuestos analizados, un régimen de comunicación previa, en materia ambiental y Andalucía, una técnica de control ex ante más flexible que la propia habilitación (la calificación ambiental), que se integra en la licencia de obra.

3. A excepción de los procedimientos para el otorgamiento de habilitaciones reglados en Castilla la Mancha y Navarra, que operan de manera sucesiva, más no inconexa, toda vez que las licencias de actividad se otorgan una vez certificada la sujeción de la instalación a la licencia de obra, el resto de las Comunidades han hecho un esfuerzo por aligerar la tramitación, dando lugar a procedimientos compuestos que culminan con una sola decisión (Andalucía si la actividad está sujeta a calificación ambiental, Castilla y León y Cataluña) o articulados entre sí.

A la vista de lo anterior, si bien es difícil afirmar que se ha producido un cambio significativo en la tramitación del otorgamiento de habilitaciones locales para el establecimiento de redes de comunicaciones electrónicas, en observancia de lo prescrito en la LLAAS y LES, no puede dejar de advertirse, examinadas las soluciones adoptadas por algunas CCAA, que es posible que la normativa autonómica termine confluyendo, en los siguientes puntos: régimen habilitación única, con tramitación piezas separadas por materias (la ambiental y urbanística), condicionándose recíprocamente en cuanto a los resultados y verificación del cumplimiento de exigencias a través de la presentación de certificados expedidos por entidades competentes. Un sistema de control de esta naturaleza, siempre que se acompañe de un sistema de supervisión *ex post* robusto, puede cumplir satisfactoriamente con las exigencias legales, tutelando, cabalmente, los intereses y bienes jurídicos en juego.

TÍTULOS HABILITANTES PREVISTOS EN LA NORMATIVA AUTONÓMICA PARA EL ESTABLECIMIENTO DE ESTACIONES RADIOELÉCTRICAS							
CCAA	**ANDALUCIA (DIRA)**	**BALEARES (DPSTB)**	**CASTILLA LA MANCHA (LCMIR)**	**CASTILLA Y LEÓN (DCLIR)**	**CATALUÑA (DOAIRC)**	**NAVARRA (LFERN)**	**RIOJA (DORR)**
HABILITACIONES	Autorización ambiental unificada (AAU) (CCAA) o Calificación ambiental (EL)			Licencia ambiental (EL)	Licencia ambiental (EL) o comunicación previa		Licencia ambiental (EL)
	Licencia de obra (EL)	Licencia de instalación (EL) Licencia de obras (EL)	Licencia de obra (EL)	Licencia de obra (EL)	Licencia de obra (EL)	Licencia de obra (EL)	Licencia de obra (EL)
	Certificación acreditativa del cumplimiento de exigencias para inicio	Licencia de apertura (EL)	Licencia de actividad (EL)	Comunicación de puesta en marcha acompañada de certificación acreditativa del cumplimiento de exigencias para inicio	Control ambiental inicial previo, si requiere licencia	Licencia de funcionamiento (EL)	

TIPO DE PROCEDIMIENTO	Procedimiento compuesto, que se tramita de forma simultánea, da lugar a resolución única y condiciona el resultado del expediente urbanístico al de la calificación ambiental. Si está sometido a AAU, procedimiento articulado.	Procedimiento articulado: la de instalación es requisito previo para el otorgamiento de la de obra y la certificación de conformidad de la obra, es indispensable para que se le otorgue la licencia de funcionamiento.	Procedimientos sucesivos	Procedimiento compuesto, que se tramita en piezas separadas, pero tiene resolución única. Interviene el ente autonómico, en la habilitación ambiental con la rendición de un informe obstativo (desfavorable, condiciona el sentido de la decisión). En todo caso, una de las causas para desestimar la licencia ambiental es el incumplimiento de las exigencias urbanísticas.	Procedimiento compuesto, que puede ser centralizado en la fase de inicio y de resolución, si la EL es la competente. En todo caso, una de las causas para desestimar la licencia ambiental es el incumplimiento de las exigencias urbanísticas.	Procedimientos sucesivos	Procedimiento articulado: la licencia ambiental es requisito previo para la obtención de la licencia de obra.
TIPO DE HABILITACIÓN	Autorización por acto, objetiva y reglada.	Autorización por acto, objetiva y reglada.	Autorización por acto, objetiva y reglada.	Autorización por acto, objetiva y reglada.	Autorización por acto, objetiva y reglada.	Autorización por acto, objetiva y reglada.	Autorización por acto, objetiva y reglada.

Abreviatura EL: ente local; CCAA: ente autonómico.

III. AUTORIZACIONES Y LICENCIAS EN SECTORES DE REFERENCIA

LA INTERVENCIÓN ADMINISTRATIVA SOBRE LAS INSTALACIONES Y ACTIVIDADES INDUSTRIALES POR MOTIVOS DE SEGURIDAD

Isabel Monjas Barrena
Profesora Ayudante Doctora de Derecho Administrativo
Universidad Carlos III de Madrid

Sumario: I. INTRODUCCIÓN: DE LA ACTIVIDAD DE POLICÍA ADMINISTRATIVA A LA ACTIVIDAD DE GESTIÓN DE RIESGOS. II. LA ESTRUCTURA DEL ORDENAMIENTO JURÍDICO EN MATERIA DE SEGURIDAD INDUSTRIAL. LA LEY 21/1992, DE 16 DE JULIO, DE INDUSTRIA, COMO NORMA BÁSICA, CABECERA DEL GRUPO NORMATIVO DEDICADO A LA ORDENACIÓN DE LA SEGURIDAD INDUSTRIAL. III. EL OBJETO Y FINALIDAD DE LA INTERVENCIÓN PÚBLICA EN LA SEGURIDAD INDUSTRIAL: LA NOCIÓN DE INDUSTRIA, ACTIVIDAD, INSTALACIÓN Y SEGURIDAD INDUSTRIAL. IV. EL RÉGIMEN GENERAL DE INTERVENCIÓN ADMINISTRATIVA EN LA INSTALACIÓN, AMPLIACIÓN Y TRASLADO DE INSTALACIONES INDUSTRIALES. 1. El principio general de libertad de establecimiento para la instalación, ampliación y traslado de actividades industriales. 2. Las instalaciones industriales sujetas a autorización administrativa. Su carácter excepcional. 3. El juego de las nuevas técnicas de la comunicación previa y la declaración responsable. V. LA INTERVENCIÓN JURÍDICO-ADMINISTRATIVA EN LAS INSTALACIONES Y ACTIVIDADES INDUSTRIALES POR MOTIVOS DE SEGURIDAD. 1. La reglamentación técnica: los Reglamentos de Seguridad Industrial y las Instrucciones Técnicas Complementarias. 2. Las técnicas de control preventivo habilitadas por la Ley de Industria: la declaración, el proyecto, la certificación, y las declaraciones responsables y comunicaciones previas. A) El proyecto. B) La certificación. C) Las declaraciones responsables y las comunicaciones previas. 3. Otras técnicas de intervención. Especial referencia al modelo de intervención administrativa sobre las instalaciones industriales que plantean riesgos de accidentes graves en los que intervengan sustancias peligrosas. 4. Los modelos de intervención administrativa sobre las instalaciones y actividades industriales por motivos de seguridad existentes a nivel autonómico. VI. LA ACREDITACIÓN Y LA AUTORIZACIÓN DE LOS ORGANISMOS DE CONTROL. 1. La acreditación de los Organismos de control por la Entidad Nacional de Acreditación (ENAC). 2. La autorización de los Organismos de control por las Comunidades autónomas. Su anulación por el Tribunal Supremo en la Sentencia de 27 de febrero 2012. VIII. LAS LICENCIAS MUNICIPALES Y LAS AUTORIZACIONES EN MATERIA AMBIENTAL. 1. La licencia de obras y la licencia municipal de apertura y funcionamiento como técnicas de control preventivo de la instalación y puesta en funcionamiento de actividades industriales. 2. La Declaración de Impacto Ambiental y la Autorización Ambiental Integrada.

I. INTRODUCCIÓN: DE LA ACTIVIDAD DE POLICÍA ADMINISTRATIVA A LA ACTIVIDAD DE GESTIÓN DE RIESGOS

La intervención jurídico-pública en la actividad industrial ha perseguido tradicionalmente en nuestro país tres objetivos fundamentales y bien diferenciados: 1) garantizar y proteger el ejercicio de la libertad de empresa industrial; 2) la modernización y la innovación tecnológica y la promoción de la competitividad en el sector; y 3) la calidad y seguridad industriales. Triple objetivo al que más recientemente se ha sumado el de compatibilizar esta actividad industrial con la protección del medio ambiente que, sin embargo, también se persigue a través de la intervención que tiene por finalidad la seguridad industrial.

Sin embargo, en estas páginas nos vamos a centrar exclusivamente en el análisis de la intervención administrativa que se orienta a la garantía de la seguridad industrial, y ello por razones de diversa índole. A parte de por razones de carácter estrictamente pragmático, de necesidad de limitación del objeto de estudio, por ser precisamente en este aspecto de la actividad industrial donde se despliegan con mayor intensidad las técnicas de control preventivo de instalaciones y actividades, las autorizaciones en sentido genérico y, consecuentemente, donde podemos observar y analizar con mayor claridad la incidencia del nuevo modelo de intervención pública definido por la Directiva 2006/123/CE del Parlamento Europeo y del Consejo, de 12 de diciembre de 2006, relativa a los servicios en el Mercado interior (comúnmente conocida como Directiva Bolkestein). Modelo de intervención en las actividades de servicio que ha sido incorporado a nuestro ordenamiento interno a través de la Ley 17/2009, de 23 de noviembre, sobre el libre acceso a las actividades de servicio y su ejercicio, y que la Ley 25/2009, de 22 de diciembre, de modificación de diversas leyes para su adaptación a ésta (conocida como Ley ómnibus) ha introducido a su vez en el sector de la actividad industrial, junto con las dos técnicas básicas que lo vertebran, la declaración responsable y la comunicación previa, a través de las oportunas modificaciones de la Ley 21/1992, de 16 de julio, de Industria (en adelante LI) y de su normativa de desarrollo y concreción.

Como afirma Fernández Farreres históricamente la intervención administrativa en este ámbito de la seguridad ha sido prácticamente permanente y además ha resultado y sigue resultando, al menos por el momento, especialmente intensa (FERNÁNDEZ FARRERES: pág. 62).

Los principales riesgos planteados por las primeras instalaciones industriales, como molinos, talleres, fábricas de curtidos, etc., fueron en un primer momento de mera incomodidad o incluso de ornato, aunque pronto comienzan a plantear también problemas de higiene y salubridad pública. El desarrollo industrial trajo consigo sin embargo nuevos riesgos que afectaban ya no sólo a la salubridad o a la higiene pública sino directamente a la seguridad de la vida humana. Por lo que estas actividades comenzaron a sujetarse a requisitos y condiciones especiales, como determinada distancia mínima de las poblaciones, a través de técnicas como la licencia de actividades clasificadas o el reconocimiento facultativo (NEVADO-BATALLA: págs. 13-19). Si bien estas técnicas inicialmente aplicadas desde el ámbito municipal van progresivamente mostrándose insuficientes y necesitan ser complementadas con la reglamentación de carácter técnico de las instalaciones y actividades industriales, con el tiempo verdadero pilar de la seguridad industrial.

Desde una perspectiva dogmática, la intervención de la Administración pública sobre estas actividades se nucleaba en torno al concepto de policía, esto es, la actividad de policía administrativa que se orientaba al mantenimiento del orden público y, en caso de perturbación del mismo, a su restablecimiento. Y que con el tiempo va especializándose y adscribiéndose a sectores diversos, dando lugar a las llamadas policías especiales, entre ellas a la policía industrial. (ESTEVE PARDO: pág. 327).

Ahora bien, con el surgimiento de las sociedades postindustriales que, como afirma el mismo autor, deben su progreso, entre otros factores, a una compleja infraestructura industrial y tecnológica que genera cada vez más riesgos y de carácter más heterogéneo, ya no existe una situación de orden público, entendido como ausencia de riesgos que la Administración pública deba mantener o restablecer cuando se perturba. Sino que hay que asumir que siempre existirán riesgos que soportar, singularizados además por un elevado nivel de incerteza científica que hace muy difícil su definición y caracterización por el ordenamiento jurídico. De manera que ya no puede pretenderse su eliminación total, ni siquiera aspirarse al riesgo cero, sino tan solo a su gestión. Esto es, a valorar alternativas y decidir entre ellas, acotando y asumiendo así un determinado riesgo, el riesgo permitido por el ordenamiento jurídico. Y consecuentemente el encaje dogmático de la intervención en el sector ya no puede encontrarse en el concepto de orden público y en la policía administrativa, sino en el de riesgo permitido y la actividad de gestión de riesgos (ESTEVE PARDO: pág. 345).

La policía administrativa va perdiendo, así, sus referencias características que se ven desplazadas por las señas propias de otro modelo de actuación, el de la gestión de riesgos, que es el que se impone de manera prototípica en el sector de la seguridad industrial. Entre ellas y por lo que se refiere a las técnicas empleadas, una progresiva sustitución de las típicas de la actividad de policía administrativa como: órdenes, prohibiciones, sanciones y también la autorización administrativa, caracterizadas por su marcado carácter unilateral y autoritario; por nuevos instrumentos y principios de actuación con los que la Administración pública pretende superar las limitaciones y obstáculos derivados de la propia naturaleza de los riesgos. Como es el caso de la intervención con base convencional y el traslado a particulares de funciones públicas de control y gestión de riesgos, previa definición de los permitidos a través de la normalización que sirve de base a la reglamentación técnica, o también el principio de precaución; que ofrecen mayor cobertura que las clásicas medidas de intervención unilateral de la policía administrativa de la seguridad industrial (ESTEVE PARDO: págs. 324-346).

Situados, pues, en la perspectiva del nuevo modelo de intervención de la gestión de riegos, podemos comenzar afirmando —adelantado ya una de las conclusiones principales de este trabajo— que la Directiva de Servicios y las Leyes 17/2009 y 25/2009 de transposición de la misma y adaptación de nuestro ordenamiento interno, no suponen una ruptura radical con el modelo de intervención hasta ahora imperante en el sector que, en esencia, continúa vigente. Sino tan sólo un paso más en el proceso de liberalización al que este sector se ha visto sometido de forma prácticamente continuada desde mediados de los años 60 y que se ha manifestado en una doble dirección: 1) por un lado ampliando el número de actividades industriales respecto de las cuales rige el principio de libertad de establecimiento y, consecuentemente, reduciendo el número de actividades sujetas a autorización administrativa; y al mismo tiempo sustituyendo este título jurídico habilitante por otras técnicas de control preventivo menos restrictivas y que suponen menos cargas para los titulares de las mismas. 2) Y por otro lado, con la introducción de las entidades privadas colaboradoras de la Administración pública en el ejercicio de estas funciones públicas de control de actividades por motivos de seguridad.

Liberalización que se persigue a través de diversas medidas que se contienen en un nutrido grupo de disposiciones normativas de distinta naturaleza del que la Ley 21/1992, de Industria, constituye la norma cabecera, y del que puede extraerse el modelo general de intervención pública en materia de seguridad industrial, en esencia todavía vigente, que vamos a tratar de describir seguidamente para proceder, al hilo de dicha exposición, a analizar y valorar el alcance y consecuencias de las modificaciones operadas en el mismo por la Ley ómnibus para su adaptación al nuevo modelo diseñado por la Directiva de Servicios. Comenzando con una referencia a las reglas básicas de funcionamiento del referido grupo normativo.

II. LA ESTRUCTURA DEL ORDENAMIENTO JURÍDICO EN MATERIA DE SEGURIDAD INDUSTRIAL. LA LEY 21/1992, DE 16 DE JULIO, DE INDUSTRIA, COMO NORMA BÁSICA, CABECERA DEL GRUPO NORMATIVO DEDICADO A LA ORDENACIÓN DE LA SEGURIDAD INDUSTRIAL

Aunque ya desde la Ley de 24 de noviembre de 1939, de Ordenación y Defensa de la Industria Nacional, se han producido intentos de establecer un régimen jurídico de carácter general en materia de industria, lo cierto es que hasta la promulgación de la Ley 21/1992, de 16 de julio, los distintos aspectos de la actividad industrial se han regulado a través de normas especiales de carácter disperso.

Así, por lo que se refiere a la instalación, aplicación y traslado de industrias, estas actividades fueron reguladas por vez primera de forma independiente por el Decreto 157/1963, de 26 de enero, de Libertad de Instalación, Ampliación y Traslado de Industrias, al que siguieron otras tantas normas de distinta naturaleza hasta la aprobación del Real Decreto 2135/1980, de 26 de septiembre, de Liberalización Industrial, actualmente en vigor. Y de la misma forma, por lo que a la seguridad se refiere, este aspecto de la industria ha sido también atendido de forma dispersa por otro importante grupo de disposiciones normativas de distinta naturaleza jurídica. Siendo la primera que con vocación de generalidad sujeta estas actividades a un control administrativo de carácter previo y de ámbito local, la licencia de actividades clasificadas, el Decreto de 30 de noviembre de 1961, por el que se aprueba el Reglamento de Actividades Molestas, Insalubres, Nocivas y Peligrosas (RAMINP).

A esta dispersión ha contribuido finalmente el proceso de internacionalización y especialmente de "comunitarización" experimentado por la regulación jurídica de este sector —junto con el de la calidad, aunque éste en mayor medida por estar vinculado más directamente a los productos y, por tanto, a las mercancías—, debido a su influencia en la realización del Mercado interior, desde la entrada de España en la entonces CEE. Momento desde el que asistimos a una intensa actividad normativa por parte de las instituciones comunitarias, con la finalidad, primero de conseguir el citado Mercado interior, luego de prevenir y gestionar los accidentes con consecuencias transfronterizas y finalmente con la intención de proteger el medio ambiente.

La Ley de industria de 1992 intenta poner freno a esta situación de dispersión normativa y procede a su sistematización, cubriendo las lagunas existentes hasta el momento, e incorporando el ordenamiento comunitario europeo a nuestro ordenamiento interno. En especial, adaptándolo a las nuevas exigencias derivadas de la creación del Mercado interior, esto es, compatibilizando los instrumentos de la política industrial con los de la libre competencia y circulación de mercancías; pero también en materia de seguridad industrial, con la eliminación de barreras técnicas a través de la normalización, que adquiere en este sector y especialmente en el de la calidad de los productos industriales una importancia de primer orden. Y también mediante la armonización de las reglamentaciones e instrumentos de control, con la progresiva sustitución de la tradicional homologación administrativa por la certificación que, como veremos, en el caso de la seguridad se encomienda a una serie de entidades y organismos de carácter privado colaboradores de la Administración pública, con la correspondiente supervisión por ésta de sus actuaciones.

A la LI se suma un importante corpus de normas, en un primer momento orientadas a la garantía de la seguridad e higiene de los propios trabajadores —que han conformado un complejo grupo normativo con entidad propia—, luego de todas las personas y sus bienes y por último del medio ambiente. Se trata de normas, en ocasiones de carácter general, tal es el caso del Reglamento de seguridad contra incendios en los establecimientos industriales, aprobado por Real Decreto 267/2004, de 3 de diciembre; del Real Decreto 1254/1999, de 16 de julio, por el que se aprueban medidas de control de los riesgos inherentes a los accidentes graves en los que intervengan sustancias peligrosas; o del Real Decreto 2200/1995, de 28 de diciembre, que aprueba el Reglamento de la infraestructura para la calidad y la seguridad industrial. Pero en la mayor parte de los casos son normas de carácter específico, centrándose en determinadas instalaciones, productos y actividades industriales, tales como: instalaciones de almacenamiento de productos químicos; aparatos elevadores; instalaciones de calefacción, climatización y agua caliente sanitaria; equipos a presión; instalaciones eléctricas de alta y baja tensión; instalaciones de gases licuados del petróleo; o instalaciones petrolíferas. Y estos Reglamentos de Seguridad Industrial (RSI) son a su vez objeto de desarrollo y concreción de manera todavía más específica, por ejemplo para determinados dispositivos o elementos de determinados tipos de instalaciones, por otras disposiciones de igual naturaleza, las Instrucciones Técnicas Complementarias (ITC), entre las que podemos citar a modo de ejemplo la siguientes relativas a instalaciones petrolíferas: la ITC-MI-IP 01, sobre refinerías, aprobada por Real Decreto 2085/1994, de 20 de octubre; la ITC-MI-IP 02, sobre parques de almacenamiento de líquidos petrolíferos, aprobada por Real Decreto 1562/1998, de 2 de julio; la ITC-MI-IP 04, sobre instalaciones para suministros a vehículos, aprobad por Real Decreto 1523/1999, de 1 de octubre.

A lo anterior hay que sumar la existencia de un grupo importante de actividades industriales que disponen de su legislación específica, como son: las actividades de generación, distribución y suministro de energía y productos energéticos; las actividades de investigación, aprovechamiento y beneficio de los yacimientos minerales y demás recursos geológicos; las instalaciones nucleares y radiactivas; las industrias alimentarias, agrarias, pecuarias, forestales y pesqueras; las actividades industriales relacionadas con el transporte y las telecomunicaciones; las actividades industriales relativas al medicamento y la sanidad; las actividades industriales relativas al fomento de la cultura; y las actividades turísticas. Actividades que, en algunos casos, son objeto de tratamiento individualizado en otros capítulos de este trabajo y a las que, por tanto, volveremos a hacer alusión pero únicamente para destacar el carácter excepcional de su régimen jurídico respecto al régimen general establecido en la LI. Bastando con señalar ahora que respecto de todas éstas la Ley de Industria y, por tanto, las técnicas de intervención previstas en la misma que ahora nos ocupan, resultan aplicables con carácter supletorio, esto es, como establece el legislador en el art. 3.4 de la LI, únicamente en lo no previsto por su legislación específica.

Y sin olvidarnos, por supuesto, de la instancia territorial autonómica, ya que las Comunidades autónomas también disponen de competencias normativas en esta materia que todas ellas han ejercicio siguiendo el modelo estatal. Inicialmente de forma dispersa y, en algunos casos, realizando posteriormente también un esfuerzo por establecer un régimen general. Normativa autonómica respecto de la cual, como se declara en su disposición final única, la LI tiene carácter básico.

Y ello porque, pese a que la materia industria no figura en ninguno de los títulos competenciales que se incluyen en los dos listados de los arts. 148.1 y 149, 1 de la CE, sí se hace a la actividad económica de cuyo conjunto ésta forma parte, en el art. 149.1.13ª de la C, que atribuye al Estado la competencia exclusiva sobre las bases y coordinación de la planificación general de la actividad económica. Y también sobre la base del título competencial que se contiene en el art. 149.1.1ª ya que, dado que la actividad industrial se relaciona con el principio de libertad de empresa en el marco de la economía de mercado, constituye una habilitación complementaria para que el Estado regule las condiciones básicas del ejercicio de ésta. Preceptos a los que deberíamos añadir el art. 149.1.23ª, que atribuye al Estado la competencia exclusiva para aprobar la legislación básica sobre protección del medio ambiente, sin perjuicio de las facultades de las Comunidades Autónomas de establecer normas adicionales de protección que, debido a su incuestionable carácter horizontal o transversal, también puede ser invocado para intervenir en la materia que ahora nos ocupa de la seguridad industrial, en los términos que apuntaremos más adelante.

De manera que, como de hecho ha afirmando también de forma reiterada el propio Tribunal Constitucional, entre otra en su STC 23/1992, de 26 de noviembre (RJ 243\1994), dentro del núcleo fundamental de la materia industria y más precisamente en "la submateria o sector material de seguridad industrial", se incluyen "las actividades públicas, principalmente de ordenación y de policía, relacionadas con la seguridad de las instalaciones y establecimientos industriales y la de los procesos industriales y los productos elaborados en las mismas", así como también las "ejecutivas de verificación reglada del cumplimiento de los requisitos técnicos exigidos por la legislación aplicable" (F. 2).

Pues bien, la Ley 21/1992, de 16 de julio, de Industria, es la norma cabecera de este grupo normativo —voluminoso y no exento de complejidad en su manejo y comprensión— dedicado a la ordenación de la industria y, por tanto, también a la seguridad industrial. Siendo además de carácter general y básica, y de aplicación supletoria para muchas actividades industriales con regulación específica, y también para la mayor parte de las Comunidades autónomas que en ejercicio de sus competencias normativas han legislado sobre la materia, resultando de aplicación plena en otras tantas. Y en ella se contiene, en fin, el diseño básico del modelo de intervención jurídico-administrativa sobre las instalaciones y actividades industriales por motivos de seguridad —más concretamente en sus artículos 9 a 18, que integran el Capítulo I del Título III de la Ley dedicado a la seguridad industrial—, que vamos a analizar a continuación, para proceder seguidamente a proyectar sobre el mismo las novedades introducidas por la Ley 25/2009, de 22 de diciembre.

III. EL OBJETO Y FINALIDAD DE LA INTERVENCIÓN PÚBLICA EN LA SEGURIDAD INDUSTRIAL: LA NOCIÓN DE INDUSTRIA, ACTIVIDAD, INSTALACIÓN Y SEGURIDAD INDUSTRIAL

Como ya hemos apuntado, la intervención pública en el sector industrial persigue distintos objetivos que se enumeran en el artículo 2 de la LI, de entre los que nos interesa destacar ahora los siguientes: 1) en primer lugar, regular la instalación, ampliación y traslado de las instalaciones, es decir, el acceso a la actividad industrial; y 2) en segundo lugar, garantizar su seguridad tanto para las personas y sus bienes como para el medio ambiente. Por lo que la delimitación previa de lo que se van a considerar actividades, instalaciones y seguridad industrial constituye un elemento fundamental en la configuración de la acción administrativa de intervención que nos ocupa.

En este sentido la LI define su ámbito de aplicación recurriendo a una definición del concepto de "industria" que se basa en el método del listado, esto es, procediendo a enumerar, en su art. 3, un serie de actividades que se describen desde una perspectiva finalista y que podemos clasificar en dos grupos en atención al objeto sobre el que recaen: productos o residuos. En concreto se consideran "industrias" a los efectos de la aplicación de la Ley "las actividades dirigidas a la obtención, reparación, mantenimiento, transformación o reutilización y también el envasado y embalaje de productos industriales", así como "el aprovechamiento, recuperación y eliminación de residuos o subproductos". Y en ambos casos, esto es, ya se trate de actividades de fabricación de productos o de actividades de gestión de residuos, con independencia de cuál sea la naturaleza de los recursos y procesos técnicos utilizados (art. 3.1 LI). Listado de actividades al que se añade otro de "servicios", que también van a considerarse incluidos en el ámbito de aplicación de la LI cuando estén directamente relacionados con aquellas, concretamente: los servicios de ingeniería, diseño, consultoría tecnológica y asistencia técnica directamente relacionados, como decimos, con las actividades industriales (art. 3.2 LI).

Prescindiendo ahora de la depuración terminológica que precisaría la redacción de este precepto, lo que nos interesa aquí es destacar la amplitud con la que el legislador básico estatal define el concepto de industria, por referencia a una enumeración muy amplia de actividades, productos, residuos y también servicios; y consecuentemente la forma en que delimita el ámbito de aplicación de las técnicas de intervención previstas en la misma cuyo estudio nos ocupa. Incluyendo como hemos visto todas las fases de la actividad productiva —producción, reparación y transformación de productos— y también todas las fases de gestión de estos mismos productos una vez transformados en residuos —su recogida, transporte, reciclado u otras formas de valorización y su eliminación—, así como todas las actividades de servicios directamente vinculadas a dichos procesos o actividades.

Y de la misma forma, el legislador básico estatal procede en el capítulo concreto de la LI dedicado a la seguridad industrial a definir una serie de conceptos necesarios a los efectos de la delimitación más precisa posible del ámbito de aplicación de las disposiciones que se contienen en el mismo, a nuestro modo de ver y como vamos a comprobar seguidamente, con la intención de extenderlo a cualquier tipo de actividad industrial que plantee riesgos para la seguridad pública y el medio ambiente.

Conforme a lo dispuesto en el citado Capítulo I del Título III de la LI, la intervención jurídico-administrativa en materia de seguridad persigue un doble objetivo: 1) la prevención y limitación de riesgos y 2) la protección contra accidentes y siniestros capaces en ambos casos de producir daños o perjuicios a las personas, flora, fauna, bienes o al medio ambiente. Y que, también en ambos casos, se deriven "de la actividad industrial o de la utilización, funcionamiento y mantenimiento de las instalaciones o equipos y de la producción, uso o consumo, almacenamiento o desecho de los productos industriales" (art. 9.1 LI). A lo que se añade, también textualmente, que estas actividades de prevención y protección tendrán a su vez como finalidad: 1) en primer lugar, "limitar las causas que originen los riesgos, así como establecer los controles que permitan detectar o contribuir a evitar aquellas circunstancias que pudieran dar lugar a la aparición de riesgos"; y 2) en segundo lugar, "mitigar las consecuencias de posibles accidentes" (art 9.2 LI). En suma, la gestión de los riesgos industriales y, en su caso, es decir, en caso de actualización de éstos, la reducción de los daños ocasionados por los accidentes industriales. ¿Qué tipo de riesgos y daños?, pues los que afecten tanto a las personas y a sus bienes, como al medio ambiente.

La finalidad perseguida en este sector es, en fin, la gestión de los riesgos y de los daños generados como consecuencia tanto de las actividades realizadas por las industrias, en el sentido amplio dado a este término en el art. 3 LI, ya analizado, como de los productos y residuos, y también el funcionamiento y mantenimiento de las instalaciones industriales. En lógica con lo cual el legislador define también lo que debe entenderse por "instalaciones", "seguridad" y "riesgo" industriales.

Por lo que se refiere al concepto de "instalación industrial", éste se define como el "conjunto de aparatos, equipos, elementos y componentes asociados a las actividades" definidas en la Ley (art. 8.2 LI), esto es, a las actividades industriales, con el significado igualmente amplio dado a este concepto en el art. 3 de la LI.

Y, por su parte, el concepto de "riesgo" va a ser definido en un sentido finalista, considerándose riesgos relacionados con la seguridad industrial "los que puedan producir lesiones o daños a personas, flora, fauna, bienes o al medio ambiente, y en particular los incendios, explosiones y otros hechos susceptibles de producir quemaduras, intoxicaciones, envenenamiento o asfixia, electrocución, riesgos de contaminación, perturbaciones electromagnéticas o acústicas y radiación, así como cualquier otro que pudiera preverse en la normativa internacional aplicable sobre seguridad" (art. 9.3 LI).

A todo lo cual añade el legislador estatal una importante precisión respecto al ámbito de aplicación de las concretas disposiciones de la Ley relativas a la seguridad industrial, en nuestra opinión, con una clara intención de amplitud, de manera que éste y, en consecuencia, el sistema de control público definido en el mismo, se apliquen a actividades no sujetas a las disposiciones generales de la LI, por ejemplo a las normas sobre instalación, ampliación y traslado, por disponer de su regulación específica, pero sí a las disposiciones sobre seguridad industrial. Señalando textualmente en su art. 3.3 que dichas disposiciones "serán de aplicación en todo caso, a las instalaciones, equipos, actividades, procesos y productos industriales que utilicen o incorporen elementos, mecanismos o técnicas susceptibles de producir los daños a que se refiere el artículo 9", es decir, a cualquier tipo de actividades, productos e instalaciones que resulten cualificadas por su capacidad para producir daños o perjuicios a las personas, flora, fauna, bienes o al medio ambiente.

IV. EL RÉGIMEN GENERAL DE INTERVENCIÓN ADMINISTRATIVA EN LA INSTALACIÓN, AMPLIACIÓN Y TRASLADO DE INSTALACIONES INDUSTRIALES

Como adelantamos en la introducción de estas páginas, la Directiva de Servicios de 2006 supone un nuevo paso en la dirección del proceso de liberalización al que este sector se ha visto sometido de forma continuada desde mediados de los años 60 en nuestro país. Proceso que, como ya nos consta, se inicia con el Decreto 157/1963, de 26 de enero, de Libertad de Instalación, Ampliación y Traslado de Industrias y que, en líneas muy generales y en lo que a nosotros nos afecta, se manifiesta en dos aspectos fundamentales: el de la instalación y puesta en funcionamiento de las instalaciones industriales, en el que nos detenemos ahora; y el de los sujetos responsables del control de dichas actividades, al que haremos referencia más adelante.

Respecto al primero de los aspectos citados, a grandes rasgos podemos destacar los siguientes hitos fundamentales en este proceso. Después de la Ley de

24 de noviembre de 1939, de Ordenación y Defensa de la Industria Nacional, que acorde con la realidad política, social y económica del tiempo en que fue promulgada, sujetaba a autorización previa por parte del Estado la instalación de cualquier clase de industria, el citado Decreto 157/1963, de 26 de enero, procedió a establecer tres grupos de industrias que sujetaba a sendos regímenes jurídicos de intervención de carácter preventivo: 1) el de las industrias de libre instalación, sujetas únicamente a inscripción en el Registro Industrial; 2) el de las industrias sujetas a libre instalación aunque condicionada al cumplimiento de determinadas condiciones de carácter técnico; y 3) el grupo de las industrias sujetas a autorización administrativa.

Como consecuencia de un nuevo impulso liberalizador, años más tarde se suprimió el segundo grupo, pasando a existir dos únicos tipos de industrias, desde la perspectiva de su control previo: las industrias de libre instalación, y las industrias sujetas a autorización administrativa. Grupo este último que, sin embargo y por motivos coyunturales, experimentó un considerable aumento al incluirse en el mismo nuevos sectores industriales por estar sometidos a planes de ordenación y reestructuración o por motivos de consumo energético, entre otros.

Superadas estas circunstancias se aprueba el Real Decreto 2135/1980, de 26 de septiembre, de Liberalización Industrial, todavía vigente, que avanzando un poco más en esta misma dirección, establece, según se lee textualmente en su exposición de motivos, que la liberalización del sector se pretende alcanzar "no sólo a través de la eliminación de la autorización administrativa previa para la mayoría de las industrias, sino lo que es más fundamental, de la eliminación de trámites, de tal forma, que la elaboración de un proyecto y la certificación por técnicos competentes, conocidos por el órgano administrativo correspondiente, sean suficiente requisito para la puesta en funcionamiento de la industria, sin necesidad de la previa comprobación administrativa de cada uno de los elementos establecidos por las normas vigentes". Definiendo, así, las líneas maestras del modelo de intervención administrativa en este sector, que analizaremos en detalle más adelante.

El Reglamento de Liberalización industrial de 1980 estableció, en fin, un régimen general de libre instalación, ampliación y traslado de industrias, con una serie de excepciones fundamentadas, según sus propias palabras, en "el interés económico general y en la defensa nacional", para una serie de industrias que, por tanto, mantiene sujetas a autorización administrativa. Estableciendo, así, en su art. 1 que podrán instalarse, ampliarse y trasladarse sin previa autorización administrativa todas las industrias a excepción de las siguientes: a) las que se refieran o afecten a la minería e hidrocarburos y las de producción, distribución o transporte de energía y productos energéticos, que se regirán por su legislación específica; b) las industrias de armas y explosivos, y las de interés militar; y c) las industrias que produzcan o empleen estupefacientes o psicotrópicos.

Debiendo señalar como último hito en este proceso de liberalización el que supuso la aprobación del Real Decreto-Ley 1/1986, de 14 de marzo, de Medidas Urgentes Administrativas, Financieras, Fiscales y Laborales, que introdujo "como medida de simplificación de trámites administrativos", en sus propios términos, el silencio positivo como regla general para la autorización de la instalación, traslado y ampliación de empresas. Aunque a excepción nuevamente de las mismas industrias arriba citadas. Más en concreto establecía en su artículo 1 que "las licencias y autorizaciones de instalación, traslado o ampliación de empresas (...) se entenderán otorgadas por silencio administrativo positivo (...) transcurrido el plazo de dos meses, a contar desde la fecha de presentación de la solicitud, salvo que previamente tuvieran establecido un plazo inferior". A lo que, sin embargo, añadía a renglón seguido que continuará siendo de aplicación como regla general el silencio negativo —en ese momento vigente en el régimen general del mismo contenido en la LRJAP— a las licencias y autorizaciones que se exigen en la correspondiente normativa para la instalación, traslado o ampliación de las industrias de armas y explosivos; industrias de interés militar; de interés para la defensa nacional; industrias de gestión de residuos tóxicos y peligrosos; industrias en el sector de hidrocarburos; instalaciones eléctricas; e industrias nucleares y radiactivas.

Con lo que, como vemos, desde los años 80 ya imperaba con carácter general el principio de libertad de establecimiento de las actividades industriales, estando excepcionalmente sujetas a autorización administrativa y a la regla del silencio negativo sólo unas concretas, que de hecho son las mismas que lo siguen estando a día de hoy. Quedando de esta forma claramente perfilado el modelo de intervención administrativa en el sector que, en consecuencia, la Ley general estatal en materia de industria 21/1992, de 16 de julio, no hace más que respaldar. Lo que nos permite afirmar, en fin, que ésta ya estaba situada en la línea de esa nueva lógica de la intervención administrativa que impone la Directiva de Servicios y que, ciertamente, supone un último giro de tuerca en este mismo sentido, como vamos a tratar de poner de manifiesto a continuación.

En efecto, el último paso en este proceso lo constituye la aprobación de la Directiva 2006/123/CE, de 12 de diciembre, relativa a los servicios en el mercado interior, que ha impuesto a los Estados miembros la obligación, no sólo de suprimir los obstáculos injustificados existentes, sino también de facilitar el libre establecimiento y la libre prestación de servicios, y de sustituir como regla general los tradicionales títulos administrativos de intervención, como es el caso de las autorizaciones, por otros mecanismos más flexibles pero que produzcan los mismos efectos jurídico, habilitar el inicio y desarrollo de la actividad en cuestión, como las declaraciones responsables o comunicaciones previas. Aunque, eso sí, sin la desaparición de los controles *ex post* por parte de la Administración pública.

Estas obligaciones comunitarias, como ya dijimos, han sido incorporadas a nuestro ordenamiento jurídico interno a través de la Ley 17/2009, dando lugar, en expresión de Parejo Alfonso, a "una nueva lógica de la intervención administrativa" que ha sido objeto de codificación con carácter general en el art. 39 bis de la LRJAP, en el que se contienen también los principios por los que se debe regir. Y conforme al cual la aplicación de medidas que limiten el ejercicio de derechos o exijan el cumplimiento de requisitos para el desarrollo de una actividad requiere: a) la elección de la menos restrictiva; b) la motivación de su necesidad para la protección del interés público; y c) la justificación de su adecuación para lograr los fines que se persiguen, sin que en ningún caso se produzcan diferencias de trato discriminatorias. Lo que, como afirma el mismo autor, significa un cambio desde la intervención "actuada *ex ante* y en virtud de la pertinente solicitud a la operada *ex post* y a resultas de una declaración o comunicación del interesado" (PAREJO ALFONSO: págs. 359-361).

Pero, como decimos, sin prescindir en ningún caso de la intervención de la Administración pública, a la que el mismo precepto impone el deber de velar por el cumplimiento de los requisitos que, en cada caso, resulten aplicables según la pertinente legislación. A cuyos efectos está habilitada para realizar una serie de actuaciones, en términos del mismo art. 39.bis de la LRJAP, "comprobar, verificar, investigar e inspeccionar los hechos, actos, elementos, actividades, estimaciones y demás circunstancias que se produzcan"; en suma, para intervenir durante el desarrollo de dichas actividades, realizando una actividad de inspección y vigilancia, como resultado de la cual estará asimismo habilitada para adoptar medidas de naturaleza restrictiva y, por supuesto, para ejercer su potestad sancionadora.

1. *El principio general de libertad de establecimiento para la instalación, ampliación y traslado de actividades industriales*

A la luz de todo lo anteriormente señalado y en línea con lo dispuesto en el Reglamento de Liberalización industrial de 1980, la Ley de Industria de 1992 estableció textualmente en el apartado 1 de su artículo 4 lo siguiente: "se reconoce la libertad de establecimiento para la instalación, ampliación y traslado de las actividades industriales".

Declarando, así, de forma clara y contundente el principio general de libertad de establecimiento para la instalación, ampliación y traslado de actividades industriales. Y ello sobre la base, ya apuntada, de que la actividad industrial es una forma de actividad económica y, consecuentemente, en uso de los citados títulos habilitantes contenidos en los arts. 149.1.13ª, 149.1.1ª y 149.1.23ª de la CE que, según el legislador estatal, habilitan al Estado para regular las condiciones básicas del ejercicio de la actividad industrial. Lo que, según la exposición de motivos de la propia LI, incluye el régimen de creación, instalación, ampliación, traslado o cese de toda clase industrias. Y también en cumplimiento de lo dispuesto en el art. 38 de la CE, en el que se reconoce la libertad de empresa en el marco de la economía de mercado y se obliga a los poderes públicos a garantizar y proteger su ejercicio.

Sin que este apartado primero del art. 4 de la Ley de Industria en su redacción originaria de 1992 haya requerido, por tanto, modificación alguna por parte de la Ley 25/2009, de 22 de diciembre, para su adaptación a la Directiva de Servicios.

2. *Las instalaciones industriales sujetas a autorización administrativa. Su carácter excepcional*

Ahora bien, a renglón seguido y como excepción a ese mismo principio general, el legislador del 92 sujetaba, también con carácter general, estas actividades a una autorización administrativa previa por parte de la Administración competente —las CCAA o el Estado, según los casos— en los siguientes dos supuestos: 1) cuando así lo estableciera una Ley por razones de interés público; o 2) cuando se estableciera reglamentariamente para el cumplimiento de obligaciones del Estado derivadas de Tratados y Convenios internacionales (art. 4.2 LI). En suma, realizando una remisión a la legislación y a la normativa de carácter reglamentario, y limitándose a establecer las razones que podían fundamentar jurídicamente dicha decisión. Recurriendo para ello a conceptos tan amplios como el "interés público" o a la expresión de "cumplimiento de obligaciones de carácter internacional asumidas por el Estado español". Pero, en todo caso, en términos prácticamente idénticos, como comprobaremos, a los introducidos en el texto de la LI por la Ley 25/2009, de 22 de diciembre, para su adaptación a la Directiva de Servicios.

Esto no significa, sin embargo, que la Directiva y las modificaciones introducidas en la LI por la Ley ómnibus para su adecuación a la misma, más concretamente la introducción de la nueva técnica de las declaraciones responsables o las comunicaciones previas, haya supuesto la desaparición de las autorizaciones administrativas del sector de la actividad industrial. Éstas no se han visto siquiera relegadas a un único supuesto de carácter más excepcional, en otras palabras, no se ha producido una reducción de su ámbito de aplicación. Más bien habría que decir que, en la práctica y debido a la nueva redacción dada al texto de la LI, no está claro el juego de cada una de ellas.

En efecto, pese a que en un primer momento pudiera parecer que con la reforma operada por la Ley ómnibus esta técnica de intervención administrativa ha quedado definitivamente relegada a un último supuesto, adquiriendo un definitivo carácter residual en lo que a las instalaciones industriales se refiere. Lo cierto es que esta primera impresión es falsa, no sólo sobre el papel sino también en la práctica, donde la autorización administrativa sigue ocupando el mismo lugar que ha venido ocupando hasta ahora. Y así se desprende claramente del propio texto del nuevo apartado 5 añadido al art. 4 de la LI, cuyo tenor es el siguiente: "únicamente podrá requerirse autorización administrativa previa de la Administración competente cuando resulte obligado para el cumplimiento de obligaciones del Estado derivadas de la normativa comunitaria o de tratados y convenios internacionales" (art. 4.5 LI). Coincidiendo, como podemos apreciar, prácticamente de forma literal con el segundo de los supuestos en los que, conforme al texto originario de la LI de 1992, podía exigirse una autorización administrativa, y también con el segundo de los supuestos en el que, como veremos más adelante, tras la reforma de dicha norma actualmente cabe exigir una comunicación previa o una declaración responsable.

El legislador se ha limitado, en fin, a incluir una referencia a la normativa comunitaria, en relación al primer supuesto, y por lo que al segundo supuesto se refiere, a eliminar las referencias al carácter normativo, en concreto reglamentario, de las disposiciones a través de la cuales se imponga la exigencia de estas dos nuevas técnicas para la instalación, ampliación o traslado de una actividad industrial. Lo que permite que nos preguntemos si esta potestad de sujeción a autorización administrativa ya no está en manos del legislador nacional o autonómico, sino que se está reservando directamente a las instituciones comunitarias. Así como, si además éstas disponen de mayor discrecionalidad en su ejercicio, al haberse limitado también las razones que le deben servir como fundamento jurídico, que son únicamente: "que resulte obligado para el cumplimiento de obligaciones del Estado". Suprimiéndose toda referencia a razones de orden público, seguridad y salud públicas y protección del medio ambiente que, sin embargo, sí existían, en el primer caso, en la Ley del 92 y que en los dos últimos casos se exigen actualmente para poder excepcionar estas actividades del principio general de libertad de establecimiento y condicionarlas a la previa presentación de una comunicación previa o declaración responsable. Debiendo estar, en fin, a lo dispuesto en el Real Decreto sobre Liberalización industrial y a lo que dispongan las leyes especiales existentes sobre las distintas instalaciones y actividades industriales. Así como también a otras leyes sectoriales de carácter ambiental que igualmente van a sujetar a muchas instalaciones industriales a autorización administrativa y a otras formas de control preventivo, tanto a nivel estatal como autonómico, según los casos, a las que haremos referencia más adelante en el último apartado de este capítulo.

Pero es que, a mayor abundamiento, estas leyes especiales tampoco se han visto en esencia modificadas por la Ley ómnibus. Por lo que, conforme a lo dispuesto con carácter general en el citado Reglamento de Liberalización industrial y en dichas legislaciones especiales, a día de hoy siguen sujetas a la técnica de control preventivo de actividades, la autorización administrativa en su sentido más estricto, las mismas industrias que lo estaban desde los años 80, directamente por dicho reglamento e incluso antes por las citadas leyes especiales. Esto es, en fin, las instalaciones eléctricas, nucleares y radioactivas, y las de hidrocarburos, que son objeto de estudio individualizado en otro capítulo de esta monografía, al que nos remitimos. A las que podemos añadir el caso de las instalaciones de fabricación de explosivos, que necesitan ser autorizadas de forma expresa por el actual Ministerio de Industria, Energía y Turismo, por mandato del Real Decreto 230/1998, de 16 de febrero, que las regula y que ha sido modificado en el 2010 para su adaptación a la Ley 17/2009 sobre el libre acceso a las actividades de servicio y su ejercicio, únicamente para añadir que los titulares de estas autorizaciones tienen que tener nacionalidad española o de un país miembro de la Unión Europea.

Y en los casos en los que estas disposiciones normativas sí se han visto modificadas por la Ley ómnibus, esta modificación ha consistido simplemente en la introducción de las declaraciones responsables o comunicaciones previas sin que tampoco se hayan eliminado totalmente las autorizaciones. Como es el caso de la actual Ley 22/2011, de 28 de julio, de residuos y suelos contaminados, que sujeta las actividades de gestión de residuos a autorización administrativa, en unos casos de carácter estatal en otros autonómico, dependiendo de la actividad de gestión y del tipo de residuo de que se trate, por ejemplo cuando se trate de una instalación o actividad de reciclado, incineración o vertido de residuos peligrosos.

Y todo ello sin perjuicio, como ya hemos mencionado, de que además y con carácter también general todas las instalaciones industriales en las que se realicen actividades que planteen riesgos de contaminación ambiental deban obtener una Autorización Ambiental Integrada y, en su caso, también una Declaración de Impacto Ambiental.

Por lo que se refiere al régimen jurídico de estas autorizaciones administrativas necesarias para la instalación, traslado o modificación y también para la puesta en funcionamiento de las instalaciones industriales excepcionadas del principio general de libertad de establecimiento, habrá que estar también a lo dispuesto en dicha normativa especial. Pudiendo tan sólo citar como regla general la del sentido del silencio administrativo, establecida por el ya referido Real Decreto-Ley 1/1986, de 14 de marzo, que, respecto a estas mismas industrias y una vez más como excepción a la regla general, juega en sentido negativo (art. 1).

3. *El juego de las nuevas técnicas de la comunicación previa y la declaración responsable*

La Ley 25/2009, de 22 de diciembre, ha modificado la redacción de la Ley de Industria para su adaptación a la Directiva de Servicios, pero lo cierto es que se ha limitado a realizar una pura operación de transcripción, introduciendo de forma automática las figuras de la comunicación previa y de la declaración responsable, pero sin definir un nuevo modelo de intervención, de tal forma que en la práctica no queda claro en qué casos se pueden exigir éstas y en qué otros la tradicional autorización administrativa.

Ahondando más en la cuestión, en la nueva redacción dada al art. 4 de la LI el legislador básico estatal sigue reconociendo la libertad de establecimiento para la instalación, ampliación y traslado de actividades industriales. Pero de igual forma establece también una serie de modulaciones y excepciones a dicho principio general, habilitando la sujeción de dichas actividades a un control público de carácter previo de distinta intensidad, que puede ser ejercido recurriendo ahora a dos tipos de instrumentos jurídicos, prácticamente de forma alternativa, la tradicional autorización administrativa y las declaraciones responsables o comunicaciones previas.

Como primera excepción al principio general de la libertad de establecimiento, la LI dispone que se requerirá una comunicación o una declaración responsable del interesado para la instalación, ampliación y traslado de un actividad industrial en dos supuestos concretos que coinciden en esencia con los supuestos en los que hasta ahora se exigía una autorización administrativa: 1) en primer lugar, cuando así lo establezca una ley por razones, ahora ya no sólo de interés público sino de "orden público, seguridad y salud pública, seguridad y salud en el trabajo o protección del medio ambiente". Y 2) en segundo lugar, cuando se establezca reglamentariamente para el cumplimiento de obligaciones del Estado derivadas de tratados y convenios internacionales, a los que se añade la normativa comunitaria (art. 4.2 LI).

La nueva redacción de este precepto y, por ende, los supuestos en los que se puede condicionar la instalación, ampliación o traslado de una industria a estas nuevas técnicas de control, son prácticamente coincidentes con los supuestos en los que antes de la Directiva Bolkestein podía exigirse la obtención de una previa autorización administrativa. Tan sólo se introducen las precisiones necesarias para la adaptación al paso del tiempo desde el 92.

En primer lugar es necesario que el legislador considere que su exigencia resulta necesaria por una razón ya no sólo de interés público, como se establecía anteriormente, sino ahora también, en un esfuerzo de precisión, por razones de orden público, seguridad y salud en el trabajo y, por lo que aquí más nos interesa, seguridad y salud pública y protección del medio ambiente. Y de la misma forma se establece un segunda razón que puede justificar la exigencia de la entrada en juego de estas técnicas, que también en este caso y salvo la necesaria referencia al Derecho comunitario, coindice plenamente con la ya prevista por el legislador del 92, esto es, que sea necesario para el cumplimiento de obligaciones del Estado derivadas de la normativa comunitaria o de tratados y convenios internacionales. Remitiendo en este caso a las normas de carácter reglamentario la apreciación de tales circunstancias. Con lo que, en suma, habrá que estar una vez más a lo que disponga la normativa especial aplicable a cada tipo concreto de actividad industrial o grupo de instalaciones.

V. LA INTERVENCIÓN JURÍDICO-ADMINISTRATIVA EN LAS INSTALACIONES Y ACTIVIDADES INDUSTRIALES POR MOTIVOS DE SEGURIDAD

Como ya afirmamos, es en el ámbito de la seguridad donde la intervención jurídico-administrativa ha resultado tradicionalmente y sigue siéndolo a día de hoy especialmente intensa. Lo que no significa, sin embargo, que no se haya visto afectada por la corriente liberalizadora proyectada sobre la totalidad del sector de la actividad industrial.

Al contrario, este ámbito de la actividad industrial se ha visto afectado por ésta y además en los mismos dos planos también apuntados. En el de las técnicas jurídicas, donde se ha producido una importante diversificación, sustituyéndose la autorización administrativa sobre la que descansaba tradicionalmente la intervención en este ámbito, por otros mecanismos de intervención, como la normalización y la certificación, fundamentalmente por influencia internacional y comunitaria. Y también del lado de los sujetos competentes para su aplicación y, por tanto, responsables de ejercer dicho control de carácter preventivo, que ha pasado de manos de la Administración pública a manos de una serie de organismo de carácter privado colaboradoras de ésta.

Doble plano de la intervención jurídico-administrativa en las instalaciones y actividades industriales por motivos de seguridad que además también se ha visto afectado por la Ley ómnibus. Por lo que respeta al primero de ellos, el de las técnicas de intervención, en menor medida a nivel estatal, ya que, como ocurrió con el régimen general de instalación y funcionamiento de actividades industriales, el legislador básico se ha limitado a añadir a las ya previstas en la LI las dos nuevas técnicas de las declaraciones responsables o comunicaciones previas. Además de que la Ley de industria de 1992 ya preveía figuras similares a éstas en el ámbito de la seguridad industrial. Y lo mismo por lo que respeta al nivel autonómico, donde por el momento y a la vista de la forma en que se está produciendo la adaptación de estos ordenamientos a la Ley 17/2009, sobre el libre acceso a las actividades de servicio y su ejercicio, la conclusión debe ser la misma. Y en relación a los organismos y entidades privadas de colaboración de la Administración en la materia, de forma mucho más contundente, especialmente tras la interpretación de dicha reforma recientemente realizada por el Tribunal Supremo.

Y es que, ciertamente y como afirma Carrillo Donaire, el reconocimiento constitucional de la libertad de empresa en el art. 38 de nuestra Constitución y, por tanto, la misma Ley de Industria, no excluye la posibilidad de su ordenación por la Administración, ya que resulta igualmente cierta la presencia en nuestra CE de otra serie de bienes y derechos cuya eficacia real resulta incompatible con una concepción absoluta o ilimitada de dicho principio de libertad de empresa, demandando una intervención pública en el sector de la actividad industrial, de mayor o menor intensidad según la coyuntura económica y también jurídica del momento, pero que puede considerarse prácticamente permanente. Incluso en momentos de máximo relanzamiento de la libertad industrial, como el que ahora vivimos, siempre se ha reclamado como esencial la posición tutelar-interventora de la Administración garantizando unos límites al ejercicio de aquella libertad por razones de seguridad y de calidad de los productos (CARRILLO DONAIRE: pág. 21)

Bienes y derechos constitucionales como el que recoge el art. 51 CE, en el que se establece que los poderes públicos garantizaran la defensa de los consumidores y usuarios, protegiendo, mediante procedimientos eficaces, la seguridad y la salud. Pero también y desde que los riesgos que generan las actividades industriales pueden tener un alcance indiscriminado y que, por tanto, cualquier persona puede verse afectada por éstos, otro derecho constitucional de primera magnitud como es el derecho fundamental a la vida y a la integridad física que se consagra en el art. 15 de la CE. (CARRILLO DONAIRE: págs. 86 y 87). A lo que debemos añadir el art. 45 de la CE, en el que se establece el derecho a disfrutar de un medio ambiente adecuado para el desarrollo de la persona. Todos los cuales, en tanto que pueden verse directamente afectados por las actividades industriales, constituyen un auténtico haz de títulos jurídicos habilitantes de la intervención administrativa en materia de seguridad industrial.

En este mismo sentido el Reglamento de liberalización industrial de 1980 señala textualmente que la liberalización de este sector "no prescinde, como es lógico, de que la instalación industrial deba cumplir las normas de seguridad, protección del medio ambiente, calidad de procesos, etc., (...) sino que tiene como idea básica el descargar a la Administración de trámites burocráticos en favor de la mayor agilidad de la instalación industrial, que redunde, en última instancia, en beneficio del administrado". Dedicando un capítulo específico, su capítulo II, precisamente a regular el procediendo a seguir para la instalación, ampliación y traslado de este tipo de industrias, en el que, en coherencia con lo afirmado en su exposición de motivos, procede a simplificar los trámites administrativos necesarios para su puesta en funcionamiento. Estableciendo, también textualmente, que "la elaboración de un proyecto y la certificación por técnicos competentes, conocidos por el órgano administrativo correspondiente" son "suficiente requisito para la puesta en funcionamiento de la industria, sin necesidad de la previa comprobación administrativa de cada uno de los elementos establecidos por las normas vigentes" (art. 2.1). De donde se desprende, en fin, que pese al fenómeno de la liberalización y la positivación del principio general de libertad de establecimiento en el sector de la actividad industrial, las instalaciones y actividades que plantean riesgos desde el punto de vista de la seguridad no están libres de cualquier tipo de intervención administrativa antes de su puesta en funcionamiento.

Y en la misma línea se ha situado posteriormente la Ley de Industria, procediendo a regular con carácter básico los cuatro pilares sobre los que descansa el modelo de intervención jurídico-administrativa sobre las instalaciones y actividades industriales por motivos de seguridad: 1) en primer lugar el instrumento de intervención normativa sobre el que descansa en mayor medida dicho modelo; 2) en segundo lugar, los posibles sistemas de control del cumplimiento de las obligaciones fijadas en dicha normativa técnica; y 3) Een tercer lugar, los sujetos encargados del funcionamiento de dichos sistemas de control: los Organismos de Control y las Entidades de Acreditación. Y todo ello en los términos que vamos a pasar a analizar seguidamente.

1. La reglamentación técnica: los Reglamentos de Seguridad Industrial y las Instrucciones Técnicas Complementarias

La principal técnica de intervención en materia de gestión de riesgos industriales es sin duda la regulación normativa que se realiza, sobre la base de la previa actividad de normalización, a través de los Reglamentos de Seguridad Industrial (RSI) que, como ya nos consta, existen para buen número de instalaciones y actividades industriales y que son a su vez objeto de desarrollo por las correspondientes Instrucciones Técnicas Complementarias (ITC). Reglamentación técnica que además está llamada a desempeñar un papel cada vez más importante en este sector, no sólo por la tecnificación y complejidad del mismo, sino también por la generalización del nuevo modelo de intervención definido por la Directiva de Servicios.

Se trata, en palabras de Nevado-Batalla, del fenómeno de la reglamentación por referencia a normas técnicas por el que éstas adquieren carácter obligatorio ya que, de no producirse esta recepción reglamentaria, su naturaleza sería voluntaria, como de hecho ocurre en el ámbito de la calidad industrial. Actividad de normalización que tiene también un origen comunitario europeo, plasmándose por vez primera en la Resolución de 7 de mayo de 1985, en la que, debido a la necesidad de que estas normas respondan en todo momento a la realidad tecnológica, especialmente cambiante, y a la necesidad de disponer de un elevado nivel técnico para su elaboración, y en la que en muchos casos participan también junto a la Administración organismos de carácter privado, los Organismo de normalización, o incluso los propios agentes industriales conocedores directos de la realidad a la que se dirige la norma (NEVADO-BATALLA: págs. 164 y 165).

Pero, en todo caso, se trata de normas de carácter reglamentario, por lo que su procedimiento de elaboración no entraña diferencias sustanciales respecto al procedimiento de elaboración de este tipo de normas, salvo dos trámites de carácter esencial a los efectos de su validez que son: el informe preceptivo del Consejo de Coordinación de la Seguridad Industrial, que prevé el art. 18.4.c) LI, y su remisión a la Unión Europea en los supuesto y condiciones que se establecen en el Real Decreto 1337/1999, de 31 de julio.

Por lo que se refiere al contenido de esta reglamentación técnica en materia de seguridad industrial, como afirma Álvarez García, estas normas contienen especificaciones de carácter técnico que, como decimos, pueden haber sido elaboradas directamente por la Administración o preelaboradas por los organismo de normalización y luego incorporadas por la Administración a sus reglamentos, bien directamente reproduciendo el texto de la norma dentro del mismo, bien mediante la técnica de la remisión o reenvío (ALVÁREZ GARCÍA: pág. 203). Pero que, en todo caso y por lo que ahora nos interesa, no se limitan a regular con carácter general las distintas instalaciones, equipos, actividades o productos industriales, sino que también establecen claras limitaciones a tales actividades directamente efectivas, esto es, sin necesidad de medida o acto alguno de sujeción individual.

Podemos, pues, afirmar que las instalaciones industriales están sujetas a una intensa regulación técnica orientada a la prevención y limitación de riesgos con la finalidad de garantizar la seguridad industrial, que se contiene en las citadas normas de carácter reglamentario: los RSI y las ITC; respecto de las cuales el legislador básico estatal en materia de industria establece una obligación genérica de cumplimiento en su art. 10.1 LI.

A lo que debemos añadir que esta reglamentación técnica puede ser tanto de ámbito estatal, en cuyo caso debe ser aprobada por el Gobierno, como de carácter autonómico. Como así lo ha afirmado el Tribunal Constitucional, entre otras en su STC 243/1994, de 21 de julio, al configurar el modelo de distribución de competencias en materia de industria y delimitar las funciones que corresponden al Estado y a las Comunidades autónomas en la submateria concreta de la seguridad industrial. Afirmando que si bien el Estado tiene reconocida en primer término la competencia normativa para aprobar la reglamentación técnica por motivos de seguridad de los productos e instalaciones industriales, las Comunidades autónomas son igualmente competentes para dictar normas de protección por razones de seguridad industrial "siempre que no violen los mandatos o impidan alcanzar los fines perseguidos por la legislación estatal" (F. 3). Lo que tampoco significa que "hayan de limitarse necesariamente a un mero desarrollo complementario de la estatal", ya que la "normativa autonómica podrá introducir nuevos requisitos a las normas estatales (...) incluso en el supuesto de que la norma adicional autonómica signifique una carga para los productores". Lo que de hecho es la práctica constante por las Comunidades autónomas, que han dictado numerosas reglamentaciones técnicas que fijan requisitos adicionales a los ya definidos por el Estado (CARRILLO DONAIRE: págs. 148 y 149).

Es en esta reglamentación técnica donde, como decimos, se definen todos los requisitos técnicos y también jurídicos que deben cumplir las instalaciones industriales para su instalación y puesta en funcionamiento, y donde también se pueden concretar los mecanismos de comprobación de su cumplimiento y, por ende, las técnicas o instrumentos de control preventivo de la instalaciones, de entre los que se habilitan en la LI, entre ellos las declaraciones responsables y las comunicaciones previas.

Cuestión esta del alcance de la competencia del Estado para establecer las normas técnicas de seguridad de las instalaciones y en concreto de si la misma puede extenderse también a la determinación de las formas de control del cumplimiento de dichos requisitos técnicos y sus efectos jurídicos, dada la naturaleza ejecutiva de esta función de control administrativo cuyo ejercicio debería corresponder en principio a las Comunidades autónomas, que también ha sido resuelta por el TC en su Sentencia 313/1994, de 24 de noviembre, en sentido afirmativo. De manera que la competencia estatal para fijar las normas de seguridad industrial también incluye la definición de los medios de control de su cumplimiento, los procedimientos oportunos y sus efectos jurídicos (CARRILLOS DONAIRE: pág. 151).

Así pues, los requisitos concretos a cumplir en cada caso y consecuentemente también la intensidad de la intervención administrativa desplegada variarán en función del tipo de instalación, actividad, equipo o producto de que se trate, así como también de donde estén ubicados, es decir, de lo que disponga al respecto la reglamentación técnica aprobada por la correspondiente Comunidad autónoma que, como decimos, puede introducir requisitos adicionales a los establecidos a nivel estatal.

Pese a lo dicho, estos instrumentos de intervención normativa se encuentran regulados con carácter básico en el art. 12 de la LI, en el que se establece su contenido mínimo, así como los posibles mecanismos de control de su cumplimento por parte de sus destinatarios. Y todo ello, como decimos, con carácter de mínimos, como recuerda el legislador en el propio texto de la LI cuando afirma que las Comunidades autónomas con competencias legislativas sobre industria pueden introducir requisitos adicionales sobre las mismas materias cuando se trate de instalaciones radicadas en su territorio (art. 12. 5 LI).

Más concretamente el legislador básico estatal establece que los RSI deben contener: 1) las condiciones técnicas o requisitos de seguridad que, según su objeto, deban reunir las instalaciones, los equipos, los procesos y los productos industriales y su utilización; 2) las medidas que los titulares de las instalaciones deben adoptar para la prevención, limitación y cobertura de los riesgos derivados de la actividad de sus instalaciones, incluyendo en su caso los pertinentes estudios de impacto ambiental; 3) así como los procedimientos técnicos de evaluación de su conformidad con las referidas condiciones o requisitos. 4) A lo que añade finalmente el legislador, tras reiterar de nuevo que "las instalaciones, equipos y productos industriales deberán estar construidos o fabricados de acuerdo con lo que prevea la correspondiente reglamentación", que ésta podrá establecer también la obligación de comprobar su funcionamiento y estado de conservación o mantenimiento mediante inspecciones periódicas (art. 12.2 LI).

Asimismo, los RSI fijan las condiciones de equipamiento y capacidad técnica que deben exigirse a las personas o empresas que intervengan en el proyecto, dirección de obra, ejecución, montaje, conservación y mantenimiento de instalaciones y productos, en suma, a todos los sujetos que intervienen en este sector, que también pueden quedar sujetos a comprobación previa en estos reglamentos (art. 12. 1.d) LI). A lo que se añade, para los supuesto en que exista "un riesgo directo y concreto para la salud o para la seguridad del destinatario o de un tercero", que los RSI deben imponerles en todo caso la exigencia de suscribir un seguro de responsabilidad civil profesional, garantía que deberá ser proporcionada a la naturaleza y alcance del riesgo cubierto (art. 12. 1.e) LI).

Finalmente esta regulación básica de la LI se cierra con una habilitación genérica a los RSI para "condicionar el funcionamiento de determinadas instalaciones y la utilización de determinados productos a que se acredite el cumplimiento de las normas reglamentarias, en los términos que las mismas establezcan" (art. 12. 3 LI). Con lo que podemos afirmar que, salvo en los aspectos mínimos apuntados, la Ley de industria remite a su desarrollo por los reglamentos de seguridad estatales y autonómicos la definición prácticamente en su totalidad de los dos pilares básicos sobre los que se sustenta el modelo de intervención pública sobre las instalaciones industriales por motivos de seguridad: a) la determinación de los requisitos y condiciones tanto técnicos como jurídicos a cumplir por las instalaciones y actividades, y también por los sujetos en cada caso implicados; y b) los mecanismos de control de su cumplimento, *ex ante* o *ex post*, aunque, como veremos en el epígrafe siguiente, sin renunciar en este caso a enumerar algunos posibles medios de comprobación en el texto de la propia Ley.

Debiendo por último apuntar respecto a esta cuestión del contenido de los RSI que, en este aspecto clave para la Directiva de Servicios, que pone énfasis en la necesidad de analizar y evaluar toda la normativa que regula el acceso a las actividades de servicios y su ejercicio para su adecuación a los principios de no discriminación, de justificación por razones imperiosas de interés general y de proporcionalidad para atender a dichas razones, la única aportación de la Ley ómnibus ha consistido en la inclusión en el nuevo apartado 4 del art. 4 de la LI de un primer párrafo en el que se transcribe de forma literal lo dispuesto al respecto en el régimen general de la LRJAP; esto es, textualmente, que "los requisitos de acceso a la actividad y su ejercicio en materia industrial serán proporcionados, no discriminatorios, transparentes y objetivos, y estarán clara y directamente vinculados al interés general concreto que los justifique" (art. 4.4 LI).

2. *Las técnicas de control preventivo habilitadas por la Ley de Industria: la declaración, el proyecto, la certificación, y las declaraciones responsables y comunicaciones previas*

El segundo pilar del modelo de intervención administrativa sobre las instalaciones y actividades industriales por razones de seguridad lo constituyen los diversos instrumentos o técnicas jurídicas a través de los cuales la Administración pública, directamente o con la colaboración de los organismos de control, verifica el cumplimiento de las obligaciones técnicas y jurídicas que, en cada caso, les impongan su legislación sectorial, así como los RSI y las ITC, con carácter previo a su instalación, ampliación o traslado, y al ejercicio por éstas de su actividad industrial.

Este control administrativo de carácter preventivo viene exigido por la propia Ley de Industria, tanto en su versión originaria de 1992, como en la resultante de su modificación por la Ley 25/2009, de 22 de diciembre. Y si bien, como vimos, las técnicas o instrumentos a través de los cuales éste se ejerce en cada caso se concretan en las citadas normas reglamentarias estatales y autonómicas, lo cierto es que el legislador básico estatal no ha renunciado a prever un catálogo de los posibles, directamente en el mismo texto de la LI.

En efecto, desde 1992 la Ley de industria dedica un precepto concreto a esta cuestión, el art. 13, en el que enumera los posibles sistemas de control preventivo del cumplimiento de las exigencias reglamentarias a que pueden someterse las instalaciones industriales. Si bien hay que decir que se trata de una lista de carácter abierto en la que, de hecho, ya tenían cabida las nuevas técnicas introducidas por la Directiva de Servicios, en especial la comunicación previa. Razón por la cual la redacción originaria de este precepto no ha tenido tampoco que ser modificada por la Ley ómnibus para la inclusión de estas figuras, aunque sí lo ha sido en otro aspecto distinto sobre el que más tarde nos detendremos.

Conforme a lo dispuesto en el art. 13 de la LI, ya en su redacción originaria de 1992, el cumplimento de las exigencias reglamentarias en materia de seguridad industrial puede probarse por alguno de los siguientes medios, de acuerdo con lo que establezcan los reglamentos que resulten aplicables:

1. En primer lugar, a través de una "declaración del titular de las instalaciones y en su caso del fabricante, su representante, distribuidor o importador del producto" (art. 13. 1.a) LI). Incluyéndose, como podemos observar, la técnica de la declaración previa, por la que de hecho optaron en su momento algunas Comu-

nidades autónomas como modalidad de control preventivo de la seguridad de las instalaciones industriales ubicadas en sus territorios.

2. En segundo lugar, una "certificación o acta de Organismo de Control, instalador o conservador autorizado o técnico facultativo competente" (art. 13. 1.b) LI), técnica esta que es de hecho la empleada por las Comunidades autónomas de forma mayoritaria.

3. A los que añadía el legislador, en tercer lugar, "cualquier otro medio de comprobación previsto en el Derecho comunitario" (art. 13. 1.c) LI). Habilitando, así, otros sistemas de control preventivo sin más límite que estar previstos en el ordenamiento comunitario, y dando cabida a través de esta vía a las comunicaciones previas y ahora también a las declaraciones responsables introducidas por la Directiva de Servicios.

4. Sistemas de control habilitados por la LI a los que tenemos que añadir el que, con carácter general, impone directamente el Real Decreto 2135/1980, de 26 de septiembre, de liberalización en materia de instalación, ampliación y traslado de industrias, que consiste en la presentación ante la Administración pública de un proyecto en los términos que enseguida detallaremos.

Si bien podemos adelantar ya la afirmación de que, aunque la forma más generalizada de intervención pública, por lo que a la seguridad de las instalaciones y actividades industriales se refiere, se produce a través de dos mecanismos sucesivos en el tiempo y que cumplen dos objetivos distintos: 1) la presentación de un proyecto antes del inicio de las obras, con la finalidad de habilitar la construcción de la instalación; y 2) posteriormente, una vez finalizadas las obras, la presentación a la Administración autonómica de la certificación emitida por un Organismo de control, para su puesta en funcionamiento. Lo cierto es que existen instalaciones y actividades a las que se exige el cumplimiento de otros requisitos adicionales, y que desde 1992 existen ya supuestos, como por ejemplo el de la Comunidad autónoma de Andalucía, en los que basta con la mera presentación de una declaración por parte del titular de la instalación para el inicio de su actividad industrial. Lo que, indudablemente, priva a la Directiva de Servicios y a la Ley 17/2009, de 23 de noviembre, por la que se transpone a nuestro ordenamiento interno, de buena parte de su carácter novedoso en este aspecto concreto de la seguridad industrial.

Pues bien, todas estas técnicas o instrumentos jurídicos de intervención preventiva: el proyecto, el certificado de conformidad y la declaración del titular de la instalación, se encuentran regulados con carácter básico en la LI y, en especial, en el Reglamento de Liberalización industrial, que es objeto de desarrollo en este aspecto concreto por la Orden del Ministerio de Industria y Energía de 19 de diciembre de 1980.

Sin olvidar tampoco en este punto que a estas técnicas, que resultan aplicables con carácter general a todas las instalaciones por razones de seguridad industrial, pueden añadirse otras distintas para tipos concretos de instalaciones o actividades industriales, tanto a nivel estatal como autonómico. Como es el caso paradigmático en este sentido del Real Decreto 1254/1999, de 16 de julio, por el que se aprueban medidas de control de los riesgos inherentes a los accidentes graves en los que intervengan sustancias peligrosas, a cuyo contenido haremos referencia al final de este epígrafe.

A) El proyecto

Conforme a lo establecido en el art. 2 del Reglamento de Liberalización Industrial, para su construcción las instalaciones industriales requieren —aparte de la licencia urbanística local a la que también aludiremos más adelante— la elaboración de un proyecto, que debe ser redactado y firmado por un técnico competente y visado por el correspondiente Colegio Oficial.

Más en concreto, como señala la Orden ministerial de 19 de diciembre de 1980, el titular de la instalación debe presentar un proyecto general ante el órgano competente en materia de industria de la Comunidad autónoma en la que ésta radique, cuando así resulte preceptivo a tenor de las reglamentaciones que le sean de aplicación (art. 2.1). Proyecto general que se acompañará de los proyectos complementarios que se precisen si fuese necesario introducir modificaciones sustanciales respecto al proyecto inicialmente presentado, durante la ejecución, ampliación o traslado de la industria. En cuyo caso dichas modificaciones deberán recogerse en un proyecto reformado que se presentará ante el mismo órgano y siguiendo el mismo procedimiento que el proyecto original (art. 2.3).

Sin que ni el Reglamento ni su Orden de desarrollo dispongan nada respecto a los requisitos de fondo y forma de dichos proyectos que, en definitiva, habilitan la construcción de las obras qua van a albergar las instalaciones industriales, debiendo estar una vez más a lo que fijen las normas reglamentarias aplicables al tipo específico de instalación industrial de que se trate. Salvo algunas reglas generales en materia de procedimiento y también a efectos del reparto de responsabilidades de los sujetos que intervienen en la materia.

Así, la Orden ministerial de 1980 establece que el proyecto se presentará en ejemplar duplicado y que, mientras que uno de dichos ejemplares se archivará y constituirá el documento base de cotejo para cualquier actuación futura, el otro se devolverá en el acto y debidamente diligenciado al titular de la instalación, que está obligado a conservarlo y a exhibirlo a la Administración cuando sea requerido para ello (art. 8). Sirviendo, en fin, ambos documentos como base para futuras inspecciones y, en su caso, a efectos sancionadores. A lo que añade el Reglamento de Liberalización Industrial que la Administración dispone del plazo de un mes, contado desde la presentación del o los proyectos, para solicitar las aclaraciones que considere necesarias. Y que, si transcurrido dicho plazo el órgano competente no hubiera realizado ninguna manifestación, se entenderá que no hay inconveniente para la ejecución del proyecto. Pero sin que ello suponga en ningún caso su aprobación técnica por parte de la Administración (art. 2.3). Lo que, en suma, significa el reconocimiento de la existencia en esta materia de una "suerte de silencio administrativo positivo" (FORTES MARTÍN: pág. 179). Ya que transcurrido el mencionado plazo de un mes desde la presentación del proyecto general o complementario, podrán iniciarse las obras de construcción de la instalación industrial. A cuyos efectos se impone previamente al órgano administrativo, en el mismo artículo 8 arriba citado, la obligación de entregar en el mismo momento de la presentación del proyecto, un justificante que sirve precisamente para obtener el enganche provisional necesario para la ejecución de las obras.

Todo lo cual, reitera el legislador, no significa, sin embargo y en clara alusión al sistema de responsabilidad, la aprobación técnica del proyecto por la Administración pública, ya que, como advierte seguidamente, ésta recae en exclusiva sobre el autor del proyecto que "es responsable de que éste se adapte a las normas vigentes" (art. 3.3).

B) La certificación

Una vez construidas y para su puesta en funcionamiento, las instalaciones industriales pueden sujetarse también a un procedimiento de certificación que, como ya apuntamos, tiene lugar sobre la base de la previa normalización técnica y que trae causa una vez más de la Política europea en materia de "evaluación de conformidad", que se plasmó en la Resolución del Consejo de 21 de diciembre de 1989, y fue posteriormente incorporada a nuestro ordenamiento interno a través de la LI de 1992, que sustituyó la clásica homologación administrativa, por este instrumento de evaluación de la conformidad, que es el que, como trataremos de poner de manifiesto en las líneas que siguen, puede estar en riesgo frente a las nuevas técnicas de intervención en las actividades de servicios también creadas a nivel comunitario europeo, las declaraciones responsables y las comunicaciones previas.

Así pues, según dispone la LI en su art. 13, las instalaciones que plantean riesgos para la seguridad pueden someterse a un procedimiento de evaluación de conformidad por parte de una serie de organismos de colaboración de la Administración pública, en nuestro caso, los Organismos de control. Procedimiento de evaluación de conformidad que culmina, en términos de la propia LI, con "una certificación o acta de Organismo de control, instalador o conservador autorizados o técnico facultativo competente" (art. 13.1.b) LI). Y en este caso, en cuanto que actividad de certificación administrativa de efectos autorizatorios, tiene ahora sí un carácter indiscutiblemente ejecutivo y, consecuentemente, debe corresponder, según ha afirmado el TC en la ya citada STC 31371994, de 4 de noviembre (F.3), exclusivamente a las Comunidades autónomas.

Respecto a la naturaleza de estos documentos, en concreto de la certificación de los Organismo de control, afirma Padrós Reig que de la jurisprudencia de los Tribunales Superiores de Justicia y también del Tribunal Supremo, en concreto de su STS de 17 de julio de 1995 (RJ 1995\6827), se desprende que no nos encontramos ante documentos de carácter estrictamente privado, sino que se trata de "certificaciones oficiales expedidas sólo por quien sea autorizado a hacerlo", lo que si bien no las convierte automáticamente en documentos públicos, sí se puede hablar de "un *tertium genus*, o de un documento semipúblico, de origen privado", pero que, en todo caso, y por la cualificación técnica de quienes los emiten, "es un medio de prueba cualificado ante un tribunal" (PADRÓS REIG: pág. 81).

También en este aspecto la LI realiza la ya habitual remisión reglamentaria, al señalar que la verificación por parte de los Organismos de control autorizados del cumplimiento de las condiciones de seguridad se efectuará "mediante cualquiera de los procedimientos de evaluación de la conformidad reglamentariamente establecidos, acordes, en su caso, con la normativa comunitaria" (art. 16.1 LI). Pese a lo cual regula con carácter básico algunos aspectos de éstos que tampoco han sido objeto de modificación por la Ley ómnibus.

Uno de estos aspectos es el del silencio administrativo que en el caso de las certificaciones de conformidad, a diferencia de lo que vimos ocurría con el proyecto, juega en sentido negativo, al exigirse en todo caso una certificación expresa para la puesta en funcionamiento de este tipo de instalaciones industriales. Como se desprende ciertamente de la dicción literal del art. 16 de la LI que reza textualmente lo siguiente: "cuando del informe o certificación de un Organismo de control no resulte acreditado el cumplimiento de las exigencias reglamentarias, el interesado podrá manifestar su disconformidad ante el Organismo de control, y en caso de desacuerdo, ante la Administración competente". Quien, tras requerir del organismo los antecedentes y practicar las comprobaciones que correspondan, dando audiencia al interesado, contestará si es o no correcto el control realizado por el mismo en el plazo establecido al efecto o en su defecto en el plazo de 3 meses. A lo que añade el legislador que, "en tanto no exista una revocación de la certificación negativa por parte de la Administración", entendemos que expresa, "el interesado no podrá solicitar el mismo control a otro Organismo autorizado". Y consecuentemente entendemos también que no podrá iniciar su actividad industrial.

A lo anterior cabe sumar lo establecido por el Reglamento de Liberalización Industrial en relación al régimen jurídico de la responsabilidad en la materia, esto es, que es el técnico competente que hubiera emitido dicho certificado el sujeto responsable de la adaptación de la obra al proyecto, y de que en la ejecución de la misma se hayan adoptado las medidas y se hayan cumplido las condiciones técnicas reglamentarias que sean de aplicación (art. 3.3). Responsabilidad a la que, no obstante, según Fernández Farreres, debe sumarse la de la propia Administración, en cuanto que "competente para inspeccionar, controlar y, en definitiva, garantizar la plena adecuación de esas instalaciones y productos industriales a las condiciones y requisitos de seguridad previstos". Por lo que, continúa el autor, "en caso de producirse lesiones como consecuencia del incumplimiento de medidas de seguridad sin que la Administración, pudiendo haber actuado, haya hecho uso de las potestades de que dispone para rectificar tal situación, no debe descartarse la posible responsabilidad administrativa objetiva y directa frente a los lesionados en orden a la reparación indemnizatoria pertinente" (FERNÁNDEZ FARRERES: pág. 525). De forma que, mientras que la superación de las pruebas de control exime de responsabilidad a los particulares, la realización incorrecta de la actividad de control puede acarrear la responsabilidades de las entidades colaboradoras y también a la propia Administración pública, ya que, "aunque éstas no estén encuadradas dentro de la organización administrativa, el carácter público de la función que ejercen determina el régimen de responsabilidad patrimonial" (PADRÓS REIG: pág. 93).

C) Las declaraciones responsables y las comunicaciones previas

Ahora bien, como hemos señalado en la líneas precedentes, la LI en su redacción originaria de 1992 ya habilitaba entre la gama de técnicas a través de las cuales se puede comprobar la conformidad de las instalaciones y actividades industriales con la pertinente reglamentación técnica sobre seguridad, el recurso a una técnica, la declaración, coincidente no sólo en el *nomen* sino también en sus efectos jurídicos con las técnicas jurídicas creadas a nivel comunitario.

Así, con carácter general, la Ley de Industria establece que dicho cumplimiento puede probarse también a través de la "declaración del titular de las instalaciones" (art. 13.1 LI). Y en la misma línea la Orden de 19 de diciembre de 1980, tras señalar, como también hemos apuntado anteriormente, que tanto el proyecto como la certificación del Organismo de control se exigirán exclusivamente para las instalaciones en las que resulte preceptivo a tenor de las reglamentaciones que sean de aplicación; establecía a renglón seguido, que "en el caso de instalaciones para las que no sea necesario el proyecto el interesado deberá comunicar por escrito a la Delegación que corresponda los datos y características de la instalación que se proponga realizar" (art. 2.2).

De donde, como decimos, se desprende la existencia desde 1980, tanto a nivel estatal como veremos también a nivel autonómico, de al menos una de estas "nuevas" técnicas de intervención en el sector que nos ocupa, en el que las instalaciones industriales podían quedar sujetas, como única condición para su puesta en funcionamiento, a la presentación ante la Administración pública de una "declaración" o "comunicación" previa, en la que constasen los datos y características de la instalación pretendida. Poniéndose, en fin, de manifiesto lo próximo que este sector de la seguridad industrial estaba ya de la filosofía de la Directiva de Servicios. Motivo por el cual la redacción del art. 13.1 de la LI del 92 tampoco ha necesitado ningún tipo de adaptación a la misma, aunque la Ley ómnibus sí ha modificado el apartado 3 de este mismo artículo para darle una nueva redacción, poco afortunada y que, como veremos más adelante, en nuestra opinión, puede incluso resultar cuestionable a la luz de la Constitución.

Dicho esto, lo cierto es que la LI no establece prácticamente ninguna concreción en el régimen jurídico de las declaraciones responsables y comunicaciones previas exigibles en el sector de la seguridad industrial con respecto a lo establecido en la LRJAP. Más en concreto, en relación a lo dispuesto en su art. 71 bis, en el que se contiene el régimen general de estas dos técnicas sobre las que descansa el nuevo modelo de intervención administrativa diseñado por la Directiva de Servicios que, por tanto y pese a ser, como afirma Parejo Alfonso, "a todas luces insuficiente", resulta plenamente aplicable en el sector de la industria (PAREJO ALFONSO: pág. 360).

De entrada el legislador básico estatal y en la mayor parte de los casos también el autonómico, no optan por ninguna de estas dos figuras. Aunque lo cierto es que en ambos casos, al menos sobre el papel y terminológicamente hablando, parece imponerse la comunicación, a secas. Y ello pese a que, si bien es cierto que las dos figuras no aparecen claramente deslindadas en la LRJAP, en nuestra opinión sí se puede extraer una diferencia que tiene que ver con el grado o nivel de responsabilidad que asume el titular de la instalación en cada caso que, a nuestro modo de ver, hace que resulte más adecuada en el ámbito de la seguridad industrial la técnica de la declaración responsable.

La LI tampoco contiene una definición de estas técnicas, por lo que habrá que estar a la que se contiene en el art. 71 bis de la LRJAP. Entendiendo, así, por declaración responsable: "el documento suscrito por un interesado en el que se manifiesta, bajo su responsabilidad, que cumple con los requisitos establecidos en la normativa vigente para acceder al reconocimiento de un derecho o facultad o para su ejercicio, que dispone de la documentación que así lo acredita y que se compromete a mantener su cumplimiento durante el periodo de tiempo inherente a dicho reconocimiento o ejercicio" (art. 71 bis.1); y entendiendo por comunicación previa: "aquel documento mediante el que los interesados ponen en conocimiento de la Administración pública competente sus datos identificativos y demás requisitos exigibles para el ejercicio de un derecho o el inicio de una actividad".

La Ley ómnibus sí que ha introducido algunas precisiones relativas al contenido y efectos jurídicos de estas técnicas, en concreto en el art. 4.2 LI, que establece que mediante cualquiera de los dos instrumentos el interesado en la puesta en funcionamiento de una instalación industrial debe manifestar los siguientes extremos: 1) que se cumplen los requisitos o condiciones exigidos reglamentariamente para el acceso a la actividad y su ejercicio en materia industrial; 2) que dispone de la documentación que así lo acredita; y 3) que se compromete a mantener su cumplimiento durante la vigencia de la actividad. Disposiciones éstas ya contenidas, como hemos visto, en la LRJAP, a las que la LI añade que mediante la comunicación o declaración responsable se debe facilitar también la información necesaria a la autoridad competente para el control de la actividad. Lo que bien puede ser interpretado como una habilitación al órgano administrativo para exigir en cada caso la documentación adicional que se considere oportuna a efectos del ejercicio de sus funciones de vigilancia e inspección.

Y por lo que se refiere a sus efectos jurídicos, al igual que se establece en su regulación general, en el sector de la seguridad industrial la presentación de una comunicación o declaración responsable habilita desde el día de su presentación para el desarrollo de la actividad de que se trate en todo el territorio español y con una duración indefinida (art. 4.3 LI). Sin que la Ley de industria establezca nada respecto a la posibilidad prevista en la LRJAP de que la comunicación pueda presentarse en un plazo posterior al inicio de la actividad cuando la legislación correspondiente así lo prevea expresamente (art. 71.3 bis). Por lo que dada la ausencia de una previsión expresa en este sentido, esta posibilidad debe considerarse proscrita del sector que nos ocupa.

En este punto debemos hacer referencia a una nueva disposición que ha sido introducida por la Ley ómnibus a través de un nuevo apartado 3 en el artículo 13 de la LI relativa al ámbito territorial de validez de estas técnicas, en el que se dispone, textualmente, que "las comunicaciones o declaraciones responsables que se realicen en una determinada Comunidad Autónoma serán válidas, sin que puedan imponerse requisitos o condiciones adicionales, para el ejercicio de la actividad en todo el territorio español" (art. 13.3 LI). Previsión que, si bien podría resulta aceptable desde el punto de vista del Mercado interior —aunque también con limitaciones ya que el propio TJUE ha aceptado excepciones al mismo por motivos ambientales—, lo cierto es que resulta más que cuestionable si nos situamos en la perspectiva del ordenamiento ambiental. En el que, como ya nos consta, en virtud de nuestro sistema constitucional de distribución de competencias en esta materia, las Comunidades autónomas están habilitadas para establecer normas adicionales de protección. Pero también desde la perspectiva propia del reparto de competencias decantado por el TC en el sector de la seguridad industrial, conforme al cual éstas pueden exigir también requisitos adicionales a las instalaciones y actividades ubicadas en sus respectivos territorios por motivos de seguridad industrial.

Por último, por lo que se refiere a las consecuencias jurídicas que se derivan de la inexactitud, falsedad u omisión, de carácter esencial, en cualquier dato, manifestación o documento que se acompañe o incorpore a una declaración responsable o a una comunicación previa, e incluso de la no presentación de las mismas; tampoco podemos destacar ninguna novedad relevante en materia de industria respecto a la Ley 30/1992. Siendo, por consiguiente, la consecuencia jurídica principal y directa de dichas circunstancias el cese automático de la actividad y, en su caso, la imposición de las sanciones que correspondan en función de la gravedad de las actuaciones realizadas y, por supuesto, de la gravedad de los daños producidos. Todo ello sin perjuicio de las responsabilidades penales y civiles a que hubiere lugar, y con la posibilidad de establecer también la obligación adicional de restituir la situación jurídica al momento previo al inicio de la actividad, así como la imposibilidad de instar un nuevo procedimiento con el mismo objeto durante el tiempo que se considere pertinente (art. 71 bis. 4 LRJAP).

3. *Otras técnicas de intervención. Especial referencia al modelo de intervención administrativa sobre las instalaciones industriales que plantean riesgos de accidentes graves en los que intervengan sustancias peligrosas*

El cuadro de técnicas de intervención jurídico-pública descrito en las páginas precedentes es el que se establece, como hemos señalado reiteradamente, con carácter general en la LI, por lo que éste puede variar respecto de determinadas instalaciones y actividades industriales específicas, en el sentido de incremento y diversificación de las mismas y, por tanto, de intensificación de dicha intervención y de las limitaciones y cargas que ésta pueda producir en la esfera jurídica de sus destinatarios, los titulares de las instalaciones.

Así, conforme a este esquema, si se trata por ejemplo de instalaciones industriales con presencia de sustancias peligrosas en determinadas cantidades y, consecuentemente, susceptibles de producir accidentes graves en los que intervengan dichas sustancias, éstas deberán cumplir con los requisitos técnicos y jurídicos que se exigen con carácter general en el ya citado Real Decreto 1254/1999, de 16 de julio, por el que se aprueban medidas de control de los riesgos inherentes a los accidentes graves en los que intervengan sustancias peligrosas, y en la Directriz Básica de Protección Civil para la gestión de dichos riesgos y también para limitar los daños en caso de que finalmente se produzcan accidentes graves, a los requisitos y obligaciones exigidos con carácter general en la LI se pueden añadir también por ejemplo: la notificación a la respectiva Comunidad autónoma antes de la construcción de la instalación; la definición de una Política de Prevención y de un Sistema de Gestión de Seguridad; la elaboración de un Informe de Seguridad, que debe ser evaluado por la Comunidad autónoma, por sí misma o con la colaboración de un Organismos de control; así como la realización de un importante esfuerzo de planificación de la gestión de los distintos riesgos generados por sus instalaciones y actividades.

Esto es más concretamente, y según la intensidad de dichos riesgos, la elaboración de un Plan de Emergencia Interior, que debe ser remitido a la Comunidad autónoma antes del inicio de la explotación y, en su caso, esto es, en función de la intensidad de los riesgos generados, también un segundo Plan de Emergencia Exterior, que en este caso elabora la propia Comunidad autónoma con la colaboración de la instalación y que debe ser homologado por la Comisión Nacional de Protección Civil.

4. Los modelos de intervención administrativa sobre las instalaciones y actividades industriales por motivos de seguridad existentes a nivel autonómico

Tal y como hemos expuesto en las páginas precedentes, la Ley básica estatal en materia de industria habilita una amplia y variada gama de instrumentos de intervención preventiva orientados a la gestión de los riesgos generados por las instalaciones y actividades industriales. En un primer momento, el proyecto, la certificación por un organismo de control y también la mera declaración previa del titular de la instalación; y a partir de la reforma de la misma operada por la Ley ómnibus para su adaptación a la Directiva relativa a los servicios en el mercado interior, las comunicaciones y las declaraciones responsables. Todos los cuales han sido empleados por las Comunidades autónomas para la gestión de los riesgos generados por la industria en sus respectivos territorios. Pudiendo hacer referencia en este sentido a los siguientes grupos de Comunidades autónomas.

En primer lugar podemos hacer referencia al grupo más numeroso de Comunidades autónomas que siguen el esquema de intervención definido por el Reglamento de Liberalización Industrial de 1980 que, consecuentemente, consiste en exigir la presentación de un proyecto visado y la evaluación de conformidad por un organismo de control para la instalación y puesta en funcionamiento de este tipo de industrias.

En este grupo se incluyen, entre otras, la Comunidad autónoma de Madrid, en cuyo Decreto 38/2002, de 28 de febrero, por el que se regulan las actividades de control reglamentario de las instalaciones industriales en su territorio, se establece que el procedimiento administrativo de control del cumplimiento de las condiciones de seguridad exigidas en los RSI, se llevará a cabo por los Organismo de control autorizados que hayan obtenido la condición de Entidades de Inspección y Control Industrial (EICE) (art. 2), y mediante la evaluación de su conformidad con los requisitos establecidos en los citados reglamentos, que se plasma en el correspondiente protocolo, acta, informe o certificado (art. 5). Este es también el caso de la Comunidad autónoma de Cataluña, cuya Ley 1272008, de 31 de julio, de Seguridad Industrial —modificada por la Ley 10/2011, de 29 de diciembre, de simplificación y mejora de la regulación normativa— remite la definición de todos los requerimientos técnicos y también jurídicos a los reglamentos técnicos de seguridad industrial existentes para cada tipo de instalación o actividad (art. 4). En los que se mantiene, según los casos, la obligación de presentar un proyecto y también los procedimientos de evaluación de la conformidad y las certificaciones (art. 5) emitidas por los operadores de la inspección (art. 29), todo ello bajo la vigilancia y control de la Agencia Catalana de la Seguridad Industrial (art. 10).

En este primer grupo podemos incluir también a Navarra, cuyo Decreto Foral 326/1998, de 9 de noviembre, señala que el control por parte de los organismos autorizados del cumplimiento de las condiciones de seguridad de diseños, productos, equipos, procesos e instalaciones industriales, se efectuará mediante la evaluación de su conformidad con los requisitos establecidos en los respectivos reglamentos; emitiéndose, según proceda, el protocolo, acta, informe o certificado correspondiente (art. 16). Así como a la Comunidad autónoma de Valencia, cuyo Decreto 59/1999, de 27 de abril, que establece el procedimiento para la puesta en funcionamiento de industrias e instalaciones industriales, tras clasificarlas en dos grupos en función de si requieren o no autorización administrativa, establece que para la puesta en funcionamiento de las pertenecientes al segundo de ellos, que se enumeran en su anexo, no será necesario otro requisito que, una vez finalizadas las obras, la presentación ante el Servicio Territorial de Industria y Energía correspondiente de la comunicación en la que consten los datos y características de la instalación, acompañada de la documentación técnica que sea necesaria, de acuerdo con los reglamentos de seguridad que resulten de aplicación (art. 3.1). Introduciendo, así, la técnica de la comunicación previa y además con carácter general en el sector, razón por la cual bien podríamos también haber incluido esta Comunidad autónoma en el siguiente grupo.

A lo que añade igualmente que si de acuerdo con la normativa específica aplicable a cada instalación resulta necesaria la presentación de un proyecto, éste se presentará firmado por técnico competente y visado por el correspondiente Colegio oficial, de acuerdo con lo dispuesto en la Orden de 17 de julio de 1989, por la que se establece el contenido mínimo de los proyectos de industrias y de instalaciones industriales. Proyecto que debe ir acompañado de un certificado expedido por un técnico competente en el que se ponga de manifiesto la adaptación de la obra al proyecto, tanto al general como a los específicos que pudieran haber resultado necesarios, y en el que se debe poner de manifiesto el cumplimiento de las condiciones técnicas y prescripciones reglamentarias que en cada caso correspondan, y acompañar en su caso los documentos justificativos del cumplimiento de las normas reglamentarias.

En segundo lugar podemos hacer referencia al grupo de aquellas Comunidades autónomas, como la valenciana ya citada, que preveían técnicas de control preventivo de las instalaciones y actividades industriales de iguales efectos jurídicos que las ahora introducidas por la Directiva comunitaria de 2006. Este es el caso de la Comunidad autónoma de Canarias, cuyo Decreto 154/2001, de 23 de julio, por el que se establece el procedimiento para la puesta en funcionamiento de industrias e instalaciones industriales, tras clasificarlas nuevamente en dos grupos en función de si requieren o no autorización administrativa, sólo exige para la puesta en funcionamiento de las instalaciones del segundo grupo, que también enumera en su anexo, que una vez finalizadas las obras se presente un comunicación, en la que se hagan constar los datos y características de la instalación (art. 3). Añadiendo igualmente que el justificante de la presentación de dicho documento sirve al interesado como acreditación del cumplimiento de sus obligaciones administrativas, a los efectos de habilitar la iniciación de la actividad, aunque también que la expedición del justificante no supondrá la aprobación técnica del proyecto, ni de cualquier otro documento aportado, por parte de la Administración (art. 3).

En este grupo podemos incluir también a la Comunidad autónoma de Baleares, que en su Decreto 25/2003, por el que se crea la Unidad de Información y Trámite y se regula la puesta en funcionamiento de instalaciones industriales, ya sólo exige la presentación, una vez finalizadas las obras, de la documentación que señalen los RSI ante la Unidad de Información y Trámite (UDIT), que ha sido creada como órgano administrativo de información, asesoramiento, tramitación y resolución en materia de actividades e instalaciones industriales y empresas, con la finalidad de conseguir una mayor eficacia en la gestión y proximidad al administrado (art. 1). Lo que no impide ciertamente que la normativa específica aplicable a cada tipo de instalación pueda exigir también la presentación de un proyecto visado. Añadiendo finalmente que la puesta en servicio así obtenida no supondrá, en ningún caso, la aprobación técnica del proyecto ni de la documentación aportada, sino simplemente el cumplimiento de la obligación de presentar unos documentos cuya responsabilidad recae en quien los haya redactado (art. 9).

Y finalmente podemos distinguir otro grupo de Comunidades autónomas, en el que vamos a incluir aquellas que ya han procedido a la adaptación de su normativa a los nuevos requerimientos impuestos por la Ley 17/2009, de 23 de noviembre, sobre el libre acceso a las actividades de servicio y su ejercicio, introduciendo las técnicas de la declaración responsable y la comunicación previa. Si bien tenemos que decir que este proceso se ha realizado de la misma forma que a nivel estatal, esto es, sin una labor previa de reflexión sobre el modelo de control a imponer en el sector. Lo que ha dado como resultado una pura operación mecánica de transcripción, en la mayor parte de los casos de forma literal, de lo dispuesto al respecto por la normativa estatal y de paso la importación de la situación de confusión imperante en la misma.

Este es el caso de la Comunidad autónoma de Andalucía cuyo Decreto 59/2005, de 1 de marzo, por el que se regula el procedimiento para la instalación, ampliación, traslado y puesta en funcionamiento de los establecimientos industriales, así como el control, responsabilidad y régimen sancionador de los mismos, ha sido modificado con esta finalidad por el Decreto 9/2011, de 18 de enero, por el que se modifican diversas normas reguladoras de procedimientos administrativos de industria y energía. Y que, si bien da cabida formalmente en su ordenamiento a las dos nuevas técnicas de la declaración responsable y la comunicación previa, no contienen, sin embargo, ninguna disposición específica al respeto, limitándose a remitirse a la normativa existente para cada tipo de instalación o a un futuro desarrollo reglamentario en lo relativo a su procedimiento. De esta forma la Comunidad andaluza distingue dos grupos de establecimientos e instalaciones industriales: a) los que están sometidos por su normativa específica a autorización administrativa, a la que se remite en todo lo relativo a su procedimiento; y b) el Grupo II, donde se incluyen los establecimientos e instalaciones industriales que tengan reconocida la libertad para su instalación, ampliación o traslado y que, por tanto, no requieran autorización administrativa para su puesta en funcionamiento, respecto de los cuales sí se hace un esfuerzo clarificador al incluirse en su anexo un listado de los mismos. Distinguiendo a su vez dentro de este grupo los que, también según su normativa específica, pueden requerir para su puesta en funcionamiento, bien la presentación por el interesado de una comunicación acompañada de la documentación que reglamentariamente se determine, bien una declaración responsable. Y sin olvidarse de introducir una coletilla según la cual la presentación de dicha comunicación y de la documentación pertinente no supondrá, en ningún caso, la conformidad técnica de la misma por el órgano competente (art. 5.1).

En la misma línea la Ley 9/2004, de 10 de agosto, de seguridad industrial de Galicia —también modificada por el Decreto 51/2011, de 17 de marzo, para su adaptación a la Directiva de 2006—, distingue dos grupos de industrias y señala que para la instalación, modificación o puesta en funcionamiento de las incluidas en el Grupo II, que no requieren autorización administrativa, la Consejería competente entregará al interesado un justificante de la presentación de la declaración responsable o comunicación y, en su caso, de la correspondiente documentación, que le servirá como acreditación del cumplimiento de las obligaciones administrativas, sin perjuicio de las responsabilidades de los autores de la documentación técnica y de las certificaciones expedidas (art. 7.3). A lo que añade que en ningún supuesto la presentación de la documentación supondrá la aprobación técnica de la ejecución de la instalación por parte de la Administración (art. 7.5).

Por su parte la Comunidad autónoma de Aragón, tras dar plena eficacia al principio de libertad de establecimiento industrial en su Ley 12/2006, de 27 de diciembre, de regulación y fomento de la actividad industrial, igualmente modificada por el Decreto-ley 1/2010, de 27 de abril para la transposición de la Directiva de servicios, fija, sin embargo, como regla general para los casos en que resulten de aplicación normas de seguridad industrial la obligación de presentar antes del ejercicio de la actividad una declaración responsable o comunicación previa; aunque también reconoce como posibilidad excepcional la existencia de autorización para los upuestos legalmente establecidos. Remitiendo también a su desarrollo reglamentario la regulación del procedimiento y de la documentación a presentar, y realizando la misma previsión en relación a la atribución de responsabilidad en el sector, al afirmar que en ningún caso la presentación de la documentación exigida supondrá su aprobación por parte de la Administración de la Comunidad autónoma, ni su idoneidad técnica (art. 17.2). A lo que añade otra previsión algo más novedosa al señalar que los Organismos de control podrán intervenir como entidades habilitadas para la tramitación de las comunicaciones y declaraciones responsables en materia de seguridad industrial cuando así se establezca en la normativa aplicable (art. 47).

Y finalmente podemos también incluir en este grupo al País Vasco, cuya Ley 8/2004, de 12 de noviembre, de Industria, que también ha sido recientemente modificada por la Ley 7/2012, de 23 de abril, que modifica diversas leyes para su adaptación a la Directiva relativa a los servicios en el mercado interior, y en cuyo preámbulo se lee que "con las modificaciones introducidas, se sustituye el régimen de autorización previa al ejercicio de actividad por el de comunicación o declaración responsable que recoja: el cumplimiento de los requisitos exigidos para el ejercicio de la actividad, la disposición de la documentación que así lo acredita y el compromiso de mantener su cumplimiento durante el tiempo de ejercicio de la actividad". Procediendo seguidamente en su artículo 4, tras reconocer el principio general de libertad de establecimiento, a habilitar su sujeción a la previa presentación de una declaración responsable o una comunicación previa y también a autorización administrativa en los mismos términos expresados en la Ley estatal de industria. A lo que añade que las empresas que hubieran entregado su comunicación o declaración responsable en otra Comunidad autónoma podrán prestar sus servicios y establecerse libremente en la Comunidad autónoma vasca (art. 4.5).

A la vista de todo lo hasta aquí expuesto podemos concluir que la intervención en este sector tiene un contenido y alcance diverso: previo, simultáneo y también sucesivo, mediante la vigilancia y en su caso inspección. Y por lo que se refiere al control administrativo preventivo de las instalaciones y actividades industriales por motivos de seguridad, que este se ejerce en la práctica a través de una amplia y variada gama de técnicas o instrumentos —evaluaciones, notificaciones, certificaciones, acreditaciones, comunicaciones, etc.—, de distinta naturaleza jurídica e intensidad en cuanto a los efectos que producen sobre sus destinatarios, pero que con independencia de su denominación y aunque no respondan al modelo de autorización administrativa en sentido estricto, cumplen la misma finalidad que ésta, que consiste en comprobar que dichas instalaciones y actividades cumplen con los requisitos de seguridad establecidos en la correspondiente normativa y también en habilitar su puesta en funcionamiento. En otras palabras, son técnicas que en todos los casos responden al mismo objetivo, ejercer un control preventivo sobre la actividad que se limita a la comprobación estricta del cumplimiento de las condiciones y requisitos técnicos de seguridad definidos con carácter general en la normativa y en el que, por tanto, el control se construye en términos de potestad reglada.

VI. LA ACREDITACIÓN Y LA AUTORIZACIÓN DE LOS ORGANISMOS DE CONTROL

Resulta obligado detenernos también en este capítulo, siquiera brevemente, en los distintos sujetos que operan en este ámbito y que conforman lo que se conoce como la infraestructura para la calidad y la seguridad industrial, por cuanto que algunos de ellos son comunes a ambas materias: las Entidades de acreditación y los Organismo de control. Y ello por dos razones fundamentales: a) en primer lugar porque estos agentes colaboradores de la Administración pública en el ejercicio de sus funciones de control preventivo y también de inspección, constituyen otro de los pilares sobre los que pivota el modelo de intervención sobre las instalaciones industriales por motivos de seguridad. b) Pero fundamentalmente porque estos sujetos, en especial por lo que aquí nos interesa, los Organismos de control, también se encuentran sujetos a un control administrativo tanto con carácter previo, al inicio de sus funciones, como durante su ejercicio. Que además se ha visto alterado de forma sustancial tras la reforma de la LI operada por la Ley ómnibus y especialmente tras la interpretación de la misma recientemente realizada por el Tribunal Supremo.

La aparición de los Organismos de control forma parte del fenómeno, común a otros tantos sectores objeto de intervención pública, que consiste en el ejercicio por sujetos particulares de funciones públicas, que en su momento no pasó inadvertido para la doctrina pero que hoy se puede considerar sino plenamente aceptado al menos sí asumido. En el caso concreto de la gestión de riesgos éste consiste, en palabras de Esteve Pardo, en la "atribución a terceros, situados en cualquier caso fuera de la órbita organizativa y de imputación de la Administración pública, de genuinas funciones decisorias, de autoridad, en la detección y tratamiento de riesgos tecnológicos". Más concretamente por lo que a los Organismo de control se refiere, de las funciones de control preventivo de las instalaciones y actividades industriales y también, y cada vez más si es que se generaliza el uso de las declaraciones responsables y las comunicaciones previas, de las de vigilancia e inspección. De manera que la Administración transfiere a terceros, mediante distintas fórmulas entre las que se encuentra la evaluación de conformidad y la certificación, la adopción de unas decisiones o la realización de unas actividades de gestión de riesgos, con la pretensión de superar las limitaciones de conocimiento de la Administración ordinaria y también de los medios de que ésta dispone para el desarrollo de esta compleja actividad técnica sobre el extenso tejido tecnológico, pero también con la de transferir las correspondientes responsabilidades (ESTEVE PARDO: págs. 343 y 344).

Pues bien, este fenómeno ha adquirido especial relevancia en el sector de la actividad industrial, donde, en nuestra opinión y debido a esas mismas razones, resulta esencial para la gestión de los riesgos generados por la actividad industrial, en la forma que hoy impone la Directiva de Servicios, de simplificación administrativa y agilización de los procedimientos y de eficacia. Aunque eso sí con la correspondiente vigilancia o supervisión de sus actuaciones y en general de funcionamiento del sistema por la Administración pública y el ejercicio en su caso de su potestad sancionadora. Como de hecho se afirma en la propia exposición de motivos de la LI y, como vamos a comprobar, también se impone en su articulado, al menos sobre el papel, donde estos sujetos están todavía bajo la supervisión pública tanto previa como durante el desempeño de sus funciones.

En coherencia con todo lo apuntado la LI dedica buena parte de su articulado a la ordenación de estos aspectos organizativos de la seguridad industrial, estableciendo el régimen jurídico básico de los Organismo de control y de las Entidades de acreditación, así como del Consejo de Coordinación de la Seguridad Industrial y también de algunos aspectos de los organismos de normalización. Regulando asimismo, en lo que a nosotros nos afecta, los procedimientos de acreditación y autorización de los Organismo de control y su funcionamiento. Y este régimen jurídico básico se completa con lo dispuesto en el Real Decreto 2200/1995, de 28 de diciembre, por el que se aprueba el Reglamento de la Infraestructura para la Calidad y la Seguridad Industrial (en adelante RICSI) que también ha sido modificado por el Real Decreto 338/2010, de 19 de marzo, para su adaptación a la Directiva de servicios, y que fue aprobado con la finalidad de reordenar este conjunto de entidades y organismos atendiendo a los criterios adoptados en ese lapsus de tiempo a nivel comunitario y de adecuarlo para que ofrezca las mismas garantías que los existentes en otros países de la Unión Europea.

Como ya nos consta, la actividad de control previo al inicio de la actividad industrial consiste en un procedimiento de evaluación de conformidad a través del cual se verifica el cumplimiento por las instalaciones de las condiciones de seguridad exigidas en la normativa en cada caso aplicable y que, en el caso concreto que aquí nos ocupa, culmina con la emisión de la correspondiente certificación (art. 45.1 RICSI). Y este procedimiento de verificación se realiza por unos sujetos colaboradores de la Administración pública, los Organismos de control, que tienen que haber sido a su vez previamente acreditados por una Entidad de acreditación y, hasta ahora, también autorizados por la correspondiente Comunidad autónoma.

Los Organismo de control son definidos por la Ley de Industria como aquellas "entidades que realizan en el ámbito reglamentario, en materia de seguridad industrial, actividades de certificación, ensayo, inspección o auditoría" (art. 8.10 LI) con la finalidad de verificar el cumplimiento de las condiciones de seguridad de las instalaciones industriales establecidas por los RSI (art. 41RICSI). Y conforme a los dispuesto en el art. 15 de la LI, pueden adquirir tal condición "aquellas personas naturales o jurídicas" que reúnan una serie de requisitos, en concreto, "que teniendo capacidad de obrar, dispongan de los medios técnicos, materiales y humanos e imparcialidad necesarios para realizar su cometido y cumplan las disposiciones técnicas que se dicten con carácter estatal a fin de su reconocimiento en el ámbito de la Unión Europea" (art. 15.1 LI).

Punto este de la naturaleza jurídica de los "operadores de la seguridad", en expresión de las Comunidades autónomas, que constituye una novedad introducida por la Ley ómnibus en el texto de la LI de 1992, donde éstos eran calificados como "entidades públicas o privadas con personalidad jurídica" y que, por tanto, se manifiesta en el siguiente doble sentido: a) por un lado, al suprimirse toda referencia al carácter público del organismo, aunque en puridad tampoco se excluya esta posibilidad, evidenciándose, así, en el propio texto de la Ley lo que en la práctica ha sido la opción por el carácter privado de estos sujetos; y b) por otro lado, al admitirse expresamente que éstos puedan ser personas físicas.

En otro orden de cosas los Organismos de control deben cumplir una serie de requisitos, que se enumeran en la LI y en el art. 42 RICSI, necesarios para su acreditación y, por tanto, también para su posterior autorización —aunque el art. 42 se refiera de forma específica a la acreditación—. Algunos de los cuales han sido objeto de impugnación por considerar que constituyen una infracción del art. 9 de la Ley 17/2009, de 23 de noviembre, sobre el libre acceso a las actividades de servicio y su ejercicio, que ha sido resuelta por el TS en su Sentencia de 29 de junio de 2011 (RJ 2011\6038), en los términos que ahora detallaremos.

Entre estos requisitos y condiciones a cumplir por los Organismo de control figuran, por un parte, los siguientes: 1) demostrar estar en disposición de la solvencia técnica necesaria para la realización de las actividades para las que se solicite su acreditación (art. 42.2.a) RICSI); y 2) disponer de los medios materiales necesarios, así como de personal con la adecuada formación profesional, técnica y reglamentaria para el desempeño de las actividades para las que se le acredite (art. 42.2. b) RICSI). Lo que ciertamente significaba que para acreditarse y, hasta este momento, también para obtener la oportuna autorización administrativa, éstos debían disponer de antemano de medios técnicos y materiales, así como de personal cualificado para acometer cualquier actividad en su campo de actuación. Razón por la cual estos dos apartados concretos del art. 42 del RICSI fueron objeto de impugnación por el Consejo General del Colegio de Ingenieros Industriales en el referido conflicto, por considerar que resultan de imposible realización al ser "manifiestamente desproporcionado e injustificado —a más de materialmente imposible— exigir a priori la disponibilidad efectiva e inmediata de los medios necesarios para cualesquiera de los cometidos posibles". Además de que, añade el recurrente, la obligación de "contar en el momento inicial con todos los medios técnicos que exijan los reglamentos" no está justificada a la luz del art. 9 de la Ley 17/2009, que exige que los requisitos que supediten el acceso a una actividad de servicios y su ejercicio no pueden ser discriminatorios, han de estar justificados por una razón imperiosa de interés general, y han de ser proporcionados a dicha razón.

Este primer motivo fue resuelto por el TS afirmando que "una interpretación razonable de estos requisitos conduce a la conclusión de que el organismo de control deberá demostrar la capacidad para disponer, en su caso, de los medios necesarios para acometer las tareas concretas que vaya a desempeñar, lo que puede cumplirse mediante compromisos o acuerdos con otras entidades o profesionales". Lo que, en definitiva, supone, continúa el TS, "que en muchos casos sólo contará de manera efectiva con los medios necesarios para una determinada tarea en la actividad para la que se acrediten en el momento de asumir dicha tarea" (F.5).

Junto a estos dos requisitos el RICSI exige también en su art. 42.2 a los Organismos de control los siguientes: 3) acreditar una separación organizativa entre los aspectos de gobierno y representación y los aspectos técnicos; 4) presentar un organigrama en el que se describan sus estructuras, contenidos y tareas; 5) que su organización separe los aspectos técnicos de los de gobierno y representación, que deben a su vez estar estructurados de forma que la imparcialidad de las actuaciones de los primeros esté garantizada respecto a intereses de grupo; 5) presentar también los estatutos o norma por la que se rijan; y 6) suscribir una póliza de seguro que cubra su responsabilidad.

Requisitos que también han sido objeto de impugnación en la misma Sentencia referenciada y respecto de los cuales el TS afirma que deben resultar exigibles a los Organismo de control en función de su naturaleza, es decir, según sean personas físicas o jurídicas. Ya que de otra forma la nueva posibilidad prevista en la LI tras su reforma por la Ley ómnibus de que sean personas físicas sería sólo nominal y quedaría invalidada por exigencias, como las citadas, que no podrían cumplir en ningún caso (F.2). A lo que el TS ha añadido de forma contundente en su posterior Sentencia de 27 de febrero de 2012, también citada, tras afirmar que "la potestad de configuración normativa del Gobierno comprende la de imponer a los organismos de control determinados requisitos organizativos, materiales y de personal con formación, así como la de que aporten la documentación correspondiente (organigrama, estatutos) en cuanto expresión de la aptitud necesaria para ejercer sus funciones"; que estos requisitos no son aplicables a las personas físicas que pretendan actuar como Organismos de control, ya que resultan incompatibles con la naturaleza individual y debe preservarse en todo caso el derecho de las personas físicas a ejercer esta actividad (F.J 4). Dando, en fin, entrada en el sector de la seguridad industrial a personas físicas que, como veremos más adelante, simplemente tienen que estar acreditadas.

A lo que añade finalmente el TS que, en términos generales, todos estos requisitos deben ser entendidos "en forma razonable y sistemática con el conjunto de previsiones del reglamento" y sin que "pueda objetarse que sean discriminatorios, injustificados o desproporcionados", ya que "tienen la finalidad de ofrecer transparencia y garantía de profesionalidad, independencia y eficiencia, sin que su cumplimiento suponga una exigencia exorbitante para los Organismo de control", desde la perspectiva de la Ley 17/2009, sin constituir, por tanto, infracción alguna de su art. 9 (F. 5).

Además de estos requisitos necesarios, como decimos, para obtener la preceptiva acreditación, la LI y el RICSI exigen a los Organismo de control el cumplimiento de otra serie de requisitos relacionados con el régimen de responsabilidad y también de carácter procedimental para poder ser autorizados. Textualmente el legislador básico estatal dispone que los Organismos de control están obligados "como requisito previo a la efectividad de la autorización, a suscribir pólizas de seguro que cubran los riesgos de su responsabilidad en la cuantía que se establezca, sin que la misma limite dicha responsabilidad" (art. 15.5 LI); concretamente, según el RICSI, por una cuantía mínima de 1.200.000 euros (art. 43 RICSI). Lo que constituye, en fin, una obligación jurídica impuesta *ex lege* a estos organismos cuyo cumplimiento condiciona la efectividad misma de la autorización.

1. *La acreditación de los Organismos de control por la Entidad Nacional de Acreditación (ENAC)*

Tal y como establece el RICSI "los agentes que operen en el ámbito obligatorio de la seguridad industrial no podrán actuar sin haber sido acreditados por una entidad de acreditación" (art. 2). De manera que, en un primer momento los Organismos de control tienen que ser acreditados por una Entidad de acreditación que a su vez haya sido designada por la Administración pública y también informada positivamente por el Consejo de Coordinación de la Seguridad Industrial (art. 17.4 LI).

El régimen jurídico de estas entidades, las condiciones y requisitos para su constitución, así como el procedimiento de acreditación de los Organismos de control, también se regulan con carácter básico en la LI y en el RICSI, sobre la base una vez más de los criterios definidos por la Unión Europea con la finalidad de que éstos puedan demostrar su competencia técnica, independencia e imparcialidad en cualquier Estado miembro. A cuyos efectos el Real Decreto 1715/2010, de 17 de diciembre, señala textualmente, en su disposición adicional única, que las Administraciones públicas reconocerán la equivalencia de los servicios prestados por las entidades de acreditación de cualquier Estado miembro de la Unión Europea, siempre que éstas se hayan sometido con éxito al sistema de evaluación por pares previsto en el Reglamento 765/2008/CE, de 9 de julio, y aceptarán la validez de las certificaciones emitidas por los organismos de evaluación de la conformidad acreditados por éstas. Estableciendo a estos mismos efectos una presunción de conformidad tanto para las Entidades nacionales de acreditación como para los Organismos de control acreditados.

Respecto al régimen jurídico de las Entidades de acreditación nos vamos a limitar a señalar aquí que estas "instituciones sin ánimo de lucro" con carácter general, según la LI, "deberán estar constituidas y operar de forma que se garantice la imparcialidad y competencia técnica de sus intervenciones", y que en sus órganos deben estar representados "de forma equilibrada" tanto las Administraciones como las partes interesadas en el proceso de acreditación (art. 17. 2 LI).

Asimismo, como ya hemos apuntado, las Entidades de acreditación deben ser designadas por la Administración e informadas positivamente por el Consejo de Coordinación de la Seguridad Industrial, que es el tercero de los elementos de carácter organizativo del sector, cuyas normas de composición y funcionamiento también se establecen con carácter básico en la LI y se detallan en el RICSI. Y entre las que resulta interesante destacar que este órgano colegiado, adscrito al Ministerio de Industria, Energía y Turismo y presidido por el Ministro del ramo, está integrado por un representante de cada Comunidad autónoma e igual número de representantes de la Administración del Estado (art. 18.2 LI). Encontrándose entre sus funciones específicas —además de informar preceptivamente los proyectos de RSI de ámbito estatal— la de informar los estatutos de las Entidades de acreditación así como el cumplimiento de las condiciones y requisitos exigibles a las mismas (art. 18.4.a) LI).

Pues bien, ambos requisitos se cumplen por el Real Decreto 1715/2010, de 17 de diciembre, por el que se designa a la Entidad Nacional de Acreditación (ENAC) como organismo nacional de acreditación. Cumpliendo así ya formalmente —dado que ésta venía siendo de facto la única entidad acreditadora en nuestro país— el mandato contenido en el citado Reglamento comunitario, en cuyo artículo 4 se destaca la necesidad de que no exista más de un organismo nacional al que se encomiende el ejercicio de la actividad de acreditación al servicio del interés general, con el fin de garantizar que cumplen ciertos requisitos mínimos y actúan conforme a unos principios de funcionamiento y organización comunes, al objeto de posibilitar que todos los Estados miembros confíen en las certificaciones emitidas por los organismos de evaluación de la conformidad acreditados para ello en cualquier Estado miembro. Siendo, en fin, la ENAC, en cuanto que entidad "designada", la única entidad nacional dotada de potestad pública para otorgar acreditaciones de acuerdo con lo establecido en la normativa comunitaria (art. 1 del RD 1715/2010). En términos de la propia Ley de Industria, "para realizar el reconocimiento formal de la competencia técnica de los Organismo de control para certificar y también para inspeccionar la seguridad de las instalaciones industriales en nuestro país" (art. 8.11 LI y art. 3.b) RICSI).

Sin entrar ahora en el interesante debate doctrinal sobre la naturaleza jurídica de esta entidad, el significado y alcance de la institución de la designación, y en la regulación jurídica del procedimiento de acreditación, que nos desviaría del objeto propuesto en estas líneas y que, en todo caso, son objeto de interesantes estudios monográficos, como los citados en la bibliografía con la que se cierra este trabajo; basta a dicho propósito con señalar que la LI establece de manera pormenorizada los requisitos que deben cumplir los Organismo de control para su acreditación, a los que ya hemos hecho referencia en el epígrafe anterior. Y que el certificado de acreditación determina los ámbitos reglamentarios y, dentro de éstos, los de actuación en los que pueden desarrollar su actividad.

Debiendo por último destacar que, en caso de denegación de la solicitud de acreditación, se prevé un sistema de recurso ante la Administración designante de la Entidad de acreditación. Tal y como se desprende del RICSI, en el que se dispone que si sobre una solicitud de acreditación recae una decisión denegatoria el interesado podrá manifestar su disconformidad ante la misma Entidad de acreditación, que deberá actuar conforme a los procedimientos establecidos al respecto. Y que en caso de desacuerdo el interesado podrá también manifestarlo ante la misma Administración pública que dará audiencia al interesado en la forma prevista en la LRJAP, requerirá los antecedentes de la Entidad de acreditación y comprobará la adecuación de los procedimientos empleados a los establecidos en el RICSI. Debiendo resolver en el plazo de tres meses si la considera o no correcta y entendiéndose, en caso contrario, correcta la actuación de la Entidad de acreditación (art. 42.5 RICSI).

2. *La autorización de los Organismos de control por las Comunidades autónomas. Su anulación por el Tribunal Supremo en la Sentencia de 27 de febrero 2012*

Por su parte estos organismos privados colaboradores de la Administración pública en el ejercicio de su actividad de gestión de riesgos industriales están sujetos también a un doble control *ex ante* y *ex post*, primero, como acabamos de mencionar, por las Entidades de acreditación y hasta ahora también directamente por la propia Administración a través de su autorización previa. Lo que significaba, en fin, que detrás de estos agentes privados de la seguridad industrial estaba presente la Administración pública. Como decimos, porque debían estar previamente autorizados por ésta, pero también porque respondían de su actuación ante la Administración pública, que podía suspender o revocar sus autorizaciones y, por supuesto, sancionarles en caso de infracción.

En lo que respecta al control preventivo, que es el que aquí nos ocupa, además de la acreditación, los organismos que operan en el ámbito de la seguridad —a diferencia nuevamente en este punto de los que lo hacen en el de la calidad— hasta ahora necesitaban también obtener un título jurídico habilitante que correspondía otorgar a la Administración autonómica, esto es, una autorización administrativa en su sentido más estricto.

Así pues, la LI exigía con carácter general a todas las personas naturales o jurídicas que cumplieran todos los requisitos más arriba señalados la presentación de una solicitud de autorización ante el órgano competente en materia de industria de la Comunidad autónoma del territorio donde iniciasen su actividad o donde estuvieran ubicadas sus instalaciones (art. 15. 3 LI). La cual debía ir acompañada del certificado de acreditación para la actividad para la que se solicitase la autorización y de la documentación acreditativa del, también mencionado ya, seguro de responsabilidad exigido por el RICSI.

Poco más establecía el legislador básico estatal respecto al régimen jurídico de estas autorizaciones, aparte de que podían ser suspendidas o revocadas, además de en los casos contemplados en la legislación vigente, cuando lo fuera la acreditación (art. 43.4 RICSI); la obligación de publicar tanto su resolución como su revocación en el Boletín Oficial del Estado; y su validez de ámbito Estatal (art. 15.4LI).

Aspecto este del ámbito territorial y temporal de validez de las autorizaciones de los Organismo de control en el que debemos destacar dos nuevas modificaciones introducidas en el texto de la Ley de industria por la Ley ómnibus, en la línea de uno de los objetivos de reducción de trámites y simplificación administrativa marcados por la Directiva de servicios. En primer lugar, la declaración de la duración indefinida de estas autorizaciones (art. 15. 4 LI). Y en segundo lugar, la eliminación de la obligación de notificación que se establecía en el párrafo segundo de este mismo apartado 4 del art. 15 de la LI, hoy suprimido, en el que se exigía a los Organismo de control que fueran a actuar en el territorio de una Comunidad autónoma distinta de la que los autorizó la obligación de notificarlo a la Administración competente de dicho territorio, pudiendo sólo a partir de dicha notificación iniciar su actividad. Aunque, ciertamente, se entendía que no existía oposición a dicha actuación en caso de no haberse manifestado la misma mediante resolución motivada en el plazo que al efecto se hubiera establecido y, en su defecto, en el plazo de tres meses. Sentido en el que también se manifestaba el RICSI al disponer en su art. 43 —que, en coherencia con lo dicho, debe considerarse también derogado— que éstos antes de actuar en una Comunidad autónoma distinta de la que les autorizó debían notificar su intención al entonces Ministerio de Industria, Turismo y Comercio, que debía dar traslado inmediato de la misma a las correspondientes Comunidades autónomas (art. 43.5 RICSI).

Ahora bien, esta era la situación existente hasta el momento, pero no es necesariamente la que, salvo en los casos concretos en que en adelante así se establezca de forma expresa, vaya a existir en el futuro. Y ello debido a lo dispuesto al respecto por el TS en su Sentencia de 29 junio 2011 (RJ 2011\6038), y especialmente en su Sentencia de 27 de febrero 2012 (RJ 2012\91923), que declara la nulidad del precepto del RICSI en el que se exige la citada autorización administrativa a los Organismos de control para el ejercicio de sus funciones.

En efecto, en un primer momento, en la STS de 29 junio 2011 —a la que ya hicimos referencia anteriormente por haberse pronunciado también sobre los requisitos exigibles a los Organismos de control para su acreditación— frente a las alegaciones del recurrente, en este caso relativas a que la exigencia de dicha autorización previa impuesta resulta contraria a los artículos 9, 10 y 12.2.d) de la Ley 17/2009, sobre libre acceso a las actividades de servicios y su ejercicio, y al artículo 71 bis de la LRJAP. Y también frente a la argumentación del Abogado del Estado, que nosotros compartimos plenamente, que entiende que la excepcionalidad a la libre prestación ha sido ya justificada y establecida por la Ley 25/2009 al modificar la Ley de Industria, que mantiene en su art. 15 la necesidad de una autorización explícita para el caso de los Organismos de control. Sin embargo, el TS declara la inaplicabilidad de esta necesidad de autorización administrativa en el artículo 15 de la LI,en la redacción dada al mismo por la Ley ómnibus, y en el artículo 43 del RICSI, en la redacción dada al mismo por el Real Decreto 338/2010, de 19 de marzo, para su adaptación a la Directiva de Servicios. Salvo, eso sí, cuando la exigencia de la misma resulte obligada en los términos recogidos en el citado artículo de la LI, esto es, sólo si "resulta obligado para el cumplimiento de obligaciones del Estado derivadas de la normativa comunitaria o de tratados y convenios internacionales" (F.4).

Y todo esto sobre la base de la siguiente argumentación jurídica, en la que, tras reconocer que es verdad que, según indica el Abogado del Estado, la Ley ómnibus ha mantenido al reformar el artículo 15 de la LI la necesidad de autorización de los Organismos de control, el Tribunal afirma que aun siendo así, lo cierto es que la Ley 25/2009 también ha modificado el artículo 4 de la LI añadiendo un nuevo apartado 4 que, como ya sabemos, establece que únicamente podrá requerirse autorización administrativa previa cuando resulte obligado para el cumplimiento de obligaciones del Estado derivadas de la normativa comunitaria o de tratados y convenios internacionales. De donde extrae el Tribunal que "el carácter general de este precepto obliga, a partir de la entrada en vigor de esta reforma, a interpretar el resto de la Ley de Industria a la luz del mismo". Lo que quiere decir que "la Administración sólo podrá exigir autorización en los supuestos en los que justifique que tal exigencia resulta obligada" para el cumplimiento de dichas obligaciones del Estado.

A lo que añade el Tribunal que todo lo anterior lleva a la conclusión ineludible de que "si el Estado español quiere establecer un régimen de autorización previa deberá justificar la concurrencia de una razón imperiosa de interés general o, en concreto, que resulte obligado para el cumplimiento de sus obligaciones comunitarias o internacionales". Justificación que, continúa, podría estar en una Ley o, en su defecto y siempre que la correspondiente ley sectorial lo admita, en un reglamento aprobado por la Administración". De manera que, reitera, si bien el artículo 15 de la LI mantiene en general la exigencia de autorización para los Organismos de control, en virtud de lo establecido en el artículo 9 de la Directiva de Servicios y en consideración al principio de primacía del Derecho comunitario, así como en atención a lo dispuesto en el artículo 5 de la Ley 17/2009 y en el artículo 4 de la LI, "tal exigencia legal sólo puede aplicarse (...), cuando el Estado justifique mediante ley o reglamento la concurrencia de una razón imperiosa de interés general o que resulte obligado para el cumplimiento de sus obligaciones comunitarias o internacionales", entendemos que de forma expresa y para cada caso concreto. Para el TS ni la LI, cuyo artículo 15 se limita a prever la regla general de necesidad de autorización, ni el RICSI que se impugna, hacen referencia alguna a esta justificación, lo que, concluye, "obliga a declarar la inaplicación de la exigencia general de autorización para los Organismos de control, salvo en los casos en los que se hubiera acreditado tal necesidad de autorización según los criterios antes señalados". Todo lo cual supone para el TS que, "en defecto de autorización y al margen de la obligatoriedad de acreditación, los organismos de control quedarían en cambio obligados a efectuar la comunicación o declaración responsable prevista en el artículo 4 de la Ley de Industria y en los términos previstos en dicho precepto" (F. 4).

Pero es que además, sobre la base de esta misma argumentación, el TS ha dictado más recientemente la Sentencia de 27 de febrero de 2012, en la que, yendo un poco más allá, declara la nulidad de dichos preceptos.

En este caso se resuelve un recurso contencioso-administrativo que tiene el mismo objeto que el anterior, aunque ha sido interpuesto por el Consejo General de Colegios Oficiales de Peritos e Ingenieros Técnicos Industriales, sumándose en este caso a la Administración del Estado, la Asociación Nacional de Organismos de Control (ASORCO) y la Asociación Española de Grupos Empresariales de Inspección y Certificación (AEGIC). Y en el que, sin embargo, ya no se solicita la mera inaplicación sino la declaración de nulidad de los dos preceptos reglamentarios citados, los apartados 1 y 2.a) del art. 42 del RICSI, en su nueva redacción de 2010.

Esta vez, por tanto, el Tribunal Supremo, sobre la base de la misma argumentación realizada en su Sentencia precedente de 29 de junio de 2011, que hemos transcrito en las líneas anteriores y a la que el Tribunal se remite *in totum*, resuelve que "una vez que esta Sala ha declarado (...) la inaplicabilidad de la exigencia general de autorización administrativa para los organismos de control (...) y ha considerado que bastan a estos efectos o bien la comunicación previa o bien la declaración responsable del interesado, tal como dispone el artículo 4 de la Ley (modificada) de Industria, aquellos dos preceptos deben considerarse no conformes a Derecho", y ello sobre la base, reitera textualmente el Tribunal, de que "ninguna razón imperiosa de interés general había sido expuesta para justificar la necesidad de autorización administrativa, precedida de la correspondiente acreditación previa". Declarando, en fin, la nulidad de los citados apartados primero y segundo de la letra a) del artículo 42 del RICSI, que exigen la autorización, previa acreditación, para que los Organismos de control ejerzan sus funciones, "vista la falta de adecuación de uno y otro a las normas generales de rango superior que sólo permiten someter a autorización administrativa las actividades de servicios respecto de las cuales se demuestren cumplidamente las razones imperiosas de interés general que lo justifican" (F.5).

Lo que, en definitiva, implica desmantelar toda la compleja y hasta el momento efectiva, arquitectura organizativa diseñada para la mejor garantía de la seguridad industrial. Sin perjuicio de que, evidentemente, los Organismos de control sigan respondiendo en todo caso ante la Administración autonómica de su actuación, pudiendo ésta imponerles las sanciones por infracción que, en cada caso, correspondan, como así lo dispone el art. 16.3 de la LI.

VIII. LAS LICENCIAS MUNICIPALES Y LAS AUTORIZACIONES EN MATERIA AMBIENTAL

Un estudio sobre las autorizaciones en materia de instalaciones y actividades industriales resultaría incompleto si no aludiéramos aunque sea someramente, en primer lugar a las licencias de obra y de funcionamiento, tradicionales en el sector y que además han resistido a las reformas operadas también en la normativa reguladora del régimen local para su adaptación al nuevo modelo de intervención pública puesto en pie por la Directiva de Servicios. Y en segundo lugar, a la Declaración de Impacto Ambiental y a la Autorización Ambiental Integrada, como técnicas prototípicas de control preventivo de instalaciones y actividades que plantean riesgos de contaminación ambiental que, además, en la mayor parte de los casos son de origen industrial. Y que no sólo han resultado inmunes a la Directiva de Servicios, sino que, en nuestra opinión, están llamadas a desempañar un papel esencial en el sector que nos ocupa, en cuanto que último mecanismo efectivo de intervención administrativa orientado a la prevención y gestión de todos los riesgos que el sector industrial plantea para el medio ambiente y por supuesto también para la salud pública.

1. *La licencia de obras y la licencia municipal de apertura y funcionamiento como técnicas de control preventivo de la instalación y puesta en funcionamiento de actividades industriales*

Todo el modelo de intervención administrativa definido por el ordenamiento jurídico en materia de industria, fundamentalmente de carácter autonómico, aunque en algunos aspectos también estatal, que hemos tratado de describir en las páginas precedentes, se produce sin perjuicio de la intervención municipal sobre esta misma materia.

En efecto, las instalaciones industriales se encuentran también sujetas a una intervención administrativa a nivel local, con el mismo carácter preventivo y la misma finalidad, la seguridad industrial, que se ejerce a través de dos técnicas jurídicas clásicas de la actividad de policía administrativa como son: la licencia urbanística, y la licencia de apertura o funcionamiento.

Pese a que el análisis de estas dos técnicas no forma parte del objeto propuesto en este capítulo, ya que son comunes prácticamente a la totalidad de los sectores de actividad tratados en esta obra, siendo además objeto de tratamiento monográfico en dos de ellos, a los que ahora nos remitimos. Sí creemos conveniente apuntar al menos que, pese al protagonismo indiscutible que actualmente tiene la Administración autonómica en el sector de la seguridad industrial, la Administración local también ha dispuesto tradicionalmente en nuestro país de competencias en la materia, en cuyo ejercicio somete a las instalaciones industriales ubicadas en su ámbito territorial a un control de carácter preventivo a través de las dos técnicas citadas.

A día de hoy, las instalaciones industriales requieren, pues, la obtención sucesiva de los siguientes dos títulos jurídicos habilitantes. 1) En primer lugar, y desde el momento en que la instalación industrial debe alojarse en una construcción y, consecuentemente, necesita de la realización de una obra, lo que implica de suyo un uso del suelo; el interesado debe solicitar la oportuna licencia urbanística para la construcción de la obra que va a albergar dicha instalación industrial. Si bien el ordenamiento jurídico en materia de industria se limita a darla por supuesta, remitiéndose al ordenamiento que regula la misma. Y 2) en segundo lugar, las instalaciones industriales requieren también de una segunda licencia para su apertura o puesta en funcionamiento, a la que de igual forma la normativa sobre industria hace referencia únicamente para darla también por supuesta.

Por lo que se refiere a esta segunda licencia, con todo resulta oportuno apuntar que la Directiva de Servicios ha incidido en su régimen jurídico general, que se contiene en el Reglamento de Servicios de las Corporaciones Locales, aprobado por Decreto de 17 de junio de 1995, cuyo artículo 22 ha sido modificado por el Real Decreto 2009/2009, de 23 de diciembre, precisamente para la adaptación al nuevo modelo de intervención definido por aquella, aunque tampoco con mucho éxito. Ya que, aunque del actual tenor literal de este precepto se desprende claramente cuál es su objeto "verificar si la instalación reúne las condiciones de tranquilidad, seguridad y salubridad", y también, por lo que ahora nos afecta, que ésta precede y vincula a la licencia de obras; no puede decirse lo mismo respeto a los supuestos en que cabe su exigencia.

En este sentido el nuevo art. 22 del RSCL no establece, con la claridad que hubiera sido deseable, cuándo se puede exigir la licencia de apertura o funcionamiento a las instalaciones industriales. Dado que en lugar de someterlas directamente a licencia como se hacía hasta ahora, el legislador opta por realizar una remisión al art. 84 de la LrBRL, que se pronuncia en términos flexibles. Limitándose a prever un catálogo de medios de intervención posibles, en el que figuran la licencia pero también "otros actos de control preventivo" y ahora también la comunicación previa o la declaración responsable. Sin aclarar, en suma, el sistema de control que pueda finalmente establecerse, aunque, como afirma Descalzo González, de hecho la rúbrica del art. 22 del RSCL sigue siendo la de "licencia", como título administrativo de referencia (DESCALZO GONZÁLEZ: p. 6).

Ahora bien, como señala Fortes Martín, la instalación y funcionamiento de establecimientos mercantiles e industriales es una actividad sometida a licencia previa que, como ha afirmado el TS —entre otras en sus SSTS de 3 de noviembre de 1975 (RJ 1975/4768) y de 5 de mayo de 1987 (RJ 1987/5225)— se inserta en las competencias locales en un doble aspecto: el general de apertura de todo establecimiento, conforme a lo dispuesto en el art. 22 RSCL; y el particular que se refiere a las actividades molestas insalubres nocivas y peligrosas, originariamente regulado en el RAMINP, hoy en día formalmente derogado, pero que sin embargo mantiene su vigencia en aquellas Comunidades autónomas que no tienen aprobada normativa en la materia y hasta que la misma se apruebe.

Y si bien, según el mismo autor, la primera de ellas puede verse sustituida por las nuevas técnicas de la comunicación previa y la declaración responsable, no ocurre lo mismo con la licencia de actividades clasificadas que, "en cuanto que tiene como objeto la salubridad e higiene públicas, sigue siendo actualmente encuadrable en el concepto de "razones imperiosas de interés general". Por lo que "si bien puede no ser necesaria la obtención de una autorización industrial o sustantiva sí puede ser necesaria a tenor de dichas razones esta licencia municipal de apertura". Defendiendo, en suma, que "quedando desplazada la licencia de apertura de instalaciones y establecimientos "inocuos" (...) a favor de la CP y DR (...) pervive y debe pervivir en el régimen de actividades clasificadas, el control preventivo actuado a través de la licencia municipal de actividad" (FORTES MARTÍN: págs. 179, 180, y 183, respectivamente).

Pero, eso sí, salvo que, por la características de la instalación o actividad en cuestión, más concretamente por la intensidad de los riesgos que ésta plantee para la salud pública y el medio ambiente, entre en juego la técnica de la Autorización Ambiental Integrada. En cuyo caso dicha licencia se integrará en la misma, tal y como lo establece el propio legislador ambiental estatal con carácter básico en el Real Decreto 509/2007, de 20 de abril, que aprueba el Reglamento de ejecución y desarrollo de la Ley 16/2002, de 20 de abril, de prevención y control integrado de la contaminación, tras la reciente modificación operada en el mismo por el Real Decreto 367/2010, de 26 de marzo, como volveremos a destacar seguidamente.

2. *La Declaración de Impacto Ambiental y la Autorización Ambiental Integrada*

Finalmente las instalaciones industriales pueden verse también sujetas a otra forma de intervención administrativa de carácter preventiva y más intensa, tanto por parte de la Administración autonómica como por parte de la Administración estatal, con la finalidad específica de proteger otro bien constitucionalmente garantizado, el medio ambiente, aunque también la salud pública. Más concretamente se puede exigir a las instalaciones industriales la obtención de otros dos títulos jurídicos habilitantes: la Declaración de Impacto Ambiental (DIA) y la Autorización Ambiental Integrada (AAI) u otras figuras equivalente de evaluación ambiental autonómica. Figuras ambas que fueron creadas por sendas Directivas comunitarias —la Directiva 85/337/CEE del Consejo, de 27 de junio de 1985, relativa a la evaluación de las repercusiones de determinados proyectos públicos y privados sobre el medio ambiente, y la Directiva 96/61/CE, del Consejo, de 24 de septiembre, relativa a la prevención y al control integrado de la contaminación—, e incorporadas a nuestro ordenamiento interno, respectivamente, a través del Real Decreto Legislativo 1302/1986, de 28 de junio, de Evaluación de Impacto Ambiental —hoy derogado y sustituido por Real Decreto Legislativo 1/2008, de 11 de enero, por el que se aprueba el Texto Refundido de la Ley de Evaluación de Impacto Ambiental—, y la Ley 16/2002, de 20 de abril, de prevención y control integrado de la contaminación (conocida por su acrónimo en inglés IPPC), que ha sido a su vez objeto de desarrollo y concreción a través del Real Decreto 509/2007, de 20 de abril, y también a nivel autonómico con la creación de figuras similares de evaluación ambiental. Y que conforman un cuadro de técnicas o instrumentos de intervención jurídico-pública en materia ambiental, muy desarrollado pero también complejo.

En lo que a nosotros nos afecta tenemos que afirmar una vez más que la regulación jurídica de estas técnicas de control ambiental tampoco se ha visto afectada por la Directiva Bolkestein. Como, de hecho, no podía ser de otra forma, ya que ambas técnicas constituyen los ejes del actual modelo europeo de intervención ambiental, que parte de la superación de la perspectiva sectorial, centrada en el medio receptor, para abordar la contaminación generada por un establecimiento industrial desde una perspectiva global e integrada y antes del inicio de su actividad. En otros términos, han sido diseñadas de forma específica para gestionar todos los riesgos que una determinada instalación o actividad industrial plantea para el medio ambiente, con el objeto de lograr que ésta sea explotada de la mejor forma posible para el medio ambiente considerado de manera global y utilizando las mejores técnicas disponibles en cada momento y lugar.

En primer lugar, cuando se trate de instalaciones susceptibles de producir impactos, el proyecto de instalación debe someterse a un procedimiento de Evaluación de impacto ambiental, que tiene por objeto identificar, describir y evaluar de forma apropiada sus efectos directos e indirectos sobre el medio ambiente. Más concretamente están sujetos a este procedimiento de evaluación ambiental todos los proyectos que figuran recogidos en los listados que se contienen en los anexos I y II del citado Real Decreto Legislativo, en los que de hecho la mayor parte de las instalaciones y actividades incluidas son de carácter industrial, como es el caso de los siguientes grupos: Grupo 2. Industria extractiva; Grupo 3. Industria energética; Grupo 4. Industria siderúrgica y del mineral. Producción y elaboración de metales; Grupo 5. Industria química, petroquímica, textil y papelera; y Grupo 8. Proyectos de tratamiento y gestión de residuos. Listados que además son de carácter abierto, ya que diversas disposiciones de distinto rango han ido añadiendo otros proyectos en los mismos. Y sin perjuicio de que por su parte las Comunidades autónomas puedan también incluir en sus respetivos anexos y listas los proyectos que consideren oportuno aunque no figuren en los mencionados listados de la legislación estatal.

Se trata en todo caso de un procedimiento administrativo complejo, que se define en el Real Decreto 1131/1988, de 30 de septiembre, como "el conjunto de estudios y sistemas técnicos que permiten estimar los efectos que la ejecución de un determinado proyecto, obra o actividad causa sobre el medio ambiente" (art. 5), y que se encuentra regulado de forma exhaustiva en el articulado de ambas nomas jurídicas. Este procedimiento finaliza con la emisión de una resolución administrativa, la DIA, bien por el órgano ambiental de la Administración General del Estado bien por el autonómico, según proceda en cada caso concreto, en la que se realizan dos operaciones distintas: a) por un lado se determina la conveniencia o no de la realización del proyecto desde la perspectiva ambiental; b) y en su caso y al mismo tiempo se fijan las condiciones en que el mismo debe llevarse a cabo. Y cuyo contenido en todo caso condiciona la autorización del proyecto por el órgano sustantivo en materia de industria.

Como se habrá observado, el sector ambiental ha permanecido al margen del proceso de flexibilización en el acceso al ejercicio de actividades de servicios iniciado por la Directiva de servicios, entre otras vías mediante la supresión de las autorizaciones previas, ya que la DIA continúa resultando exigible en los casos arriba mencionados. Limitándose la Ley ómnibus a confirmar que ésta precederá a las autorizaciones de carácter sustantivo que todavía pervivan o en su defecto a las declaraciones responsables o comunicaciones previas que las sustituyan, en los términos que detallaremos más adelante.

En segundo lugar, cuando se trate de instalaciones en las que se desarrollen actividades industriales que plantean riesgos de contaminación del medio ambiente, éstas deben someterse también a un procedimiento administrativo de Autorización Ambiental Integrada.

En concreto, según la LIPPC, debe obtenerse una AAI para la "construcción, montaje, explotación o traslado, así como también para su modificación sustancial" de instalaciones (art. 9). Entendiendo por tales cualquier unidad técnica fija en la que se desarrolle una o más de las actividades industriales enumeradas en el anejo 1 de la Ley (art. 3), en el que se contiene un listado de actividades e instalaciones agrupadas en distintas categorías, según su capacidad de producción o rendimiento, entre las que también se incluyen muchas de carácter industrial como por ejemplo: las instalaciones de combustión con una potencia térmica de combustión superior a 50MW; las industrias de producción y transformación de materiales; las del papel y cartón; o la industria textil, entre otras tantas. A lo que el Reglamento de desarrollo y ejecución de la LIPPC añade que la AAI estará referida a todos los elementos y líneas de producción de la actividad que estén englobados en el concepto de "instalación", incluidos, por tanto, los relativos a actividades industriales que aun sin estar enumeradas en el mencionado anejo 1 se desarrollen en el lugar del emplazamiento de la instalación y guarden relación de índole técnica con las actividades llevadas a cabo en dicho lugar y, claro está, puedan resultar contaminantes (art. 2). Lo que, en definitiva, supone que el ámbito de aplicación de esta normativa y, en consecuencia, las instalaciones industriales sujetas a AAI, debe ser interpretado en un sentido amplio. Sin perjuicio, como venimos reiterando, de que las Comunidades autónomas puedan incluir otras instalaciones y actividades en ejercicio de su competencia para establecer normas adicionales de protección ambiental.

Todas estas instalaciones industriales están, en fin, sujetas a esta modalidad de autorización administrativa de carácter holístico y transversal, por cuanto que refunde, sustituyendo en algunos casos, todas las licencias y autorizaciones hasta entonces exigidas por la legislación sectorial de los distintos subsectores ambientales y que competía otorgar a los distintos niveles de Administración territoriales, en una única autorización, la AAI. Que es definida por el legislador ambiental como la "resolución del órgano competente de la Comunidad autónoma en la que se ubique la instalación, por la que se permite a los solos efectos de la protección del medio ambiente y de la salud de las personas, explotar la totalidad o parte de una instalación, bajo determinadas condiciones destinadas a garantizar que la misma cumple el objeto y disposiciones de la Ley" (art. 3.a) LIPPC). Y cuya finalidad consiste en "integrar en un solo acto de intervención administrativa todas las autorizaciones ambientales hasta ahora existentes", y al mismo tiempo hacerlo a través de un procedimiento administrativo que asegure la coordinación entre las distintas Administraciones públicas con competencias en la materia —lo que se logra a través de un trámite de informes de distinta naturaleza—; y que agilice todos los trámites; y que reduzca las cargas administrativas de los particulares (art. 11 LIPPC).

Se trata, en suma, de otra manifestación típica de la actividad administrativa de intervención que sirve perfectamente a los objetivos de la prevención y que además no agota sus efectos en el momento de su otorgamiento, ya que es susceptible de variación posterior durante el desarrollo de dicha actividad. Encajando además perfectamente en el nuevo modelo de intervención diseñado por la Directiva de Servicios, por lo que supone de esfuerzo de coordinación y en especial de simplificación, agilización administrativa, y de reducción de cargas para los titulares de las instalaciones industriales.

Sin pretender tampoco exponer aquí el régimen jurídico de esta figura autorizatoria, sí consideramos destacar que el legislador básico estatal en materia ambiental ha fijado en la LIPPC y también en el Real Decreto 509/2007, de 20 de abril, que aprueba su reglamento de ejecución y desarrollo, un orden de prelación entre las distintas técnicas de intervención aplicables, entre ellas las declaraciones responsables y las comunicaciones previas. A cuyos efectos el Real Decreto 367/2010, de 26 de marzo, de modificación de diversos reglamentos del área de medio ambiente para su adaptación a la Ley 17/2009, de 23 de noviembre, sobre el libre acceso a las actividades de servicios y su ejercicio, ha introducido un nuevo artículo en el arriba citado Reglamento de ejecución de la LIPPC.

En primer lugar y según establece el art. 11.2 de la LIPCC, "el otorgamiento de la AAI precederá en su caso a los demás medios de intervención administrativa", entre ellos a las autorizaciones sustantivas de las industrias establecidas en el art. 4 de la LI. Y además, conforme a lo estipulado en el art. 4 de la LIPPC, se incluirán dentro del procedimiento administrativo de otorgamiento de la AAI: 1) todas las actuaciones en materia de evaluación de impacto ambiental u otras figuras de evaluación ambiental de competencia de las Comunidades autónomas (art. 4.a)); 2) así como las actuaciones previstas en el RD 1254/1999, de 16 de julio, sobre medidas de control de los riesgos inherentes a los accidentes graves en los que intervengan sustancias peligrosas (art. 4.b)).

Aunque si la formulación de la DIA es competencia de la AGE, entonces ésta debe preceder a la AAI y también a las autorizaciones sustantivas, que deberán incorporar el condicionado de dicha Declaración de Impacto Ambiental (art. 28 LIPPC).

Por lo que se refiere al régimen de intervención aplicable en materia de actividades clasificadas, frente a la dicción originaria del art. 11.2.b) de la LIPPC, que rezaba textualmente que el otorgamiento de la AAI "precederá" a las actuaciones relativas a los medios de intervención administrativa en la actividad de los ciudadanos que establezcan las Administraciones competentes sobre actividades clasificadas como molestas, insalubres, nocivas y peligrosas, dedicando luego un artículo concreto, el art. 29, a la coordinación de ambos regímenes jurídicos. Tras la nueva redacción dada a este precepto, el procedimiento para el otorgamiento de la AAI "sustituirá" a dichos medios de intervención administrativa en las actividades clasificadas (art. 29.1 LIPPC), aunque, eso sí, "sin perjuicio de las normas autonómicas sobre actividades clasificadas que, en su caso, fueran aplicables" (art. 29.2 LIPPC).

De donde, en suma, cabe inferir que sí hay un supuesto en el que queda claro que la licencia de apertura no resulta exigible, que es, según lo dispuesto con carácter básico en la LIPPC, cuando la instalación en cuestión esté sujeta a Autorización Ambiental Integrada. En cuyo caso esta licencia de apertura se sustituye por un informe del Ayuntamiento, que es de carácter preceptivo, aunque no vinculante, ni tampoco determinante ya que el procedimiento no se paraliza sino que sigue su curso. Pero que sí tiene la peculiaridad de que puede emitirse posteriormente en cualquier momento del procedimiento antes de la resolución final, aunque en este caso simplemente será valorado por el órgano ambiental. Así se establece en el art. 18 de la LIPPC, cuyo tenor literal es el siguiente: "el Ayuntamiento en cuyo territorio se ubique la instalación", una vez finalizado el trámite de información pública esencial en este tipo de procedimientos, "emitirá, en el plazo de treinta días desde la recepción del expediente, un informe sobre la adecuación de la instalación analizada a todos aquellos aspectos que sean de su competencia". A lo que añade que "de no emitirse el informe en el plazo señalado se proseguirán las actuaciones", pese a lo cual si el informe emitido fuera de plazo es recibido "antes de dictar resolución deberá ser valorado por el órgano competente de la Comunidad autónoma".

Pero ¿qué ocurre en los casos en que para la instalación y ejercicio de una actividad industrial no se exija una autorización sustantiva sino tan sólo una declaración responsable o una comunicación previa? Pues bien, esta cuestión ha sido también resuelta por la Ley 25/2009, de 22 de diciembre, que dedica una disposición específica a los proyectos que deben someterse a evaluación de impacto ambiental, cuyo tenor es el siguiente: "cuando se exija una declaración responsable o una comunicación para el acceso a una actividad o su ejercicio y una evaluación de impacto ambiental —estatal o autonómica— la declaración responsable o la comunicación previa no podrá presentarse hasta haber llevado a cabo dicha evaluación de impacto ambiental y, en todo caso, deberá disponerse de la documentación que así lo acredite" (disp. adic. 5ª).

Previsión que también se contiene en el Texto Refundido de la Ley de Evaluación Ambiental y en el Real Decreto 509/2007, de 20 de abril, que aprueba el Reglamento de ejecución de la LIPPC, en los que se han introducido dos nuevos artículos —el 18 bis y el 13 bis, respectivamente— que imponen la obligación de contar con estos dos títulos administrativos y con la documentación que así lo acredite antes de presentar las referidas declaraciones responsable o comunicaciones previas. En concreto en el nuevo art. 13 bis del Reglamento de ejecución de la LIPPC, resultado de la modificación operada en el mismo por el Real Decreto 367/2010, en el que se establece que "en el supuesto de industrias o instalaciones industriales cuya actividad se inicie a partir de la presentación de una comunicación previa o declaración responsable, la tramitación será la misma prevista en su articulado, si bien las actuaciones realizadas por el órgano que en su caso tramite la autorización sustantiva, serán realizadas por el órgano ante el que se presenten la comunicaciones previas o las declaraciones responsables". A lo que añade el legislador básico estatal que, "una vez realizado el trámite de EIA y obtenida la AAI, se presentará la declaración responsable o se realizará la comunicación, adjuntando la documentación acreditativa de la declaración de impacto ambiental y de la autorización ambiental integrada".

Debiendo llamar la atención en este punto sobre el hecho de que el legislador ambiental no se ha acogido a la opción prevista en el art. 39 bis de la LRJAP que, como ya nos consta, contiene el régimen jurídico general de estas nuevas técnicas de intervención, de no exigir la acreditación en el mismo momento de presentarse la declaración responsable o la comunicación previa, y diferirla a un momento posterior, una vez iniciada la actividad. Ya que, como decimos, el nuevo art. 13 bis exige que se adjunte en el momento de presentación de las mismas la documentación acreditativa de la DIA y de la AAI.

Finalmente debemos resaltar lo dispuesto en el apartado 2 del art. 4 del RD 509/2007, respecto al contenido de la solicitud de Autorización Ambiental Integrada, en concreto lo referente a las "comprobaciones previas al inicio de la actividad", por lo que puede suponer de aplicación de un mecanismo adicional de control administrativo sobre las instalaciones y actividades industriales. Y es que el legislador ambiental dispone que, pese a haber obtenido la correspondiente AAI, la instalación en cuestión no podrá iniciar su actividad hasta que se compruebe el efectivo cumplimiento de las condiciones fijadas en la misma. De manera que, no basta con la obtención de una AAI; este título jurídico no parece habilitar directamente para el inicio de la actividad industrial, sino que se exige el cumplimiento de otro requisito adicional que consiste en la comprobación posterior del cumplimiento de las condiciones fijadas en la autorización ya concedida. Comprobación que puede ser realizada por la autoridad competente de la Comunidad autónoma, entendemos que por el mismo órgano que otorgó la autorización, pero también por "entidades certificadas colaboradoras de aquella". Tratándose, en suma, de una nueva declaración de conformidad, que además podrá ser otorgada de forma expresa, en el plazo de un mes desde la solicitud de inicio de la actividad por el titular de la instalación, o de forma presunta, transcurrido dicho plazo sin obtener ninguna respuesta por parte de la Administración o entidad colaboradora.

Todo lo anterior nos lleva, en fin, a concluir que los nuevos principios y reglas de intervención administrativa definidos por la Directiva de Servicios no resultan aplicables a las actividades industriales que plantean riesgos de carácter ambiental, sino que en estos casos entra en juego la excepción a la regla general, esto es, la técnica de la autorización administrativa. En materia ambiental la intervención administrativa no parece, pues, haberse relajado, aunque sí se ha simplificado el procedimiento administrativo a través del cual ésta se lleva a cabo, en aras de una mayor eficacia y también de una reducción de cargas administrativas a los titulares de este tipo de instalaciones industriales.

Confiamos, en fin, en haber puesto de manifiesto como estas dos técnicas no se han visto afectadas por la Directiva de Servicios que, por tanto, no incide en el régimen jurídico del control preventivo, indiscutiblemente más intenso, de las actividades industriales que plantean determinado nivel de riesgo ambiental.

Bienes que, evidentemente, no son más importantes que la salud pública y la integridad física que se protegen desde el ordenamiento de la seguridad industria que, como hemos podido comprobar, sí se ha relajado en este sentido. Situación que resultaría totalmente incongruente si no fuera porque el ordenamiento ambiental también los protege.

A la vista de todo lo señalado en las páginas precedentes podemos, pues, concluir que la Directiva de servicios y las Leyes 17/2009 y 25/2009 de transposición de la misma a nuestro ordenamiento interno, no suponen una ruptura radical con el modelo de intervención todavía imperante en el sector que, como se habrá observado, continúa siendo de carácter básicamente preventivo, ya que la nueva redacción dada a la LI se conforma con habilitar el uso de una nueva modalidad de técnicas de intervención pero no suprime las anteriores. Con lo que habrá que esperar al uso que de esta habilitación se haga en adelante tanto por el Estado, vía reglamentaria, a través de los Reglamentos de Seguridad Industrial, como especialmente por las Comunidades autónomas. Aunque a la vista de los primeros pasos dados por algunas de ellas, que podemos calificar de prudentes, podemos aventurar ya que el sentido común y la lógica jurídica parecen imponerse en este sector, en el que, a nuestro modo de ver, por la importancia de los bienes jurídico implicados, se impone, en palabras de Parejo Alfonso, una intervención administrativa de prevención y también de limitación de la posibilidad de que los riesgos presentes se actualicen, prohibiendo en su caso las actividades que planteen riesgos que no sean asumibles desde la integridad de los bienes jurídicos afectados, o simplemente para imponer las correcciones pertinentes a su desarrollo (PAREJO ALFONSO: pág. 294). Y en el que, en fin, los intereses generales a satisfacer tienen entidad suficiente como para justificar incluso a la vista de la propia Directiva comunitaria la sujeción de estas actividades a un control público de carácter preventivo, con independencia de que éste se ejerza directamente por la Administración competente en materia de industria o a través de organismos privados de colaboración de ésta, técnicamente más cualificados y de forma más eficiente, o incluso por la Administración ambiental al hilo de su actividad de evaluación y autorización de instalaciones y actividades.

Bibliografía

ÁLVAREZ GARCÍA, V., "Industria", en Muñoz Machado, S., (dir.), "*Derecho de la Regulación Económica*", Ed. Iustel, Madrid, 2010.

CARRILLO DONAIRE, J.A., "*El Derecho de la Seguridad y de la Calidad Industrial*", Ed. Marcial Pons, Madrid, 2000.

DESCALZO GONZÁLEZ, A., "La incidencia de la Directiva de servicios en el ámbito empresarial; en particular, sobre la actividad industrial", *Actualidad Jurídica Aranzadi*, núm. 807, 2010.

ESTEVE PARDO, J., "De la policía administrativa a la gestión de riesgos", *REDA*, núm. 119, 2003, págs. 323-346.

FERNÁNDEZ FARRERES, G., "Industria", en Martín-Retortillo, S., (dir.), "*Derecho Administrativo Económico*", vol. II, Ed. La Ley, Madrid, 1991.

FORTES MARTÍN, A., "Silencio administrativo y constitución de empresas, instalación de industrias y apertura de establecimientos. Una aproximación a propósito del nuevo escenario resultante del mercado interior de servicios", en Parejo Alfonso, L., (dir.) "*El silencio en la actividad de la Administración Pública*", Ed. Tirant Lo Blanch, Valencia, 2011.

NEVADO BATALLA MORENO, P.T., "*La intervención administrativa en la industria: seguridad y control*", Ed. Comares, Granada, 2000.

PADRÓS REIG, C., "*Actividad administrativa y entidades colaboradoras*", Ed. Tecnos, Madrid, 2001.

PAREJO ALFONSO, L., "Lecciones de Derecho Administrativo", 4ª ed., Ed. Tirant Lo Blanch, Valencia, 2011.

RÉGIMEN DE LAS AUTORIZACIONES PARA LAS INSTALACIONES ELÉCTRICAS, GASISTAS Y NUCLEARES

Manuel Gámez Mejías
Profesor de Derecho administrativo Universidad Carlos III de Madrid
Subdirector de la Comisión Nacional de Energía

I. INTRODUCCIÓN

El objetivo del presente capítulo es el estudio y descripción de las autorizaciones previas que se exigen a las distintas instalaciones que conforman la red eléctrica y gasista. Junto a ello se estudia también la especial y compleja regulación de la autorización de las instalaciones nucleares y radiactivas, tanto si su objeto es la producción de energía eléctrica como el almacenamiento de los residuos radiactivos.

Antes de estudiar el régimen jurídico de las distintas autorizaciones es necesario explicar, aunque sea de forma esquemática, el funcionamiento básico de los sistemas eléctricos y gasistas. Con esta información previa se puede situar en los términos adecuados las autorizaciones administrativas que la legislación sectorial exige para las instalaciones eléctricas y gasistas.

El suministro de energía eléctrica es absolutamente fundamental para la sociedad moderna porque del mismo depende buena parte de la actividad económica. Por ello, la actividad administrativa (y normativa) va dirigida en todo momento a un triple objetivo: la seguridad del suministro, la garantía de la calidad del mismo y todo ello al menor coste posible, salvaguardando la protección medioambiental.

Estos fines están condicionados en el caso de la energía eléctrica por un factor decisivo: el carácter no almacenable de la misma que requiere que la oferta y la demanda sean iguales en cada instante de tiempo. Por tanto, desde la producción de la energía hasta su consumo en hogares e industrias debe existir un sistema acabado y perfecto en tiempo real, tanto desde la perspectiva económica del mercado como de la técnica, que impida situaciones de exceso o defecto de producción que daría lugar a un deterioro de la calidad del suministro y en situaciones extremas a posibles cortes del mismo.

Con estos presupuestos, el legislador sectorial (la LSE) en su artículo 1.1 establece que son actividades destinadas al suministro eléctrico las consistentes en su generación, transporte, distribución, comercialización e intercambios intracomunitarios e internacionales, así como la gestión económica y técnica del sistema eléctrico. Dejando al margen los intercambios intracomunitarios e internacionales y la gestión económica y técnica; la generación y su posterior consumo precisan de una red por la que la electricidad generada esté disponible para el consumidor final. Ello se realiza mediante la red de instalaciones de transporte y distribución, sometidas todas ellas a un control previo por parte de las Administraciones Públicas para lo cual se utiliza la técnica autorizatoria. La técnica autorizatoria también se aplica a las instalaciones en las que se genera la electricidad.

Dado su carácter de monopolio natural, derivado de que las redes no pueden ser duplicadas, el transporte y la distribución son actividades reguladas, es decir, tienen reconocido normativamente una retribución de los costes de la construcción y mantenimiento de las redes de transporte y distribución. Dicha retribución es determinada anualmente mediante Orden Ministerial que fija los peajes (ingresos regulados) que han de abonar los clientes por el uso de dichas redes, y son liquidados periódicamente por la Comisión Nacional de Energía que los abona a los titulares reconocidos. Todo ello presidido por el principio de suficiencia tarifaria. Este complejo proceso es el núcleo económico del sistema eléctrico, ya que la desviación producida entre los ingresos regulados —los peajes— y los costes regulados y reconocidos, ha dado lugar al déficit de tarifa o lo que es lo mismo que con la actual estructura de ingresos y costes regulados, los primeros no cubren las expectativas normativamente reconocidas a las empresas de transporte y distribución eléctrica.

En cuanto a la comercialización[1], al tratarse de una actividad no industrial, ya que se trata sólo de la venta y suministro de energía al consumidor, no será objeto del presente capítulo. De hecho, la propia actividad de comercializador está sometida a comunicación previa, no precisando, por tanto, de autorización.

En el caso de las instalaciones de producción, hay que añadir otro aspecto. Como es bien sabido se puede producir energía eléctrica mediante distintas tecnologías. De todos es conocido la producción mediante tecnologías que aprovechan el agua, la fisión atómica o en tiempos más recientes, el viento (eólico) o el sol (en plantas fotovoltaicas y termosolares) y otros tipos de energías renovables (biomasa, residuos). Éstas últimas constituyen el llamado régimen especial que tiene algunas peculiaridades previas al proceso autorizatorio de la instalación.

En consecuencia, siguiendo el esquema de la LSE hay autorizaciones para las instalaciones de producción de energía eléctrica en régimen ordinario (artículo 21), en régimen especial (artículo 28), autorizaciones para la instalación de transporte (artículos 36 y 37) y autorizaciones para las instalaciones de distribución (artículo 40)[2].

En todo caso, la técnica autorizatoria, básicamente de carácter y contenido industrial, tiene una larga trayectoria en nuestro Derecho en materia eléctrica, ya que desde el Real Decreto de 15 de junio de 1901 hasta el presente ha sido el título habilitante, bien es cierto que haya experimentado una amplia variación en cuanto al contenido de la misma[3].

Por su parte, el sector del gas, cuyo origen era eminentemente local, experimentó a partir de la LSH de 1998 una notable expansión a la que contribuyó de modo evidente el establecimiento de las centrales de ciclo combinado que generan electricidad a través de la quema de gas. Aun cuando la seguridad del suministro es el objetivo fundamental también en este sector, las actividades son

---

1 De hecho, la actividad de comercialización está sometida a una mera comunicación previa tras la reforma operada en la LSE en 2009 como consecuencia de la adaptación a la Directiva de Servicios.

2 Vid. Pascual Sala Atienza, "La autorización de las instalaciones eléctrica. Normativa técnica y de seguridad", en *Derecho de la Regulación Económica, III. Sector energético, Tomo I,* Santiago Muñoz Machado/Marina Serrano González/Mariano Bacigalupo Saggese (Dirs), Iustel-CNE, Madrid, págs. 703 y ss.

3 Un excelente y breve estudio del origen y evolución de las autorizaciones en el sector, en particular, en la distribución de energía eléctrica en Mª Ángeles Rodríguez Paraja, "La actividad de distribución de energía eléctrica", en *Derecho de la Regulación Económica, III. Sector energético, Tomo I,* Santiago Muñoz Machado/Marina Serrano González/Mariano Bacigalupo Saggese (Dirs), Iustel-CNE, Madrid, págs. 584-585.

diferentes, ya que cabe el almacenamiento y, la importación del gas bien mediante barcos metaneros en los que el gas natural es transportado de forma líquida, lo que exige un proceso de regasificación antes de proceder a su transporte, distribución y consumo y mediante gasoductos internacionales. En el sector se pueden distinguir, por tanto, las siguientes actividades que exigen instalaciones precisadas de autorización previa: producción, almacenamiento subterráneo o no, licuefacción, regasificación, transporte, almacenamiento y distribución.

La producción, muy escasa en nuestro país, está sometida además a concesión en el marco de la cual se autorizarán las instalaciones pertinentes para la misma (artículo 9 LSH), idéntico régimen es aplicable al almacenamiento subterráneo en antiguos yacimientos o en formaciones geológicas apropiadas para ello.

Sí requieren autorización los supuestos previstos en el artículo 55 LSH: plantas de licuefacción o regasificación y instalaciones de almacenamiento, transporte o distribución de gas natural. La autorización para estas instalaciones está regulada en el artículo 67 LSH mientras que las de distribución lo son en el artículo 73 LSH. Todas ellas suponen la realización de actividades reguladas, es decir, cuyo coste está reconocido normativamente y son establecidos por el Gobierno mediante la correspondiente fijación de peajes, al igual que en el sector eléctrico. En dichos costes se incluye también los almacenamientos subterráneos, regulados a estos efectos, que pronto estarán en funcionamiento.

Este es el modelo actual, pero está pendiente la transposición del llamado tercer paquete de Directivas, en concreto las Directivas 2009\72\CE para el mercado de la electricidad y la 2009\73\CE para el mercado del gas. En la Directiva del mercado eléctrico, el artículo 7 establece los criterios para las concesiones de las autorizaciones, indicando la necesidad de que exista un sistema de autorización simplificado para las pequeñas instalaciones de generación descentralizada o distribuida[4].

Los procedimientos deberán resolverse motivadamente, por razones objetivas, con posibilidad de recurso, lo cual ya está previsto en la normativa interna vigente.

Por otra parte, disponen de un régimen especial con una intervención administrativa especialmente reforzada las instalaciones en las que se dispone de material radioactivo. No parece preciso recordar tanto la extrema peligrosidad de los mismos, con daños físicos y al medio ambiente de larga duración como la complejidad de su manejo. Aunque el uso de los materiales radiactivos excede, con mucho, el

---

4 En este punto, el reciente Real Decreto 1699/2011, de 18 de noviembre ha venido a establecer los requisitos para la conexión de estas pequeñas instalaciones de generación a las redes de distribución, pero no establece ningún procedimiento específico de autorización que deberá, por tanto, esperar a la modificación de la LSE.

del aspecto puramente energético, en este capítulo y por coherencia con el resto de aspectos tratados hemos de limitarnos a estudiar el complejo proceso para la instalación o el cierre de una central nuclear de producción de energía eléctrica, así como de aquellas instalaciones para el tratamiento y almacenamiento de los residuos, en especial, los de media y alta actividad que suponen, como es obvio, el mayor riesgo para la salud de las personas y el medio ambiente.

II. AUTORIZACIONES EN EL SECTOR ELÉCTRICO

Están reguladas en la LSE, legislación estatal y en su reglamento de desarrollo, el RD 1955/2000, de 1 de diciembre, que regula las actividades de transporte, distribución, comercialización, suministro y procedimientos de autorización de instalaciones de energía eléctrica (en adelante, RD 1955/2000). Dicha norma dedica su Título VII de forma unitaria a la autorización de las instalaciones, con independencia de la actividad a desarrollar (aunque incluye algunos preceptos específicos para cada una de ellas)[5]. Esta regulación es aplicable sólo al ámbito estatal. Por tanto las CCAA pueden dictar normas en este mismo ámbito, aunque no son muy abundantes y no difieren del modelo principal que sigue siendo el estatal[6].

Aunque el régimen de las autorizaciones puede entenderse como similar, las peculiaridades del sistema eléctrico conducen a la existencia de requisitos previos a la propia solicitud de la autorización. En unos casos, estos requisitos previos proceden de la naturaleza de monopolio natural o, incluso, jurídico, como es el caso para las instalaciones de distribución o transporte (al existir legalmente un transportista único-Red Eléctrica de España). En otros casos, los requisitos previos

---

5 Un estudio completo del procedimiento en Pascual Sala Atienza, "La autorización de las instalaciones eléctrica. Normativa técnica y de seguridad", en *Derecho de la Regulación Económica, III. Sector energético, Tomo I,* Santiago Muñoz Machado/Marina Serrano González/Mariano Bacigalupo Saggese (Dirs), Iustel-CNE, Madrid, págs. 703 y ss.

6 No todas las CCAA han dictado norma en este ámbito. Sí cuentan, Canarias (Decreto 161/2006, de 8 de noviembre, por el que se regula la autorización, conexión y mantenimiento de las instalaciones eléctricas en la Comunidad Autónoma de Canarias; Cantabria (Decreto 6/2003, de 16 de enero, por el que se regulan las instalaciones de producción, transporte y distribución de energía eléctrica en la Comunidad Autónoma de Cantabria); Castilla y León (Decreto 127/2003, de 30 de octubre, por el que se regulan los procedimientos de autorizaciones administrativas de instalaciones de energía eléctrica en Castilla y León); Galicia parcialmente (Decreto 149/2008, de 26 de junio, por el que se regula el procedimiento de autorización de las instalaciones de producción de energía eléctrica a partir de la valorización energética de la biomasa forestal primaria en la Comunidad Autónoma de Galicia) y el País Vasco (Decreto 282/2002, de 3 de diciembre, por el que se regulan los procedimientos de autorización administrativa para la construcción, modificación, explotación, transmisión y cierre de las instalaciones de transporte y distribución de energía eléctrica, así como de las acometidas, líneas directas e instalaciones de conexión a consumidores.

surgen de la necesidad de controlar la proliferación de instalaciones de producción de energía eléctrica, en particular, las sometidas al régimen especial.

Se va a tratar cada una de estas autorizaciones en función de la actividad en el sistema eléctrico a realizar, aunque la norma reglamentaria estatal (RD 1955/2000) no utiliza este criterio, sino el de la actividad respecto de la instalación, distinguiendo así entre la construcción o explotación —que incluye su modificación o ampliación, la transmisión de instalaciones (que no siempre es posible) y finalmente el cierre de las mismas.

En todo caso, y como característica común, todas las autorizaciones para instalaciones eléctricas se inician exclusivamente por solicitud (artículo 120 RD 1955/2000) cuyos requisitos son los genéricos establecidos en el artículo 70 LRJPAC.

1. Autorizaciones para las instalaciones de producción de energía eléctrica en régimen ordinario, excepto las de producción mediante energía nuclear

De conformidad con el artículo 21 LSE la construcción, explotación, modificación sustancial y cierre de cada instalación de producción de energía eléctrica estarán sometidas al régimen de autorización administrativa previa[7].

Dicha autorización tiene, según el propio precepto, carácter reglado, siendo el silencio (27.2 LSE) desestimatorio. Tras la reforma operada mediante Ley 17/2007, de 4 de julio, se exige con carácter previo disponer del punto de conexión a las redes de transporte o distribución correspondientes. Esto implica que el futuro productor debe solicitar del transportista acceso a la red y punto de conexión en el que proceder a verter la energía producida, antes de iniciar el procedimiento en sí para que se le autorice la construcción de la instalación de producción.

Hay que precisar la distinción entre los conceptos de acceso y conexión a la red, así como los motivos jurídicos que permiten denegar o condicionar cada uno de ellos. La distinción además conlleva la determinación de la competencia para la resolución de los conflictos entre el Estado (a través de la Comisión Nacional de Energía) y las Comunidades Autónomas.

El concepto de acceso a la red tiene relación directa con el derecho de hacer circular energía por las redes de transporte o distribución que no son propiedad de quien pretende utilizarlas. El acceso a la red versa, por tanto, sobre la capacidad de la red a los efectos de soportar la circulación de la energía que se va a producir.

---

7 Vid. Fernando Tallón Yágüez, "Comentario al Artículo 21" en *Comentario a las Leyes Energéticas, Tomo I,* Vicente López-Ibor Mayor/José María Beneyto Pérez (Dirs.), CEU-Thomson-Civitas, Madrid, págs. 274-307.

Supone el elemento clave para la creación de un mercado eléctrico, ya que productores y comercializadores (y consumidores directos) necesitan la red para poder poner a disposición la energía producida u ofrecerla a los consumidores finales de la misma. El hecho de que el acceso a red involucre a la ordenación y configuración del mercado eléctrico de ámbito supra-autonómico establece la competencia estatal (concretamente a la Comisión Nacional de Energía) para la resolución de los posibles conflictos que se planteen en la materia, así como la limitación de los motivos jurídicos que justifican la denegación del mismo.

Por su parte, el concepto de conexión a la red es un concepto exclusivamente técnico, es decir que versa sobre los elementos y condiciones técnicas que conectan la planta de generación con la red de transporte o de distribución. La competencia para la resolución de los posibles conflictos es autonómica, pero en el marco de lo que establece el artículo 42.2.2° párrafo de la LSE, es decir, resuelven los conflictos en relación con las condiciones de conexión, que no son otras que las condiciones técnicas establecidas reglamentariamente (párrafo 1° del mismo precepto).

Como establece el artículo 42.3 LSE, y el artículo 60 RD 1955/2000, de 1 de diciembre, y ha señalado la Comisión Nacional de Energía en los conflictos de acceso a la red resueltos, la única causa por la que se puede denegar el acceso a red es porque no exista capacidad, entendida a su vez como problemas que afecten a la seguridad, regularidad o calidad de los suministros. Por su parte, se puede denegar la conexión a las redes de distribución invocando criterios técnicos que, en ningún caso, pueden ser justamente los de falta de capacidad que ponga en peligro la seguridad, regularidad o calidad de los suministros.

En conclusión, la conexión a la red es una cuestión exclusivamente técnica cuyo otorgamiento o denegación o la determinación de un punto de acceso alternativo ha de ceñirse exclusivamente a las condiciones técnicas que se establezcan reglamentariamente por cada Comunidad Autónoma (siempre que la red de distribución no exceda de su correspondiente ámbito).

Así las cosas, y como no se puede solicitar el acceso sin tener previamente punto de conexión, ello significa en la práctica que sólo cuando la instalación esté autorizada para la conexión física a la red cabrá, por tanto, solicitar el acceso a la red. Con ello se modificó el orden establecido originalmente por la LSE y por el RD 1955/2000, que, con mejor lógica, planteaba primero si era posible acceder a la red antes de determinar el punto de conexión concreto a la misma.

Por otra parte, ha de tenerse en cuenta que la actividad de generación de electricidad es una actividad considerada libre desde la LSE por lo que la presente autorización sólo se dirige a la instalación de producción. Bien es cierto que cuando se trate de la primera instalación de un sujeto, que inicia con ello la producción de electricidad, la Administración controlará por este medio, elementos subjetivos del titular de la futura instalación. Justamente el artículo 21.2 LSE establece entre los extremos a acreditar por los solicitantes algunos propios de las instalaciones como las condiciones de eficiencia energética, técnica o de seguridad, las circunstancias del emplazamiento o el cumplimiento de las exigencias medioambientales, pero también otros del titular o solicitante como la capacidad legal, técnica y económica-financiera para la realización del proyecto. A través de este último extremo la Administración no puede ejercer un control genérico sobre la capacidad de un futuro titular para producir electricidad, pero sí, un control concreto a la vista del proyecto presentado[8]. Esta capacidad legal, técnica y económica-financiero se desarrolla en el artículo 121 del RD 1955/2000[9].

Como se ha adelantado se somete a autorización una serie de actos relacionados con la instalación de producción eléctrica.

A) Construcción, modificación, ampliación y explotación de la instalación de producción de energía eléctrica

Construcción, modificación, ampliación y explotación forman parte en primer término de un único proceso de puesta en marcha de la instalación de producción. Según el RD 1955/2000 (artículos 115 y ss) ha de autorizarse separadamente, aunque son procedimientos conexos tanto la construcción como la puesta en marcha con un paso intermedio que es la aprobación del proyecto de ejecución.

El artículo 123 RD 1955/2000 establece el contenido del anteproyecto de instalación que ha de acompañar a la solicitud de autorización. Se trata de un documento básicamente técnico. No obstante, llama la atención que los requisitos se articulan de forma abierta, en tanto que el apartado E del citado precepto, finaliza con una cláusula general y abierta que genera una inseguridad jurídica, además de tratarse de un requisito imposible de cumplir previamente a la solicitud. En efecto, como contenido de la solicitud se indica literalmente: "los demás datos que la Administración encargada de tramitar el expediente estime oportuno reclamar". Es obvio que tales "oportunas reclamaciones" han de cumplir estrictamente con los requisitos procedimentales de la LRJPAC, por ejemplo, a la hora de paralizar el plazo para resolver, cuyo transcurso, no lo olvidemos, tiene como resultado la desestimación de la solicitud.

---

8 Vid. Fernando Tallón Yágüez, "Comentario al Artículo 21" en *Comentario a las Leyes Energéticas, Tomo I,* Vicente López-Ibor Mayor/José María Beneyto Pérez (Dirs.), CEU-Thomson-Civitas, Madrid, págs. 277-279.

9 No es ámbito éste para efectuar un análisis pormenorizado de las mismas, aunque plantean algunas dificultades. Con más amplitud y detalle, vid. Fernando Tallón Yágüez, "Comentario al Artículo 21" en *Comentario a las Leyes Energéticas, Tomo I,* Vicente López-Ibor Mayor/José María Beneyto Pérez (Dirs.), CEU-Thomson-Civitas, Madrid, págs. 283-289.

El artículo 124 RD 1955/2000 en la redacción dada por el RD 1454/2005, de 2 de diciembre, establece, por su parte, la tramitación conjunta de la evaluación de impacto ambiental y de la autorización del anteproyecto de instalación. En concreto, comparten trámite de información pública (regulado en el artículo 125 del propio Real Decreto) que es, por tanto, de los dos procedimientos e incluye un aval por una cuantía del dos por ciento para iniciar el trámite de evaluación de impacto ambiental que sólo se recupera en el caso de obtención de la autorización administrativa.

Además ha de tenerse en cuenta que con posterioridad a la entrada en vigor del RD 1955/2000 se aprobó la Ley 16/2002, de Prevención y Control Integrado de la Contaminación que exige Autorización ambiental integrada para algunas instalaciones de producción, en concreto, cuando se utilizan tecnologías como el carbón o el gas. Dado el carácter autonómico de la misma seguirá su propio procedimiento. Ahora sin la misma no cabe autorizar el proyecto de instalación de producción eléctrica. Por su parte los artículos 125 a 127 RD 1955/2000 establecen el trámite de información pública, que no tiene ninguna particularidad, salvo que el propio solicitante es el encargado de responder a las alegaciones.

El artículo 127 establece la participación de otras Administraciones Públicas en el procedimiento. Para ello se debe comunicar a cualquier administración pública y sus respectivos organismos, incluidas las empresas de servicio público o de interés general afectadas en sus bienes o derechos, la solicitud para que en el plazo de veinte días aleguen lo que estime oportuno. Transcurrido el indicado plazo sin respuesta, existe obligación de reiterar dicho requerimiento con nuevo plazo de diez días. Sólo en caso de no contestar en este segundo plazo se entenderá dada la conformidad por parte del organismo o de la empresa. En caso de contestar con reparos, se trasladan al solicitante que puede contestar en el plazo de quince días. Dicha contestación se vuelve a enviar al organismo que puso los reparos que puede de nuevo contestar. Siendo ésta la alegación final.

Finalizada esta fase del procedimiento y antes de proceder a la resolución, la Comisión Nacional de Energía debe emitir informe preceptivo, pero no vinculante, aunque en la práctica el Ministerio nunca se ha apartado del informe de la Comisión.

Por último, de acuerdo con el 128 RD 1955/2000, la Dirección de Política Energética y Minas resolverá y notificará. Todo el procedimiento un plazo de tres meses desde la presentación de la solicitud. La resolución no sólo será notificada al solicitante y a todas las AAPP participantes, sino que también ha de publicarse en el BOE y en los Boletines de las provincias afectadas. La autorización está sometida a término, ya que ha establecer plazo para iniciar la siguiente fase del procedimiento: la solicitud de la aprobación del proyecto de ejecución. El incumplimiento de este plazo da lugar a la caducidad de la autorización, aunque dicho plazo puede ser objeto de prórroga por parte del promotor de la instalación de producción eléctrica.

Efectivamente, el siguiente paso es la aprobación del proyecto de ejecución (cuyo procedimiento está regulado en los artículos 130 y 131 del RD 1955/2000). Para ello ha de presentar solicitud, con los requisitos generales del artículo 70LR-JPAC, y proyecto que cumpla con las reglamentaciones técnicas. El solicitante debe presentar de forma separada toda la información del proyecto que afecte a bienes de entidades públicas. Esta actuación tiene como objeto que estas entidades públicas establezcan el condicionado técnico oportuno, salvo en los supuestos del artículo 131.2 RD 1955/2000, bien porque existen normas de carácter general, bien no se conteste en plazo. El establecimiento del condicionado técnico por las entidades públicas sigue el mismo procedimiento ya indicado en el artículo 128 RD 1955/2000. No obstante, en caso de que hubiera discrepancias entre el promotor y las AAPP afectadas, la Dirección General de Política Energética y Minas puede finalmente asumir sin más el condicionamiento técnico propuesto por las AAPP o, en caso de discrepar también del mismo, elevar al Ministro competente la resolución de aprobación del proyecto. Esta norma no está prevista para la fase anterior del procedimiento, pero ha de tenerse en cuenta que ahora se va a proceder a realizar materialmente la obra y a construir (o modificar) la instalación de producción de energía.

Tras ello la Delegación de Industria elevará informe, previo reconocimiento del terreno, a la Dirección General de Política Energética y Minas que dictará resolución. El plazo es de tres meses. La resolución ha de notificarse al titular y todas las entidades públicas que participaron o debieron participar en el procedimiento. No es objeto de publicación. La Resolución debe expresar el tiempo previsto para la ejecución del proyecto

Por último el artículo 131.9 del RD 1955/2000 ratifica lo obvio, es decir, que esta aprobación es el título habilitante para la construcción de la instalación, aunque ya desde la autorización del anteproyecto se puedan realizar trabajos preparatorios. Esas actividades o trabajos preparatorios están tasados en una lista en el propio apartado[10].

Sin embargo, el 131.11 permite excepcionalmente que la obra se inicie sin la aprobación del proyecto cuando concurran razones de urgencia o excepcional interés para el sistema eléctrico. Tal actuación excepcional debe autorizarla el Consejo de Ministros de forma motivada y con carácter provisional y solo cuando la instalación contara con la autorización administrativa del proyecto.

---

10 En concreto son el vallado del emplazamiento, el acondicionamiento del terreno (excavaciones, pilotajes), las instalaciones temporales de obra y almacenamiento de equipos, las pavimentaciones, sistemas enterrados y viales internos y, por último, las cimentaciones superficiales.

Finalmente una vez construida la instalación, el titular de la misma ha de solicitar la autorización para iniciar la explotación (cuyo procedimiento se regula en el artículo 132 RD 1955/2000) o en la terminología del reglamento, solicitud de acta de puesta en servicio. La solicitud no tiene ninguna peculiaridad, salvo la exigencia de certificado final de obras firmado por técnico facultativo competente en el que se manifieste el pleno cumplimiento con lo previsto en el proyecto de ejecución aprobado. El acta de puesta de servicio se extenderá en el plazo de un mes directamente por la dependencia provincial del Ministerio de Industria, Energía y Turismo, previa las comprobaciones técnicas que se estimen oportunas. Durante la tramitación se puede extender un acta de puesta en servicio en pruebas.

Con la puesta en servicio concluye el procedimiento de autorización y construcción de la instalación eléctrica de producción de energía eléctrica en régimen ordinario.

Este procedimiento es aplicable, como ya se ha indicado, también a la ampliación y modificación de la instalación. Es obvio que en este último caso puede plantearse si toda modificación exige o no este complejo procedimiento de autorización y aprobación. Aunque se ha defendido doctrinalmente[11] la interpretación de que solo sería aplicable a las modificaciones sustanciales, lo cierto es que el Real Decreto no hace distinción alguna por lo que se aplica a todas las modificaciones.

Por otra parte, la autorización para producir en una determinada instalación lleva implícita la de transformación de la energía eléctrica (de continua a alterna, así como su elevación de voltaje) así como la de conexión con las redes, aunque ésta como hemos indicado ha de ser previa. Ahora bien, el RD 1955/2000 distinguió entre la actividad de transformación en sentido estricto de la conexión con las redes en la línea que luego asumió la modificación de la LSE. En efecto, el artículo 30 RD 1955/2000 exigía (y exige, pues no se ha modificado su literalidad) las condiciones de acceso y conexión para autorizar la transformación de energía. En todo caso, estas instalaciones no se integran en las redes de transporte o distribución, sino que se mantienen como activos de generación.

B) Transmisión de las autorizaciones

Aunque la transmisión de las instalaciones sólo exige en el artículo 21.1 LSE la comunicación a la Administración concedente de la autorización original, el RD 1955/2000 creó una autorización de transmisión de instalaciones de generación,

---

[11] En este sentido, Fernando Tallón Yágüez, "Comentario al Artículo 21" en *Comentario a las Leyes Energéticas, Tomo I,* Vicente López-Ibor Mayor/José María Beneyto Pérez (Dirs.), CEU-Thomson-Civitas, Madrid, pág. 280.

lo cual es, a todas luces, un exceso de la norma reglamentaria que puede justificarse en atención a las exigencias subjetivas de capacidad que se han mencionado, pero que tiene serias dificultades de encaje en la situación actual en la que por mor del Derecho comunitario europeo la comunicación debe primar sobre los procedimientos autorizatorios. Además el artículo 133.1 RD 1955/2000 no admite duda alguna en su contradicción con la LSE. Establece literalmente que: "La transmisión de la titularidad de una instalación de producción, transporte o distribución de energía eléctrica requiere autorización administrativa", donde el artículo 21.1 LSE dice: "La transmisión de estas instalaciones (las de producción) se comunicará a la Administración concedente de la autorización original".

La solicitud debe presentarla quien quiere ser el nuevo titular y justamente ha de acompañar los documentos que justifiquen la capacidad legal, técnica y económica del solicitante así como una declaración del titular de la instalación en la que manifieste su voluntad de transmitir dicha titularidad.

La Resolución corresponde a la Dirección General de Política Energética y Minas en el plazo de tres meses, previo informe de la Comisión Nacional de Energía[12], siendo el sentido del silencio desestimatorio. La autorización se notifica al transmisor y al adquirente.

A partir de la Resolución el solicitante dispondrá de seis meses para efectuar el cambio de titularidad, transcurrido el cual la autorización caducará. Es, por tanto, una autorización sometida a plazo. El nuevo titular dispone del plazo de un mes adicional para comunicar al Ministerio que se ha producido efectivamente el traspaso de titularidad.

C) Autorización de cierre

El cierre de las instalaciones también exige de autorización administrativa. La solicitud de la misma debe acompañarse de un proyecto de cierre motivado. En caso necesario, normalmente por razones de tipo ambiental, el cierre debe incluir las medidas de desmantelamiento de la instalación.

El procedimiento es más sencillo, ya que basta con el informe de la dependencia provincial de Industria y Energía y el informe preceptivo de la Comisión Nacional de Energía. Con ellos, la Dirección General de Política Energética y Minas ha de resolver en el plazo de tres meses, siendo el silencio desestimatorio. La resolución puede añadir como obligación la del desmantelamiento de la instalación una vez cerrada. Como otras autorizaciones debe incluir el período para el cierre

---

12 Dicho informe se evacúa a la vista de la propuesta de resolución de la Dirección General y se limita a informar sobre el cumplimiento de los requisitos subjetivos de capacidad establecidos en el artículo 133 RD 1955/2000.

y desmantelamiento que en caso de incumplirse daría lugar a la caducidad de la misma. La resolución se notifica al solicitante, así como es objeto de publicación en el BOE y los Boletines oficiales de las provincias en las que se ubique (que será única en los casos de instalaciones de producción).

D) Registros de instalaciones.

Una vez autorizadas y puestas en funcionamiento, las instalaciones son inscritas en el Registro Administrativo de Instalaciones de Producción Eléctrica[13], con especial indicación de las condiciones de la instalación y de su potencia. Este Registro es compatible con el que cada CA establezca en su territorio. Solo las instalaciones inscritas en el Registro pueden participar en el mercado de producción de energía eléctrica en cualquiera de sus modalidades con contratación con entrega física. Esta última norma es capital porque establece el mecanismo de integración entre el procedimiento autorizatorio y la participación en el mercado mayorista de la electricidad.

El titular de la instalación tiene la obligación de mantener la capacidad de producción prevista en las mismas y a proporcionar a la Administración la información que se les requiera de cuantos datos afecten a las condiciones que determinaron su otorgamiento (art. 21.6 LSE).

En caso de incumplimiento de las condiciones y requisitos establecidos en las autorizaciones o la variación sustancial de los presupuestos que determinaron su otorgamiento pueden ser revocadas, en los términos previstos en el régimen sancionador aplicable en un claro ejemplo de que se trata de una autorización de funcionamiento.

2. Autorizaciones para las instalaciones de producción de energía eléctrica en régimen especial

A) Introducción

Según el artículo 27.1 LSE, la actividad de producción de energía eléctrica tendrá la consideración de producción en régimen especial cuando se realice desde instalaciones cuya potencia instalada no supere los 50 MW, en los siguientes casos:

---

13 Regulado en los artículos 168 y siguientes del Real Decreto 1955/2000. El Registro se organiza en varias subsecciones.

- Instalaciones que utilicen la cogeneración u otras formas de producción de electricidad asociadas a actividades no eléctricas siempre que supongan un alto rendimiento energético.
- Cuando se utilice como energía primaria alguna de las energías renovables no consumibles, biomasa o cualquier tipo de biocarburante, siempre y cuando su titular no realice actividades de producción en el régimen ordinario.
- Cuando se utilicen como energía primaria residuos no renovables.

La producción en régimen especial conlleva un régimen económico diferente a la producción en régimen ordinario. Por ello, toda instalación debe adquirir la condición de instalación de régimen especial (RD 661/2007) a través del correspondiente procedimiento previo a la autorización en sí de la instalación.

Respecto de ésta, el artículo 28 LSE, de forma similar a lo dispuesto en el artículo 21 LSE, dispone que la construcción, explotación, modificación sustancial, transmisión[14] y cierre de las instalaciones de producción de energía eléctrica en régimen especial está sometida a autorización administrativa previa. La misma se califica igualmente por el legislador como reglada. Dicho precepto fue desarrollado por el RD 1955/2000 en sus artículos 111 y siguientes. No obstante, ha de tenerse en cuenta que el mismo sólo es de aplicación a aquellas instalaciones de competencia estatal. Por su parte las CCAA han dictado sus propias normas generales reglamentarias en las que se establecen los procedimientos de autorización de dichas instalaciones.

Aunque la idea original de la LSE era que la autorización estuviera solo condicionada por el cumplimiento de los requisitos establecidos, la expansión de este tipo de instalaciones de producción (en especial, la eólica y la fotovoltaica) ha conducido a distintos tipos de limitaciones previos. Hay que ser conscientes de que al tratarse de una actividad libre y no sometida a planificación vinculante no existe, en principio, una limitación a la proliferación de instalaciones de régimen especial, nada más que una planificación indicativa de potencia a instalar en un período de tiempo.

Pues bien este defecto se ha pretendido subsanar, por una parte, con la introducción de fases competitivas previas en buena parte de las CCAA (en especial, en energía eólica) o a nivel estatal con la creación del llamado registro de preasignación (establecido por el RD 1578/2008 para la tecnología fotovoltaica) y, por otra con la exigencia desde 2007 de la obtención con carácter previo del reconocimiento del derecho de acceso a la red de transporte (para poder volcar la energía producida) que ha de dar el transportista único (Red Eléctrica de España)

---

14 Al contrario que en el régimen ordinario, en el especial, la transmisión sí requiere autorización en la propia Ley del Sector eléctrico.

o la introducción de avales que sólo se cancelan con el acta de puesta en servicio de la instalación.

Esta situación de aparente paradoja entre la liberación de la producción y el sometimiento a distintos tipos de requisitos previos responde en última instancia a la propia naturaleza del régimen especial. En efecto, el régimen especial tiene como característica común, un régimen económico objetivamente privilegiado, al recibir unas primas que vienen a compensar el hecho objetivo de que las tecnologías utilizadas no han alcanzado la madurez suficiente para competir en igualdad de condiciones y precios con tecnologías consolidadas (nuclear, hidráulica, térmicas) en el mercado mayorista.

A ello se une una enorme cantidad de regulación a partir de la última regulación común (la establecida por el Real Decreto 661/2007), que afecta de forma diferente a cada tecnología, en atención a las circunstancias presentes y a su peso en el sistema de primas. El caso de la producción mediante la tecnología fotovoltaica es evidente.

B) Registro de preasignación de retribución

El RD 1578/2008, de 26 de septiembre, solo aplicable a las instalaciones fotovoltaicas posteriores, introdujo por primera vez, la figura de un registro, creado como sub-sección del registro principal de instalaciones de producción en régimen especial, de preasignación de retribuciones. La consecuencia de este Registro es que sin inscripción previa no hay derecho posterior a retribución primada. Es más la inscripción en el Registro se asocia a un periodo temporal que se denomina, convocatoria, dando derecho sólo a la retribución que quede fijada en dicho periodo temporal.

Este sistema fue extendido al conjunto del régimen especial mediante el Real Decreto-Ley 6/2009, de 30 de abril, aunque manteniendo la vigencia de una subsección especial registro para la tecnología fotovoltaica.

Por si el alambicado lenguaje del RD quisiera ocultar lo que realmente es el registro (una ordenación temporal de las futuras autorizaciones de las instalaciones, al menos, a efectos económicos), el artículo 6 aclara la naturaleza real del Registro: para cada convocatoria de inscripción en el Registro de preasignación de retribución se establecen unos cupos de potencia.

Por su parte, en el artículo 4.3 del Real Decreto-Ley 6/2009 se especifican todos los requisitos que se deben cumplir para poder acceder al registro de preasignación ya con carácter general, entre los que destaca a nuestros efectos la necesidad de disponer de autorización administrativa de la instalación (la inicial) otorgada por el órgano competente, así como licencia de obras municipal y el aval.

Queda claro así, en ambos sistemas, que el futuro titular puede solicitar la inscripción, pero que la misma queda sujeta a dos elementos objetivos: uno temporal —a través de la noción de convocatoria— y otro material —el cupo de potencia, que están unidos.

Para ello se establece un procedimiento que en el caso de las fotovoltaicas (artículo 6, tras la reforma del RD 1565/2010, de 19 de noviembre, es el siguiente: Primero se solicita la inscripción. La misma se realiza por unidades de la instalación que se hubiera tramitado ante el órgano competente de la Comunidad Autónoma, sin que quepa agrupar lo que se haya presentado individualmente en el ámbito de la autorización de instalación.

Por su parte, en el caso del Real Decreto-Ley 6/2009, simplemente se determinan en su artículo 4.3 los requisitos de la solicitud de inscripción.

La tramitación es exclusivamente electrónica y la instrucción se limita a ordenar cronológicamente dentro de la convocatoria las solicitudes e incluir en el registro a las primeras hasta agotar el cupo, siguiendo el principio de *prior tempore, potior iure.*

Para dilucidar posibles empates, el artículo 6.3 establece la regla de que en caso de igualdad de fecha para varias solicitudes, éstas se ordenarán, considerando como fecha preferente, por este orden, **la de autorización administrativa, la de licencia de obras, y por último la de depósito del aval**, y en caso de igualdad, tendrá preferencia el proyecto de menor potencia.

Cubierto el cupo, con las reglas que el RD fija para determinar el último entrante, las que han entrado se inscriben y el resto son denegadas, lo que no impedirá su participación, incluso con la misma documentación, en la siguiente convocatoria.

El resultado se notifica a los interesados y se publica en la web.

En cuanto a la cancelación del registro, el complejo artículo 8 RD 1578/2008 establece las siguientes reglas, algunas de ellas, redactadas de conformidad con el RD 1699/2011, de 18 de noviembre.

En primer lugar, las instalaciones inscritas tienen un período de dieciséis meses improrrogables para ser inscritas de forma definitiva en el Registro de instalaciones, ya no en la subsección, sino en el principal. Cumplido este período sin que se haya producido la inscripción definitiva, será la Comisión Nacional de Energía la que de oficio incoe un procedimiento para la cancelación que iniciará y finalizará la Dirección General de Política Energética y Minas. También se cancelará si hay desestimiento voluntario de la inscripción definitiva o la falta de respuesta en un plazo de tres meses a contar desde la recepción de los requerimientos de información o actuación que hayan sido formulados por el órgano de la Administración competente.

El plazo es de seis meses para resolver y notificar y el RD 1699/2011 ha establecido un complejo procedimiento de ida y vuelta[15] entre la Dirección General y la CNE que podría haber planteado en el futuro no pocas dificultades de implementación. No obstante, el anteproyecto de creación de la Comisión Nacional de Mercados y Competencia ha establecido que todas las competencias que correspondían en este ámbito a la Comisión Nacional de Energía sean recuperadas por el Ministerio de Industria, Energía y Turismo.

Además este sistema de registro de preasignación ha sido suspendido indefinidamente por el Real Decreto-Ley 1/2012, de 27 de enero, y establece una moratoria para la instalación de nuevas plantas de generación de electricidad en régimen especial, como vía para combatir un posible aumento (futuro) de las primas a las instalaciones de renovables.

C) Existencia previa del derecho de acceso a la red de transporte y distribución con existencia de punto de conexión

En cuanto a la exigencia de reconocimiento del derecho de acceso a red de transporte y distribución, mediante la existencia de un punto de conexión, hemos de remitirnos a lo explicado en el apartado 2.1, aunque ha de llamarse la atención al hecho de que los parques eólicos, dada su alta capacidad de producción y los lugares en los que se instalan, plantean serios problemas de capacidad a las redes, en especial, a las de transporte que han dado lugar a distintas resoluciones de la CNE, siempre favorables al derecho de acceso contra los intereses del Gestor del Sistema y transportista único, Red Eléctrica de España.

D) La exigencia de avales y límites de potencia

El Real Decreto 6/2009, de 30 de abril, exige aval como requisito previo para solicitar la inscripción en el registro de preasignación.

Los artículos 9 y 10 del RD 1578/2008 establecen un aval de 20€/kW para determinadas instalaciones que en algunos casos se eleva a cantidades superiores. El aval se cancela, en principio, cuando se obtiene la inscripción definitiva.

Finalmente el artículo 10 establece los límites de potencia para las instalaciones que pueden ser registradas en el registro de preasignación. No pudiendo superar los 2 MW o los 10 MW para instalaciones de tipo I o II del artículo 3 de este Real

---

15 Concretamente, incoa la CNE, inicia el procedimiento la Dirección General, instruye, con audiencia del interesado la CNE, propone la resolución de cancelación también la CNE y finalmente resuelve la Dirección General. El organismo regulador reducido a instructor de expedientes para una Dirección General.

Decreto, respectivamente, siendo las primeras, las instalaciones en cubierta y el resto en suelo.

E) Concursos eólicos

Finalmente antes de tratar el procedimiento de autorización en sí, es preciso tener en cuenta que algunas CCAA han establecido procedimientos especiales para autorizar parques eólicos[16]. No nos corresponde aquí el análisis de cada uno de los ejemplos que se han dado en la normativa autonómica (todas menos cuatro). Siguiendo a LÓPEZ SAKO[17], los primeros ejemplos autonómicos exigían la aprobación previa de un plan eólico estratégico (o un plan director) que implicaba en caso de ser aprobado una preferencia en la futura autorización, éste era el modelo en los años 90 en Galicia o Castilla-La Mancha. El segundo modelo más sencillo es el de someter la autorización a un proceso de competencia o concurrencia.

El tercer modelo es el de asignación de potencia en el que se parte de un sistema concurrencial, pero la Administración limita la concesión de la autorización a una instalación a quienes hubieran obtenido previamente en concurso público la asignación de la potencia eólica necesaria y teniendo en cuenta además que la Administración prevé las cuotas máximas.

Esto en opinión de la CNE[18] que compartimos es:

> "más propio del régimen de concesión administrativa, que no del de la autorización administrativa, supone la transformación del régimen legal de autorización administrativa en otro de naturaleza cuasi-concesional, respecto del cual la Comunidad Autónoma no resulta competente".

Ello fundamentalmente porque la autorización en este ámbito es reglada y la actividad de generación, incluido el régimen especial es libre. Cuestión distinta es

---

16 Con una visión completamente práctica sobre el proceso de autorización de un parque eólico José Antonio Luque Frías, "Tramitación administrativa. Acceso a la red y régimen especial: una coordinación deseada", en *Energía Eólica: Cuestiones jurídicas, económicas y ambientales"*, María Asunción Torres López y Estanislao Arana García (DIrs.), Civitas-Thomson Reuters, Pamplona, 2010, págs. 409 y ss. Con un análisis más teórico, Masao Javier López Sako, "La autorización de los parques eólicos. Evolución de los procedimientos en la normativa autónomica", en *Energía Eólica: Cuestiones jurídicas, económicas y ambientales"*, María Asunción Torres López y Estanislao Arana García (DIrs.), Civitas-Thomson Reuters, Pamplona, 2010, págs. 249 y ss. Asimismo del mismo autor con análisis de la normativa de cada Comunidad Autónoma: Masao Javier López Sako, *Regulación y autorización de los parques eólicos,* Thomson-Civitas, pág. 536 y ss.

17 Masao Javier López Sako, *Regulación y autorización de los parques eólicos,* Thomson-Civitas, pág. 571 y ss.

18 Vid. Informe de la CNE sobre el proyecto de Decreto del Gobierno de Cantabria por el que se regula la instalación de parques eólicos en la Comunidad Autónoma de Cantabria de 6 de noviembre de 2008.

si tal actividad va a estar primada o no (que es lo que resuelven normas como las de preasignación o la moratoria de enero de 2012) ámbito en el que sí cabe una actuación más intensa de las AAPP. Ahora bien, en estas últimas normas no se discute la autorización de la instalación como tal, sino su régimen económico. La distinción es fundamental.

Es discutible si, como apunta LÓPEZ SAKO[19], no hay otro remedio que superar la autorización reglada mediante una fuerte intervención administrativa. Entiende el autor que el principio básico de persecución del interés general fundamenta en última instancia una intervención administrativa discrecional y restrictiva. Siendo la misma cauce para racionalizar y optimizar la implantación de instalaciones renovables. No podemos estar de acuerdo con este argumento porque, primero supone una interpretación legal que se aparta de la propia normativa y que responde al equívoco de confundir, como antes se ha apuntado, el régimen económico de las instalaciones de régimen especial con su régimen autorizatorio, bien que el primero sea sólo competencia estatal, y el segundo, autonómico. En efecto, nadie se plantea que se pudiera asignar un cupo de potencia a otras tecnologías que no reciben prima. Un ejemplo son las centrales de ciclo combinado. Con la gasificación del sistema español experimentaron un rápido aumento hasta la actual situación de exceso de capacidad de generación. A partir de la caída de la demanda, han disminuido el número de instalaciones previstas. Esta ha sido la evolución normal de una actividad libre sometida a mercado y que no requiere de más intervención. Por el contrario, la actividad primada, en tanto que asegura, en teoría, una determinada rentabilidad, ha dado lugar a la proliferación de instalaciones y a condicionar hasta un régimen cuasi-concesional lo que en la LSE era una actividad libre con autorización reglada. Esta conversión en actividad cuasi-concesional no es el camino y así lo ha apuntado siempre la CNE.

F) El procedimiento de autorización

Una vez cumplida las fases previas, el procedimiento para la autorización no difiere del general para otras instalaciones de producción, regulada en los artículos 111 y siguientes del Real Decreto 1955/2000.

Por tanto, primero se requiere autorización del anteproyecto de instalación conjuntamente con el estudio de impacto ambiental. Posteriormente ha de aprobarse el proyecto de ejecución. Finalmente una vez construido se precisa la autorización de explotación mediante el acta de puesta en marcha o servicio.

---

19 Masao Javier López Sako, *Regulación y autorización de los parques eólicos,* Thomson-Civitas, pág. 591.

Además requieren en su caso otras autorizaciones ambientales y territoriales como la autorización administrativa integrada, licencias urbanísticas o para el específico caso de la eólica marina la concesión de dominio público marítimo-terrestre

Por supuesto, la autorización de explotación es una autorización de funcionamiento.

Una vez autorizadas, las instalaciones de régimen especial han de ser inscritas en la sección segunda del Registro de Instalaciones de Producción de Energía[20], cuya gestión ha sido encomendada recientemente (a finales de 2011, RD 1699/2011) a la Comisión Nacional de Energía, aunque parece que tal atribución no tendrá finalmente efecto alguno.

3. Autorizaciones para las instalaciones de transporte

A) Características básicas del transporte de electricidad

El artículo 36 LSE regula las autorizaciones de las instalaciones de transporte eléctrico. Al igual que en las de producción está sometido a autorización la construcción, explotación, modificación, transmisión y cierre de las mismas.

Se entiende por instalación de transporte, según el artículo 35.1 LSE, las de transporte primario que son las líneas, parques, transformadores y otros elementos eléctricos con tensiones nominales iguales o superiores a 380 kV y aquellas otras instalaciones de interconexión internacional y, en su caso, las interconexiones con los sistemas eléctricos españoles insulares y extrapeninsulares mientras que las de secundario son las líneas, parques, transformadores y otros elementos eléctricos con tensiones nominales iguales o superiores a 220 kV no incluidas en el párrafo anterior y por aquellas otras instalaciones de tensiones nominales inferiores a 220 kV, que cumplan funciones de transporte. Esta precisión responde a que de lo contrario formarían parte de la red de distribución. Ello junto a todos los elementos de comunicación, protección, terrenos y edificaciones que sirven al objeto del transporte.

La distinción entre transporte primario y secundario tiene sobre todo efectos competenciales, ya que la autorización de las instalaciones de transporte primario corresponde a la Administración General del Estado y el resto a las CCAA, siempre que no excedan de su territorio, con informe preceptivo y vinculante de la AGE respecto a cuestiones de su competencia como los planes de desarrollo de la red,

---

20 Está regulado en el Real Decreto 661/2007, de 25 de mayo, por el que se regula la actividad de producción de energía eléctrica en régimen especial.

la gestión técnica del sistema o el régimen económico (la retribución de dichas instalaciones).

La LSE en su redacción original establecía la posibilidad de que se optara por un modelo competitivo para la autorización de las instalaciones de transporte, sin embargo, tal modelo quedó desplazado por la redacción dada a los artículos 35 y 36 por la Ley 17/2007, que traspuso al derecho interno el segundo paquete de Directivas de la energía. Con él, no sólo se mantuvo la definición del transporte como monopolio natural, sino que se determinó que habría un único transportista que además sería también el operador del sistema (gestor técnico del mismo)[21]. En consecuencia, solo Red Eléctrica de España puede ser en el futuro titular de este tipo de instalaciones por lo que el modelo competitivo diseñado en 1997 fue derogado.

Por tanto, los principios básicos del Derecho comunitario de que las autorizaciones han de darse en atención a los principios de objetividad, transparencia y no discriminación no son aplicables a estas instalaciones.

B) Procedimiento de autorización

Como ya se ha indicado son de aplicación a las autorizaciones para las instalaciones de transporte el procedimiento establecido en los artículos 115 y siguientes del RD 1955/2000.

Es de aplicación el régimen ya estudiado en el apartado 2.1 a la solicitud de autorización, el contenido del anteproyecto de instalación, la exigencia de trámite de información pública y la necesidad de que el procedimiento de autorización de la instalación incluya la Declaración de Impacto Ambiental, convirtiendo el procedimiento en compuesto y articulado con otros procedimientos.

Igualmente se respeta la triple fase de autorización del anteproyecto de la instalación, aprobación del proyecto y puesta en funcionamiento[22] que ha de interpretarse en el sentido de un procedimiento complejo con una autorización pro-

---

21 Sobre ello, con amplitud, Braulio Pajuelo Iglesias, "Transporte de energía eléctrica" en *Derecho de la Regulación Económica, III. Sector energético, Tomo I,* Santiago Muñoz Machado/Marina Serrano González/Mariano Bacigalupo Saggese (Dirs), Iustel-CNE, págs. 558-560.

22 Sobre la evolución de las autorizaciones en la materia y las dificultades de terminología, vid. Rafael García de Diego/Eloy Colom Piazuelo, "Comentario al Artículo 36" en *Comentario a las Leyes Energéticas, Tomo I,* Vicente López-Ibor Mayor/José María Beneyto Pérez (Dirs.), CEU-Thomson-Civitas, Madrid, págs. 567-570 y Sobre ello, con amplitud, Braulio Pajuelo Iglesias, "Transporte de energía eléctrica" en *Derecho de la Regulación Económica, III. Sector energético, Tomo I,* Santiago Muñoz Machado/Marina Serrano González/Mariano Bacigalupo Saggese (Dirs), Iustel-CNE, págs. 571-573.

visional del anteproyecto que se eleva a definitiva y posteriormente se permite la puesta en tensión de la línea.

El procedimiento tiene alguna peculiaridad para el supuesto de que la instalación, normalmente una línea eléctrica de alta tensión transcurra por distintas provincias o CCAA que obliga a decisiones separadas de puesta en funcionamiento de cada tramo de línea.

Igualmente es de aplicación la distinción entre autorización para la construcción y explotación de la de transmisión y el cierre.

En el segundo de los casos, el artículo 36 LSE, al contrario que el 21, sí prevé la exigencia de autorización administrativa para la transmisión. Ahora bien, con el transportista único esta posibilidad ha quedado radicalmente reducida a aquellos supuestos en los que el cambio de titularidad conlleva el cambio de uso. Un ejemplo podría ser una transmisión de una posición de 220kV en una subestación de una central —instalación de producción— a fines de transporte —lo cual puede ser necesario por razones de toda índole entre ellas las de seguridad— y, por tanto, a Red Eléctrica de España. El problema evidente de estos cambios de titularidad (y de uso) en el sistema eléctrico es que además se pasa de que la instalación sirva a una actividad liberalizada a que pase a servir a una actividad regulada con lo que ello conlleva de nuevos costes retributivos del sistema eléctrico.

En el cierre de las instalaciones de transporte, el artículo 137 establece que la autorización ha de contar con el informe del gestor técnico del sistema y gestor de la red de transporte. El informe ha de entenderse como no vinculante. Hay que precisar que existe separación jurídica entre el gestor y el transportista único por lo que todavía es de aplicación el indicado precepto.

Estas son las peculiaridades que tiene el procedimiento de autorización de las instalaciones de transporte eléctrico. En todo caso, se trata de una autorización de funcionamiento que está sometida a posible revocación en caso de incumplimiento o cambio en las circunstancias.

Aunque no existe en el artículo 37 una regulación general del contenido de la autorización, sí se establecen una serie de derechos y obligaciones de los titulares, lo cual es una manera peculiar de determinar el contenido de la autorización[23]. Entre ellas está la de realizar sus actividades en la forma autorizada y conforme a posiciones aplicables, prestando el servicio de forma continua y con niveles de calidad; admitir de forma no discriminatoria el acceso de terceros a sus instalaciones y mantener las instalaciones y por lo que respecta a los derechos: recibir la retribución dentro del sistema eléctrico y exigir que todas las instalaciones que se

---

23 Sobre ello, Rafael García de Diego/Eloy Colom Piazuelo, "Comentario al Artículo 36" en *Comentario a las Leyes Energéticas, Tomo I*, Vicente López-Ibor Mayor/José María Beneyto Pérez (Dirs.), CEU-Thomson-Civitas, Madrid, págs. 572-573.

conecten a las de su propiedad reúnan las condiciones técnicas establecidas y sean usadas en forma adecuada.

Por supuesto, la autorización administrativa para las instalaciones de transporte lo es sin perjuicio (artículo 36.3 LSE) de cualesquiera otras concesiones y autorizaciones que sean necesarias.

Sobre la necesidad de evaluación de impacto ambiental ya se ha hecho referencia, pero no puede olvidarse que la Disposición adicional duodécima de la Ley 13/2003, de 23 de mayo, considera a las redes de transporte de energía tanto primario como secundario como obras públicas de interés general, que no necesitan licencia urbanística, sino el informe previsto en las adicionales segunda y tercera de la citada Ley[24]. Esto significa que los proyectos se remitirán a la Administración urbanística para que informe sobre la adaptación o no de dichos proyectos al planeamiento urbanístico en vigor. La Administración urbanística dispone del plazo de un mes para la evacuación del informe que, de lo contrario, se entenderá como favorable. En caso de discrepancia se establece la regla de la preeminencia de la decisión estatal.

Finalmente puede mencionarse lo dictaminado por la Abogacía del Estado en el expediente 524/2007[25]. Según el mismo cabe cerrar una instalación de transporte por parte de un Ayuntamiento en una situación de extraordinaria urgencia y necesidad a pesar de no tener competencia alguna en la materia. Por supuesto, en el análisis de la medida adoptada deberá ponderarse la presencia de una concreta situación de urgencia y la existencia de una conexión de sentido entre aquella y ésta. En suma, **siempre que la actuación sea proporcionada para defender un ámbito competencial propio de la Entidad Local,** la misma puede dejar en suspenso la autorización de una determinada instalación, al menos mientras dure la situación de emergencia.

4. *Autorizaciones para las instalaciones de distribución eléctrica*

Las autorizaciones de distribución responden igualmente al esquema que se ha explicado para las restantes autorizaciones de la LSE[26]. Está sometida, por tanto, (artículo 40 LSE) a autorización la construcción, modificación, explotación y transmisión y cierre de las instalaciones de distribución de energía eléctrica, con

---

24 Vid. Rafael García de Diego/Eloy Colom Piazuelo, "Comentario al Artículo 36" en *Comentario a las Leyes Energéticas, Tomo I,* Vicente López-Ibor Mayor/José María Beneyto Pérez (Dirs.), CEU-Thomson-Civitas, Madrid, págs. 588-589.

25 Vid. Eduardo Soler Tappa, *Derecho de la energía: dictámenes de la Abogacía del Estado en el Ministerio de Industria,* Thomson-Civitas, Madrid, págs. 119-132.

26 Vid. Joaquín Mª Nebreda Pérez, *Distribución eléctrica: concurrencia de disciplinas jurídicas,* Thomson-Civitas, Madrid, págs. 186-190.

independencia de su destino o uso. En el caso del cierre de la instalación, la autorización puede suponer la obligación de desmantelamiento de la misma, al igual que en el transporte.

Se entiende en el artículo 38 RD 1955/2000 por instalación de distribución de electricidad todas aquellas instalaciones con tensión inferior a 220 kV, salvo las que se consideren integradas en la red de transporte.

Igualmente forman parte de la misma todos aquellos activos de la red de comunicaciones, protecciones, control, servicios auxiliares, terrenos, edificaciones y demás elementos auxiliares, eléctrico o no, cuyo destino exclusivo sea el adecuado funcionamiento de las instalaciones de las redes de distribución, incluidos los centros de control en las partes y elementos que afecten a las instalaciones de distribución.

Aunque la autorización se podría entender como reglada, la LSE específica que no sólo se produce la denegación cuando no se cumplan los requisitos previstos legalmente, sino también cuando la empresa no garantice la capacidad técnica necesaria para acometer la actividad propuesta, o cuando tenga una incidencia negativa en el funcionamiento del sistema. Se abre, con ello, un margen de apreciación que permite la denegación aun cumpliendo con los requisitos legales (en realidad, requisitos reglamentarios). Esta cláusula pretende garantizar una vía de salida a la Administración para denegar la autorización en determinados casos en los que fuera manifiesta la ineficiencia técnica o económica. No obstante esta posibilidad no ha sido utilizada[27].

Por otra parte, el artículo 40.2. 1° párrafo introducido en la redacción dada a la LSE por la Ley 17/2007[28], establece un condicionamiento fundamental para el otorgamiento de la autorización, ya que la misma ha de responder tanto al carácter del sistema de red única y monopolio natural, propio de la distribución eléctrica, como al criterio de menor coste posible, propio de toda actividad con retribución regulada, evitando el perjuicio a los titulares de redes ya establecidas, obligados a atender los nuevos suministros que se soliciten. Esta condición conlleva en la práctica que sólo las empresas distribuidoras ya establecidas van a poder solicitar la autorización de nuevas instalaciones o la ampliación de las existentes. Sucede, por tanto, una situación similar a la del transportista, aunque no haya jurídicamente un distribuidor único.

---

27 Mª Ángeles Rodríguez Paraja, "La actividad de distribución de energía eléctrica", en *Derecho de la Regulación Económica, III. Sector energético, Tomo I,* Santiago Muñoz Machado/Marina Serrano González/Mariano Bacigalupo Saggese (Dirs), Iustel-CNE, Madrid, págs. 586-587.

28 En su versión original, señalaba que la autorización en ningún caso se entendía concedida en régimen de monopolio o concedente de derechos exclusivos.

Competencialmente buena parte de las autorizaciones de distribución corresponden a las CCAA, ya que el artículo 3 de la Ley 54/1997, en la redacción dada por la Ley 17/2007, establece que sólo corresponde al Estado otorgar las autorizaciones en materia de distribución cuando las instalaciones excedan del ámbito territorial de una Comunidad Autónoma. Normalmente las redes de distribución (las líneas) tienen recorridos más cortos que las grandes líneas de transporte de alta tensión.

A) Procedimiento de autorización de instalaciones de distribución

Como ya se ha indicado en el caso del transporte, son de aplicación a las autorizaciones para las instalaciones de distribución los artículos 115 y siguientes del RD 1955/2000, sin que se disponga de ninguna norma específica, al contrario que en el transporte[29]. En particular ha de mencionarse la aplicación de las normas sobre la solicitud, contenido del anteproyecto de instalación, la exigencia de trámite de información pública y la necesidad de que el procedimiento de autorización de la instalación incluya la Declaración de Impacto Ambiental, convirtiendo el procedimiento en compuesto y articulado con otros procedimientos. Igualmente se respeta la triple fase de autorización del anteproyecto de la instalación, aprobación del proyecto y puesta en funcionamiento.

Ha de tenerse en cuenta que normalmente las autorizaciones para las instalaciones de distribución serán de competencia autonómica y que el indicado Real Decreto sólo tiene carácter supletorio.

Por otra parte, al igual en el resto de las autorizaciones de instalaciones eléctricas el silencio tiene sentido desestimatorio (artículo 40.2 3° párrafo LSE) y la obtención de esta autorización no exime de la necesidad de contar con cuantas otras autorizaciones sean precisas tanto ambientales como territoriales o urbanísticas.

La autorización es de funcionamiento por lo que una vez concedida la empresa de distribución ha de seguir manteniendo las condiciones personales y técnicas para que la instalación cumpla la función para la que fue autorizada. Ello se consigue mediante la posibilidad de obtener todo tipo de información de la empresa distribuidora o mediante la potestad de inspección. Como en otros supuestos autorizatorios, en caso de incumplimiento, se contempla la posibilidad de revocación, aunque no se mencione de forma clara en el supuesto de la autorización de las

---

29 Vid, con más detalle, Mª Ángeles Rodríguez Paraja, "La actividad de distribución de energía eléctrica", en *Derecho de la Regulación Económica, III. Sector energético, Tomo I,* Santiago Muñoz Machado/Marina Serrano González/Mariano Bacigalupo Saggese (Dirs), Iustel-CNE, págs. 599-605.

instalaciones de distribución[30]. También se establece la revocación como sanción y se tipifica como infracción el incumplimiento de las prescripciones y condiciones de la autorización.

El contenido de la autorización se refiere básicamente a los aspectos técnicos de la explotación[31]. Casi todos estos aspectos técnicos están incluidos en normas reglamentarias que afectan a distintos aspectos y fases del suministro de energía eléctrica. En lo que aquí interesa ha de tenerse en cuenta el reglamento electrotécnico de baja tensión para las instalaciones de distribución que fue aprobado mediante Real Decreto 842/2002, de 2 de agosto, el reglamento sobre garantías técnicas y garantías de seguridad en líneas eléctricas de alta tensión aprobado por Real Decreto 223/2008, de 15 de febrero y el reglamento de condiciones técnicas y garantías de seguridad de centrales eléctricas, subestaciones y centros de transformación, aprobado por Real Decreto 3275/1982, de 12 de noviembre[32].

5. El punto final del proceso de distribución y suministro de energía eléctrica. Las acometidas y las líneas directas

Hay que analizar el final del proceso de suministro de la electricidad, es decir, el punto en el que la red de distribución entronca con las instalaciones eléctricas de los clientes, o bien en aquellos supuestos que los clientes de gran consumo disponen de una línea directa de suministro. Aunque esta cuestión, en concreto las acometidas no es, en términos estrictos, objeto de intervención administrativa mediante el correspondiente título habilitante, es lo cierto que en la misma se encuentra un tradicional objeto de litigio entre las empresas distribuidoras propietarias de la red, en situación de monopolio natural, y los promotores urbanísticos, especialmente cuando la extensión de la red se produce en el ámbito del proceso urbanizador. Son los que se conocen en la terminología sectorial como acometidas[33].

---

30 Mª Ángeles Rodríguez Paraja, "La actividad de distribución de energía eléctrica", en *Derecho de la Regulación Económica, III. Sector energético, Tomo I,* Santiago Muñoz Machado/Marina Serrano González/Mariano Bacigalupo Saggese (Dirs), Iustel-CNE, págs. 596-597.

31 Joaquín Mª Nebreda Pérez, *Distribución eléctrica: concurrencia de disciplinas jurídicas,* Thomson-Civitas, Madrid, págs. 637-646.

32 Algunos son también aplicables lógicamente a otras autorizaciones como son las de las instalaciones de producción o transporte.

33 Aunque analice normativa que no está en vigor, para entender el origen y desarrollo del problema, vid. Joaquín Mª Nebreda Pérez, *Distribución eléctrica: concurrencia de disciplinas jurídicas,* Thomson-Civitas, Madrid, págs. 260-267 y Pascual Sala Atienza, "Régimen de las acometidas y de las líneas directas", en en *Derecho de la Regulación Económica, III. Sector energético, Tomo I,* Santiago Muñoz Machado/Marina Serrano González/Mariano Bacigalupo Saggese (Dirs), Iustel-CNE, Madrid, págs. 679 y ss.

A) Acometidas

Los derechos de acometidas (artículo 44 RD 1955/2000) son las contraprestaciones económicas que han de abonarse a la empresa distribuidora por la realización del conjunto de actuaciones necesarias para atender un nuevo suministro o para su ampliación. Los derechos de acometida pueden subdividirse a su vez en derechos de extensión, la contraprestación económica a pagar por cada solicitante de un nuevo suministro o de la ampliación de potencia de uno ya existente a la empresa distribuidora por las infraestructuras eléctricas necesarias entre la red de distribución existente y el primer elemento propiedad del solicitante, pudiendo ser el solicitante un promotor, y derechos de acceso entendidos como la contraprestación económica a pagar por cada contratante de un nuevo suministro o de la ampliación de potencia de uno ya existente, cuyo abono procederá, en todo caso, por su incorporación a la red. En este caso, el pagador es el suministrado.

A partir de esta distinción básica, el artículo 45 RD 1955/2000, en la redacción dada por el Real Decreto 1454/2005, de 2 de diciembre, establece una serie de reglas en atención a la clasificación del suelo de la hoy derogada LRSV (ahora han de interpretarse como situaciones básicas del suelo, tras el TRLdS08)[34]. Precisamente el artículo 9.2 del TRLdS08 en línea con lo anterior se establece como cargas del propietario del suelo: costear y, en su caso, ejecutar las infraestructuras de conexión de la instalación, la construcción o la edificación con las redes generales de servicios y entregarlas a la Administración competente para su incorporación al dominio público cuando deban formar parte del mismo.

Por ello, el RD 1955/2000, solo establece la obligación de pago para la distribuidora en suelo urbano y con condición de solar y siempre que se trate de suministros en baja tensión (con potencia máxima de 50 kW) y en alta tensión (con potencia máxima de 250kW). Por encima de estas potencias, el coste corresponde al solicitante que además deberá ceder la instalación al distribuidor.

Para el resto del suelo urbano corresponde al propietario completar a su costa la infraestructura eléctrica hasta adquirir la condición de solar. Con ello asume que son costes de urbanización y no costes eléctricos.

La misma regla para el urbanizable, el propietario (aunque aquí puede ser el promotor) deberá ejecutar a su costa, de acuerdo tanto con las condiciones técnicas y de seguridad reglamentarias, como con las establecidas por la empresa distri-

---

[34] Antes de ello, la situación era más compleja en tanto que las normas vigentes antes de 1997 establecían que los propietarios y promotores tenían un derecho a resarcirse de la empresa distribuidora en una cantidad que se establecía en 2/3 partes. Vid. Pascual Sala Atienza, "Régimen de las acometidas y de las líneas directas", en *Derecho de la Regulación Económica, III. Sector energético, Tomo I,* Santiago Muñoz Machado/Marina Serrano González/Mariano Bacigalupo Saggese (Dirs), Iustel-CNE, Madrid, pág. 679 y ss.

buidora y aprobadas por la Administración competente, la infraestructura eléctrica necesaria, incluyendo la red exterior de alimentación y los refuerzos necesarios. En este supuesto, una vez que el suelo urbanizable ha alcanzado la categoría de suelo urbano con condición de solar, no procederá el cobro por el distribuidor de cantidad alguna en concepto de derechos de extensión, salvo que la potencia finalmente solicitada supere a la prevista en el proceso urbanizador y el distribuidor tenga que ampliar la infraestructura eléctrica ejecutada.

En suelo no urbanizable, el propietario realiza a su costa la extensión, pero puede mantener la titularidad de la línea.

Este régimen ha sido mantenido por el Real Decreto 222/2008, de 15 de febrero, por el que se establece el régimen retributivo de la actividad de distribución de la energía eléctrica e incluso se ha extendido recientemente, mediante Real Decreto 1699/2011, por el que se regula la conexión a red de instalaciones de producción de energía eléctrica de pequeña potencia. En su artículo 6 se establece que salvo en el caso previsto en el apartado 6 del mismo, el coste de las nuevas instalaciones necesarias desde el punto frontera hasta el punto de conexión con la red de distribución existente, las repotenciaciones en las líneas de la empresa distribuidora del mismo nivel de tensión al del punto de conexión, y, si fuese necesaria, la repotenciación del transformador afectado de la empresa distribuidora del mismo nivel de tensión al del punto de conexión serán realizadas a cargo del solicitante.

En el caso previsto en el apartado 6, que corresponde a las instalaciones en suelo urbanizado con las dotaciones requeridas (el antiguo concepto de solar), se sustituye el pago de los costes de las infraestructuras de conexión por el régimen económico vigente de los derechos de acometida como si de un suministro se tratara, creando un nuevo concepto: derechos de acometida de generación.

B) Líneas directas

Por otra parte, las líneas directas sí están sometidas a autorización de conformidad con el artículo 43 LSE y los artículos 67, 68 y 69 del Real Decreto 1955/2000.

Tienen la consideración de líneas directas aquéllas que tienen por objeto el enlace directo de un centro de producción con un centro de consumo del mismo titular o de un consumidor cualificado[35]. Para su instalación los productores para

---

[35] Pascual Sala Atienza, "Régimen de las acometidas y de las líneas directas", en *Derecho de la Regulación Económica, III. Sector energético, Tomo I,* Santiago Muñoz Machado/Marina Serrano González/Mariano Bacigalupo Saggese (Dirs), Iustel-CNE, Madrid, pág. 700 y Joaquín Nebreda, "Comentario al artículo 43 LSE" en *Comentario a las Leyes Energéticas, Tomo I,* Vicente López-Ibor Mayor/José María Beneyto Pérez (Dirs.), CEU-Thomson-Civitas, Madrid, págs. 659 y ss.

el autoconsumo y los llamados consumidores cualificados deben solicitar la correspondiente autorización según el procedimiento establecido en los artículos 122 y siguientes del RD 1955/2000 y ya descrito con detalle en apartados anteriores a los que no cabe más que remitirse (artículos 67 y 68 RD 1955/2000). Eso sí quedan excluidos del régimen retributivo, ya que no se incluyen en lo que se entiende como sistema eléctrico. Los solicitantes deberán acreditar su capacidad legal, técnica y económica para acometer la obra propuesta, así como las características del emplazamiento de la instalación y el cumplimiento de las condiciones de protección del medio ambiente.

Por ello, las líneas directas solo podrán ser utilizadas por sus titulares o filiales en las que cuenten con una participación significativa exigiendo su conexión a las redes de transporte y distribución la correspondiente autorización. En caso contrario habrán de venderse al transportista único o al distribuidor de zona al perder su calificación de línea directa.

Finalmente, hay que mencionar la existencia de líneas privadas tal y como las regula el artículo 45.5 RD 1955/2000[36], que son las que se construyen en suelo no urbanizable o rústico para dar servicio a un concreto predio que son costeadas íntegramente por el propietario del mismo y que no son cedidas a la empresa distribuidora de zona. Por supuesto, las mismas no necesitan de ningún título habilitante.

III. AUTORIZACIONES EN EL SECTOR DEL GAS

De forma paralela a lo que sucede con el sector eléctrico, las autorizaciones en el sector gasista están reguladas en la LSH, legislación estatal y en su reglamento de desarrollo, el RD 1434/2002, de 27 de diciembre, por el que se regulan las actividades de transporte, distribución, comercialización, suministro y procedimientos de autorización de instalaciones de gas natural. De forma diferente que en el sector eléctrico, en los momentos iniciales de la regulación gasista el sistema estaba articulado mediante un doble nivel, concesión de servicio público para la realización de la actividad y autorización de instalaciones (de carácter marcadamente industrial). Este doble nivel se ha mantenido en opinión de DEL GUAYO en la regulación de la LSH, ya que para obtener la autorización de la instalación se

---

[36] Joaquín Nebreda, "Comentario al artículo 43 LSE" en en *Comentario a las Leyes Energéticas, Tomo I*, Vicente López-Ibor Mayor/José María Beneyto Pérez (Dirs.), CEU-Thomson-Civitas, Madrid, pág. 661.

tienen en cuenta elementos subjetivos. Por ello considera que la autorización es mixta (personal y real)[37] y, por supuesto, de actividad.

En nuestra opinión no se alcanza tal situación, simplemente la autorización industrial contiene elementos que la configuran parcialmente como un título habilitante de la propia actividad, como sucede en el ámbito eléctrico, pero carece del resto de características de la concesión de servicio público.

Así el artículo 58 LSH define a los transportistas, sociedades mercantiles, en función justamente de **estar autorizadas** para la construcción, operación y mantenimiento de instalaciones de regasificación de gas natural licuado, de transporte o de almacenamiento básico de gas natural. Igual sucede con los distribuidores que son aquellas sociedades mercantiles autorizadas para la construcción, operación y mantenimiento de instalaciones de distribución destinadas a situar el gas en los puntos de consumo, lo que incluye el transporte secundario. Con esta lógica, los artículos 67 y 73 LSH exigen en el procedimiento que los solicitantes acrediten su capacidad legal, técnica y económico-financiera. Bien es cierto que la misma es en atención al proyecto que se quiere autorizar, pero supone un control de la propia capacidad para realizar la actividad, al menos en la primera ocasión. En los casos, por ejemplos, de plantas de regasificación o de almacenamiento básico es obvio que autorizando la instalación se autoriza la actividad que no suele tener más que un ejemplo.

Por supuesto, la autorización de actividades conlleva que el incumplimiento de las condiciones y requisitos establecidos en las autorizaciones o la variación sustancial de los presupuestos que determinaron su otorgamiento puede dar lugar a su revocación.

En todos los casos, igual que en el sistema eléctrico, el sentido del silencio es negativo.

1. Autorización para las instalaciones de la red básica y redes de transporte

De conformidad con el artículo 67 LSH requieren de autorización administrativa previa la construcción, explotación, modificación y cierre de las instalaciones de la red básica y redes de transporte reseñadas en el artículo 59, sin perjuicio del régimen aplicable a los almacenamientos subterráneos que es el derivado de la necesidad previa de una concesión de explotación, dada la condición de dominio público de las formaciones geológicas correspondientes.

---

[37] Iñigo del Guayo Castiella, *Tratado de Derecho de Gas Natural,* Marcial Pons, Madrid, 2011, página 196.

La red básica está constituida, de acuerdo con el artículo 59 LSH por los gasoductos de transporte primario de gas natural a alta presión, es decir la igual o superior a 60 bares, las plantas de regasificación y las de licuefacción, los almacenamientos básicos de gas natural (todos los que hay por ahora entran en esta categoría), las conexiones de la red básica con yacimientos en el interior y almacenamientos y las conexiones internacionales (actualmente hay cuatro que nos unen con Francia, Portugal, y con el norte de África, directamente con Argelia o con este país a través de Marruecos).

Dentro de la red básica hay que tener en cuenta que rige la idea de transportista único para aquellos gasoductos de transporte primario incluidos en la red mallada, desde el Real Decreto-Ley 6/2009, de 30 de abril.

La red de transporte secundario son los gasoductos con presiones iguales o superiores a 16 bares hasta 60 bares, siendo el resto gasoductos de distribución, incluso cuando superen los 16 bares pero sirvan para abastecer directamente a un único consumidor (es el caso de las líneas directas para las centrales de ciclo combinado).

Esta distinción es importante a efectos de la distribución competencial, aunque la misma venga determinada en última instancia en función de un criterio estrictamente territorial. En efecto, corresponde al Ministerio de Industria, Energía y Turismo autorizar siempre y en todo caso las instalaciones de la red básica, así como las de la red de transporte secundario siempre que salgan del ámbito territorial de una Comunidad Autónoma[38]. Lo mismo es de aplicación para las redes de distribución. Además para el resto de instalaciones, que son de competencia autonómica, la LSH establece en su artículo 3.2 c) informe vinculante por parte de la Administración General del Estado.

De ello puede colegirse, al igual que en el ámbito eléctrico, que el legislador toma en cuenta y distingue en función de la actividad respecto a la instalación como es lo propio de las autorizaciones industriales. Por su parte, en el RD 1434/2002 se distingue tres fases del procedimiento: la autorización administrativa del proyecto y de la capacidad técnica, la aprobación del proyecto y el acta de puesta en servicio que como sucede en el ámbito eléctrico es una mera constatación de que se ha ejecutado la obra de acuerdo con los presupuestos y requisitos del proyecto aprobado. Formalmente es obvio que son tres procedimientos (cada uno de ellos, como detallaremos a continuación, da inicio con una solicitud y finaliza con una resolución recurrible de forma independiente), pero cada uno de ellos depende del anterior, de modo que la autorización inicial del proyecto caduca si el proyecto no

---

38 En este sentido, Iñigo del Guayo Castiella, *Tratado de Derecho de Gas Natural,* Marcial Pons, Madrid, 2011, pág. 206.

es aprobado y lo mismo sucede con la aprobación si luego no se produce la puesta en explotación de la instalación[39].

Es obvio también que la autorización para la construcción implica la de la explotación y que como en el sector eléctrico, el legislador diseña un largo y complejo procedimiento desde la inicial solicitud de autorización de la construcción de una instalación al efectivo momento en que se autoriza su explotación, lo cual sucede con el acta de puesta en servicio. Esta forma de articulación de las autorizaciones es habitual sobre todo cuando la realización de una actividad en una instalación conlleva el cumplimiento de una serie de requisitos técnicos, básicamente de seguridad[40].

De acuerdo con el artículo 67.2 el solicitante de la autorización para este tipo de instalaciones debe acreditar suficientemente el cumplimiento de una serie de requisitos: las condiciones técnicas y de seguridad, la adecuada protección del medio ambiente (están sometidas a evaluación ambiental), la adecuación a la ordenación del territorio y los subjetivos, ya mencionados, de capacidad legal, técnica y económica-financiera para llevar adelante el proyecto.

El precepto incluye la posibilidad de que la Administración deniegue la solicitud, bien por incumplimiento de requisitos o bien por falta de capacidad, sin atender que es un requisito más de los exigidos por el propio precepto. Con ello se contempla, bien a las claras, la confusión que existe entre la autorización industrial de la instalación que es el fundamento de la misma con el control del ejercicio de la actividad, aparentemente liberalizado.

El Real Decreto 1434/2002, de 27 de diciembre dedica su Título IV al procedimiento de autorización de instalaciones, siendo de aplicación a todas salvo a los almacenamientos subterráneos. Además este es un reglamento estatal, por tanto, las CCAA pueden dictar normas específicas en el ámbito de sus competencias.

Al igual que el Real Decreto 1955/2000, de 1 de diciembre, al que sigue fielmente, esta norma distingue entre procedimiento para construcción, ampliación,

---

39 DEL GUAYO lo califica como procedimiento de procedimientos, aunque reconoce abiertamente que son tres procedimientos jurídicamente distintos. Iñigo del Guayo Castiella, *Tratado de Derecho de Gas Natural,* Marcial Pons, Madrid, 2011, págs. 199-201. Con un análisis más descriptivo, Luis Pérez de Ayala, "Regasificación, transporte y almacenamiento de gas natural", en *Derecho de la Regulación Económica, III. Sector energético, Tomo II,* Santiago Muñoz Machado/Marina Serrano González/Mariano Bacigalupo Saggese (Dirs), Iustel-CNE, Madrid, pág. 1307 y M. Matilde Sánchez Gutiérrez, "Autorización de instalaciones gasistas. Normativa técnica y de seguridad", en *Derecho de la Regulación Económica, III. Sector energético, Tomo II,* Santiago Muñoz Machado/Marina Serrano González/Mariano Bacigalupo Saggese (Dirs), Iustel-CNE, Madrid, pág. 1365 yss.

40 Hasta en un ámbito tan alejado como pueda ser el de autorización de centros escolares el procedimiento de autorización (hasta la puesta en funcionamiento del centro) es parecido.

modificación y explotación de transmisión y cierre de las instalaciones. Trataremos separadamente cada una de estas actividades en relación con las instalaciones.

A) Procedimiento para la autorización de la construcción, ampliación, modificación y explotación (artículo 70-85 RD 1434/2002)

Se divide en tres procedimientos separados, aunque relacionados entre ellos: autorización administrativa del proyecto genérico, aprobación del proyecto de detalle o de ejecución, autorización de explotación que permite poner en gas y proceder a la explotación comercial. A diferencia de lo que sucede en el ámbito eléctrico, es posible que se soliciten conjuntamente las dos primeras autorizaciones, es decir, tratando el proyecto como un todo. Asimismo limita los supuestos de modificación de la instalación que requieren doble autorización administrativa a aquellos de modificación que podría entenderse sustancial, el propio Real Decreto enumera algunos supuestos, mejorando así la redacción del reglamento en el sector eléctrico. En caso de modificación menor, basta con la autorización final de explotación.

Siguiendo el esquema original del Real Decreto 1955/2000 en el ámbito eléctrico, se establecen dos sistemas para el otorgamiento de las autorizaciones, el preferente que es el de concurrencia y uno excepcional, que es de adjudicación directa, salvo en los casos de modificación o ampliación de instalaciones de la red básica ya construidas (artículo 71).

En las autorizaciones directas, la Dirección General de Política Energética y Minas tiene que decidir que concurren las causas para ello, tras solicitud del interesado e informe del Gestor Técnico del Sistema y de la Comisión Nacional de Energía. Si la Dirección General opta por esta vía se le da al solicitante seis meses para que solicite la autorización administrativa general (fase 1). En caso de no presentar en plazo, la instalación se adjudicaría por concurrencia o directamente al transportista[41].

En las autorizaciones a otorgar por un sistema competitivo, la Dirección General elabora las bases del concurso, con informe de la Comisión Nacional de Energía, y lo publica en el Boletín Oficial del Estado. En la convocatoria se expresarán la forma de presentación de las ofertas, los plazos y los criterios de evaluación de las mismas, las características técnicas de la instalación, la cuantía máxima de re-

---

41 Sobre este procedimiento, en extenso, Iñigo del Guayo Castiella, *Tratado de Derecho de Gas Natural,* Marcial Pons, Madrid, 2011, pág. 217 y ss. También M. Matilde Sánchez Gutiérrez, "Autorización de instalaciones gasistas. Normativa técnica y de seguridad", en *Derecho de la Regulación Económica, III. Sector energético, Tomo II,* Santiago Muñoz Machado/Marina Serrano González/Mariano Bacigalupo Saggese (Dirs), Iustel-CNE, Madrid, pág. 1365 y ss.

tribución por la inversión en dichas instalaciones, así como las fianzas a constituir por los solicitantes. Estos presentarán ofertas y la Dirección General responderá en atención a las bases del concurso. Notificada la resolución, la adjudicataria del concurso ha de presentar aval que garantice el 2% del presupuesto previo de las instalaciones.

Finalmente, tras el RD-L 6/2009, de 30 de abril, puede entenderse que hay un tercer tipo de vía: la autorización directa a favor de ENAGÁS como transportista único de los gasoductos de transporte primario integrados en la red mallada, como se deriva de la nueva redacción dada al artículo 67.1 LSH[42]. Quedan así relegado las dos primeras a las redes de transporte secundario.

Seleccionado el solicitante da inicio el procedimiento en sí con la presentación de la solicitud de autorización administrativa (artículo 75), siendo a partir de aquí la tramitación igual para todos los supuestos. La solicitud no tiene ninguna especialidad, salvo que las nuevas instalaciones comprendidas en la red básica de gas natural deben estar incluidas en la planificación gasista, aunque caben excepciones. Estas excepciones deben ser propuestas por el Gestor Técnico del Sistema explicando los motivos de su funcionalidad, correspondiendo a la Dirección General de Política Energética y Minas su aprobación, previo informe de la Comisión Nacional de Energía.

En cuanto al contenido de la solicitud (artículo 76) nada hay que señalar salvo dos cuestiones: que deben añadirse separatas técnicas relativas a las afecciones, en su caso, de la instalación a bienes o servicios dependientes de las Administraciones públicas, organismos y empresas de servicio público o de servicios de interés general por lo que luego se explicará y que como sucede en el ámbito eléctrico, se trata de un contenido abierto, ya que la Administración puede reclamar cuantos otros datos estime oportuno que es una forma incorrecta de introducir la ampliación de la información o la mejora de la solicitud de la legislación general de régimen jurídico en el propio contenido de la solicitud inicial. Una técnica cuando menos reprochable, aunque sea obvia la posibilidad de que la Administración requiera cuanta información estime oportuna para valorar en sus justos términos la solicitud. El problema es que al no remitir a la LRJPAC se desconoce plazo y consecuencia de estos requerimientos, así como de sus posibles incumplimientos. La lógica impone que sean de aplicación los de la LRJPAC.

La tramitación de esta solicitud conllevará una única información pública (artículos 77 y 78) que ha compartirse en el caso de la instalación esté sometida a evaluación de impacto ambiental.

---

42 Iñigo del Guayo Castiella, *Tratado de Derecho de Gas Natural,* Marcial Pons, Madrid, 2011, pág. 212.

Como sucede en el ámbito eléctrico es fundamental también la opinión de las Administraciones públicas, organismos y empresas de servicio público o de servicios de interés general sobre la afectación de sus bienes o servicios. Por ello el artículo 80 establece un trámite de consulta para que en el plazo de veinte días indiquen lo que estimen oportuno. En caso de no contestar, la Administración competente debe repetir el requerimiento dando un plazo de diez días. Sólo tras este segundo plazo sin contestar, se entiende aceptado. De la aceptación o rechazo se da traslado al solicitante para que diga lo que estime oportuno. En caso de reparos por su parte, se da de nuevo traslado a las Administraciones y organismos para que contesten en un único plazo de quince días lo que estimen conveniente. Nada dice el Real Decreto si se vuelven a plantear reparos, por lo que es de aplicación la regulación general del procedimiento administrativo.

Una vez evacuados estos trámites, se eleva el procedimiento a la Dirección General de Política Energética y Minas que sólo debe requerir el informe de la Comisión Nacional de Energía en caso de que se trate de una nueva instalación (construcción).

Finalmente la Dirección General resuelve en el plazo de seis meses (ampliado respecto al sector eléctrico con buen sentido). Lo notificará al solicitante y se publicará en el Boletín Oficial del Estado y de las provincias afectadas. La resolución indicará el plazo máximo para presentar el proyecto de detalle para su aprobación.

Como establece el artículo 67.3 la falta de resolución en plazo tendrá efectos desestimatorios, como ya se ha comentado. Una vez autorizado debe proceder a prestar fianza por el 2% del presupuesto.

La segunda fase, aprobación del proyecto, inicia con solicitud ajustada a los reglamentos técnicos[43]. En la instrucción se cuenta de nuevo con las AAPP, organismos o empresas que sean titulares de bienes o derechos para que establezcan el condicionado técnico en el plazo de veinte días, salvo que no se reciba respuesta tras un requerimiento o existan normas generales. El procedimiento es idéntico al de la primera autorización, salvo que en caso de que existan discrepancias sobre el condicionado que no se hayan resuelto, será el Consejo de Ministros el que decida sobre los mismos.

La Resolución no tiene ninguna peculiaridad, aunque el plazo es de solo tres meses y no se publica. Una vez aprobado, se puede iniciar la construcción de la instalación.

Por último, construida la instalación ha de solicitarse el acta de puesta en servicio. La solicitud irá acompañada del certificado de obras firmado por técnico facultativo competente. La propia delegación provincial de Industria puede otorgar el

43 Iñigo del Guayo Castiella, *Tratado de Derecho de Gas Natural,* Marcial Pons, Madrid, 2011, págs. 223-226.

acta tras las comprobaciones técnicas oportunas. Mientras se tramita cabe otorgar acta de puesta en servicio de prueba o incluso parciales para determinadas partes del proyecto cuando sea necesario (art. 85.3).

B) Autorización de transmisión

La transmisión de las instalaciones gasistas está sometida a autorización. Fundamentalmente lo que se ha de acreditar (así lo establece el artículo 86 del RD 1434/2002) es la plena capacidad legal, económico-financiera y técnica de quien pretende ser el nuevo titular de las instalaciones[44].

La resolución corresponde a la Dirección General de Política y Minas con previo informe de la Comisión Nacional de Energía. El plazo para resolución y notificación es de tres meses, siendo el silencio, como en toda la legislación gasista, desestimatorio. Tras la resolución estimatoria, el solicitante dispondrá de un plazo de seis meses para efectuar el cambio de titularidad. En caso contrario, la autorización caduca. Asimismo el nuevo titular tiene el plazo de un mes para comunicar el cambio desde que éste se produce de forma efectiva. Esto significa, en realidad, que se disponen de siete meses desde la notificación de la autorización de la transmisión hasta que la Dirección General tenga noticia de que se ha producido efectivamente la transmisión solicitada.

Este procedimiento es aplicable a cualquier tipo de instalación, incluidos, los almacenamientos subterráneos.

C) Autorización de cierre

También el cierre de las instalaciones precisa de una autorización administrativa, regulada en los artículos 88 a 91 del Real Decreto 1434/2002, en términos semejantes a los establecidos en la regulación del sector eléctrico[45].

El titular solicita el cierre. Para ello debe acompañar a la solicitud un proyecto de cierre que deberá contener como mínimo una memoria, en la que se detallen las circunstancias técnicas, económicas, ambientales o de cualquier otro orden,

---

[44] Iñigo del Guayo Castiella, *Tratado de Derecho de Gas Natural,* Marcial Pons, Madrid, 2011, pág. 227 y M. Matilde Sánchez Gutiérrez, "Autorización de instalaciones gasistas. Normativa técnica y de seguridad", en *Derecho de la Regulación Económica, III. Sector energético, Tomo II,* Santiago Muñoz Machado/Marina Serrano González/Mariano Bacigalupo Saggese (Dirs), Iustel-CNE, Madrid, pág. 1365 y ss.

[45] Iñigo del Guayo Castiella, *Tratado de Derecho de Gas Natural,* Marcial Pons, Madrid, 2011, págs. 228 y M. Matilde Sánchez Gutiérrez, "Autorización de instalaciones gasistas. Normativa técnica y de seguridad", en *Derecho de la Regulación Económica, III. Sector energético, Tomo II,* Santiago Muñoz Machado/Marina Serrano González/Mariano Bacigalupo Saggese (Dirs), Iustel-CNE, Madrid, pág. 1365 y ss.

por las que se solicita el cierre, así coma los planos actualizados de la instalación a escala adecuada. En caso de que además solicite el desmantelamiento de la instalación debe presentar el correspondiente plan.

La instrucción no tiene ninguna peculiaridad, salvo que si la instalación está bajo el control del gestor técnico del sistema, se requiere informe preceptivo de éste y en el caso de que el cierre sea de una instalación de transporte y lo deba autorizar una Comunidad Autónoma, la Dirección General deberá emitir informe en el que se consignen las posibles afecciones a los planes de desarrollo de la red y a la gestión técnica del sistema.

La resolución corresponde a la Dirección del área o dependencia de Industria y Energía de las Delegaciones del Gobierno siempre que la competencia sea estatal, previo informe de la Comisión Nacional de Energía. El plazo es de tres meses y el sentido del silencio es desestimatorio. La autorización establecerá el plazo para el cierre y, en su caso, desmantelamiento de la instalación. Dicho desmantelamiento puede ser impuesto por la autorización, aunque no hubiera sido solicitado. En caso de incumplimiento del plazo, la autorización caducará. La resolución además de ser notificada, debe ser publicada en el Boletín Oficial del Estado y los de las provincias afectadas.

Concedida la autorización y previas las comprobaciones técnicas que se consideren oportunas se levantará el acta de cierre que supone el final de la actividad en la correspondiente instalación.

El RD guarda silencio sobre el proceso ulterior de desmantelamiento, ya que es obvio que el cierre puede ser (y será, de hecho) un paso previo al desmantelamiento de la instalación.

Al igual que la transmisión este procedimiento para el cierre es aplicable a cualquier tipo de instalación gasista.

D) Consideraciones finales

En todo caso, como es obvio, las autorizaciones se entienden otorgadas sin perjuicio de las concesiones y autorizaciones sobre protección del dominio público que sean necesarias, la correspondiente legislación sectorial y en especial las relativas a la ordenación del territorio, urbanismo y al medio ambiente.

Ha de tenerse en cuenta que de acuerdo con la Ley 13/2003, de 23 de mayo, reguladora del contrato de concesión de obra pública, los proyectos de obra pública de interés general, requieren de informe de la Administración urbanística sobre la adaptación de los mismos al planeamiento urbanístico. Las instalaciones de la Red Básica tienen la consideración de obras públicas a estos efectos[46].

---

46 Iñigo del Guayo Castiella, *Tratado de Derecho de Gas Natural,* Marcial Pons, Madrid, 2011, págs. 223-226.

El contenido de la autorización no se precisa. La LSH se limita a indicar que contendrán todos los requisitos que deban ser observados en la construcción y explotación de la instalación. Es evidente que este precepto no es aplicable al caso de la transmisión ni al del cierre cuyo contenido será exclusivamente el determinado reglamentariamente.

En principio, las autorizaciones de transporte no generan ni una situación de monopolio ni de derechos exclusivos. Ahora bien, esta idea precisa ser matizada por la evolución del derecho europeo (e interno) hacia la noción de un transportista único, como en el ámbito eléctrico. En este sentido, el ya mencionado Real Decreto-Ley 6/2009, vino a consagrar la figura del transportista único para los gasoductos de transporte primario integrados en la red mallada, siguiendo la necesidad y lógica de que quien gestiona el sistema sea también, o al menos forme parte del mismo grupo empresarial que, el transportista que a su vez ha de ser único. Este es el modelo eléctrico. Con ello se eliminaban buena parte de las contradicciones del sistema anterior y se consagra a ENAGÁS como transportista único[47].

2. *Autorización para las instalaciones de distribución de gas*

La LSH establece en su artículo 73[48], en términos semejantes a lo que sucede con las instalaciones de transporte que se necesita autorización para la construcción, modificación, explotación y cierre de las instalaciones de distribución de gas natural con independencia de su destino o uso, inciso final idéntico al de los distribuidores eléctricos. Asimismo está sometida a autorización la transmisión. En el caso del cierre se puede imponer la obligación de desmantelamiento.

Se considera instalación de distribución los gasoductos con presión máxima de diseño igual o inferior a 16 bares y aquellos otros que, con independencia de su presión máxima de diseño, tengan por objeto conducir el gas a un único consumidor, partiendo de un gasoducto de la red básica de transporte secundario.

El artículo 73.2 es idéntico literalmente al artículo 67.2 por lo que es plenamente aplicable lo indicado al respecto de los requisitos que deben acreditar los solicitantes en el apartado anterior.

---

47 Seguimos aquí a DEL GUAYO, Iñigo del Guayo Castiella, *Tratado de Derecho de Gas Natural,* Marcial Pons, Madrid, 2011, pág. 220.

48 Iñigo del Guayo Castiella, *Tratado de Derecho de Gas Natural,* Marcial Pons, Madrid, 2011, págs. 292-295 y M. Matilde Sánchez Gutiérrez, "Autorización de instalaciones gasistas. Normativa técnica y de seguridad", en *Derecho de la Regulación Económica, III. Sector energético, Tomo II,* Santiago Muñoz Machado/Marina Serrano González/Mariano Bacigalupo Saggese (Dirs), Iustel-CNE, Madrid, pág. 1365 y ss.

Al igual que sucede en el transporte, las autorizaciones para instalaciones de distribución no conllevan derechos exclusivos a la distribución en una zona, ahora bien, no puede olvidarse que la propia existencia de redes implica una situación de monopolio natural. **Por eso, en el contenido de la autorización ha de precisarse la zona de distribución, como se acaba de indicar**.

Ahora bien, la cuestión es más compleja y ha de verse a la luz de otros preceptos. En efecto la DA23ª LSH, incluida por el Real Decreto-Ley 5/2005, estableció que sobre **la zona de distribución de gas natural de una autorización administrativa** no podrán concederse nuevas autorizaciones para la construcción de instalaciones de distribución, debiendo cumplir las obligaciones de servicio de interés general y extensión de las redes, impuestas en la legislación y en la propia autorización administrativa. Esto significa como reitera el Dictamen de la Abogacía del Estado 1124/2007[49], que no cabe otorgar más autorizaciones en la zona para la que se ha dado una autorización de distribución.

El artículo 73.7 LSH, introducido en la reforma de 2007 (mediante Ley 12/2007) añade que las autorizaciones de construcción y explotación de instalaciones de distribución deberán ser otorgadas preferentemente a la empresa distribuidora de la zona. En caso de no existir distribuidor en la zona, se atenderá a los principios de monopolio natural del transporte y la distribución, red única y de realización al menor coste para el sistema gasista. Aquí lo que se tiene en cuenta ha de ser zona en sentido geográfico, es decir, tiene preferencia el distribuidor más cercano (por ejemplo, el distribuidor en el municipio vecino, pero que no tiene autorización para actuar en otro municipio), no la zona para la que se ha dado la autorización para la construcción de la instalación de distribución, autorización inicial que es, en última instancia, el momento procedimental fundamental en la determinación de los efectos sobre el título habilitante de la noción de monopolio natural.

En consecuencia, el 73.7 tiene como objeto la ampliación de la red, situación que es todavía relativamente habitual en el sector del gas que no cubre la totalidad del territorio nacional.

A) Procedimiento para la autorización

De acuerdo con lo establecido en el Real Decreto 1434/2002, el procedimiento es el mismo que para las autorizaciones de transporte y regasificación, con la única

---

49 Vid. Eduardo Soler Tappa, *Derecho de la energía: dictámenes de la Abogacía del Estado en el Ministerio de Industria,* Thomson-Civitas, Madrid, págs. 481-483. También citado de forma amplia en Víctor Quesada Morales, "Distribución de gases combustibles por canalización" en *Derecho de la Regulación Económica, III. Sector energético, Tomo II,* Santiago Muñoz Machado/Marina Serrano González/Mariano Bacigalupo Saggese (Dirs), Iustel-CNE, Madrid, págs. 1408-1410.

salvedad de que no hay trámite de información pública, compartida con la posible de la evaluación de impacto ambiental, en los procedimientos de autorización que no exijan concurrencia previa para la selección del solicitante.

En las autorizaciones de distribución, cumpliendo con lo exigido por la LSH, el artículo 81.7 del RD 1434/2002, exige que se delimite la zona en la que se debe prestar el suministro, los compromisos de expansión de la red en dicha zona que asumirá la empresa solicitante y, en su caso, el plazo para la ejecución de dichas instalaciones y su caracterización. Este precepto respondía a que la red de gas natural estaba en una fase incipiente de desarrollo, con grandes partes del territorio nacional sin acceso a la misma.

En caso de no que se responda en plazo que es de seis meses, el sentido del silencio es desestimatorio.

Al igual que en las autorizaciones de transporte, el artículo 73.6 LSH establece que procede la denegación de la autorización, bien por incumplimiento de requisitos o bien por falta de capacidad.

Como en otras autorizaciones, las mismas se entienden otorgadas sin perjuicio de las concesiones y autorizaciones sobre protección del dominio público que sean necesarias, de acuerdo con otras disposiciones que resulten aplicables, la correspondiente legislación sectorial y en especial las relativas a la ordenación del territorio, urbanismo y al medio ambiente.

Finalmente, como ya se ha indicado en el apartado anterior la autorización para la transmisión y el cierre de las instalaciones de distribución siguen el procedimiento descrito para las de transporte.

3. *Breve consideración sobre los almacenamientos subterráneos*

El supuesto de los almacenamientos subterráneos de gas e hidrocarburos es diferente al de otras instalaciones de la red básica en tanto que comparten su naturaleza de bienes de dominio público con los yacimientos de hidrocarburos. Por ello, el régimen de actividades distingue, como en el ámbito minero, entre autorización de exploración, permiso de investigación y finalmente la concesión de explotación, ésta última autoriza a realizar la explotación de los recursos mediante el uso de la estructura geológica como almacenamiento.

Según el artículo 14 LSH, la autorización de exploración implica la realización de trabajos preparatorios geofísicos que no conllevan perforaciones algunas.

El permiso de investigación conlleva el reconocimiento de un derecho exclusivo de investigar las áreas a que vayan referidas durante un período de seis años. En este caso, la adjudicación del indicado permiso se hace en régimen de competencia.

Ambas autorizaciones y permiso están pensados en la LSH básicamente para el descubrimiento y estudio de posibles yacimientos. Sin embargo, la LSH no hace distinción entre si la labor futura será sólo la extracción o como sucede con los almacenamientos, el objetivo principal es justamente introducir hidrocarburos en la estructura subterránea investigada para luego extraerlos.

No sucede lo mismo con la concesión de explotación que tiene un contenido lógicamente diferente. Así el artículo 24bis[50] LSH introducido por la Ley 12/2007, de 2 de julio, establece que la concesión conlleva el derecho a almacenar hidrocarburos de producción propia o propiedad de terceros en el subsuelo del área otorgada y se otorgará por un período de treinta años, prorrogable por dos períodos sucesivos de diez años. Asimismo, permite la realización de actividades de investigación de dichos almacenamientos e incluso de extracción de hidrocarburos de forma previa por necesidades técnicas.

La concesión se otorga mediante Real Decreto. El mismo fija las bases del plan de explotación propuesto, el seguro de responsabilidad civil que habrá de ser suscrito obligatoriamente por el titular de la concesión y la provisión económica de desmantelamiento. Cuando razones de interés general lo aconsejen, el plan de explotación podrá ser modificado por Real Decreto, previo informe de la Comunidad Autónoma afectada. La concesión determina también el ámbito del almacenamiento y las condiciones y requisitos técnicos para su explotación. Asimismo habrá de determinarse el aval o garantía a prestar.

La concesión puede ser objeto de prórroga (artículo 28 LSH) con la única condición de que se mantenga la actividad y se hayan cumplido con las obligaciones previas a las que se comprometieron en la concesión.

La finalización de la concesión, como es habitual, da lugar a la reversión de todas las instalaciones a la Administración, aunque cabe autorizar el uso de las instalaciones por el mismo titular más allá de la finalización de la concesión, si se estuvieran utilizando para el servicio de otras concesiones de explotación o permisos de investigación por el mismo titular. Al igual que en otros ámbitos, la transmisión de la concesión requiere de autorización.

Finalmente el artículo 29bis incluido en la redacción dada en 2007 a la LSH introduce la posibilidad de cambiar una concesión de explotación de recursos naturales o yacimiento de hidrocarburos a concesión de almacenamiento subterráneo. Cuestión ésta fundamental porque en la evolución del sistema gasista, precisa la creación y puesta en funcionamiento de este tipo de almacenes y para ello, las

---

50 En la redacción original del artículo 24 la concesión de explotación para la extracción implicaba también la de almacenamiento. Esta situación cambió con la redacción dada en 2007. Además ha de tenerse en cuenta que la redacción dad tiene múltiples remisiones reglamentarias que hasta el momento no se han desarrollado.

mejores estructuras geológicas son los antiguos yacimientos, agotados o sin rentabilidad económica.

Por tanto, para almacenar es preciso contar bien con una concesión de explotación del almacenamiento o modificar una de explotación del yacimiento. No es posible, en línea de principio, hacer compatible o concurrente ambas, en el sentido de que con una sola concesión se puedan llevar a efecto ambas actividades, compartiendo buena parte del equipo técnico[51].

La razón principal para ello es que la explotación del almacenamiento subterráneo es una actividad regulada con su correspondiente coste y la extracción es una actividad libre. De forma que la compatibilidad teórica sobre un mismo espacio de la doble concesión viene condicionada por el uso de las instalaciones compartido o no y por el principio capital de la separación de actividades (art. 63 LSH), ya que obligatoriamente la actividad de extracción y la de almacenamiento deberán tener dos titulares distintos. Esto significa, en principio, que la novación de la concesión y su transformación en concesión de almacenamiento conlleva la extinción de la anterior concesión[52] o lo que es lo mismo, que o hay una única concesión de almacenamiento con actividad residual de extracción, técnicamente necesario para la operatividad del almacenamiento, o dos concesiones materialmente separadas. Lo que no es posible es que, dado el uso compartido de instalaciones, éstas, que sirven a los dos usos, sean costeadas por el conjunto del sistema, por ser el almacenamiento una actividad regulada.

En todo caso, una vez obtenida la concesión las instalaciones para el almacenamiento deben ser autorizadas, siguiendo el procedimiento ya indicado en apartado 3.1.

IV. AUTORIZACIONES DE INSTALACIONES NUCLEARES Y RADIOACTIVAS

La Ley de Energía Nuclear de 1964 sigue siendo, a pesar de sus evidentes limitaciones y constantes remisiones a las normas reglamentarias, la norma de

---

51 Este caso se ha producido realmente en el almacenamiento subterráneo de Marismas en Huelva. Donde a pesar de las dudas sobre la compatibilidad, el Real Decreto 1088/2011, de 15 de julio (BOE de 3 de agosto), ha permitido la compatibilidad de la antigua concesión de explotación y de la nueva de almacenamiento, asignando un porcentaje de uso a cada actividad y en función de ello estableciendo la retribución correspondiente.

52 Aunque nada impide que la novación sea parcial. Es lo que ha sucedido en el almacenamiento de Gaviota donde mediante Real Decreto 1804/2007, de 28 de diciembre, se convierte parte de la concesión de explotación de hidrocarburos en una concesión de explotación del almacenamiento subterráneo.

cabecera del sector nuclear en España. En materia de autorizaciones la regulación legal es escasísima (remisión reglamentaria casi en blanco) y sólo con la reforma operada el año pasado —2011— se han mejorado algunos aspectos.

La regla general contenida en el artículo 28 LEN es la de sometimiento a autorización de toda instalación nuclear y radiactiva, por parte del Ministerio de Industria, Energía y Turismo, previo informe preceptivo que no vinculante del Consejo de Seguridad Nuclear y oídas las CCAA en materia de ordenación del territorio y medio ambiente (aunque aquí ha de entenderse excluida la evaluación de impacto ambiental que corresponde al órgano ambiental de la Administración General del Estado).

Dicho precepto remite básicamente todo el régimen jurídico de la autorización al reglamento. No obstante, establece algunas cuestiones fundamentales en la redacción dada por la Ley 12/2011, de 27 de mayo. En particular, establece que el titular de la explotación de una central nuclear deberá ser una persona jurídica que tenga por objeto exclusivo la gestión de centrales nucleares, contando a tal efecto con los medios materiales, económicos-financieros y personales necesarios para garantizar la explotación segura de la misma, con lo cual convierte a la autorización en cuasipersonalísima. Es más, aun pudiendo dicha persona jurídica explotar más de una central, debe contar, al menos, con separación contable para cada una de ellas (28.3 LEN). Asimismo debe informar anualmente al Ministerio de los costes de inversión y de la evolución de la plantilla. Aunque el artículo 30 aclara que es posible la transferencia de la autorización a otro titular con idénticas características al original (actividad exclusiva).

Como en otras autorizaciones, el artículo 32 LEN establece la caducidad por transcurso de plazos o incumplimiento de las condiciones. Incluso se prevé que estas autorizaciones queden sin efecto, por razones de interés nacional y previa indemnización, cuyo valor será el determinado en la LEF[53].

---

[53] También se necesita autorización para la fabricación en España de aparatos, equipos o accesorios, cuyo destino sea específicamente nuclear o radiactivo. Por otra parte, las firmas comerciales deberán dar cuenta al Ministerio de Industria de la venta o instalación de los aparatos o dispositivos capaces de producir radiaciones ionizantes a fin de que por éste se verifiquen las condiciones de la instalación y la idoneidad de las personas que trabajarán con dichos aparatos o instalaciones.

1. Autorizaciones de instalaciones de producción eléctrica mediante energía nuclear

A) Régimen general

Como se acaba de indicar la Ley de Energía Nuclear en su artículo 28.1 se limita a establecer que las instalaciones nucleares y radiactivas estarán sometidas literalmente a un régimen de autorizaciones. El plural es más que significativo.

La competencia para las autorizaciones es estatal, aunque las de las instalaciones radiactivas de segunda y tercera categoría[54] pueden corresponder a las CCAA. Resulta llamativo que estas autorizaciones de funcionamiento autonómicas tengan validez en todo el territorio nacional y que baste para el ejercicio de la actividad notificar fehacientemente a la Comunidad Autónoma en la que se va a ejercer la actividad como establece el artículo 2.3. Se trata de un sistema de autorización única autonómica con comunicación al resto de CCAA siempre que fuera necesario por proceder a ejercer la actividad en su territorio. En todo caso, se contempla un registro único de todas las instalaciones, aunque las CCAA puedan crear el suyo propio.

Cuando estas autorizaciones puedan afectar a instalaciones de primer nivel, como las centrales nucleares, se precisa informe del Consejo de Seguridad Nuclear (artículo 6) que es vinculante en caso de ser negativo, y en caso de ser positivo, vincula en las condiciones que imponga.

El procedimiento para las autorizaciones inicia siempre mediante solicitud, siendo el mismo en caso de renovación.

Con motivo de la evacuación de los informes preceptivos, el reglamento establece una regla de más que dudosa legalidad, que es la de la posible suspensión indefinida o por el tiempo necesario del procedimiento por parte del órgano competente para la resolución. Bien es cierto que se pretende evitar con ello la aplicación de la regla del artículo 83 LRJPAC, pero teniendo en cuenta que el silencio tiene carácter desestimatorio y que es evidente el carácter vinculante del informe del Consejo de Seguridad Nuclear, ¿qué sentido tiene que una norma reglamentaria establezca la mera posibilidad de la suspensión indefinida de un procedimiento, vulnerando claramente las prescripciones de la normativa general? No obsta a esta conclusión que el RD exija que la suspensión sea motivada. Carece completamente de sentido una norma en este sentido. El plazo para resolver (artículo 7) es de seis meses, pero con la posible suspensión por tiempo indefinido, en puridad, el procedimiento de este tipo de instalaciones no tiene plazo y además el sentido del silencio es negativo.

---

54 Esta clasificación está en el propio Real Decreto en su artículo 34 al cual nos remitimos.

B) Procedimiento de las autorizaciones de las instalaciones nucleares y radiactivas.

Corresponde al Real Decreto 1836/1999, de 3 de diciembre, por el que se aprueba el Reglamento sobre Instalaciones Nucleares y Radiactivas desarrollar, por tanto, este régimen de autorizaciones. Tras definir en su artículo 11 las instalaciones nucleares, la primera de las cuales, son las centrales nucleares, establece hasta seis tipos de autorizaciones. La primera, la previa o de emplazamiento, es un reconocimiento oficial del objetivo propuesto por el solicitante y de la idoneidad del emplazamiento elegido. Una vez obtenida ésta, cabe solicitar la de construcción, posteriormente la de explotación que ya faculta a su titular a cargar el combustible nuclear o a introducir sustancias nucleares en la instalación. Esta autorización de explotación se puede dar provisionalmente para que puedan realizarse pruebas. Además están la de modificación, que es una suerte de autorización previa del proyecto de modificación, la de ejecución y montaje de la modificación y finalmente, la de desmantelamiento, que terminará con la declaración de clausura que liberará al titular de una instalación de su responsabilidad como explotador de la misma y definirá, en el caso de la liberación restringida del emplazamiento, las limitaciones de uso que sean aplicables, así como el responsable de mantenerlas y vigilar su cumplimiento.

Además han de contar con autorización específica, el almacenamiento temporal de sustancias nucleares en una instalación en fase de construcción que no disponga de autorización de explotación, así como el cambio de titularidad de las instalaciones nucleares.

En todas ellas ha de contarse con informe de la Comunidad Autónoma afectada y corresponde al Ministro de Industria la competencia para, en la equívoca terminología de la norma, concederlas.

a) El procedimiento para la autorización previa

El contenido específico de la solicitud está regulado en el artículo 14 RD 1836/1999. Recibida la misma se abre un período de información pública, aunque el reglamento lo configura incorrectamente como un período de información pública y alegaciones, al señalar que en el anuncio se hará constar que las personas y entidades que se consideren afectadas por el proyecto podrán presentar, en el plazo de treinta días, ante la Delegación del Gobierno correspondiente, los escritos de alegaciones que estimen procedentes. Esta información pública está compartida con la pertinente de la evaluación de impacto ambiental.

Ello no obsta para que con carácter incluso previo al trámite de información pública, se solicite informe a las restantes AAPP e Instituciones que se puedan ver afectadas. Se distingue claramente entre la fase de consulta e informe de entidades públicas y la de información pública.

b) El procedimiento de la autorización de construcción

El propio reglamento es escueto. Se limita, artículo 17, a establecer el contenido de la solicitud con gran detalle en cuanto a la documentación exigida. Establece asimismo la obligación por parte del titular de llevar a cabo en el proceso de construcción las pruebas prenucleares. Lo relevante es que el programa de pruebas prenucleares debe ser aprobado por el Ministerio, a través de la Dirección General de Política Energética y Minas, previo informe del Consejo de Seguridad Nuclear. En cualquier caso, han de verificarse los resultados antes de que se pueda conceder la autorización de explotación.

c) La autorización de explotación

El artículo 20 del RD establece la documentación que acompaña a la solicitud de este tipo de autorización. De nuevo, es muy detallada y abarca distintos aspectos, incluido un reglamento de funcionamiento, manuales de calidad o de protección radiológica o, incluso, un estudio previo del futuro desmantelamiento.

Cabe autorización provisional condicionada al resultado de las pruebas nucleares. En la realización de las mismas, el Consejo de Seguridad Nuclear tiene potestad de suspensión en cualquier momento por la simple apreciación de que la continuación resulte potencialmente peligrosa. Estamos ante un ejemplo extremo del control administrativo del riesgo. Una vez efectuadas las pruebas, y previo informe del Consejo de Seguridad Nuclear, se producirá el otorgamiento de la autorización de explotación. El Consejo de Seguridad Nuclear puede solicitar la imposición de cualquier condición en el momento del otorgamiento o, incluso, con posterioridad.

d) El régimen de modificación

En principio, el titular puede modificar las condiciones de explotación sin necesidad más que de comunicar (mantener informado dice el Reglamento) al Ministerio y al Consejo de Seguridad Nuclear, salvo que, como resultado de la autoevaluación, el propio titular entienda que hay modificación de criterios, normas y condiciones que exijan una nueva autorización. No obstante, este régimen simplificado de comunicación o autorización a voluntad, el artículo 25.2 establece que cuando para las AAPP competentes la modificación sea de gran alcance o implique obras de construcción o montaje significativas, la Dirección General de la Energía requerirá al titular para que solicite una autorización de ejecución y montaje de la modificación. Es decir, la diferencia entre una y otra es que la primera la de modificación (26 y ss) es a instancia de parte y la segunda (artículo 27 viene exigida por la Dirección General de Política Energética y Minas o por el Consejo de Seguridad Nuclear), siendo las documentaciones distintas.

e) Cese de la instalación

El titular debe comunicar al menos con un año de antelación el fin de la explotación. En todo caso, el Ministerio declarará el cese e impondrá las condiciones a las que deban ajustarse las actividades a realizar en la instalación hasta la obtención de la autorización de desmantelamiento y el plazo en que se deberá solicitar dicha autorización. No se trata de una autorización en sentido estricto, pero tampoco de una mera comunicación, ya que en todo caso, exige una actividad por parte del Ministerio.

f) Autorización de desmantelamiento y declaración de clausura

El desmantelamiento exige también autorización mediante solicitud con la documentación determinada en el artículo 30 del Real Decreto. Se permite, lo que además será habitual, que el titular de la autorización de desmantelamiento sea distinto al de la de explotación para ello la autorización de la transmisión se hará al tiempo que la de desmantelamiento. Esta autorización solo cubre la primera fase del desmantelamiento en la hipótesis, que será normal, de que se prevean varias fases. Cada una de ellas exigirá su propia autorización.

Finalmente ejecutado todo el desmantelamiento y verificado el cumplimiento de las previsiones del plan de restauración del emplazamiento, el Ministerio declarará la clausura, previo informe del Consejo de Seguridad Nuclear. Antes de la misma, se dará traslado a las CCAA. En todo caso, los terrenos ahora liberados pueden quedar limitados en su uso por haber albergado una instalación nuclear.

g) Las instalaciones radiactivas

Definidas en el artículo 34 del RD 1836/1999 las instalaciones del ciclo nuclear exigen las siguientes autorizaciones: autorización previa, autorización de construcción, autorización de explotación, autorización de desmantelamiento y declaración de clausura y, en su caso, autorización de modificación y de cambio de titularidad. Por su parte, las instalaciones radiactivas con fines científicos, médicos, agrícolas, comerciales o industriales requerirán una autorización de funcionamiento, una declaración de clausura y, en su caso, una autorización de modificación y de cambio de titularidad. Sus respectivos procedimientos (artículos 39 y ss del Real Decreto no tienen ninguna peculiaridad destacable).

2. *El caso especial de las autorizaciones de protección física*

El recientemente aprobado Real Decreto 1308/2011, de 26 de septiembre, sobre protección física de las instalaciones establece otro tipo de autorización[55] con la que han de contar las instalaciones nucleares y los transportes nucleares que es la llamada autorización de protección física que es el título habilitante para las medidas tomadas por las instalaciones para prevenir, disuadir y evitar, o al menos retardar en modo suficiente, actos deliberados dirigidos a producir daños en la instalación o a la retirada no autorizada del material nuclear o de la fuente radiactiva.

Así todas las instalaciones nucleares deben contar con esta autorización cuando manejen materiales de cierto nivel de peligrosidad, para los de más bajo nivel, por ejemplo uranio natural no irradiado, es suficiente que queden protegidos conforme a prácticas de gestión prudentes.

La autorización ha de solicitarse al mismo tiempo (artículo 13) que las de construcción, de almacenamiento temporal de material nuclear, de explotación, y de desmantelamiento, teniendo el mismo plazo de validez que las anteriores. El régimen en caso de modificación es el mismo que se ha indicado para el Reglamento general de instalaciones nucleares y radioactivas. En caso de que el titular disponga de varios emplazamientos dentro de una misma instalación, el Ministerio de Industria determinará si necesita de una autorización individual para cada una de ellas o conjunta. El artículo 14 establece la documentación que ha de acompañar a la solicitud.

Finalmente al cese de la actividad que explota hay que enviar actualización informada de la protección. La instalación necesita autorización de protección hasta que deje de disponer de material nuclear, no esté previsto adquirir nuevo material nuclear y, a juicio del Ministerio de Industria, Turismo y Comercio, previos informes del Ministerio del Interior y del Consejo de Seguridad Nuclear, deje de existir riesgo radiológico significativo en caso de producirse actos de sabotaje contra la instalación.

---

55 La misma trae causa de la Convención sobre la protección física de los materiales nucleares, abierta a la firma en Viena y en Nueva York el 3 de marzo de 1980. Originalmente dicha Convención fue recogida en el derecho interno mediante el Real Decreto 158/1995, de 3 de febrero, sobre protección física de los materiales nucleares. Posteriormente se enmendó el Convenio en 2005 que fue aceptado por España en noviembre de 2007. Al mismo tiempo España ha ratificado el Convenio Internacional para la represión de los actos de terrorismo nuclear, hecho en Nueva York el 13 de abril de 2005. Especialmente la Enmienda ha obligado a la aprobación del nuevo texto reglamentario para aumentar las medidas de protección física de las instalaciones nucleares.

Este mismo régimen jurídico se aplica al transporte de materiales nucleares, pero dicha autorización excede del objeto de este capítulo.

3. *Naturaleza de las autorizaciones de instalaciones nucleares y radioactivas*

La autorización contemplada por la LEN es un supuesto extremo de autorización de funcionamiento (artículo 35)[56], porque el estándar de seguridad en materia de energía nuclear es muy variable, dependiendo de incidentes o accidentes de más o menos gravedad que se puedan producir. Por ello, el control e inspección que se efectúa mediante los inspectores del Consejo de Seguridad Nuclear (artículo 29 LEN), el primer organismo independiente, que no regulador que existió en el derecho español, alcanza una intensidad desconocida en otros ámbitos, en tanto que de forma permanente existe un inspector en cada una de las centrales nucleares autorizadas.

Asimismo el propio Consejo de Seguridad Nuclear, en uso de su potestad normativa, aprueba normas técnicas —instrucciones técnicas complementarias (artículo 6.4 del RD 1836/1999)—, que son de aplicación inmediata en las centrales. Buena parte de ellas encuentra su origen en la propia industria nuclear de otros países, generalmente Estados Unidos, siendo normas de origen privado.

Es evidente que también puede, por razones de seguridad, paralizar las obras en caso de aparición de anomalías que afecten a la seguridad nuclear y hasta tanto éstas sean corregidas, pudiendo proponer la anulación de la autorización si las anomalías no fueran susceptibles de ser corregidas. De igual modo tiene autoridad para suspender, por razones de seguridad nuclear y protección radiológica, el funcionamiento de las instalaciones o las actividades que se realicen.

Todo ello configura un sector en que la técnica autorizatoria, entendida como habilitación para la realización de una determinada actividad no abarca toda la complejidad de la relación jurídica que se establece entre los titulares de las centrales nucleares y la Administración pública.

Las autorizaciones como corresponde a una actividad sometida a un control intenso y continuo tienen, sin duda, elementos reglados, pero en última instancia tienen naturaleza discrecional, incluso cuando, por ejemplo, se cuente con informe favorable del Consejo de Seguridad Nuclear al inicio o mantenimiento de la explotación de una instalación.

Recientemente se ha planteado esta cuestión con motivo del proyectado cierre de la central nuclear de Santa María de Garoña. El titular de la autorización

---

56 Basta con leer el catálogo de responsabilidades del titular y sus obligaciones en caso de detectar deficiencias en los artículos 8 y 8 bis del Real Decreto.

de explotación solicitó en tiempo y forma prórroga de la misma. Dicha prórroga contó con el informe favorable del Consejo de Seguridad Nuclear, cuyo carácter es vinculante solo en negativo. El Ministerio decidió resolver prorrogando la misma solo hasta 2013 y no como hasta 2019 como se había solicitado. Dicha denegación parcial fue objeto de recurso ante la Audiencia Nacional que resolvió el mismo mediante Sentencia de 30 de junio de 2011 (RJCA 2011/594)[57]. Dicha Sentencia avala totalmente la naturaleza discrecional de la autorización y de sus prórrogas.

En lo que aquí interesa en los FFJJ 17° y 18° la Audiencia Nacional argumenta, frente a la pretensión de buena parte de los recurrentes, que la energía nuclear tiene un régimen especial (en virtud de la DF10ª LSE) y que, aunque la prórroga de la autorización contiene elementos reglados como la competencia para ejercerla o el cumplimiento de los requisitos en materia de seguridad nuclear y protección radiológica, ello

> "no significa que sean los únicos que puedan tenerse en cuenta en la concesión y/o renovación de tal autorización, pues junto a ese mínimo imprescindible, y que se concreta esencialmente en la garantía de seguridad concurren, en la decisión adoptada en el presente caso, otra serie de circunstancias, ajenas a las materias de seguridad nuclear y emisiones radiológicas, que han de ser valoradas a efectos de pronunciarnos sobre la adecuación o no a Derecho de la Orden Ministerial recurrida".

Sigue afirmando que el informe del Consejo de Seguridad Nuclear cuando es positivo deja margen de apreciación al Ministerio, salvo en las condiciones de seguridad nuclear y emisiones radiológicas. Además la decisión se toma en atención a otros condicionantes, no solo el indicado informe. Para concluir que son "evidentes las especificidades que concurren en la generación de energía nuclear, que demandan ciertas especialidades normativas y que giran en torno a dos pilares sobre los que se construye la misma: a) la seguridad nuclear y protección radiológica de un lado y b) la gestión de residuos radiactivos".

De todo ello se deriva que la autorización y su prórroga contiene elementos reglados y otros claramente discrecionales que enlazan con el desarrollo de la política energética y, en última instancia, con el mandato constitucional del artículo 97 CE por el cual se establece que el Gobierno de la Nación dirige la política interior. Literalmente:

> "existe una última y poderosa justificación que legitima el pronunciamiento no reglado de la Orden Ministerial recurrida, y que consiste en que la misma ha sido dictada en un ámbito, el de la energía nuclear, que no solo es muy específico, como se ha indicado,

[57] Al tiempo de escribir estas líneas, el Tribunal Supremo no ha resuelto todavía, pero el nuevo Gobierno ya ha presentado un informe para prorrogar la autorización de explotación hasta 2019 como se había solicitado originalmente.

sino también controvertido, generador de un gran debate popular, debido sobre todo a los riesgos inherentes a tal clase de energía (emisiones radiológicas, residuos radioactivos...), ámbito en el que sin duda, y dada dicha especificidad y controversia, puede intervenir una determinada dirección u orientación de la política del Gobierno, en cuanto órgano constitucional supremo.
Así, de conformidad con el artículo 97 CE, el Gobierno dirige la política interior, potestad de orientación política que atribuye al mismo la dirección de toda la actividad económica general como contenido de la denominada acción de gobierno (Art. 98.2 CE), dentro de la cual se incluyen potestades de planificación (Art. 131 CE) y, en definitiva, una libre elección de los fines de dicha actividad política y económica, entre ellas la política energética, de acuerdo con las distintas opciones de gobierno constitucionalmente posibles. (...) Libre elección de fines, que es lo que en definitiva define la dirección política del Gobierno que no obstante viene sometida, por mandato constitucional, al adecuado control judicial, pero limitado a la legalidad de acto administrativo en sus elementos reglados, así como de interdicción de la arbitrariedad".

4. *Autorizaciones de instalaciones para albergar residuos radiactivos, en particular, el Almacén Centralizado Temporal o ATC*

De acuerdo con el artículo 31 LEN está prohibido con carácter general el almacenamiento de materiales y residuos radiactivos salvo que estén autorizados. Idéntico régimen jurídico es de aplicación a la transferencia o reventa.

En principio, el proceso de autorización de un almacenamiento de residuos no puede ser otro que el del Reglamento de Instalaciones Nucleares y Radiactivas que ya se ha estudiado.

No obstante, con el Almacén Centralizado Temporal (más conocido por sus siglas ATC) se ha procedido de una forma diferente en tanto que antes de que ENRESA solicitara las autorizaciones pertinentes, se estableció un procedimiento *ad hoc* para la selección del emplazamiento. Esto responde a las peculiaridades del propio Almacén en el que se espera centralizar todos los residuos de alta actividad que actualmente se guardan en las piscinas especiales de las propias centrales nucleares, muchas de las cuales están ya al límite de su capacidad. Además el almacén tiene carácter temporal dado que el objetivo final es que estos residuos de larga duración y alta actividad reposen en algún lugar subterráneo para un futuro muy lejano que se cuenta en siglos.

Pues bien, en el Real Decreto 775/2006, de 23 de junio, se dio el primer paso tras distintas iniciativas parlamentarias[58], al crear una Comisión interministerial

58 El origen del ATC está en 2004 cuando La Comisión de Industria, Turismo y Comercio del Congreso de los Diputados, con ocasión de la presentación del Informe General de las actividades del Consejo de Seguridad Nuclear, aprobó, en su reunión del día 14 de diciembre de 2004, una resolución en la que se instaba al Gobierno a que en colaboración con ENRESA desarrollara los

para establecer las condiciones técnicas, ambientales y socieconómicas de los posibles emplazamientos del ATC, así como impulsar los procesos de información y participación pública y, lo más llamativo, desarrollar el procedimiento por el que los municipios interesados pudieran optar a ser candidatos para el emplazamiento. Finalmente dicha Comisión debía evaluar, a través de un Comité Asesor Técnico (previsto en el artículo 6), formado por expertos y miembros de ENRESA, a los distintos candidatos y proponer al Gobierno los posibles emplazamientos, en base a las evaluaciones técnicas realizadas sobre su idoneidad y teniendo en cuenta las propuestas que, en su caso, formularan las comunidades autónomas afectadas.

El 27 de julio de 2006 se publicó en el BOE el anuncio para la selección de emplazamientos, finalizando el período para la solicitud de información por parte de los municipios el 28 de febrero de 2007.

Posteriormente la Comisión Interministerial elaboró los criterios y pliegos para la convocatoria pública, aprobada mediante Resolución de la Secretaría de Estado de Energía de 23 de diciembre, publicada en el BOE el 29 de diciembre de 2009. A ella se presentaron un total de 14 municipios, de los cuales uno desistió y sólo fueron admitidos definitivamente nueve de ellos (uno de estos nueve desistiría posteriormente), desistiendo tres en el proceso de alegaciones y siendo rechazado uno porque el Pleno municipal que debía aprobar la solicitud fue fuera de plazo (Villar del Pozo, Ciudad Real).

A partir de estas solicitudes admitidas, durante los meses de marzo y abril de 2010 se dio trámite de información pública. A finales de abril se elaboró el informe de los candidatos y a finales de septiembre de 2010, consultadas las CCAA, se publicó el informe final de propuesta de emplazamientos de candidatos en el cual destacaban claramente cuatro posibles ubicaciones. Sin embargo, aquí el procedimiento quedó paralizado por diversas circunstancias hasta finales de 2011, fecha en la que el Consejo de Ministros tomó la decisión final mediante Acuerdo, seleccionado el municipio, que no el emplazamiento exacto del ATC de Villar de Cañas (Cuenca) que había sido el cuarto en la valoración inicial por parte de la Comisión Interministerial. Este municipio propuso en su solicitud hasta tres emplazamientos.

---

criterios necesarios para llevar a cabo en España la instalación de un almacenamiento temporal centralizado (ATC) de combustible gastado en consonancia con el Plan general de residuos radiactivos. Posteriormente, la propia Comisión, el 27 de abril de 2006, aprobó una Proposición no de Ley relativa al establecimiento de una comisión interministerial encargada de establecer los criterios que deberá cumplir el emplazamiento del almacén temporal centralizado de combustible nuclear gastado y residuos de alta actividad. Todo el proceso puede consultarse en *www.emplazamientoatc.es*, que es la página web de la propia Comisión Interministerial.

A partir de este momento y con el objetivo de que la instalación esté construida y operativa en 2015 ha dado inicio el trámite ordinario de las autorizaciones previstas en el Reglamento de Instalaciones Nucleares y Radiactivas que se han estudiado en apartados anteriores a los cuales nos remitimos.

AUTORIZACIONES EN MATERIA DE CENTROS Y SERVICIOS SANITARIOS; ESPECIAL REFERENCIA A LOS LABORATORIOS CLÍNICOS

María Nieves de la Serna Bilbao
Profª. Titular de Derecho Administrativo
Universidad Carlos III de Madrid[1]

1 nieves.delaserna@uc3m.es

I. LAS PRINCIPALES TÉCNICAS DE INTERVENCIÓN ADMINISTRATIVAS

Como es conocido, la intervención de la administración pública, cuando tiene por finalidad limitar u ordenar la actividad desarrollada por los particulares, persigue la realización del buen orden social, es decir, la consecución de aquellos intereses públicos que el propio ordenamiento jurídico le encomienda. De esta forma, la actuación administrativa que limitadora de las posiciones y las situaciones subjetivas de los particulares restringiendo, con mayor o menor intensidad la esfera jurídica de aquellos se fundamenta en la necesidad de articular o coordinar dichas relaciones jurídicas privadas con el interés general. Con tal finalidad, el ordenamiento jurídico habilita a la administración pública para intervenir, si bien con distinto grado, en aquella actuación privada. Así, de acuerdo con la tipología generalmente aceptada por la doctrina administrativa, es posible diferenciar distintas formas de intervención de la administración:

1. En primer lugar, una prohibición absoluta e incondicionada de todo hacer o de todo actuar de los particulares. Son muchos los ejemplos que se pueden mencionar en este sentido. Ciñéndonos al ámbito sanitario, es posible destacar la habilitación que contiene la Ley 14/1986, de 25 de abril, General de Sanidad —en adelante, LGS—, que autoriza a la administración sanitaria, para que cuando exista o sospeche un riesgo inminente y extraordinario para la salud, acuerde la intervención correspondiente y adopte una serie de medidas a tal fin como la incautación o inmovilización de productos, la suspensión del ejercicio de actividades, el cierres de empresas o de instalaciones, etc.
2. En otras ocasiones, la actuación administrativa no actúa de forma directa sobre las relaciones jurídicas de los particulares y la intervención de la administración se limita a declarar la concurrencia del interés público en un determinado bien o actividad produciéndose una real delimitación del ejercicio de determinados derechos como la objeción de conciencia (SsTC 15/1982, de 23 de abril, 53/1985, de 11 de abril, 160/1987, de 27 de octubre, 71/1993, de 1 de marzo y 321/1994, de 28 de noviembre).
3. En otros supuestos, la administración pública goza de importantes potestades dirigidas a comprobar formalmente la adecuación de la actividad que se pretende llevar a cabo por los particulares con los requisitos exigidos por los textos legales para tal ejercicio o actuación. Se trata de la técnica autorizatoria entendida como actos administrativos reglados y debidos, declarativos y, necesariamente, de averiguación, previa al ejercicio de la actividad que se pretenda desarrollar, como es el caso del tema que nos ocupa, es decir, de instalación, funcionamiento, modificación e, incluso cierre de los

centros y servicios sanitarios y, dentro de ellos los laboratorios de análisis clínicos.

4. Recientemente, se ha introducido en nuestro ordenamiento jurídico, como consecuencia de la exigencia comunitaria contenida en la Directiva 2006/123/CE, de 12 de diciembre, relativa a los servicios en el mercado interior, más conocida como Directiva de servicios, dos figuras nuevas: la "declaración responsable" y la "comunicación previa". Estas nuevas técnicas —traspuestas a nuestro ordenamiento jurídico por la Ley 17/2009, de 23 de noviembre, sobre el libre acceso a las actividades y servicios y su ejercicio, que modificó, a su vez, a la Ley 30/1992, de 26 de noviembre, RJAPyPAC, incorporando el artículo 71bis—, introducen un verdadero cambio de "cultura administrativa" en tanto que suprimen, en determinadas actividades, la obligación de obtención de los tradicionales títulos administrativos de intervención como las licencias o las autorizaciones. En efecto, con la declaración responsable y la comunicación previa (figura que tenía en nuestro ordenamiento, concretamente en el urbanístico, algún antecedente, de la SERNA BILBAO, 2002) se permite que, aquellas personas que quieran iniciar y/o desarrollar una actividad empresarial o profesional, suscriban una declaración responsable o comunicación previa en la que los interesados declaran, bajo su responsabilidad, que cumplen con todos los requisitos establecidos en la normativa vigente para obtener el reconocimiento del derecho o facultad o del ejercicio y que cuentan con toda la documentación que así lo acredita. Asumen, además, el compromiso de que durante todo el tiempo que desarrollen la actividad en la que presentan la declaración o comunicación van a cumplir con los requisitos señalados por el ordenamiento jurídico. En estos casos, el reconocimiento o la habilitación para el ejercicio de un derecho o inicio de la actividad produce efectos a partir del día en que se presenta ante la administración correspondiente (presentación que puede ser telemática) sin perjuicio, claro está, de las facultades de control "ex post" que la administración puede desarrollar en cualquier momento. En este caso, el cambio de cultura afecta igualmente a la configuración jurídica hasta ahora vigente, dado que es preciso para que estas figuras sean efectivas, concretar, con carácter previo, en normas legales y reglamentarias todos los requisitos que el promotor de la actividad debe cumplir para el desarrollo de la misma.

En nuestro caso es preciso señalar que, de acuerdo con la denominada Directiva de servicios, los servicios sanitarios han quedado expresamente excluidos del ámbito de aplicación de las medidas de fomento de la competencia y agilización de los trámites administrativos en el acceso a una actividad de servicios o a su ejercicio adoptadas por la ya mencionada Ley 17/2009, de 23 de noviembre, que expresamente, en su disposición 2.2.f) exceptúa de su ámbito de aplicación a los servicios sanitarios realizados o no en establecimientos sanitarios y con independencia de su modo de organización y de financiación[2]. Sin embargo, a pesar de ello, es preciso indicar que alguna comunidad autónoma, como Castilla y León, ha traspuesto al ámbito sanitario alguna medida adoptada por la Directiva de servicios con la finalidad de flexibilizar las facultades de intervención en éste ámbito como tendremos ocasión de estudiar.

II. ALCANCE Y ARTICULACIÓN DE LAS TÉCNICAS DE AUTORIZACIÓN, ACREDITACIÓN Y DECLARACIÓN DE RESPONSABLE Y COMUNICACIÓN PREVIA

1. Planteamiento de la cuestión

El *artículo 43 de la Constitución* reconoce el derecho a la protección de la salud y atribuye a los poderes públicos el deber de organizar y de tutelar la salud pública a través de medidas preventivas, de prestaciones y de servicios[3]. De este modo, en relación con el ámbito sanitario, el interés público implica la obligación de prestar un servicio eficaz, con calidad y seguridad. A tal finalidad se ordena una importante regulación sectorial, regulación que por sí sola, resulta insuficiente para alcanzar aquel objetivo. De ahí, que el ordenamiento jurídico articule otros instrumentos jurídicos, como la autorización administrativa que permite asegurar de manera más efectiva el fin público perseguido. Este fenómeno no es exclusivo del ámbito sanitario sino que, por el contrario, es algo habitual en el tráfico administrativo, en el cual, a una inicial regulación de un sector o actividad, le sigue una importante intervención administrativa impuesta, precisamente, por una abundante normativa que tiene como finalidad verificar con carácter previo, la adecuación no sólo de la actividad que se

---

2 Textualmente el artículo 2.2.f) de la Ley 17/2009, de 23 de noviembre, preceptúa que *"Los servicios sanitarios, incluidos los farmacéuticos, realizados o no en establecimiento sanitarios e independientemente de su modo de organización y de financiación a escala estatal y de su carácter público o privado, prestados por profesionales de la salud a sus pacientes con objeto de evaluar, mantener o restaurar su estado de salud, cuando estas actividades están reservadas a profesiones sanitarias reguladas"*.

3 El artículo 43 de la Constitución Española dispone:
"1. Se reconoce el derecho a la protección de la salud.
2. Compete a los poderes públicos organizar y tutelar la salud pública a través de medidas preventivas y de las prestaciones y servicios necesarios. La ley establecerá los derechos y deberes de todos al respecto.
3. Los poderes públicos fomentarán la educación sanitaria, la educación física y el deporte. Asimismo facilitarán la adecuada utilización del ocio".

pretende llevar a cabo sino también las instalaciones, los equipos, los materiales y el personal con que desarrollan su actividad. Ocurre así que al poder público le corresponde garantizar no sólo que la actividad que se realiza sea correcta sino, además, que se realice con unas infraestructuras, equipamiento, materiales y personal adecuado para el desarrollo de las actividades sanitarias objeto de nuestro estudio.

Con esta finalidad, tanto el inicio como el funcionamiento, la modificación o, incluso, el cese de funcionamiento de los diferentes centros y servicios sanitarios queda condicionado a la obtención de distintos títulos jurídicos-administrativos que actúan a modo de control o de verificación del cumplimiento de unas determinadas exigencias jurídicas y de calidad en las prestaciones sanitarias dispensadas. En nuestro caso, existen distintos mecanismos que persiguen esta finalidad. Se trata de la autorización administrativa y del sistema de acreditación; dos instituciones diferentes con sustantividad propia y a las que se les debe sumar, la declaración responsable y la comunicación previa en algún supuesto que estudiaremos más adelante.

La necesidad de contar con una autorización administrativa implica, en cualquier caso, el ejercicio de un control de policía que se desarrolla con carácter previo al inicio de la actividad que se pretende realizar, dirigido fundamentalmente a comprobar si ésta se produce de conformidad con los requisitos y las exigencias impuestas por el ordenamiento jurídico para prestar un servicio eficaz. Por otro lado, la verificación de unos requisitos de calidad de la prestación sanitaria se suelen controlar a través de la obtención de la denominada acreditación, cuya finalidad es que los centros o servicios sanitarios implicados en el desarrollo de las actividades sanitarias se sujeten a un proceso de evaluación a través de una auditoria externa realizada por una autoridad independiente, con el fin de verificar el grado de cumplimiento de ciertos parámetros de calidad establecidos previamente. Una vez realizada la evaluación por la institución independiente, ésta emite el correspondiente informe que suele ser vinculante para el órgano que otorga definitivamente la acreditación y una vez obtenida ésta se procede a la inscripción en el Registro correspondiente. Igualmente, la acreditación es una exigencia que se impone cumplir al personal sanitario, a quien se le exige una cualificación actualizada de los conocimientos y técnicas que precisan conocer para garantizar una atención de calidad.

Tanto la obtención de la autorización como de la acreditación son figuras que, necesariamente debe obtener el promotor del centro o servicio sanitario, quien precisa contar, en algunos casos, acumulativamente con ambas figuras para poder desarrollar la actividad deseada. Se trata de títulos distintos entre los que existe una necesaria relación secuencial dado que, como norma general, a la autorización administrativa le debe seguir, necesariamente, la acreditación. De ahí, que el centro o servicio sanitario que pretenda llevar a cabo su actividad debe estar autorizado y, en determinados casos, además, acreditado. La concreta articulación entre estos dos instrumentos administrativos definitorios del sistema de autorización —en sentido amplio, en tanto que comprensivo de ambos instrumentos— es una cuestión bastante compleja, circunstancia derivada, no sólo del propio modelo constitucional de distribución de competencias entre el Estado y las Comunidades Autónomas en materia de Sanidad sino, también, de la concreta forma de construcción jurídica de ambos mecanismos autorizatorios. En efecto, como ya destacamos, se trata de dos títulos definidos conjuntamente por las dos instancias del poder político y administrativo implicadas en materia de sanidad conforme a un matizado sistema de integración sucesiva en el que, de acuerdo con el marco constitucional, corresponde a la instancia estatal —dentro del cual hay que destacar por su especialísima naturaleza, el Consejo Interterritorial del Sistema Nacional de Salud— el establecimiento del régimen jurídico básico de autorización de aquellos centros y servicios sanitarios. Por su parte, se atribuye al poder autonómico el desarrollo de dicho régimen y la ejecución del entero marco normativo[4].

Finalmente, es preciso destacar que el cumplimiento de tales exigencias por parte de los promotores de los citados centros —en especial para los privados—, como requisitos ineludibles para poder desarrollar la actividad médica deseada no supone negar la existencia de la iniciativa privada en dicho ámbito, como en alguna ocasión se ha intentado argumentar. En este sentido, es preciso indicar que la propia Ley 14/1986, de 25 de abril, General de Sanidad, (en adelante, LGS) —de acuerdo con lo previsto por la Constitución—, reconoce la libertad de empresa en el sector sanitario y, en este sentido el Tribunal Constitucional afirmó, en relación

---

[4] El Consejo Interterritorial del Sistema Nacional de Salud (en adelante, CISNS), de acuerdo con el artículo 69 de la Ley 16/2003, de 28 de mayo de Cohesión y Calidad del Sistema Nacional de Salud, es *"el órgano permanente de coordinación, cooperación, comunicación e información de los servicios de salud, entre ellos y con la Administración del Estado, que tiene como finalidad promover la cohesión del Sistema Nacional de Salud a través de la garantía efectiva de los derechos de los ciudadanos en todo el territorio del Estado"*. El mismo se integra por el Ministro de Sanidad, Servicios Sociales e igualdad y por los Consejeros competentes en materia de sanidad de las Comunidades Autónomas y Ciudades con Estatuto de Autonomía. Asimismo pueden asistir a las sesiones plenarias, con voz y sin voto, el Subsecretario de Sanidad del Ministerio y el Director general de Ordenación Profesional, Cohesión del Sistema Nacional de Salud y Alta Inspección. Preside el Consejo Interterritorial el Ministro de Sanidad y Consumo. La Vicepresidencia es desempeñada por uno de los Consejeros de Sanidad de las Comunidades Autónomas y Ciudades con Estatuto de Autonomía, elegido por y entre los Consejeros que lo integran. Finalmente, es importante destacar que los criterios de Coordinación General Sanitaria, aprobados en el seno del CISNS, deberán ser tenidos en cuenta en la elaboración del Plan Integrado de Salud, documento que deberá recoger los planes de salud estatales, autonómicos y conjuntos y sus fuentes de financiación, Plan que una vez elaborado debe ser sometido al CISNS. Por otra parte, la aprobación de los Planes de Salud conjuntos entre Estado y CC.AA. debe formularse en el seno del CISNS, si implican a todas ellas.

con las oficinas de farmacia pero también aplicable a los centros sanitarios (STC 109/2003, de 5 de junio) que la regulación de las condiciones a las que se debe someter la apertura y el funcionamiento de los establecimientos sanitarios —en sentido amplio—, no es contraria, ni al principio de libertad de empresa, ni al derecho de propiedad privada, pues, el interés público presente en la actividad sanitaria trasciende del interés meramente privado y justifica tal intervención. El citado concluye que *"...el principio general de que "la vigencia de la libertad de empresa no resulta constitucionalmente resquebrajada por el hecho de limitaciones derivadas de las reglas que disciplinen, proporcionada y razonablemente el mercado" (STC 127/1994, de 5 de mayo) se encuentra razonablemente reforzado por esa publificación del servicio sanitario (STC 17/1990, de 7 de febrero)."*

2. *Desarrollo normativo*

Recordemos, que el *artículo 43 de la Constitución Española* reconoce el derecho a la protección de la salud a la vez que atribuye a los poderes públicos la potestad de organizar y tutelar la salud pública a través de medidas preventivas y de las prestaciones y servicios necesarios. En desarrollo de este precepto, el Estado aprobó, entre otras, la LGS, que tiene la condición de norma básica de acuerdo con lo previsto en el *artículo 149.1.16* CE. Pues bien, el artículo 29 de la citada LGS establece, como medida encaminada a asegurar la protección de la salud, que los centros y servicios sanitarios cualesquiera que sea su nivel y categoría o titular, están obligados a obtener una autorización administrativa para su instalación y funcionamiento, así como para las modificaciones posteriores que puedan llevarse a cabo respecto de su estructura y régimen inicial, autorización que también se hace extensiva al cierre del centro sanitario. El citado precepto, concreta por su parte —apartado 2—, que dicha autorización administrativa se refiere también a las operaciones de calificación, acreditación y registro del centro y servicio. Por su parte, el *artículo 40.9 de la misma Ley* prevé la existencia de un Catálogo y Registro general de centros, servicios y establecimientos sanitarios en el que se deben recoger las decisiones, comunicaciones y autorizaciones de las comunidades autónomas, de acuerdo con sus competencias. Finalmente, indicar que la LGS atribuye igualmente a la esfera estatal la competencia para determinar con carácter general las condiciones y los requisitos mínimos para la aprobación y homologación de las instalaciones y los equipos de los centros y servicios y le atribuye de forma diferenciada como una competencia singular.

Con posterioridad, tales previsiones fueron concretadas por la *Ley 16/2003, de 28 de mayo, de Cohesión y Calidad del Sistema Nacional de Salud* (en adelante, LCCSNS) que establece el marco legal adecuado para desarrollar las acciones de coordinación y cooperación de las administraciones públicas sanitarias, de modo que se garantice la equidad, la calidad y la participación social en el Sistema Nacional de Salud. Además, la citada ley, atribuye —artículo 6— al Ministerio de Sanidad, Servicios Sociales e Igualdad y a los órganos competentes de las Comunidades Autónomas, la obligación de ejercer un control de las entidades sanitarias no integradas en el Sistema Nacional de Salud, en relación con las actividades de salud pública y en materia de garantías de información, seguridad y calidad, al mismo tiempo que requiere de ellas la información necesaria para el conocimiento de su estructura y funcionamiento. La LCCSNS dispone, en el artículo 27.3, que las garantías mínimas de seguridad y calidad acordadas en el seno del Consejo Interterritorial del Sistema Nacional de Salud exigidas para la regulación y autorización por parte de las comunidades autónomas de la apertura y puesta en funcionamiento en su respectivo ámbito territorial de los centros, servicios y establecimientos sanitarios se establecen, con carácter básico, mediante Real Decreto. Finalmente, en lo que aquí interesa, el *artículo 26.2* de la misma Ley, dispone que el Registro General de Centros, Establecimientos y Servicios sanitarios del Ministerio de Sanidad y Consumo es de carácter público y tiene como finalidad dar a conocer a los usuarios los centros, establecimientos y servicios sanitarios de cualquier titularidad autorizados por las comunidades autónomas.

Todas aquellas previsiones legales, que constituyen el núcleo del régimen jurídico básico de la regulación de la autorización de dichas dependencias sanitaria, han sido desarrolladas por el Real Decreto 1277/2003, de 10 de octubre, por el que se establecen las bases generales sobre autorización de centros, servicios y establecimientos sanitarios —modificado por la Orden SCO/174/2006, de 29 de mayo—, cuya finalidad es sentar las bases para el establecimiento de las garantías de seguridad y de calidad de la atención sanitaria y regular las bases del procedimiento de autorización de centros, servicios y establecimientos sanitarios, establecer una clasificación, denominación y definición común para todos ellos, a la vez que crear un Registro y un Catálogo general de dichos centros, servicios y establecimientos, de conformidad con lo dispuesto en la LGS y la LCCSNS. De esta forma, la clasificación, las denominaciones y las definiciones contenidas en el Real Decreto 1277/2003, de 10 de octubre, constituyen los criterios generales y determinan, con carácter básico, las garantías mínimas y comunes de seguridad y calidad que se deben exigir por las comunidades autónomas para autorizar la apertura y puesta en funcionamiento de los centros, servicios y establecimientos sanitarios, públicos o privados, de cualquier clase y naturaleza (Véase Anexo I de este trabajo en relación con la clasificación y definición de los centros y servicios sanitarios contenida por el Real Decreto 1277/2003, de 10 de octubre).

En definitiva, tanto la ley estatal —LGS y LCCSNS— como la legislación sectorial reguladora de los centros y servicios sanitarios, se refieren a la autorización y a la acreditación como requisitos ineludibles para desarrollar las clases de actividades sanitarias que constituyen nuestro objeto de estudio. De ahí que la formulación jurídica completa y definitiva de ambos mecanismos —autorización y acreditación—, sea una consecuencia de un proceso de integración entre ambas esferas de poder político y administrativo; de un lado, la instancia estatal y de otro, la autonómica. A la primera le corresponde la definición del régimen jurídico básico de la materia y, a la segunda, el desarrollo de dicho régimen y la ejecución del entero marco normativo. Es preciso destacar, que todas las comunidades autónomas, han asumido en sus estatutos las competencias en materia de sanidad y han procedido a desarrollar, en consecuencia, el marco normativo básico estatal. En el cuadro que sigue es posible verificar las habilitaciones que los Estatutos de Autonomía de las distintas comunidades autónomas contienen en materia de sanidad, así como la regulación existente en la actualidad sobre autorizaciones en el ámbito de los centros sanitarios a nivel autonómico. En el Cuadro III de este trabajo se puede consultar la normativa sobre acreditación.

CUADRO I

ESTATUTOS DE AUTONOMÍA	REGULACIÓN DE AUTORIZACIÓN
ANDALUCÍA El *artículo 55.1* del Estatuto de Autonomía de Andalucía establece que corresponde a la Comunidad Autónoma de Andalucía la competencia exclusiva sobre organización, funcionamiento interno, evaluación, inspección y control de centros, servicios y establecimientos sanitarios. El apartado 2 del citado precepto reconoce la competencia compartida en materia de sanidad interior y, en particular y sin perjuicio de la competencia exclusiva que le atribuye el artículo 61, la ordenación, planificación, determinación, regulación y ejecución de los servicios y prestaciones sanitarias en todos los niveles y para toda la población.	*Ley 2/1998, de 15 de junio,* de Salud de Andalucía. El artículo 1.3 incluye entre sus objetivos la ordenación general de las actividades sanitarias de las entidades públicas y privadas en Andalucía. Asimismo, el artículo 62.10 de la citada Ley concreta que corresponde a la Consejería de Salud, en el marco de las competencias de la Junta de Andalucía, la autorización de instalación, modificación, traslado y cierre de los centros, servicios y establecimientos sanitarios y sociosanitarios, si procede, y el cuidado de su registro, catalogación y acreditación, en su caso. *Decreto 69/2008, de 26 de febrero*, por el que establece los procedimientos de las autorizaciones sanitarias y crea el Registro Andaluz de Centros, Servicios y Establecimientos Sanitarios. *Orden de 11 de febrero de 2009*, por la que se publica el modelo de formulario del cuestionario de garantía de adaptación y adecuación del proyecto, previsto en el art. 10.2.c) del Decreto 69/2008, de 26 de febrero, por el que se establecen los procedimientos de las Autorizaciones Sanitarias y se crea el Registro Andaluz de Centros, Servicios y Establecimientos Sanitarios.

ARAGÓN El Estatuto de Autonomía de Aragón reconoce en el artículo 14 el Derecho a la salud a todas las personas y el acceso a los servicios públicos de salud, en condiciones de igualdad, universalidad y calidad, en los términos establecidos por las Leyes. Asimismo, en el artículo 71.55 reconoce la competencia exclusiva a la Comunidad en materia de Sanidad y salud pública, en especial, la organización, el funcionamiento, la evaluación, la inspección y el control de centros, servicios y establecimientos sanitarios y concreta la participación de la Comunidad, de acuerdo con el Estado, en la planificación y la coordinación estatal en lo relativo a sanidad y salud pública	*Ley 6/2002, de 15 de abril*, de Salud de Aragón. En el artículo 36, regula las formas de intervención pública en relación con la salud individual y colectiva, señalando las actuaciones a realizar por la administración sanitaria de la Comunidad Autónoma, entre las que se encuentran, en concreto: establecer la exigencia de autorizaciones sanitarias y la obligación de someter a registro, por razones sanitarias, a las empresas o productos con especial incidencia en la salud humana. Establece, asimismo, prohibiciones y requisitos mínimos para el uso y tráfico de los bienes y servicios, cuando supongan un riesgo o daño para la salud y las normas y criterios por los que se han de regir los centros, servicios y establecimientos sanitarios de Aragón, tanto públicos como privados, para su autorización, calificación, acreditación, homologación y registro. Reconoce competencia a la Comunidad para otorgar la autorización administrativa previa para la instalación y funcionamiento, así como para las modificaciones en la estructura y régimen jurídico de los centros, servicios y establecimientos sanitarios de Aragón, cualquiera que sea su nivel y categoría o titular; inspeccionar y controlar los centros, servicios y establecimientos sanitarios de Aragón, así como sus actividades de promoción y publicidad. *Decreto 106/2004, de 27 de abril*, por el que se aprueba el reglamento que regula la autorización de centros y servicios sanitarios en Aragón *Orden de 12 de abril de 2007* del Departamento de Salud y Consumo, por la que se regulan los requisitos mínimos para la autorización de centros y servicios sanitarios *Orden de 8 de julio de 1997* del Departamento de Sanidad, Consumo y Bienestar Social, por la que se crea el Registro de Centros, Servicios y Establecimientos Sanitarios
ASTURIAS El Estatuto de autonomía del Principado de Asturias, atribuye —art. 11— al Principado la competencia de desarrollo legislativo y de ejecución en materias de sanidad e higiene con el objeto de proteger y mejorar el nivel de salud de la población, así como la regulación de los distintos aspectos de la actividad sanitaria.	*Ley 1/1992, de 2 de julio*, del Servicio de Salud del Principado de Asturias *Decreto 53/2006, de 8 de junio*, por el que se regula la autorización de centros y servicios sanitarios, modificado por Decreto 99/2006, de 6 de septiembre
BALEARES El *Estatuto de Autonomía* atribuye a la comunidad autónoma, en el *artículo 10.14*, la competencia exclusiva en materia de sanidad. Asimismo, el *artículo 11.5 del mismo texto legal* le atribuye el desarrollo legislativo y la ejecución de la coordinación hospitalaria, incluida la de la Seguridad Social, y la ordenación farmacéutica. Todo esto sin olvidar la función ejecutiva del *artículo 12.8* sobre la gestión de la asistencia sanitaria de la Seguridad Social.	*Ley 5/2003, de 4 de abril*, de Salud de las Illes Balears, reconoce, en su artículo 29, a la autoridad sanitaria el otorgar las autorizaciones administrativas sanitarias y la ordenación y la gestión de los registros sanitarios. *Ley 16/2010, de 28 de diciembre*, de salud pública de las Illes Balears *Decreto 100/2010, de 27 de agosto*, por el que se regula el procedimiento de autorización sanitaria de los centros, servicios y establecimientos sanitarios y el funcionamiento del Registro de Centros, Servicios y Establecimientos Sanitarios de las Illes Balears.

CANARIA Artículo 32.10 del Estatuto de Autonomía de Canarias, atribuye a la Comunidad Autónoma el desarrollo legislativo y la ejecución de la legislación básica del Estado en materia de sanidad e higiene	*Ley 11/1994, de 26 de julio,* de Ordenación Sanitaria de Canarias. El *artículo 26.1.b)* atribuye a la Comunidad Autónoma de Canarias, respecto de los centros, servicios y establecimientos sanitarios radicados en Canarias, cualquiera que sea su nivel, categoría o titular, el ejercicio de la competencia de autorización para su creación, instalación y funcionamiento, modificación de su estructura y régimen inicial, así como para su cierre o supresión. *Decreto 68/2010, de 17 de junio,* regula la autorización y registro de los centros, servicios y establecimientos sanitarios de Canarias
CANTABRIA El artículo 23.3 del Estatuto de Autonomía	*Ley 7/2002, de 10 de diciembre,* de Ordenación Sanitaria de Cantabria, dispone en el artículo 73, la facultad de concretar las normas y los criterios por los que han de regirse los centros, servicios y establecimientos sanitarios de Cantabria, tanto públicos, como privados, para su autorización, calificación, acreditación, homologación y registro y le faculta, a otorgar la autorización administrativa previa para la instalación y funcionamiento, así como para las modificaciones en la estructura de los centros, servicios y establecimientos sanitarios de Cantabria, cualquiera que sea su nivel y categoría o titular. *Decreto 65/1992, de 7 de septiembre,* Regula la autorización de centros, servicios y establecimientos sanitarios
CASTILLA-LA MANCHA El artículo 32 del Estatuto de Autonomía establece que es competencia de la Junta de Comunidades el desarrollo legislativo y la ejecución en materia de sanidad e higiene, promoción, prevención y restauración de la salud.	*Ley 8/2000, de 30 de noviembre,* de Ordenación Sanitaria de Castilla-La Mancha, dispone en su *artículo 30.4* que la Administración Sanitaria Regional realizará, entre otras, las actuaciones de «establecer las normas y criterios por los que han de regirse los centros, servicios y establecimientos sanitarios de Castilla-La Mancha, tanto públicos como privados, para su autorización, calificación, acreditación, homologación y registro». Del mismo modo otorgará la autorización administrativa para la instalación y funcionamiento, así como para las modificaciones en la estructura y régimen jurídico de los Centros, Servicios y Establecimientos Sanitarios de Castilla-La Mancha, cualquiera que sea su nivel y categoría o titular. Y el *artículo 65* de la citada Ley atribuye la competencia a la Consejería correspondiente en materia de sanidad para autorizar, catalogar y, en su caso, acreditar los centros, servicios y actividades sanitarias, así como el mantener el registro pertinente. *Decreto 13/2002, de 15 de enero,* de autorizaciones administrativas de centros, servicios y establecimientos sanitarios
CASTILLA Y LEÓN El artículo 34.1.1ª del *Estatuto de Autonomía de Castilla y León* atribuye competencias en materia de sanidad e higiene, promoción, prevención y restauración de la salud que le habilita para el desarrollo normativo y de ejecución en materia sanitaria	*Ley 1/1993, de 6 de abril,* de Ordenación del Sistema Sanitario de Castilla y León, exige en su artículo 33, la autorización administrativa y registro previo para la creación, funcionamiento o supresión de centros, servicios y establecimientos sanitarios y, en su artículo 56, atribuye la competencia de control de dichas actividades a la Consejería de Sanidad. *Decreto 49/2005, de 23 de junio,* por el que se establece el régimen jurídico y el procedimiento para la autorización de Centros, Servicios y Establecimientos Sanitarios de Castilla y León

CATALUÑA El artículo del Estatuto de Autonomía de Cataluña, aprobado por Ley Orgánica 6/2006, de 19 de julio dispone…	*Ley 15/1990, de 9 de julio, de ordenación sanitaria de Cataluña y Ley 18/2009, de 22 de octubre, de salud pública* *Decreto 183/1981, de 2 de julio,* de regulación de las condiciones y requisitos que deben cumplir los centros, servicios y establecimientos sanitarios asistenciales (DOGC núm. 143, de 17.7.1981), dispone que todos los centros, servicios y establecimientos sanitarios asistenciales incluidos en su ámbito de aplicación quedan sujetos a la autorización administrativa previa para su creación, ampliación, modificación, traslado o cierre. *Decreto 118/1982, de 6 de mayo,* sobre autorización de centros, servicios y establecimientos sanitarios asistenciales *Orden del Departamento de Sanidad y Seguridad Social de 24 de enero de 1983,* por la que se establece la normativa para la solicitud y el otorgamiento de autorización administrativa para la creación, la modificación, el traslado o el cierre de centros, servicios o establecimientos de asistencia hospitalaria, regulan el procedimiento de otorgamiento de la autorización administrativa de los centros, servicios o establecimientos sanitarios a que se refieren los apartados a) y b) del artículo 2 del precitado Decreto 183/1981, de 2 de julio, incluyendo los laboratorios clínicos. *Orden de 9 de agosto de 1989*, de creación del Registro de Centros, Servicios y establecimientos sanitarios de la Dirección General de Ordenación y Planificación Sanitaria.
EXTREMADURA El Estatuto de Autonomía de Extremadura, en su *artículo 8.4,* confiere a la Comunidad Autónoma competencias de desarrollo legislativo y ejecución en materia de sanidad e higiene, centros sanitarios y hospitalarios públicos, de coordinación hospitalaria en general, en el marco de la legislación básica del Estado y, en su caso, en los términos que la misma establezca	*Ley 10/2001, de 28 de junio*, de Salud de Extremadura, establece en su *artículo 8.1* que corresponde a la Consejería competente en materia de sanidad, controlar los centros, servicios, establecimientos y actividades sanitarias y centros sociosanitarios, en lo que se refiere a la autorización de instalación, modificación y cierre, así como el mantenimiento de los registros pertinentes, su catalogación y, en su caso, su acreditación. Además, en su *artículo 56* regula que la autoridad sanitaria competente, previa audiencia a los interesados, acordará proceder a la clausura o cierre de centros, servicios, establecimientos o instalaciones que no cuenten con las autorizaciones o registros sanitarios preceptivos, a la suspensión de su funcionamiento hasta tanto se rectifiquen los defectos o se cumplan los requisitos exigidos por razones de sanidad, higiene o seguridad, así como a la retirada del mercado, precautoria o definitiva, de productos o servicios por las mismas razones, no teniendo estas medidas carácter de sanción. Decreto 377/2004, de 5 de abril, de autorización administrativa de centros, establecimientos y servicios sanitarios en la Comunidad Autónoma de Extremadura
GALICIA El artículo 33, punto 1, del Estatuto de Autonomía de Galicia, Ley Orgánica 1/1983, de 6 de abril, atribuye a la Comunidad Autónoma de Galicia el desarrollo legislativo y la ejecución de la legislación del Estado en materia de sanidad interior.	Ley 8/2008, de 10 de julio, de Salud de Galicia Decreto 12/2009, de 8 de enero, por el que se regula la autorización de centros, servicios y establecimientos

LA RIOJA El Estatuto de Autonomía de La Rioja, aprobado por Ley Orgánica 3/1982, de 9 de junio, establece en el artículo 9.5., que en el marco de la legislación básica del Estado y, en su caso, en los términos que la misma establezca, corresponde a la Comunidad Autónoma de La Rioja el desarrollo legislativo y la ejecución en materia de Sanidad e Higiene.	*Ley 2/2002, de 17 de abril, de Salud de La Rioja*, que desarrolla la atribución de competencias que le corresponden a la citada Comunidad Autónoma, para organizar y tutelar la salud pública a través de medidas preventivas y de las prestaciones y servicios necesarios a los ciudadanos. Dicha Ley, regula en su Título X, en el artículo 104, que la Consejería competente en materia de salud, en el marco de sus competencias, realizará la propuesta de las normas y criterios por los que han de regirse los, servicios y establecimientos sanitarios de La Rioja, tanto públicos como privados, para su autorización, calificación, acreditación, homologación y registro de los mismos; otorgará la autorización administrativa previa para la instalación y funcionamiento, así como para la apertura y las modificaciones en la estructura y régimen jurídico de los centros, servicios y establecimientos sanitarios de La Rioja, cualquiera que sea su nivel y categoría o titular e inspeccionará y controlará los centros, servicios y establecimientos sanitarios de La Rioja. *Decreto 80/2009, de 18 de diciembre,* por el que se establece el régimen jurídico y el procedimiento para la autorización y registro de centros, servicios y establecimientos sanitarios de la Comunidad Autónoma de La Rioja
MADRID El Estatuto de Autonomía de la Comunidad de Madrid, aprobado por Ley Orgánica 3/1983, de 25 de febrero, establece en su artículo 27.4 que en el marco de la legislación básica del Estado corresponde a la Comunidad el desarrollo legislativo, la potestad reglamentaria y la ejecución de la sanidad, entre otras materias.	*La Ley 12/2001, de 21 de diciembre*, de Ordenación Sanitaria de la Comunidad de Madrid, en su artículo 9.3.a), señala que corresponde a la Consejería de Sanidad y Consumo en relación con la ordenación sanitaria establecida en la Ley, y respecto de las entidades públicas y privadas, las competencias de autorización de la creación, modificación, traslado y cierre de los centros, servicios y establecimientos sanitarios, si procede, y el cuidado de su registro, catalogación y acreditación, en su caso. *Decreto 51/2006, de 15 de junio,* por el que se regula el Régimen Jurídico y Procedimiento de Autorización y Registro de Centros, Servicios y Establecimiento Sanitarios de la Comunidad de Madrid. *Orden 28872010, de 28 de mayo,* que regula los requisitos técnicos generales y específicos de los centros y servicios sanitarios sin internamiento, y de los servicios sanitarios integrados en organización no sanitaria en la Comunidad de Madrid
MURCIA El artículo 11.1 del Estatuto de Autonomía de la Comunidad Autónoma de la Región de Murcia aprobado por *Ley Orgánica 4/1982, de 9 de junio,* atribuye a ésta las competencias, entre otras, de desarrollo legislativo y ejecución en las materias de sanidad, higiene, ordenación farmacéutica y coordinación hospitalaria en general, en todas sus vertientes.	*Ley 4/1994, de 26 de julio,* de Salud de la Región de Murcia. El art. 6 apartado g), habilita a la acreditación de los centros, establecimientos y servicios sanitarios. *Ley 3/2009, de 11 de mayo,* de los derechos y deberes de los usuarios del Sistema Sanitario de la Región de Murcia. El *artículo 36.2, reconoce* el derecho a obtener información particularizada sobre los centros, servicios y establecimientos sanitarios disponibles, sus indicadores de calidad y sobre los requisitos de acceso a los mismos. El *artículo 67.2 atribuye a* la Administración Sanitaria para que arbitre e impulse la acreditación y certificación de centros, servicios y establecimientos sanitarios, mediante los sistemas de reconocimiento que acrediten el grado de adecuación de cada centro a unos criterios y estándares de calidad fijados previamente.

	Decreto 73/2004, de 2 de julio, por el que se regula el procedimiento de autorización sanitaria de los centros, establecimientos y servicios sanitarios y el registro de recursos sanitarios regionales. Asimismo, se adaptó el catálogo de Centros, Establecimientos y Servicios Sanitarios sometidos a la necesidad de autorización sanitaria, debido tanto a las nuevas modalidades de los mismos como a la necesaria especialización en su evaluación y control, así como para su adaptación a la normativa básica estatal citada (modificado por los Decretos 9/2010, de 12 de febrero y 309/2010, de 17 de diciembre) *Decreto 9/2010, de 12 de febrero,* por el que se regula la acreditación de los centros, establecimientos y servicios sanitarios de la Comunidad Autónoma de la Región de Murcia. *Decreto 309/2010, de 17 de diciembre,* Desarrolla el sistema de identificación de los centros, establecimientos y servicios sanitarios inscritos en el Registro de Recursos Sanitarios Regionales para garantizar el derecho de información de los usuarios.
NAVARRA El artículo 53, del Estatuto de Autonomía concreta que corresponde a Navarra las facultades y competencias sobre sanidad e higiene que ostentaba en virtud de sus derechos históricos; el desarrollo legislativo y la ejecución de la legislación básica del Estado en materia de sanidad interior e higiene sin perjuicio de las competencias que le corresponde al Estado en materia de coordinación y alta inspección.	Ley Foral 10/1990, de 23 de noviembre, de Salud. El art. 23 de la citada Ley establece que la Administración sanitaria de la Comunidad Foral exigirá la autorización administrativa previa para la creación y funcionamiento, así como para las modificaciones en la estructura y régimen inicial, de todos los centros, servicios y establecimientos sanitarios de Navarra cualquiera que sea su nivel y categoría o titular. Decreto Foral 214/1997, de 1 de septiembre, que regula las autorizaciones para creación, modificación, traslado y funcionamiento de centros, servicios y establecimientos sanitarios.
PAIS VASCO El *Estatuto de Autonomía* establece, en su *artículo 18.1,* que corresponde al País Vasco el desarrollo legislativo y la ejecución de la legislación básica del Estado en materia de sanidad interior.	*Ley 8/1997, de 26 de junio,* de Ordenación Sanitaria de Euskadi, que dedica varios preceptos a regular esta materia. El más importante de ellos es el *artículo 29,* según el cual, las estructuras sanitarias que no dependan directamente de la Comunidad Autónoma de Euskadi y operen en su ámbito territorial, cualquiera que sea su titularidad, se sujetarán a las normas de ordenación dictadas para garantizar la tutela general de la salud pública y ejercerán su actividad conforme al principio de autorización administrativo-sanitaria previa, sin perjuicio de la libertad de empresa y libre ejercicio de las profesiones sanitarias. Le siguen el *34.2,* que incluye entre las medidas cautelares la suspensión provisional, prohibición de las actividades y clausura de centros, servicios o establecimientos, por requerirlo la salud colectiva o por incumplimiento de los requisitos exigidos para su instalación y funcionamiento, y el *35.4,* a tenor del cual no tendrán carácter de sanción la clausura o cierre de establecimientos, instalaciones o servicios que no cuenten con las previas autorizaciones o registros sanitarios preceptivos, o la suspensión de su funcionamiento hasta tanto se subsanen los defectos o se cumplan los requisitos exigidos por razones de sanidad, higiene o seguridad. También hay que citar diversas infracciones previstas en el *artículo 36* relativas al ejercicio o desarrollo de actividades sujetas a autorización administrativo-sanitaria previa sin contar con ella o al incumplimiento de los requerimientos específicos y de las medidas cautelares o definitivas que formulen las autoridades sanitarias.

	Decreto 31/2006, de 21 de febrero, de autorización de los centros, servicios y establecimientos sanitarios
VALENCIA El artículo 54.1 del Estatuto de Autonomía de la Comunidad Valenciana atribuye a la Generalitat el desarrollo legislativo y la ejecución de la legislación básica del Estado en materia de sanidad interior.	*Ley 3/2003, de 6 de febrero*, de la Generalitat, de Ordenación Sanitaria de la Comunidad Valenciana, reconoce a la misma, en su artículo 55 la regulación de la autorización y registro sanitarios y en su artículo 56, concreta aspectos del régimen de autorización administrativa previa. *Decreto 176/2004, de 24 de septiembre*, del Consell de la Generalitat, sobre autorización sanitaria y el Registro Autonómico de Centros, Servicios y Establecimientos Sanitarios *Orden de 18 de abril de 2005*, de la Conselleria de Sanidad, por la que se regulan los procedimientos de autorización sanitaria de centros y servicios sanitarios en el ámbito territorial de la Comunidad Valenciana

A fin de poder ilustrar el proceso de integración del ordenamiento básico estatal y el ulterior autonómico de desarrollo, nos referiremos a las dos primeras cuestiones en las siguientes páginas. El análisis del Registro y del Catálogo General quedan remitidas a un momento posterior.

3. *La "Declaración Responsable" y la "Comunicación Previa"*

Como adelantamos en el primer epígrafe de este trabajo, nuestro ordenamiento jurídico introdujo, como consecuencia de la trasposición de la Directiva de servicios, dos nuevas figuras: la declaración responsable y la comunicación previa. En principio, los servicios sanitarios han quedado excluidos del ámbito de aplicación de la misma y se ha permitido incluso que, en el ámbito de la salud pública, puedan existir regímenes de autorización o requisitos prohibidos o supeditados a evaluación por razones imperiosas de interés general. No obstante esta exclusión, contenida en la propia la citada Ley 17/2009, de 23 de noviembre, sobre el libre acceso a las actividades de servicios y su ejercicio, alguna comunidad autónoma, como Castilla León, ha traspuesto algunos de los mandatos de la citada Directiva de servicios al sector sanitario por considerar que la intervención administrativa en el citado ámbito, no se puede entender como un compartimento aislado que impida absolutamente la flexibilización de las facultades de intervención. En este sentido, el Decreto-Ley 3/2009, de 23 de diciembre, de Medidas de Impulso de las Actividades de Servicios en Castilla y León, por el que da cumplimiento, en el ámbito de sus competencias autonómicas, al proceso de trasposición de la Directiva de Servicios, ha incorporado en un texto único las modificaciones de todas la Leyes autonómicas afectadas, entre las que se encontraba la entonces vigente Ley 1/1993, de 6 de abril de Ordenación del Sistema Sanitario, que posteriormente fue derogada por la Ley 8/2010, de 30 de agosto, de Ordenación del Sistema de Salud de Castilla y León. En concreto, el artículo 68 de la última norma citada, regula las condiciones a las que se debe someter el régimen de intervención pública en el ámbito sanitario, y establece a tal efecto que:

a) Tanto las autorizaciones sanitarias, como los registros, las comunicaciones previas o las declaraciones responsables, no deben ser discriminatorias.
b) Aquellas intervenciones públicas deben estar justificadas siempre en la protección de la salud pública, siendo labor del poder público administrativo cuidar que el régimen de intervención administrativa sea el instrumento más adecuado para garantizar la consecución del objetivo de salud pública, sin que vaya más allá de lo estrictamente necesario para conseguirlo y siempre que no se pueda sustituir por medidas menos restrictivas que permitan obtener el mismo resultado.

Como consecuencia del citado mandato, se aprobó el Decreto 5/2011, de 3 de febrero, que modificó diversas disposiciones de carácter general en materia sanitaria para su adaptación a la Ley 17/2009, de 23 de noviembre, y suprimió algunas autorizaciones, sustituyéndolas por la nueva figura "declaración responsable" sin perjuicio del obligado control que corresponde a la autoridad sanitaria en relación con las actividades y servicios que puedan repercutir sobre la salud individual o colectiva de los ciudadanos. Por lo que a nuestro ámbito de estudio se refiere, la citada norma reglamentaria modificó el Decreto 49/2005, de 23 de junio, que establece el régimen jurídico y el procedimiento para la autorización de Centros, Servicios y Establecimientos Sanitarios en la Comunidad de Castilla y León, modificación que supone básicamente eliminar la exigencia de presentación por parte del promotor, con carácter previo al otorgamiento de la autorización solicitada, de un Plan Interno de Gestión de Residuos Sanitarios autorizado de acuerdo con las normas que lo desarrollan (en especial, el Decreto 204/1994, de 15 de septiembre, de ordenación de la gestión de los residuos sanitarios). De esta forma, a partir de la entrada en vigor del Decreto 5/2011, de 3 de febrero, la concesión de la autorización sanitaria de funcionamiento de un centro, servicio o establecimiento sanitario o su modificación, conlleva para los grandes productores, la aprobación directa del Plan Interno de Gestión de Residuos Sanitarios que se presente conjuntamente con toda la documentación que se solicita y, para los pequeños productores, la obligación de presentar el citado Plan en el momento de solicitar la autorización de funcionamiento o modificación.

Andalucía en el Decreto 69/2008, de 26 de febrero, por el que establece los procedimientos de las autorizaciones sanitarias, también contempla algún supuesto de aplicación para el ámbito sanitario de la declaración sanitaria, al permitir que la renovación de la autorización sanitaria de funcionamiento se produzca por la mera presentación de una declaración responsable en la que necesariamente debe constar que el centro o servicio cumple con los requisitos exigidos en la normativa vigente que le sea de aplicación. En todo caso el órgano habilitado al efecto, puede acordar si lo estima conveniente, la correspondiente visita de inspección[5].

III. CONCEPTOS DE CENTRO Y SERVICIO SANITARIO OBJETO DE ESTUDIO

1. Delimitación conceptual de centro y servicio sanitario

La obligación de obtener las correspondientes autorizaciones y las acreditaciones tiene como objeto un conjunto de instalaciones que el Real Decreto 1277/2003 clasifica y denomina, como centro sanitario, servicio sanitario y establecimiento sanitario. Se trata de instalaciones diferenciadas y con un concepto legal propio que todas las Comunidades Autónomas han adoptado por ser legislación básica. Los citados conceptos, para un cabal entendimiento del ámbito de estudio de este trabajo se definen como:

a) *Centro sanitario:* un conjunto organizado de medios técnicos e instalaciones en el que profesionales capacitados, por su titulación oficial o habilitación profesional, realizan básicamente actividades sanitarias con el fin de mejorar la salud de las personas y prevenir enfermedades. Pueden estar integrados por uno o varios servicios sanitarios que constituyen su oferta asistencial.

b) *Servicio sanitario:* es la unidad asistencial, con organización diferenciada, dotada de los recursos técnicos y de los profesionales capacitados, por su titulación oficial o habilitación profesional para realizar actividades sanitaras específicas, pudiendo estar integrado en una organización cuya actividad principal no sea sanitaria.

c) *Establecimiento sanitario:* es aquel conjunto organizado de medios técnicos e instalaciones en el que profesionales capacitados, por su titulación oficial o habilitación profesional, realizan básicamente actividades sanitarias de dispensación de medicamentos o de distribución, elaboración o adaptación individual de productos sanitarios.

---

[5] El artículo 14 de la citada disposición concreta que "1. La autorización sanitaria de funcionamiento deberá ser renovada cada cinco años, previa solicitud presentada dentro de los tres meses anteriores a la fecha de finalización del plazo de vigencia de dicha autorización de funcionamiento, acompañada de una **declaración responsable** en la que conste que el centro, servicio o establecimiento cumple con los requisitos exigidos en la normativa vigente que le sea de aplicación, para lo cual el órgano competente podrá acordar, si lo estima conveniente, la correspondiente visita de inspección."

Por lo demás, la norma reglamentaria define la "actividad sanitaria" como el conjunto de acciones de promoción, prevención, diagnóstico, tratamiento o rehabilitación dirigidas a fomentar, restaurar o mejorar la salud o el estado físico o psíquico de las personas realizadas por profesionales sanitarios.

Estas definiciones se deben completar con el Anexo I y II del propio Real Decreto 1277/2003, que diferencia, en relación con los centros sanitarios, aquellos donde se prestan servicios con internamiento y aquellos donde no existe este servicio, es decir, centros sanitarios sin internamiento (véase el Anexo de este trabajo donde se recoge aquellos Anexos). A los primeros los identifica con el término de "Hospitales" que pueden ser tanto públicos como privados, generales o especializados, de media o larga estancia, de salud mental y/o de tratamiento de toxicómanos, etc. A los segundos, es decir aquellos centros sanitarios sin internamiento, el Anexo I los denomina "Proveedores de asistencia sanitaria sin internamiento" concepto dentro del cual se comprende a todos aquellos centros sanitarios donde se prestan servicios de promoción de la salud, prevención, diagnóstico, tratamiento y rehabilitación por profesionales sanitarios a pacientes que no precisan ingreso. La relación de este tipo de centros es muy variada y se comprende tanto las consultas médicas o de otros profesionales sanitarios, los centros especializados o polivalentes, las clínicas dentales, etc. Finalmente, merece la pena subrayar en este punto que, de acuerdo con las definiciones antes mencionadas, un servicio sanitario puede estar integrado en una organización cuya actividad principal no sea la sanitaria como puede ser el caso de determinados servicios sanitarios que se prestan en balnearios, instalaciones deportivas, residencias de la tercera edad, entre muchos otros.

2. *Ámbito excluido*

Quedan excluidos del ámbito del Real Decreto 1277/2003 y, por tanto, de la obligación de obtención de las autorizaciones reguladas en el mismo, los establecimientos dedicados a la distribución, importación o elaboración de medicamentos o productos sanitarios y los servicios y unidades técnicas de protección radiológica, exclusión traspuesta por todas las comunidades autónomas. En este sentido, es preciso indicar que la citada exclusión no supone que dichos establecimientos se encuentren exentos de solicitar autorizaciones administrativas pertinentes, sino que, por el contrario, éstos cuentan con una regulación propia que concreta los requisitos, las autorizaciones y los procedimientos de aplicación para ellos. En cualquier caso, algunas comunidades autónomas han ampliado el ámbito de exclusión del régimen contenido en el Real Decreto 1277/2003 a otras instalaciones sanitarias sometidas a un régimen de autorización específica como los bancos de tejidos, los laboratorios de prótesis dentales, los centros de rehabilitación de las drogodependencias, los establecimientos de audioprótesis, de óptica, de ortopedia, etc, listado que algunas comunidades autónomas han dejado abierto, sin concretar de forma taxativa los centros afectados y, consecuentemente, obligan al promotor de la actividad a verificar si el centro cuenta con un régimen específico de autorización. Véase, en este sentido, el siguiente Cuadro que recoge las exclusiones que cada normativa autonómica contiene.

CUADRO II

COMUNIDAD AUTONOMA	NORMA REGULADORA	EXCLUSIÓN
ANDALUCIA	*Decreto 69/2008, de 26 de febrero*, por el que establece los procedimientos de las autorizaciones sanitarias y crea el Registro Andaluz de Centros, Servicios y Establecimientos Sanitarios.	ART. 3. 2. Las disposiciones de este Decreto, salvo lo dispuesto en el Capítulo III referente al Registro Andaluz de centros, servicios y establecimientos sanitarios, no serán de aplicación, regulándose por su normativa específica, a los siguientes centros, servicios y establecimientos sanitarios: a) Oficinas de farmacia y botiquines vinculados a ellas. b) Los bancos de tejidos. c) Cualquier otro tipo de centro, servicio y establecimiento sanitario sometido a un régimen de autorización específico.
ARAGÓN	*Decreto 106/2004, de 27 de abril*, por el que se aprueba el reglamento que regula la autorización de centros y servicios sanitarios en Aragón	2. Las autorizaciones sanitarias que se regulan en este Reglamento no son de aplicación, regulándose por su normativa específica a: a) Los establecimientos dedicados a la distribución, importación o elaboración de medicamentos o productos sanitarios. b) El transporte sanitario. c) Los servicios de farmacia hospitalaria y depósitos de medicamentos. d) Los servicios y unidades técnicas de protección radiológica.
ASTURIAS	*Decreto 53/2006, de 8 de junio*, por el que se regula la autorización de centros y servicios sanitarios, modificado por Decreto 99/2006, de 6 de septiembre	Art. 1.2 Quedan fuera del ámbito de aplicación de esta disposición, regulándose por su normativa específica, los establecimientos dedicados a la distribución, importación o elaboración de medicamentos o productos sanitarios, los servicios y unidades técnicas de protección radiológica, los laboratorios de prótesis dentales y los establecimientos de óptica, ortopedia y audioprótesis, así como las oficinas de farmacia y botiquines.

BALEARES	Decreto 100/2010, de 27 de agosto, por el que se regula el procedimiento de autorización sanitaria de los centros, servicios y establecimientos sanitarios y el funcionamiento del Registro de Centros, Servicios y Establecimientos Sanitarios de las Illes Balears	Art. 1.2 Quedan excluidos de la aplicación de este Decreto regulándose por su normativa específica, los siguientes centros, servicios y establecimientos sanitarios: a) Las autorizaciones de oficinas de farmacia, los establecimientos sanitarios que se constituyan en secciones de las mismas, los botiquines, servicios de farmacia y depósitos de medicamentos, a excepción de los hospitalarios, así como los almacenes de distribución de medicamentos y productos farmacéuticos, los establecimientos para la dispensación y distribución de medicamentos de uso veterinario, todo ello sin perjuicio de lo dispuesto respecto de ellos, en el Real Decreto 1277/2003, de 10 de octubre, por el que se establecen las bases generales sobre la autorización de centros, servicios y establecimientos sanitarios. No obstante, una vez autorizados por el Director General de Farmacia éste los inscribirá, en su caso, en el Registro regulado en este Decreto. b) Los establecimientos sanitarios dedicados a la elaboración de medicamentos, plantas medicinales, productos cosméticos y productos sanitarios cuya autorización corresponde al Ministerio de Sanidad y Política Social, sin perjuicio de los controles e inspecciones que sobre los mismos puedan llevar a cabo los servicios de inspección de la Consejería de Salud y Consumo de las Illes Balears. c) Unidades y servicios de protección radiológica. d) Quedan excluidos, asimismo, por no tener naturaleza de establecimientos sanitarios, y en consecuencia no exigirse la presencia de un responsable sanitario, aquellos establecimientos dedicados a practicar masajes no terapéuticos y los dedicados a cosmética y estética, siempre que en ellos no se realicen tratamientos o prácticas médico-sanitarias, en cuyo caso, serán considerados centros sanitarios quedando afectados a lo establecido en el presente Decreto.
CANARIAS	*Decreto 68/2010, de 17 de junio,* regula la autorización y registro de los centros, servicios y establecimientos sanitarios de Canarias	ART. 2 Están sujetos a la aplicación de este Decreto los centros, servicios y establecimientos sanitarios definidos y relacionados por la normativa básica a excepción de las oficinas de farmacias, botiquines y depósitos de medicamentos, los laboratorios de prótesis dentales, así como los centros dedicados a la prevención, atención y rehabilitación de las drogodependencias y los laboratorios de salud alimentaria, los establecimientos dedicados a la distribución, importación o elaboración de medicamentos o productos sanitarios y los servicios y unidades técnicas de protección radiológica los cuales se regularán por su normativa específica, salvo en lo referente al registro autonómico de centros, servicios y establecimientos sanitarios de Canarias.
CANTABRIA	*Decreto 65/1992, de 7 de septiembre,* por el que se regula la autorización de centros, servicios y establecimientos sanitarios	Las Oficinas de Farmacia y los botiquines se regirán por la legislación específica, que les afecte

CASTILLA LA MANCHA	*Decreto 13/2002, de 15 de enero,* de autorizaciones administrativas de centros, servicios y establecimientos sanitarios	Art. 3.3 3. Quedan excluidos del presente Decreto: a) Por razón de competencia, los laboratorios e industrias de elaboración de productos estupefacientes, psicotrópicos o similares, especialidades farmacéuticas y sus materias primas y material instrumental médico. b) Las oficinas de farmacia y todos aquellos centros cuya autorización se regula por la *Ley 4/1996, de 26 de diciembre,* de Ordenación del Servicio Farmacéutico de Castilla-La Mancha.
CASTILLA y LEON	*Decreto 49/2005, de 23 de junio*, por el que se establece el régimen jurídico y el procedimiento para la autorización de Centros, Servicios y Establecimientos Sanitarios de Castilla y León	Artículo 2. 2. Quedan excluidos del ámbito de aplicación del presente Decreto y se regirán por su normativa específica las oficinas de farmacia, los botiquines y aquellos otros que se hallen sometidos a un régimen específico de autorización.
CATALUÑA	*Decreto 118/1982, de 6 de mayo,* de autorización de Centros, servicios y establecimientos sanitarios asistenciales.	Exposición de Motivos del Decreto: Vista la necesidad de dotar al Departament de Sanitat i Seguretat Social de una normativa que unifique y racionalice fundamentalmente el procedimiento de autorización de centros, servicios y establecimientos sanitarios asistenciales *salvo las oficinas de farmacia, botiquines, almacenes, los distribuidores de productos farmacéuticos y el transporte sanitario y las entidades de seguro médico-farmacéutico*;
EXTREMADURA	*Decreto 37/2004, de 5 de abril,* de autorización administrativa de centros, establecimientos y servicios sanitarios en la Comunidad Autónoma de Extremadura	Art. 3: Quedan excluidos del ámbito de aplicación del presente Decreto, y se regirán por su normativa específica: a) Los establecimientos dedicados a la distribución, importación o elaboración de medicamentos o productos sanitarios. b) Los servicios y unidades técnicas de protección radiológica. c) Los establecimientos y servicios de atención farmacéutica, que se regirán por lo dispuesto en la *Ley 3/1996, de 25 de junio,* de Atención Farmacéutica de la Comunidad Autónoma de Extremadura, y normativa específica que les sea de aplicación. d) Los Servicios de Prevención de Riesgos Laborales, que se atendrán a lo dispuesto en el *Decreto 221/2001, de 27 de diciembre,* por el que se establecen las normas de organización de recursos para la actividad sanitaria de los Servicios de Prevención. e) Todos aquellos que en su normativa específica de aplicación, así se establezca.

GALICIA	*Decreto 12/2009, de 8 de enero,* que regula la autorización de centros, servicios y establecimientos sanitarios	Art. 1 3. Quedan excluidos del ámbito de aplicación de este Decreto, rigiéndose por su normativa específica: a) Los establecimientos dedicados a la importación o elaboración de medicamentos o productos sanitarios. b) Los servicios y unidades técnicas de protección radiológica. c) Los centros, servicios y establecimientos integrados en la red de sanidad militar. d) Las oficinas de farmacia, a excepción de las disposiciones referentes al registro de centros, servicios y establecimientos sanitarios, que serán de obligado cumplimiento.
LA RIOJA	*Decreto 80/2009, de 18 de diciembre,* por el que se establece el régimen jurídico y el procedimiento para la autorización y registro de centros, servicios y establecimientos sanitarios de la Comunidad Autónoma de La Rioja	Artículo 4. Centros, Servicios y Establecimientos Sanitarios excluidos 1. Quedan excluidos del ámbito de aplicación del presente Decreto y se regirán por su normativa específica las autorizaciones referidas a los siguientes centros, establecimientos o servicios: a) Los establecimientos dedicados a la distribución, importación o elaboración de medicamentos o productos sanitarios. b) Los servicios y unidades técnicas de protección radiológica. c) Laboratorios, centros y establecimientos de elaboración de drogas, productos estupefacientes, psicotrópicos o similares, especialidades farmacéuticas y sus materias primas, y material instrumental médico, terapéutico o correctivo. d) Oficinas de farmacia, botiquines rurales, servicios de farmacia de las estructuras de Atención Primaria y demás servicios de farmacia hospitalaria y especializada. e) Laboratorios de seguridad alimentaria.
MADRID	*Decreto 51/2006, de 15 de junio,* por el que se regula el Régimen Jurídico y Procedimiento de Autorización y Registro de Centros, Servicios y Establecimiento Sanitarios de la Comunidad de Madrid.	Art. 2 1. Quedan excluidos del ámbito de aplicación del presente Decreto, y se regirán por su normativa específica. a) Las oficinas de farmacia, servicios de farmacia, botiquines y los establecimientos de óptica, ortopedia y audioprótesis, sin perjuicio de lo dispuesto respecto de ellos, en el Real Decreto 1277/2003, de 10 de octubre, por el que se establecen las bases generales sobre la autorización de centros, servicios y establecimientos sanitarios. b) Los establecimientos dedicados a la distribución, importación, elaboración y almacenamiento de medicamentos o productos sanitarios. c) Los servicios y unidades técnicas de protección radiológica. 2. Las disposiciones de este Decreto no serán de aplicación a cualesquiera otros que se regulen por su normativa específica.

MURCIA	*Decreto 73/2004, de 2 de julio,* por el que se regula el procedimiento de autorización sanitaria de los centros, establecimientos y servicios sanitarios y el registro de recursos sanitarios regionales *Decreto 9/2010, de 12 de febrero,* por el que se regula la acreditación de los centros, establecimientos y servicios sanitarios de la Comunidad Autónoma de la Región de Murcia y modifica el Decreto 72/2004	Articulo 4 (redacción dada por el Decreto 9/2010) «Quedan excluidos del régimen de autorizaciones reguladas en los Capítulos II a IV de este Decreto, los Centros, Servicios y Establecimientos Sanitarios que a continuación se relacionan: Los establecimientos y servicios de atención farmacéutica regulados en el artículo 4 de la Ley 3/1997, de 28 de mayo, de Ordenación Farmacéutica de la Región de Murcia. Los laboratorios, centros y establecimientos de elaboración de drogas, productos estupefacientes, psicotropos o similares, especialidades farmacológicas y sus materias primas y material e instrumental sanitario terapéutico o correctivo. Cualquier otro tipo de Centro, Servicio y Establecimiento Sanitario sometido a un régimen de autorización específica». Decreto 9/2010 ACREDITACION SEGURO QUE ES IGUAL PARA CENTROS, SERVICIOS... Quedan excluidos del ámbito de aplicación del presente Decreto, los siguientes establecimientos y servicios, que se regirán por su normativa específica: a) Los establecimientos y servicios de atención farmacéutica regulados en el *artículo cuatro* de la *Ley 3/1997, de 28 de mayo,* de Ordenación Farmacéutica de la Región de Murcia. b) Los establecimientos dedicados a la distribución, importación, elaboración, o fabricación en su caso, de medicamentos o productos sanitarios. c) Los servicios y unidades técnicas de protección radiológica, así como la certificación de programas de garantía de calidad en instalaciones de radiodiagnóstico, radioterapia y medicina nuclear. d) Los centros sanitarios dedicados a la práctica de actividades de extracción y trasplante de órganos y tejidos. e) Todos aquellos centros, servicios y establecimientos sanitarios para los cuales su normativa específica de aplicación establezca un procedimiento propio de acreditación.
NAVARRA	*Decreto Foral 214/1997, de 1 de septiembre,* que regula las autorizaciones para creación, modificación, traslado y funcionamiento de centros, servicios y establecimientos sanitarios	2. Por razón de competencia o por estar regulados por normas específicas, no se encuentran afectados por lo establecido en este Decreto Foral los centros a que se refiere la Disposición Final Primera. *Disposición Final Primera* Las autorizaciones de transporte sanitario, de los centros, servicios y establecimientos dedicados al desarrollo, elaboración, importación, exportación, distribución, venta o dispensación de medicamentos y de aquellos dedicados al desarrollo, elaboración, importación y exportación de productos sanitarios, y otros que pudieran disponer de regulaciones específicas se regirán por lo establecido en sus normativas, siendo este Decreto Foral de aplicación subsidiaria en los aspectos no contemplados en aquéllas.

PAÍS VASCO	*Decreto 31/2006, de 21 de febrero,* de autorización de los centros, servicios y establecimientos sanitarios	2. Quedan excluidos del ámbito de aplicación de este Decreto, rigiéndose por su normativa específica: a) Los establecimientos dedicados a la distribución, importación o elaboración de medicamentos o productos sanitarios, incluidos los laboratorios de prótesis dental y los establecimientos relacionados con la distribución y dispensación de medicamentos veterinarios, la fabricación y distribución de piensos medicamentosos y la elaboración de autovacunas de uso veterinario. b) Los servicios y unidades técnicas de protección radiológica. c) Los establecimientos y servicios de atención farmacéutica, incluidas las secciones de óptica, ortopedia y análisis clínicos en las oficinas de farmacia.
VALENCIA	*Decreto 176/2004, de 24 de septiembre,* sobre autorización sanitaria y el Registro Autonómico de Centros, Servicios y Establecimientos Sanitarios	Art. 1.3. Las disposiciones de este Decreto no serán de aplicación, regulándose por su normativa específica, salvo en lo referente al Registro Autonómico de Centros, Servicios y Establecimientos Sanitarios de la Comunidad Valenciana, que se ajustarán a lo previsto en el *artículo 7* de este Decreto, a los siguientes: a) Las oficinas de farmacia y botiquines vinculados a aquéllas, los servicios farmacéuticos de Área de Salud, los servicios farmacéuticos en centros hospitalarios, socio-sanitarios y penitenciarios, los depósitos de medicamentos, los establecimientos para la dispensación de medicamentos veterinarios y los almacenes de distribución al por mayor de medicamentos y productos farmacéuticos, de acuerdo a lo previsto en la Ley 6/1998, de 22 de junio, de la Generalitat, de Ordenación Farmacéutica de la Comunidad Valenciana, y normas de desarrollo. b) Los establecimientos de óptica y los establecimientos que realicen actividades de venta con adaptación individualizada de productos sanitarios.

De lo expuesto es preciso indicar que, a tenor de dichas definiciones y de acuerdo con nuestro objeto de estudio, los centros y los servicios sanitarios son las instalaciones que requieren propiamente nuestra atención en estas páginas. Los establecimientos sanitarios, por la naturaleza de la actividad sanitaria que realizan *"dispensación de medicamentos o distribución, elaboración y adaptación individual de productos sanitarios"*, dentro del cual se incluyen las farmacias, quedan fuera de nuestro objeto de estudio. Su tratamiento se desarrolla en otro capítulo de este trabajo.

IV. LA AUTORIZACIÓN ADMINISTRATIVA Y EL DERECHO COMUNITARIO, EN PARTICULAR LA LIBERTAD DE ESTABLECIMIENTO

La existencia de un régimen de autorización administrativa previa por parte de una normativa nacional que condicione la apertura y la explotación de un centro sanitario, no puede suponer, en ningún caso, la vulneración del Derecho comunitario. Así se ha manifestado el Tribunal de Justicia de las Comunidades Europeas en varios pronunciamientos entre los que cabe destacar las sentencias de 7 de febrero de 1984, Duphar y otros —asunto C-238/82—; de 21 de abril de 2005, Comisión/Grecia —asunto C-140/03—; de 16 de mayo de 2006 —Watts, asunto C-372/04—; de 11 de septiembre de 200, Comisión/Alemania —asunto C-141/07— y, más recientemente, la sentencia de 10 de marzo de 2009, asunto Hartlauer c/ Wiener Landesregierung y otros —asunto C167/07—.

En este sentido, se debe recordar que el artículo 43 TCE —artículo 49 del Tratado de Funcionamiento de la Unión Europea, en adelante, TFUE— consagra la libertad de establecimiento de los nacionales de un Estado miembro en el territorio de otro Estado miembro y comprende, tanto el acceso a las actividades no asalariadas y su ejercicio como la constitución y la gestión de empresas y en tal sentido prohíbe las restricciones al mismo[6]. Por su parte, el artículo 48 CE (artículo 54 TFUE), dispone que los derechos reconocidos por el artículo 43 antes citado, benefician a las sociedades constituidas de conformidad con la legislación de un Estado miembro cuya sede social, administración central o centro de actividad principal, se encuentre en el territorio de la Unión[7]. Es preciso destacar sin embargo que, por un lado, el artículo 46.1 CE (articulo 52 TFUE) no se opone a posibles restricciones

---

6 El citado precepto dispone "*En el marco de las disposiciones siguientes, quedarán prohibidas las restricciones a la libertad de establecimiento de los nacionales de un Estado miembro en el territorio de otro Estado miembro. Dicha prohibición se extenderá igualmente a las restricciones relativas a la apertura de agencias, sucursales o filiales por los nacionales de un Estado miembro establecidos en el territorio de otro Estado miembro.*
La libertad de establecimiento comprenderá el acceso a las actividades no asalariadas y su ejercicio, así como la constitución y gestión de empresas y, especialmente, de sociedades, tal como se definen en el párrafo segundo del artículo 54, en las condiciones fijadas por la legislación del país de establecimiento para sus propios nacionales, sin perjuicio de las disposiciones del capítulo relativo a los capitales."

7 El artículo 48 (articulo 54 TFUE) concreta que "*Las sociedades constituidas de conformidad con la legislación de un Estado miembro y cuya sede social, administración central o centro de actividad principal se encuentre dentro de la Unión quedarán equiparadas, a efectos de aplicación de las disposiciones del presente capítulo, a las personas físicas nacionales de los Estados miembros.*
Por sociedades se entiende las sociedades de Derecho civil o mercantil, incluso las sociedades cooperativas, y las demás personas jurídicas de Derecho público o privado, con excepción de las que no persigan un fin lucrativo."

del Derecho de establecimiento justificadas por razones de salud pública[8] y, por otro, que el artículo 152, apartado 5 CE (artículo 168 TFUE) que recoge el principio de subsidiariedad en materia de salud pública[9], no supone una disminución de la competencia de los Estados miembros para dictar disposiciones encaminadas a organizar y prestar servicios sanitarios y cuidados médicos, siempre que el ejercicio de aquella competencia se realice por parte de los Estados miembros con pleno respeto del Derecho comunitario y, en particular, a las disposiciones del Tratado CE relativas a las libertades de circulación, incluida, la libertad de establecimiento. El respeto de aquellas libertades, por parte de los Estados miembros, supone la obligación de no establecer o mantener restricciones injustificadas al posible ejercicio de dichas libertades[10].

Teniendo en cuenta dicha regulación corresponde plantear si la adopción por parte de un Estado miembro de un régimen de autorización administrativa previa, en nuestro caso, como exigencia para la prestación de servicios sanitarios por parte de un centro o servicio —tanto para la apertura o funcionamiento como para la modificación o cierre—, puede suponer la vulneración de la libertad de establecimiento, reconocida en el Derecho Comunitario. La jurisprudencia comunitaria ha concretado en diversas sentencias que los Estados miembros cuentan con un cierto margen de apreciación que les permite decidir qué nivel de protección de la salud pública quieren asegurar y de qué manera. Sin embargo, aquel ámbito de decisión —que puede variar de un Estado miembro a otro— no puede obstaculizar

---

8 El artículo 46 CE (artículo 52 TFUE) expresa que "*1. Las disposiciones del presente capítulo y las medidas adoptadas en virtud de las mismas no prejuzgarán la aplicabilidad de las disposiciones legales, reglamentarias y administrativas que prevean un régimen especial para los extranjeros y que estén justificadas por razones de orden público, seguridad y salud públicas.*
2. El Parlamento Europeo y el Consejo, con arreglo al procedimiento legislativo ordinario, adoptarán directivas para la coordinación de las mencionadas disposiciones."

9 Textualmente, el artículo 152.5 CE (artículo 168.5 TFUE) dispone que "*El Parlamento Europeo y el Consejo, con arreglo al procedimiento legislativo ordinario y previa consulta al Comité Económico y Social y al Comité de las Regiones, podrán adoptar también medidas de fomento destinadas a proteger y mejorar la salud humana y, en particular, a luchar contra las pandemias transfronterizas, medidas relativas a la vigilancia de las amenazas transfronterizas graves para la salud, a la alerta en caso de tales amenazas y a la lucha contra las mismas, así como medidas que tengan directamente como objetivo la protección de la salud pública en lo que se refiere al tabaco y al consumo excesivo de alcohol, con exclusión de toda armonización de las disposiciones legales y reglamentarias de los Estados miembros.*"

10 Resultan ilustrativas las sentencias de 7 de febrero de 1984, Duphar y otros, 238/82, Rec. p. 523, apartado 16; de 16 de mayo de 2006, Watts, C-372/04, Rec. p. I-4325, apartados 92 y 146, así como de 11 de septiembre de 2008, Comisión/Alemania, C-141/07, Rec. p. I-0000, apartados 22 y 23.

o hacer menos atractivo el ejercicio de las libertades de establecimiento[11]. Para el Tribunal, supeditar el establecimiento de una empresa de otro Estado miembro —siempre, claro está, que no exista discriminación por razón de nacionalidad— a la exigencia de obtener una autorización administrativa previa, puede conllevar límites en la libertad de establecimiento. Cualquier excepción a esta norma general se debe fundamentar en dos motivos:

a) En primer lugar, en la concurrencia de razones imperiosas de interés general.
b) En segundo, que la medida sea adecuada para garantizar la realización del objetivo que pretende obtener y no vaya más allá de lo necesario.

Por otra parte, el artículo 46 CE permite también que la protección de la salud pública pueda justificar cargas o restricciones a la libertad de establecimiento —ejemplo es, justamente, la existencia de un régimen de autorización administrativa previa—, si bien, justificada en razones imperiosas de interés general; en otras palabras, cuando la medida contribuya a la consecución de un elevado grado de protección de la salud. Por lo demás, recordemos que la jurisprudencia comunitaria considera que existen razones imperiosas de interés general, en los siguientes supuestos:

a) Cuando la limitación, se base en criterios objetivos, no discriminatorios y conocidos previamente de tal forma que permitan conocer suficientemente los límites del ejercicio de la facultad de apreciación de las autoridades habilitadas.
b) Siempre que se pretenda mantener un servicio médico y hospitalario de calidad, equilibrado y accesible a todos y
c) Si se persigue prevenir un riesgo de perjuicio grave para el equilibrio financiero del sistema de seguridad social.

En todos estas hipótesis, la el TJUE justifica la adopción de medidas restrictivas para la prestación de servicios médicos y hospitalarios, como es el caso de la autorización previa, siempre que el Estado miembro acredite que el mantenimiento de una capacidad de asistencia o de una competencia médica en el territorio nacional es esencial para la salud pública[12]. Igualmente, el TJUE permite que las infraestructuras sanitarias puedan ser objeto de una planificación y, por tanto, que es la que justifica la necesidad de contar con una autorización administrativa previa cuando se pretenda instalar nuevos prestadores siempre que se persiga el cumplimiento de los siguientes objetivos:

---

11 Así, sentencia de 10 de marzo de 2009, asunto Hartlauer c/ Wiener Landesregierung y otros, asunto C167/07

12 En este sentido, son representativas las sentencias de 12 de julio de 2001, Smits y Peerbooms, asunto C-157/99 y de 16 de mayo de 2006, Watts, asunto C-372/04.

a) Evitar duplicidad de servicios,
b) Garantizar unos cuidados médicos adaptados a las necesidades de la población,
c) Cubrir la totalidad del territorio,
d) Asegurar que los servicios lleguen a todas las regiones, en especial a las geográficamente aisladas y,
e) Mejorar los servicios de lugares que se encuentren en una situación desfavorable.

En otros casos, la jurisprudencia considera que cuando se trate de prevenir un desequilibrio financiero, está justificado la exigencia de una autorización administrativa previa siempre que con la misma se persiga controlar los costes y evitar, en la medida de lo posible, todo derroche de recursos financieros, técnicos y humanos en virtud de que los recursos financieros que se destinan a la asistencia sanitaria no son ilimitados[13]

En todos los supuestos señalados, la jurisprudencia exige ha que el Estado nacional garantice la consecución del objetivo alegado de forma congruente y sistemática. El incumplimiento de estas exigencias supone una vulneración de las libertades reconocidas por el Derecho comunitario. Así, por ejemplo, exigir un régimen de autorización previa a unos determinados servicios y no exigirla a otros, equivale a no cumplir de manera congruente y sistemática los objetivos alegados (sentencia de 10 de marzo de 2009, asunto Hartlauer c/ Wiener Landesregierung y otros, asunto C167/07). En definitiva, el Derecho comunitario permite que los Estados miembros concreten un régimen de autorización administrativa previa siempre que se justifique en razones de interés general en los términos antes expuestos.

En el caso del Ordenamiento español, es preciso destacar el cumplimiento de los requisitos expuestos con anterioridad. En efecto, en primer lugar, la regulación vigente, en tanto exige la obtención de la correspondiente autorización administrativa previa para la instalación, funcionamiento, modificación o cierre, se encuentra justificada en la potestad reconocida por el artículo 46.1 CE (articulo 52 TFUE). En este sentido, dicha regulación exige, sin realizar ningún tipo de discriminación por razón de nacionalidad, una autorización a efectos de verificar y garantizar con carácter previo que tanto la actividad que se pretende desarrollar, como los aparatos, técnicas, productos o elementos, etc... que inciden en la salud de las personas —el organismo humano—, no suponen un riesgo para la salud de

---

13 Entre otras, sentencias de 13 de mayo de 2003, asunto C-385/99, Müller-Fauré y van Riet; de 16 de mayo de 2006, asunto C-372/04, Watts y sentencia de 10 de marzo de 2009, asunto Hartlauer c/ Wiener Landesregierung y otros, asunto C167/07.

las personas. Se trata, por tanto, de una exigencia proporcionada al fin perseguido y justificada en la consecución del interés general[14].

V. EL RÉGIMEN DE LA AUTORIZACIÓN ADMINISTRATIVA

1. *Regulación y ámbito*

Como se acaba de señalar, nuestro ordenamiento jurídico —LGS, LCCSNS y Real Decreto 1277/2003, de 10 de octubre—, sujeta a todos los centros y servicios sanitarios al deber de obtener una autorización administrativa con carácter previo a su instalación, funcionamiento, modificación de su actividad y el cierre de éstas. Dichas autorizaciones sanitarias se identifican con una resolución administrativa que, según los requerimientos recogidos en las normas correspondientes, faculta a un centro o servicio sanitario para realizar la actividad sanitaria, modificarla, en su caso, o proceder a su cierre. La citada exigencia deriva con carácter general de lo dispuesto LGS[15] y del el citado Real Decreto 1277/2003, de 10 de octubre, norma básica, establece que corresponde a las autoridades sanitarias de cada comunidad

---

[14] El artículo 25 de la LGS, recoge al respecto lo siguiente: *1. La exigencia de autorizaciones sanitarias, así como la obligación de someter a registro por razones sanitarias a las empresas o productos, serán establecidas reglamentariamente, tomando como base lo dispuesto en la presente Ley, así como lo establecido en la Ley General de Salud Pública.*
2. Las autorizaciones sanitarias y los registros obligatorios que se establezcan, en virtud de la habilitación prevista en el apartado 1 del presente artículo, deberán cumplir las condiciones siguientes:
a. No resultarán discriminatorios ni directa ni indirectamente en función de la nacionalidad o, por lo que se refiere a sociedades, por razón de ubicación del domicilio social.
b. Deberán estar justificados en la protección de la salud pública.
c. Se cuidará que el régimen que se establezca sea el instrumento adecuado para garantizar la consecución del objetivo de protección de la salud pública, y no vaya más allá de lo necesario para conseguirlo, así como que no pueda sustituirse por otras medidas menos restrictivas que permitan obtener el mismo resultado.
d. Los procedimientos y trámites para la obtención de las autorizaciones o registros a los que se refiere esta Ley deberán ser claros e inequívocos, objetivos, transparentes, proporcionados al objetivo de protección de la salud pública y darse a conocer con antelación.
3. Deberán establecerse, asimismo, prohibiciones y requisitos mínimos para el uso y tráfico de los bienes, cuando supongan un riesgo o daño para la salud.
4. Cuando la actividad desarrollada tenga una repercusión excepcional y negativa en la salud de los ciudadanos, las Administraciones Públicas, a través de sus órganos competentes podrán decretar la intervención administrativa pertinente, con el objeto de eliminar aquélla. La intervención sanitaria no tendrá más objetivo que la eliminación de los riesgos para la salud colectiva y cesará tan pronto como aquéllos queden excluidos.

[15] El artículo 29 de la LGS dispone *"Los centros y establecimientos sanitarios, cualesquiera que sea su nivel y categoría o titular, precisarán autorización administrativa previa para su instalación y*

autónoma otorgar las autorizaciones antes mencionadas de todos los centros y servicios sanitarios ubicados en su ámbito territorial y habilita a las mismas a regular los procedimientos administrativos respectivos. Todas las comunidades autónomas han desarrollado y aprobado normativa reglamentaria al respecto (véase el Cuadro I) y en todas ellas se regulan las distintas clases de autorizaciones sanitarias mencionadas

Es preciso indicar, en cualquier caso, que no todos los centros o servicios sanitarios están sujetos a la misma regulación. Como dispone el propio Real Decreto 2177/2003, de 10 de octubre, *"Los requisitos mínimos comunes para la autorización de instalación, funcionamiento o modificación de un centro, servicio o establecimiento sanitario serán determinados por Real Decreto para el conjunto y para cada tipo de centro, servicio y establecimiento sanitario"*. Se trata, de una previsión reglamentaria que reconoce la existencia de varias regulaciones, una general (requisitos mínimos comunes y autonómicos) y, otras específicas que modulan, como consecuencia de su especialidad, algunos requisitos concretados en la regulación general; modulación, por cierto, que se produce en los documentos que se deben presentar y en los requisitos técnicos que cada especialidad presenta. Los ejemplos donde el régimen general es modulado por una regulación propia y específica son numerosos entre los que cabe citar los requisitos mínimos para la autorización de centros Quirúrgicos, de centros de Diagnóstico de Anatomía Patológica, de centros de Salud Mental, centros de Aborto, centros de Atención a la Drogodependencia, o los Laboratorios de Análisis Clínicos, centros éstos últimos objeto de estudio en este trabajo.

Igualmente, es preciso mencionar, la regulación estatal específica que recae sobre determinadas actividades y que cuenta con un régimen jurídico de autorización administrativa propio, muy distinto al régimen general, a tal punto que altera sustancialmente las características reguladas por aquella. Se trata de la actividades de obtención y utilización clínica de órganos humanos y la coordinación territorial en materia de donación y trasplante de órganos y tejidos —Real Decreto 2070/1999, de 30 de diciembre—; del procedimiento para la designación y acreditación de centros, servicios y unidades de referencia —Real Decreto 1302/2006, de 10 de noviembre— o las que establecen las normas de calidad y seguridad para la donación, la obtención, la evaluación, el procesamiento, la preservación, el almacenamiento y la distribución de células y tejidos humanos y se aprueban las normas de coordinación y funcionamiento para su uso en humanos —Real Decreto 1301/2006, de 10 de noviembre—. En relación con las autorizaciones

funcionamiento, así como para las modificaciones que respecto de su estructura y régimen inicial puedan establecerse "

necesarias y características de los centros destinados al explante y el trasplante de órganos y tejidos, véase el trabajo de FONSECA FERRANDIS (2010).

2. *Concepto y tipos de autorizaciones*

Desde una perspectiva tradicional, el concepto de autorización es comprensivo de toda una serie de supuestos —autorizaciones, licencias, habilitaciones, permisos, etc.— en los que el control preventivo desarrollado por la Administración sobre una determinada actividad, se limita a la estricta comprobación jurídico-objetiva del cumplimiento de las exigencias determinadas con carácter general por el ordenamiento jurídico. Estamos pues, en este caso, ante un acto reglado y debido, declarativo y favorable. En efecto, es reglado y debido en tanto que el órgano competente se debe pronunciar únicamente en función del cumplimiento o no, de la regulación aplicable. Es de carácter declarativo dado que dicho órgano se limita a comprobar la adecuación o no, a la norma pero sin dar lugar a la constitución de situación jurídica alguna, y finalmente es favorable porque remueve la prohibición normativa de ejercicio de la actividad o del derecho pertinente.

Hoy en día, sin embargo, no es posible reconducir a un único régimen jurídico las diferentes regulaciones jurídico-positivas existentes en este ámbito. Como ha manifestado la doctrina administrativista (GARCÍA DE ENTERRÍA Y FERNÁNDEZ RODRÍGUEZ 2007, PAREJO ALFONSO 2003 y la abundante bibliografía que se cita en ambos trabajos), el propio desarrollo del tráfico jurídico-económico ha determinado que junto con supuestos que coinciden en mayor o menor grado con el régimen tradicional, expuesto muy brevemente con anterioridad, aparece otra clase de títulos autorizatorios cuya normativa, ya sea por las características sustantivas del derecho de cuyo ejercicio se trata, ya sea por las peculiaridades de la actividad objeto de intervención administrativa —o por ambas circunstancias simultáneamente— refuerza de forma considerable la posición de la Administración. En estos casos, como destaca la doctrina antes citada, la potestad de autorización deja de estar construida de forma reglada y pasa a configurarse sobre la base de conceptos jurídicos indeterminados o, incluso, como es el caso, si bien con diferente alcance, mediante elementos discrecionales. La consecuencia de lo anteriormente expuesto, es el mayor margen de apreciación y actuación reconocido a la Administración, a tal punto que el pretendido control administrativo puede llegar a ser, en realidad, delimitador de derechos, cuando no, constitutivo de dichas relaciones positivas que hasta entonces son inexistentes en la esfera jurídica del ciudadano.

El objeto de estudio de este trabajo, la autorización para la instalación, funcionamiento, modificación y cierre de las instalaciones de centros y servicios sanitarios es un ejemplo de la última consideración realizada. En efecto, nos encontramos ante la previsión de unas autorizaciones que, con carácter general y, de acuerdo con el régimen sustantivo que analizaremos más adelante, presenta las siguientes notas definitorias:

a) Se trata de autorizaciones de carácter mixto en tanto que el acto administrativo correspondiente debe tener presente tanto las cualidades subjetivas del solicitante (autorización de naturaleza personal) como las condiciones objetivas de la actividad que se pretende ejecutar (autorización de carácter real). En nuestro caso, el control a realizar por parte de la Administración tiene por objeto los centros y servicios sanitarios delimitados de acuerdo con el epígrafe III de este trabajo. En el citado control, la Administración no desatiende a la persona que peticiona cualquiera de las autorizaciones mencionadas (instalación, funcionamiento, modificación o cierre), pero tampoco al objeto donde se realizará la actividad. De esta forma corresponde al solicitante justificar desde el punto de vista del objeto, la titularidad de la disponibilidad jurídica del inmueble (bien sea la propiedad del inmueble o bien un título suficiente) así como las características del inmueble en tanto que se verifica, entre otras cuestiones, los espacios, las dimensiones, la distribución y la estructura de la instalación. Asimismo, en relación con las cualidades subjetivas se controla la propia personalidad del solicitante o, en su caso, la representación que ostente; la acreditación personal y profesional del titular de la consulta y la correspondiente acreditación de la colegiación exigida e, incluso, de los propios profesionales que trabajan en el centro o servicio sanitario.
b) Se trata de una autorización que según los casos puede ser bien de operación, bien de funcionamiento. La primera centra la supervisión de la actividad en una acción concreta y determinada, verificándose, consecuentemente, en un período temporal preciso, sin dar lugar, en consecuencia, al establecimiento de una relación entre la Administración y el sujeto interesado, dado que, realizada la operación objeto de intervención, se agotan los efectos de la autorización. La segunda, es decir, la autorización de funcionamiento, a diferencia de la anterior, se encuentra avocada a controlar el desarrollo de una actividad llamada a prolongarse durante un período indeterminado de tiempo, hipótesis que da lugar al nacimiento de una relación estable entre la Administración y el sujeto autorizado y mientras dure efectivamente la misma. En este último caso se trata de salvaguardar el interés público en presencia frente a cualquier acontecimiento que pudiera alterarlo en el futuro; aun mediante la atribución y el posterior ejercicio, de acuerdo con las circunstancias concurrentes, de una importante *"potestas variandi"* por parte de la Administración que puede alcanzar, incluso, la

revocación del título cuando desaparezcan o se alteren sustancialmente las condiciones determinantes del otorgamiento inicial.

En relación con nuestro objeto de estudio, es preciso señalar, que junto a título que se pueden considerar netamente de operación, como es el caso de la autorización de instalación o de cierre de los centros, coexisten otros que responden, más bien al concepto de funcionamiento. En efecto, se trata de las llamadas justamente autorizaciones de funcionamiento de centros o servicios sanitarios y las autorizaciones de modificación de la actividad en los que la Administración actuante queda investida de ciertos poderes cuyo alcance va más allá de la potestad autorizatoria. Así por ejemplo la autorización de funcionamiento se otorga por un periodo de vigencia limitado, siendo necesario la renovación del título administrativo (cada 5 o más años) a fin de verificar la adecuación de la actividad a las nuevas exigencias y progresos científicos existentes en la materia. Igualmente, la actividad desarrollada por los centros o servicios sanitarios se encuentran sujetos a una estricta actividad de control, vigilancia e inspección que le permite a la Administración adoptar no sólo medidas preventivas o cautelares sino también la imposición de sanciones que pueden implicar la suspensión o incluso, la revocación de la autorización.

c) Por último, es preciso indicar que existen autorizaciones simples y operativas, siendo la primeras aquellas que tiene por objetivo, única y exclusivamente, controlar la actividad administrativa y las segundas, es decir, las operativas, las que sin renunciar a su función de control, implican un mayor alcance, en tanto que encauzan y orientan positivamente la actividad del titular de la licencia de acuerdo con las líneas de actuación definidas previamente por la Administración. En nuestro caso, y en general en el ámbito sanitario, hay que señalar que la propia complejidad de la materia y de los objetivos que justifican la intervención pública, determina que la regulación del sector reserve a la Administración importantes facultades discrecionales no sólo a la hora del otorgamiento del título correspondiente sino, también, a lo largo de toda su vigencia, haciendo posible la imposición de ciertas obligaciones —a través de las cuales se encauza la función de dirección de la actividad— y cuyo incumplimiento puede dar lugar a su revocación e, incluso, a la imposición de sanciones.

La posición expuesta en las líneas anteriores encuentra confirmación a la luz de la jurisprudencia contenciosa administrativa. En efecto, de acuerdo con la doctrina del Tribunal Supremo (SsTS de 24 de septiembre de 2008 o de 15 de junio de 2009, entre otras y STSJM de 28 de septiembre de 2005), la LGS en su artículo 18.11 obliga a las Administraciones públicas a realizar un control sanitario de todos los productos o los elementos que afectan al organismo humano y de aquellos que supongan un riesgo para la salud de las personas[16]. En virtud del citado mandato, le corresponde al poder público examinar todos los requisitos que se consideran necesarios antes de proceder a conceder una autorización. De ahí que el poder público está obligado a realizar, cuando se solicite una autorizaciones en el ámbito sanitario, un control preventivo sobre la actividad, control que no se puede limitar, exclusivamente, a comprobar el estricto cumplimiento jurídico-objetivo de las exigencias determinadas con carácter general por el ordenamiento jurídico, sino que debe ir más allá y comprobar otros elementos que el ordenamiento jurídico así le determine. En este caso, destaca el citado Tribunal que *"...aunque aparentemente parece que se está ante un acto reglado y debido en tanto que al órgano competente le corresponde pronunciarse en función del cumplimiento o no de la regulación aplicable, existen también otros requisitos que pueden ser discrecionales"*. Destaca el Tribunal Supremo que corresponde al poder público, con carácter previo a conceder las autorizaciones sanitarias solicitadas, verificar que la solicitud cumple no sólo con los elementos reglados sino también con aquellos elementos discrecionales que el propio ordenamiento jurídico establezca. Se trata, concreta la doctrina jurisprudencial, de un actuar obligatorio para el poder público que sólo en el caso de que concurran "todos aquellos elementos", reglados y discrecionales, es cuando la Administración puede y debe proceder a otorgar la autorización solicitada. Actuar de otra forma supone vulnerar el mandato contenido en el artículo 18.11 LGS. Concluye la jurisprudencia que en algo tan importante y trascendental para los ciudadanos como la Sanidad no cabe duda alguna que, además de los elementos reglados, corresponde al poder público competente valorar todo lo que pueda repercutir en aquéllos, incluido lo discrecional, siempre y cuando haya una base lógica y ponderada.

3. Determinación de los requisitos para la autorización de los centros y servicio sanitarios

Es preciso indicar, en primer lugar, que la obtención de las correspondientes autorizaciones es una obligación general e integral, en tanto que afecta a todas las clases de instalaciones sanitarias —centros o servicios— cualquiera que sea su nivel, categoría o titularidad —por tanto, a los privados pero, también a los de carácter público—, y, además, cualquiera sea el estadio de su actividad, es decir,

---

16 El artículo 18.11 de la LGS dispone al respecto que *"Las Administraciones públicas, a través de sus Servicios de salud y de los Órganos competentes en cada caso, desarrollarán las siguientes actuaciones:.....11. El control sanitario de los productos farmacéuticos, otros productos y elementos de utilización terapéutica, diagnóstica y auxiliar y de aquellos otros que, afectando al organismo humano, puedan suponer un riesgo para la salud de las personas"*.

la instalación y el funcionamiento, pero también su modificación e, incluso, su cierre. La exigencia de contar con la autorización correspondiente es para cada instalación y para cada centro sanitario, así como para cada uno de los servicios que constituyan la oferta asistencial.

Tanto la normativa estatal como la autonómica, definen la autorización sanitaria como aquella resolución administrativa que, según los requerimientos que se establezcan en cada caso, faculta a un centro, servicio o establecimiento sanitario para su instalación, su funcionamiento, la modificación de sus actividades sanitarias o, en su caso, el cierre de las mismas. Para poder obtener dicha autorización es preciso cumplir con unos requisitos que se suelen definir como aquellos requerimientos, expresados en términos cualitativos o cuantitativos, que deben cumplir los citados centros y servicios sanitarios para ser autorizados por la Administración sanitaria y que tienen por finalidad garantizar que la instalación cuentan con las dimensiones y áreas necesarias, así como con los medios técnicos, instrumentales, tecnológicos y profesionales adecuados para desarrollar su actividad sanitaria de un modo eficaz y seguro. Estos requisitos son los que la normativa autonómica, respetando claro está lo dispuesto por la normativa básica estatal, concrete con carácter general y, en su caso, de manera específica (véase al respecto el Cuadro I y IV de este trabajo). En efecto, el Real Decreto 1277/2003, de 10 de octubre, concreta que *"Cada Comunidad Autónoma especificará respecto de cada tipo de procedimiento los trámites y la documentación que deberá ser aportada por los solicitantes para verifica el cumplimiento de los requisitos exigidos de acuerdo con la normativa vigente"* (art. 3.4). De ahí que, el otorgamiento de las autorizaciones corresponde a la autoridad autonómica competente de acuerdo con el procedimiento administrativo previsto para estos centros por cada comunidad autónoma. Corresponde, en consecuencia, a los órganos habilitados tramitar y, consecuentemente, verificar con carácter previo al otorgamiento de las autorizaciones respectivas, el cumplimiento por parte del solicitante de los requisitos exigidos.

Teniendo en cuenta lo anteriormente expuesto corresponde al poder público —de acuerdo con lo dispuesto por los artículos 18.11, 24, 25 y 28 LGS— prohibir la apertura de los centros o servicios sanitarios cuando se verifique la existencia de consecuencias negativas para la salud, supongan un riesgo para la misma, la actividad que se pretende desarrollar o se desarrolle tenga una repercusión excepcional y negativa en la salud de los ciudadanos o se sospeche razonablemente un riesgo inminente y extraordinario para la salud. De ahí que la autorización no está destinada a verificar que la actuación que desarrolla el centro no sea perjudicial para la salud o inocua. Por el contrario, la autorización debe verificar que los servicios que se ofrecen están dirigidos al diagnóstico y al tratamiento de problemas que afectan la salud de los usuarios del centro (STS de 24 de septiembre de 2008 o de 15 de junio de 2009).

Una vez otorgada la autorización correspondiente se debe proceder de oficio a la inscripción de la misma en el Registro de centros, servicios y establecimientos y cuyos datos sirven para elaborar el Catálogo de centros, servicios y establecimientos en funcionamiento, Registro y Catálogo que son de consulta pública que permite verificar, por cualquier persona, si un determinado centro o servicio cuentan con la autorización administrativa correspondiente.

4. *Clases de títulos administrativos*

Como hemos indicado, el Real Decreto 1277/2003, de 10 de octubre, prevé diferentes clases de títulos administrativos que las instalaciones sanitarias, sean éstas públicas o privadas o de cualquier clase y naturaleza, deben obtener para poder funcionar independientemente del lugar donde se localicen. Se trata de las autorizaciones de instalación, funcionamiento, modificación y cierre de las mismas.

En algún supuesto, como es el caso de la Comunidad Autonómica de Castilla La Mancha, se otorga la posibilidad a los promotores —voluntariamente y con carácter informativo—, de que antes de solicitar la autorización de instalación sanitaria correspondiente, formulen una "consulta" al órgano habilitado al efecto para que proceda a verificar si el proyecto que se pretende desarrollar cumple con las exigencias legales establecidas en la normativa autonómica. La evacuación de la consulta por parte del órgano administrativo tiene efecto vinculante, efecto que queda circunscrito a los aspectos sobre los que ha versado la consulta y, siempre que la solicitud que posteriormente se formula, tenga las mismas condiciones que la contenida en la consulta formulada. Se trata de una previsión importante desde el punto de vista de los promotores, dado que tiene por finalidad solventar, todas aquellas dudas que se presentan antes de iniciar una inversión tan importante, como es poner en funcionamiento un Centro sanitario. También la Comunidad Autónoma de Cataluña prevé una consulta parecida que puede ser tanto de carácter preceptivo como facultativo antes de la obtención de las citadas autorizaciones administrativas.

5. *Autorización sanitaria de instalación*

A) Concepto

La autorización sanitaria de instalación (denominada también autorización previa en Cataluña o La Rioja), de acuerdo con el Real Decreto 1277/2003, de 10 de octubre, debe ser exigida por las comunidades autónomas para las instalaciones sanitarias en dos supuestos:

a) Cuando se trate de instalaciones de nueva creación que supongan la realización de obra nueva y,

b) Cuando se produzcan obras que alteren sustancialmente la estructura o las instalaciones.

Casi todas las normas autonómicas han traspuesto estas exigencias cualquiera sea el tipo de centro o servicio, utilizando los conceptos de "obra nueva" en el primer supuesto y de "modificación significativa o sustancial", es decir, de calado, para el segundo. No obstante, algunas comunidades autónomas, como Canarias, Galicia o La Rioja, sólo exigen la obtención de la citada autorización de instalación a determinados centros sanitarios mencionados expresamente en su articulado, tales como Hospitales, Centros de Reproducción Humana asistida, centros de interrupción voluntaria de embarazo, centros de cirugía mayor ambulatoria, centros de transfusión, entre otros. A todas las demás instalaciones, sean de obra nueva o alteren sustancialmente la estructura o las instalaciones, sólo se les exige que obtengan una autorización de modificación. Esta regulación supone una modulación importante de la exigencia establecida por la normativa básica estatal y su legalidad es a todas luces discutible dado que no cumple con lo dispuesto en la norma estatal de carácter básico que, como todos sabemos, resulta de obligado cumplimiento (FONSECA FERRANDIS, 2007).

En cuanto al primer supuesto de exigencia de autorización sanitaria de instalación, es decir cuando se trate de una obra nueva, la autorización recae sobre una edificación sujeta a la Ley 38/1999, de 5 de noviembre, de Ordenación de la Edificación (en adelante, LOE), Ley que regula el proceso edificatorio, los requisitos básicos que toda edificación debe cumplir, el proyecto de edificación y actualiza y completa la configuración legal de los agentes que intervienen en el proceso de la edificación, fija sus obligaciones y establece las responsabilidades y las garantías de protección a los usuarios. La LOE se aplica a todas las obras de edificación de nueva construcción, excepto a las denominadas obras menores que se identifican con aquellas construcciones de sencillez técnica y de escasa entidad constructiva, que no tengan carácter residencial o público, ya sea de forma eventual o permanente, se desarrollen en una sola planta y no afecten a la seguridad de las personas, excepción en la que no se puede incluir una instalación sanitaria, dado que, aunque se trate de una edificación que se considere sencilla, está destinada a uso público.

Recordemos en este sentido que la licencia de obra es un acto administrativo declarativo que tiene por finalidad comprobar, en nuestro caso, que los actos de edificación proyectados, es decir los centros y servicios sanitarios, se ajustan no sólo al ordenamiento urbanístico vigente sino también a los requisitos contenidos en la LOE, CTE y demás normativa aplicable, así como los usos proyectados. Toda construcción sanitaria, se identifica, por tanto, con un edificio, sea público o privado, que debe cumplir con todos los requisitos básicos de la edificación recogidos en la LOE y desarrollados en el Código Técnico de la Edificación —en adelante, CTE—, aprobado por Real Decreto 314/2006, y modificado por Real Decreto 1371/2007, de 19 de octubre. Recordemos que el CTE es el marco normativo por el que se regulan las exigencias básicas de calidad que deben cumplir los edificios, incluidas sus instalaciones, para satisfacer los requisitos básicos de seguridad y habitabilidad establecidos en el artículo 3 de la LOE, como «seguridad estructural», «seguridad en caso de incendio», «seguridad de utilización y accesibilidad», «higiene, salud y protección del medio ambiente», «protección contra el ruido» y «ahorro de energía y aislamiento térmico». Igualmente, el CTE proporciona procedimientos que permiten acreditar su cumplimiento con suficientes garantías técnicas; cumplimiento que se verifica mediante el Proyecto de edificación considerado como el conjunto de documentos mediante los cuales se definen y determinan las exigencias técnicas de las obras de edificación, y en el que se justifican técnicamente las soluciones propuestas de acuerdo con las especificaciones requeridas por la normativa técnica aplicable. Destaquemos, finalmente, que el CTE diferencia dos tipos de Proyectos según el momento de la construcción en la que nos encontremos: el Proyecto básico y el Proyecto de ejecución. El Proyecto básico es aquel en el que se definen de modo preciso las características generales de la obra, mediante la adopción y justificación de soluciones concretas. Su contenido es suficiente para solicitar, una vez obtenido el preceptivo visado colegial, la licencia municipal u otras autorizaciones administrativas, pero insuficiente para iniciar la construcción. Por su parte, el Proyecto de ejecución se identifica con la fase del trabajo en la que se desarrolla el proyecto básico, con la determinación completa de detalles y especificaciones de todos los materiales, elementos, sistemas constructivos y equipos, definiendo la obra en su totalidad. Su contenido debe ser el necesario para la realización de las obras contando con el preceptivo visado colegial y la licencia correspondiente. Teniendo en cuenta los distintos tipos de Proyectos, en el caso que nos ocupa, para solicitar la autorización sanitaria de instalación sólo será suficiente que el promotor cuente con el proyecto de edificación básico.

Pues bien, volviendo a nuestro objeto de estudio, la autorización sanitaria de instalación también se debe exigir, como hemos adelantado, cuando se produzcan obras que alteren sustancialmente la estructura o las instalaciones. El Real Decreto 1277/2003, de 10 de octubre, no define qué se debe entender por tal concepto, situación que plantea confusión con la autorización sanitaria de modificación, autorización esta última que se debe solicitar cuando se vayan a producir cambios en la estructura de la instalación. Algunas normas autonómicas, han definido el concepto de alteración sustancial de la estructura o instalaciones como *"aquella actuación que afecte a las condiciones de seguridad o solidez del edificio o local en que se ubique el centro o aquella ampliación o reducción de superficie o de su capacidad funcional y de su adecuación para el uso a que se destine"*(Andalucía Decreto 69/2008), o bien, como *"las modificaciones en la estructura, los cam-*

bios relevantes en la distribución del inmueble y la modificación de las unidades asistenciales de curas intensivas, bloque quirúrgico, radioterapia, radiodiagnóstico y medicina nuclear" (Baleares Decreto 100/2010). La definición del concepto de alteración sustancial de la estructura o de las instalaciones aplicable en este caso, se debe buscar, más bien, en la LOE, para quien todas las obras de ampliación, modificación, reforma o rehabilitación que alteren la configuración arquitectónica de los edificios (alteración substancial), son aquellas que tienen carácter de intervención total o las parciales que produzcan una variación esencial de la composición general exterior, la volumetría, o el conjunto del sistema estructural, o tengan por objeto cambiar los usos característicos del edificio. De esta forma, se considera que existe una alteración substancial (sobre este tema véase PAREJO ALFONSO, 2001; ESTRUCH ESTRUCH 2011, CARRASCO PERERA 2011).

B) Procedimiento de concesión, extinción y exigencias de la autorización de instalación

El procedimiento de concesión de este tipo de autorización es rogado y corresponde al promotor del centro o servicio sanitario iniciar el mismo con la presentación de la solicitud acompañada de la documentación que en cada norma autonómica se determine (véase cuadro I). No obstante, con carácter general, se suele exigir, además de la documentación específica que les pueda afectar, la presentación de los siguientes documentos:

a) Documento acreditativo de la personalidad del solicitante o, en su caso, de su representante legal;
b) Acreditación sobre la propiedad del centro o servicio o de título suficiente que le permita realizar al promotor dicha actuación;
c) Una o más Memorias descriptivas del centro acompañada de los proyectos técnicos correspondientes, en particular, los exigidos por la LOE como el Proyecto básico de la edificación y los Proyectos parciales, entendiendo por éste último los que desarrollan o completan el proyecto de edificación en aspectos concretos referentes a tecnologías específicas o instalaciones del edificio, definiendo con suficiente detalle para su ejecución, sus características constructivas y aquellos que describan al centro o servicio con planos de escala, con indicación de la distribución y dimensiones de las distintas dependencias del centro y ubicación de los equipamientos e instalaciones;
d) Memoria descriptivas de la oferta asistencia, especificando la cartera de servicios, equipamientos, instalaciones, tecnologías, material médico y titulación de los profesionales;
e) Justificante del pago de las tasas correspondientes.

Una vez que el promotor de la instalación obtenga la autorización debe iniciar las obras en el plazo establecido en la propia autorización —normalmente 1 año—. En caso contrario (hecho que también ocurre si se paralizan por un tiempo —6 meses— las obras), se produce la extinción de la autorización concedida. La extinción del título administrativo es automática, por el mero transcurso de los plazos establecidos, y se declara de oficio por el órgano competente. En todo caso, antes de declarar la extinción de la autorización el órgano competente debe notificar obligatoriamente al interesado la resolución adoptada al efecto, con indicación de que, una vez extinguida la autorización de instalación, la misma no puede ser objeto de rehabilitación. Producida la extinción de la autorización, corresponde al interesado solicitar una nueva autorización.

Finalmente, es preciso destacar que la obtención de la autorización de instalación sanitaria no es excluyente de la obligación de obtener cualquier otro título pertinente. En efecto, la obtención de la autorización de instalación por parte del promotor no supone, por sí misma, la habilitación para proceder a la construcción de la edificación. El artículo 84.3 de la Ley de Bases del Régimen Local afirma que *"las licencias o autorizaciones otorgadas por otras Administraciones públicas no eximen a sus titulares de obtener las correspondientes licencias de las Entidades locales, respetándose en todo caso lo dispuesto en las correspondientes leyes sectoriales"*. Corresponde por tanto al promotor del centro o servicio sanitario contar también con las licencias urbanísticas municipales precisas para llevar a cabo dicha actuación y, a los municipios, exigir la presentación de la autorización de instalación sanitaria otorgada por los órganos autonómicos correspondientes. Finalmente, recordemos que de acuerdo con el ordenamiento jurídico urbanístico una vez realizada la edificación autorizada por la licencia de obras, en los plazos establecidos, ésta se patrimonializa por el titular de la misma y se integra en el *us in re*[17].

6. *Autorización sanitaria de funcionamiento*

A) Características generales y documentación que se debe presentar

La autorización sanitaria de funcionamiento, también denominada en Castilla La-Mancha, autorización de puesta en funcionamiento, es el título administrativo que faculta propiamente a las instalaciones sanitarias a realizar su actividad. Para solicitar la misma, es requisito necesario que, con anterioridad, se haya obtenido la ya analizada autorización de instalación. De acuerdo con la normativa básica

---

17 Véase en este sentido el artículo 7.2 del Real Decreto Legislativo 2/2008, de 20 de junio, por el que se aprueba el texto refundido *de la* ley *de* Suelo

estatal se trata de una autorización de carácter preceptivo y previa al inicio de la actividad. Se debe obtener, en todos los casos, para cada centro y servicio y para cada uno de los servicios que constituyen la oferta asistencial, constituyendo dicha información el contenido de la citada autorización.

De acuerdo con los dispuesto por el Real Decreto 1277/2003, de 10 de octubre, cada Comunidad Autónoma debe especificar la documentación que deben aportar los solicitantes para que se pueda verificar el cumplimiento de los requisitos exigidos de acuerdo con la normativa vigente. Teniendo en cuenta dicho mandato, algunas Comunidades Autónomas —como por ejemplo, Baleares o Cataluña— exigen, según se trate de un centro o de un servicio con o sin internamiento distintos documentos que se deben adjuntar para tramitar la autorización. Sin embargo, la mayoría de las comunidades autónomas no realizan aquella diferenciación y relacionan toda la documentación que se debe presentar independientemente del tipo de centro de que se trate. No es objeto de este trabajo mencionar todos los documentos requeridos, sino tan sólo aquellos que son comunes en todas, las comunidades autónomas al margen de la documentación específica que les pueda afectar. Se trata de los siguientes:

a) Acreditación personal y profesional del titular de la consulta. En todos los casos se permite que el titular sea una persona física o jurídica y la correspondiente acreditación de la colegiación exigida de acuerdo con la Ley 2/1974, de 13 de febrero de Colegios Profesionales y las normas legales autonómicas respectivas.
b) Identificación de la oferta asistencial e identificación, en su caso, de los responsables de los mismos.
c) Acreditación profesional de las personas que trabajen en el centro.
d) Acreditación del cumplimiento de toda la normativa relativa a las instalaciones y la seguridad y, si generan residuos sanitarios, tóxicos o peligrosos, la normativa correspondiente sobre residuos sanitarios que todas las Comunidades Autónomas tienen aprobadas.
e) Acreditación de la póliza de responsabilidad civil profesional correspondiente.

Algunas comunidades autónomas, como Castilla-La Mancha o La Rioja exigen también la presentación del Certificado de final de obras firmada por técnico competente. De acuerdo con la LOE y el CTE, el citado Certificado debe estar firmado por el director de la obra y el director de la ejecución de la obra y certifica que la edificación se realizó de conformidad con el proyecto objeto de licencia, la documentación técnica que lo complementa, las normas de la buena construcción y que la edificación se encuentra dispuesta para su adecuada utilización con arreglo a las instrucciones de uso y mantenimiento. El certificado final de obras es así, un documento esencial para la recepción de la obra por parte del promotor y también en las relaciones y las responsabilidades de los sujetos que intervienen en la edificación, en especial entre el constructor y el promotor. Sin embargo, es preciso indicar que no es el documento que verifica la legalidad urbanística de lo edificado. Dicha condición sólo se consigue si se obtiene la licencia de primera ocupación que la normativa urbanística prescribe como un control administrativo sobre la terminación de las edificaciones. De este modo, la edificación terminada no se puede considerar que cumple la legalidad urbanística hasta que no obtiene la licencia de primera ocupación. Por ello, no se entiende muy bien cuál es la finalidad de la exigencia del certificado final de obras, cuando realmente, si lo que el legislador autonómico quiere es comprobar la realización correcta de las obras. Para esta finalidad debería pedir más bien la presentación de la licencia de primera ocupación.

Las comunidades autónomas de Aragón, Baleares y La Rioja, exigen también de manera expresa para obtener la citada autorización de funcionamiento, la presentación de la documentación que acredite el cumplimiento por parte de la instalación sanitaria de las exigencias relativas a protección de datos y a los derechos y obligaciones de los pacientes, materias éstas reguladas en la Ley Orgánica 15/1999, de 13 de diciembre, de Protección de Datos de Carácter Personal —en adelante, LOPD— y en la Ley 41/2002, de 14 de noviembre, básica reguladora de la Autonomía del Paciente y de Derechos y Obligaciones en materia de Información y Documentación Clínica (en adelante, LrAP) y toda su normativa de desarrollo. En este caso, es preciso indicar que, aunque la aplicación de estas normas no venga exigida específicamente por las otras normas autonómicas sobre obtención de autorizaciones sanitarias (como sería el caso de todas las comunidades autónomas que no lo prevén específicamente), el cumplimiento de aquellas exigencias normativa es obligatoria para todas las instalaciones sanitarias. Se trata, como es sabido, de una exigencia recogida en la LOPD que expresa *"Sin perjuicio de lo que se dispone en el art. 11 respecto de la cesión, las instituciones y los centros sanitarios púbicos y privados y los profesionales correspondientes podrán acceder al tratamiento de los datos de carácter personal relativos a la salud de las personas que a ellos acudan o hayan de ser tratados en los mismos de acuerdo con lo dispuesto en la legislación estatal o autonómica sobre sanidad"*[18]. La propia LGS, de aplicación básica como sabemos, concreta, en relación con los derechos de los

18 Artículo 8 de la LOPD titulado Datos Relativos a la Salud. En este ámbito también es relevante destacar lo dispuesto por el artículo 10 LOPD que regula el Deber de secreto en los siguientes términos *"El responsable del fichero y quienes intervengan en cualquier fase del tratamiento de los datos de carácter personal esten obligados al secreto profesional respecto de los mismos y al deber de guardarlos, obligaciones que subsistirán aun después de finalizar sus relaciones con el titular del fichero o, en su caso, con el responsable del mismo."*

ciudadanos, que las distintas Administraciones sanitarias, respeten la personalidad, la dignidad y la intimidad de éstos sin que nadie pueda ser discriminado por razones de raza, de tipo social, de sexo, moral, económico, ideológico, político o sindical. Igualmente, reconoce la confidencialidad de toda la información relacionada con el proceso asistencial y con la estancia en instituciones sanitarias públicas y privadas que colaboren con el sistema público. Por su parte, la LrAP, reconoce el derecho de todas las personas a que se respete el carácter confidencial de los datos referentes a su salud, y a que nadie pueda acceder a ellos sin previa autorización amparada por Ley. Obliga asimismo, a que los centros adopten las medidas oportunas para garantizar aquel derecho y a que elaboren, cuando proceda, normas y procedimientos protocolizados que garanticen el acceso legal a los datos de los pacientes[19].

B) Procedimiento administrativo de concesión, validez, renovación y revocación de las autorizaciones

En relación con el procedimiento regulado por las comunidades autónomas para la concesión de la autorización de funcionamiento es preciso indicar que, con carácter previo a la concesión de la citada autorización, todas las normas autonómicas prevén la realización de una inspección sanitaria con la finalidad de comprobar el cumplimiento de las condiciones y los requisitos establecidos en la normativa correspondiente. La Comunidad Autónoma de La Rioja, o Canarias, por ejemplo, permiten que se otorgue una "autorización provisional de funcionamiento", para los supuestos en los que la visita de inspección haya detectado deficiencias no sustanciales a la finalidad del centro. En estos casos, la obtención de la autorización de funcionamiento queda condicionada al cumplimiento de los objetivos y plazos que se señalen en cada caso por parte del promotor. Se trata de una autorización condicionada, en donde la resolución administrativa que la acuerda, debe establecer un plazo máximo para su cumplimiento —un mes Canaria—. Si transcurrido dicho plazo no se subsanan las deficiencias indicadas, la autorización queda sin efecto.

La autorización de funcionamiento no tiene una validez indefinida. Se dispone una limitación del período de vigencia que se concreta en cada normativa autonómica y que varía desde los 5 años hasta los 10, contados desde su concesión. Transcurrido dicho período de vigencia, la autorización se extingue y, para evitar este efecto, se exige que antes del cumplimiento de dicho plazo de vigencia —normalmente 3 meses antes—, el titular de la autorización inicie el procedimiento de

---

19 OJO FALTA TEXTO NOTA AL PIE, NO LO HAN ENVÍADO EN EL ARCHIVO

renovación de la misma, procedimiento ordenado, fundamentalmente, a que la autoridad competente compruebe que el promotor mantiene las condiciones y requisitos necesarios de la autorización de funcionamiento. Se trata como hemos visto de una autorización de funcionamiento.

Aunque no todas las comunidades autónomas cuentan con idéntica regulación, normalmente se suele exigir que el procedimiento de renovación implique la realización de una o más inspecciones —en algunos casos con carácter obligatorio, en otros potestativo—, por parte del poder público para verificar el cumplimiento de los requisitos establecidos legalmente. Si los servicios de inspección no dan su visto bueno, se otorga un plazo de subsanación y, posteriormente, se realiza otra inspección. Si finalmente los servicios de inspección verifican que no se han subsanado las deficiencias apuntadas, elevan un informe a la autoridad competente en el que recomiendan el cierre de la instalación (así, por ejemplo, Castilla-La Mancha), informe que tiene efectos vinculante para el órgano que debe resolver.

Por último, en relación con el procedimiento de renovación, es preciso mencionar la regulación de la Comunidad Autónoma de Andalucía contiene, dado que permite la citada renovación se produzca por la presentación de una declaración responsable en la que conste que el centro o servicio cumple con los requisitos exigidos en la normativa vigente que le sea de aplicación, para lo cual el órgano competente debe acordar, si lo estima conveniente, la correspondiente visita de inspección.

En aquellos supuestos en los que se compruebe que durante la vigencia de la autorización sanitara de funcionamiento se ha producido una alteración sustancial de las condiciones que fundamentaron el otorgamiento de la misma, ésta puede por el propio órgano ser revocada. Para que la revocación sea efectiva es preciso que la autoridad habilitada instruya un expediente administrativo en el que, la persona interesada tenga participación por medio del trámite de audiencia.

Finalmente, es preciso indicar que tanto el otorgamiento de la autorización así como los diferentes cambios que la misma pueda tener a lo largo de su vigencia, tales como renovación, extinción, revocación, etc., se inscribirán de oficio por la autoridad habilitada en el Registro de Centros, Servicios y Establecimientos.

C) Autorizaciones sanitarias de funcionamiento temporales y de centros móviles

En determinadas normativas autonómicas (Canarias, Galicia, La Rioja y Madrid) se regulan las autorizaciones de funcionamiento sanitarias de carácter temporal y para centros móviles. Las primeras, es decir las autorizaciones de funcionamiento temporales, se suelen exigir para el desarrollo de actividades sanitarias que se realizan en un período corto de tiempo, generalmente, no superior a noventa días y para eventos o actividades itinerantes, tales como espectáculos públicos. Generalmente, en estos casos, para obtener dicha autorización se suele requerir la relación de los profesionales sanitarios involucrados y los medios técnicos que se tiene previsto emplear así como la autorización del evento mismo.

En relación con los denominados centros móviles de asistencia sanitaria, se trata de centros sanitarios que trasladan medios personales y técnicos con la finalidad de realizar actividades sanitarias. En este caso, el Real Decreto 1277/2003, prevé que las distintas Comunidades Autónomas suscriban acuerdos o convenios entre ellas, de tal forma, que la validez de la autorización concedida por una administración autonómica a este tipo de centros móviles permita actuar al citado centro en otra Comunidad, siempre que, con carácter previo el comienzo de sus actividades, ponga de manifiesto tal circunstancia a la otra Comunidad Autónoma. En general, la norma autonómica, suele exigir que la unidad móvil pase por un control específico destinado a verificar, fundamentalmente, los medios técnicos que dispone la unidad[20].

7. Autorización sanitaria de modificación de instalaciones sanitarias

La autorización sanitaria de modificación de instalaciones sanitarias debe ser solicitada por todos los titulares de instalaciones sanitarias que vayan a realizar cambios en la estructura, en la titularidad o en la oferta asistencial. Se trata, por tanto, de tres tipos de actuaciones materiales que están sujetas a este tipo de autorización.

En relación con los cambios en la estructura de la instalación sanitaria, es preciso indicar que las modificaciones que se prevean realizar, no pueden suponer alteraciones sustanciales dado que en estos casos, como hemos visto, es preciso contar con una autorización de instalación que recordemos, se exige para la realización de obra nueva o para las alteraciones sustanciales en la estructura o instalaciones. No obstante, algunas comunidades autónomas (Canarias, Galicia o La Rioja) han variado la exigencia de la norma básica estatal y exigen que la autorización de modificación rija también cuando se realicen modificaciones sustanciales. Se contraviene así, lo dispuesto por la normativa básica estatal.

En cuanto al segundo supuesto, es decir, los cambios en la titularidad de la instalación, es preciso indicar que sólo se requiere pedir esta autorización cuando se produzca un cambio en el titular del centro, sin que sea preciso solicitar éste

---

20 Véase el Anexo de este trabajo, en especial Anexo II.C.2.5.7 que define los centros móviles de asistencia sanitaria.

título cuando se renueven otros puestos de la instalación sanitaria, en cuyo caso, tan sólo es preciso comunicar estas modificaciones al órgano competente.

Finalmente, en relación con los cambios en la oferta asistencial recordemos que, cada instalación sanitaria debe obtener la autorización de funcionamiento para cada uno de los servicios que constituyen su oferta asistencial, información que forma parte de la propia autorización. Por ello, el cambio en la oferta asistencial conlleva una modificación del acto administrativo inicial y, en consecuencia, se debe solicitar su modificación teniendo en cuenta la nuevas circunstancias.

En otros casos, cuando los cambios afecten a la denominación del centro o servicio, la designación del responsable de gestión administrativa o al responsable de la dirección médica, entre otros, no es preciso modificar la autorización. Basta con que el titular del centro o servicio comunique tales hechos a la administración correspondiente.

Por lo demás, como en toda autorización, su obtención está sujeta a la tramitación del correspondiente procedimiento en el que, junto a la solicitud, se debe acompañar la documentación pertinente, documentación que depende en cada caso, de la clase de modificación de que se trate. Así, por ejemplo, si se trata de modificaciones no sustanciales en la estructura es preciso presentar los proyectos pertinentes junto con la licencia de obra requerida. Si, por el contrario, se solicita una modificación en la oferta asistencial, la documentación exigida depende del tipo de oferta de que se trate. Finalmente, si lo que se gestiona es una modificación en la titularidad, la documentación a presentar se relaciona con la identificación del nuevo solicitante y la acreditación del cumplimiento de los requisitos exigidos según el tipo de oferta que el centro desarrolle. Una vez otorgada la autorización de modificación, la administración debe proceder de oficio a notificar los cambios al Registro de Centros, Servicios y Establecimientos a efectos de actualizar la inscripción correspondiente.

Por último, hay que indicar que la concesión de la autorización de modificación no afecta para nada al plazo de vigencia de la autorización de funcionamiento que el centro, servicio o establecimiento tiene otorgado. Esto supone que el plazo originalmente otorgado no tiene ninguna variación, actualización o cambio de cómputo, salvo que se establezca expresamente lo contrario.

8. *Autorización de cierre de instalaciones sanitarias*

Es necesario solicitar, la autorización de cierre de las instalaciones sanitarias cuando dichas instalaciones vayan a finalizar, suprimir o cerrar su actividad de modo definitivo o parcial. Con carácter general, la normativa autonómica exige al titular de la instalación la presentación de una comunicación ante la Administración en la que exprese, con carácter previo a la adopción de la medida, que se va a proceder al cierre de la instalación con indicación de las causas que lo motivan y acompañado de un calendario en el que se especifique los distintos momentos en los que se tiene previsto que se desarrolle la medida. Una vez que la autoridad competente reciba esta comunicación, algunas normas autonómicas prevén la realización de una inspección sanitaria que verifique el cierre definitivo. Finalmente, corresponde a la autoridad sanitaria enviar un informe al Registro de Centros, Servicios y Establecimientos sanitarios para que se proceda a dar de baja la inscripción de la instalación.

El régimen de esta autorización, desarrollado por la Comunidad Autónoma de Andalucía, por ejemplo, exige que las instalaciones sanitarias que tengan suscrito un convenio, concierto o contrato de colaboración entre el sector público o privado para la prestación de servicios sanitario deben presentar, antes de los doce meses de la fecha de cierre prevista cierta documentación en la que se indique la fecha de cierre, el proyecto y las fases programadas, así como un análisis de la repercusión que dicho cierre pueda tener en las prestaciones sanitarias concertadas. Por su parte, en Baleares o en Castilla-La Mancha, rige un régimen especial cuando se trata del cierre de centros sanitarios con internamiento, en virtud del cual, los titulares de los centros están obligados a presentar un calendario expresivo de la supresión escalonada de la actividad. Se trata de una obligación pensada, fundamentalmente, para garantizar la asistencia sanitaria a los usuarios del centro y, con tal fin, habilita al órgano competente para que pueda promover la continuidad del servicio en tanto que se considere necesario para defender la salud pública, la seguridad de las personas o el normal funcionamiento de los servicios sanitarios. Esta habilitación le faculta al órgano administrativo para que obligue al titular del centro que se pretende cerrar a tenerlo abierto por un tiempo mayor del previsto, en tanto que resulte imprescindible para reemplazar la prestación sanitaria.

Desde el punto de vista de los datos sanitarios que el centro posee, es preciso tener en cuenta que, cuando se cierra la instalación sanitaria, aunque la norma autonómica no disponga nada al respecto, corresponde al o los responsables de los ficheros de datos de carácter personal que el centro tenga, adoptar todas las medidas dispuestas en la LOPD y en la LrAP para preservar la confidencialidad de los datos. En este sentido, es preciso señalar que la documentación (en papel o electrónica) que tenga el centro con datos de carácter personal —más aún los sanitarios—, no puede ser destruida o guardada sin más, sin ningún tipo de protección o sin la adopción de las medidas de seguridad establecidas. En estos casos las medidas a adoptar dependen del tipo de dato de que se trate. Así, por ejemplo, las historias clínicas (definida por la citada LrAP como un conjunto de documentos que contienen los datos, valoraciones e informaciones de cualquier índole sobre la situación y la evolución clínica de un paciente a lo largo del proceso asistencial), se debe conservar en condiciones que garanticen su correcto mantenimiento y plena seguridad y, como mínimo, cinco años contados desde la fecha del alta de cada procesos asistencial (plazo que varía según la Comunidad Autónoma donde se encuentre el centro sanitario)[21]. Igualmente, desde el punto de vista de protección de datos, el Real Decreto 1720/2007, de 21 de diciembre que desarrolla la LOPD, concreta las medidas que los responsables de fichero deben adoptar, medidas dirigidas, todas ellas, a evitar el acceso a la información contenida en los documentos o soportes informáticos o la recuperación posterior de la misma. Específicamente, en relación con los datos de salud, el reglamento citado dispone que corresponde al responsable del fichero proceder a la destrucción de las copias o reproducciones desechadas de forma que se evite el acceso a la información contenida en las mismas o su recuperación posterior. Igualmente se preve que para el supuesto que los documentos se encuentren en soporte papel se proceda a su destrucción con la utilización de destructoras de papel. En definitiva, como se puede apreciar, se trata de un proceso complicado y nada sencillo. Por tal motivo, los colegios médicos han habilitado la posibilidad para que los profesionales o los centros sanitarios suscriban con el colegio correspondiente un contrato de acceso con la finalidad de que una vez que los centros sanitarios cesen de forma definitiva en la actividad —es el caso del cierre—, el colegio pueda acceder a la totalidad de las historias clínicas de sus pacientes para ocuparse del archivo y custodia de las historias clínicas durante el plazo legalmente establecido y posteriormente proceder a su destrucción (APDCM 2008).

---

21 El artículo 17 de la LrAP, titulado La conservación de la documentación clínica, dispone al respecto que: "*1. Los centros sanitarios tienen la obligación de conservar la documentación clínica en condiciones que garanticen su correcto mantenimiento y seguridad, aunque no necesariamente en el soporte original, para la debida asistencia al paciente durante el tiempo adecuado a cada caso y, como mínimo, cinco años contados desde la fecha del alta de cada proceso asistencial.*
2. La documentación clínica también se conservará a efectos judiciales de conformidad con la legislación vigente. Se conservará, asimismo, cuando existan razones epidemiológicas, de investigación o de organización y funcionamiento del Sistema Nacional de Salud. Su tratamiento se hará de forma que se evite en lo posible la identificación de las personas afectadas.
3. Los profesionales sanitarios tienen el deber de cooperar en la creación y el mantenimiento de una documentación clínica ordenada y secuencial del proceso asistencial de los pacientes.
4. La gestión de la historia clínica por los centros con pacientes hospitalizados, o por los que atiendan a un número suficiente de pacientes bajo cualquier otra modalidad asistencial, según el criterio de los servicios de salud, se realizará a través de la unidad de admisión y documentación clínica, encargada de integrar en un solo archivo las historias clínicas. La custodia de dichas historias clínicas estará bajo la responsabilidad de la dirección del centro sanitario.
5. Los profesionales sanitarios que desarrollen su actividad de manera individual son responsables de la gestión y de la custodia de la documentación asistencial que generen.
6. Son de aplicación a la documentación clínica las medidas técnicas de seguridad establecidas por la legislación reguladora de la conservación de los ficheros que contienen datos de carácter personal y, en general, por la Ley Orgánica 15/1999, de Protección de Datos de Carácter Personal."

9. *El traslado de una instalación*

La normativa básica estatal (Real Decreto 1277/2003, de 10 de octubre) no menciona expresamente el traslado de lugar de una instalación sanitaria y, por tanto, no prevé de manera concreta la exigencia de obtener ningún tipo de autorización. La ausencia de este tipo de previsión ha llevado a que la normativa autonómica regule este tipo de actuación de distintas maneras. Así, por ejemplo, Galicia prevé que la autorización de traslado es necesaria solicitarla cuando las instalaciones de un centro o servicio sanitario vaya a cambiar de lugar equiparándolo a la creación de un nuevo centro o servicio y, consecuentemente, obligando a la obtención de la autorización de instalación y de funcionamiento. El traslado de la instalación sanitaria supone, para la normativa gallega, el cierre de la anterior ubicación y, por tanto, es preciso efectuar la correspondiente notificación al Registro de Centros, Servicios y Establecimientos sanitarios para que anule la inscripción anterior y proceda a realizar una nueva inscripción de la instalación sanitaria. Otras normas autonómicas, como La Rioja, sin embargo, considera el traslado de una instalación sanitaria como una modificación de la autorización de funcionamiento y sólo exige que se tramite la autorización de modificación. El mismo tratamiento le otorga Cataluña.

La pregunta que cabe hacerse en estos casos es cuál de las dos opciones, desde el punto de vista de la normativa estatal, se puede considerar correcta. La opción legislativa de Galicia parece la más correcta a la luz de la norma estatal básica, dado que el traslado de lugar de una instalación sanitaria exige contar con una autorización de instalación, pues es indudable que se crea un nuevo centro que implica la realización de obra nueva en las instalaciones donde se vaya a trasladar. Desde un punto de vista formal, también sería exigible, la obtención de la autorización de funcionamiento, aunque se mantenga intacto los términos de la autorización las ofertas asistenciales. Estamos ante un nuevo centro que precisa de una autorización que le permita realizar la actividad y verificar si las distintas ofertas del nuevo centro cuentan, con las exigidas en cada caso por la norma vigente. Obviamente existen cambios en la oferta asistencial, la petición de la autorización de funcionamiento resulta a todas luces clara, conjuntamente con la autorización de instalación.

10. *Peculiaridades del procedimiento administrativo*

Con carácter general los procedimientos administrativos de concesión de las distintas autorizaciones que acabamos de estudiar se rigen por el procedimiento previsto en la normativa sectorial y, en concreto, por los Decretos que lo regulan (ver Cuadro I). Lógicamente es de aplicación la Ley 30/1992, RJAPyPAC, en tanto que norma declarada común y de carácter pleno por el Tribunal Constitucional

(STC 50/1999, de 6 de abril) de acuerdo con lo señalado en la propia Exposición de Motivos "...*no es* (la regulación de) *todo el procedimiento sino sólo aquel que deba ser común y haya sido establecido como tal*", de forma que toda la ordenación procedimental, incluida la de las comunidades autónomas, deben respetar las reglas propias de lo legislación común. No se puede dejar de mencionar tampoco la Ley 11/2007, de 22 de junio, de acceso electrónico de los ciudadanos a los servicios públicos, en tanto que es una norma básica (los preceptos señalados por la Disposición Final Primera) y todas aquellas normas de desarrollo de ambas de las comunidades autónomas.

Los citados procedimientos de autorización son rogados lo que supone que deben ser promovidos por el promotor, a quien corresponde iniciar el procedimiento administrativo por medio de la presentación de una instancia (en papel o electrónica, generalmente disponible en modelos normalizados publicados como anexos en los Decretos), acompañada de toda la documentación exigida correspondiente en el Registro administrativo habilitado al efecto, Registro que puede ser un registro administrativo ordinario o un Registro electrónico.

El derecho a iniciar el procedimiento supone, como reconoce la jurisprudencia contencioso-administrativa, la correlativa obligación de la Administración competente de proceder a la tramitación y a la resolución de la misma; derecho que, para que sea efectivo, implica el cumplimiento de los requisitos materiales y formales a que está sujeta la referida solicitud. En consecuencia, si no reúne los requisitos a los que se refiere el artículo 70 LRJAPyPAC o no se presentan los documentos que la normativa correspondiente concreta, corresponde a la propia Administración requerir al promotor la subsanación de la solicitud otorgándole un plazo para la realización de dicho trámite[22]. Este plazo es, en todos los casos, aquel que deter-

---

[22] El artículo 70 de la LRJAPyPAC, concreta que las solicitudes de iniciación que se formulen deberán contener:

A) Nombre y apellidos del interesado y, en su caso, de la persona que lo represente, así como la identificación del medio preferente o del lugar que se señale a efectos de notificaciones.

B) Hechos, razones y petición en que se concrete, con toda claridad, la solicitud.

C) Lugar y fecha.

D) Firma del solicitante o acreditación de la autenticidad de su voluntad expresada por cualquier medio.

E) Organo, centro o unidad administrativa a la que se dirige.

2. Cuando las pretensiones correspondientes a una pluralidad de personas tengan un contenido y fundamento idéntico o sustancialmente similar, podrán ser formuladas en una única solicitud, salvo que las normas reguladoras de los procedimientos específicos dispongan otra cosa.

3. De las solicitudes, comunicaciones y escritos que presenten los interesados en las oficinas de la Administración, podrán éstos exigir el correspondiente recibo que acredite la fecha de presentación, admitiéndose como tal una copia en la que figure la fecha de presentación anotada por la oficina.

mine la normativa autonomica o, en su defecto, el establecido supletoriamente en la LRJAPYPAC. Transcurrido dicho plazo pueden ocurrir dos cosas:

a) Que el promotor no de cumplimiento al requerimiento realizado por la administración en cuyo caso se debe proceder al archivo del expediente por desistimiento, previa comunicación al interesado. En este supuesto, el solicitante puede, en cualquier momento, volver a solicitar la autorización correspondiente.
b) Si, por el contrario, el promotor procede a subsanar la solicitud presentada, la Administración debe continuar con el procedimiento y resolver la solicitud en el plazo establecido en la normativa autonómica o, en su defecto, en el supletorio fijado por la LRJAPyPAC[23].

---

4. Las Administraciones Públicas deberán establecer modelos y sistemas normalizados de solicitudes cuando se trate de procedimientos que impliquen la resolución numerosa de una serie de procedimientos. Los modelos mencionados estarán a disposición de los ciudadanos en las dependencias administrativas. Los solicitantes podrán acompañar los elementos que estimen convenientes para precisar o completar los datos del modelo, los cuales deberán ser admitidos y tenidos en cuenta por el órgano al que se dirijan.

Por su parte, el artículo **71 de la misma norma concreta, en relación con la s**ubsanación y mejora de la solicitud que si "*...la solicitud de iniciación no reúne los requisitos que señala el artículo anterior y los exigidos, en su caso, por la legislación específica aplicable, se requerirá al interesado para que, en un plazo de diez días, subsane la falta o acompañe los documentos preceptivos, con indicación de que, si así no lo hiciera, se le tendrá por desistido de su petición, previa resolución que deberá ser dictada en los términos previstos en el artículo 42.*

23 El artículo 42 de la citada Ley, determina la obligación de resolver, en los siguientes términos "*1. La Administración está obligada a dictar resolución expresa en todos los procedimientos y a notificarla cualquiera que sea su forma de iniciación.*

En los casos de prescripción, renuncia del derecho, caducidad del procedimiento o desistimiento de la solicitud, así como la desaparición sobrevenida del objeto del procedimiento, la resolución consistirá en la declaración de la circunstancia que concurra en cada caso, con indicación de los hechos producidos y las normas aplicables.

Se exceptúan de la obligación, a que se refiere el párrafo primero, los supuestos de terminación del procedimiento por pacto o convenio, así como los procedimientos relativos al ejercicio de derechos sometidos únicamente al deber de comunicación previa a la Administración.

2. El plazo máximo en el que debe notificarse la resolución expresa será el fijado por la norma reguladora del correspondiente procedimiento. Este plazo no podrá exceder de seis meses salvo que una norma con rango de Ley establezca uno mayor o así venga previsto en la normativa comunitaria europea.

3. Cuando las normas reguladoras de los procedimientos no fijen el plazo máximo, éste será de tres meses. Este plazo y los previstos en el apartado anterior se contarán:

a. En los procedimientos iniciados de oficio, desde la fecha del acuerdo de iniciación.

b. En los iniciados a solicitud del interesado, desde la fecha en que la solicitud haya tenido entrada en el registro del órgano competente para su tramitación.

4. Las Administraciones públicas deben publicar y mantener actualizadas, a efectos informativos, las relaciones de procedimientos, con indicación de los plazos máximos de duración de los mismos, así como de los efectos que produzca el silencio administrativo.

En todo caso, las Administraciones públicas informarán a los interesados del plazo máximo normativamente establecido para la resolución y notificación de los procedimientos, así como de los efectos que pueda producir el silencio administrativo, incluyendo dicha mención en la notificación o publicación del acuerdo de iniciación de oficio, o en comunicación que se les dirigirá al efecto dentro de los diez días siguientes a la recepción de la solicitud en el registro del órgano competente para su tramitación. En este último caso, la comunicación indicará además la fecha en que la solicitud ha sido recibida por el órgano competente.

5. El transcurso del plazo máximo legal para resolver un procedimiento y notificar la resolución se podrá suspender en los siguientes casos:

a. Cuando deba requerirse a cualquier interesado para la subsanación de deficiencias y la aportación de documentos y otros elementos de juicio necesarios, por el tiempo que medie entre la notificación del requerimiento y su efectivo cumplimiento por el destinatario, o, en su defecto, el transcurso del plazo concedido, todo ello sin perjuicio de lo previsto en el artículo 71 *de la* presente Ley.

b. Cuando deba obtenerse un pronunciamiento previo y preceptivo de un órgano de las Comunidades Europeas, por el tiempo que medie entre la petición, que habrá de comunicarse a los interesados, y la notificación del pronunciamiento a la Administración instructora, que también deberá serles comunicada.

c. Cuando deban solicitarse informes que sean preceptivos y determinantes del contenido de la resolución a órgano de la misma o distinta Administración, por el tiempo que medie entre la petición, que deberá comunicarse a los interesados, y la recepción del informe, que igualmente deberá ser comunicada a los mismos. Este plazo de suspensión no podrá exceder en ningún caso de tres meses.

d. Cuando deban realizarse pruebas técnicas o análisis contradictorios o dirimentes propuestos por los interesados, durante el tiempo necesario para la incorporación de los resultados al expediente.

e. Cuando se inicien negociaciones con vistas a la conclusión de un pacto o convenio en los términos previstos en el artículo 88 de esta Ley, *desde la declaración formal al respecto y hasta la conclusión sin efecto, en su caso, de las referidas negociaciones que se constatará mediante declaración formulada por la Administración o los interesados.*

6. Cuando el número de las solicitudes formuladas o las personas afectadas pudieran suponer un incumplimiento del plazo máximo de resolución, el órgano competente para resolver, a propuesta razonada del órgano instructor, o el superior jerárquico del órgano competente para resolver, a propuesta de éste, podrán habilitar los medios personales y materiales para cumplir con el despacho adecuado y en plazo.

Excepcionalmente, podrá acordarse la ampliación del plazo máximo de resolución y notificación mediante motivación clara de las circunstancias concurrentes y sólo una vez agotados todos los medios a disposición posibles.

De acordarse, finalmente, la ampliación del plazo máximo, éste no podrá ser superior al establecido para la tramitación del procedimiento.

Contra el acuerdo que resuelva sobre la ampliación de plazos, que deberá ser notificado a los interesados, no cabrá recurso alguno.

7. El personal al servicio de las Administraciones públicas que tenga a su cargo el despacho de los asuntos, así como los titulares de los órganos administrativos competentes para instruir y resolver son directamente responsables, en el ámbito de sus competencias, del cumplimiento de la obligación legal de dictar resolución expresa en plazo.

El incumplimiento de dicha obligación dará lugar a la exigencia de responsabilidad disciplinaria, sin perjuicio a la que hubiere lugar de acuerdo con la normativa vigente.

A partir de la presentación, como hemos visto, se inicia la obligación de la Administración de tramitar y resolver. Recordemos en este sentido que la LRJAPyPAC, recoge para la Administración pública la obligación de *"...dictar resolución expresa en todos los procedimientos y a notificar cualquiera que sea la forma de iniciación"* (art. 42), resolución que debe emitirse en principio en los plazos establecidos por la normas correspondientes y que, de acuerdo con la norma citada, nunca puede exceder de seis meses, salvo que una norma con rango de Ley establezca uno mayor. La resolución expresa emitida por la Administración puede, evidentemente, otorgar o denegar la petición de autorización, supuesto este último, en el que la resolución debe exponer los motivos que le han llevado a pronunciarse en sentido negativo.

Especial relevancia presenta la resolución presunta, resolución que puede ser desestimatoria o estimatoria y que, en el caso que nos ocupa, la mayoría de las normas le otorgan efectos desestimatorios (salvo Asturias, Canarias o Cataluña). En este caso cabe recordar que la LRJAPyPAC dispone —en su nueva redacción dada por la Ley 25/2009, de 22 de diciembre— que *"En los procedimientos iniciados a solicitud del interesado, ... El vencimiento del plazo máximo sin haberse notificado resolución expresa legitima al interesado o interesados que hubieran deducido la solicitud para entenderla estimada por silencio administrativo, excepto en los supuestos en los que una norma con rango de ley por razones imperiosas de interés general o una norma de Derecho comunitario establezcan lo contrario"* (art. 43). El precepto consagra, pues, la regla general del silencio positivo, constituyendo el silencio negativo la excepción al respecto, en tanto esté previsto en una norma con rango de ley "justificada por razones imperiosas de interés general" (véase al respecto sobre el silencio administrativo la obra dirigida por PAREJO ALFONSO 2011). Sin embargo, como es sabido, las leyes vigentes preexistentes a la entrada en vigor de la Ley 25/2009, que reconocían el silencio negativo, fueron consideradas válidas (Disposición Adicional 4ª de la Ley 25/2009) y, en consecuencia, todos aquellos silencios desestimatorios, en la medida que se encuentren establecidos por ley (generalmente en nuestro caso en las leyes de salud), quedan validados como negativos.

Teniendo en cuenta lo expuesto con anterioridad, baste señalar que el mandato de la LRJAPyPAC no siempre se cumple. En efecto, la Ley 11/2011, de 29 de diciembre, de reestructuración del sector público para agilizar la actividad administrativa de la Comunidad Autónoma de Cataluña establece la desestimación presunta para los procedimientos administrativos de autorización previa para la instalación, funcionamiento, modificación, traslado y cierres de centros y servicios sanitarios sin que en ningún caso se justifique en la misma los motivos imperiosos de interés general que le llevan al legislador a considerar tal silencio como desestimatorio.

Finalmente en relación con la resolución expresa es preciso indicar que la misma no pone fin al procedimiento administrativo y es susceptible de recurrirse. Ante la citada resolución cabe interponer el recurso administrativo de alzada que agota la vía administrativa y el cual es posible impugnar, potestativamente, ante la vía administrativa por medio del recurso administrativo de revisión o, directamente, ante el orden jurisdiccional contencioso-administrativo. Si se interpone el recurso potestativo de revisión no es posible interponer el recurso contencioso administrativo hasta que el citado recurso administrativo no sea resuelto expresamente o se haya producido la desestimación presunta del recurso de reposición interpuesto.

VI. EXIGENCIAS DE OTRAS AUTORIZACIONES O CONTROLES ADMINISTRATIVOS

1. *Competencia concurrente o compartida con otras administraciones*

En determinados ámbitos de la actuación administrativa, puede ocurrir que confluyan sobre un mismo objeto diversas competencias de distintos órganos en virtud de diferentes títulos habilitantes. Esta situación se produce como consecuencia de que el ordenamiento jurídico articula competencias concurrentes o compartidas entre distintas instancias del poder público, circunstancia que supone que la decisión pertinente se debe manifestar secuencialmente por medio de la participación de las distintas administraciones actuantes. Este es el caso, justamente, de nuestro objeto de estudio. La normativa estatal y autonómica que regulan las autorizaciones sanitarias de instalación, de funcionamiento, de modificación y de cierre concretan que las mismas se pueden otorgar con independencia y sin perjuicio de otras autorizaciones o licencias que deben ser obtenidas por los citados centros. La responsabilidad de obtener estas otras autorizaciones corresponde al promotor, titular del centro o servicio sanitario, quien debe tramitarlas.

En el caso de la autorización de funcionamiento, concretamente la necesidad de obtener otras autorizaciones puede tener carácter previo al otorgamiento de misma o ser una exigencia posterior. Así, por ejemplo, previamente a solicitar la autorización de funcionamiento es preciso contar con la autorización sanitaria de instalación o con la autorización de productor de residuos sanitarios. Por el contrario, cuando otras instituciones u órganos no sanitarios de la Administración, como las Corporaciones Locales u otros órganos de la Administración del Estado, tengan atribuidas competencias para autorizar la puesta en marcha de un centro sanitario, es obligación de estas instituciones solicitar, con carácter previo al otorgamiento de cualquier autorización, la autorización sanitaria de funcionamiento. Nos encontramos por tanto, ante un procedimiento en el que la obtención de la autorización sanitaria correspondiente no legitima por sí solo el ejercicio de la actividad. En este caso, el promotor debe tramitar otras autorizaciones o controles administrativos.

Recordemos que la Ley 7/1985, de 2 de abril, Reguladora de las Bases de Régimen Local (en adelante, LrBRL) dispone que *"las licencias o autorizaciones otorgadas por otras Administraciones públicas no eximen a sus titulares de obtener las correspondientes licencias de las Entidades locales, respetándose en todo caso lo dispuesto en las leyes sectoriales"*(art 84.3). Por su parte el artículo 84 bis de la LrBRL (añadido por Ley 2/2011, de 4 de marzo), limita de forma importante la exigencia de contar con la licencia de actividad —u otro medio de control preventivo—, salvo que se trate de una actividad relacionada con la protección de la salud pública y *"siempre que la decisión de sometimiento esté justificada y resulte proporcionada"*. Acto seguido el artículo citado expresa que en los casos que persista la solicitud *"…de licencias o autorizaciones concurrentes entre una entidad local y alguna otra Administración, la entidad local deberá motivar expresamente en la justificación de la necesidad de la autorización o licencia el interés general concreto que se pretende proteger y que éste no se encuentra ya cubierto mediante otra autorización ya existente"*.

De acuerdo con lo expuesto, es preciso indicar que la efectiva instalación y puesta en funcionamiento de un centro o de un servicio sanitario, requiere contar con las correspondientes licencias y autorizaciones municipales de urbanismo o edificatorias en tanto que son las únicas que van dirigidas a controlar los aspectos urbanísticos y de edificación de la instalación y su concreta situación dentro del territorio del Municipio. Recordemos incluso, que estas licencias urbanísticas se solicitan cuando se tramita la autorización de funcionamiento. De ahí que la sujeción de ésta actividad, como es el caso de la puesta en funcionamiento de una instalación sanitaria, supone la obligación para el promotor de obtener, del ámbito local, las diversas autorizaciones o licencias urbanísticas y edificatorias correspondiente.

En relación con la solicitud de la licencia de actividad, justificada en la repercusión que dichas actividades pueden tener respecto de los bienes que se entienden protegidos (como la salud, la seguridad, el medio ambiente, etc), corresponde a la Administración Local, en tanto autorización concurrente, motivar el interés general concreto que se pretende proteger por medio de la misma y la proporcionalidad de la medida. En este caso, las entidades locales deben tener en cuenta el tipo de instalación sanitaria que se pretende autorizar, ya que producen distinto grado de invasión en los derechos de los ciudadanos, en tanto que no es lo mismo, autorizar un Hospital o un consulta médica o una clínica dental. En este sentido, la Entidad Local, a la hora de exigir la licencia de actividad para estos centros sanitarios debe tener presente que tanto en la autorización de instalación, como en la de funcionamiento que la comunidad autónoma otorga, se realizan controles dirigidos a verificar aquellos objetivos. Por ello, corresponde a la entidad local motivar expresamente la justificación del interés general que le permita continuar exigiendo la autorización de actividad. En todo caso se debe recordar las limitaciones del derecho comunitario.

Distinto son los supuestos de otros requisitos que se exigen para determinadas actividades que se desarrollan dentro de una instalación sanitaria —o en algunos casos, para su cierre—. Así, por ejemplo, si dentro del centro existen instalaciones radiactivas que se utilizan con fines sanitarios, es preciso obtener una certificación que acredite la efectiva autorización de funcionamiento, modificación o clausura de las mismas, de acuerdo con lo dispuesto en el Real Decreto 1836/1999, de 3 de diciembre, por el que se aprueba el reglamento sobre instalaciones nucleares y radioactivas, independientemente y, con carácter previo, a la obtención de la autorización de funcionamiento del servicio. Lo mismo se puede decir de aquellos centros o servicios sanitarios donde se utilizan aparatos de Rayos X con fines sanitarios, reguladas en el Real Decreto 1085/2009, de 3 de julio, por el que se aprueba el Reglamento sobre instalación y utilización de aparatos de rayos X con fines de diagnóstico médico, que obliga a que se inscriban los aparatos utilizados en un Registro, incluidas las modificaciones o su baja, en el Registro de instalaciones de Rayos X, con lo cual, se debe presentar conjuntamente con la solicitud de funcionamiento la certificación de inscripción en el Registro y en algunos casos las autorizaciones de la Conserjería de Industria correspondiente. Algo parecido ocurre cuando los centros o los servicios cuenten con instalaciones con radiodiagnóstico, medicina nuclear o radioterapia en tanto que las mismas deben cumplir con determinadas garantías de calidad recogidas en el Real Decreto 1976/1999, de 23 de diciembre, por el que se establecen los criterios de calidad en radiodiagnóstico, en el Real Decreto 1841/1997, de 5 de diciembre, por el que se establecen los criterios de calidad en medicina nuclear y en el Real Decreto 1566/1998, de 17 de julio, por el que se establecen los criterios de calidad en radioterapia. A todos los centros que utilicen este tipo de tecnología les corresponde adoptar, además, las medidas de protección de las personas que utilicen dichos aparatos, regulación que básicamente se encuentra contenida en el Real Decreto 783/2001, de 13 de julio, por el que se aprueba el Reglamento de protección sanitaria contra radiaciones ionizantes que se aplica a todas las prácticas que presenten un riesgo derivado de las mismas, tanto si su procedencia es de origen artificial como natural. En esta última norma reglamentaria se concreta no solo las normas sanitarias propias de los trabajadores sino también la destinada a la población contra los riesgos que puedan resultar de las radiaciones ionizantes y se establece los criterios estimados de dosis considerados razonables para proteger a las personas, independientemente de que se trate de una actividad laboral o de otras clases de situaciones que supongan una exposición a radiaciones ionizantes.

Quizás, como último ejemplo de exigencias de distintas autorizaciones para la apertura o el cierre de una instalación sanitaria, además de la propia autorización de funcionamiento, es la relativa a aquellos servicios sanitarios que se encuentran integrados en una organización cuya actividad principal no es la sanitaria, tales como balnearios, instalaciones deportivas, residencias de tercera edad, etc.[24]. En estos supuestos, el servicio sanitario debe contar con la autorización sanitaria de funcionamiento antes de que la administración competente autorice la puesta en marcha de la organización correspondiente y, lo mismo ocurre cuando se procede al cierre. En estos casos, la exigencia de licencia de actividad, también debe venir justificada en el interés general.

En definitiva, de acuerdo con lo expuesto, es posible en el ámbito sanitario que, a pesar de la trasposición de la Directiva de servicios, la actividad de los promotores de estas actividades de funcionamiento de centros sanitarios, quede sujeta a diferentes licencias, autorizaciones o presentación de certificados o informes cuyo otorgamiento corresponde a distintas Administraciones, a cada una de las cuales la legislación sectorial les ha encomienda la protección de un interés público determinado. En este sentido, se puede decir que las diferentes autorizaciones y/o licencias exigidas por el ordenamiento jurídico son necesarias pero no suficientes por sí mismas para desarrollar las actividades que se pretende realizar y, en algunos casos, su existencia depende de la motivación que la instancia territorial concrete. En estos casos, la exigencia legal de todas ellas, recaen sobre idéntico objeto o actividad y se encaminan al ejercicio de las propias potestades de cada una de las Administraciones fiscalizadoras, cada una de ellas obedeciendo a una finalidad diferente. No obstante, sería conveniente repensar estse tipo de procedimiento para agilizar los distintos trámites a los que se encuentra sujeto un promotor de este tipo de establecimientos.

2. *Los centros y servicios sanitarios productores de residuos sanitarios, autorizaciones necesarias*

Un supuesto especial lo constituyen las autorizaciones relacionadas con la producción de residuos sanitarios. Sin ánimo de realizar un estudio en profundidad sobre esta cuestión, es sabido que todo centro o servicio sanitario produce residuos sanitarios generados como resultado de un tratamiento, de diagnóstico, de inmunización de humanos o de actividades de investigación conducente a la producción o la prueba de preparaciones medicas hechas en organismos vivos y de sus productos. A nivel estatal la regulación se encuentra básicamente en la Ley

---

24 Véase Anexo de este trabajo. Anexo 2.C.3.

22/2011, de 28 de julio, de residuos y suelos contaminados que traspone a nuestro ordenamiento la Directiva 2008/98/CE, del Parlamento Europeo y del Consejo, de 19 de noviembre de 2008, sobre los residuos, conocida como Directiva marco de residuos. Igualmente, resulta importante citar, por su relación con los residuos sanitario, el Real Decreto 833/1988, de 20 de julio, por el que se aprueba el reglamento para la ejecución de la Ley 20/1986, básica de residuos tóxicos y peligrosos (modificado por Real Decreto 952/1997, de 20 de junio); el Real Decreto 653/2003, de 30 de mayo, sobre incineración de residuos y el Real Decreto 782/1998, de 30 de abril, por el que se aprueba el Reglamento para el desarrollo y ejecución de la Ley 11/1997, de Envases y Residuos de Envases. A nivel autonómico la regulación que existe al respecto es relevante, y en todas las normas vigentes se exige la obtención de autorización para producir y gestionar residuos sanitarios.

En el ámbito sanitario, el 80% de los desechos sanitarios que se producen son similares a los de ámbito doméstico y el 20% restante, son residuos peligrosos, que pueden llegar a ser infecciosos, tóxicos e incluso radioactivos. Como consecuencia de esta diferenciación, los residuos sanitarios (definidos como cualquier sustancia u objeto que su poseedor deseche o tenga la intención o la obligación de desechar) tienen distinto tratamiento dado que su producción tiene diferente origen y, en base a ello las distintas normativas autonómicas han clasificado los mismos en los siguientes grupos:

a) **Grupo I.- Residuos asimilables a urbanos, también denominados.** Se trata de residuos sin riesgo o inespecíficos, que no derivan directamente de la actividad sanitaria, tales como papeles, restos de cafetería, envoltorios, etc. Su regulación se rige por la Ley 42/1975 de 19 de noviembre, de Recogida y tratamiento de los desechos y residuos sólidos urbanos.

b) Grupo II.- Residuos sanitarios no específicos, dentro de este grupo se incluye aquellos residuos que provienen de una actividad sanitaria pero que requieren un tratamiento adicional de gestión en el interior del centro sanitario por su riesgo de infección (No conllevan riesgo de contaminación biológica y por ello sólo se debe observar medidas de prevención en su manipulación, recogida, almacenamiento y transporte. Se trata del material de curas, yesos y material de un sólo uso contaminados con sangre, secreciones y/o excreciones, todos ellos no englobados dentro de los residuos clasificados como residuos sanitarios específicos de riesgo. En este caso, su regulación, una vez tratados internamente en el centro se asimila a los residuos municipales cuya regulación se encuentra, como ya hemos indicado, en la Ley 42/1975 de 19 de noviembre, de Recogida y tratamiento de los desechos y residuos sólidos urbanos, modificada por el Real Decreto Legislativo 1163/1986, de 13 de junio, que incluye dentro de su ámbito de aplicación los residuos sanitarios, pero excluye aquellos los residuos que presente características que los hagan tóxicos, contaminantes o peligrosos.

c) **Grupo III.- Residuos sanitarios específicos o de riesgo,** dentro de los cuales, se encuentran aquellos residuos que requieren el uso de medidas de prevención en su manipulación, recogida, almacenamiento, transporte, tratamiento y eliminación, tanto dentro como fuera del centro generador, toda vez que pueden representar un riesgo no sólo para la salud laboral (regulado entre mucha otra normativa, por el Real Decreto 664/1997, de 12 de mayo, de protección de los trabajadores contra los riesgos relacionados con la exposición a agentes biológicos durante el trabajo, sino también para la salud pública. Dentro de éstos se distinguen:

c.1) Residuos sanitarios capaces de transmitir alguna enfermedad infecciosa que provienen de pacientes que padecen alguna enfermedad consideradas como tal por la relación recogida en los anexos de las normativas correspondiente. Dentro de este tipo de residuos se encuentran las agujas y material punzante y cortante (agujas, pipetas, hojas de bisturí, portaobjetos, cubreobjetos, capilares, tubos de vidrio, etc.); vacunas vivas y atenuadas; cultivos y reservas de agentes infecciosos, inoculados biológicamente; resto de residuos sanitarios infecciosos, etc... Este tipo de residuos debe ser recogido y trasladado en envases homologados, con almacenamiento refrigerado. Tras un tratamiento de esterilización y trituración tienen una disposición asimilable a residuos urbanos municipales.

c.2) Residuos sanitarios específicos de riesgo tipificados en normativas singulares y cuya gestión está sujeta a requerimientos especiales desde el punto de vista higiénico y medioambiental, tanto dentro como fuera del centro generador. Se incluyen los residuos citotóxicos (restos de medicamentos antineopiásicos no aptos para el uso terapéutico y material de un solo uso que haya estado en contacto con estos fármacos) que destacan por su peligrosidad, importancia cuantitativa y especificidad sanitaria y los residuos que presenten propiedades cancerígenas, mutagénicas y teratogénicos y medicamentos caducados. La disposición de estos residuos requiere incineración a una temperatura que pueda garantizar su destrucción, como residuos especiales, regulado especialmente por el Real Decreto 653/2003, de 30 de mayo, sobre incineración de residuos.

c.3) Residuos radiactivos o residuos contaminados con sustancias radiactivas (rayos X, radioterapia). Su recogida y eliminación es competencia exclusiva para toda España, de la Empresa Nacional de Residuos Radiactivos, S.A (ENRESA) y la regulación de la misma se encuentra en el Real Decreto 1522/1984 de 4 de Julio, de creación de la Empresa Nacional de Residuos Radioactivos, S.A.

c.4) Otros residuos con restos de sustancias químicas o residuos contaminados con productos químicos que se consideran residuo especial y peligroso tales como materiales muy diversos, como pilas, termómetros, disolventes, reactivos químicos, baños de revelado de radiografías, medicamentos, lubricantes, etc.

c.5) Restos anatómicos humanos, tales como cadáveres y restos humanos con entidad, procedentes de abortos u operaciones quirúrgicas. Su gestión es municipal y está regulada por el Decreto 2263/1974 de 20 de julio, por el que se aprueba el Reglamento de Policía Sanitaria.

En el ámbito autonómico cada comunidad autonómica tiene aprobada una importante normativa que regula específicamente la gestión de los residuos sanitarios y que obliga, con carácter general, a clasificar, envasar, transportar y eliminar los mismos de acuerdo con un procedimiento concreto. Es preciso destacar que dicha normativa exige a quien vaya a producir los residuos que obtenga una autorización concreta que les permita estar dado de alta como productor, que cuente con un Plan de Ordenación de Residuos y que acredite, quién es el gestor de residuos. Como indica la propia normativa autonómica, esta clase de autorización, no excluye otras licencias o autorizaciones que sean exigibles de acuerdo con la legislación vigente.

Pues bien, en relación con nuestro ámbito de estudio, es preciso destacar que la normativa autonómica que regula la autorización de funcionamiento de los centros y servicios sanitarios, exige, en la mayoría de los casos, que el promotor del centro o servicio sanitario —como futuro productor de residuos—, presente la autorización otorgada por la autoridad competente de productor de residuos (definido como cualquier persona física o jurídica cuya actividad produzca residuos —productor inicial de residuos— o cualquier persona que efectúe operaciones de tratamiento previo, de mezcla o de otro tipo, que ocasionen un cambio de naturaleza o de composición de esos residuos), y en algunas comunidades se exige además, que vaya acompañada del Plan de ordenación de residuos y la forma (gestión de residuos) y el sujeto que los debe gestionar (gestor de residuos). La gestión de residuos se define como la recogida, el transporte y el tratamiento de los residuos, incluida la vigilancia de estas operaciones, así como el mantenimiento posterior al cierre de los vertederos, incluidas las actuaciones realizadas en calidad de negociante o agente. Por su parte, el gestor de residuos es la persona o entidad, pública o privada, registrada mediante autorización o comunicación que realice cualquiera de las operaciones que componen la gestión de los residuos, sea o no el productor de los mismos.

De lo expuesto se desprende que los centros sanitarios, en tanto que centros que genera residuos sanitario deben contra con la correspondiente autorización administrativa y disponer además de un Plan de ordenación de residuos y aportar los contratos que tenga firmado con los gestores de residuos (téngase en cuenta que en el ámbito de la gestión de residuos sanitarios no se aplica la declaración responsable que sin embargo, sí que está prevista para otros ámbitos). En algunas comunidades autónomas como Cataluña, por ejemplo, se exige además, estar en posesión del Libro de Control de la Gestión de Residuos Sanitarios, libro que debe estar puesto al día por el centro generador, y a disposición de la autoridad sanitaria.

VII. DESARROLLO DE LA ACTIVIDAD SANITARIA SIN AUTORIZACIÓN O SIN CUMPLIMIENTO DE LOS REQUISITOS ESTABLECIDOS

El desarrollo de la actividad sanitaria sin la correspondiente autorización o, en su caso, la omisión del cumplimiento de los requisitos establecidos para obtener las distintas autorizaciones puede llevar a incurrir en distintos tipos de infracciones administrativas que en su caso, pueden dar lugar a la imposición —previa instrucción del oportuno procedimiento sancionador—, de las correspondientes sanciones sin perjuicio, claro está, de las responsabilidades civiles, penales o de otro orden que puedan incurrir los responsables.

En este sentido, debemos recordar que el ordenamiento jurídico dota a la Administración competente en la materia de las correspondientes potestades públicas que le permiten verificar, con carácter permanente que el desarrollo de tales actuaciones se ajusta a lo dispuesto por el mismo. Se trata de la potestad inspectora y de la potestad sancionadora de la Administración pública, potestades que suponen —en tanto potestades administrativas—, la atribución de un poder abstracto y genérico, reconocido legalmente, mediante el cual, se comprueba la existencia o no, de una trasgresión del ordenamiento jurídico y, en su caso, constatada ésta y una vez instruido el correspondiente procedimiento administrativo, el poder público procede a imponer la correspondiente sanción.

Con carácter general se refiere a esta potestad la LGS al disponer que todos los centros y servicios sanitarios están sometidos a la inspección y al control por parte de las Administraciones pública, concretando, al mismo tiempo, las infracciones y sanciones (Capítulo VI). La LCCSNS, por su parte, reconoce el ejercicio de la alta inspección al Estado, concepto dentro del cual se comprende la función de garantía y verificación del cumplimiento de las competencias estatales y de las comunidades autónomas en materia de sanidad y de atención sanitaria del Sistema Nacional de Salud, de acuerdo con lo establecido en la *Constitución*, en los Estatutos de Autonomía y en las leyes. Por su parte, todas las leyes autonómicas de salud, contienen un régimen sancionador, régimen que el promotor o titular de un Centro o Servicio sanitario se encuentra sujeto. Igualmente, algunos Decretos autonómicos que regulan las autorizaciones de los centros y servicios sanitarios (véase Cuadro I de este trabajo), desarrollan un régimen sancionador, con una relación de infracciones administrativas, aunque la mayoría de las normas reglamentarias reenvían al régimen sancionador contenido en la Ley de salud autonómica correspondiente. En este punto es preciso recordar que la LRJAPyPAC establece que *"sólo constituyen infracciones administrativas las vulneraciones del ordenamiento jurídico previstas como tales infracciones por una Ley"*(art. 129), sin perjuicio, cabe aclarar, de la legítima colaboración reglamentaria. De toda la regulación antes mencionada es preciso destacar lo siguiente:

a) No se considera que tiene carácter de sanción la clausura o cierre de establecimientos, instalaciones o servicios que no cuenten con las previas autorizaciones o registros sanitarios preceptivos o la suspensión de su funcionamiento hasta tanto se subsanen los defectos o se cumplan los requisitos exigidos por razones de sanidad, higiene o seguridad.
b) Todas las comunidades autónomas prevén la posibilidad de adoptar medidas provisionales con carácter previo a la apertura del expediente sancionador o bien una vez iniciado éste, para que, en el supuesto que se verifique que puede existir un riesgo previsible para la salud o la seguridad de las personas, proceda a decomisar los bienes, los productos deteriorados, aquellos caducados o no autorizados, etc. También se reconoce potestad para suspender, total o parcial, la actividad sanitaria, clausurar la instalación y, en su caso, exigir fianza para que el centro pueda continuar con el desarrollo de la actividad.
c) Alguna Comunidad Autónoma como Asturias, permite dar publicidad de las sanciones impuestas (siempre que esta sea firme en vía administrativa y se encuentre publicada en el Boletín oficial correspondiente), en un medio de comunicación social que se considere oportuno. Esta publicidad se justifica en razones de ejemplaridad y siempre que concurra alguna circunstancia de riesgo para la salud o la seguridad de los pacientes, del personal o exista reincidencia en la comisión de las infracciones.

Finalmente, no podemos dejar de mencionar en relación con el régimen sancionador aplicable a este tipo de actividad sanitaria, lo dispuesto por la Ley 26/1984, de 19 julio, General para la Defensa de los Consumidores y Usuarios, que considera infracciones o ilícito *"El incumplimiento de los requisitos, condiciones, obligaciones o prohibiciones de naturaleza sanitaria"* o *"las acciones u omisiones que produzcan riesgos o daños efectivos para la salud de los consumidores o usuarios, ya sea en forma consciente o deliberada, ya por abandono de la diligencia y precauciones exigibles en la actividad, servicio o instalación de que se trate";* infracciones que se califican como leves, graves y muy graves, atendiendo a los criterios de riesgo para la salud, posición en el mercado del infractor, cuantía del beneficio obtenido, grado de intencionalidad, gravedad de la alteración social producida, generalización de la infracción y la reincidencia. En todos estos supuestos antes apuntados, el promotor o el titular de la instalación sanitaria resulta responsable administrativamente, sin perjuicio, claro está, de las responsabilidades civiles, penales o de otro orden que puedan concurrir.

En cuanto al procedimiento sancionador es preciso indicar que éste se rige por la LRJAPyPA, texto legal que establece una regulación unitaria de las instituciones procedimentales que deben ser respetadas por todas las normas sectoriales y, consecuentemente es de obligado cumplimiento por cualquier normativa administrativa sancionadora. Complementa dicha regulación el reglamento autonómico dictado al efecto o, en su defecto, total o parcialmente, el Real Decreto 1398/1993, de 4 de agosto, que regula el reglamento del procedimiento para el ejercicio de la potestad sancionadora.

VIII. LOS SISTEMAS DE CALIDAD DE LOS CENTROS Y SERVICIOS

1. *Objeto y regulación*

Con posterioridad al trámite administrativo de autorización propiamente dicho, es preciso destacar que para que un centro o un servicio sanitario pueda funcionar algunas comunidades autónomas exigen que los mismos cuenten con un sistema de calidad, sistema que se identifica con las técnicas de certificación y de acreditación.

Las políticas de calidad, para cuya consecución se ordenan los sistemas de acreditación, son mecanismos esenciales para el desarrollo de actividades tan importantes como las directamente vinculadas a la salud de las personas y, el cumplimiento de las mismas, permite a los centros o servicios sanitarios demostrar y verificar que la actividad desarrollada tiene un nivel de excelencia. De ahí que sea tan importante que los poderes públicos definan un modelo de calidad y de seguridad que se identifique con cierto modelo de gestión que, persiguiendo como objetivo principal la satisfacción plena del ciudadano con la atención sanitaria recibida, extienda la responsabilidad en la mejora continua de la calidad a cada miembro de la organización sanitaria constituyendo, así, un verdadero cambio cultural y de participación. Por tanto, es muy importante que los poderes públicos definan un modelo integral de calidad para los centros y los servicios sanitarios de las distintas comunidades autónomas que comprenda tanto las acciones necesarias para la evaluación y mejora de los servicios, como el reconocimiento público y objetivo de su excelencia. Estos objetivos se complementan con los sistemas de calidad del personal al servicio de una organización sanitaria como luego tendremos ocasión de estudiar.

La LGS, se refiere a las políticas de calidad al exigir que, la previa autorización administrativa se debe referir también a las operaciones de calificación, acreditación y registro del establecimiento y, junto con otras funciones, atribuye a la Administración General del Estado, la función de reglamentar la acreditación[25]. Por otra parte, la citada Ley, determina que deben ser las Administraciones Públicas, dentro del ámbito de sus competencias, las que fijen los requisitos y las condiciones mínimas, básicas y comunes aplicables a los conciertos, así como que los centros sanitarios susceptibles de ser concertados deben estar previamente homologados, de acuerdo con un protocolo definido por la Administración competente que puede ser revisado periódicamente. La LCCSNS, recoge dentro de las garantías de sus prestaciones las denominadas "Garantías de calidad y servicios de referencia" y consagra el principio de mejora de la calidad del sistema sanitario en su conjunto que debe presidir las actuaciones de las instituciones sanitarias públicas y privadas. Desde este punto de vista dispone que las Comunidades Autónomas deben garantizar la calidad de las prestaciones, y que estas garantías de seguridad y calidad deben ser aplicables en todos los centros, públicos y privados, siendo responsabilidad de las Administraciones Públicas Sanitarias, para los centros de su ámbito, velar por su cumplimiento. En esta línea, la citada norma legal concreta la obligación tanto del Ministerio de Sanidad, Servicios Sociales e Igualdad como de las Comunidades Autónomas, de fomentar las evaluaciones externas y periódicas de la calidad y la seguridad de los centros y servicios sanitarios mediante auditorias por parte de instituciones públicas o empresas privadas que garanticen una evaluación independiente. En este sentido, es preciso destacar que la "Agencia de Calidad del Sistema Nacional de Salud"[26] es

---

25 De acuerdo con el artículo 18 LGS *"Las Administraciones públicas, a través de sus servicios de salud y de los órganos competentes en cada caso, desarrollarán las siguientes actuaciones: 16. El control y mejora de la calidad de la asistencia sanitaria en todos sus niveles.* Por su parte, el artículo 29 expresa que " *1. Los centros y establecimientos sanitarios, cualesquiera que sea su nivel y categoría o titular, precisarán autorización administrativa previa para su instalación y funcionamiento, así como para las modificaciones que respecto de su estructura y régimen inicial puedan establecerse.*

2. La previa autorización administrativa se referirá también a las operaciones de calificación, acreditación y registro del establecimiento. Las bases generales sobre calificación, registro y autorización serán establecidas por Real Decreto.

3. Cuando la defensa de la salud de la población lo requiera, las Administraciones sanitarias competentes podrán establecer regímenes temporales y excepcionales de funcionamiento de los establecimientos sanitarios.

26 De acuerdo con el a**rtículo 60 de la LCCSNS la** Agencia de Calidad del Sistema Nacional de Salud."*1. Se creará la Agencia de Calidad del Sistema Nacional de Salud, órgano dependiente del Ministerio de Sanidad y Consumo al que corresponderá la elaboración y el mantenimiento de los elementos de la infraestructura de la calidad.*

Su creación se llevará a cabo de acuerdo con el procedimiento previsto en el artículo 67.1 de la Ley 6/1997, de 14 de abril, de Organización y Funcionamiento de la Administración General del Estado.

2. La Agencia elaborará o adoptará los elementos de la infraestructura con el asesoramiento de sociedades científicas y expertos del sector, a partir de la experiencia nacional e internacional. También podrá promover convenios con instituciones científicas para elaborar o gestionar los

el órgano encargado de acreditar a las instituciones públicas y a las empresas privadas competentes para realizar las auditorias citadas, entidades que deben actuar con criterios que se acuerden en el seno del Consejo Interterritorial del Sistema Nacional de Salud. De esta forma, los certificados otorgados por el auditor mencionado son válidos para todo el Sistema Nacional de Salud. Se trata de una responsabilidad administrativa con independencia de la forma de financiación de las prestaciones que se ofrezcan en cada momento.

Por otra parte, es preciso destacar que la Unión Europea no ha sido ajena a este objetivo y recomendó a los distintos Estados miembros (Recomendación del Consejo de Ministros Europeos de 30 de septiembre de 1997), el desarrollo y la puesta en marcha de sistemas de mejora de la calidad en los servicios de salud y exige, entre otros aspectos, que los sistemas de calidad sean objeto de control público bajo por medio de una evaluación objetiva realizada por organismos independientes.

2. *Diferencia entre las figuras de la acreditación y la certificación*

Como ya hemos apuntado, los sistemas de mejora de la calidad suelen utilizar los conceptos de certificación y de acreditación. De acuerdo con la Organización Internacional de Normalización, más conocida por sus siglas ISO, concreta en la Norma ISO 15189:2007 que se entiende por acreditación el procedimiento mediante el cual un "organismo autorizado" da reconocimiento formal que una organización o individuo es competente para llevar a término tareas específicas. Por su parte, se entiende por certificación el procedimiento mediante el cual una "tercera parte" da una garantía escrita que un producto, proceso o servicio es conforme con unos requisitos especificados. Constituye un "organismo autorizado" en España, para llevar a cabo tareas de acreditación la Entidad Nacional de Acreditación (ENAC), organismo designado por la Administración para establecer y mantener el sistema de acreditación a nivel nacional, de acuerdo con las normas internacionales y siguiendo, en todo momento, las políticas y recomendaciones establecidas por la Unión Europea[27]. Es un tercero —"tercera parte"— competente para desarrollar tareas de certificación cualquier organismo de certificación existente y, en concreto en España, la Asociación Española de Normalización y Certificación (conocido por sus siglas AENOR de acuerdo con el Real Decreto 2.200/1995 por el

elementos de la infraestructura. Asimismo difundirá los elementos de la infraestructura para su conocimiento y utilización por parte de las comunidades autónomas y los centros y servicios del Sistema Nacional de Salud.
Salud."

27 Véase al respecto www.enac.es.

que se aprueba el reglamento de la infraestructura para la calidad y la seguridad industrial) o aquellos organismos existentes en las Comunidades Autónomas, tales como el "Laboratorio General de Assaigs y de Investigaciones", de Cataluña o el Instituto para la Acreditación y Evaluación de las Prácticas Sanitarias (conocido por sus siglas, INACEPS), en Valencia[28].

De acuerdo con las definiciones antes expuestas, existen diferencias muy acusadas entre acreditación y certificación en relación con el tipo de reconocimientos que cada uno de los organismos otorga. En efecto, por medio de la acreditación se verifica que el sujeto que desarrolla la actividad cumple con determinados requisitos técnicos. La certificación se dirige a realizar un control sobre el sistema de gestión de la calidad. Así, por ejemplo, en el caso de los laboratorios clínicos, rigen dos normas: la UNE-EN ISO 9001:2000 "Sistemas de gestión de calidad" y la UNE-EN ISO 15189:2007 "Laboratorios clínicos. Requisitos particulares para la calidad y la competencias". La primera, es una norma genérica destinada a acreditar los sistemas de gestión de calidad aplicables a cualquier organización, independientemente del tipo, tamaño o producto que suministre y su finalidad, es concretar un sistema de gestión de calidad por el cual la organización pueda demostrar su habilidad para producir productos que cumplan con los requisitos de sus clientes y con otros requisitos aplicables. La segunda norma citada, sin embargo, tiene como objetivo principal asegurar la calidad y la competencia técnica de los laboratorios clínicos y, por tanto, verificar el cumplimiento de los requisitos técnicos precisos tanto del personal como de su funcionamiento y permite a la organización que lo obtenga, producir datos y resultados válidos para la acreditación.

La Comunidad Valenciana, por ejemplo, en su Decreto 62/2010, de 16 de abril, por el que se establecen los instrumentos generales del sistema para la modernización y mejora de la calidad de los servicios públicos de la Generalidad, se centra, entre otros aspectos, en la regulación de la certificación de calidad aplicable a los centros sanitarios y define la misma como el documento por medio del cual se constata que la gestión de un órgano o unidad se ajusta a los requisitos de calidad previamente definidos. Su finalidad es reconocer y hacer público el nivel alcanzado por los departamentos de la Comunidad Autónoma en su camino hacia la excelencia. Dicha certificación es progresiva y reconoce a tal efecto, tres tipos de niveles, nivel de iniciación; nivel de consolidación y nivel de excelencia. Valencia tampoco ha olvidado la acreditación y le ha dado especial importancia. En efecto, en el año 2004, el INACEPS aprueba un "Manual para la acreditación de organizaciones y prácticas sanitarias", que si bien se concreta como un sistema voluntario, tiene por finalidad analizar a través de sus componentes, tanto la estructura de la

---

28 Véase información en www.aenor.es.

organización como el proceso que se lleva a cabo en la misma y los resultados o efectos de la actividad de la organización sanitaria.

Por último, tan sólo señalar que tanto la figura de la acreditación como de la certificación tienen por finalidad reforzar la confianza de los ciudadanos en las instituciones sanitarias en la medida en que, través de las correspondientes auditoría realizadas por especialistas que actúan con independencia y con arreglo a criterios previamente establecidos, se otorga seguridad sobre el nivel de calidad de las prestaciones de los centros y servicios sanitarios.

3. La regulación autonómica sobre la acreditación

A) Aspectos generales

En nuestro país, la regulación autonómica sobre la certificación y la acreditación, tan importante para valorar la calidad de los servicios y la satisfacción de los pacientes, es deficitaria a excepción de alguna comunidad autónoma. Como destaca el profesor FONSECA FERRANDIS (2010), en España la regulación existente a nivel autonómico tiene un limitado alcance desde el punto de vista de la calidad, dado que se trata de una acreditación de naturaleza netamente administrativa, a través de la cual, la Administración verifica un control previo de la misma pero que, como tal, solo puede implicar el reconocimiento de que aquellas instituciones sanitarias, reúnen una serie de requisitos que se consideran necesarios "a priori" para el desarrollo de la actividad que se pretende realizar, requisitos estos que aparecen determinados normativamente.

En el cuadro que sigue se puede ver la regulación existente en la actualidad sobre acreditaciones en el ámbito de los centros sanitarios a nivel autonómico (no se recogen las normas ISO o UNE).

CUADRO III

ESTATUTOS DE AUTONOMÍA	REGULACIÓN DE ACREDITACIÓN
ANDALUCÍA	*Ley 2/1998, de 15 de junio*, de Salud de Andalucía, en su artículo 44.2, establece las características fundamentales del Sistema Sanitario Público de Andalucía, figurando entre ellas la prestación de una atención integral de la salud procurando altos niveles de calidad debidamente evaluados y controlados. *Decreto 18/2007, de 23 de enero,* por el que se regula el sistema de acreditación del nivel de la competencia profesional de los profesionales sanitarios del Sistema Sanitario Público de Andalucía. *Resolución de 24 de julio 2003*, por el que se establece el sistema de acreditación de la calidad de los centros y unidades sanitarias del Sistema Sanitario Público de Andalucía, de acuerdo con el modelo de calidad del sistema sanitario de Andalucía. Decreto 203/2003, de 8 de julio, por el que se regula el procedimiento de acreditación de las actividades de formación continuada de las profesiones sanitarias en Andalucía

ARAGÓN	Decreto 46/1999, de 11 de mayo, del Gobierno de Aragón, por el que se crea la Comisión de formación de las profesiones sanitarias DECRETO 30/2010, de 9 de marzo, del Gobierno de Aragón, por el que se crea y regula el Sistema de Información de profesionales sanitarios de Aragón y se crea su Fichero de Datos
ASTURIAS	Decreto 27/2012, de 15 de marzo, que modifica el Decreto 6/2011, de 19 de agosto, por el que se crea la Comisión de formación continuada de los profesionales sanitarios.
BALEARES	Decreto 7/2011, de 9 de febrero, por el que se crea el Registro de Profesionales Sanitarios de las Illes Balears
CANARIA	*Decreto 17/2010, de 25 de febrero*, por la que se crea la Comisión Canaria de Formación Continuada de las profesiones sanitarias y regula el procedimiento de acreditación de la formación continuada de las profesiones sanitarias de la Comunidad Autónoma de Canarias.
CANTABRIA	Decreto 63/2007, de 24 de mayo, por el que se crea y regula la Comisión de formación continuada de profesionales sanitarios.
CASTILLA-LA MANCHA	Decreto 24/2008, de 12 de febrero, de la Comisión de Formación continuada de las profesiones sanitarios.
CASTILLA Y LEÓN	*Ley 1/1993, de 6 de abril*, de Ordenación del Sistema Sanitario de Castilla y León, artículo 27 que regula la calidad asistencial. *Decreto 75/2009, de 15 de octubre*, por el que se regula la ordenación del sistema de formación sanitaria especializada en el ámbito de la Comunidad de Castilla y León *Orden de 22 de marzo de 2005*, por la que se crea la Comisión para la definición del Modelo de acreditación del sistema sanitario y se prevé la creación de la Agencia para la Calidad y Acreditación del sistema sanitario de Castilla y León *Orden SAN/702/2010, de 19 de mayo*, por la que se regula la evaluación y control de la calidad de la formación sanitaria especializada en el ámbito de la Comunidad de Castilla y León.
CATALUÑA	*Decreto 5/2006, de 17 de enero*, por el que se regula la acreditación de centros de atención hospitalaria aguda y el procedimiento de autorización de entidades evaluadoras. *Decreto 407/2006, de 24 de octubre*, de creación del Consejo Catalán de Formación Continuada de las Profesiones Sanitarias y de los consejos técnicos de formación continuada *Orden de 25 de abril de 1983*, por la que se regula la acreditación de los centros y servicios sanitarios asistenciales. *Orden de 29 de agosto 1983*, por el que se crea la Placa-Distintivo de la acreditación de Centros sanitarios asistenciales.
	ORDEN de 10 de julio de 1991, por la que se regula la acreditación de los centros hospitalarios.
EXTREMADURA	*Decreto 227/2005, de 27 de septiembre*, por el que se regula el procedimiento y los órganos necesarios para la aplicación del modelo de calidad y la acreditación de la calidad sanitaria de los centros, servicios y establecimientos sanitarios
GALICIA	*Decreto 107/2011, de 19 de mayo*, por el que se regula el contenido de los registros públicos de profesionales sanitarios y del Sistema de Información de Profesionales Sanitarios de Galicia
LA RIOJA	Decreto 55/2009, de 17 de julio, por el que se crea y regula el Registro de Profesionales Sanitarios de La Rioja

MADRID	*Decreto 65/2000, de 13 de abril*, por el que se crea la Comisión de Formación Continuada de las Profesiones Sanitarias de la Comunidad de Madrid y se regula su composición y funcionamiento de Madrid *Orden 650/2004, de 17 de junio*, de la Consejería de Sanidad y Consumo, por la que se crea y regula el Registro de Profesionales que actúan en el ámbito sanitario de la Comunidad de Madrid
MURCIA	*Decreto 9/2010, de 12 de febrero*, por el que se regula la acreditación de los centros, establecimientos y servicios sanitarios de la Comunidad Autónoma de la Región de Murcia.
NAVARRA	*Decreto Foral 368/1998, de 28 de diciembre*, por el que se crea la Comisión de Formación Continuada de las profesiones sanitarias de Navarra.
PAÍS VASCO	*Decreto 153/2011, de 5 de julio*, sobre sistema de Información de Profesiones Sanitarios
VALENCIA	*Decreto 62/2010, de 16 de abril*, del Consell, por el que se establecen los instrumentos generales del sistema para la modernización y mejora de la calidad de los servicios públicos de los entes, organismos y entidades del sector público dependientes de la Generalitat *Decreto 25/2009, de 13 de febrero*, del Consell, por el que se crea y regula el Registro de Profesionales Sanitarios de la Comunitat Valenciana

En relación con las comunidades autónomas que han regulado el proceso de acreditación, es preciso destacar que en todos los casos se persigue como finalidad principal, el desarrollo de un marco normativo de garantías objetivas y públicas basadas en el contexto científico más amplio y actualizado que permita a los ciudadanos obtener unos niveles adecuados de calidad y de seguridad en la prestación de los servicios sanitarios. No obstante, algunas Comunidades Autónomas, como Andalucía o Extremadura no obligan a todos los centros y servicios sanitarios a obtener acreditación; tan sólo exige este requisito a los centros o servicios sanitarios de Salud pública y a los centros o servicios privados que quieran establecer conciertos con el Servicio público de Salud. El resto de centros y servicios sanitarios de carácter estrictamente privado que no pretendan formalizar concierto alguno, no precisan contar con la acreditación, si bien en algún caso se les permite acceder, con carácter voluntario, a la misma. Este planteamiento es criticable, dado que la calidad se debe exigir a todos los centros sin excepción alguna y, más aún, si como disponen las propias normas, la acreditación de la calidad sanitaria es una herramienta de mejora de la calidad que, basada en criterios y estándares derivados del consenso científico y técnico, determina una información objetiva de la situación de un ente sanitario mediante un proceso de evaluación externa, según la cual se concede o no la resolución administrativa de acreditación.

Algunas normas autonómicas prevén la realización de auditorías externas de los centros y de los servicios sanitarios, auditorías que consisten en realizar evaluaciones conforme a unos criterios y unos estándares aprobados previamente y en la emisión de unos informes técnicos pertinentes previa. Si en algún supuesto se detectara, por parte de los auditores, incumplimientos de algunos de los estándares o criterios establecidos, es preciso que el centro proceda a subsanarlo para que así se recoja en la resolución de acreditación pertinente. La acreditación puede ser desarrollada tanto por personas que actúen con independencia en el ejercicio de la función de evaluación, como empleados de la Administración que desarrollan funciones de inspección como por sujetos del ámbito privado cualificados.

Igualmente, es preciso indicar que alguna normativa autonómica prevé la creación de unos órganos específicos —con distinta denominación (Comité de Acreditación de Calidad Sanitaria de la Comunidad Autónoma de Extremadura, Comisión Regional de Acreditación de Centros, Establecimientos y Servicios Sanitarios, etc.)—, de composición colegiada con funciones de asesoramiento y de proposición de los criterios y de los estándares de referencia que han de regir la acreditación; criterios y estándares que, con buen criterio, algunas comunidades autónomas establecen que sean elaborados con el fin de que puedan ser homologables con los establecidos a nivel estatal, europeo e internacional (ISO) y de esta forma, poder lograr el reconocimiento nacional, europeo e internacional de los centros sanitarios. Estos estándares o criterios, que pueden ser obligatorios o recomendables, se publican por las Comunidades Autónomas por Órdenes. Desde el punto de vista funcional, hay que indicar que a los citados órganos colegiados se les ha reconocido también la participación en los procedimientos de acreditación y, entre otras funciones, la de emitir informe-propuesta técnica que sirve de fundamento a la resolución por la que el órgano competente otorgue o deniegue la acreditación.

Finalmente destacar que sería muy recomendable que todas las comunidades autónomas regularon sobre acreditación e implementaran obligatoriamente la obtención de una certificación y acreditación sanitaria.

B) Los distintos grados de acreditación

La acreditación obtenida por la instalación sanitaria no es susceptible de una valoración única. Antes al contrario, algunas comunidades autónomas reconocen distintos grados de acreditación que dependen del porcentaje de cumplimiento de los estándares fijados por la normativa y que reciben distintos tipos de denominación. Así, por ejemplo, la normativa de Extremadura y de Murcia, mencionan la acreditación avanzada, la acreditación óptima o la acreditación excelente. En general, la obtención de los diferentes grados de acreditación de la calidad sanitaria depende del cumplimiento de los siguientes estándares:

a) Grado de acreditación avanzada. Es necesario el cumplimiento del 100% de los estándares obligatorios y hasta el 50% de los estándares recomendables ajustados por el peso de cada categoría en función del ente sanitario.

b) Grado de acreditación óptima. Es necesario el cumplimiento del 100% de los estándares obligatorios y entre el 50% y el 75% de los estándares recomendables ajustados por el peso de cada categoría en función del ente sanitario.

c) Grado de acreditación excelente. Es necesario el cumplimiento del 100% de los estándares obligatorios y, al menos, el 75% de los estándares recomendables ajustados por el peso de cada categoría en función del ente sanitario.

Los centros o los servicios sanitarios pueden optar indistintamente a cualquiera de los grados de acreditación de la calidad sanitaria establecidos y en el caso de centros y servicios sanitarios públicos, corresponde al Gerente de Área ejercitar tal opción.

Igualmente, la normativa citada permite que la obtención de la acreditación de calidad sanitaria en el grado que corresponda se pueda conceder, por el órgano competente, en alguno de los siguientes tipos:

a) Acreditación sin reservas, cuando se cumplen todos los requisitos establecidos.

b) Acreditación condicionada, que se otorga cuando sea preciso subsanar determinados aspectos (no relevantes), con el fin de conceder la acreditación sin reservas. Si la subsanación no se lleva a cabo en el plazo concedido, el órgano competente, debe revocar la acreditación.

C) Inscripción, validez y plazo de vigencia de la acreditación otorgada

Cuando se otorga la acreditación, es preciso inscribirla en el Registro de Centros, Establecimientos y Servicios Sanitarios de la Consejería correspondiente o, en su caso, en el Registro específico que le sea de aplicación. A la Administración le corresponde, una vez inscripto, emitir un documento acreditativo para que se exponga en un lugar visible al público en el centro de tal forma que los ciudadanos puedan conocer el tipo de acreditación que el centro o servicio sanitario ha recibido.

El reconocimiento de la acreditación de la calidad sanitaria no tiene una validez indefinida. Por el contrario, si bien difiere de una Comunidad Autónoma a otra, la misma se otorga por un período determinado de tiempo (Andalucía, Extremadura, cinco años). Por ello, al igual que ocurre con la autorización sanitaria de funcionamiento, previo a que finalice el plazo de validez concedido en la resolución, el interesado debe solicitar la renovación de la misma por el procedimiento establecido al respecto.

La acreditación otorgada a una instalación sanitaria también puede ser revocada si el titular de la misma altera de modo sustancial las condiciones originarias que fundamentaron su otorgamiento. En estos casos, el expediente de revocación, se debe tramitar con audiencia previa del interesado y, propuesta del órgano que lleva a cabo la inspección para, finalmente, ser resuelto por el órgano que acordó la acreditación. En este trámite, aquellas comunidades autonómicas en las que exista un órgano colegiado —Comité o Comisión—, se les habilita para que controlen periódicamente los requisitos para el mantenimiento, la revocación e, incluso, la renovación de las acreditaciones obtenidas, permitiéndoles para que puedan proponer, en su caso, la suspensión provisional de las acreditación o la intervención de los servicios de inspección correspondientes.

Finalmente, es preciso señalar que, si bien la regulación adoptada por las Comunidades Autónomas es de aplicación general a todos los centros y servicios radicados en su territorio, algunas instalaciones sanitarias precisan, cumplir con unos requisitos de acreditación propios. Así, por ejemplo, existen estándares de calidad que tienen que cumplir los centros y servicios de atención a drogodependientes, recogido en diversas normativas autonómicas entre las que cabe señalar, la Orden de 28 de agosto de 2008, por la que se regula la acreditación de los centros de atención a personas con problemas de drogodependencias de Andalucía o la Orden FAM/236/2010, de 22 de febrero, por la que se regula la acreditación de los centros, servicios y establecimientos específicos de asistencia a drogodependientes de Castilla León o el Decreto Foral 4/1991, de 10 de enero, por el que se regula la acreditación de centros residenciales de atención a drogodependientes, entre muchos otros. Lo mismo se puede decir de los centros de interrupción voluntaria del embarazo cuya regulación estatal se encuentra en el Real Decreto 831/2010, de 25 de junio, de garantía de la calidad asistencial de la prestación a la interrupción voluntaria del embarazo, regulación que es también desarrollada por las comunidades autónomas.

En el ámbito de los servicios sociales, el Consejo Territorial adoptó un importante acuerdo denominado "Acuerdo sobre Criterios comunes de acreditación para garantizar la calidad de los centros y servicios del Sistema para la Autonomía y Atención a la Dependencia", de 27 de noviembre de 2008, que se recogió por las comunidades autónomas, entre otras, en la Orden EMP/37/2010, de 18 de marzo, de Cantabria, por la que se establecen los criterios y se regula el procedimiento para la acreditación de centros de servicios sociales destinados a la atención a personas en situación de dependencia, o la Resolución de 4 de febrero de 2010, dela Secretaría General de Política Social y Consumo, por la que se publica el Acuerdo del Consejo Territorial del Sistema para la Autonomía y Atención a la Dependencia, para la mejora de la calidad de la prestación económica para cuidados en el entorno familiar del Sistema para la Autonomía y Atención a la Dependencia..

En parecida situación se encuentran los centros que disponen de aparatos de rayos X que, además de cumplir con la normativa de acreditación general, deben cumplir, en relación con dichos aparatos lo dispuesto en el Real Decreto 1085/2009, por el que se aprueba el Reglamento sobre instalación y utilización de aparatos de rayos x con fines de diagnóstico médico. Dicha norma reglamentaria exige el cumplimiento de un programa de gestión de la calidad por los Servicios y Unidades Técnicas de Protección Radiológica, y remite a la Guía del OIEA GS-G-3.2 "The Management System For Technical Services in Radiation Services" y considera adecuada la implantación, al menos, de un sistema de calidad acorde con la norma ISO-9000.

Finalmente, baste citar las exigencias de calidad regulada para los centros sanitarios para la práctica de actividades de extracción y trasplante de órganos y tejidos por el Real Decreto 1301/2006, de 10 de noviembre que, en materia de tejidos y células, articula un sistema de gestión de calidad en el que la evaluación y la acreditación previa de los centros y servicios correspondientes son la piedra angular del mismo, regulación que se debe completar con la importante normativa autonómica existente al respecto.

IX. ACREDITACIÓN DE LAS FUNCIONES Y COMPETENCIAS PROFESIONALES

1. *Planteamiento de la cuestión*

La LGS otorga, a las distintas administraciones públicas, competencia para la mejora y la adecuación de las necesidades de formación del personal al servicio de la organización sanitaria, formación que se debe realizar a través de los Servicios de Salud y de los órganos competentes creados al efecto. Por su parte, la LCCSNS autoriza el desarrollo de acciones de coordinación y de cooperación entre las administraciones públicas sanitarias para asegurar a los ciudadanos el derecho a la protección de la salud, con el objetivo común de garantizar la equidad, la calidad y la participación social en el Sistema Nacional de Salud. Concretamente, la citada norma legal dispone que, las administraciones públicas son las encargadas de establecer criterios comunes para ordenar las actividades de formación continuada e indica en relación con el desarrollo profesional que el mismo debe responder a criterios comunes en los ámbitos de la formación continuada, la carrera profesional y la evaluación de competencias[29]. En este sentido, la Ley 44/2003, de 21 de noviembre, de Ordenación de las Profesiones Sanitarias (en adelante, LOPS), vino a dotar al sistema sanitario de un marco legal que contemple los diferentes instrumentos y recursos que hagan posible la mayor integración de los profesionales en el sistema sanitario, tanto en la vertiente pública como en la privada, y regule el ejercicio profesional. En relación con nuestro objeto de estudio, interesa destacar

---

29 Véase el capítulo III de la LCCSNS denominado De los Profesionales.

que dicho texto legal consagra, como principio rector, la necesidad de que los profesionales sanitarios realicen a lo largo de su vida profesional una formación continuada y, para que dicho objetivo sea efectivo, crea la denominada Comisión de Formación Continuada, entidad a la que se le reconoce, entre otras funciones, la de proponer actividades y actuaciones de formación continuada de carácter prioritario y común para el conjunto del sistema sanitario y, además, establecer los criterios y requisitos para la acreditación de actividades de formación continuada[30]. El Real Decreto 1277/2003, de 10 de octubre, si bien no tiene como finalidad ordenar las profesiones sanitarias, ni limitar las actividades de los profesionales, sienta las las bases para las garantías de seguridad y calidad de la atención sanitaria, sin perjuicio de las funciones y competencias profesionales que para el ejercicio de las profesiones sanitarias y la realización de las actividades profesionales correspondientes vengan establecidas por la normativa vigente.

2. *La formación continua y los sistemas de acreditación*

La formación de los profesionales de la medicina y el resto de profesiones sanitarias no se puede limitar a los estudios universitarios, a la formación especializada o a la exigencia de contar con un título habilitante para el desarrollo de la misma. Hoy en día es necesario, dado los grandes avances que se producen en esta materia, complementar la formación de los citados profesionales con actividades periódicas de actualización de sus competencias. Esta formación, que es

---

30 En concreto el artículo 12 de la citada LOPS concreta como principios rectores de la actuación formativa y docente en el ámbito de las profesiones sanitarias, los siguientes.
a. La colaboración permanente entre los organismos de las Administraciones públicas competentes en materia de educación y de sanidad.
b. La concertación de las universidades y de los centros docentes de formación profesional y las instituciones y centros sanitarios, a fin de garantizar la docencia práctica de las enseñanzas que así lo requieran.
c. La disposición de toda la estructura del sistema sanitario para ser utilizada en la docencia pregraduada, especializada y continuada de los profesionales.
d. La consideración de los centros y servicios sanitarios, también, como centros de investigación científica y de formación de los profesionales, en la medida que reúnan las condiciones adecuadas a tales fines.
e. La revisión permanente de las metodologías docentes y las enseñanzas en el campo sanitario para la mejor adecuación de los conocimientos profesionales a la evolución científica y técnica y a las necesidades sanitarias de la población.
f. La actualización permanente de conocimientos, mediante la formación continuada, de los profesionales sanitarios, como un derecho y un deber de éstos. Para ello, las instituciones y centros sanitarios facilitarán la realización de actividades de formación continuada.
g. El establecimiento, desarrollo y actualización de metodologías para la evaluación de los conocimientos adquiridos por los profesionales y del funcionamiento del propio sistema de formación.

continua, a pesar de su importancia, no es obligatoria para los citados profesionales sino voluntaria basada, fundamentalmente en una motivación personal y en la existencia de una oferta variada y amplia de formaciones y de fácil acceso. Para conseguir esta finalidad, la formación no puede ser reglada y se permite que cualquier agente, público o privado, pueda establecer sistemas de formación de calidad. Corresponde al poder público asegurar la calidad de lo ofertado por medio de la implantación de distintos sistemas de acreditación, sistemas que, en la medida que sean generalizados y uniformes, tienen un mayor valor y una eficacia objetiva que sólo se puede cumplir, si la actuación del poder público es coordinada y con plena colaboración.

Los distintos Estatutos de Autonomía, los Reales Decretos de transferencia de competencias y, los diferentes Decretos de organización de funciones y servicios en el ámbito de las Comunidades Autónomas, han reconocido a las citadas instancias territoriales competencia en la materia y, más concretamente, en lo que aquí interesa en materia de implementación y el desarrollo de programas de formación continuada del personal sanitario. Con esta finalidad, se aprobaron las distintas normas autonómicas como el Decreto 203/2003, de 8 de julio, por el que se regula el procedimiento de acreditación de las actividades de formación continuada de las profesiones sanitarias en Andalucía; el Decreto *46/1999, de 11 de mayo, del Gobierno de Aragón, por el que se crea la Comisión de formación de las profesiones sanitarias;* el Decreto 17/2010, de 25 de febrero, de la Comunidad Autónoma de Canarias, por el que se crea la Comisión de Formación Continuada de las profesiones sanitarias y se regula el procedimiento de acreditación de la formación continuada de las profesiones sanitarias; la Orden de 22 de marzo de 2005, por la que se crea la Comisión para la definición del Modelo de acreditación del sistema sanitario y se prevé la creación de la Agencia para la Calidad y Acreditación del sistema sanitario de Castilla y León; el Decreto 65/2000, de 13 de abril, por el que se crea la Comisión de Formación Continuada de las Profesiones Sanitarias de la Comunidad de Madrid y se regula su composición y funcionamiento de Madrid; el Decreto Foral 368/1998, de 28 de diciembre, por el que se crea la Comisión de Formación Continuada de las profesiones sanitarias de Navarra (véase Cuadro III de este trabajo).

Como complemento de las citadas regulaciones existen también una variedad importante de exigencias específicas de formación, según la naturaleza del puesto de trabajo. Así por ejemplo, aquél personal que trabaje en un centro o en un servicio sanitario dotado de instalaciones radioactivas, nucleares o de Rayos X, además de las exigencias especiales que se deben adoptar en materia de seguridad e higiene en el trabajo, se les exige una acreditación otorgada por el Consejo de Seguridad Nuclear como director u operador de la instalación o, en su defecto, un diploma que habilite a la persona para trabajar en la instalación (Aragón).

Finalmente, es preciso mencionar los Registros de Ordenación de las Profesiones Sanitarias, previsto en la Ley 44/2003, de 21 de noviembre, y cuya finalidad es permitir que los ciudadanos obtenga información sobre los sanitarios y realizar una planificación adecuada de los recursos humanos que prestan sus servicios en el sector de la sanidad. En orden a dar cumplimiento de estas previsiones legales, el Consejo Interterritorial del Sistema Nacional de Salud, adoptó el Acuerdo de 14 de marzo de 2007, sobre los registros de los profesionales y fijó los principios generales de los criterios y requisitos mínimos a establecer por las Administraciones sanitarias competentes cuando regulen los registros públicos que deben existir en el ámbito de los colegios profesionales y en centros y aseguradoras privadas. Asimismo, el citado Acuerdo, incorpora el compromiso de que en cada Comunidad Autónoma se cree un registro de profesionales sanitarias que integre tanto aquellos que ejerzan por cuenta propia como ajena en servicios sanitarios públicos y en privados.

X. EL REGISTRO DE LOS CENTROS Y SERVICIOS SANITARIOS

Como hemos visto, las distintas autorizaciones e, incluso, las acreditaciones que los centros y servicios sanitarios obtengan, se deben inscribir en el Registro de Centros y Servicios Sanitarios. Esta previsión, se encuentra recogida tanto en la LGS, como en la LCCSNS, norma esta última, que después de regular la ordenación de las prestaciones sanitarias y la articulación de la Cartera de servicios del Sistema Nacional de Salud, establece una serie de garantías en relación con determinados aspectos, entre las que nos interesa a objeto de nuestro estudio, la denominada garantía de información. En efecto, de acuerdo con el texto legal mencionado *"Los servicios de salud informarán a la ciudadanía de sus derechos y deberes, de las prestaciones y de la cartera de servicios del Sistema Nacional de Salud, de los requisitos necesarios para el acceso a éstos y de los restantes derechos recogidos en la Ley básica reguladora de la autonomía del paciente y de los derechos y obligaciones en materia de información y documentación clínica, así como de los derechos y obligaciones establecidos en la Ley General de Salud Pública y en las correspondientes normas autonómicas, en su caso"*(art. 26). El Registro General de centros, servicios y establecimientos se convierte, así, en una pieza esencial de la citada garantía de información, de naturaleza pública dependiente del Ministerio de Sanidad, Servicios Sociales e Igualdad, configurándose como un elemento organizativo capital en tanto que sirve a los usuarios del sistema para poder conocer los centros, establecimientos y servicios, de cualquier titularidad, autorizados por las Comunidades Autónomas. Como consecuencia de los citado mandatos, el tantas veces citado Real Decreto 1277/2003, de 10 de octubre, crea el Registro General de centros, servicios y establecimientos sanitarios y dispone que, corresponde al mismo, recoger las decisiones, comunicaciones y autorizaciones que las comunidades autónomas emitan en materia de autorización sanitaria en relación con los indicados centros y servicios sanitarios. En el citado Registro se deben inscribir todas las autorizaciones (de instalación, de funcionamiento, de modificación, de cierre y de renovación) e, incluso, las acreditaciones obtenidas por los centros y servicios. Dicha inscripción se realiza por la información que facilitan los distintos Registros de las comunidades autónomas a quienes les corresponde mantenerlo permanentemente actualizado. El Real Decreto 1277/2003, de 10 de octubre, concreta también la publicación de un Catálogo de centros, servicios y establecimientos sanitarios que constituye una relación ordenada, de publicación periódica, de las instalaciones que han recibido autorización por parte de la Administración competente, elaborada a partir de la información procedente del Registro General. Algunas normas autonómicas también que dicho catálogo se deba reelaborar cada 5 años (Madrid).

Como consecuencia del mandato reglamentario toda la normativa autonómica ha procedido a la creación de Registros de centros, servicios y establecimientos sanitarios autonómicos, aunque alguna autonomía lo ha denominado Registro de Recursos Sanitarios Regionales (Murcia). Dichos Registros autonómicos se configuran con características similares al Registro General estatal, con carácter público e informativo, de tal forma que los ciudadanos y, lógicamente la propia administración, puedan solicitar y obtener información sobre los datos contenidos en el mismo. No obstante, siempre que se facilite información se deben adoptar las medidas necesarias para garantizar la confidencialidad, la seguridad, la integridad y la irrefutabilidad de los datos contenidos en el mismo, de tal forma que información contenida sólo se puede facilitar a los interesados que acrediten un interés legítimo mediante las certificaciones expedidas por el funcionario del Registro mismo con pleno respeto a las limitaciones derivadas de la Ley 30/1992, de 26 de noviembre y la LOPD[31]. Alguna norma autonómica, como la Asturias, Baleares o Madrid concretan, además, el carácter gratuito del Registro.

---

[31] De acuerdo con el artículo 31 LRJAPYPAC, se considera interesado en un procedimiento administrativo:
A) Quienes lo promuevan como titulares de derechos o intereses legítimos individuales o colectivos.
B) Los que, sin haber iniciado el procedimiento, tengan derechos que puedan resultar afectados por la decisión que en el mismo se adopte.
C) Aquéllos cuyos intereses legítimos, individuales o colectivos, puedan resultar afectados por la resolución y se personen en el procedimiento en tanto no haya recaído resolución definitiva.
2. Las asociaciones y organizaciones representativas de intereses económicos y sociales, serán titulares de intereses legítimos colectivos en los términos que la Ley reconozca.
3. Cuando la condición de interesado derivase de alguna relación jurídica transmisible, el derecho habiente sucederá en tal condición cualquiera que sea el estado del procedimiento.

La inscripción de las autorizaciones sanitarias en el Registro es preceptiva, obligatoria y constitutiva de la relación jurídica. Los asientos en los citados Registros se realizan de oficio, por orden del mismo órgano que dictó el acto administrativo objeto de la inscripción en la forma establecida en cada norma. Por ello, la carencia de autorización administrativa conlleva la no inclusión en el Registro, supuesto, este último, que se debe diferenciar cuando se incumplen los requisitos establecidos por la autorización otorgada. En este último caso, constatado el incumplimiento el órgano competente emite resolución que concreta la exclusión de la inscripción registral, resolución que será remitida de oficio al Registro para su ejecución.

En relación con las inscripciones registrales, si bien cada comunidad autónoma cuenta con sus propias exigencias, en términos generales los registros contienen los siguientes datos:

a) Denominación y tipo de centro,

b) Datos identificativos de la persona titular del centro y dirección del centro;

c) Datos de las autorizaciones o renovaciones otorgadas así como el cierre y la caducidad de las mismas;

d) Datos de las acreditaciones obtenidas y, en su caso, su renovación o caducidad,

e) Oferta asistencial del centro sanitario y

d) Carácter público o privado, vinculado o concertado.

Los Registros asignan un "Número de Identificación" a cada centro autorizado, número que es único, que debe figurar en el distintivo o certificado que emite el propio Registro y que también contiene los datos relativos a la identificación de la instalación, los servicios que se prestan, las normas de acceso y los derechos y los deberes de los usuarios reconocidos por la legislación vigente. El citado certificado o distintivo debe ser expuesto dentro de las instalaciones en un lugar visible al público; exhibición que resulta esencial para dar a conocer a los usuarios la clase de centro y la oferta asistencial de acuerdo con la clasificación establecida en la legislación básica. Igualmente, se exige que el citado número de identificación se utilice en todas las comunicaciones externas y en la publicidad que realice el centro. Con esta obligación de publicidad se hace efectivo el derecho de información de los usuarios, regulado en las distintas normas autonómicas de los derechos y deberes de los usuarios del sistema sanitario que se completa con la obligación que pesa sobre toda instalación sanitaria de tener a disposición de los usuarios libros y/o hojas de reclamaciones y de sugerencias de acuerdo con la normativa aplicable. Parecidas exigencias recaen sobre la inscripción de las acreditaciones o certificaciones obtenidas por los centros sanitarios.

XI. EL RÉGIMEN DE AUTORIZACIÓN DE LOS LABORATORIOS CLÍNICOS

1. *Concepto y regulación*

Los laboratorios clínicos son todos aquellos centros sanitarios, públicos o privados, cualquiera que sea su denominación, que realicen determinaciones químicas, bioquímicas, hematológicas, inmunológicas, microbiológicas, parasitológicas, anátomo-patológicas o cualquier otra, efectuada en especímenes procedentes del cuerpo humano y emitan los dictámenes correspondientes, con independencia del número y de la diversidad de los análisis que realicen, destinadas todas ellas a la promoción de la salud y al diagnóstico, evolución y tratamiento de las enfermedades. Se entiende por "determinaciones clínicas", el conjunto de procesos analíticos aplicados a especímenes de origen humano y que comprende las determinaciones mencionadas. Dentro del concepto de laboratorios clínicos se incluye a los denominados "centros de toma de muestras para análisis clínicos", "centros periféricos" o "Unidad asistencial" que son aquellos locales, físicamente distanciados del laboratorio (fijo o móviles) en donde se extraen, recepcionan, identifican, preparan los especímen o muestras biológicas con destino a un laboratorio así como la realización de los procedimientos de acondicionamiento para garantizar la estabilidad y la conservación de los especímenes o muestra, responsabilizándose de los mismos hasta su entrega en el laboratorio. Cada centro periférico, debe estar autorizado y relacionado funcionalmente con un Laboratorio Clínico inscrito en el Registro de Centros, Establecimientos y Servicios Sanitarios e, incluso, es obligatorio que conste tal información en la correspondiente autorización administrativa del centro periférico.

Como se acaba de exponer, los laboratorios, desarrollan distintas determinaciones, de ahí que existan diferentes laboratorios especializados, como laboratorios de microbiología clínica, los laboratorios de bioquímica, los laboratorios de hematología, los laboratorios de inmunología e Histocompatibilidad, los laboratorios de anatomía patológica, los laboratorios de urgencias, los laboratorios de genética, los laboratorios de biología molecular, los laboratorios de alergia y proteína. Todas, algunas o sólo una de estas especialidades pueden ser desarrolladas por un laboratorio y al igual que ocurre con los centros sanitarios, éstos deben disponer de un catálogo o cartera de servicios actualizado, en el que han de constar las determinaciones clínicas que realizan, así como aquellas que se remiten a otros centros, con especificación de los mismos. Esta información puede ser consultada por quien lo solicite. Se permite por tanto que los laboratorios clínicos envíen las muestras a otros laboratorios (bien porque no puedan ser procesadas en el mismo bien porque están destinadas a recabar otra opinión facultativa, etc.), en cuyo caso se exige que con carácter previo se realice un acuerdo de colaboración documentado por escrito entre ambos centros.

La conveniencia de adecuar los laboratorios clínicos a los criterios de calidad recomendados por las sociedades científicas internacionales y a los criterios europeos de normalización, ha llevado a las distintas comunidades autónomas a regular las condiciones y requisitos técnicos que los laboratorios clínicos deben cumplir, así como los sistemas que garanticen la adecuada calidad de los servicios que prestan. Con tal finalidad y, en base a la autorización contenida en el Real Decreto 1277/2003, de 10 de octubre, en tanto que permite concretar para determinados centros, como es el caso de los laboratorios clínicos, normativa específica para adaptar los mismos a los grandes avances tecnológicos y a las exigencias de la sociedad científica, las distintas comunidades autónomas han regulado el procedimiento de autorización para los laboratorios clínicos, si bien baste indicar que la normativa general reguladora de centros y servicios sanitarios es de aplicación supletoria.

Casi todas las autonomías han procedido a regular el procedimiento de autorización de los laboratorios clínicos, tanto públicos como privados, comprensiva tanto de la instalación como del funcionamiento de los mismos así como de las condiciones y de los requisitos técnicos que los mismos deben cumplir. Igualmente, las normas autonómicas concretan las determinaciones clínicas que se pueden desarrollar en dichos centros.

Las normas que regulan los laboratorios exigen que los mismos cuenten con la autorización administrativa previa tanto para su creación, modificación, ampliación, traslado o cierre, exigencia que también es aplicable a los centros periféricos de toma de muestras o especímen. En el cuadro que sigue se recoge la normativa existente en materia de laboratorios clínicos

CUADRO IV

NORMATIVA ESTATAL	*Real Decreto 1277/2003, de 10 de octubre,* por el que se establecen las bases generales sobre autorización de centros, servicios y establecimientos sanitarios. *Real Decreto 1093/2010, de 3 de septiembre*, por el que se aprueba el conjunto mínimo de datos de los informes clínicos en el Sistema Nacional de Salud
CCAA	REGULACIÓN
ANDALUCÍA	*Decreto 112/1998, de 2 de junio,* por el que se regula las autorizaciones de los laboratorios clínicos y establece sus condiciones y requisitos técnicos, así como las normas reguladoras de su actividad
ARAGÓN	*Decreto 106/2004, de 27 de abril*, por el que se aprueba el reglamento que regula la autorización de centros y servicios sanitarios

ASTURIAS	*Ley 1/1992, de 2 de julio,* del Servicio de Salud del Principado de Asturias, dispone en su articulo 34 que **e**l Consejo de Gobierno es quien debe aprobar las normas de acreditación específicas que deberán cumplir los Centros y servicios para su adscripción a la red de utilización pública. Estas normas de acreditación deben comprender necesariamente los requisitos, las condiciones y los procedimiento para la inclusión y exclusión de los Centros y establecimientos en la red de utilización pública, así como los diferentes niveles en que los mismos se clasifican, atendiendo a su grado de especialización y al tipo de prestaciones sanitarias que deben cubrir. Finalmente indica que los certificados de acreditación se deben otorgar por un período máximo de cuatro años, quedando sujetos a las verificaciones que se consideren oportunas en dicho periodo. *Decreto 27/2012, de 15 de marzo,* de primera modificación del Decreto 6/2011, de 23 de febrero, por el que se crean la Comisión de Formación Continuada de las Profesiones Sanitarias y la Comisión de Acreditación de la Formación Continuada de las Profesiones Sanitarias del Principado de Asturias, y se regulan su organización y funcionamiento.
BALEARES	La *Ley 5/2003, de 4 de abril*, de salud de las Illes Balears, establece en el artículo 26 el sistema sanitario público que tiene como objetivo prioritario, entre otros, la prestación de una atención integral de la salud para procurar altos niveles de calidad debidamente controlados y evaluados, así como el establecimiento de programas de mejora continua de la calidad en la prestación de los servicios sanitarios, y en el artículo 34 añade que la Administración sanitaria tiene que velar por el cumplimiento de estos programas en los servicios y los centros asistenciales. *Decreto 7/2011, de 4 de febrero*, por el que se crea y regula el Registro de Profesionales Sanitarios de la Comunidad Autónoma de las Illes Balears. *Orden de 16 de diciembre 1996*, Regula las condiciones que deben reunir los de análisis clínicos para su funcionamiento.
CANARIAS	*Orden de 12 de noviembre de 2003,* que establece las condiciones y requisitos técnicos para la instalación y funcionamiento de los laboratorios clínicos y unidades periféricas de obtención de muestras y especímenes
CANTABRIA	*Decreto 37/2004, de 5 de octubre,* sobre autorización administrativa de centros y servicios sanitarios.
CASTILLA-LA MANCHA	*Decreto 117/2001, de 3 de abril,* de laboratorios de análisis clínicos
CASTILLA LEÓN	Orden SAN/285/2007, de 15 de febrero, que establece los requisitos técnicos y condiciones mínimas exigibles a los centros, servicios y establecimientos que desarrollen la actividad de análisis clínicos y a las unidades de obtención de muestras ORDEN SAN/702/2010, de 19 de mayo, por la que se regula la evaluación y control de la calidad de la formación sanitaria especializada en el ámbito de la Comunidad de Castilla y León.
CATALUÑA	*Decreto 76/1995, de 7 de marzo,* de laboratorios clínicos y su autorización administrativa y actividades
EXTREMADURA	Orden de 16 de enero de 2007 por la que se establecen las condiciones y requisitos técnicos de instalación y funcionamiento de los laboratorios clínicos y unidades de obtención de muestras en el ámbito de la Comunidad Autónoma de Extremadura
GALICIA	Decreto 252/2000, de 5 de octubre, por el que se regulan los laboratorios clínicos
LA RIOJA	*Decreto 41/2004, de 9 de julio,* por el que se establece el procedimiento de autorización de centros y servicios sanitarios
MADRID	*Orden 2096/2006, de 30 de noviembre*, por la que se regulan los requisitos técnicos-sanitarios y de apertura y funcionamiento de los centros de diagnóstico analítico en la Comunidad de Madrid

MURCIA	*Decreto 9/2010, de 12 de febrero,* por el que se modifica el Decreto 73/2004, de 2 de julio
NAVARRA	*Decreto Foral 214/1997, de 1 de septiembre,* por el que se regulan las autorizcaiones de centros y servicios sanitarios
PAIS VASCO	*Orden 14 de enero de 1998*, por la que se regulan las autorizaciones de creación, de realización de modificaciones y de funcionamiento de los laboratorios clínicos, modificada por la Orden de 9 de febrero 2001. *Resolución de 1 de octubre 2002*, por la que se establece las directrices para la elaboración del manual de obtención, preparación, conservación y condiciones de transporte de los especímenes o muestras y del sistema de registro individualizado de la cadena de custodia en aplicación de la orden que regula las autorizaciones de creación, de realización de modificaciones y de funcionamiento de los Laboratorios clínicos.
VALENCIA	*Decreto 108/2000, de 18 de julio,* por el que se regula la autorización de los laboratorios clínicos *Decreto 216/1999, de 9 de noviembre*, sobre autorización, reconocimiento de la acreditación y registro de laboratorios en el ámbito de la salud pública *Orden de 8 de enero 1991*, Creación del Comité de asesoría de calidad de los laboratorios clínicos

2. *Diferencia entre los laboratorios clínicos y otros laboratorios*

Como hemos visto, los laboratorios clínicos son aquellos cuya finalidad es realizar distintas determinaciones sobre especímenes procedentes del cuerpo humano. Se entiende por especímen el material o elemento biológico del ser humano del que se puede obtener una porción o muestra para su procesamiento analítico. Teniendo en cuenta esta finalidad, existen otros centros sanitarios que reciben también la denominación de "laboratorios" pero su función es muy distinta a los laboratorios clínicos aunque también traten especímenes procedentes del cuerpo humano. Entre éstos se encuentra los denominados "laboratorios de control de dopaje" que son laboratorios de ensayo que estén en posesión de una autorización expedida por el Consejo Superior de Deportes que les habilita para analizar las muestras recogidas en un control de dopaje y homologan, a efectos deportivos, los resultados de sus ensayos. La regulación de estos laboratorios se encuentra en la Ley Orgánica 7/2006, de 21 de noviembre, sobre protección de la salud y de la lucha contra el dopaje en el deporte y en el Real Decreto 1744/2011, de 25 de noviembre, por el que se modifica el Real Decreto 641/2009, de 17 de abril, por el que se regulan los procesos de control de dopaje y los laboratorios de análisis autorizados.

Los laboratorios de dopaje para obtener la autorización correspondiente deben cumplir con los requisitos previstos en la norma reglamentaria en relación con sus instalaciones, el personal, los protocolos de seguridad, las técnicas de calidad y su seguimiento. También los citados laboratorios deben cumplir con la norma de calidad ISO/IEC 17025 adaptada al control del dopaje para los procesos analíticos, de gestión y complementarios que vaya a realizar y con el Código ético establecido en el Apéndice 2 de la Convención Internacional contra el dopaje en el deporte, sobre Normas internacionales para los laboratorios adoptadas por la Agencia Mundial Antidopaje. Además, los citados laboratorios deben estar acreditados por la Agencia Mundial Antidopaje (conocida por sus siglas, AMA), acreditación que los convierte en laboratorios autorizados para realizar los análisis —según requerimientos de las distintas normas aprobadas—[32].

Es preciso diferenciar, igualmente, los laboratorios clínicos de los laboratorios farmacéuticos. Estos últimos, son establecimientos sanitarios que tienen por finalidad la fabricación o importación de medicamentos. Su regulación es muy abundante, existiendo una importante normativa comunitaria, estatal y autonómica, entre la que cabe destacar, la Directiva 2001/83/CE, del Parlamento Europeo y del Consejo, de 6 de noviembre de 2001, por la que se establece un código comunitario sobre medicamentos para uso humano; la Ley 29/2006, de 26 de julio, de Garantías y Uso Racional de Medicamentos y Productos Sanitarios, marco legal en el que se encuadran todas las disposiciones relativas a la autorización y fabricación de los medicamentos que hacen posible las garantías de seguridad, calidad y eficacia de los mismos y, finalmente, el Real Decreto 824/2010, de 25 de junio, por el que se regulan los laboratorios farmacéuticos, los fabricantes de principios activos de uso farmacéutico y el comercio exterior de medicamentos y medicamentos de investigación. Este último define tres conceptos de laboratorio farmacéutico;

a) el laboratorio farmacéutico fabricante que se identifica con la persona física o jurídica que se dedica a la fabricación de medicamentos o medicamentos en investigación,

b) el laboratorio farmacéutico importador, que es la persona física o jurídica que se dedica a la realización de los análisis cualitativos y cuantitativos preceptivos para la importación de medicamentos procedentes de terceros países y

c) el laboratorio titular de la autorización de comercialización, que es la persona física o jurídica responsable de la comercialización del medicamento, para el que ha obtenido la preceptiva autorización de comercialización, y que dispone en España de instalaciones, propias o contratadas, para almacenar y distribuir sus medicamentos.

Todos estos tipos de laboratorios tienen un objeto muy diferente de los laboratorios clínicos objeto de estudio. Como hemos visto al inicio de este trabajo, los laboratorios farmacéuticos se encuentran exluidos de la aplicación del régimen general de autorizaciones de centros y servicios y su estudio se realiza en otro trabajo de esta obra, donde remitimos su estudio.

---

32 Toda la información sobre esto se puede consultar en la página web del Consejo Superior de Deporte.

3. Cartera de servicios y los informes analíticos

Cada laboratorio debe contar con un catálogo o cartera de servicios actualizada en la que se recojan las determinaciones clínicas que desarrolla el propio centro y aquellas que se remiten a otros centros, en cuyo caso corresponde especificar los datos del mismos. Las distintas normas vigentes limitan el número de pruebas que pueden realizarse en medios periféricos. Así, por ejemplo, se concreta que el número total de determinaciones contenidas en su cartera de servicios no puede exceder de un tercio de todas las que realice con medios propios. El Catálogo de pruebas es una tabla en la que se indica para cada prueba el nombre, los valores de referencia, y unidades de medida si procede, el tiempo de respuesta orientativo, así como las observaciones que el Director Técnico pueda estimar necesarias.

La ampliación de la cartera de servicios es considerada una modificación de la autorización y como tal, queda sujeta a la obligación de solicitar la correspondiente autorización con carácter previo. No obstante, si la incorporación de nuevas determinaciones clínicas no implican cambios ni en el equipamiento ni en la estructura de la entidad y, si cambios del equipamiento éstos no suponen una modificación de la cartera de servicio, y en consecuencia sólo se exige, a efectos de constancia, la comunicación de tales modificaciones por medio de una instancia que debe ir acompañada de las justificaciones correspondientes y de una memoria de las adaptaciones que se producen.

Igualmente es preciso indicar que los laboratorios no pueden realizar cualquier determinación clínica, éstas deben estar autorizadas en base al rigor científico y las referencias bibilográficas que avalen la fiabilidad de la misma. Así por ejemplo en la STSJMad. de 28 de septiembre de 2005, se confirma la legalidad de la actuación administrativa que deniega la autorización como Laboratorio de análisis clínicos a un centro que realizaba un "Examen Bio-Hematológico", dado que de acuerdo con los informes emitidos en el procedimiento administrativo correspondiente, se destacaba que la citada prueba diagnóstica " no era más que una serie de incongruencias que no tienen ninguna base científica que justifique su ejecución" Asociación Española de Biopatología Médica (AEBM). En la citada sentencia —confirmada por el TS en sentencia de 24 de septiembre de 2008—, se destaca que para que opere la autorización no es preciso acreditar que la prueba no es perjudicial para la salud, sino que por el contrario lo que se debe acreditar *"es exactamente lo contrario, es decir, que en él se van a prestar servicios dirigidos al diagnóstico y al tratamiento de problemas que afecten a la salud de los usuarios del establecimiento"*. Se insiste además que aquella afirmación no es correcta en tanto que *"puede producir riesgos sanitarios como el retraso del diagnóstico y del tratamiento adecuado y puede inducir a abandonar o modificar tratamientos pautados por otros profesionales sanitarios"*.

En relación con los "Informe analíticos" es preciso indicar que los mismos son documentos validados o firmados por el director técnico —pueden también ser firmados por un facultativo superior especialista o por un facultativo superior, pero en estos casos debe contar con el visto bueno del director técnico—, donde se recogen los resultados del estudio analítico, acompañados, en su caso, de información del paciente, del material utilizado y los criterios de interpretación de resultados. Estos informes, emitidos por los laboratorios clínicos, pueden ser de diferentes magnitudes según el tipo de espécimen valorado pero siempre deben estar relacionados con la cartera de servicios autorizada y, si el espécimen no se obtuvo en el propio laboratorio, debe constar tal circunstancia en los resultados entregados.

Asimismo, es importante destacar que, el Real Decreto 1093/2010, de 3 de septiembre, por el que se aprueba el conjunto mínimo de datos de los informes, norma de aplicación básica, concreta en los anexos de la norma, los datos mínimos que los documentos clínicos emitidos por los laboratorios de las distintas especialidades deben contener y, obliga a que los informes analíticos emitidos por éstos adopten las estructuras de organización de la información descritas en el anexo V de la citada norma reglamentaria, sin perjuicio de otras variables que las comunidades autónomas puedan establecer. La finalidad de esta norma es homogeneizar los informes para permitir el intercambio de información entre diferentes sistemas de tal forma que, con la evolución y la disponibilidad de los recursos técnicos así como con la diversidad de sistemas y tipos de historias clínicas, se posibilite el uso de las mismas por los distintos centros asistenciales de España. Se evita con ello que las personas atendidas en diversos centros se vean sometidas a exploraciones y procedimientos de innecesaria repetición.

Finalmente, es preciso indicar que algunas comunidades autónomas, como Extremadura, obligan a que los laboratorios cuenten con un Registro que permita realizar un seguimiento de la "trazabilidad inversa" de los informes clínicos de todas las muestras y determinaciones o las segundas opiniones facultativas, según los casos, así como identificar para cada paciente las determinaciones externalizadas. Al citado registro, le corresponde custodiar los registros e informes analíticos del laboratorio o facultativo colaborador, al menos durante cinco años y debe cumplir con la LOPD.

4. *Organización del espacio físico de los laboratorios: las denominadas Áreas diferenciadas*

Para que los laboratorios clínicos puedan obtener los correspondientes títulos administrativos legitimadores de su actividad las instalaciones sanitarias se deben organizar de acuerdo a unos criterios establecidos. Así, por ejemplo, como tendremos oportunidad de estudiar más adelante, la norma ISO 15189 concreta para los laboratorios, la obligación de disponer de un espacio suficiente, de forma que su carga de trabajo se pueda realizar sin comprometer la calidad o la seguridad de todo el personal trabajador o visitante. Además, se exige que se optimice la comodidad de los ocupantes, se respete la privacidad del paciente, se controle el acceso a las distintas zonas del laboratorio y se cuente con un lugar de almacenamiento que permita asegurar la continua integridad de las muestras, manuales, reactivos, y todos los materiales necesarios. En tal sentido, la normativa reguladora de los laboratorios (véase Cuadro IV de este trabajo), requiere que las instalaciones donde se desarrolla su actividad se organice en determinadas zonas denominadas "áreas", necesarias para el correcto funcionamiento de la actividad específica a desarrollar. De esta forma, cada área puede desarrollar funciones concretas. En relación con esta organización, es posible diferenciar las siguientes clases de áreas comunes:

a) *Área administrativa*. Es aquel espacio que se encuentra destinado a la realización de las funciones de información, registro de peticiones, redacción de informes o dictámenes, archivo de los resultados, así como la recepción de quejas, sugerencias y reclamaciones. Todas estas actuaciones se deben realizar con plena confidencialidad de los datos con los que se trabaja y, desde luego, con pleno respeto a la Ley 41/2002, de 14 de noviembre, la LOPD y normativa de desarrollo.

b) *Área de extracción y recepción de especímenes*. Se trata del lugar donde se obtienen e identifican las muestras analíticas en condiciones óptimas de calidad. En este sitio es muy importante garantizar, en todo momento, la intimidad y la confortabilidad del usuario. Esta área normalmente esta localizada en las instalaciones del propio laboratorio. Sin embargo, también es posible que esta área se encuentre en locales físicamente distanciados del laboratorio denominados "Centros Periféricos de Toma de Muestras" (Valencia), "Unidad de muestra" (Canarias) o "Áreas descentralizadas" (Madrid). Como se destaca en la normativa de Castilla-La Mancha, *"se han desarrollado nuevas formas de organización y funcionamiento en materia de laboratorios de análisis clínicos, como es la existencia de grandes laboratorios con áreas de extracción localizadas en municipios, provincias e incluso Comunidades Autónomas distintas a aquellas en las que radican los laboratorios madre. Este tipo de establecimientos, si bien evitan el traslado de pacientes y proporcionan resultados más uniformes, presentan una serie de elementos de funcionamiento que, de no ser correctamente gestionados, pueden poner en peligro la calidad analítica de las muestras"*. Dichos centros, que también precisan contar con la correspondiente autorización de instalación y de funcionamiento, se les exige el empleo de ciertas medidas de seguridad en la conservación y en el transporte de las muestras obtenidas. Además, deben anunciar expresamente que se trata de "centros periféricos", con indicación, en todos los casos, del nombre del laboratorio matriz, con limitación del porcentaje de análisis que pueden realizar. La responsabilidad de que la toma, el manejo y el transporte de las muestras se realiza en las condiciones adecuadas corresponde al laboratorio del que dependen, denominado laboratorio matriz y, con carácter general, deben cumplir con determinados requisitos y condiciones técnicas, a saber: i) Siempre que sea posible, el material en contacto con especímenes biológicos, debe ser de un solo uso; ii) Deben contar con un área de extracciones y toma de muestras, una sala de espera para los pacientes y los servicios de higiene correspondientes; iii) Deben contar con el personal legalmente autorizado para la toma de muestras y con un facultativo especialista en los supuestos en los que se realicen pruebas funcionales u obtenciones específicas de especímenes que lo requieran y iv) Tienen que tener con un manual o protocolo de extracción, toma y transporte de muestras. Los informes emitidos por estos centros se denomina en la normativa de Madrid, "Análisis clínicos descentralizados".

c) *Área de trabajo.* Espacio físico del laboratorio donde se realizan las funciones propias para llevar a cabo las determinaciones y los estudios clínicos. En esta área, como en el resto del laboratorio clínico, se debe contar con las medidas de protección que establece la normativa sobre seguridad y condiciones de salud en el trabajo, especialmente las referentes a las sustancias irritantes, sensibilizantes, tóxicas o infecciosas.

e) *Área de seguridad microbiológica diferenciada y/ área aislada.* Estas áreas pueden estar integrada en el área de trabajo, si bien se exige que exista una separación real o un área aislada. Se trata del espacio en donde los laboratorios van a verificar análisis bacteriológicos (área con separación real), o la manipulación de microorganismos susceptibles de formar aerosoles potencialmente infecciosos (área aislada). Se cumple así, el mandato contenido en el Real Decreto 664/1997, de 12 de mayo, sobre la protección de los trabajadores contra los riesgos relacionados con la exposición a agentes biológicos durante el trabajo, que obliga a que las actividades que supongan la manipulación de agentes biológicos se ejecuten en zonas de trabajo con sus correspondientes niveles de contención.

d) *Área de limpieza de material y eliminación de residuos.* Se trata de dos espacios diferenciados, destinados, el primero a la limpieza de los utensilios del laboratorio y el segundo, a la eliminación de los residuos sanitarios procedentes del mismo, siempre que la naturaleza de la actividad no exija un tratamiento específico a desarrollar por gestor autorizado. En este caso, es preciso tener en cuenta toda la normativa sobre gestión de residuos sanitarios que las distintas comunidades autónomas tienen aprobada.

f) *Áreas auxiliares.* Son aquellas que están destinadas a que se desarrollen funciones administrativas o funciones de apoyo y se desarrollan en las zonas denominadas almacenes, salas de espera, salas de reuniones y docencia, despachos, habitaciones de descanso de personal, vestuarios, aseos o pasillos. La diferenciación de las áreas auxiliares (sobre todo aquellas que son utilizadas o visitadas por personal no perteneciente a los laboratorios) de las de trabajo, permite separar áreas de mayor riesgo de las de riesgo menor, por tanto incrementa la seguridad y también disminuye los costes, entre otras motivos porque se controla mejor el acceso a las zonas de riesgo, se facilita la gestión de residuos y se facilita el diseño de los sistemas de acondicionamiento de aire y ventilación.

g) Alguna normativa autonómica menciona la denominada *Área de apoyo* (Valencia), que se identifica con el espacio funcional constituido por el resto de locales necesarios para el adecuado funcionamiento del laboratorio no incluidos en los puntos anteriores, tales como los locales destinados a sala de espera y aseos de los pacientes, los vestuarios y el aseos del personal, los oficios de limpieza, los almacenes y los locales de instalaciones.

Las alteraciones que se produzcan en la estructura física de la instalación o las modificaciones esencial en el equipamiento del laboratorio clínico o los cambios en la relación de centros periféricos de tomas de muestras, se consideran modificaciones y, como tales, sujetas a la necesitad de obtener la correspondiente autorización administrativa previa.

Todas las áreas deben cumplir la normativa vigente en relación con las instalaciones y condiciones ambientales. En cuanto a las áreas de trabajo existen requisitos específicos, que dependen de las actividades de cada laboratorio.

5. Exigencias de equipamiento e Instrumental de los laboratorios

Cada día, los conocimientos sobre los procesos químicos y bioquímicos que se tiene, avanzan notablemente apoyado, fundamentalmente, por la innovación tecnológica. Estos adelantos, ha supuesto para los laboratorios clínicos un mayor nivel de complejidad y, consecuentemente, con la necesidad de contar con una alta preparación de los especialistas en el manejo de técnicas complejas que requieren el uso de aparatos e instrumental de un alto nivel de desarrollo. Para garantizar el correcto funcionamiento de aquellos y del equipamiento, la normativa autonómica exige que se cuente con los aparatos y el instrumental necesario para asegurar un desarrollo adecuado de las actividades descritas en su cartera de servicios, así como el envío de muestras a otros centros. Con tal finalidad, en algunas comunidades autónomas se obliga a los laboratorios a disponer de un "Manual de mantenimiento" y de un "Registro de los equipos e instrumental". En el "Manual de mantenimiento" debe constar el programa de revisiones periódicas, con especificación del procedimiento a seguir en cada revisión así como un registro histórico de las revisiones e indicación de las averías u otras incidencias de cada instrumento. También se incluyen las distintas medidas de protección personal a nivel de maquinaria de acuerdo con las exigencias de la normativa vigente. En el "Registro" por su parte, se recoge una relación actualizada del material fungible del laboratorio así como el control de entradas y de salidas, los lugares y las condiciones de almacenamiento y los controles de caducidad de los mismos. En cuanto al almacenamiento, dada la variedad de sustancias con las que suele trabajar, se exige que el mismo se realice de acuerdo con lo dispuesto en cada producto, información que debe estar recogida en el Registro. Tanto el Registro como el Manual de mantenimiento actualizado deben estar en el propio laboratorio para ser consultado por el personal del mismo y, desde luego, a disposición de los servicios de inspección.

En todo caso, es preciso recordar que la modificación "esencial" de la relación inicial del equipamiento del laboratorio clínico tiene la consideración de modificaciones y, como tales, sujetas a la solicitud de la correspondiente autorización administrativa previa.

6. *Sistemas de calidad que deben cumplir los laboratorios*

Todo laboratorio debe tener implantado un sistema de calidad apropiado de acuerdo con el tipo, el alcance y el volumen de sus actividades con el fin de garantizar la fiabilidad de los procedimientos analíticos utilizados y decidir la validez de los resultados. Los elementos de este sistema deben estar reflejados en un Manual de calidad o un Manual de procedimiento que debe estar actualizado y a disposición de todo el personal del laboratorio y, lógicamente, de la inspección sanitaria.

Como parte de dicho sistema de calidad se suele exigir la elaboración de un programa de control interno y otro de evaluación externa, correspondiente a cada una de las determinaciones que el laboratorio realiza, siempre que sea posible. En algunas comunidades (Cataluña) se obliga a que el control externo de los laboratorios se realice bien a través de su participación, bien en un Programa de control de calidad desarrollado por la propia Administración, bien en programas de evaluación externa de la calidad organizados por asociaciones científicas de reconocida solvencia.

Con carácter general el sistema de calidad de los laboratorios clínicos debe hacer referencia a las tres etapas clásicas, a saber:

a) Fase preanalítica, en la que prácticamente coincide con las recomendaciones adoptadas en el "Manual de Toma de Muestras para el Laboratorio Clínico", del Instituto Nacional de la Salud, y sus posteriores actualizaciones y básicamente están orientados a los pacientes al estar relacionados con la preparación, la identificación y el transporte de muestras;

b) Fase analítica, que se relaciona con la selección de los procedimientos de análisis, incluyendo las interferencias, prestaciones analíticas, intervalos de referencia biológicos e interpretación de los resultados;

c) Fase postanalítica, en la que el personal sanitario realiza la validación, interpretación e información sobre los resultados; almacenamiento y/o eliminación de muestras y asesoramiento Todas estas fases se encuentran descritas con detalle en cada una de las normativas autonómicas.

Los resultados de los controles de calidad, mencionados en los apartados anteriores, así como las medidas correctoras que de éstos surjan, deben quedar registrados y archivados en el laboratorio durante un período mínimo (2 años, Cataluña, Castilla-La Mancha, 3 años, Baleares, etc).

Finalmente, es preciso destacar que se han elaborado normas a nivel internacional para logar la uniformidad en la acreditación. A través de la aprobación de éstas normas, conocidas por su siglas ISO, se persigue la identificación y la definición de los requisitos mínimos para un correcto funcionamiento de un laboratorio clínico, desde un punto de vista de calidad y de competencia técnica, que permite a aquellos laboratorios que voluntariamente se incorporen a este esquema, poder demostrar ante la sociedad y ante los usuarios la viabilidad de su funcionamiento y la finalidad de sus resultados. En efecto, la acreditación es la herramienta establecida a escala internacional para generar confianza sobre la actuación de organizaciones entre las que se encuentran, claro está, los laboratorios de ensayo. En el caso especial de los laboratorios clínicos la acreditación se consigue cumpliendo con la denominada norma UNE-EN ISO 15189:2007 "Laboratorios clínicos. Requisitos particulares para la calidad y la competencias", por medio de la cual, se define el conjunto de requisitos que debe cumplir un laboratorio de análisis o de calibración para demostrar su competencia y su capacidad de producir resultados técnicamente válidos. La Entidad Nacional de Acreditación (conocida por sus siglas ENAC), miembro de la European Cooperation for Acreditation (AE), es el organismo designado por la Administración para establecer y mantener el sistema de acreditación a nivel nacional, de acuerdo con las normas internacionales, siguiendo en todo momento las políticas y recomendaciones establecidas por la Unión Europea, entidad que considera de vital importancia la confianza en los ensayos realizados en los productos por los laboratorios nacionales y de otros países de la Unión. Esta confianza se concreta con la implantación de Sistemas de Calidad definidos en las Normas UNE-EN ISO 9001:2000 "Sistemas de gestión de calidad" y la UNE-EN ISO 15189:2007 "Laboratorios clínicos. Requisitos particulares para la calidad y la competencias".

La primera, es una norma genérica que está destinada a acreditar los sistemas de gestión de calidad aplicables a cualquier organización, independientemente del tipo, tamaño o producto que suministre y su finalidad, es concretar un sistema de gestión de calidad, a través del cual, la organización puede demostrar su habilidad para producir productos que cumplan con los requisitos de sus clientes y con otros requisitos aplicables. Por su parte, la UNE-EN ISO 15189:2007, tiene como objetivo principal asegurar la calidad y la competencia técnica de los laboratorios clínicos y, por tanto, verificar el cumplimiento de los requisitos técnicos precisos tanto del personal, como de su funcionamiento objetivo que permite a la organización que lo obtenga, producir datos y resultados válidos para la acreditación. Otra diferencia importante que se debe apuntar es que la primera norma no contiene requisitos técnicos para el personal del laboratorio, ni para el funcionamiento del mismo, lo cual significa que no es competente para producir resultados y datos válidos. Sin embargo, la segunda norma se integra por dos partes fundamentales, a saber a) los "Requisitos de gestión" y b) los "Requisitos Técnicos". Los primeros coinciden con los contenidos en la norma UNE-EN ISO 9001:2000 "y los segundos buscan, como ya se indicó, asegurar la competencia técnica del mismo.

En definitiva, cuando se obtiene la acreditación por la norma UNE-EN ISO 15189:2007 "Laboratorios clínicos. Requisitos particulares para la calidad y la competencias" no es necesario obtener la acreditación UNE-EN ISO 9001:2000, relativa a los "Sistemas de gestión de calidad", dado que ésta norma contiene a la primera en relación con los requisitos de gestión.

Por último, el implantar y el cumplir con estas normas por parte de los laboratorios supone un reconocimiento de su forma de actuación y garantizan tanto a los compradores, a los usuarios y a los consumidores, la calidad y la seguridad de sus ensayos y servicios.

7. *Exigencias de personal cualificado*

Los avances científicos en las técnicas instrumentales, en la metodología y procedimientos diagnósticos así como en los sistemas de información, se debe fundamentalmente a la introducción de técnicas automatizadas, la robotización, los sistemas de información y la telemedicina, así como los conceptos de calidad total aplicados en el laboratorio. Estos avances se producen en este campo mucho antes y con mayor profundidad que en otras especialidades clínicas. De ahí que la formación del personal sea tan importante.

Con carácter general, la normativa autonómica, exige que todo el personal que trabaja en el laboratorio disponga de una titulación adecuada en función de la actividad que desarrolle. De ahí la obligación de que exista una relación de todas las funciones, tareas, responsabilidades y competencias del personal, según su categoría profesional. Así, las distintas normativas vigentes suelen requerir que todo laboratorio se encuentre bajo la dirección y la responsabilidad de un facultativo —denominado Director— que esté en posesión del título oficial de especialista o, en su defecto, y para aquellas licenciaturas que no tienen desarrollada una normativa de especialidad, el título oficial de licenciado y la certificación oficial expedida por el Ministerio de Sanidad, Servicios Sociales e Igualdad, donde conste que se ha realizado la formación sanitaria especializada completa de la especialidad correspondiente a las determinaciones que el laboratorio tenga autorizadas.

Además del título, se exige que el Director del laboratorio esté Colegiado y cuente con una experiencia que le permitan llevar a cabo su función principal, es decir, la de garantizar que la actividad sanitaria se desarrolla correctamente, que guíe el proceso de funcionamiento del centro y controle los objetivos buscados. Para asegurar estos objetivos, se exige la presencia física del mismo en el centro durante el horario de funcionamiento y, en caso de ausencia, debe ser sustituido por un facultativo especialista con la misma cualificación.

En el laboratorio también trabaja personal técnico y sanitario a los cuales también se les exige que tengan la titulación adecuada a las funciones que desarrollan de acuerdo con lo dispuesto por la legislación vigente. En este sentido es preciso tener en cuenta la mencionada Ley 44/2003, de 21 de noviembre, de Ordenación de las Profesiones Sanitarias (LOPS), que concreta el procedimiento para aprobar los programas formativos de las especialidades sanitarias en ciencias de la salud y la Orden SCO/3369/2006, de 9 de octubre, que contiene el programa formativo de la especialidad de Análisis Clínicos. Alguna normativa autonómica, como Valencia o Extremadura, obligan a que la plantilla del laboratorio sea proporcionada a la actividad que en éste desarrolle.

Finalmente, es preciso destacar, que las alteraciones de la titularidad, de la dirección técnica del centro, se considera modificación de la autorización otorgada y, como tal, precisa obtener la correspondiente autorización administrativa de modificación de acuerdo con lo expuesto anteriormente.

8. Procedimiento de otorgamiento de las autorizaciones, vigencia, renovación, revocación y extinción de las mismas

Con carácter general, las distintas normativas autonómicas que regulan los procedimientos de autorización que deben obtener los laboratorios clínicos para desarrollar su actividad exigen que, con carácter previo, soliciten aquella tanto para su creación, modificación, ampliación, traslado o cierre. La regulación del citado procedimiento se encuentra en normativa específica aprobada por las distintas comunidades autónomas (Véase Cuadro IV de este trabajo), normativa toda ésta que remite, con carácter supletorio, a las normas que regulan las autorizaciones para los centros y servicios sanitarios relacionada en el Cuadro I de este trabajo. De esta forma, el concreto régimen jurídico aplicable a los laboratorios presenta, en aquellas comunidades autónomas que han regulado, algunas modificaciones del régimen general en virtud de las peculiaridades que tienen los laboratorios clínicos, pero con bastante similitudes del régimen expuesto para los centros y servicios sanitarios. Así por ejemplo, los laboratorios clínicos precisan contar con las autorizaciones sanitarias de instalación y de funcionamiento, como requisito previo indispensable para la concesión de las correspondientes licencias municipales de actividad. En consecuencia, si el laboratorio no tiene las autorizaciones previas, no puede iniciar la actividad. Para ello, precisa obtener otras autorizaciones o licencias exigidas por el ordenamiento jurídico, tales como la licencia de obra o la correspondiente licencia de actividad.

Existe, sin embargo, diferencia con el régimen general, en la relación de documentos que se debe presentar, en tanto que acreditan requisitos propios de los laboratorios, antes estudiados tales como:

a) Documentación acreditativa de la personalidad física o jurídica titular del laboratorio,

b) Proyecto técnico, que justifique el cumplimiento de toda la normativa vigente que afecte al laboratorio, en materia urbanística, de construcciones, de instalaciones y de seguridad;

c) Memoria descriptiva de las determinaciones que se pretenden desarrollar (catálogo)

d) Plantilla del personal que preste servicios en el laboratorio, con concreción de las titulaciones, las dedicaciones y las funciones;

e) Planos del conjunto y de detalle que permitan la localización e identificación de las diferentes áreas;

f) Relación de los aparatos y el instrumental de laboratorio,

g) Sistemas de tratamiento y eliminación de residuos;

h) Plan de evaluación y mejora continua de calidad y

i) Descripción de los centros periféricos, si los hubiera.

Los procedimientos de autorización de instalación, funcionamiento, modificación y cierre de laboratorio son rogados, lo que supone para el promotor de la actividad la necesidad de iniciar el procedimiento administrativo de solicitud de autorización por medio de la presentación de una instancia (en papel o electrónica y generalmente disponible en modelos normalizados) acompañada de toda la documentación exigida por la normativa autonómica correspondiente y dirigida a la Administración habilitada al efecto. Se trata de una autorización reglada. La presentación de la solicitud se puede realizar en un registro administrativo ordinario o electrónico habilitado al efecto y una vez presentada, corresponde a la Administración competente decidir, en base a la presentación efectuada, si procede requerir al promotor la subsanación de la solicitud otorgándole un plazo para su realización. En el supuesto que toda la documentación estuviera completa, corresponde a la Administración impulsar el procedimiento a fin de emitir la resolución administrativa correspondiente. Transcurrido el plazo legal para resolver, si el órgano competente no ha dictado resolución expresa, toda la normativa vigente, otorga a la resolución presunta efectos desestimatorios salvo Castilla-La Mancha, que le otorga efectos estimatorios.

La resolución de la solicitud formulada no pone fin al procedimiento administrativo y, en todo caso, debe ser motivada cuando se deniegue la petición y, ante la citada resolución, cabe interponer el recurso administrativo de alzada, recurso que agota la vía administrativa y, sobre el que corresponde interponer, el recurso contencioso administrativo.

Una vez obtenida las autorizaciones correspondientes éstas deben ejecutarse en un plazo determinado, generalmente, un año. Transcurrido dicho plazo sin que se hubiera iniciado las obras, o si, una vez iniciadas éstas, se interrumpieran durante un plazo establecido, la autorización caduca. La caducidad se produce por el solo transcurso del tiempo, y debe ser declarada de oficio y comunicada al organismo, entidad o institución interesada y al propio interesado. En todo caso, es preciso indicar que las autorizaciones caducadas no pueden ser objeto de rehabilitación y, en todos estos casos, es necesario proceder a la obtención de una nueva autorización o recurrir —administrativa o judicialmente— la caducidad declarada.

La autorización de apertura y funcionamiento del laboratorio puede ser revocada por la Administración competente en cualquier momento cuando se compruebe el incumplimiento de las condiciones que justificaron el otorgamiento, siempre que se tramite el correspondiente expediente previo en el que necesariamente deben participar los interesados.

Tanto las autorizaciones de apertura, como de funcionamiento, no son indefinidas y la no renovación de las mismas conlleva la declaración de la caducidad en un plazo determinado (a los cinco años de la fecha en que se comunique la autorización como es el caso de Valencia). Para evitar la caducidad mencionada, la citada normativa obliga a los responsables de los laboratorios a formular con una antelación mínima —de tres meses a la fecha en que cesan estos efectos Valencia—, la correspondiente solicitud de renovación de la autorización, que debe ser concedida previa comprobación del cumplimiento de todas las condiciones en la fecha de solicitud de acuerdo con la legislación vigente por parte de los correspondientes inspectores.

Finalmente, es preciso destacar, que las citadas autorizaciones se deben inscribir en el Registro de los Centros y Servicios Sanitarios autonómico correspondiente y, la falta de inscripción, impide al laboratorio funcionar. Esta inscripción suele ser realizada de oficio por el propio órgano autonómico que concede la autorización.

Bibliografía y páginas web consultadas

Agencia de Protección de Datos de la Comunidad de Madrid, Guía de Protección de datos personales para Servicios Sanitarios Público, 2008.

BURNETT, D, *Acreditación del laboratorio clínico*, 2008

CABALLE MARTÍN, I; *Gestión del Laboratorio clínico*, 2007

CARRASCO PERERA y otros, *Comentarios a la Legislación de Derecho de la Edificación*, 5ªed., edit. Aranzadi, Pamplona, 2011.

de la SERNA BILBAO, M Nieves, *"Intervención en el uso del suelo y en la edificación"*, en *Derecho Urbanístico de la Comunidad de Madrid*,2002,

DHARAN, M, *Control de calidad de los laboratorios clínicos*, 2002

ESTRUCH ESTRUCH J; *Las responsabilidades en la construcción: regímenes jurídicos y jurisprudencia*, 4ª ed., edit. Civitas, Madrid, 2011.

FONSECA FERRANDIS, F; *Estado, Comunidades Autónomas y ciencias biomédicas: hacia un modelo de cohesión*; edit. Aranzadi, 2007.

- *Trasplantes, calidad y administración pública*; edit. Comares, 2010

GARCÍA DE ENTERRÍA E. Y FERNÁNDEZ RODRÍGUEZ T.R.; *Curso de Derecho Administrativo (Vol II)*, Madrid, 2007.

GUTIÉRREZ, E; *Sistemas de gestión de calidad en el ámbito sanitario*, en Forum Calidad, núm. 19, 188, (2008), pág. 57-63

GUTIÉRREZ, E; *Sistemas de gestión de calidad en el ámbito sanitario, laboratorios clínicos*, en Forum Calidad, núm. 20, 190, (2008), pág. 60-64

LAGUNA DE PAZ, JC, *La autorización administrativa*, edit. Aranzadi, 2006

PAREJO ALFONSO, L; *Derecho Administrativo (Instituciones Generales)*, Barcelona, edit. Tirant lo Blanch, 2003

- *"La calidad al servicio de la eficacia en el Sistema Nacional de Salud"*, en *La reforma del Sistema Nacional de Salud. Cohesión, calidad y estatutos profesionales*, Madrid, 2004
- El silencio en la actividad de la Administración Pública, edit. Tirant lo Blanch, Valencia, 2011

PEMÁN GAVIN I; *"Reflexiones en torno a la Ley General de Sanidad ¿ Desarrollo o reforma?", en* Revista Española de Derecho Administrativo", n 87, pp. 65 y ss.

PEMÁN GAVIN I; PÉREZ MATEOS y OTROS, en *"La acreditación hospitalaria: un reto para la sanidad española"*, en Medicina Clínica (núm. 109, 1997).

QUADRA-SALCEDO FERNÁNDEZ DEL CASTILLO, T.; *La ordenación de las actividades de servicios: comentarios a la Ley 17/2009, de 23 de noviembre;* edit. Aranzadi Thomson Reuters, 2010

- *"Precisiones sobre el ámbito de aplicación de la directiva de servicios en el mercado interior"*, en *El mercado interior de servicios en la Unión Europea: estudios sobre la Directiva 123/2006/CE relativa a los servicios en el mercado interior /* Tomás de la Quadra-Salcedo Fernández del Castillo (dir.), Madrid, Marcial Pons, 2009, págs. 83-128.
- *"Igualdad, derechos de los pacientes y cohesión del sistema"*, en *La reforma del Sistema Nacional de Salud*, Madrid, 2004

ROMEO CASABONA, C; *Informe sobre El establecimiento de un sistema nacional de notificación y registro de incidentes y eventos adversos en el sector sanitario: aspectos legales*, en Sociedad Española de Informática de la Salud, Seguridad de la Información en Entornos Sanitarios, 2008

VAQUER CABALLERÍA M; *Fundaciones públicas y fundaciones en mano pública: la reforma de los servicios públicos sanitarios*, edit. Universidad Carlos III de Madrid, 1999.

Páginas webs (visitadas mayo 2012)

http://www.aenor.es
www.enac.es/
Estatal:
http://www.msc.es/organizacion/sns/planCalidadSNS/pncalidad.htm
http://www.msps.es/eu/organizacion/ministerio/organizacion/acsnsF.htm
http://www.msc.es/ciudadanos/prestaciones/centrosServiciosSNS/hospitales/home.htm
http://www.msc.es/organizacion/consejoInterterri/aspectos.htm
http://www.msps.es/eu/organizacion/ministerio/organizacion/acsnsF.htm
http://www.060.es/060/appmanager/portal/desktop?_nfpb=true&_pageLabel=mostrarContenidociudadanos1&idContenido=041879&instanceLabel=salud_1&boletin=060_Ciudadano_Materias_Salud%20y%20seguridad_Salud
http://www.csd.gob.es/csd/salud/lucha-contra-el-dopaje/control-de-dopaje/2Dopaje/02LabConANT/
Andalucía:
http://www.juntadeandalucia.es/agenciadecalidadsanitaria
http://www.juntadeandalucia.es/salud/channels/temas/temas_es/C_5_CENTROS_Y_SERVICIOS_SANITARIOS/C_6_autorizacion_registro_centros_sanitarios/autorizacion_registro_centros_sanitarios?idioma=es&perfil=ciud&tema=/temas_es/C_5_CENTROS_Y_SERVICIOS_SANITARIOS/C_6_autorizacion_registro_centros_sanitarios/&contenido=/channels/temas/temas_es/C_5_CENTROS_Y_SERVICIOS_SANITARIOS/C_6_autorizacion_registro_centros_sanitarios/autorizacion_registro_centros_sanitarios&desplegar=/temas_es/C_5_CENTROS_Y_SERVICIOS_SANITARIOS/
Aragón: *http://w.aragon.es/portal/site/GobiernoAragon/menuitem.a5eff4c9604087b9bad5933754a051ca/?vgnextoid=d25b504d4deab210VgnVCM100000450a15acRCRD&idTramite=174*
Asturias:
https://sede.asturias.es/portal/site/Asturias/menuitem.46a76b28f520ecaaf18e90dbbb30a0a0/?vgnextoid=e0185a8a9ad4f010VgnVCM100000b0030a0aRCRD&i18n.http.lang=es
Baleares:
http://www.caib.es/portaldelciutada/buscadoradvproce.do?pedir=n&cerca_totes=%20&cerca_alguna=&cerca_frase=&cerca_cap=&uo=1&fini=&ffin=&mat=&tip=&lang=es&langb=ca&solotele=si&solovigor=si
Canarias.
http://www2.gobiernodecanarias.org/sanidad/scs/contenidoGenerico.jsp?idDocument=7ee092f9-4f6d-11de-ad05-abac477d34ba&idCarpeta=decccf4f-af33-11dd-a7d2-0594d2361b6c#1
Cantabria:
http://www.cantabria.es/web/atencion-a-la-ciudadania/detalle/-/journal_content/56_INSTANCE_DETALLE/16401/707960

Castilla La-Mancha:
http://www.jccm.es/web/index/tramite1212692622617tr/1193043670136.html?site=CastillaLaMancha

Castilla y León:
http://www.saludcastillayleon.es/institucion/fr/centros-servicios-establecimientos-sanitarios/

Cataluña:
http://www20.gencat.cat/portal/site/OVTE/menuitem.a2d16f71d01ae7dc6e4a83bdb0c0e1a0/?vgnextoid=17cde39f62cbb110VgnVCM1000008d0c1e0aRCRD&vgnextchannel=17cde39f62cbb110VgnVCM1000008d0c1e0aRCRD&vgnextfmt=detall&contentid=2a08be21f8de0210VgnVCM1000008d0c1e0aRCRD&newLang=es_ES

Extremadura:
http://sede.juntaex.es/web/portal/tramites-detalle-empresas-perfiles-Actividades%20sanitarias%20y%20servicios%20sociales/2849

Galicia:
http://www.xunta.es/apps/gdp/showFile.do?lang=es&codCons=SA&codProc=435A

La Rioja:
http://www2.larioja.org/pls/dad_user/G031.ver_actuacion?p_act_codi=169

Madrid
http://www.madrid.org/cs/Satellite?c=CM_Tramite_FA&cid=1109168974875&definicion=Autorizacion+Licencia+Permiso+Carne&idConsejeria=1109266187266&idListConsj=1109265444710&language=es&pagename=ComunidadMadrid%2FEstructura&sm=1109265843990&tipoServicio=CM_Tramite_FA

Murcia:
http://www.carm.es/web/pagina?IDCONTENIDO=715&RASTRO=c546$m3126,3322&IDTIPO=240

Navarra:
http://www.navarra.es/home_es/Servicios/ficha/2166/Autorizacion-previa-a-la-creacion-y-funcionamiento-de-centros-sanitarios

País Vasco:
http://www.osakidetza.euskadi.net/r85-ekinad01/es/contenidos/informacion/centros_sanitarios/es_2849/autorizaciones_c.html

Valencia:
http://www.gva.es/va/inicio/buscador?cx=007749835014355174361%3Azbdlu7bnv6y&cof=FORID%3A11&q=autorizacion+sanitaria+de+funcionamiento+de+centros+sanitarios&siteurl=http%3A%2F%2Fwww.gva.es%2Fva%2Finicio%2Fpresentacion
http://www.inaceps.es/

ANEXO

ANEXO I y ANEXO II del Real Decreto 1277/2003, de 10 de octubre, por el que se establecen las bases generales sobre autorización de centros, servicios y establecimientos sanitarios

ANEXO I. Clasificación de centros, servicios y establecimientos sanitarios

Centros sanitarios	Oferta asistencial
C.1 Hospitales (centros con internamiento).	U.1 Medicina general/de familia.
	U.2 Enfermería.
C.1.1 Hospitales generales.	U.3 Enfermería obstétrico-ginecológica (matrona).
C.1.2 Hospitales especializados.	U.4 Podología.
C.1.3 Hospitales de media y larga estancia.	U.5 Vacunación.
C.1.4 Hospitales de salud mental y tratamiento de toxicomanías.	U.6 Alergología.
	U.7 Cardiología.
C.1.90 Otros centros con internamiento.	U.8 Dermatología.
	U.9 Aparato digestivo.
C.2 Proveedores de asistencia sanitaria sin internamiento.	U.10 Endrocrinología.
	U.11 Nutrición y Dietética.
	U.12 Geriatría.
C.2.1 Consultas médicas.	U.13 Medicina interna.
C.2.2 Consultas de otros profesionales sanitarios.	U.14 Nefrología.
C.2.3 Centros de atención primaria.	U.15 Diálisis.
C.2.3.1 Centros de salud.	U.16 Neumología.
C.2.3.2 Consultorios de atención primaria.	U.17 Neurología.
C.2.4 Centros Polivalentes.	U.18 Neurofisiología.
C.2.5 Centros Especializados.	U.19 Oncología.
C.2.5.1 Clínicas dentales.	U.20 Pediatría.
C.2.5.2 Centros de reproducción humana asistida.	U.21 Cirugía pediátrica.
C.2.5.3 Centros de interrupción voluntaria del embarazo.	U.22 Cuidados intermedios neonatales.
C.2.5.4 Centros de cirugía mayor ambulatoria.	U.23 Cuidados intensivos neonatales.
C.2.5.5 Centros de diálisis.	U.24 Reumatología.
C.2.5.6 Centros de diagnóstico.	U.25 Obstetricia.
C.2.5.7 Centros móviles de asistencia sanitaria.	U.26 Ginecología.
C.2.5.8 Centros de transfusión.	U.27 Inseminación artificial.
C.2.5.9 Bancos de tejidos.	U.28 Fecundación in vitro.
C.2.5.10 Centros de reconocimiento médico.	U.29 Banco de semen.
C.2.5.11 Centros de salud mental.	U.30 Laboratorio de semen para captación espermática.
C.2.5.90 Otros centros especializados.	
C.2.90 Otros proveedores de asistencia sanitaria sin Internamiento.	U.31 Banco de embriones. U.32 Recuperación de oocitos.
	U.33 Planificación familiar.

C.3 Servicios sanitarios integrados en una organización no sanitaria.	U.34 Interrupción voluntaria del embarazo. U.35 Anestesia y Reanimación.
	U.36 Tratamiento del dolor.
	U.37 Medicina intensiva.
	U.38 Quemados.
	U.39 Angiología y Cirugía Vascular.
	U.40 Cirugía cardiaca.
	U.41 Hemodinámica.
	U.42 Cirugía torácica.
	U.43 Cirugía general y digestivo.
	U.44 Odontología/Estomatología.
	U.45 Cirugía maxilofacial.
	U.46 Cirugía plástica y reparadora.
	U.47 Cirugía estética.
	U.48 Medicina cosmética.
	U.49 Neurocirugía.
	U.50 Oftalmología.
	U.51 Cirugía refractiva.
	U.52 Otorrinolaringología.
	U.53 Urología.
	U.54 Litotricia renal.
	U.55 Cirugía ortopédica y Traumatología.
	U.56 Lesionados medulares.
	U.57 Rehabilitación.
	U.58 Hidrología.
	U.59 Fisioterapia.
	U.60 Terapia ocupacional.
	U.61 Logopedia.
	U.62 Foniatría.
	U.63 Cirugía mayor ambulatoria.
	U.64 Cirugía menor ambulatoria.
	U.65 Hospital de día.
	U.66 Atención sanitaria domiciliaria.
	U.67 Cuidados paliativos.
	U.68 Urgencias.
	U.69 Psiquiatría.

	U.70 Psicología clínica.
	U.71 Atención sanitaria a drogodependientes.
	U.72 Obtención de muestras.
	U.73 Análisis clínicos.
	U.74 Bioquímica clínica.
	U.75 Inmunología.
	U.76 Microbiología y Parasitología.
	U.77 Anatomía patológica.
	U.78 Genética.
	U.79 Hematología clínica.
	U.80 Laboratorio de hematología.
	U.81 Extracción de sangre para donación.
	U.82 Servicio de transfusión.
	U.83 Farmacia.
	U.84 Depósito de medicamentos.
	U.85 Farmacología clínica.
	U.86 Radioterapia.
	U.87 Medicina nuclear.
	U.88 Radiodiagnóstico.
	U.89 Asistencia a lesionados y contaminados por elementos radiactivos y radiaciones ionizantes.
	U.90 Medicina preventiva.
	U.91 Medicina de la educación física y el deporte.
	U.92 Medicina hiperbárica.
	U.93 Extracción de órganos.
	U.94 Trasplante de órganos.
	U.95 Obtención de tejidos.
	U.96 Implantación de tejidos.
	U.97 Banco de tejidos.
	U.98 Medicina aeronáutica.
	U.99 Medicina del trabajo.
	U.100 Transporte sanitario (carretera, aéreo, marítimo).
	U.101 Terapias no convencionales.
	U.900 Otras unidades asistenciales.

Establecimientos sanitarios:
E.1 Oficinas de farmacia.
E.2 Botiquines.
E.3 Ópticas.
E.4 Ortopedias.
E.5 Establecimientos de audioprótesis.

ANEXO II. Definiciones de centros, unidades asistenciales y establecimientos sanitarios

CENTROS SANITARIOS

C.1 *Hospitales (centros con internamiento):* centros sanitarios destinados a la asistencia especializada y continuada de pacientes en régimen de internamiento (como mínimo una noche), cuya finalidad principal es el diagnóstico o tratamiento de los enfermos ingresados en éstos, sin perjuicio de que también presten atención de forma ambulatoria.

C.1.1 Hospitales generales: hospitales destinados a la atención de pacientes afectos de diversa patología y que cuentan con las áreas de Medicina, Cirugía, Obstetricia y Ginecología y Pediatría. También se considera general cuando, aun faltando o estando escasamente desarrollada alguna de estas áreas, no se concentre la mayor parte de su actividad asistencial en una determinada.

C.1.2 Hospitales especializados: hospitales dotados de servicios de diagnóstico y tratamiento especializados que dedican su actividad fundamental a la atención de determinadas patologías o de pacientes de determinado grupo de edad o con características comunes.

C.1.3 Hospitales de media y larga estancia: hospitales destinados a la atención de pacientes que precisan cuidados sanitarios, en general de baja complejidad, por procesos crónicos o por tener reducido su grado de independencia funcional para la actividad cotidiana, pero que no pueden proporcionarse en su domicilio, y requieren un periodo prolongado de internamiento.

C.1.4 Hospitales de salud mental y tratamiento de toxicomanías: hospitales destinados a proporcionar diagnóstico, tratamiento y seguimiento de su enfermedad a los pacientes que precisan ser ingresados y que sufren enfermedades mentales o trastornos derivados de las toxicomanías.

C.1.90 Otros centros con internamiento: hospitales que no se ajustan a las características de ninguno de los grupos anteriores o reúnen las de más de uno de ellos.

C.2 *Proveedores de asistencia sanitaria sin internamiento:* centros sanitarios en los que se prestan servicios de promoción de la salud, prevención, diagnóstico, tratamiento y rehabilitación por profesionales sanitarios a pacientes que no precisan ingreso.

C.2.1 Consultas médicas: centros sanitarios donde un médico realiza actividades sanitarias. También se consideran consultas, aunque haya más de un profesional sanitario, cuando la atención se centra fundamentalmente en el médico y los restantes profesionales actúan de apoyo a éste.

C.2.2 Consultas de otros profesionales sanitarios: centros sanitarios donde un profesional sanitario (diferente de médico u odontólogo) realiza actividades sanitarias. También se consideran consultas aunque haya más de un profesional sanitario cuando la atención se centra fundamentalmente en uno de ellos y los restantes actúan de apoyo a éste.

C.2.3 Centros de atención primaria: centros sanitarios sin internamiento que atienden al individuo, la familia y la comunidad, desarrollando funciones de promoción de la salud, prevención, diagnóstico, curación y rehabilitación a través tanto de sus medios básicos como de los equipos de apoyo a la atención primaria.

C.2.3.1 Centros de salud: son las estructuras físicas y funcionales que posibilitan el desarrollo de una atención primaria de salud coordinada globalmente, integral, permanente y continuada, y con base en el trabajo de equipo de los profesionales sanitarios y no sanitarios que actúan en ellos. En ellos desarrollan sus actividades y funciones los equipos de atención primaria.

C.2.3.2 Consultorios de atención primaria: centros sanitarios que, sin tener la consideración de centros de salud, proporcionan atención sanitaria no especializada en el ámbito de la atención primaria de salud.

C.2.4 Centros polivalentes: centros sanitarios donde profesionales sanitarios de diferentes especialidades ejercen su actividad atendiendo a pacientes con patologías diversas.

C.2.5 Centros especializados: centros sanitarios donde diferentes profesionales sanitarios ejercen sus respectivas actividades sanitarias atendiendo a pacientes con unas determinadas patologías o de un determinado grupo de edad o con características comunes.

C.2.5.1 Clínicas dentales: centros sanitarios en los que se realizan actividades sanitarias en el ámbito de la salud bucodental.

C.2.5.2 Centros de reproducción humana asistida: centros sanitarios en los que equipos biomédicos especialmente cualificados realizan técnicas de reproducción asistida o sus derivaciones así como los bancos de recepción, conservación y distribución del material biológico o humano preciso.

C.2.5.3 Centros de interrupción voluntaria del embarazo: centros sanitarios donde se lleva a cabo la práctica del aborto en los supuestos legalmente permitidos.
C.2.5.4 Centros de cirugía mayor ambulatoria: centros sanitarios dedicados a la atención de procesos subsidiarios de cirugía realizada con anestesia general, local, regional o sedación, que requieren cuidados postoperatorios de corta duración, por lo que no necesitan ingreso hospitalario.
C.2.5.5 Centros de diálisis: centros sanitarios donde se realiza tratamiento con diálisis a pacientes afectados de patología renal.
C.2.5.6 Centros de diagnóstico: centros sanitarios dedicados a prestar servicios diagnósticos, analíticos o por imagen.
C.2.5.7 Centros móviles de asistencia sanitaria: centros sanitarios que trasladan medios personales y técnicos con la finalidad de realizar actividades sanitarias.
C.2.5.8 Centros de transfusión: centros sanitarios en los que se efectúan cualquiera de las actividades relacionadas con la extracción y verificación de la sangre humana o sus componentes, sea cual sea su destino, y de su tratamiento, almacenamiento y distribución cuando el destino sea la transfusión.
C.2.5.9 Bancos de tejidos: centros sanitarios encargados de conservar y garantizar la calidad de los tejidos, después de su obtención y hasta su utilización como aloinjertos o autoinjertos.
C.2.5.10 Centros de reconocimiento médico: centros sanitarios donde se efectúan las revisiones médicas e informes de aptitud a los aspirantes o titulares de permisos o licencias, o para la realización de determinadas actividades, y para su renovación.
C.2.5.11 Centros de salud mental: centros sanitarios en los que se realiza el diagnóstico y tratamiento en régimen ambulatorio de las enfermedades mentales.
C.2.5.90. Otros centros especializados: son aquellos centros especializados que no se ajustan a las características de ninguno de los grupos anteriores.
C.2.90 Otros proveedores de asistencia sanitaria sin internamiento: prestadores de asistencia sanitaria a pacientes no ingresados que no se ajustan a las características de ninguno de los grupos anteriores.
C.3 *Servicios sanitarios integrados en una organización no sanitaria:* servicios que realizan actividades sanitarias pero que están integrados en organizaciones cuya principal actividad no es sanitaria (prisión, empresa, balneario, residencia de tercera edad,...).

ESTABLECIMIENTOS SANITARIOS

E.1 Oficinas de farmacia: establecimientos sanitarios privados de interés público, sujetos a la planificación sanitaria que establezcan las comunidades autónomas, en las que el farmacéutico titular-propietario de aquéllas, asistido, en su caso, de ayudantes o auxiliares, debe prestar a la población los servicios básicos recogidos en el artículo 1 de la Ley 16/1997, de 25 de abril, de regulación de los servicios de las oficinas de farmacia.
E.2 Botiquines: establecimientos sanitarios autorizados para la tenencia, conservación y dispensación de medicamentos y productos sanitarios, por la existencia de dificultades especiales de accesibilidad a una oficina de farmacia.
E.3 Ópticas: establecimientos sanitarios donde, bajo la dirección técnica de un diplomado en Óptica y Optometría, se realizan actividades de evaluación de las capacidades visuales mediante técnicas optométricas; tallado, montaje, adaptación, suministro, venta, verificación y control de los medios adecuados para la prevención, detección, protección, mejora de la agudeza visual; ayudas en baja visión y adaptación de prótesis oculares externas.
E.4 Ortopedias: establecimientos sanitarios donde, bajo la dirección técnica de personal con la titulación oficial, cualificación profesional, o experiencia requeridas conforme a la legislación vigente, se lleva a cabo la dispensación, con adaptación individualizada al paciente, de productos sanitarios de ortopedia considerados como prótesis u ortesis, así como ayudas técnicas destinadas a paliar la pérdida de autonomía o funcionalidad o capacidad física de los usuarios.
E.5 Establecimientos de audioprótesis: establecimientos sanitarios donde, bajo la dirección técnica de personal con la titulación oficial, cualificación profesional o experiencia requeridas conforme a la legislación vigente, se lleva a cabo la dispensación, con adaptación individualizada al paciente, de productos sanitarios dirigidos a la corrección de deficiencias auditivas.

OFERTA ASISTENCIAL

La oferta asistencial de los centros sanitarios anteriormente indicados podrá estar integrada por uno o varios de los siguientes servicios o unidades asistenciales:

U.1 *Medicina general /de familia:* unidad asistencial en la que un médico/especialista en Medicina familiar y comunitaria es responsable de prestar servicios de prevención y promoción de la salud, diagnóstico o tratamiento básicos en régimen ambulatorio.

U.2 *Enfermería:* unidad asistencial en la que personal de Enfermería es responsable de desarrollar funciones y actividades propias de su titulación.

U.3 *Enfermería obstétrico-ginecológica (matrona):* unidad asistencial en la que una matrona es responsable de desarrollar funciones y actividades destinadas a prestar atención a las mujeres en el embarazo, parto y puerperio, y al recién nacido.

U.4 *Podología:* unidad asistencial en la que un podólogo es responsable de prestar cuidados específicos propios de su titulación relacionados con la patología de los pies.

U.5 *Vacunación:* unidad asistencial donde personal sanitario conserva y administra vacunas. Las funciones de custodia y conservación de éstas estarán bajo la responsabilidad de un farmacéutico.

U.6 *Alergología:* unidad asistencial en la que un médico especialista en Alergología es responsable de realizar el estudio, diagnóstico y tratamiento de la patología producida por mecanismos inmunológicos, especialmente de hipersensibilidad.

U.7 *Cardiología:* unidad asistencial en la que un médico especialista en Cardiología es responsable de realizar el estudio, diagnóstico y tratamiento de las enfermedades cardiovasculares.

U.8 *Dermatología:* unidad asistencial en la que un médico especialista en Dermatología médico-quirúrgica y Venereología es responsable de realizar el estudio, diagnóstico y tratamiento de pacientes afectados de patología relacionada con la piel y tejidos anejos.

U.9 *Aparato digestivo:* unidad asistencial en la que un médico especialista en Aparato digestivo es responsable de realizar el estudio, diagnóstico y tratamiento de pacientes afectados de patología digestiva.

U.10 *Endocrinología:* unidad asistencial en la que un médico especialista en Endocrinología y Nutrición es responsable de realizar el estudio, diagnóstico y tratamiento de pacientes afectados de patología relacionada con el sistema endocrino, así como del metabolismo y de las consecuencias patológicas derivadas de sus alteraciones.

U.11 *Nutrición y dietética:* unidad asistencial que, bajo la responsabilidad de un facultativo, se encarga de la adecuada nutrición de los pacientes ingresados y de los que precisan continuar el tratamiento tras el ingreso.

U.12 *Geriatría:* unidad asistencial en la que un médico especialista en Geriatría es responsable de realizar el estudio, diagnóstico y tratamiento de la patología de la edad avanzada.

U.13 *Medicina interna:* unidad asistencial en la que un médico especialista en Medicina interna es responsable de realizar el estudio, diagnóstico y tratamiento médico de pacientes afectados de patología diversa.

U.14 *Nefrología:* unidad asistencial en la que un médico especialista en Nefrología es responsable de realizar el estudio, diagnóstico y tratamiento de pacientes con enfermedades del riñón y las vías urinarias, así como con procesos generales que pueden tener su origen en un mal funcionamiento renal.

U.15 *Diálisis:* unidad asistencial en la que un médico especialista en Nefrología es responsable de que se realice el tratamiento con diálisis a pacientes afectados de patología renal.

U.16 *Neumología:* unidad asistencial en la que un médico especialista en Neumología es responsable de realizar el estudio, diagnóstico y tratamiento de pacientes afectados de patología respiratoria.

U.17 *Neurología:* unidad asistencial en la que un médico especialista en Neurología es responsable de realizar el estudio, diagnóstico y tratamiento médico de pacientes afectados de patología relacionada con el sistema nervioso central y periférico.

U.18 *Neurofisiología:* unidad asistencial en la que un médico especialista en Neurofisiología clínica es responsable de realizar la exploración funcional del sistema nervioso central y periférico, con fines de diagnóstico, pronóstico u orientación terapéutica.

U.19 *Oncología:* unidad asistencial en la que un médico especialista en Oncología médica es responsable de realizar el estudio, diagnóstico, tratamiento y seguimiento de pacientes con neoplasias.

U.20 *Pediatría:* unidad asistencial en la que un médico especialista en Pediatría y sus áreas específicas es responsable de prestar cuidados específicos a pacientes en edad pediátrica, encargándose del estudio de su desarrollo, el diagnóstico y el tratamiento de sus enfermedades.

U.21 *Cirugía pediátrica:* unidad asistencial en la que un médico especialista en Cirugía pediátrica es responsable de realizar el estudio, diagnóstico y tratamiento en procesos quirúrgicos específicos de la edad infantil.

U.22 *Cuidados intermedios neonatales:* unidad asistencial en la que, bajo la responsabilidad de un médico especialista en Pediatría y sus áreas específicas, se realiza la atención del recién nacido de edad gestacional superior a 32 semanas o peso superior a 1.500 gramos con patología leve que necesita técnicas especiales de cuidados medios.

U.23 *Cuidados intensivos neonatales:* unidad asistencial en la que, bajo la responsabilidad de un médico especialista en Pediatría y sus áreas específicas, se realiza la atención del recién nacido con patología médico-quirúrgica, con compromiso vital, que precisa de medios y cuidados especiales de forma continuada.

U.24 *Reumatología:* unidad asistencial en la que un médico especialista en Reumatología es responsable de realizar el estudio, diagnóstico y tratamiento de pacientes afectados de patología reumática.

U.25 *Obstetricia:* unidad asistencial en la que un médico especialista en Obstetricia y Ginecología es responsable de prestar la atención del embarazo, parto y puerperio.

U.26 *Ginecología:* unidad asistencial en la que un médico especialista en Obstetricia y Ginecología es responsable de realizar el estudio, diagnóstico y tratamiento de patología inherente al aparato genital femenino y la mama.

U.27 *Inseminación artificial:* unidad asistencial que, bajo la responsabilidad de un médico especialista en Obstetricia y Ginecología, tiene como finalidad la fecundación humana mediante inseminación artificial con semen fresco, capacitado o crioconservado, procedente del varón de la pareja o de donante, según el caso.

U.28 *Fecundación in vitro:* unidad asistencial que, bajo la responsabilidad de un médico especialista en Obstetricia y Ginecología y un facultativo con formación y experiencia en biología de la reproducción, tiene por finalidad la fecundación mediante transferencia de embriones, transferencia intratubárica de gametos y otras técnicas afines previamente evaluadas.

U.29 *Banco de semen:* unidad asistencial que, bajo la responsabilidad de un facultativo, tiene como finalidad la obtención, evaluación, conservación y distribución de semen humano para su utilización en las técnicas de reproducción humana asistida y que desarrollan además las actividades precisas para la selección y control de los donantes.

U.30 *Laboratorio de semen para capacitación espermática:* unidad asistencial que, bajo la responsabilidad de un facultativo, lleva a cabo la adecuación de los espermatozoides para su función reproductora.

U.31 *Banco de embriones:* unidad asistencial que, bajo la responsabilidad de un facultativo, se encarga de la crioconservación de embriones para transferencias con fines procreadores o métodos de investigación/experimentación legalmente autorizados.

U.32 *Recuperación de oocitos:* unidad asistencial que, bajo la responsabilidad de un facultativo, se encarga de la realización de las actividades precisas para la obtención y el tratamiento de gametos con fines procreadores o métodos de investigación/experimentación legalmente autorizados.

U.33 *Planificación familiar:* unidad asistencial en la que un médico especialista en Obstetricia y Ginecología es responsable de prestar servicios de atención, información y asesoramiento relacionados con la reproducción, concepción y contracepción humana.

U.34 *Interrupción voluntaria del embarazo:* unidad asistencial en la que un médico especialista en Obstetricia y Ginecología es responsable de llevar a cabo la práctica del aborto terapéutico y eugenésico, en los supuestos legalmente permitidos.

U.35 *Anestesia y reanimación:* unidad asistencial en la que un médico especialista en Anestesiología y Reanimación es responsable de aplicar al paciente técnicas y métodos para hacerle insensible al dolor y protegerle de la agresión antes, durante y después de cualquier intervención quirúrgica u obstétrica, de exploraciones diagnósticas y de traumatismos, así como de mantener sus condiciones vitales en cualquiera de las situaciones citadas.

U.36 *Tratamiento del dolor:* unidad asistencial en la que un médico especialista es responsable de aplicar técnicas y métodos para eliminar o aliviar el dolor, de cualquier etiología, al paciente.

U.37 *Medicina intensiva:* unidad asistencial en la que un médico especialista en Medicina intensiva es responsable de que se preste la atención sanitaria precisa, continua e inmediata, a pacientes con alteraciones

fisiopatológicas que han alcanzado un nivel de severidad tal que representan una amenaza actual o potencial para su vida y, al mismo tiempo, son susceptibles de recuperación.
U.38 *Quemados:* unidad asistencial pluridisciplinar que, bajo la responsabilidad de un médico especialista, atiende a pacientes afectados por lesiones producidas por alteraciones térmicas en los tejidos y que por su extensión, profundidad o localización son consideradas graves o críticas.
U.39 *Angiología y cirugía vascular:* unidad asistencial en la que un médico especialista en Angiología y Cirugía vascular es responsable de realizar el estudio, diagnóstico y tratamiento, médico y quirúrgico, de las enfermedades vasculares, exceptuando las cardiacas e intracraneales.
U.40 *Cirugía cardiaca:* unidad asistencial en la que un médico especialista en Cirugía cardiovascular es responsable de realizar el estudio y tratamiento quirúrgico de patologías cardiacas.
U.41 *Hemodinámica:* unidad asistencial en la que, bajo la responsabilidad de un médico especialista con experiencia en Hemodinamia, se realizan procesos vasculares o cardiológicos intervencionistas con finalidad diagnóstica y/o terapéutica.
U.42 *Cirugía torácica:* unidad asistencial en la que un médico especialista en Cirugía torácica es responsable de realizar el estudio y tratamiento de los procesos específicos que afectan a la región anatómica del tórax, que incluye pared torácica, pleura, pulmón, mediastino, árbol traqueo-bronquial, esófago y diafragma.
U.43 *Cirugía general y digestivo:* unidad asistencial en la que un médico especialista en Cirugía general y del aparato digestivo es responsable de realizar las intervenciones en procesos quirúrgicos relativos a patología abdominal, del aparato digestivo, del sistema endocrino, de la cabeza y cuello (con exclusión de la patología específica de otras especialidades quirúrgicas), de la mama y de la piel y partes blandas.
U.44 *Odontología/estomatología:* unidad asistencial en la que un odontólogo o estomatólogo es responsable de realizar actividades profesionales encaminadas a la promoción de la salud bucodental, llevando a cabo la prevención, diagnóstico y tratamiento de las anomalías y enfermedades de los dientes, la boca, los maxilares y los tejidos anejos en el individuo y en la comunidad, así como la prescripción de medicamentos, prótesis y productos sanitarios en el ámbito de su ejercicio profesional.
U.45 *Cirugía maxilofacial:* unidad asistencial en la que un médico especialista en Cirugía oral y maxilofacial es responsable de realizar el estudio, diagnóstico y tratamiento de las enfermedades de la cavidad bucal y de la cara.
U.46 *Cirugía plástica y reparadora:* unidad asistencial en la que un médico especialista en Cirugía plástica, estética y reparadora es responsable de realizar la corrección quirúrgica de procesos congénitos, adquiridos, tumorales o involutivos que requieren reparación o reposición de estructuras superficiales que afectan a la forma y función corporal.
U.47 *Cirugía estética:* unidad asistencial en la que un médico especialista en Cirugía plástica, estética y reparadora u otro especialista quirúrgico en el ámbito de su respectiva especialidad es responsable de realizar tratamientos quirúrgicos, con finalidad de mejora estética corporal, facial o capilar.
U.48 *Medicina cosmética:* unidad asistencial en la que un médico es responsable de realizar tratamientos no quirúrgicos, con finalidad de mejora estética corporal o facial.
U.49 *Neurocirugía:* unidad asistencial en la que un médico especialista en Neurocirugía es responsable de realizar intervenciones a pacientes con procesos quirúrgicos relativos al sistema nervioso.
U.50 *Oftalmología:* unidad asistencial en la que un médico especialista en Oftalmología es responsable de realizar el estudio, diagnóstico y tratamiento de los defectos y enfermedades de los órganos de la visión.
U.51 *Cirugía refractiva:* unidad asistencial en la que un médico especialista en Oftalmología es responsable de realizar toda una serie de técnicas quirúrgicas destinadas a modificar los defectos de refracción, bien mediante el uso del láser o mediante cirugía intraocular.
U.52 *Otorrinolaringología:* unidad asistencial en la que un médico especialista en Otorrinolaringología es responsable de realizar el estudio, diagnóstico y tratamiento de procesos patológicos del oído, fosas nasales y senos paranasales, faringe y laringe.
U.53 *Urología:* unidad asistencial en la que un médico especialista en Urología es responsable de realizar el estudio, diagnóstico y tratamiento de afecciones específicas del aparato urinario masculino y femenino y del aparato genital masculino.
U.54 *Litotricia renal:* unidad asistencial en la que un médico especialista en Urología es responsable de realizar tratamientos, mediante un litotritor, de fragmentación de cálculos renales.

U.55 *Cirugía ortopédica y traumatología:* unidad asistencial en la que un médico especialista en Cirugía ortopédica y traumatología es responsable de realizar el estudio, desarrollo, conservación y restablecimiento de la forma y de la función de las estructuras músculo-esqueléticas, por medios médicos, quirúrgicos y físicos.
U.56 *Lesionados medulares:* unidad asistencial pluridisciplinar en la que, bajo la supervisión de un médico especialista, se proporciona asistencia sanitaria especializada y rehabilitación integral a todas las personas afectadas por una lesión medular (paraplejia y tetraplejia) o cualquier otra gran discapacidad física, desde una perspectiva que contempla tanto los aspectos médico-quirúrgicos como los psicológicos y sociales.
U.57 *Rehabilitación:* unidad asistencial en la que un médico especialista en Medicina física y rehabilitación es responsable de realizar el diagnóstico, evaluación, prevención y tratamiento de la incapacidad encaminándolos a facilitar, mantener o devolver el mayor grado de capacidad funcional e independencia posible al paciente incapacitado, con el fin de integrarlo en su medio habitual.
U.58 *Hidrología:* unidad asistencial en la que un médico especialista en Hidrología médica es responsable de la utilización de aguas mineromedicinales y termales con fines terapéuticos y preventivos para la salud.
U.59 *Fisioterapia:* unidad asistencial en la que un fisioterapeuta es responsable de realizar funciones y actividades propias de su titulación, con finalidad preventiva, educativa o terapéutica, para el tratamiento de las enfermedades que cursan con discapacidades o la recuperación de la funcionalidad utilizando agentes físicos.
U.60 *Terapia ocupacional:* unidad asistencial en la que, bajo la responsabilidad de un terapeuta ocupacional, se utilizan con fines terapéuticos las actividades de autocuidado, trabajo y ocio para que los pacientes adquieran el conocimiento, las destrezas y actitudes necesarias para desarrollar las tareas cotidianas requeridas y consigan el máximo de autonomía e integración.
U.61 *Logopedia:* unidad asistencial en la que un logopeda es responsable de realizar la prevención, el estudio y la corrección de los trastornos del lenguaje.
U.62 *Foniatría:* unidad asistencial en la que un médico es responsable de estudiar y proporcionar tratamientos a pacientes afectados de alteraciones de la voz y su mecanismo.
U.63 *Cirugía mayor ambulatoria:* unidad asistencial que, bajo la responsabilidad de un médico especialista, se dedica a la realización de procedimientos quirúrgicos terapéuticos o diagnósticos, realizados con anestesia general, loco-regional o local, con o sin sedación, que requieren cuidados postoperatorios de corta duración, por lo que no necesitan ingreso hospitalario.
U.64 *Cirugía menor ambulatoria:* unidad asistencial donde, bajo la responsabilidad de un médico, se realizan procedimientos terapéuticos o diagnósticos de baja complejidad y mínimamente invasivos, con bajo riesgo de hemorragia, que se practican bajo anestesia local y que no requieren cuidados postoperatorios, en pacientes que no precisan ingreso.
U.65 *Hospital de día:* unidad asistencial donde, bajo la supervisión o indicación de un médico especialista, se lleva a cabo el tratamiento o los cuidados de enfermos que deben ser sometidos a métodos de diagnóstico o tratamiento que requieran durante unas horas atención continuada médica o de enfermería, pero no el internamiento en el hospital.
U.66 *Atención sanitaria domiciliaria:* unidad asistencial pluridisciplinar que, bajo la supervisión o indicación de un médico, desarrolla actividades para prestar atención sanitaria a personas enfermas en su propio domicilio.
U.67 *Cuidados paliativos:* unidad asistencial pluridisciplinar, con o sin equipos de cuidados domiciliarios, que bajo la responsabilidad de un médico, presta la atención a pacientes en situación terminal.
U.68 *Urgencias:* unidad asistencial que, bajo la responsabilidad de un médico, está destinada a la atención sanitaria de pacientes con problemas de etiología diversa y gravedad variable, que generan procesos agudos que necesitan de atención inmediata.
U.69 *Psiquiatría:* unidad asistencial en la que un médico especialista en Psiquiatría es responsable de realizar el estudio, diagnóstico y tratamiento de los trastornos mentales y del comportamiento.
U.70 *Psicología clínica:* unidad asistencial en la que un psicólogo especialista en Psicología clínica, dentro del campo de su titulación, es responsable de realizar diagnósticos, evaluaciones y tratamientos de carácter psicológico de aquellos fenómenos psicológicos, conductales y relacionales que inciden en la salud de los seres humanos.
U.71 *Atención sanitaria a drogodependientes:* unidad asistencial pluridisciplinar en la que, bajo la supervisión de un facultativo sanitario, se prestan servicios de prevención, atención y rehabilitación al drogodependiente, mediante la aplicación de técnicas terapéuticas.

U.72 *Obtención de muestras:* unidad asistencial, vinculada a un laboratorio clínico, en la que personal sanitario con titulación adecuada realiza la obtención, recepción, identificación, preparación y conservación de los especímenes o muestras biológicas de origen humano, responsabilizándose de la muestra hasta su entrega al laboratorio correspondiente.
U.73 *Análisis clínicos:* unidad asistencial que, bajo la responsabilidad de un facultativo especialista en Análisis clínicos, realiza una serie de actuaciones que a través de pruebas diagnósticas analíticas, pruebas funcionales o de laboratorio y su correlación fisiopatológica ayudan al diagnóstico, pronóstico, terapéutica médica y prevención de la enfermedad.
U.74 *Bioquímica clínica:* unidad asistencial que, bajo la responsabilidad de un facultativo especialista en Bioquímica clínica, aplica los métodos químicos y bioquímicos de laboratorio necesarios para la prevención, diagnóstico, pronóstico y evolución de la enfermedad, así como de su respuesta al tratamiento.
U.75 *Inmunología:* unidad asistencial que, bajo la responsabilidad de un facultativo especialista en Inmunología, está dedicada a obtener la información necesaria para el estudio, diagnóstico y tratamiento de pacientes con enfermedades causadas por alteraciones de los mecanismos inmunológicos y de las situaciones en las que las manipulaciones inmunológicas forman una parte importante del tratamiento o de la prevención.
U.76 *Microbiología y parasitología:* unidad asistencial que, bajo la responsabilidad de un facultativo especialista en Microbiología y Parasitología, está dedicada al estudio de los microorganismos relacionados con la especie humana, centrándose en el hombre enfermo o portador de enfermedades infecciosas para su diagnóstico, estudio epidemiológico y orientación terapéutica.
U.77 *Anatomía patológica:* unidad asistencial en la que, bajo la responsabilidad de un médico especialista en Anatomía patológica, se realizan estudios, por medio de técnicas morfológicas, de las causas, desarrollo y consecuencias de la enfermedad, siendo su finalidad el diagnóstico correcto de biopsias, piezas quirúrgicas, citologías y autopsias.
U.78 *Genética:* unidad asistencial que, bajo la responsabilidad de un facultativo con formación adecuada, está dedicada a la realización de pruebas genéticas y la emisión de los dictámenes correspondientes con fines diagnósticos.
U.79 *Hematología clínica:* unidad asistencial en la que un médico especialista en Hematología y Hemoterapia es responsable de realizar el estudio, diagnóstico y tratamiento de pacientes afectados de patología relacionada con la sangre y los órganos hematopoyéticos.
U.80 *Laboratorio de hematología:* unidad asistencial que, bajo la responsabilidad de un médico especialista en Hematología y Hemoterapia, está dedicada a la obtención de muestras de origen humano, a la realización de determinaciones hematológicas y la emisión de los dictámenes correspondientes con fines diagnósticos.
U.81 *Extracción de sangre para donación:* unidad asistencial, vinculada a un centro de transfusión, en la que, bajo la responsabilidad de un médico, se efectúan extracciones de sangre, por personal de enfermería debidamente entrenado, en un vehículo o en salas públicas o privadas adaptadas al efecto.
U.82 *Servicio de transfusión:* unidad asistencial de un centro hospitalario, vinculada a un centro de transfusión, en la que, bajo la responsabilidad de un médico especialista en Hematología y Hemoterapia, se almacena y distribuye sangre y componentes sanguíneos y en la que se pueden realizar pruebas de compatibilidad de sangre y componentes para uso exclusivo en sus instalaciones, incluidas las actividades de transfusión hospitalaria.
U.83 *Farmacia:* unidad asistencial que, bajo la responsabilidad de un farmacéutico, o farmacéutico especialista en Farmacia hospitalaria en el caso de hospitales, lleva a cabo la selección, adquisición, conservación, dispensación, preparación, seguimiento e información sobre los medicamentos a utilizar en el centro y aquellos que requieren una especial vigilancia, supervisión y control del equipo multidisciplinar de salud.
U.84 *Depósito de medicamentos:* unidad asistencial, dependiente de una oficina o servicio de farmacia, en la que se conservan y dispensan medicamentos a los pacientes atendidos en el centro en el que está ubicada.
U.85 *Farmacología clínica:* unidad asistencial en la que un médico especialista en Farmacología clínica es responsable de realizar el estudio del efecto de los medicamentos en el hombre, observando y cuantificando sus efectos farmacológicos, la evaluación de sus efectos terapéuticos y analizando las reacciones adversas.
U.86 *Radioterapia:* unidad asistencial en la que, bajo la responsabilidad de un médico especialista en Oncología radioterápica, se llevan a cabo tratamientos con radiaciones ionizantes y terapéuticas asociadas, fundamentalmente en el caso de pacientes oncológicos.

U.87 *Medicina nuclear:* unidad asistencial en la que, bajo la responsabilidad de un médico especialista en Medicina nuclear, se realizan procesos diagnósticos o terapéuticos mediante isótopos radiactivos, radiaciones nucleares, variaciones electromagnéticas del núcleo atómico y técnicas biofísicas similares.

U.88 *Radiodiagnóstico:* unidad asistencial que, bajo la responsabilidad de un médico especialista en Radiodiagnóstico, está dedicada al diagnóstico y tratamiento de las enfermedades utilizando como soporte técnico fundamental las imágenes y datos funcionales obtenidos por medio de radiaciones ionizantes o no ionizantes y otras fuentes de energía.

U.89 *Asistencia a lesionados y contaminados por elementos radiactivos y radiaciones ionizantes:* unidad asistencial que, bajo la responsabilidad de un médico, lleva a cabo el tratamiento de las secuelas radiactivas, profesionales o de origen fortuito que sean padecidas por personas o colectivos humanos.

U.90 *Medicina preventiva:* unidad asistencial que, bajo la responsabilidad de un médico especialista en Medicina preventiva y salud pública, lleva a cabo funciones de control interno para evitar y prevenir los riesgos para la salud de los pacientes derivados de las actividades del centro sanitario en el que esté ubicada.

U.91 *Medicina de la educación física y el deporte:* unidad asistencial en la que un médico especialista en Medicina de la educación física y el deporte es responsable de realizar estudios de las funciones orgánicas y realiza diagnósticos y tratamientos específicos para personas que se dedican a la práctica deportiva.

U.92 *Medicina hiperbárica:* unidad asistencial vinculada a un centro hospitalario, que bajo la responsabilidad de un médico, tiene como finalidad la administración de oxígeno puro al organismo, en un medio presurizado, con fines diagnósticos o terapéuticos.

U.93 *Extracción de órganos:* unidad asistencial, que bajo la responsabilidad de un médico especialista, se encarga de la obtención mediante extracción de órganos de donante vivo o fallecido para su implantación en un organismo receptor, de acuerdo con la legislación vigente sobre la materia.

U.94 *Trasplante de órganos:* unidad asistencial, que bajo la responsabilidad de un médico especialista, tiene como finalidad la utilización terapéutica de los órganos humanos, que consiste en sustituir un órgano enfermo, o su función, por otro sano procedente de un donante vivo o fallecido, de acuerdo con la legislación vigente sobre la materia.

U.95 *Obtención de tejidos:* unidad asistencial que, bajo la responsabilidad de un médico especialista, realiza cualquiera de las actividades destinadas a disponer de tejidos y células de origen humano o a posibilitar el uso de residuos quirúrgicos con las finalidades a que se refiere la normativa vigente sobre la materia.

U.96 *Implantación de tejidos:* unidad asistencial que, bajo la responsabilidad de un médico especialista, realiza cualquiera de las actividades que implican utilización terapéutica de tejidos humanos, y engloba las acciones de trasplantar, injertar o implantar.

U.97 *Banco de tejidos:* unidad técnica que, bajo la responsabilidad de un facultativo, tiene por misión conservar y garantizar la calidad de los tejidos, después de su obtención y hasta su utilización clínica como aloinjertos o autoinjertos.

U.98 *Medicina aeronáutica:* unidad asistencial en la que, bajo la responsabilidad de un médico examinador autorizado según establece la normativa vigente, se realizan los reconocimientos, informes y evaluaciones médicas requeridas para la emisión de los certificados médicos exigidos a los titulares de licencias y habilitaciones aeronáuticas, por las normas reguladoras de éstas.

U.99 *Medicina del trabajo:* unidad preventivo-asistencial que, bajo la responsabilidad de un médico especialista en Medicina del trabajo o diplomado en Medicina de empresa, desarrolla las funciones de vigilancia de la salud de los trabajadores reguladas por la Ley de Prevención de Riesgos Laborales y su normativa de desarrollo.

U.100 *Transporte sanitario (carretera, aéreo, marítimo):* unidad asistencial que tiene por objeto el desplazamiento de personas enfermas, accidentadas o por otra razón sanitaria, en vehículos terrestres, aéreos o marítimos, especialmente acondicionados al efecto.

U.101 *Terapias no convencionales:* unidad asistencial en la que un médico es responsable de realizar tratamientos de las enfermedades por medios de medicina naturista o con medicamentos homeopáticos o mediante técnicas de estimulación periférica con agujas u otros que demuestren su eficacia y su seguridad.

U.900 *Otras unidades asistenciales:* unidades que, bajo la responsabilidad de profesionales sanitarios, capacitados por su titulación oficial o habilitación profesional, no se ajustan a las características de ninguna de las anteriormente definidas por realizar actividades sanitarias innovadoras o en fase de evaluación clínica.

AUTORIZACIONES EN MATERIA DE INVESTIGACIÓN BIOMÉDICA

Fernando Fonseca Ferrandis[1]
Profesor Titular de Derecho Administrativo
Universidad Carlos III de Madrid

I. DEFINICIÓN DE LA INVESTIGACIÓN BIOMÉDICA

Etimológicamente, el termino "investigar" proviene de los conceptos latinos *"in"* (en) y *"vestigare"* (indagar, hallar o inquirir). No obstante, existen multitud de definiciones sobre tal concepto. Si acudimos al Diccionario de la Real Academia Española de la Lengua, podemos ver que investigar significa *"Realizar actividades intelectuales y experimentales de modo sistemático con el propósito de aumentar los conocimientos sobre una determinada materia."*. También, desde una perspectiva general, BEST define la investigación como *"... el proceso más formal, sistemático e intensivo de llevar a cabo un método de análisis científico* [...] *es una actividad más sistemática dirigida hacia el descubrimiento del desarrollo de un cuerpo de conocimientos organizados. Se basa sobre el análisis crítico de proposiciones hipotéticas para el propósito de establecer relaciones causa-efecto, que deben ser probadas frente a la realidad objetiva. Este propósito puede ser ya la formulación-*

1 fernando.fonseca@uc3m.es

teoría o la aplicación teoría, conduciendo a la predicción y, últimamente, al control de hechos que son consecuencia de acciones o de causas específicas."[2]. Nos encontramos, por tanto, ante una actividad dirigida sustancialmente a obtener nuevos conocimientos.

Conviene precisar, ya en este momento, que al margen de otras posibles clasificaciones, esta actividad puede tener diferente alcance y pretensión. Con carácter general se diferencia entre, por un lado, la investigación básica —también llamada fundamental o pura—, cuya finalidad es ampliar el conocimiento científico, ya sea afirmando nuevas teorías o principios de dicha naturaleza, ya sea modificando las vigentes en un determinado momento pero sin perseguir, al menos en principio, ningún resultado directo mediante el empleo de estas hipótesis —por que se considera que su aplicación corresponde a otra persona y no al investigador principal[3]— y, por otro, la investigación aplicada que supone justamente la utilización práctica de aquellos modelos teóricos. Se trata de unas categorías que, al menos desde una perspectiva general encuentran fundamento jurídico en nuestro ordenamiento. En efecto, la Ley 43/1995, de 27 de diciembre, sobre el Impuesto sobre Sociedades, define la investigación como "... *la indagación original y planificada que persiga descubrir nuevos conocimientos y una superior comprensión en el ámbito científico o tecnológico, y desarrollo a la aplicación de los resultados de la investigación o de cualquier otro tipo de conocimiento científico para la fabricación de nuevos materiales o productos o para el diseño de nuevos procesos o sistemas de producción, así como para la mejora tecnológica sustancial de materiales, productos, procesos o sistemas preexistentes."*. La norma conceptúa, pues, como investigación tanto la investigación básica como la investigación aplicada[4].

---

2 *Como investigar en educación*, New Yersey (USA), Englewood Cliffs, 1982 (3ª ed), págs. 25 y ss.

3 Vid ídem, pág. 29.

4 Art. 33. 1 a) de dicho texto legal. Además, el precepto considera que también son actividades de investigación y desarrollo, tanto "... *la materialización de los nuevos productos o procesos en un plano, esquema o diseño, así como la creación de un primer prototipo no comercializable y los proyectos de demostración inicial o proyectos piloto, siempre que los mismos no puedan convertirse o utilizarse para aplicaciones industriales o para su explotación comercial."*, como "... *el diseño y elaboración del muestrario para el lanzamiento de nuevos productos, así como la concepción de "sofware" avanzado, siempre que suponga un proceso científico o tecnológico significativo mediante el desarrollo de nuevos teoremas y algoritmos o mediante la creación de sistemas operativos y lenguajes nuevos."*. No se incluyen, sin embargo, "...*las actividades habituales o rutinarias relacionadas con el "sofware"."*.
En cualquier caso, aquel texto legal diferencia a su vez la actividad de desarrollo que concibe como "... *la aplicación de los resultados de la investigación o de cualquier otro tipo de conocimiento científico para la fabricación de nuevos materiales o productos o para el diseño de nuevos procesos o sistemas de producción, así como para la mejora tecnológica sustancial de materiales, productos, procesos o sistemas preexistentes. Esta actividad incluirá la materialización de los resultados de la investigación en un plano, esquema o diseño, así como la creación de un*

Es preciso indicar que si acudimos a la doctrina del Tribunal Constitucional con el fin de integrar el concepto, nos encontraremos con la sorpresa de que dicho órgano constitucional mantiene un concepto muy restrictivo de lo que se debe entender por investigación y limita su utilización a aquellos supuestos en los que, a su juicio, existe una verdadera e indubitada actividad de investigación (Ss. TC 242/1999, de 21 de diciembre, 98/2001, de 5 de abril, y 175/2003, de 30 de septiembre). Desde esta perspectiva, dicho órgano de relevancia constitucional descarta que sean propiamente actuaciones de investigación, las actividades de desarrollo o innovación tecnológica consistentes en la aplicación de los resultados de una investigación ya realizada con anterioridad. Es decir, a su juicio, la investigación aplicada no es verdadera investigación. Tampoco lo son las actividades encaminadas a mejorar el nivel tecnológico de ciertas empresas del sector mediante la incorporación de sistemas, como el diseño e implantación de sistemas informáticos, formación tecnológica de los profesionales o asistencia técnica, los proyectos de demostración industrial, las actividades de desarrollo precompetitivo, o actividades tales como la realización de "estudios de viabilidad técnica" de las empresas, los "estudios diagnósticos", los "estudios de asesoramiento" de éstas —que pueden ser proyectados sobre aspectos muy diferentes de la actividad empresarial, desbordando así, por su propia naturaleza, el ámbito del artículo 149.1.15° de la Constitución— o la formación de profesionales. En otras ocasiones, sin embargo, (STC 175/2003, de 30 de septiembre), desconociendo su propia posición, conceptúa como actividades de investigación científica y técnica ciertas actividades como la realización de proyectos de investigación y desarrollo tecnológico; la creación y potenciación de unidades de I+D en las empresas y, principalmente, en los centros tecnológicos que permitan la utilización colectiva de sus servicios por las PYMES, incluyendo la adquisición de bienes de equipo; los proyectos de investigación y desarrollo tecnológico en sectores básicos y transformadores; las acciones de prospectiva tecnológica, elaboración de indicadores de cambio técnico y puesta en marcha de sistemas de vigilancia tecnológica que incluyan la evaluación de programas de I+D; las acciones de apoyo a empresas para transferencia de tecnología desde Universidades y Centros Públicos de investigación en general; ciertos proyectos de investigación y desarrollo tecnológico industrial; proyectos acogidos a los Programas Internacionales Eureka e Iberoeka y programa de I+D de la Unión Europea, en relación con el primero de los programas citados, y los "proyectos de investigación industrial", en relación con el segundo.

---

primer prototipo no comercializables y los proyectos de demostración inicial o proyectos piloto, siempre que los mismos no puedan convertirse o utilizarse para aplicaciones industriales o para su explotación comercial. Igualmente se incluirá el diseño y la elaboración del muestrario para el lanzamiento de los nuevos productos.".

Y, algo perecido ocurre a nivel doctrinal; tampoco en esta sede encontramos una posición unánime al respecto. Baste indicar, a título de mero ejemplo, que, así como para algunos autores la investigación es "*... el conjunto de actividades llevadas a efecto de forma sistemática, con vista a aumentar el caudal de conocimientos incluyendo, eventualmente, su aplicabilidad.*", otros diferencian entre la creación científica que definen como "*... un proceso discursivo, metódico, racional y contrastado, ajeno a cualquier valor extraño a la Ciencia y no demostrado por ésta...*", y la creación técnica que se referiría, más bien, a "*...la aplicación de la Ciencia.*"[5].

Todo ello, determina que la concreción de lo que sea o no, una actividad de investigación es una labor muy casuística que hay que concretar en cada caso, al margen de posibles líneas generales. Evidentemente, tal circunstancia da lugar a una posición muy matizada, en la que resulta complejo establecer unas normas de alcance general con las que operar y que introduce un elevado grado de indeterminación que no resulta deseable. Al operador jurídico le va a resultar difícil, en efecto, determinar *"a priori"*, cuando nos encontramos ante una actividad propiamente de investigación y cuando nos encontramos ante una actividad diferente. Como veremos en el siguiente epígrafe de este trabajo, esta circunstancia no resulta en absoluto baladí, pues, del entendimiento de un supuesto en un sentido o en otro, va a depender la entrada en juego de un determinado titulo constitucional de habilitación competencial y, por tanto, el mayor o menor protagonismo de las diferentes instancias políticas y territoriales en presencia a la hora de poder intervenir en el ámbito que constituye nuestro objeto de estudio. Centrando el problema, es preciso destacar que, en modo alguno, resulta indiferente definir una determinada acción como sanitaria o, por el contrario, articular la intervención de aquellos poderes a través de la habilitación referida a la investigación.

En nuestro caso, resulta evidente que es preciso acudir a un concepto amplio de investigación, comprensivo no solo de la investigación médica, sino también de la propiamente, clínica[6]. En efecto, no se puede dejar de constatar que la efectiva aplicación clínica de cualquier terapia en seres humanos requiere de la verificación no sólo de los denominados *"proof of principle"* o "pruebas concepto", es decir, de la obtención de indicios de que dicho tratamiento puede resultar positivo, sino de un proceso de experimentación clínica con el fin de comprobar sus condiciones

---

5 Martín Mateo R., *La Administración de la Ciencia*, Mallorca, Consejo Insular, 1980 y Prieto de Pedro J., *Cultura, culturas y Constitución*, Madrid, Centro de Estudios Constitucionales, 2004 (2ª ed.), pág. 233.

6 Sobre esta cuestión véase, Bortolotti L., "The concept of scientific reseach" en *Los nuevos horizontes de la investigación genética (Dir. Romeo Casabona C.M.)*, Granada, ed. Comares, 2005, págs. 26 y ss.

de seguridad y eficacia. La evidencia es, pues, la base de la medicina actual. De esta manera, como apuntaba con anterioridad, en relación con la investigación médica es preciso diferenciar dos grandes planos o perspectivas. Por un lado, el relativo a la investigación básica, de carácter preclínico y en la que se pueden producir descubrimientos y avances que no tienen porqué significar, necesariamente, su aplicación clínica; por otro, el atinente propiamente a la fase clínica, si bien, en este caso, la aplicación de dichos avances y descubrimientos se realiza con el fin principal de obtener un determinado conocimiento. Se trata de una cuestión a la que se refiere con carácter general la Ley 16/2003, de 28 de mayo, de Cohesión y Calidad del Sistema Nacional de Salud —en adelante, LCCSNS—, de acuerdo con la cual, las nuevas técnicas, tecnologías o procedimientos deben ser sometidos a evaluación, con carácter previo a su utilización en el Sistema Nacional de Salud, a través de la Agencia de Evaluación de Tecnologías sanitarias del Instituto de Salud Carlos III, evaluación que, además, se debe realizar en colaboración con otros órganos evaluadores propuestos por las Comunidades Autónomas[7]. Nuestro objeto de estudio no es, por tanto, una excepción al respecto.

Sea como sea, uno de los problemas que plantea la investigación biomédica es, increíblemente, la ausencia de toda definición legal o reglamentaria de alcance general. En efecto, la Ley 14/2007, de 3 de julio, de Investigación Biomédica —en adelante, simplemente, LIB—, cuando determina su ámbito material de aplicación se limita a afirmar que la investigación biomédica que constituye su objeto material de regulación, comprende tanto la investigación básica como la clínica, a excepción —en este último caso— de los ensayos clínicos cuya exclusión lo es exclusivamente a efectos regulatorios dada la especialidad de los mismos y no, por razón de concepto. No obstante, no proporciona concepto alguno a cerca de lo que se debe por una y otra clase de investigación. Ciertamente, el Real Decreto1301/2006, de 10 de noviembre, por el que se establecen las normas de calidad y seguridad para la donación, la obtención, la evaluación, el procesamiento, la preservación, el almacenamiento y la distribución de células y tejidos humanos y se aprueban las normas de coordinación y funcionamiento para su uso en humanos —en adelante, RCTH—, entiende por investigación clínica "*... la desarrollada mediante protocolos que incluyen los procedimientos de obtención y aplicación de células y tejidos humanos en humanos, cuando la eficacia y seguridad de los procedimientos o de las células o tejidos no están suficientemente comprobados o cuando la indicación terapéutica no está suficientemente consolidada, y cuya finalidad es la comprobación de alguno de estos puntos.*". Sin embargo, no es posible ignorar que, aunque dicha norma tiene un importante ámbito material de

7 Art. 21.2 de dicho texto legal, de acuerdo con la modificación introducida por la Disp. final cuarta de la LM.

aplicación —determinado por la terapia celular y tisular—, no alcanza a comprender, ni mucho menos, todo el campo de la investigación biomédica.

A tal fin, es preciso destacar que nuestra Constitución se refiere a la investigación desde dos perspectivas diferentes, a saber:

a) En primer lugar, en su art. 20. 1 b) que reconoce y protege el derecho a la producción y a la creación científica y técnica. Se trata, de este modo, de un derecho fundamental en sentido estricto —perteneciente como tal a la Sección 1ª del Capítulo II del Título I— del que son predicables las consecuencias institucionales propias derivadas de tal reconocimiento; en principio, aplicación directa e inmediata, su desarrollo mediante ley orgánica y su protección reforzada mediante un proceso preferente y sumario y, en su caso, mediante el recurso de amparo ante el Tribunal Constitucional[8].

b) En segundo, en el art. 44.2 de la Constitución, donde se impone a los poderes públicos la obligación de promover la investigación científica y la técnica en beneficio del interés general. Por tanto, en términos de derecho prestacional que, como es sabido, debe informar la legislación positiva, la práctica judicial y la actuación de los poderes públicos. Es más; para la doctrina administrativa más autorizada —especial relevancia presenta también en nuestro caso por su relación con el tema el artículo 43 de la Constitución— la adopción y ejecución de acciones de esta naturaleza se configura estrictamente como situaciones mixtas de potestades/deberes que recaen sobre el poder titular de las competencias correspondientes[9]. Ejemplo paradigmático en relación con nuestro caso es la LCCSNS que, en el contexto legal determinado por la Ley 14/1996, de 25 de abril, General de Sanidad —en adelante, LGS— y de la LIB —*"Las actividades de investigación habrán de ser fomentadas en todo el sistema sanitario como elemento fundamental para el progreso del mismo"*[10]—, atribuye a la responsabilidad del Estado, sin perjuicio de las posibles competencias que puedan estar atribuidas a las Comunidades Autónomas, funciones tales como el establecimiento de las medidas para que la investigación científica y la innovación tecnológica contribuyan a mejorar de

---

8 Véanse los arts. 114 a 122 de la Ley 29/1998, de 13 de Julio, reguladora de la Jurisdicción Contencioso-Administrativa y los arts. 41 a 58 de la Ley Orgánica 2/1979, de 3 de octubre, del Tribunal Constitucional. Sobre esta cuestión véase Chueca Rodríguez R., "La investigación y la experimentación como objetos del derecho fundamental a la investigación científica" en *Los nuevos horizontes de la investigación genética* (Dir. Romeo Casabona C.M.), Granada, ed. Comares, 2005, págs. 40 y ss.

9 García De Enterría E. y Fernández Rodríguez T.R., *Curso de Derecho Administrativo (Vol. II)*, Madrid, ed. Cívitas, 2010, págs. 28 y ss.; Parejo Alfonso L., *Estado Social y Administración Pública. Los postulados constitucionales de la reforma administrativa,* Madrid, ed. Cívitas, 1983; Santamaría Pastor J.A., *Fundamentos de Derecho Administrativo*, Madrid, Centro de Estudios Ramón Areces, 1982, págs. 902 y ss.

10 A tenor de lo dispuesto en los arts. 106.1 y 83.1 de dichos textos legales.

manera significativa y sostenible las intervenciones y los procedimientos preventivos, diagnósticos, terapéuticos y rehabilitadores; la garantía de que la actividad investigadora y de transferencia de resultados a la práctica clínica se desarrolla y se sustenta científicamente de manera sostenible; la garantía de la observancia y el cumplimiento de los derechos, la protección de la salud y la garantía de la seguridad de la sociedad, los pacientes y los profesionales involucrados en la actividad de investigación; facilitar que en toda la estructura asistencial del Sistema Nacional de Salud se puedan llevar a cabo iniciativas de investigación clínica y básica, fomentando el desarrollo de la metodología científica y de la medicina basada en la evidencia[11].

En definitiva, desde un punto de vista constitucional, la investigación se configura tanto como un derecho fundamental, como un principio rector de la política social y económica, todo ello con paralela traducción en el orden competencial (artículos 148.1. 17° y 149.1.15° de la Constitución), circunstancia que abordamos seguidamente.

El presente trabajo trata de determinar cual es el alcance de la intervención de los diferentes poderes públicos implicados en la materia y, en concreto, de las diferentes técnicas y procedimientos de carácter autorizatorio de que se vale la Administración con este fin. Es importante destacar esta precisión. No pretendo desarrollar un análisis de todas las competencias públicas en la materia. El cumplimiento de este otro objetivo exige realizar un estudio mucho más amplio, exhaustivo y detallado que excede con mucho de los propósitos de este trabajo.

---

11 Art. 44 de la LCCSNS. A nivel autonómico podemos citar la Ley 2/1998, de 15 de junio, de Salud de Andalucía, dispone que *"Las Administraciones Públicas de Andalucía deberán fomentar, dentro del Sistema Sanitario Público de Andalucía, las actividades de investigación sanitaria como elemento fundamental para su progreso."* (art. 78.4), atribuyendo a la Consejería de Salud, la función de *"participar en la definición de las políticas de investigación y en el establecimiento de las prioridades con respecto a la investigación en materia de salud."* [art. 79.1 a)] y, paralelamente, de *"fomentar la investigación en relación con los problemas y necesidades en salud de la población de Andalucía."* [art. 79.1 c) de dicho texto legal]. La Ley 15/1990, de 9 de julio, de Ordenación Sanitaria de Cataluña —en adelante, LcatOS— dispone, desde la misma perspectiva que *"Las Administraciones públicas de Cataluña deberán fomentar, dentro del sistema sanitario en Cataluña, las actividades de investigación sanitaria como elemento fundamental para su progreso."* (art. 69.4), imponiendo al Consejo ejecutivo de la Generalidad el deber de crear *"... los organismos de investigación que considere oportunos, para programar, estimular, desarrollar, coordinar gestionar, financiar, evaluar la investigación en ciencias de la salud."* [art. 9.g)]. Por su parte, la Ley 12/2001, de 21 de diciembre, de Ordenación Sanitaria de la Comunidad de Madrid —en adelante, LmadOS—, afirma que *"El Sistema Sanitario de la Comunidad de Madrid, deberá fomentar las actividades encaminadas a la mejora y adecuación de la formación de los profesionales sanitarios, la investigación científica y la innovación tecnológica en el campo específico de las ciencias de la salud."*. Otros textos legales contienen previsiones legales más o menos similares.

Nuestro objetivo es más modesto y constituye, solamente, una parte de dicho ordenamiento aunque represente un elemento esencial del mismo. Tal objetivo encuentra, por lo demás, plena justificación en este momento. Como destaca el Profesor PAREJO al comienzo de esta obra, se trata de comprobar la vigencia real del edificio dogmático jurídico-administrativo que, desde la perspectiva general, pretende encuadrar y, por tanto, disciplinar, el conjunto de las instituciones y de las técnicas presentes en el ordenamiento jurídico administrativo —en nuestro caso, en el campo de la investigación médica—. Evidentemente, ello obliga a tener en cuenta las consecuencias derivadas del régimen jurídico básico de las Administraciones públicas y del procedimiento administrativo común. Previamente, ha sido preciso determinar, sin embargo, el alcance de las competencias estatales y autonómicas y su recíproca articulación en este ámbito de la acción administrativa para luego, a la par del análisis del marco normativo vigente, tratar de esclarecer si la iniciativa de las Comunidades Autónomas ha sido coherente con el sistema competencial que se describe en las páginas siguientes y ha sido desarrollada en las distintas esferas —legislativa y ejecutiva— en las que se les reconoce constitucionalmente competencia para ello.

Delimitado de esta forma, dicho objeto de estudio, hay que hacer constar que en la elaboración del trabajo se utiliza una metodología fundamentalmente inductiva —como suele ser habitual en el ámbito jurídico—, de análisis del entero marco jurídico constitucional aplicable y vigente. La adopción de dicha lógica permite, por un lado, su desarrollo en el contexto general del Derecho Público, de acuerdo con las instituciones generales articuladas por dicho sector del ordenamiento, sin quedar limitado al marco de un hipotético Derecho biomédico; por otro, extraer una serie de consecuencias y conclusiones a partir del análisis de los datos concretos extraídos.

II. SISTEMA DE DISTRIBUCIÓN DE COMPETENCIAS EN MATERIA DE INVESTIGACIÓN BIOMÉDICA; EL ALCANCE DE LA INTERVENCIÓN DE LOS DIFERENTES CENTROS DE DECISIÓN POLÍTICA Y ADMINISTRATIVA

Uno de los principales problemas que plantea el análisis jurídico de las ciencias biomédicas, máxime cuando se trata de la investigación en dicho ámbito, es determinar un posible título constitucional que permita determinar y fundamentar que poder público es competente para intervenir en dicha materia. Se trata de una materia que gráficamente podemos describir como poliédrica, en la que cada uno de los diferentes "lados" —derecho a la igualdad, a la vida y la integridad física, a la intimidad, a la investigación, a la protección de la salud, etc ...— tiene un reflejo jurídico-constitucional específico y que, en consecuencia, determina la necesidad de articular unos cauces de intervención también concretos. Como hemos apuntado con anterioridad, la determinación de esta cuestión es fundamental, pues, de su resolución en uno u en otro sentido, va a depender el alcance de la intervención ya sea del Estado, ya sea de las diferentes Comunidades Autónomas y, en definitiva, la validez y la legitimidad de la intervención de cada instancia territorial[12].

En el ámbito concreto de la investigación biomédica aquel problema resulta especialmente intenso. En efecto, sanidad e investigación son dos ámbitos estrechamente relacionados entre sí; se desarrollan en íntima relación, hasta el punto de que hay muchos aspectos en los que resulta imposible hacer una neta diferenciación entre uno y otro. El caso de la investigación clínica es justamente un ejemplo paradigmático. Sin embargo, como he puesto de manifiesto en otra ocasión, desde un punto de vista jurídico-constitucional, en tanto que sanidad e investigación son objeto de un tratamiento diferenciado, todo análisis del posible marco de articulación competencial entre los diferentes poderes públicos en presencia requiere, por imperativo constitucional, tener presente dicha circunstancia[13]. De esta forma surge el problema de determinar el cauce constitucional —título habilitante—, a través del cual, se debe articular aquella intervención; si debe ser a través del titulo relativo a la sanidad (artículo 149.1. 16ª de la Constitución) o, por el contrario, hay que acudir a los relativos a la investigación (artículos 148.1. 17ª y 149.1. 15ª del mismo texto constitucional).

Pues bien, de acuerdo con la doctrina constitucional, parece adecuado fundamentar nuestro estudio, más bien, a partir del esquema propio de la investigación. Con tal posición no se trata de negar la trascendencia sanitaria o asistencial de la investigación biomédica pero, atendiendo a la perspectiva competencial del problema, el Tribunal Constitucional ha puesto de manifiesto que cuando se trata de establecer o razonar el título competencial aplicable para fundamentar una determinada decisión, junto a consideraciones que pudiéramos considerar casuísticas, es preciso acudir, por un lado, a la finalidad de la actuación cuestionada, dando preferencia a la materia dentro de la cual encaja mejor el fin primordial de la norma de que se trate y, por otro, a su especificidad, prefiriendo el título más específico o concreto cuando concurre con otro u otros más generales (Ss. TC 71/1982, de 30 de noviembre; 49/1984, de 5 de abril; 144/1985, de 25 de abril; 252/1988,

---

12 Sobre esta cuestión, véase Fonseca Ferrandis F., *Estado, Comunidades Autónomas y Ciencias Biomédicas; hacia un modelo de cohesión*, Pamplona, Ed. Thomson/Civitas, 2007, págs. 189 y ss., donde se realiza un estudio más exhaustivo sobre esta cuestión. Véase también Fonseca Ferrandis F., "Reflexiones sobre un modelo de articulación constitucional del poder público en el ámbito de las Ciencias biomédicas" en Revista de Derecho y Genoma Humano (núm. 23 julio-diciembre 2005), págs.

13 Vid ídem, págs. 189 y ss.

de 20 de diciembre; 13, 87 y 153/1989, de 26 de enero, 192/1990, de 29 de noviembre; 11 de mayo y 5 de octubre, respectivamente; 133 y 196/1997, de 27 de febrero y de 13 de noviembre, respectivamente; 21/1999, de 25 de febrero; 190/2000, de 13 de julio; 98/2001, de 5 de abril; y, 53/2005, de 17 de febrero). Y desde esta perspectiva, el Tribunal Constitucional (Sentencia 152/2003, de 17 de julio) afirma expresamente que "... *cuando se ofrezcan por las partes en el proceso constitucional diversas calificaciones sustantivas de las disposiciones o actos en conflicto que pudieran llevar a identificaciones competenciales también distintas, ha de apreciarse, para llegar a una calificación competencial correcta, tanto el sentido o finalidad de los varios títulos competenciales y estatutarios, como el carácter, sentido y finalidad de las disposiciones traídas al conflicto, es decir, el contenido del precepto controvertido, delimitando así la regla competencial aplicable al caso* [...] *Como complemento de ese criterios también tendremos en cuenta que la inclusión de una competencia genérica debe ceder ante una competencia específica.*". Pues bien, en nuestro caso, encauzar la investigación biomédica a través del expediente de la sanidad sólo se explica en tanto que es el ámbito en el que se desarrolla esa concreta clase de investigación pero no es, ni mucho menos, un acto que se pueda calificar como médico por que no pretende sanar o aliviar el sufrimiento de ningún paciente, al menos de una forma directa. Por el contrario, se trata ante todo de obtener un determinado conocimiento, circunstancia que no impide que eventualmente exista la posibilidad de que el enfermo se pueda beneficiar de alguna medida o estrategia terapéutica. Pero, en cualquier caso, el fin principal es de carácter investigador.

Desde esta perspectiva se debe considerar como muy positivo que el reciente Real Decreto 1716/2011, de 18 de noviembre, por el que se establecen los requisitos básicos de autorización y funcionamiento de los biobancos con fines de investigación biomédica y del tratamiento de muestras biológicas de origen humano y se regula el funcionamiento y organización del Registro Nacional de Biobancos para la investigación biomédica —en adelante, RB—, haya utilizado el título relativo a la investigación como fundamento de la competencia estatal para dictar dicha norma. Esta circunstancia implica romper con la línea seguida por la normativa estatal que ha esgrimido tradicionalmente como fundamento de la competencia estatal en la materia, el artículo 149.1.16ª de la Constitución, posición que ni siquiera la LIB logró enderezar, pues su invocación en este texto legal, expresa sólo un recurso meramente formal e indeterminado, en el que no se determina que preceptos legales responden a un título y cuales quedan vinculados al otro, por tanto, de dudosa constitucionalidad.

Recordemos además que, en cualquier caso, de acuerdo con la doctrina constitucional (Sentencia 42/1983, de 20 de mayo y 80/1984, de 20 de julio), "*Solamente, en la medida en que aparecen implicadas competencias de la Administración sanitaria, y sólo en tal sentido, la regulación ha de considerarse como básica de la sanidad.",* argumento con el que justifica la competencia estatal plena en materia de trasplantes de órganos. En efecto, en opinión del Tribunal Constitucional, la regulación de la extracción y trasplante de órganos corresponde al Estado por que así resulta de su incidencia en el ámbito de los derechos de la personalidad que, como tales, no están comprendidos en el ámbito de la sanidad. Evidentemente, semejante tenor —"... *competencias de la Administración sanitaria"*—, introduce una nueva nota de complejidad en el tema, pues, es obvio que no se puede interpretar en su sentido literal y atender al mero dato formal de que se trate de competencias efectivamente desarrolladas por la Administración sanitaria. La actividad de trasplante parece que es también una actividad sanitaria y, sin embargo, por atender a valores distintos de los meramente médicos —los derechos de la personalidad—, el Tribunal Constitucional niega que pueda ser una actividad de tal naturaleza, al menos, de manera exclusiva. Más bien parece que hay que acudir a una interpretación teleológica de la afirmación constitucional; a una interpretación que atienda, por tanto, a la finalidad médica de la competencia en cuestión. En definitiva, el artículo 149.1.16 de la Constitución sólo puede proporcionar apoyo constitucional suficiente a aquellas iniciativas normativas y acciones administrativas relacionadas con sustantivas actuaciones médicas, como he dicho con anterioridad, por estar destinadas a curar al enfermo o a disminuir su sufrimiento. Otra clase de actividad, aunque esté relacionada con este ámbito, no es médica y, por tanto, no puede encontrar cobertura en dicho precepto constitucional. Es el caso de la investigación aunque se desarrolle en el ámbito sanitario.

Pues bien, en materia de investigación es preciso recordar que, al margen de las exigencias constitucionales que se derivan del reconocimiento del derecho a la investigación como un derecho fundamental y del reconocimiento de la competencia estatal respecto de la coordinación general en la materia[14], la Constitución

---

[14] Esta cuestión plantea un problema en relación con la naturaleza jurídica de la LIB ya que, en tanto supone un desarrollo directo del derecho a la investigación, una auténtica delimitación del mismo en el ámbito biomédico (Ss. TC 76/1983 de 5 de agosto, 67/1985, de 26 de mayo o 160/1987, de 27 de octubre), se debería haber reconocido el rango orgánico de dicho texto legal. En este sentido se pronuncia, por ejemplo, Gómez Sánchez Y., "Libertad de creación y producción científica en la ley de investigación biomédica: objeto, ámbito de aplicación y principios generales de la ley" en *Investigación biomédica en España. Aspectos bioéticos, jurídicos y científicos*, Granada, Fundación Salud 2000, 2007, págs. 1 y ss.
En cuanto a la competencia estatal en materia de coordinación general hay que señalar nos encontramos ante una atribución competencial diferenciada de la estricta competencia de fomento y cuyo fundamento radica, justamente, en la singularidad de dicho régimen. En efecto, la coordinación general implica la atribución al Estado de cierto poder de dirección que, sin embargo, jamás puede alcanzar tal grado que desvirtúe el contenido de las competencias autonómicas. Antes al contrario, se trata de unas facultades de gestión complementarias que deben

articula un singular régimen competencial que configura inicialmente en términos de concurrencia entre el Estado y las diferentes Comunidades Autónomas. En efecto, si bien el artículo 149.1.15 de la Constitución atribuye al Estado como competencia exclusiva el fomento y la coordinación general de la investigación científica y técnica, previamente, el artículo 148.1. 17 de la Constitución habilita previamente a las comunidades autónomas para que puedan asumir competencias en relación con el fomento de la investigación, previsión que ha sido materializada por todos los Estatutos de Autonomía —en relación con nuestro objeto de estudio, en algún caso, incluso, con carácter exclusivo[15]—. Para el Tribunal Constitucional se trata, además, de *"... un ámbito competencial que se puede proyectar sobre cualquier sector material* [...] *es como determinado en razón de su fin, susceptible de ser utilizado respecto de cualquier género de materias con independencia de cuál sea el titular de la competencia para la ordenación de éstas."*. Es más; en tanto que dichos preceptos constitucionales no delimitan las funciones que pueden corresponder a cada una de dichas instancias, es posible entender que ambas pueden asumir y ejercer tanto la función legislativa como la ejecutiva, factor que legitima la posible coexistencia de una pluralidad de centros decisores en materia de investigación; de una política de carácter nacional y de otra de naturaleza autonómica. Así lo confirma reiteradamente el Tribunal Constitucional cuya doctrina es unánime al respecto (Sentencias 84/1983, de 24 de octubre;

---

ser necesarias y suficientes para alcanzar la articulación competencial deseada, orientadas a fijar medios y sistemas de relación que hagan posible la información recíproca, la homogeneidad técnica en determinados aspectos o la acción conjunta de las autoridades estatales y autonómicas en el ejercicio de sus respectivas competencias. Todo ello, en orden a la integración de actuaciones parciales en el conjunto de un sistema, evitando y reduciendo, al propio tiempo, las contradicciones y disfunciones que pudieran poner en peligro la realidad de aquel. Dentro de estas medidas no es posible descartar la existencia de medidas de coordinación preventiva, si bien, la determinación de los medios, cauces y fórmulas para alcanzar este objetivo integrador de la pluralidad de acciones resultantes del ejercicio de un conjunto de competencias en régimen de concurrencia, presenta un muy amplio margen de apreciación y decisión que, en principio, sólo al titular de la competencia de coordinación corresponde concretar. Como ejemplos de la competencia de coordinación general podemos citar medidas de diferente naturaleza y alcance como la propia existencia del Consejo Interterritorial del Sistema Nacional de Salud en cuyo seno es posible destacar la existencia de dos importantes organizaciones con competencias en materia de investigación como son la Comisión de Trasplantes y Medicina Regenerativa y la Subcomisión Nacional de Trasplantes de Progenitores Hematopoyéticos medida orgánica—; la elaboración y aprobación del denominado Plan Nacional de Cordón Umbilical —como instrumento de planificación—; o la emisión de ciertos informes y dictámenes de carácter preceptivo y vinculante que veremos a continuación.

15 En efecto, el art. 71. 42° de la Ley Orgánica 5/2007, de reforma del Estatuto de Autonomía de Aragón, afirma la competencia autonómica exclusiva en materia de biotecnología, biomedicina y genética, tenor que, dado el estado de la ciencia actual en dichas disciplinas, comprende obviamente la investigación.

49/1984, de 5 de abril; 143 y 157/1985, de 24 de octubre y 15 de noviembre, respectivamente; 11/1986, de 28 de enero; 53/1988, de 24 de marzo; 64/1989, de 6 de abril; 90/1992, de 11 de junio; 186 y 242/1999, de 11 de octubre y de 21 de diciembre, respectivamente; 190/2000, de 13 de julio; 98/2001, de 5 de abril; y 175/2003, de 30 de septiembre).

Nuestro objeto de estudio, es decir, las ciencias biomédicas, no es ninguna excepción al respecto. Si el concepto de fomento de la actividad científica es aplicable en cualquier sector material y al margen de cual sea el concreto modelo de articulación competencial, también en dicha materia es posible afirmar un sistema de concurrencia competencial entre el Estado y las Comunidades Autónomas. Consecuentemente, ambas instancias territoriales están habilitadas constitucionalmente para poner en marcha y desarrollar sus propias medidas de fomento de la investigación en dicho campo del conocimiento, medidas que, de acuerdo con la misma doctrina constitucional citada con anterioridad, pueden ser de muy diferente naturaleza —normativa, ejecutiva, organizativas o serviciales— y que, además, no pueden quedar limitadas por el carácter territorial del poder político que pretenda su ejecución[16].

---

[16] En cualquier caso, es preciso destacar que las Comunidades Autónomas han manifestado tradicionalmente un gran interés por esta materia. Entre las diferentes medidas de fomento adoptadas dichas entidades territoriales podemos citar el Programa para la Investigación en el ámbito de las Ciencias de la Salud (aprobado, con fecha de 2 de marzo de 1989, por Orden del Departamento de Sanidad y Seguridad Social de la Generalidad de Cataluña y modificado, sucesivamente, dicha consejería) cuya finalidad es promover, impulsar y favorecer las tareas de investigación que se desarrollen en el seno de las instituciones sanitarias de utilización pública y coordinar todas las actuaciones del Departamento de Sanidad y Seguridad Social y los organismos dependientes que lleven a cabo en el ámbito de la investigación en las ciencias de la salud o, más recientemente, el Plan Director de Investigación en Ciencias de la Salud aprobado por Decreto 29/2006, de 28 de febrero. Igualmente hay que citar el Programa Andaluz de Terapia Celular y Medicina Regenerativa, aprobado por orden de 14 de noviembre de 2006.

Ha sido más frecuente, sin embargo, la constitución de entidades con competencias en materia de investigación. Es el caso del Instituto de Estudios de la Salud de Cataluña, constituido por la LcatOS como *"... el organismo de apoyo a los Departamentos de la Generalidad y al Servicio Catalán de la Salud en materia de formación e investigación en ciencias de la salud."* o el Centro Superior de Investigación en Salud Pública de la Comunidad Valenciana previsto por la Ley 4/2005, de 17 de junio, de Salud Pública de la Comunidad Valenciana —en adelante, LvalS— y al que se encomienda *"... la ejecución de la política de la Conselleria de Sanidad* [de la Generalidad Valenciana] *en relación con la investigación en salud pública."*.

En Cataluña se debe destacar la constitución de la empresa pública "Instituto Catalán de Oncología", constituida por Resolución de 7 de marzo de 1995 y a la que se atribuyen importantes funciones en materia de investigación o la creación del Consorcio Parque de Investigación Biomédica de Barcelona, creado por Resolución UNI/2703/2005, de 12 de diciembre, del Departamento de Universidades, Investigación y Sociedad de la Información de la Generalidad de Cataluña y el Centro de Regulación Genómica, promovido por el Gobierno de la Generalidad de Cataluña —con fecha de 27 de diciembre de 2000— como fundación privada, que tiene por objetivo la

A partir de todos estos argumentos es posible extraer ya unas primeras conclusiones para nuestro trabajo:

a) En primer lugar, desde la perspectiva amplia del concepto de fomento que sostiene el Tribunal Constitucional, es posible defender la validez de las diferentes medidas de fomento de la investigación biomédica adoptadas tanto por las instancias generales, como por las autonómicas. La excepción al respecto viene constituida por la Ley 7/2003, de 20 de octubre, por la que se regula en Andalucía la investigación con preembriones humanos no viables para la fecundación in vitro —en adelante, LandIB— que, a mi juicio, al definir que se debe entender por preembrión viable, incide en una materia de plena titularidad estatal y rompe la existencia de un estatuto jurídico único, para todo el Estado, del embrión.

---

investigación de excelencia, de referencia internacional, en el ámbito de la genómica y, especialmente, en materias como la promoción de grupos de excelencia en los campos de la genómica y la protenómica; el desarrollo de aplicaciones de los conocimientos de la estructura, la función y la regulación de los genes en el ámbito de la biomedicina; la producción de conocimientos respecto de las bases íntimas de los procesos vivos y de la enfermedad, mediante el desarrollo de herramientas para la detección, la prevención y el tratamiento de los problemas de salud; promoción de la transferencia de tecnología a la industria biomédica, farmacológica y biotecnológica y del estudio y análisis de los aspectos éticos, legales y sociales derivados de la disposición de datos genéticos, así como cualquier otra finalidad relacionada.

En el caso de Madrid podemos citar, en primer lugar, el Instituto de Salud Pública de la Comunidad de Madrid constituido por la LmadOS como órgano de apoyo científico y técnico del Sistema Sanitario de dicha comunidad y que, junto a funciones de carácter netamente sanitarias o asistenciales o de salud pública, tiene encomendada —en coordinación con la Agencia "Laín Entralgo" para la formación, la investigación y los estudios sanitarios de la Comunidad de Madrid— la investigación científica en el campo específico de los problemas de salud pública. Además, es preciso destacar que el Gobierno autonómico de dicha Comunidad Autónoma ha venido autorizando la constitución de toda una serie de fundaciones que vinculadas a distintos hospitales públicos, deben servir de cauce para el fomento de la investigación científico-técnica, así como para la potenciación de las áreas de formación y docencia en el campo de las ciencias de la Salud. Podemos citar en este sentido la Fundación para la Investigación Biomédica del Hospital "Gregorio Marañón" (Decreto 115/2001, de 5 de julio), la Fundación para la Investigación Biomédica del Hospital Universitario "La Princesa" (Decreto 185/2003, de 24 de julio), la Fundación para la Investigación Biomédica del Hospital Universitario "Príncipe de Asturias" (Decreto 186/2003, de 24 de julio), la Fundación para la Investigación Biomédica del Hospital Universitario "Ramón y Cajal" (Decreto 187/2003, de 24 de julio), la Fundación para la Investigación Biomédica del Hospital Universitario "Puerta de Hierro" (Decreto 188/2003, de 24 de julio), la Fundación para la Investigación Biomédica del Hospital Universitario "Doce de Octubre" (Decreto 189/2003, de 24 de julio), la Fundación para la Investigación Biomédica del Hospital Universitario "La Paz" (Decreto 190/2003, de 24 de julio), la Fundación para la Investigación Biomédica del Hospital Universitario "San Carlos" (Decreto 191/2003, de 24 de julio) y la Fundación para la Investigación Biomédica del Hospital Universitario de Getafe (Decreto 192/2003, de 24 de julio.

b) En segundo, que es preciso modular el alcance de la LGS cuando afirma que *"La investigación en biomedicina y en ciencias de la salud habrá de desarrollarse principalmente en función de la política nacional de investigación y la política nacional de salud."*[17]. Como hemos visto, la política autonómica en materia de investigación biomédica debe tener, por imperativo constitucional, una sustantividad propia y su desarrollo sólo puede quedar condicionado por el respeto a las previsiones estatales que se funden en los títulos constitucionales que reconozcan a dicha instancia general una competencia plena o de coordinación general.

III. RÉGIMEN DE AUTORIZACIÓN EN MATERIA DE INVESTIGACIÓN BIOMÉDICA

1. Planteamiento general

Carece de sentido a estas alturas destacar el papel que la investigación médica representa en nuestros días —circunstancia, sin embargo, ignorada por nuestros representantes políticos que, en estos momentos de dificultad económica, no han dudado en echar por tierra los logros de nuestro país en la materia, colocándonos en una gravísima situación de la que, una vez perdido el tren del progreso, muy difícilmente nos recuperaremos—. Por un lado, es una herramienta esencial en la construcción del conocimiento necesario para poder vencer a la enfermedad. Por otro, es uno de los principales motores del desarrollo económico de nuestros días. Intentar realizar una enunciación de los diferentes descubrimientos y avances producidos en dicho ámbito es una tarea ardua y de muy difícil realización en estas páginas, pues, no existe campo médico que se haya quedado al margen de éstos. Además, cuando el lector tuviera acceso a estas breves páginas, habría que volver sobre dicha relación; en más de un caso, estaría desfasada. Importa más recordar que han sido espectaculares y, en algunos casos, han alcanzado un desarrollo insospechado. Paralelamente, no se puede ignorar que han dado origen a unos problemas de carácter jurídico y ético de muy difícil resolución, circunstancia que reclama y justifica la intervención de los poderes públicos en orden a su resolución[18].

---

17 Art. 106.2 de dicho texto legal.

18 Jonas H., "Humans a Research Subjects" en *Law, Medicine and Ethics (Dir. King P.A., Areen J y Gostin L.O.)*, New York, Foundation Press/Thomnon West, 2006, págs. 259 y ss.; Sánchez Caro J., "Principios de la investigación biomedica, con especial referencia a las investigaciones que implican procedimientos invasivos en seres humanos" en *Investigación biomedical en España. Aspectos bioéticos, Jurídicos y Científicos (Coord. Sánchez Caro J.)*, Granada, Comares/Fundación

Estos, ciertamente, no han sido ajenos a esta situación y han ido regulando un marco normativo de gran densidad que, desde diferentes perspectivas, ha abordado estas cuestiones, intentando articular los diferentes bienes y derechos jurídicos constitucionalmente protegidos, presentes en este ámbito. Sin ánimo de ser exhaustivo, junto a la ya conocida LIB o el RB, es posible citar la Ley 30/1979, de 27 de octubre, sobre extracción y trasplante de órganos —en adelante, LE y TO—; el Real Decreto 2070/1999, de 30 de diciembre, por el que se regulan las actividades de obtención y utilización clínica de órganos humanos y la coordinación territorial en materia de donación y trasplante de órganos y tejidos —en adelante, RE y TO—; el RCTH; la Ley 14/2006, de 26 de mayo, reguladora de las Técnicas de Reproducción Humana Asistida —en adelante, LrTRHA de 2006—; el Real Decreto 3132/2004, de 29 de octubre, por el que se establecen los requisitos y los procedimientos para solicitar el desarrollo de proyectos de investigación con células troncales obtenidas de preembriones sobrantes; la Ley 29/2006, de 26 de julio, de garantías y uso racional de los medicamentos y productos sanitarios —en adelante, LM y PS—; y el Real Decreto 223/2004, de 6 de febrero, por el que se regulan los ensayos clínicos con medicamentos —en adelante, REC—.

No obstante, a pesar de la importancia de la regulación legal y reglamentaria citada, cuya finalidad es, como ya nos consta, articular los diversos intereses y bienes jurídicos en presencia, el propio legislador considera que tal labor de normación resulta insuficiente para asegurar por sí sola, el cumplimiento de dicho objetivo, de tal forma que anuda a dicha regulación un régimen de intervención administrativa destinado también a salvaguardar dicho objetivo[19]. Es preciso destacar sin embargo que, precisamente por tal circunstancia, es decir, por la distinta relevancia jurídica y social de las cuestiones planteadas, a los poderes públicos no le importan por igual, con la misma intensidad, toda clase de investigación biomédica. Por lo tanto, tampoco es igual el grado de intervención pública desarrollado en uno y otro caso. Hay ciertas investigaciones, en efecto, que, en sí mismas, no son objeto de una especial atención por parte del legislador. Con carácter general quedan sometidas al cumplimiento del ordenamiento jurídico —por otra parte, como toda actividad social— pero aquél no las sujeta al cumplimiento de previsiones especiales. Existe en estos casos una libertad en cuanto al desarrollo de la actividad investigadora, si bien, queda sujeta a la intervención administrativa, en caso de que se produzca una infracción de los requisitos legales y que puede

---

Salud 2000, 2007, págs. 53 y ss.; VVAA, *The Ethics and Regulation of Research with Human Subjects*, New York, Lexis Nexis, 2005; y VVAA, "Public Control of Science and Medicine" en *Law and Science (Dirs. Goldberg S. y Gostin L.O.)*, New York, Foundation Press, 2006, págs. 219 y ss.

19 Sobre los caracteres generales del régimen de intervención administrativa, véase Parejo Alfonso L., *Derecho Administrativo*, Barcelona, ed. Ariel, 2003, págs. 641 y ss.

alcanzar, incluso, el dictado de una prohibición administrativa de continuación del desarrollo de la actividad. Es el caso, por ejemplo, de ciertos estudios observacionales o epidemiológicos —cuando no se desarrollan bajo un ensayo clínico— o de ciertos análisis estadísticos y encuestas. En otros casos, sin embargo, existe una prohibición absoluta e incondicionada para su desarrollo; por ejemplo, las hipotéticas investigaciones que se pudieran desarrollar a partir de embriones constituidos exclusivamente para su aplicación a la investigación, supuesto que implica una verdadera delimitación negativa del contenido del derecho de investigación. Finalmente, en otros casos, el legislador establece una prohibición relativa, si bien, con reserva de su alzamiento, caso a caso, por parte de la Administración. En este último caso, el desarrollo de la actividad de investigación se condiciona a la verificación de un control preventivo, por tanto, de carácter previo a la realización de la actividad que se pretende llevar a cabo y que está destinado, precisamente, a comprobar con tal carácter preliminar, la adecuación de la actividad investigadora que se pretende desarrollar con la normativa vigente. Desde esta perspectiva, hay que destacar que diferentes normas vigentes en la materia imponen la necesidad de solicitar y obtener la correspondiente autorización administrativa, título que habilita y legitima el desarrollo de la actividad de investigación por adecuarse a los requisitos previstos con carácter general por el ordenamiento jurídico. En el estudio desarrollado se constata que la recepción por parte de la normativa vigente en la materia —estatal o autonómica— de otras técnicas de intervención administrativa como la declaración responsable o la comunicación previa es prácticamente inexiste; se diría casi anecdótica.

Es preciso destacar, sin embargo, que frente a la concepción tradicional de la autorización que entiende el contenido de ésta como un acto reglado, debido y de carácter declarativo, en el que la Administración se limita a la estricta comprobación jurídico-objetiva de la concurrencia de los requisitos legales pero sin innovar situación jurídica alguna, en el caso de la investigación biomédica, nos encontramos ante un título administrativo de carácter peculiar, construido a partir del reconocimiento de un importante grado de apreciación a favor de la Administración que le permite desarrollar, junto a una mera tarea de verificación del cumplimiento de determinados requisitos impuestos legalmente, una auténtica labor de integración y delimitación del contenido de aquel título; incluso, innovando relaciones jurídico-administrativas y definiendo su alcance caso por caso, consecuentemente, al margen de presuntos derechos del investigador proponente y de reglas generales. Estamos, en otras palabras, ante un título más próximo a una relación concesional que a la tradicional autorización administrativa.

En efecto, no se trata de una mera potestad administrativa de alcance reglado. Nos encontramos, más bien, ante supuestos de auténtica discrecionalidad técnica, institución jurídica en la que la competencia administrativa se construye a partir de conceptos de discrecionalidad cognitiva y como tal se caracteriza porque implica un específico apoderamiento a favor del órgano competente para valorar, apreciar o enjuiciar la concurrencia de las hipótesis a las que las normas legales sujetan la posibilidad de autorizar la investigación[20]. Y ello, por que, la ponderación de la actividad que se pretende desarrollar implica el dominio y el manejo de un gran volumen de información, de conocimientos, de métodos y de variables y requiere, por tanto, la ponderación de una gran diversidad de intereses. En muchos casos, por la propia naturaleza de la actividad investigadora, ni siquiera va a ser posible disponer de una información totalmente precisa, circunstancia que conducirá a una valoración en términos meramente estimativos y no tanto discursivos. En

---

20 Tradicionalmente, en relación con las competencias administrativas se ha diferenciado entre las que poseen carácter reglado y las de naturaleza discrecional. Las primeras son aquéllas en las que la acción administrativa queda normativamente predeterminada de forma completa, limitándose la actuación administrativa a la mera ejecución o aplicación de la norma a través de la subsunción del supuesto real en la hipótesis definida por aquella. El ejercicio de esta clase de competencia sólo admite una única solución correcta; la que deriva de la aplicación de norma. Por tal razón, su ejercicio es susceptible de control judicial pleno, en todos sus aspectos y sin reserva alguna. En el caso de las competencias de carácter discrecional, la norma no anticipa el resultado del ejercicio de la competencia de tal forma que gran parte de la decisión queda remitida en grado variable a la voluntad o juicio de la propia Administración pública.

Es preciso destacar que, como destaca la doctrina administrativa (PAREJO L, Derecho Administrativo, pág. 624) el propio desarrollo social ha ido acentuando la necesidad de dotar a la Administración pública de esta clase de potestades y competencias. En efecto se afirma que el incremento de la complejidad, tecnificación, impredecibilidad, incontrolabilidad, interrelación y variabilidad, en contextos con gran heterogeneidad de los procesos y las necesidades económico-sociales, cuya dirección y resolución requieren decisiones y medidas basadas en criterios y en conocimientos científicos y técnicos (rápidamente evolutivos), atendidas a las diferentes circunstancias y adaptables al cambio de éstas en el espacio y en el tiempo y capaces de suscitar consenso social en contextos con gran heterogeneidad de intereses, determina la necesidad de dotar a la Administración de cierto espacio de decisión propia en la fase ejecutiva de las políticas públicas. Desde esta perspectiva, la doctrina jurídica ha diferenciado, a su vez, entre la DISCRECIONALIDAD VOLITIVA que se verifica en términos de libre arbitrio o decisión y que es considerada como la discrecionalidad en sentido estricto y DISCRECIONALIDAD COGNITIVA entendida como libertad interpretativa de un determinado supuesto legal y que se articula a través de los llamados CONCEPTOS JURÍDICOS INDETERMINADOS cuyo empleo obedece, bien a la imposibilidad del legislador de definir adecuadamente todos los supuestos reales presentes y futuros, bien a su decisión consciente de no acotarlos de manera precisa para permitir soluciones acomodadas a las circunstancias.

Finalmente, la doctrina y la jurisprudencia han acuñado las categorías de los CONCEPTOS DE DISCRECIONALIDAD COGNITIVA y de la DISCRECIONALIDAD TÉCNICA para referirse a otras hipótesis, en principio próxima a los conceptos jurídicos indeterminados, pero en las que, como decimos en texto, debido a la alta complejidad de su objeto —medio ambiente, ordenación del territorio, protección civil, procesos selectivos de personal— se produce un específico apoderamiento a la Administración para valorar, apreciar o enjuiciar si concurre o no, un determinado supuesto de hecho y, paralelamente, una mayor restricción del control judicial debido a la escasa capacidad técnica de los órganos judiciales para realizar dicha labor.

definitiva, el ejercicio de esta clase de potestad administrativa da lugar a un derecho preferente de apreciación, valoración o juicio a favor de la Administración, siendo inherente al mismo un elemento último de subjetividad en la valoración correspondiente. En cualquier caso, tal posición es plenamente conforme con la doctrina jurisprudencial, de acuerdo con la cual, mediante el ejercicio de las potestades discrecionales —en sentido amplio—, el legislador atribuye al órgano administrativo competente la facultad de apreciar en cada supuesto lo mejor para el interés público, eligiendo de acuerdo con criterios de oportunidad, económicos o sociales, entre varias alternativas justas y motivadas (Ss. TS 13 de marzo y 9 de abril de 1997).

Es preciso destacar que en esta configuración de la autorización administrativa juega un papel esencial el alcance de la competencia de informe que el ordenamiento atribuye a determinados órganos o comités y que va a determinar, en definitiva, la viabilidad final del proyecto. En efecto, dichos informes constituyen el elemento principal de motivación de la resolución administrativa pertinente, tal como han destacado, en casos más o menos próximos, tanto el Tribunal Constitucional (S. 17/2009, de 26 de enero), como el Tribunal Supremo (S. de 5 de julio de 1996), tribunales que aceptan que las resoluciones administrativas resulten motivadas por la incorporación del informe emitido por determinados entidades de carácter técnico. Estamos, en definitiva, ante un ejemplo de la técnica de la remisión; los órganos competentes para resolver, aceptan y asumen como propios los informes emitidos por aquellas comisiones. Recordemos que, con carácter general, los informes o los dictámenes son actuaciones de juicio u opinión que contribuyen, desde esta perspectiva, a la adopción de la resolución pertinente más adecuada en cada caso, al tiempo que facilitan la motivación de la misma y que nuestro ordenamiento jurídico-administrativo regula con carácter común —y, por tanto, pleno— esta institución en la Ley 30/1992, de 26 de noviembre, de Régimen Jurídico de las Administraciones Públicas y del Procedimiento Administrativo Común —en adelante, LRJAP y PAC—, a tenor de la cual, *"A efectos de la resolución del procedimiento, se solicitarán aquellos informes que sean preceptivos por disposiciones legales, y los que juzguen necesarios para resolver ..."*[21]. En nuestro caso, la solución legal está plenamente justificada. Nos encontramos ante un sector material altamente cualificado, en el que el conocimiento científico y médico juega un papel determinante y en el que se adoptan decisiones muy complejas y delicadas, que vienen determinadas, además, desde diferentes puntos de vista —médico, jurídico o ético—, circunstancia que exige la existencia de unos órganos muy especializados y además de composición plural.

---

21 Art. 82.1 de dicho texto legal.

En cualquier caso, es preciso destacar que el acto administrativo sustantivo, es la resolución administrativa y no, los informes de estos órganos especializados. Es aquélla la que expresa la potestad administrativa de autorización. Así lo demuestra el hecho de que no sean susceptibles de impugnación autónoma, separada de la resolución final. Recordemos que el Tribunal Supremo tiene establecido reiteradamente que los informes y dictámenes no pueden merecer la calificación de actos impugnables, pues son manifestaciones de opinión que, siendo actos de trámite, provienen normalmente de órganos consultivos y se limitan a aportar un elemento de juicio o de ciencia, un antecedente a manejar, con los restantes datos disponibles, por el órgano que va a decidir (Ss. TS de 19 de noviembre de 1995; 26 de junio de 1998; y, 13 de octubre de 1999).

Sea como sea, las consideraciones anteriores no pueden llevar a concebir el ejercicio de las competencias analizadas como una actividad completamente libre e indeterminada; no supone una exención de la obligación de motivar y razonar de modo suficiente las decisiones adoptadas. Esta perspectiva implicaría, más bien, un ejemplo de arbitrariedad —carencia de fundamento alguno, ni de razón ni de experiencia convirtiendo en caprichoso el actuar humano— de actuación prohibida como tal en nuestro ordenamiento jurídico[22]. El recurso a la invocación de la discrecionalidad técnica no es, pues, un simple expediente formal bajo cuya cobertura pueda encontrar amparo cualquier decisión de la Administración.

El análisis concreto de este sistema de intervención pública, es desarrollado en los siguientes procedimientos administrativos a los que se refiere nuestro ordenamiento jurídico:

a) Investigaciones que implican procedimientos invasivos en seres humanos.
b) Investigaciones que suponen la utilización de datos genéticos o de muestras biológicas humanas.
c) Investigaciones con material embriológico de origen humano.
d) Ensayos clínicos o medicamentos.
e) Estudios posautorización de tipo observacional.

Es preciso destacar dos observaciones al respecto. Por una parte, que aunque la LIB remite la regulación de la investigación en materia de aplicación de órganos, tejidos y células a la legislación sectorial, es preciso destacar que, tratándose del ámbito investigador, ni la LE y TO, ni el Real Decreto 2070/1999, de diciembre,

---

22 STC 325/1994, de 12 de diciembre. En efecto, de acuerdo con el art. 9 CE, *"3. La Constitución garantiza el principio de legalidad, la jerarquía normativa, la publicidad de las normas, la irretroactividad de las disposiciones sancionadoras no favorables o restrictivas de derechos individuales, la seguridad jurídica, la responsabilidad y la interdicción de la arbitrariedad de los poderes públicos."*.

se refieren a cuestión propiamente[23]. Ciertamente, dichas normas contemplan la posibilidad de que los órganos humanos puedan ser empleados en investigación y establecen una serie de principios jurídicos esenciales en el sistema de trasplante que igualmente resultan aplicables en la materia —principio de voluntariedad, altruismo, gratuidad, anonimato o confidencialidad—. Igualmente, el Real Decreto 1825/2009, de 27 de noviembre, por el que se aprueba el Estatuto de la Organización Nacional de Trasplantes, dentro del ámbito competencial de dicha organización se refiere a la promoción y desarrollo de la investigación en materia de donación, disponibilidad y aplicación clínica de órganos, tejidos y células para trasplante[24]. No obstante, en ningún caso se regula un procedimiento de autorización *"ad hoc"* a cuyo cumplimiento se condicione el desarrollo de esta clase de investigación[25]. Tal circunstancia determina la necesidad de acudir a otros cauces formales y, por razones evidentes, al procedimiento de autorización previsto para las investigaciones que suponen procedimientos invasivos en seres humanos; procedimiento en el que hay que integrar los preceptos sectoriales que resulten de aplicación. Esta conclusión, como veremos en su momento, tiene gran trascendencia en materia de investigación clínica con tejidos y células humanas.

Por otro lado, respecto de los procedimientos señalados con anterioridad hay que destacar que en absoluto se trata de cauces procedimentales estancos, absolutamente independientes unos de otros. Y no lo son por una sencilla razón; la *"praxis"* médica y científica es necesariamente mucho más rica que la encorsetada respuesta legal, de tal forma que en una determinada investigación biomédica pueden confluir factores de diferente naturaleza y alcance. Por ejemplo; puede ocurrir que una experimentación, además de implicar la realización de un procedimiento invasivo, implique el empleo de determinado material genético o de ciertas muestras biológicas o que se empleo del material genético se produzca en el contexto de una investigación con material biológico de origen embrionario. En tales casos, hay que estar necesariamente a lo dispuesto procedimentalmente para las diferentes hipótesis e integrar en un solo procedimiento, las normas previstas para las diferentes clases de investigación.

---

23 Aunque la LIB se refiere única y expresamente a *"...la aplicación ..."* de dichos elementos biológicos, hemos de entender que dicha aplicación es la realizada en un contexto de investigación médica. De hecho muchas de las actuaciones desarrolladas en este ámbito no dejan de tener este carácter investigador. En otro caso, no tendría sentido la remisión legal.

24 Art. 5.d) de la norma citada.

25 En relación con el empleo de los órganos humanos en actividades de investigación, véase Fonseca Ferrandis F., *Trasplantes, calidad y Administración pública*, Granada, Comares, 2010, págs. 130 y ss.

2. *Investigaciones que implican procedimientos invasivos en seres humanos*

De acuerdo con la LIB, la posibilidad de llevar a cabo investigaciones médicas que impliquen procedimientos invasivos en seres humanos —toda intervención realizada con fines de investigación que implique físico o psíquico para el sujeto afectado— queda sujeta al cumplimiento de una serie de requisitos legales que analizo a lo largo de estas páginas.

A) Consentimiento del sujeto objeto de la investigación

De conformidad con la Ley 41/2002, de 14 de noviembre, básica reguladora de la Autonomía del Paciente y de Derechos y Obligaciones en materia de Información y Documentación Clínica —en adelante, LrAP—, se entiende por consentimiento informado, la conformidad libre, voluntaria y consciente de un paciente, manifestada en el pleno uso de sus facultades mentales después de recibir la información adecuada, para que tenga lugar una actuación que afecta a su salud[26]. De la importancia de esta institución da cuenta la propia la doctrina del Tribunal Constitucional (S. 37/2011, de 28 de marzo), a tenor de la cual, el consentimiento informado es una facultad inherente al derecho fundamental a la integridad física y a la facultad que este derecho supone de impedir toda intervención no consentida sobre el propio cuerpo, que no se puede ver limitada de manera injustificada. En palabras de dicho tribunal estamos ante *"... una facultad de autodeterminación que legitima al paciente, en uso de su autonomía de la voluntad para decidir libremente sobre las medidas terapéuticas y tratamientos que pueden afectar a su integridad, escogiendo entre las distintas posibilidades; consintiendo su práctica o rechazándolas ..."*.

Es preciso destacar que la LrAp no regula el régimen jurídico del consentimiento informado con una pretensión general, al margen del concreto ámbito en el que nos encontremos. Por el contrario, en tres campos concretos como son la interrupción voluntaria del embarazo, los ensayos clínicos y la práctica de las técnicas de reproducción humana asistida, dicho texto legal se remite a lo dispuesto a las disposiciones especiales que resulten de aplicación. Es evidente que tal enumera-

---

26 En relación con el alcance del consentimiento informado en materia de investigación médica, véase Abellán F., "El consentimiento informado, la intimidad y la confidencialidad de los datos de los pacientes en los ensayos clínicos, con especial referencia a las obligaciones en materia de protección de datos" en *Ensayos clínicos en España. Aspectos Científicos, Bioéticos y Jurídicos*, ed. Comares, Granada, 2006; VVAA, *Informed Consent. Legal Theory and Clinical Practice*, Oxford, University Press, 2001 (2ª ed.), págs. 249 y ss., y VVAA, *The limits of consent. A socio-ethical approach to human subject research in Medicine*, Oxford University Press, 2009.

ción no tiene un carácter exhaustivo y que las investigaciones objeto de análisis en estas páginas son un ejemplo de esta afirmación.

Pues bien, de acuerdo con lo previsto en la LIB, las personas a las que se les solicite su participación en un proyecto de investigación que comporte un procedimiento invasivo en seres humanos deben prestar su consentimiento, por sí mismos o mediante su representante legal —cuando la persona esté incapacitada legalmente o sea menor de edad, siempre y cuando no existan otras alternativas para la investigación—[27]. La prestación del consentimiento por representación debe ser proporcionada a la investigación a desarrollar y se debe efectuar con respeto a la dignidad de la persona y en beneficio de su salud. En cualquier caso, las personas incapacitadas y los menores deben participar en la medida de lo posible y según su edad y capacidad en la toma de decisiones a lo largo de todo el proceso de investigación.

El consentimiento debe ser expreso, específico, escrito y una vez recibida la información adecuada. La información se convierte de esta manera en el elemento esencial del consentimiento en tanto que se ordena hacia correcta prestación de éste. Un consentimiento sin información no puede ser considerado como un verdadero consentimiento. De acuerdo con la doctrina constitucional mencionada con anterioridad (STC 37/2011, de 28 de marzo), *"La información previa, que ha*

---

[27] Aunque la LIB no proporciona una definición expresa de los diferentes sujetos implicados en esta clase de investigación, no existe inconveniente acudir a la relación que proporciona la LM y PS y el REC en el entendimiento de que no se trata propiamente un ensayo clínico sino otra clase de investigación médica. Se trata de los siguientes individuos:

a) Promotor. Es el individuo, empresa, institución u organización responsable del inicio, gestión, y/o financiación de un ensayo clínico. A él corresponde firmar la solicitud de autorización dirigida al Comité de Ética de Investigación Clínica y a la Agencia Española de Medicamentos y Productos Sanitarios y se responsabiliza de él.

b) Monitor. Profesional capacitado con la necesaria competencia clínica, elegido por el promotor, que se encarga del seguimiento directo de la realización del ensayo y que sirve como vínculo entre el promotor y el investigador principal cuando estos no concurran en la misma persona.

c) Organización de Investigación por Contrato (CRO). Persona física o jurídica contratada por el promotor para realizar las funciones o deberes del promotor en relación con el ensayo clínico.

d) Investigador principal o investigador. Médico o persona que ejerce una profesión reconocida para llevar a cabo investigaciones en razón de su formación científica y de su experiencia en la atención sanitaria requerida, siendo el responsable de la realización del ensayo clínico en un centro y, en su caso, del equipo —cuando el ensayo es desarrollado por éste—. Dirige la realización del ensayo y firma en unión del promotor la solicitud, corresponsabilizándose con él. Aunque formalmente el promotor y el investigador principal son individuos diferentes, no obstante, ambas condiciones pueden concurrir en la misma persona

e) Investigador coordinador. Es el investigador responsable de la coordinación de los investigadores de todos los centros españoles que participan en un ensayo multicéntrico.

f) Sujeto del ensayo. Individuo que participa en un ensayo clínico, bien recibiendo el medicamento en investigación, bien como control.

dado lugar a lo que se ha venido en llamar consentimiento informado, puede ser considerada, pues, como un procedimiento o mecanismo de garantía para la efectividad del principio de autonomía de la voluntad del paciente y, por tanto, de los preceptos constitucionales que reconocen derechos fundamentales que pueden resultar concernidos por las actuaciones médicas, y, señaladamente, una consecuencia implícita y obligada de la garantía del derecho a la integridad física y moral, alcanzando así una relevancia moral que determina que su omisión o defectuosa realización pueda suponer una previa lesión del propio derecho fundamental.". Todo ello por que, en opinión de dicho tribunal, *"...para que esa facultad de consentir, de decidir sobre los actos médicos que afectan al sujeto puedan ejercerse con plena libertad, es imprescindible que el paciente cuente con la información médica adecuada sobre las medidas terapéuticas, pues sólo si dispone de dicha información podrá prestar libremente su consentimiento, eligiendo entre las opciones que se le presenten, o a decidir, también con plena libertad, no autorizar los tratamientos o las intervenciones que se le propongan por los facultativos. De esta manera, el consentimiento y la información se manifiestan como dos derechos que están tan estrechamente imbricados que el ejercicio de uno depende de la previa correcta atención del otro, razón por la cual, la privación de información no justificada equivale a la limitación o privación del propio derecho a decidir y consentir la actuación médica, afectando así al derecho a la integridad física del que ese consentimiento es manifestación.".*

Desde esta perspectiva, la LIB establece que las personas a las que se les solicite su participación en un proyecto de investigación deben recibir previamente la información necesaria, debidamente documentada y en forma comprensible y, cuando se trate de personas con discapacidad, además, de forma adecuada a sus circunstancias. Esta información debe incluir el propósito, la naturaleza, el plan detallado, las implicaciones, las molestias y los posibles riesgos y beneficios de la investigación. En cualquier caso, debe especificar los siguientes extremos, a saber:

a) Naturaleza extensión y duración de los procedimientos que se vayan a utilizar, en particular los que afecten a la participación del sujeto.
b) Procedimientos preventivos, diagnósticos y terapéuticos disponibles.
c) Medidas para responder a acontecimientos adversos en lo que concierne a los sujetos que participan en la investigación.
d) Medidas para asegurar el respeto a la vida privada y a confidencialidad de los datos personales de acuerdo con las exigencias previstas en la legislación sobre protección de datos de carácter personal.

e) Medidas para acceder a la información relevante para el sujeto, que surjan de la investigación o de los resultados totales[28].
f) Medidas para asegurar una compensación adecuada en caso de que el sujeto sufra un daño.
g) Identidad del profesional responsable de la investigación.
h) Cualquier futuro uso potencial, incluyendo los comerciales, de los resultados de la investigación.
i) Fuente de financiación del proyecto de investigación.
j) Cuando no se conozcan estos extremos debe existir el compromiso explícito de completar la información cuando los datos estén disponibles.

Las personas que participan en una investigación biomédica pueden revocar su consentimiento en cualquier momento —sin perjuicio de ciertas limitaciones establecidas por la ley— y las personas que lo hayan recibido deben disponer de las medidas necesarias para el efectivo ejercicio del derecho. En cualquier caso, tanto la falta de otorgamiento inicial como su revocación —una vez otorgado aquélla— no puede suponer perjuicio alguno en la asistencia sanitaria dispensada al individuo al que se le propone su participación en la investigación que es objeto del mismo.

B) Aseguramiento del daño

Según dispone la LIB, la realización de toda investigación médica de esta naturaleza, exige el aseguramiento previo de los daños y perjuicios que se pudiesen derivar de aquélla para la persona en la que se lleve a efecto. Se trata, con dicha previsión legal, de que todas las personas que hayan sufrido daños como consecuencia de su participación en un determinado proyecto de investigación puedan recibir una compensación adecuada.

En relación con esta cuestión son tres los puntos que interesa destacar:

a) En primer lugar, se presume, salvo prueba en contrario, que los daños que afecten a la salud de la persona sujeta a la investigación, durante su

---

28 De acuerdo con lo previsto en el art. 4.5 de la LIB, "*Toda persona tiene derecho a ser informada de sus datos genéticos y otros de carácter personal que se obtengan en el curso de una investigación biomédica, según los términos en que manifestó su voluntad. El mismo derecho se reconoce a la persona que haya aportado, con la finalidad indicada, muestras biológicas o cuando se hayan obtenido otros materiales biológicos a partir de aquellos.*
Se respetará el derecho de la persona a decidir que no se le comuniquen los datos a que se refiere el apartado anterior, incluidos los descubrimientos inesperados que se pudieran producir. No obstante, cuando esta información, según criterio del médico responsable, sea necesaria para evitar un grave perjuicio para su salud o la de sus familiares biológicos, se informará a un familiar próximo o a un representante, previa consulta del comité asistencial si lo hubiera. En todo caso, la comunicación se limitará exclusivamente a los datos necesarios para estas finalidades.".

realización y en el año siguiente a su terminación, se han producido como consecuencia de la investigación. Concluido dicho año, el sujeto de aquella está obligado a probar el daño y el nexo entre la investigación y el daño producido.

b) En segundo que, cuando por cualquier circunstancia, el seguro no cubra enteramente los daños causados, el promotor de la investigación, el investigador responsable de la misma y el hospital o centro en el que se hubiera realizado, responderán solidariamente de aquellos, aunque no medie culpa, incumbiéndoles la carga de la prueba. Ni la autorización administrativa, ni el informe del Comité de Ética de la Investigación, les pueden exonerar de responsabilidad.

c) Finalmente, en todos los demás aspectos relativos a la responsabilidad por daños y a su aseguramiento se debe estar a lo dispuesto por la LM y PS, al margen, claro está, de la legislación general vigente en la materia que también resulta de aplicación.

C) Informe preceptivo y favorable del proyecto de investigación emitido por el Comité de Ética de la Investigación

La LIB somete a todo proyecto de investigación biomédica que implique el desarrollo de algún procedimiento invasivo a una previa evaluación por parte de unos órganos colegiados y especializados, denominados Comités de Ética de la Investigación[29]; evaluación que debe ser previa al otorgamiento de la correspondiente autorización administrativa —en tanto que va a constituir, como veremos seguidamente, su principal elemento de motivación— y, además, favorable. Se ex-

---

[29] Los Comités de Ética de la Investigación son unos órganos de carácter colegiado con competencias consultivas y de informe en materia de investigación biomédica. En tanto que la actuación de estos órganos se inserta en la esfera administrativa, se debe estar en primer lugar a lo previsto en la legislación básica y común del Estado en todo relativo a su régimen de funcionamiento y desarrollo de su actividad. Previstos ya en la LM y PS y en el REC en relación con los ensayos clínicos, es preciso destacar que la LIB a procedido a cambiar la denominación de los mismos, acuñando el concepto que nos es ya conocido de Comités de Ética de la Investigación que sustituye, en tanto previsto en una ley posterior, a la tradicional denominación de Comités de Ética de Investigación Clínica, previsto en la normativa sobre ensayos clínicos. Como tales, pueden estar vinculados a un solo centro de investigación o desarrollar sus funciones en dos o más centros —Comité de Referencia—.

Según lo dispuesto en el art. 12 de la LIB, les corresponde el ejercicio de las siguientes funciones en materia de investigación médica:

a) Evaluar la cualificación del investigador principal y la del equipo investigador así como la factibilidad del proyecto.

b) Ponderar los aspectos metodológicos, éticos y legales del proyecto de investigación.

c) Ponderar el balance de riesgos y beneficios anticipados dimanantes del estudio.

d) Velar por el cumplimiento de procedimientos que permitan asegurar la trazabilidad de las muestras de origen humano, sin perjuicio de lo dispuesto de la legislación de protección de datos de carácter personal.
e) Informar, previa evaluación del proyecto de investigación, toda investigación biomédica que implique intervenciones en seres humanos o utilización de muestras biológicas de origen humano, sin perjuicio de otros informes que deban ser emitidos. No podrá autorizarse o desarrollarse el proyecto de investigación sin el previo y preceptivo informe favorable del Comité de Ética de la Investigación.
f) Desarrollar códigos de buenas prácticas de acuerdo por los principios establecidos por el Comité de Bioética de España y gestionar los conflictos y expedientes que su incumplimiento genere.
g) Coordinar su actividad con la de los comités similares de otras instituciones.
h) Velar por la confidencialidad y ejercer cuantas otras funciones les pudiera asignar la normativa de desarrollo de la LIB.
Por su parte, el art. 10 REC les atribuye el ejercicio de las siguientes competencias en materia de ensayos clínicos:
a) Evaluar los aspectos metodológicos, éticos y legales de los ensayos clínicos que les sean remitidos.
b) Evaluar las modificaciones relevantes de los ensayos clínicos autorizados.
c) Realizar un seguimiento del ensayo, desde su inicio hasta la recepción del informe final.
Para el ejercicio de sus funciones, los Comités de Ética de la Investigación pueden requerir la información que precisen y, en particular, la que verse sobre las fuentes y cuantía de la financiación de los estudios y la distribución de los gastos.
Los Comités de Ética de la Investigación deben ser debidamente acreditados por el órgano competente, ya sea éste de la comunidad autónoma, ya sea de la Administración General del Estado, si dependen de ésta. Para la acreditación de un Comité de Ética de la Investigación se debe ponderar especialmente la independencia e imparcialidad de sus miembros respecto de los promotores e investigadores de los proyectos de investigación y ensayos clínicos a desarrollar, así como su composición interdisciplinar. En este sentido hay que destacar que los Comités de Ética de la Investigación deben estar formados por un equipo interdisciplinar integrado por médicos, farmacéuticos de atención primaria y hospitalaria, farmacólogos clínicos, personal de enfermería y personas ajenas a las profesiones sanitarias de las que al menos uno debe ser licenciado en Derecho, especialista en la materia. Dicha acreditación debe ser renovada periódicamente por la autoridad sanitaria según los procedimientos y plazos que ésta determine. Además, tanto la acreditación inicial como sus renovaciones deben ser notificadas a la Agencia Española de Medicamentos y Productos Sanitarios y al Centro Coordinador de Comités de Investigación Clínica —organización constituida como unidad técnica operativa que tiene como objetivo facilitar que los diversos Comités de Ética de la Investigación puedan compartir estándares de calidad, criterios de evaluación adecuados y homogéneos y favorecer la agilidad en el proceso de obtención del dictamen único—.
Es preciso destacar que, aunque el REC regula con gran detalle estos órganos —Centro Coordinador de Comités de Investigación Clínica, composición, y formación de los miembros que los integran, infraestructura mínima de la que deben estar dotados y normas generales de funcionamiento—, se trata de una cuestión en la que han incidido con gran alcance las Comunidades Autónomas. De hecho, aunque algunas normas autonómicas se autodenominan como "reguladoras de los ensayos clínicos", lo único que hacen es regular esta clase de comités. Además, el contenido de la regulación autonómica oscila desde dos perspectivas. Por un lado, existen normas cuyo objetivo es llevar a cabo una regulación completa de estos órganos —su constitución, funciones, composición, funcionamiento y acreditación— mientras que otras, se centran en

su preceptiva acreditación. Por otro, junto a normas que regulan estrictamente la participación de los comités de ética en los ensayos clínicos, otras se refieren a un ámbito material mayor comprensivo en general de toda la investigación biomédica o de casos particulares como los estudios observacionales y las distintas clases de éstos. En cualquier caso, podemos citar el Decreto 439/2010, por el que se regula los órganos de ética asistencial y de la investigación biomédica en Andalucía; el Decreto 406/2006, de 24 de octubre, por el que se regula los requisitos y el procedimiento de acreditación de los comités de ética de investigación clínica en Cataluña; el Decreto 32/1996, de 25 de enero, por el que se regulan los ensayos clínicos en Galicia; el Decreto 39/1994, de 28 de abril, por el que se regulan el ejercicio de las competencias de la Comunidad de Madrid de ensayos clínicos; el Decreto 73/2009, de 5 de junio, por el que se regula la gestión de ensayos clínicos y estudios post-autorización observacionales con medicamentos y productos sanitarios en la Comunidad Valenciana y la Circular 1/1999, de 25 de mayo, por el que se regula los procedimientos de funcionamiento de los Comités de Ética de Investigación Clínica en la misma comunidad; Orden de 28 de septiembre de 1984, sobre acreditación de Comités Éticos de Investigación Clínica en el País Vasco.

Con independencia de esta clase de comités de carácter local, en algunas Comunidades Autónomas se han creado diferentes organismos centralizados cuyo ámbito competencial alcanza toda ésta. Es el caso de la Unidad de Bioética y Orientación Sanitaria de la Comunidad de Madrid (Decreto 61/2003, de 8 de mayo, por el que se regula el régimen de funcionamiento y la acreditación de los comités de ética para la asistencia sanitaria y se crea y regula la Unidad de Bioética y Orientación Sanitaria de la Comunidad de Madrid) como órgano de apoyo a la Consejería de Sanidad en aquellas cuestiones relacionadas con la bioética, con la finalidad de informar y orientar en todos aquellos aspectos éticos y normativos que surjan en los ámbitos de la relación clínica y de los sistemas de garantía asistencial a los ciudadanos. En concreto, en relación con nuestro objeto de estudio, la norma citada le atribuye la competencia para informar y orientar sobre aspectos éticos y normativos de la experimentación terapéutica, la investigación con seres humanos, la investigación biomédica y la incorporación de nuevas tecnologías al campo de la salud. Adscrito a ésta, existe el Comité Asesor de Bioética, cuya finalidad es asesorar a la Consejería de Sanidad de dicha Comunidad Autónoma en aquellas materias que implican distintos valores éticos en conflicto. Podemos citar también, el Comité Consultivo de Bioética de Cataluña (Decreto 166/2005, de 26 de julio) el Consejo Asesor de Investigación en Ciencias de la Salud de la Comunidad Valenciana (Decreto 149/2006, de 6 de octubre, por el que se crea dicho organismo) o el Comité Ético de Investigación clínica del País Vasco (Decreto 3/2005 de 11 de enero, por el que se constituye esta entidad) se inserta también en esta línea.

Un caso particular al respecto por la especialización de su organización es Cataluña. En efecto, en dicha Comunidad Autónoma se ha creado por Orden SLT/55/2010, de 8 de febrero, el Consejo Asesor de Tratamientos Farmacológicos de Alta Complejidad, como órgano asesor del Servicio Catalán de Salud sobre el uso racional de los tratamientos farmacológicos de alta complejidad, es decir, aquellos que implican el uso de fármacos, preferentemente de utilización hospitalaria e incluidos en alguno de los siguientes supuestos: a) terapias farmacológicas huérfanas, para diagnosticar o prevenir o tratar afecciones de riesgo para la vida o de carácter muy grave, poco frecuentes que afectan a no más de 5 personas de cada 10.000 personas a nivel de la unión europea; b) medicamentos de terapia avanzada como los medicamentos de terapia génica, medicamentos de terapia somática y terapia celular, incluyendo también, la terapia avanzada para el tratamiento del cáncer; c) fármacos cuya aprobación por parte de la agencia europea del medicamento les adjudica la condición de "Conditional approval" o "Exceptional circumstances" porque falta información sobre eficacia y/o seguridad clínica del fármaco; d) fármacos a los cuales, en relación con la seguridad del medicamento, el programa de gestión de riesgos exija

ceptúa de este modo la regla general prevista en la LRJAP y PAC, a tenor de la cual, *"Salvo disposición en expresa en contrario, los informes serán facultativos y no vinculantes."*[30]. Así lo dispone expresamente la LIB cuando afirma que *"La autorización y desarrollo de cualquier proyecto de investigación sobre seres humanos o su material biológico requerirá el previo y preceptivo informe favorable del Comité de ética de la Investigación."*[31]. Igualmente es necesario contar con un informe favorable cuando los resultados parciales obtenidos aconsejen una modificación del proyecto inicial. Cuando se trate de proyectos de investigación multicéntricos debe existir un informe único.

Dicha evaluación debe estar debidamente motivada y de tratarse de una investigación multicéntrica, ha de existir una unidad de criterio entre todos comités partícipes. Desde esta perspectiva, el Comité de Ética de la Investigación, debe tener en cuenta la idoneidad científica del proyecto, su pertinencia, su factibilidad y la adecuación del investigador principal y del equipo investigador. No obstante, es preciso destacar en este punto que la evaluación del comité no se debe centrar exclusivamente en las cuestiones metodológicas o éticas del proyecto de investigación. Junto a éstos, la LIB obliga expresamente a considerar los aspectos legales del mismo[32]. De esta manera, al margen de aquellas primeras cuestiones de carácter general, el informe de los Comités de Ética de la Investigación debe ser comprensivo de toda una serie de principios y garantías que, a pesar de la denominación legal, en la mayoría de los casos, dan lugar a auténticas normas jurídicas. Realmente, obliga a realizar un juicio de legalidad del proyecto de investigación sometido a su consideración, fundamentado, además, en el conjunto del ordenamiento jurídico —con sus normas e instituciones— y no sólo en la LIB y menos aún, en ciertas

---

la incorporación de actividades adicionales (no rutinarias) de minimización de riesgos; e) y otros tratamientos farmacológicos innovadores en cuanto a procedimiento de obtención y fabricación, nuevas indicaciones terapéuticas para enfermedades o condiciones para las cuales no se disponía deintervenciones efectivas. Desde otra perspectiva, podemos citar el denominado Comité de Ética de Investigaciones clínicas de la Administración deportiva de Cataluña, creado por la Orden PRE/100/2005, de 24 de febrero, órgano especializado en dicho ámbito.

Sobre esta cuestión, se puede ver con carácter general Fernández Fernández I., y Velázquez Martínez A., "Funciones, acreditación, composición y normas generales de funcionamiento de los Comités Éticos de Investigación Clínica" en *Ensayos clínicos en España. Aspectos científicos, bioéticos y jurídicos (Coord. Sánchez Caro J.)*, Granada, ed. Comares, 2006, págs. 118 y ss.

30 Art. 83.1 de la LRJAP y PAC.

31 Art. 2. e) de la LIB. En el mismo sentido se expresa el art. 16 del mismo texto legal que dispone que *"Toda investigación biomédica que comporte algún procedimiento invasivo en el ser humano deberá ser previamente evaluada por el Comité de Ética de la Investigación correspondiente del proyecto de investigación presentado y autorizado por el órgano autonómico competente."*.

32 Art. 12.2 de la LIB.

normas o guía de práctica clínica que es preciso considerar pero que no agotan, ni de lejos, la riqueza de dicho ordenamiento[33].

Desde este punto de vista, merece especial interés el Convenio para la protección de los Derechos Humanos y la Dignidad del Ser Humano con respecto a las aplicaciones de la Biología y la Medicina —en adelante, Convenio de Oviedo—, norma, como es sabido ratificada por España[34]. En efecto, con el objetivo de proteger al ser humano en su dignidad y su identidad y garantizar a toda persona, sin discriminación alguna, el respeto a su integridad y a sus demás derechos y libertades fundamentales con respecto de las aplicaciones de la Biología y de la Medicina, se pronuncia sobre diferentes cuestiones que, con diferente alcance, inciden sobre nuestro objeto de estudio. Así, si bien, garantiza la libertad en materia de investigación científica en el ámbito de la biología y de la medicina, impone, acto seguido, un límite de carácter general e infranqueable que es la protección del ser humano. Y, a partir de la afirmación de dicho principio, hace prevalecer el interés y el bienestar del ser humano sobre el interés exclusivo de la sociedad o de la ciencia; fundamenta el consentimiento libre e informado como requisito previo e indispensable de toda intervención en el ámbito de la sanidad; consagra el derecho a la vida privada cuando de informaciones relativas a la salud se trata, así como el derecho a conocer toda información relativa a la propia salud; se pronuncia sobre diferentes aspectos relativos al genoma humano como son la interdicción de toda discriminación a causa del patrimonio genético, el alcance lícito de las pruebas genéticas predictivas o de las intervenciones que tengan por objeto la modificación del genoma humano y limitan, al propio tiempo, la utilización de técnicas medicas dirigidas a elegir el sexo de las personas en las que sea preciso para evitar una enfermedad hereditaria grave vinculada al mismo;; o, en fin, se pronuncia en relación con la extracción de órganos y tejidos de donantes y para trasplantes, prohibiendo el lucro y la utilización de las partes extraídas del cuerpo humano para fines diferentes de los que determinaron su extracción.

Centrando nuestro análisis en la LIB podemos concretar las siguientes cuestiones objeto de especial interés:

a) Cualquier investigación de carácter biomédico debe estar científicamente justificada, cumplir los criterios de calidad científica generalmente acepta-

---

33 Zilgaris P., "Ethics and the European Commision. The importance of ethical and legal aspects in the evaluation and funding of reseach proyects" en *Los nuevos horizontes de la investigación genética (Dir. Romeo Casabona C.M.)*, Granada, ed. Comares, 2005.

34 Sobre el alcance de esta norma, véase Romeo Casabona C.M.(Dir.), *El Convenio de Derechos Humanos y Biotecnología. Su entrada en vigor en el ordenamiento español*, Granada, ed. Comares, 2002.

dos y realizarse de acuerdo con las obligaciones y estándares profesionales adecuados.

b) Se debe asegurar la protección de la dignidad e identidad del ser humano en relación con cualquier investigación y garantizar a toda persona, sin discriminación alguna, el respeto a su integridad y a sus demás derechos y libertades fundamentales. De ahí, justamente, la obligación de informar sobre los derechos y las salvaguardias prescritas en la ley para su protección y, específicamente, de su derecho a rehusar el consentimiento o a retirarlo en cualquier momento sin que se pueda ver afectado por tal motivo su derecho a la asistencia sanitaria.

c) La salud, el interés y el bienestar del ser humano que participe en una investigación biomédica debe prevalecer por encima del interés de la sociedad o de la ciencia. Se trata de un principio esencial del que derivan normas básicas de obligada consideración por el Comité de Ética de Investigación que es preciso citar en este punto: la investigación en seres humanos sólo se puede llevar a cabo en ausencia de una alternativa de eficacia comparable; la investigación no debe implicar para el ser humano riesgos y molestias desproporcionados en relación con los beneficios potenciales que se puedan obtener; o que cuando la investigación no tenga posibilidad de beneficiar directamente la salud del sujeto participante en la misma sólo se pueda iniciar en el caso de que represente un riesgo y una carga mínimos para dicho sujeto.

d) La investigación no debe interferir con intervenciones clínicas necesarias. Desde esta perspectiva, dispone la LIB que la investigación no puede retrasar o privar a los participantes de los procedimientos médicos preventivos diagnósticos o terapéuticos que sean necesarios para su estado de salud; en el caso de investigaciones asociadas con la prevención, diagnóstico o tratamiento de enfermedades, se debe asegurar que los participantes asignados a los grupos de control reciben procedimientos probados de prevención diagnóstico o tratamiento[35]; y, sólo se puede recurrir al uso de placebo si no existen métodos de eficacia probada, o cuando la retirada de estos métodos no presente un riesgo o perjuicio inaceptable para el paciente.

e) La investigación se debe desarrollar de acuerdo con el principio de precaución para prevenir riesgos para la vida y la salud. En efecto, dada la transcendencia de estos bienes jurídicos es preciso que la actividad de in-

---

[35] El investigador principal debe hacer constar dichos extremos en el protocolo del estudio que vaya a someter a evaluación y autorización.

vestigación se desarrolle de una forma tendente a evitar la actualización de los riesgos que comporta[36].

Con independencia de todos estos criterios legales que podemos considerar de aplicación general, la LIB establece además otros requisitos específicos, determinados en función de ciertas circunstancias concretas que pueden concurrir en determinadas clases de investigación. Es preciso destacar que estos supuestos, aunque legalmente vienen referidos expresamente a la posterior autorización administrativa —*"Exclusivamente podrá autorizarse una investigación ...", "... la investigación podrá ser autorizada ..."* —, parece evidente que deben ser objeto de consideración previa, también, por parte del Comité de Ética de la Investigación a la hora de emitir su informe. Dos son los argumentos que fundamentan tal posición. Por un lado, su íntima relación con los requisitos generales citados con anterioridad, si bien, restringidos a supuestos de hecho concretos. Por otro que, dado la exigencia de una motivación adecuada, de acuerdo con las consideraciones anteriores es evidente la propia necesidad de tener en cuenta dichos supuestos cuando concurran. De hecho, en el caso de las denominadas investigaciones en situaciones de urgencia, el Comité de Ética de la Investigación puede expresar objeciones en relación con su realización, objeciones que, de acuerdo con el planteamiento de la LIB, que deben ser tenidas en cuenta por la administración competente a la hora de otorgar la autorización[37]. Más adelante volveremos sobres estos supuestos. Baste destacar en este momento que se trata de las siguientes hipótesis:

a) Investigaciones desarrolladas durante el embarazo o la lactancia cuando dicha investigación no vaya a producir un beneficio directo sobre la mujer embarazada, el embrión, el feto o el niño después del nacimiento. Esta clase de investigación puede ser autorizada —lo que, como ya sabemos, implica la emisión del informe preceptivo y favorable del Comité de Ética de la Investigación—, exclusivamente, si se cumplen las siguientes condiciones: i) que la investigación tenga por objeto contribuir a mejorar unos resultados que redunden en beneficio de otras mujeres, embriones, fetos o

---

36 Sobre el alcance de dicho principio, téngase en cuenta VVAA (Dir. Romeo Casabona C.M., *Principio de Precaución, Biotecnología y Derecho*, Granada, Comares, 2004.

37 De acuerdo con lo previsto en el art. 21.3 LIB, se consideran investigaciones en situaciones de urgencia, aquéllas en las que la persona no se encuentre en condiciones de otorgar su consentimiento y, a causa de su estado y de la urgencia de la situación, sea imposible obtener a tiempo la autorización de los representantes legales del paciente o, de carecer de ellos, de las personas que convivieran con aquel. En cualquier caso, establece el ap. 4 del mismo precepto legal que las personas que participen en una investigación en situación de emergencia o, en su caso, sus representantes legales, deben ser informados a la mayor brevedad posible, de acuerdo con lo establecido con carácter general por la LIB. Igualmente, se debe solicitar el consentimiento para continuar participando en las investigaciones, en cuanto el paciente se halle en condiciones de prestarlo.

niños; ii) que no sea posible realizar investigaciones de eficacia comparable en mujeres que no estén embarazadas; iii) que la mujer entrañe un riesgo y un perjuicio mínimos para la mujer y, en su caso, para el embrión el feto o el niño; iv) que la mujer embarazada o los representantes legales del niño, en su caso, presten su consentimiento de forma adecuada. Además, cuando la investigación se lleve a cabo en una mujer durante el periodo de lactancia, se debe tener especial cuidado en evitar un impacto adverso en la salud del niño.

b) Investigaciones que se desarrollen con personas que no tengan capacidad para expresar su consentimiento. La investigación sobre una persona menor o incapaz de obrar —salvo que, en atención a su grado de discernimiento la resolución judicial de incapacitación le autorizase para prestar su consentimiento a la investigación— sólo puede ser realizada si concurren las siguientes condiciones: i) que los resultados de la investigación puedan producir beneficios reales o directos para su salud; ii) que no se pueda realizar una investigación de eficacia comparable en individuos capaces de otorgar su consentimiento; iii) que la persona que vaya a participar en la investigación haya sido informada por escrito de sus derechos y de los límites prescritos por la LIB, salvo que tal persona no esté en situación de recibir tal información; iv) que los representantes legales de la persona que vaya a participar en la investigación, hayan prestado su consentimiento por escrito —teniendo en cuenta, los deseos u objeciones expresados por la persona afectada—, después de haber recibido la información necesaria.
Cuando sea previsible que la investigación no vaya a producir resultados en beneficio directo de la salud de los sujetos afectados, la investigación puede ser autorizada de forma excepcional si concurren, además, de los tres últimos requisitos citados con anterioridad, los siguientes: i) que la investigación tenga por objeto contribuir, a través de mejoras significativas en la comprensión de la enfermedad o condición del individuo, a un resultado beneficioso para otras personas de la misma edad o con la misma enfermedad o condición, en un plazo razonable; ii) que la investigación entrañe un riesgo y una carga mínimos para el individuo participante; iii) que la autorización de la investigación se ponga en conocimiento del Ministerio Fiscal.

c) Investigaciones que se desarrollen con personas incapaces de consentir debido a su situación clínica. Para la realización de una investigación en situaciones clínicas de emergencia, en la que la persona implicada no pueda prestar su consentimiento, se deben cumplir las siguientes condiciones: i) que no sea posible realizar investigaciones de eficacia comparable en personas que no se encuentren en esa situación de emergencia; ii) que en el caso de que no sea previsible que esa investigación vaya a producir resultados beneficiosos para la salud del paciente, tenga el propósito de contribuir a mejorar de forma significativa la comprensión de la enfermedad o condición del paciente, con el objetivo de beneficiar a otras personas con la misma enfermedad o condición, siempre que conlleve el mínimo riesgo e incomodidad para aquel; iii) que la autorización de la investigación se ponga en conocimiento del Ministerio Fiscal.

De acuerdo con las reglas generales del procedimiento administrativo y, en ausencia de normas sectoriales específicas, hay que señalar que, en principio, el informe al que nos referimos en estas líneas debe ser emitido en un plazo máximo de diez días. No obstante, dado que en nuestro caso, de acuerdo con la legislación básica estatal, estamos ante un plazo para resolver y notificar la resolución correspondiente de tres meses —contado a partir de la fecha en que la solicitud haya tenido entrada en el Registro del órgano competente para su tramitación—, cabe plantearse la posibilidad de admitir un plazo de emisión mayor[38]. El problema es que la legislación sectorial no concreta cual puede ser dicho plazo. Por lo demás, dado el carácter determinante del informe en relación con la resolución del procedimiento, la no emisión en plazo habilita a la administración actuante para interrumpir el plazo para la verificación de los trámites sucesivos y, por tanto, la tramitación del procedimiento, hasta la efectiva emisión del informe. Es preciso destacar que se trata de una habilitación para, no de un precepto imperativo —*"...se podrá interrumpir el plazo de los trámites sucesivos."*. Por tanto, es posible también que la administración no acuerde tal efecto. En tal caso, el procedimiento sigue su instrucción y el informe puede no ser tenido en cuenta[39].

---

38 De acuerdo con lo previsto en el art. 42.2 y 3 de la LRJAP y PAC, *"El plazo máximo en el que debe notificarse la resolución expresa será el fijado por la norma reguladora del correspondiente procedimiento. Este plazo no podrá exceder de seis meses salvo que una norma con rango de Ley establezca uno mayor o así venga previsto en la normativa comunitaria europea."*. Ahora bien, *"Cuando las normas reguladoras de los procedimientos no fijen el plazo máximo para recibir la notificación, éste será de tres meses ..."*.

39 A tenor de lo dispuesto en el art. 83.3 de la LRJAP y PAC, *"De no emitirse el informe en el plazo señalado, y sin perjuicio de la responsabilidad en que incurra el responsable de la demora, se podrá proseguir las actuaciones cualquiera que sea el carácter del informe solicitado, excepto en el supuesto de informes preceptivos que sean determinantes para la resolución del procedimiento, en cuyo caso se podrá interrumpir el plazo de los trámites sucesivos."*. De esta forma, tal y como ha puesto de manifiesto el profesor Parejo Alfonso (Derecho Administrativo, pág. 734), se corrige así, la posición jurisprudencial que entendía que la omisión de un informe o un dictamen preceptivo —y, más, si tenía carácter vinculante—, constituye un vicio grave de procedimiento (STS de 18 de mayo de 1987), si bien, la invalidez derivada de dicha circunstancia no era de nulidad sino de mera anulabilidad, siempre que la omisión hubiera privado al acto de los requisitos indispensables para alcanzar su fin o hubiese producido indefensión (Ss. TS de 25 de febrero de 198; de 1 2 de diciembre de 1984; y de 7 de febrero de 2000).

Es preciso destacar que el ámbito competencial del Comité de Ética de la Investigación no queda reducido a emitir el informe inicial, al cual, nos hemos referido hasta el momento. Por el contrario, con el fin primordial de salvaguardar la seguridad de las personas participantes en el mismo, se extiende más allá y alcanza todo el curso de la ejecución del proyecto de investigación de que se trate. En efecto, por un lado, a partir de la obligación que el texto legal impone al investigador principal del proyecto en el sentido de remitir a dicho órgano cualquier información relevante para la seguridad de los sujetos participantes, el Comité de Ética de la Investigación debe adoptar las medidas oportunas con el fin de comprobar que la continuidad del proyecto esté justificada a la luz de los conocimientos alcanzados a lo largo de su ejecución. Tal comprobación tiene por objetivo adoptar cualquiera de los siguientes acuerdos:

a) Interrumpir la investigación o realizar cambios en el proyecto para que pueda continuar.
b) Informar sobre los acontecimientos que pueden ocurrir en el desarrollo de la investigación a los participantes en la misma o, en su caso, sus representantes.
c) Contar con un consentimiento adicional de los participantes.

Por otro lado, es preciso destacar que cualquier modificación relevante de las condiciones de un proyecto de investigación autorizado, exige la emisión de un nuevo dictamen favorable del Comité de Ética de la Investigación correspondiente —que, a su vez, sirve de fundamento para la verificación de una nueva autorización administrativa—. Sin el dictado de un nuevo informe no se puede llevar a cabo la modificación. Igualmente, el Comité de Ética de la Investigación debe vigilarque, cualquier información relevante sobre la participación en la investigación, sea comunicada a la mayor brevedad a los participantes o a sus representantes legales y debe dar cuenta de las incidencias observadas a la autoridad autorizante de la investigación con el fin de que ésta pueda proceder a adoptar las medidas pertinentes, incluso, acordando la suspensión cautelar de la ejecución del proyecto. Finalmente, debe ser informado por el investigador principal de las razones por las que se decida terminar prematuramente con un proyecto de investigación.

D) Autorización administrativa

Como ha quedado apuntado en el epígrafe anterior, una vez que el Comité de Ética de la Investigación emite su informe, éste debe ser elevado al órgano autonómico competente para que otorgue la autorización que legitima el desarrollo del proyecto. Esta resolución administrativa es el acto sustantivo en tanto mana del órgano investido de la correspondiente potestad administrativa, aunque en su motivación, adopte un informe emitido por un órgano distinto. Como se recordará, así lo dispone expresamente la LIB. Igualmente, cuando el proyecto inicial sufra modificaciones relevantes, su desarrollo requiere, previo nuevo informe favorable del Comité de Ética de Investigación, una nueva autorización administrativa. Recordemos, además, que en el caso de investigaciones que afecten a personas sin capacidad para expresar su consentimiento o incapaces de consentir debido a su situación clínica, el otorgamiento de la autorización debe ser comunicada al Ministerio Fiscal.

Esta autorización administrativa, en tanto acto administrativo que es, produce lo efectos propios de los mismos[40]. De ahí, justamente, que la LIB disponga expresamente que la realización de la investigación se debe ajustar en todo caso al contenido del proyecto al que se hubiera otorgado la autorización, si bien, en puridad, tal previsión se antoja superflua en tanto que, por lo dicho con anterioridad, tal efecto se desprende sin más de la teoría general del acto administrativo que, dado su carácter básico, vincula al legislador sectorial; en nuestro caso, el biomédico.

Como acto administrativo de naturaleza autorizatoria presenta las siguientes notas definitorias:

a) En segundo término, se trata de una autorización de carácter mixto. Tradicionalmente, se ha diferenciado entre autorizaciones de naturaleza personal, real o mixtas, en función de que el acto administrativo correspondiente deba tener presente, bien las cualidades subjetivas del interesado, bien, las condiciones objetivas de la actividad que se pretende ejecutar o, en su caso, una específica combinación —de imposible determinación "a priori"— de ambas circunstancias. En nuestro caso, el control a realizar por parte de la Administración tiene por objeto el desarrollo de una determinada actividad de investigación. Como ya sabemos, ésta debe cumplir toda una serie de requisitos de distinta naturaleza que son determinados por el conjunto del ordenamiento jurídico. No obstante, como ya nos consta, el control administrativo no desatiende a la persona del interesado. Por lo pronto, con carácter general, al margen de la clase de investigación de que se trate, una de las tareas del Comité de Ética de la Investigación es, juntamente, evaluar la cualificación del investigador principal y la del equipo investigador, exigencia que se afirma expresamente también cuando se trata de investigaciones que implican procedimientos invasivos en seres humanos —su adecuación al proyecto de investigación presentado—. Además, el investigador responsable del proyecto debe acreditar que los miembros que forman parte del equipo

---

40 Recordemos que, a tenor de lo dispuesto en el art. 57.1 de la LRJAP y PAC, *"Los actos de las Administraciones Públicas sujetos al Derecho Administrativo se presumirán válidos y producirán efectos desde la fecha en que se dicten, salvo que en ellos se disponga otra cosa."*.

de investigación tienen la cualificación y experiencia adecuada al ámbito de la investigación propuesta.

En definitiva, es objeto de control, tanto la actividad se pretende desarrollar como el elemento subjetivo. Es la apreciación positiva y conjunta de estos dos planos, desde el punto de vista del interés público en presencia, la circunstancia que hace posible el otorgamiento de la autorización pertinente.

b) En segundo término, nos encontramos ante autorizaciones típicamente de funcionamiento. En efecto, atendiendo al alcance del control administrativo es normal, igualmente, diferenciar entre autorizaciones de operación y autorizaciones de funcionamiento, según la supervisión administrativa centre su atención, bien en una acción concreta y determinada, verificándose, consecuentemente, en un momento temporal preciso y, por tanto, sin dar lugar al establecimiento de una relación permanente entre la Administración y el sujeto interesado —pues, realizada la operación objeto de intervención, se agotan los efectos de la autorización—, bien en el desarrollo de una actividad llamada a prolongarse durante un periodo indeterminado de tiempo, hipótesis que da lugar al nacimiento de una relación estable entre la Administración y el sujeto autorizado y que se extiende mientras dure efectivamente la misma. En este último caso, es decir, en el caso de las licencias de operación se trata de salvaguardar el interés público en presencia frente a cualquier acontecimiento que pudiera venir a alterarlo en el futuro; incluso, mediante la atribución y el posterior ejercicio, de acuerdo con las circunstancias concurrentes, de una importante *"potestas variandi"* de la que queda investida la Administración otorgante y que puede alcanzar, incluso, la revocación del correspondiente título administrativo cuando desaparezcan o se alteren sustancialmente, las condiciones determinantes del otorgamiento inicial —ejemplos de lo señalado son el sector de las telecomunicaciones, el económico y financiero o el medio ambiente—. Ello implica articular unos poderes que van más allá, claramente, de la tradicional potestad de autorización. En efecto, si bien es cierto que el régimen jurídico viene definido por la presencia de gran número de elementos reglados, estas autorizaciones implican, igualmente, el reconocimiento de un importantísimo margen de apreciación a favor de la Administración, tanto cuando se trata de proceder no sólo al otorgamiento o denegación de las autorización, como en el momento de fijar su contenido concreto que es objeto de una importante carga modal, circunstancia que implica una delimitación muy sustancial del derecho a la investigación y nos sitúa ante un título de naturaleza cuasi constitutiva (a título de ejemplo, las Ss. TC 37/1987, de 26 de marzo ó 109/2003, de 5 de junio). Así resulta en nuestro caso, por ejemplo, de la documentación que el interesado debe presentar para ser objeto de supervisión y de la que se debe desprender, a juicio de determinados órganos, la idoneidad científica del proyecto, su pertinencia, factibilidad y adecuación del equipo de investigación. Se trata de elementos que, por su propio alcance, no permiten un juicio objetivo y perfectamente determinable, con carácter previo. Antes al contrario, implican necesariamente una valoración subjetiva de la actividad pretendida por ésta y de los conceptos jurídicos empleados.

Pues bien, como hemos visto con anterioridad, la relación del Comité de Ética de la Investigación, se extiende a lo largo del desarrollo de todo el proyecto de investigación. Recordemos que este órgano esta habilitado para adoptar las medidas oportunas para comprobar la continuidad del proyecto está justificada en función de los logros alcanzados en su ejecución y puede, incluso, acordar su interrupción. Igualmente, toda modificación relevante del proyecto respecto de las condiciones inicialmente autorizadas, exige un nuevo informe favorable del Comité de Ética de la Investigación. Finalmente, está obligado a verificar que cualquier información relevante sobre la participación en la investigación, sea comunicada a la mayor brevedad a los participantes o a sus representantes legales y a dar cuenta de las incidencias observadas a la autoridad autorizante con el fin de que ésta pueda proceder a adoptar las medidas pertinentes. En cualquier caso, es preciso destacar que la intervención de la administración autorizante no queda limitada tampoco al momento del dictado del acto administrativo de autorización. Por lo pronto, el texto legal reconoce a las autoridades sanitarias facultades de inspección sobre la investigación que se desarrolle y pueden, incluso, tener acceso a las historias clínicas individuales de todos los sujetos del estudio, si bien, deben guardar en todo caso su carácter confidencial. Igualmente, la Administración puede acordar, de oficio o a instancia del Comité de Ética de la Investigación, la suspensión cautelar de la investigación autorizada y en curso, cuando no se hayan observado los requisitos establecidos por la ley y sea necesario para proteger los derechos de los ciudadanos. Evidentemente, dicha suspensión puede conducir a la revisión de la autorización concedida, de acuerdo con lo dispuesto en la LRJAP y PAC. Finalmente, igual que ocurría respecto del Comité de Ética de la Investigación, la administración otorgante debe ser informada de las razones por las que el investigador responsable decida terminar prematuramente cualquier proyecto de investigación.

c) Finalmente, es preciso indicar que, desde este último punto de vista, se trata autorizaciones igualmente de carácter operativo. En efecto, desde la perspectiva de la teoría general, se diferencia entre autorizaciones simples y autorizaciones operativas. Así como las primeras tienen por objetivo, únicamente, controlar la actividad particular y, todo lo más, acotarla negativamente dentro de ciertos límites, las autorizaciones operativas, sin renunciar a su función de control, implican un mayor alcance, en tanto que permiten encauzar y orientar positivamente la actividad del titular de la licencia de acuerdo con las líneas de actuación definidas previamente por la Administración. En el ámbito de la investigación biomédica hay que señalar que la propia complejidad de la materia y de los objetivos que justifican la intervención pública, implica que la regulación vigente atribuya a la Administración, como acabo de destacar, importantes facultades discrecionales no sólo a la hora del otorgamiento de la autorización sino, durante toda su vigencia, haciendo posible la imposición de ciertas obligaciones —a través de las cuales, se encauza la función de dirección de la actividad— y cuyo incumplimiento puede dar lugar a su revocación e incluso a la imposición de sanciones administrativas[41].

---

[41] En efecto, el art. 74 LIB establece el siguiente cuadro de infracciones:

A. Infracciones leves. Son las que comporten el incumplimiento de cualquier obligación o la vulneración de cualquier prohibición establecidas en esta Ley, siempre que en razón de los criterios contemplados en este artículo no proceda su calificación como infracciones graves o muy graves.

B. Infracciones graves:

a) La inobservancia de las prescripciones, condiciones, requisitos y autorizaciones previas que se establecen en la LIB para el funcionamiento de los registros previstos en la misma.

b) La omisión de datos, consentimientos y referencias exigidas por la Ley.

c) La ausencia de suministro de datos a la autoridad sanitaria que corresponda para el funcionamiento de los registros previstos en la LIB, de los datos correspondientes.

d) La ruptura de las condiciones de confidencialidad de los datos de los donantes establecidas en la LIB.

e) El incumplimiento de la gratuidad de la donación de preembriones, embriones y fetos, en los términos establecidos por la Ley.

f) El incumplimiento de las normas y garantías establecidas para el traslado de células y tejidos de origen embrionario humano entre países.

C. Infracciones muy graves:

a) La realización de cualquier intervención dirigida a la introducción de una modificación en el genoma de la descendencia.

b) Mantener el desarrollo in vitro más allá del límite de 14 días siguientes a la fecundación del ovocito, descontando de ese tiempo el que pudieran haber estado crioconservados.

c) Mantener embriones o fetos vivos fuera del útero con cualquier fin distinto a la procreación.

d) La extracción de células o tejidos de embriones o fetos en desarrollo, de la placenta o se sus envolturas con fines que no sean diagnósticos o terapéuticos en el propio interés de aquéllos, salvo en los casos previstos en la LrTRHA de 2006.

Para concluir este epígrafe hay que destacar quedado el silencio del texto legal al respecto, el vencimiento del plazo máximo para resolver sin que se haya notificado al interesado la resolución expresa, legitima a éste para entender estimada su solicitud mediante silencio[42].

3. Investigaciones que impliquen la utilización de datos genéticos o muestras biológicas humanas

Con independencia de las investigaciones a que nos hemos referido en el epígrafe anterior, es decir, aquellas investigaciones que implican la realización de procedimientos invasivos en los seres humanos, la LIB se refiere a unos procedimientos biomédicos específicos, por razón de su objeto y que, en tanto tienen una importante trascendencia en el ámbito de la investigación, deben ser objeto de tratamiento en estas páginas[43]. Nos referimos a los procedimientos que implican el uso de datos genéticos o de muestras biológicas.

Comenzando con las investigaciones que implican el uso de datos genéticos es preciso destacar que éstas se pueden desarrollar con toda normalidad en relación con la aplicación procedimientos invasivos en seres humanos o, por el contrario, realizarse al margen de éstos. En cualquier caso, deben quedar al margen de estudio las actuaciones médicas que, como ya sabemos, se caracterizan por su finalidad; curar o aliviar el sufrimiento de un enfermo. Ciñéndonos a nuestro objeto de estudio, estaremos ante una investigación con procedimientos invasivos cuando, de acuerdo con la LIB, se trate de una "*... intervención realizada con fines de investigación que implique un riesgo físico o psíquico para el sujeto afectado.*". Cuando no sea posible subsumir el supuesto de hecho de que se trate en dicha definición legal estaremos ante una investigación que podemos calificar como ordinaria cuya peculiaridad es que se realiza a partir de datos genéticos.

---

e) El incumplimiento de la prohibición relativa a la constitución de preembrions y embriones humanos exclusivamente con fines de experimentación.

f) La producción de híbridos inespecíficos que utilicen material genético humano, a salvo de lo previsto en la LrTRHA de 2006.

g) La inobservancia de las prescripciones, condiciones, requisitos o autorizaciones previas que se establecen en la propia LIB para la obtención y uso de células y tejidos de origen embrionario humano u otro fundamentalmente semejante.

42 A tenor de lo dispuesto en el art. 43.1 de la LRJAP y PAC.

43 Sobre la investigación biomédica con esta clase de material biológico, véanse Abellán F., "Claves bioéticas y jurídicas de los análisis y cribados genéticos con fines asistenciales y de investigación" y Romeo Cabona C.M., "Muestras biológicas", los dos trabajos en *Investigación Biomédica en España. Aspectos Bioéticos, Jurídicos y Científicos (Coord. Sánchez Caro J.),* Granada, Comares/Fundación 2000, 2007, págs. 199 y ss. y 233 y ss., respectivamente.

Es preciso destacar que la correcta determinación de dicha cuestión no resulta en absoluto intrascendente; la posible consideración de esta clase de procedimientos como invasivos resulta de una importancia fundamental desde el punto de vista de la articulación del marco normativo aplicable y, por tanto, de la determinación del procedimiento administrativo y de los concretos actos —incluidos, en su caso, los de carácter autorizatorio— a verificar. En efecto, si consideramos que estamos ante una investigación ordinaria, la LIB resulta de aplicación exclusivamente en tanto dicho texto legal regula la realización de análisis genéticos y especialmente el tratamiento de datos de carácter genético de carácter personal[44]. Especial importancia reviste a efectos de nuestro estudio, el hecho de que esta clase de investigación no queda sujeta al deber de obtener, con carácter previo a su realización, el correspondiente título administrativo que legitime su desarrollo. Por el contrario, en el caso de que el material genético se utilice en una investigación biomédica de carácter invasivo —por ejemplo, si el material genético se ha obtenido directamente con el propósito de realizar una investigación y su empleo no es simple consecuencia de una anterior actuación médica—, en tanto que nos encontramos ante un procedimiento invasivo realizado en un ser humano, debemos estar a lo dispuesto en la LIB para esta clase de investigación, regulación a la cual, me he referido en el apartado anterior y al que me remito. En cualquier caso, se debe indicar que la posible utilización de los datos genéticos con fines de investigación —junto a otros de carácter epidemiológico, de salud pública o de docencia— está expresamente contemplada por la LIB[45].

Sea como sea, de acuerdo con las consideraciones anteriores y en relación con nuestro objeto de estudio, es preciso destacar los siguientes extremos que deben ser valorados tanto por los Comités de Ética de la Investigación como por las administraciones con potestad de autorización, cada uno desde sus respectivas esperas competenciales:

a) Que los datos genéticos de carácter personal sólo pueden ser utilizados con fines de investigación cuando el sujeto interesado —o, en su caso, sus representantes legales— haya prestado expresamente su consentimiento o cuando dichos datos hayan sido anonimizados previamente[46]. Se trata, en

---

44 Señala expresamente el art. 1.2 de la LIB que *"Asimismo y exclusivamente dentro del ámbito sanitario, esta ley regula la realización de análisis genéticos de carácter personal."*.

45 Véase el art. 50.2 de dicho texto legal.

46 Al respecto, téngase en cuenta que, en relación con la información que deber ser suministrada previamente a la realización de análisis genéticos con fines de investigación en el ámbito sanitario, el art. 47 de la LIB dispone expresamente que, *"Sin perjuicio de lo establecido en la legislación sobre protección de datos de carácter personal, antes de que el sujeto preste el consentimiento en los términos previstos en el artículo 48* [referido al consentimiento], *deberá recibir la siguiente información por escrito:*

este último caso, de garantizar el derecho a la intimidad y a la confidencialidad en relación con los datos genéticos de carácter personal, derechos que también consagra en este ámbito la LIB[47].

b) En casos excepcionales y de interés sanitario general, la Administración competente, previo informe favorable de la autoridad competente en materia de protección de datos, puede, sin embargo, autorizar la utilización de datos genéticos codificados, siempre que se asegure que terceras personas no los puedan relacionar o asociar con el sujeto fuente.

c) Toda persona tiene derecho a ser informada de sus datos genéticos y otros de carácter personal que se obtengan en el curso de una investigación biomédica, según los términos en que se ha manifiestado su voluntad. Igualmente, se debe respetar el derecho de la persona a decidir que no se le comuniquen los datos, incluidos los descubrimientos inesperados que se pudieran producir. No obstante, cuando esta información —según el criterio del médico responsable— sea necesaria para evitar un grave per-

---

1° Finalidad del análisis genético para el cual consiente.
2° Lugar de realización del análisis y destino de la muestra biológica al término del mismo, sea aquel la disociación de los datos de identificación de la muestra, su destrucción, u otros destinos, para lo cual se solicitará el consentimiento del sujeto fuente en los términos previstos por esta Ley.
3° Personas que tendrán acceso a los resultados de los análisis cuando aquéllos no vayan a ser sometidos a los procedimiento de disociación o de anonimización.
4° Advertencia sobre la posibilidad de descubrimientos inesperados y su posible trascendencia para el sujeto, así como sobre la facultad de este de tomar una posición en relación con recibir su comunicación.
5° Advertencia de la implicación que puede tener para sus familiares la información que se llegue a obtener y la conveniencia de que él mismo, en su caso, trasmita dicha información a aquéllos.
6° Compromiso de suministrar consejo genético una vez obtenidos y evaluados los resultados del análisis."
Por su parte, el art. 48 del mismo texto legal dispone el siguiente tenor: *"1. Será preciso el consentimiento expreso y por escrito para la realización de un análisis genético.*
2. En el ámbito sanitario se podrán obtener y analizar muestras de personas fallecidas siempre que pueda resultar de interés para la protección de la salud, salvo que el fallecido lo hubiera prohibido expresamente en vida y así se acredite. A tal fin serán consultados los documentos de instrucciones previas y, en su defecto, el criterio de los familiares más próximos del fallecido. [...].
3. Para acceder a un cribado genético será preciso el consentimiento explícito y por escrito del interesado. El Comité de ética de la Investigación determinará los supuestos en los que el consentimiento podrá expresarse verbalmente. En todo caso, cuando el cribado incluya enfermedades no tratables o los beneficios sean escasos o inciertos, el consentimiento se obtendrá siempre por escrito.
4. La realización de análisis genéticos sobre preembriones in vivo y sobre embriones y fetos en el útero requerirá el consentimiento de la mujer gestante.".

47 Art. 45. b) de la LIB.

juicio para su salud o la de sus familiares biológicos, se debe informar a un familiar próximo o a un representante, previa consulta al comité asistencial si existiese. En todo caso, la comunicación se debe limitar exclusivamente a los datos necesarios para estas finalidades.

d) Todo el proceso de donación, cesión, almacenaje y utilización de muestras biológicas tanto para los sujetos fuente como para los depositantes, debe estar desprovisto de finalidad o ánimo de lucro. Los datos genéticos de carácter personal no pueden ser utilizados con ánimo de lucro.

e) Los datos obtenidos de los análisis genéticos no pueden ser tratados o cedidos para otros fines.

Como ocurre en el supuesto anterior, la obtención de muestras biológicas humanas con el fin de destinarlas a la investigación biomédica, está también sujeta a una serie de exigencias legales especiales. Y como sucede también con la utilización de datos genéticos, la obtención de muestras biológicas puede dar lugar a una investigación de carácter invasivo o no. En el primer caso, debemos estar por igual motivo a lo dispuesto en la LIB para esta clase de investigación y proceder a una integración de las dos normativas. De este modo, la previsión legal de ciertas determinaciones legales específicas cuyo cumplimiento se exige para poder utilizar muestras biológicas humanas con fines de investigación supone, más bien, una modulación o adecuación de dicho procedimiento en función de la especificidad del objeto de la investigación; en este caso, la muestra biológica. En el segundo, basta con tener presente las previsiones legales contempladas específicamente para esta hipótesis que, es preciso destacar, no contemplan tampoco la necesidad de obtener ninguna autorización administrativa como requisito previo de legitimidad de la investigación.

Si que es necesario, sin embargo, contar con el pertinente informe favorable del Comité de Ética de la Investigación. Así lo pone de relieve la LIB cuando afirma expresamente *"Será preciso, en todo caso, el informe favorable del Comité de Ética de la Investigación correspondiente al centro para la obtención y utilización de muestras biológicas para investigación biomédica y para estudios de biodiversidad ..."*[48]. Es más, incluso en hipótesis que podrían constituir una excepción al respecto por no representar estrictamente procedimientos invasivos —por ejemplo, si las muestras proceden de cadáver o se han desviado de líneas de investigación distintas—, la LIB impone también como requisito necesario para poder desarrollar la investigación de que se trate que el Comité de Ética de la Investigación se pronuncie favorablemente a la misma.

---

[48] Art. 62 de la LIB.

Pues bien, centrándonos ya en la regulación legal de esta clase de investigación es preciso comenzar destacando que la LIB parte también de la necesidad de contar con el pertinente consentimiento por escrito del sujeto fuente[49], previa información de las consecuencias y de los riesgos que, para su salud, puede implicar tal obtención[50]. Se trata de un requisito ineludible que juega, además, tanto si dichas muestras biológicas se obtienen directamente para poder desarrollar la investigación de que se trate —hipótesis que si constituye propiamente un procedimiento invasivo—, como si se han obtenido con otra finalidad y se trata de destinarlas a dicho fin; en este último caso, se proceda o no, a su anonimización. Tan sólo, de forma excepcional, es posible tratar muestras codificadas o identificadas con fines de investigación biomédica sin contar con el consentimiento del sujeto fuente, cuando no sea posible obtener dicho consentimiento o represente un esfuerzo no razonable —así, por ejemplo, el empleo de un tiempo, de unos gastos o de un trabajo desproporcionados—. No obstante, en este caso es preciso

---

[49] Por sujeto fuente se entiende el individuo vivo, cualquiera que sea su estado de salud, o fallecido del que proviene la muestra biológica.

[50] A tenor de lo dispuesto en el art. 59.1 de la LIB, antes de emitir el consentimiento para la utilización de una muestra biológica que no va a ser sometida a un proceso de anonimización, el sujeto fuente debe recibir la siguiente información por escrito:

a) Finalidad de la investigación o línea de investigación para la cual consiente.

b) Beneficios esperados.

c) Posibles inconvenientes vinculados con la donación y obtención de la muestra, incluida la posibilidad de ser contactado con posterioridad con el fin de recabar nuevos datos u obtener otras muestras.

d) Identidad del responsable de la investigación.

e) Derecho de revocación del consentimiento y sus efectos, incluida la posibilidad de la destrucción o de la anonimización de la muestra y de que tales efectos no se extiendan a los datos resultantes de las investigaciones llevadas a cabo.

f) Lugar de realización del análisis y destino de la muestra al término de la investigación como su disociación, destrucción, u otras investigaciones. En el caso de que estos extremos no se conozcan en tal momento, se debe establecer el compromiso de informar sobre ello en cuanto se conozcan.

g) Derecho a conocer los datos genéticos que se obtengan a partir del análisis de las muestras donadas.

h) Garantía de confidencialidad de la información obtenida, indicando la identidad de las personas que van a tener acceso a los datos de carácter personal del sujeto fuente.

i) Advertencia sobre la posibilidad de que se obtenga información, relativa a su salud derivada de los análisis genéticos que se realicen sobre su muestra biológica, así como sobre su facultad de tomar una posición en relación con su comunicación.

j) Advertencia de la implicación de la información que se pudiera obtener para sus familiares y la conveniencia de que él mismo, en su caso, transmita dicha información a aquéllos.

k) Indicación de la posibilidad de ponerse en contacto con el sujeto fuente.

En el caso de que las muestras vayan a ser anonimizadas, el sujeto fuente debe recibir solamente la información contenida en los apartados a), b), c) y d).

contar con el dictamen favorable del Comité de Ética de la Investigación, que debe valorar como mínimo los siguientes requisitos:

a) Que se trate de una investigación de interés general.
b) Que la investigación se lleve a cabo por la misma institución que solicitó el consentimiento para la obtención de las muestras.
c) Que la investigación sea menos efectiva o no sea posible sin los datos identificativos del sujeto fuente.
d) Que no conste una objeción expresa del sujeto fuente.
e) Que se garantice la confidencialidad de los datos de carácter personal.

El consentimiento para la utilización de la muestra biológica se puede otorgar, bien en el acto de obtención de la muestra, bien con posterioridad, de forma específica para una investigación concreta. En este caso, el consentimiento puede prever también el empleo de la muestra para otras líneas de investigación relacionadas con la inicialmente propuesta.

Junto a la validez del consentimiento, el Comité de Ética de la Investigación debe ponderar igualmente que las investigaciones se vayan a realizar en el marco del respeto a los derechos y libertades fundamentales y con las debidas garantías de confidencialidad en el tratamiento de los datos de carácter personal y de las muestras biológicas. En cualquier caso, la obtención de muestras biológicas de menores de edad y personas incapacitadas con fines de investigación biomédica, queda sujeta al cumplimiento de nuevos requisitos:

a) Que se adopten las medidas necesarias para garantizar que el riesgo de la intervención sea mínimo para el sujeto fuente.
b) Que de la investigación se puedan obtener conocimientos relevantes sobre la enfermedad o situación objeto de investigación, de vital importancia para entenderla, paliarla o curarla.
c) Que estos conocimientos no puedan ser obtenidos de otro modo.
d) Que se cuente con la autorización de los representantes legales del menor o de la persona incapacitada o que, en su caso, existan garantías sobre el correcto consentimiento de los sujetos fuente.

Al margen de esta cuestión, dispone la LIB que en los estudios de diversidad genética se deben respetar siempre las tradiciones locales y étnicas, evitando en todo caso prácticas de estigmatización y discriminación.

4. Investigaciones con material embriológico de origen humano

A) Régimen general

No hay duda de que uno de los avances más notables de la medicina moderna ha sido la generación de embriones humanos "*in vitro*", mediante la extracción quirúrgica de los ovocitos y su posterior fecundación de la mujer con el esperma del hombre. Realizada tal operación, su desarrollo biológico se puede extender hasta alcanzar los primeros catorce días de desarrollo, momento, en el cual, el embrión resultante alcanza el estado de blastocito. A partir de entonces, el proceso solo puede continuar si aquél se trasfiere al útero de la madre para su gestación. En caso contrario, se procede a su crioconservación. Interesa destacar en este punto que el desarrollo clínico de estas técnicas implican la generación de un número de embriones mayor del que finalmente es objeto de implantación, circunstancia que ha dado lugar a la existencia de una cantidad ingente de embriones humanos que se mantienen en aquel estado en las diferentes clínicas especializadas en el desarrollo de estas técnicas. Tal circunstancia no ha pasado desapercibida para determinados sectores del conocimiento científico que han destacado la importancia de tales elementos biológicos como fuente de células troncales. Recordemos que son, justamente, esta clase de células de origen embrionario las que presentan mejores características de plasticidad; son células pluripotentes que, por tanto, ponen de manifiesto una mayor capacidad de desarrollo y diferenciación.

Ocurre, sin embargo, que dichos embriones no son elementos biológicos sin mayor transcendencia. Como se ha puesto de manifiesto desde diferentes sectores implicados en la materia, encarnan concepciones y valores esenciales de la sociedad, comenzando por el propio entendimiento de la vida humana; de su valor y de su alcance. De ahí, justamente, el debate abierto en todas las sociedades de nuestro entorno político y cultural entre aquéllos que piensan —si bien, con diferente alcance y pretensión— que el embrión, en tanto expresión de la vida humana, merece ser tratado con la dignidad propia e inherente de ésta y, por tanto, debe ser objeto de protección por parte de los poderes públicos y, aquellos otros, que propugnan una aplicación rápida y pragmática del conocimiento existente, para los cuales, disponer de aquellos elementos biológicos sin más límite que el propio desarrollo de dicho conocimiento es un objetivo fundamental con el fin de poderlos aplicar a sus investigaciones respectivas.

Nuestro país no ha sido ajeno a este debate y los poderes públicos han desarrollado distintas iniciativas con el objetivo de regular y articular todas aquellas prácticas con el conjunto de valores y bienes jurídicamente protegidos por el ordenamiento jurídico. Las técnicas empleadas, los requisitos que impone y los cauces a través de los que se desarrolla son regulados por la LrTRHA de 2006 y el Real Decreto 3132/2004, de 29 de octubre, si bien, ha incidido también en esta materia, la LIB y el RCTH, normas que abordan importantes previsiones en materia de investigación clínica que analizaremos más adelante. Es preciso destacar, en cualquier caso, que semejante marco normativo ha dado lugar a que el concreto régimen jurídico-administrativo al que se debe someter el desarrollo de tal actividad sea un régimen muy complejo y en cierta medida fragmentario, en tanto regulado por dos grupos normativos distintos, cada uno con su propia norma de cabecera, sin que exista propiamente entre éstos una relación de especialidad por razón de la materia[51]. En cualquier caso, la regulación de la LrTRHA de 2006 constituye el punto de partida de nuestro análisis.

En efecto, este texto legal que posibilita que los preembriones sobrantes de la aplicación de las técnicas de reproducción humana asistida —al igual que los gametos y el tejido ovárico—, puedan ser destinados a la investigación. Cuando éstos no sean transferidos a la mujer en un ciclo reproductivo, se pueden conservar crioconservados en bancos autorizados para ello, con el fin de que dichos embriones sean destinados a cualquiera de los siguientes fines:

a) La utilización por la propia mujer o su cónyuge.
b) La donación con fines reproductivos.
c) La donación con fines de investigación.
d) El cese de su conservación sin otra utilización.

Llegados a este punto, interesa realizar dos observaciones. Por un lado, que la utilización de dichos embriones para cualquiera de los fines citados, requiere el consentimiento informado, debidamente acreditado. En el caso de los preembriones, el consentimiento debe ser prestado por la mujer o, en el caso de la mujer casada, también por el marido; en ambos casos, con anterioridad a la generación de los preembriones[52].

---

51 Galán Albiñana A. y Simón Vallés C., "Modelo de Investigación básica con células madre embrionarias" y Santaló J. y Veiga A., "Donación y uso de gametos, embriones y muestras biológicas de naturaleza embrionaria para investigación biomédica", ambos trabajos en *Investigación Biomédica en España. Aspectos Bioéticos, Jurídicos y Científicos*, Granada, Comares/Fundación Salud 2000, 2007, págs. 113 y ss. y 297 yss.

52 Es preciso destacar sin embargo que, una vez establecido este régimen de protección de la voluntad de los progenitores, como consecuencia de una no muy apropiada redacción, el propio texto legal es muy poco respetuoso con dicho régimen y establece un sistema de renovación del consentimiento que se puede considerar, incluso, contrario al mismo. En efecto, de acuerdo con el texto legal, en el caso de los preembriones, cada dos años, como mínimo, se debe solicitar de la mujer o de la pareja progenitora la renovación o modificación del consentimiento firmado previamente. Ahora bien, ocurre que si durante dos renovaciones consecutivas fuera imposible obtener de la mujer o de la pareja progenitora la firma del consentimiento correspondiente y se pudieran demostrar de manera fehaciente las actuaciones llevadas a cabo con el fin de obtener dicha renovación sin obtener la respuesta requerida, los preembriones quedan a disposición de los centros en que se encuentren crioconservados, centros que los pueden destinar a cualquiera de los fines legales antes citados y, por tanto, a la investigación, sin más exigencias que el mantenimiento de la confidencialidad, el anonimato, la gratuidad y la ausencia de ánimo de lucro. Obsérvese, además, que el intento para obtener la renovación del consentimiento —cada dos años—, juega con carácter de "mínimo", por lo que perfectamente cabe entender que en dicho periodo de tiempo es posible realizar varios intentos de renovación del consentimiento, intentos que, sin embargo, salvo que estén acordados entre las partes, la mujer o la pareja progenitora van a desconocer cuando se van a realizar. La posición de desamparo en que pueden quedar aquéllos puede ser absoluta, máxime en un sector tan delicado como el que nos ocupa en estas páginas.

Por otro, interesa recordar que el concepto de preembrión utilizado por la LrTRHA de 2006 y por la LIB —*"el embrión constituido in vitro formado por el grupo de células resultante de la división progresiva del ovocito desde que es fecundado hasta catorce días más tarde."*— es objeto de un importante cuestionamiento por parte de relevantes sectores del conocimiento científico que se basan, precisamente, en la falta de fundamento científico de concepto legal[53]. Desde este punto de vista, todo preembrión es un embrión humano sin que, biológicamente, el método de generación tenga mayor relevancia.

Pues bien, es preciso destacar que, de acuerdo con los textos legales a los que nos hemos referido con anterioridad, la investigación con células derivadas de embriones humanos crioconservados, es objeto de una importante intervención administrativa quedando sometido su desarrollo al deber de obtener previamente el correspondiente título administrativo de autorización y cuyo otorgamiento implica necesariamente el cumplimiento de toda una serie de requisitos. Así lo dispone en primer lugar la LrTRHA de 2006 que impone con dicho fin el cumplimiento de una serie de requisitos. Se trata de los siguientes:

a) Que se cuente con el consentimiento escrito de la pareja o, en su caso, de la mujer, previa explicación pormenorizada de los fines que se persiguen con la investigación y sus implicaciones. El consentimiento debe especificar, en todo caso, la renuncia de la mujer o pareja progenitora, a cualquier derecho de naturaleza dispositiva, económica o patrimonial sobre los resultados que se pudieran derivar de manera directa o indirecta de las investigaciones que se lleven cabo.
b) Que el preembrión no se haya desarrollado *"in vitro"* más allá de catorce días después de la fecundación del ovocito descontando el tiempo en el que pueda haber estado crioconservado.
c) En el caso de los proyectos de investigación relacionados con el desarrollo y aplicación de las técnicas de reproducción humana asistida, que la investigación se realce en centros autorizados. Además, los proyectos se deben

La voluntad del legislador no ha sido seguramente introducir este régimen que bien podríamos considerar de carácter exorbitante. Urge, pues, en este punto una modificación del precepto en este punto que, por un lado, no genere las dudas en cuanto al plazo de la renovación del consentimiento a que conduce la actual redacción y, por otro, extreme las cautelas y medidas en orden a la efectiva constatación de la voluntad de los progenitores.

53 En este sentido, véase Nombela C., *Células madre. Encrucijadas biológicas para la medicina: del tronco embrionario a la regeneración adulta*, Madrid, 2007, págs. 186 y ss. y "La investigación en células madre y su desarrollo clínico; un camino con múltiples alternativas" en *Investigación Biomédica en España. Aspectos Bioéticos, Jurídicos y Científicos (Coord. Sánchez Caro J.),* Granada, ed. Comares/Fundación Salud 2000, 2007, págs. 149 y ss.

desarrollar, en todo caso, por equipos científicos cualificados y bajo control y seguimiento de las autoridades sanitarias competentes.

d) Que exista un informe previo y favorable, bien de la Comisión Nacional de Reproducción Humana Asistida, si se trata de proyectos de investigación relacionados con el desarrollo y aplicación de las técnicas de reproducción humana asistida, bien de la Comisión de Garantías para la Donación y Utilización de Células y Tejidos Humanos, cuando se trate de otros proyectos de investigación relacionados con la obtención, desarrollo y utilización de líneas celulares de células troncales embrionarias[54].

---

[54] De acuerdo con lo dispuesto en el Real Decreto 42/2010, de 15 de enero, por el que se regula la Comisión Nacional de Reproducción Humana Asistida, dicha entidad se define como un órgano colegiado, de carácter permanente y consultivo, dependiente del Ministerio de Sanidad, Política Social e Igualdad, con funciones en un triple orden de ideas: i) asesoramiento y orientación sobre la utilización de las técnicas de reproducción humana asistida; ii) fomento de la actualización y difusión de los conocimientos científicos y técnicos en esa materia; iii) elaboración de criterios funcionales y estructurales de los centros y servicios donde las técnicas se realizan. En concreto se le atribuyen las siguientes funciones:
a) Informar sobre el desarrollo y actualización de conocimientos científicos, en relación con las técnicas de reproducción asistida contempladas en la Ley 14/2006, de 26 de mayo, sobre técnicas de reproducción humana asistida.
b) Proponer criterios y normas para la mejor orientación en la utilización de dichas técnicas.
c) Informar y proponer criterios en relación con el estudio de los donantes y usuarios de las técnicas de reproducción asistida.
d) Estudiar, actualizar y proponer listas de enfermedades genéticas y hereditarias que pudiendo ser objeto de diagnóstico genético preimplantatorio, reúnan dudas o incertidumbres acerca de su inclusión en los supuestos recogidos en el artículo 12.1 de la Ley 14/2006.
e) Informar y proponer criterios acerca de los requisitos técnicos y funcionales para la autorización y homologación que, con carácter general, deben cumplir los centros y servicios donde se realicen las referidas técnicas y los respectivos equipos biomédicos, sin perjuicio de que las comunidades autónomas, en el ámbito de sus competencias establezcan las características específicas que entiendan oportunas.
f) Colaborar en la elaboración de normas y protocolos de funcionamiento de los centros o servicios donde se apliquen las técnicas.
g) Elaborar e informar directrices para el seguimiento y evaluación de los resultados y complicaciones de estas técnicas, así como de los centros que las realizan.
h) Evaluar los resultados de los proyectos autorizados de investigación y experimentación que se realicen con fines científicos, diagnósticos o terapéuticos en materia de reproducción asistida.
i) Asesorar a las Administraciones competentes, en la elaboración, desarrollo y aplicación de la normativa sobre reproducción asistida.
j) Informar y asesorar a las Administraciones sanitarias competentes en relación con la publicidad científico-técnica, campañas publicitarias, divulgativas o similares, que sobre la reproducción asistida, sus centros, servicios, aplicaciones, o sus derivaciones, puedan producirse, con independencia de quien fuera la entidad patrocinadora de los mismos y el soporte utilizado a tal fin.
k) Asesorar con respecto a los estudios tendentes a la actualización de la legislación vigente en materia de reproducción humana asistida.

e) Finalmente, en el caso de cesión de preembriones a otros centros, que en el proyecto de investigación se especifiquen las relaciones e intereses comunes de cualquier naturaleza que pudieran existir entre el equipo y centro que se realiza la cesión de preembriones. En estos casos se deben mantener también las condiciones establecidas de confidencialidad de los datos de los progenitores y la gratuidad y ausencia de ánimo de lucro. f)

Solamente, después de comprobar el cumplimiento de todos estos requisitos, la Administración competente puede proceder a otorgar o denegar la autorización pertinente. Respecto del alcance de este título administrativo tan sólo indicar que son reproducibles con idéntico fundamento, todos extremos realizados con anterioridad y referidos, tanto con el régimen jurídico de la autorización administrativa,

---

l) Informar con carácter preceptivo en los siguientes supuestos: i) La autorización de una técnica de reproducción humana asistida con carácter experimental, no recogida en el anexo de la Ley 14/2006, de 26 de mayo; ii) la autorización ocasional para casos concretos y no previstos en la citada Ley de las técnicas de diagnóstico preimplantacional, así como en los supuestos previstos en su artículo 12.2; iii) la autorización de prácticas terapéuticas previstas en el artículo 13 de la misma Ley; iv) la autorización de los proyectos de investigación en materia de reproducción humana asistida, v) en el procedimiento de elaboración de disposiciones generales que versen sobre materias previstas en la citada Ley, o directamente relacionadas con la reproducción asistida; vi) las cuantías de las compensaciones económicas resarcitorias a los donantes, que garanticen el respeto al carácter gratuito de la donación; vii) en cualquier otro supuesto legal o reglamentariamente previsto.

ll) Asesorar y orientar en la investigación o experimentación sobre la esterilidad humana, gametos y preembriones en los términos señalados en el capítulo IV de la Ley 14/2006.

m) Cualesquiera otras que le fueran encomendadas o solicitadas por las Administraciones sanitarias.

Por su parte, a tenor de la LIB, la Comisión de Garantías para la Donación y Utilización de Células y Tejidos Humanos es un órgano colegiado, adscrito al Instituto de Salud Carlos III, de carácter permanente y consultivo, dirigido a asesorar y orientar sobre la investigación y la experimentación con muestras biológicas de naturaleza biológica humana y a contribuir a la actualización y difusión de los conocimientos científicos y técnicos en la materia. En defecto de desarrollo reglamentario, la Comisión de Garantías para la Donación y Utilización de Células y Tejidos Humanos tiene las siguientes funciones:

a) Asegurar las garantías científicas, éticas y legales que sean exigibles en relación con las investigaciones indicadas en el artículo 35 y evaluar anualmente sus resultados.

b) Emitir, a petición de las autoridades sanitarias del Estado y de las comunidades autónomas, informes sobre la investigación biomédica con células y tejidos de origen humano embrionario y sobre sus aplicaciones clínicas en el ámbito de la medicina regenerativa.

c) Emitir informe preceptivo sobre proyectos de investigación que requieran la entrada y/o salida de material embrionario. En el caso de proyectos de investigación con líneas de células troncales embrionarias procedentes de países no pertenecientes a la Unión Europea, la Comisión sólo emitirá su informe cuando el proyecto incorpore la documentación que acredite el origen, los procedimientos y garantías en la obtención y tratamiento de las líneas de células troncales y la normativa del país de origen que regula esta materia.

como respecto de la articulación recíproca de ésta con el dictamen emitido por el órgano de informe correspondiente.

Indiquemos, por lo demás, que de acuerdo con la LrTRHA de 2006, constituye una infracción muy grave la investigación con preembriones humanos con incumplimiento de los límites, condiciones y procedimientos de autorización establecidos por dicho texto legal, sancionada con multa de diez mil un euros hasta un millón de euros.

No obstante, el otorgamiento de la preceptiva autorización no es requisito suficiente, todavía, para que los embriones sobrantes se puedan utilizar con fines de investigación. En efecto, antes de que se materialice tal empleo, fijado el concreto proyecto de investigación en el que va a ser utilizado un embrión determinado, es preciso que la mujer o pareja progenitora otorgue un nuevo consentimiento; consentimiento, este último, vinculado ya con la utilización efectiva del embrión en un proyecto de investigación específico. Así se desprende del tenor de la LrTRHA de 2006 cuando afirma expresamente que *"La utilización efectiva del preembrión con fines de investigación en un proyecto concreto en el propio centro de reproducción humana asistida, o su traslado a otro centro en el que se vaya a utilizar en un proyecto concreto de investigación, requiere el consentimiento expreso de la pareja o, en su caso, de la mujer responsable del preembrión para su utilización en ese proyecto, previa información pormenorizada y comprensión por los interesados de los fines de la investigación, sus fases y plazos, la especificación de su restricción al ámbito básico o su extensión al ámbito clínico de aplicación, así como sus consecuencias posibles."*[55]. Deben existir, por tanto, dos consentimientos. Uno primero, que podemos considerar como genérico, de alcance indeterminado que debe ser prestado con anterioridad a la generación de los preembriones y que juega, más bien, como una inicial declaración de intenciones y, en segundo lugar, una posterior declaración de voluntad que actúa a modo de confirmación o ratificación del primero y que debe ser otorgada una vez determinado el concreto proyecto de investigación en el que va a ser empleado, por tanto, con carácter previo a su utilización efectiva. La intención del legislador parece que es, desde esta perspectiva, ofrecer a los progenitores un segundo momento de reflexión con el fin de poder confirmar o no, la decisión inicial.

Hasta aquí ninguna objeción cabe realizar al planteamiento legal. El problema surge de las consecuencias que la ley anuda a la omisión de aquél trámite. Dispone de forma un tanto difusa que si no es posible contar con el consentimiento específico para la utilización del preembrión en un proyecto concreto de investigación, se debe recabar en todo caso, antes de su cesión con ese fin salvo en el caso de

[55] Según dispone el art. 16.2 LrTRHA de 2006.

ausencia de renovación del consentimiento. En otras palabras; si se carece del consentimiento definitivo no ocurre nada, basta con el consentimiento inicial. Es este es el único preciso —incluso, sólo si se ha podido renovar—.

Finalmente hay que indicar que una vez terminado el desarrollo del proyecto de investigación correspondiente, la Administración autorizante debe dar traslado del resultado de la experimentación, según la naturaleza y objeto de la misma, bien a la Comisión Nacional de Reproducción Humana Asistida, bien a la Comisión de Garantías para la Donación y Utilización de Células y Tejidos Humanos.

Llegados a este lugar es preciso señalar que, como indicamos con anterioridad, la LIB ha venido a incidir también en esta materia regulando la obtención y el uso de células y tejidos de origen embrionario humano y otras células semejantes. Dos son los puntos de partida que nos interesa destacar y que sirven, además, como nexo de relación con la LrTRHA de 2006. Por un lado, que todas las cuestiones relativas a la donación de preembriones y ovocitos son remitidas, a su vez, por la LIB a la LrTRHA de 2006. Es, este último texto legal, la norma que regula tales cuestiones. Por otro lado, que la LIB no pretende desplazar a la LrTRH de 2006 —al que se remite expresamente— a la hora de regular la investigación o experimentación con ovocitos y preembriones sobrantes o con sus estructuras biológicas, para fines relacionados con la obtención, desarrollo y utilización de líneas celulares troncales embrionarias o para otros fines no vinculados con el desarrollo y aplicación de las técnicas de reproducción asistida. Antes al contrario, actúa como un complemento o desarrollo de la misma. Así se desprende claramente cuando la LIB afirma expresamente que las anteriores actividades *"... deberán realizarse de acuerdo con la condiciones establecidas en la Ley 14/2006, de 26 de mayo, y cumplir los siguientes requisitos* [los que establece la propia LIB:]".

Entrando propiamente en estos últimos, es preciso destacar que la LIB es comprensiva de las siguientes cuestiones:

a) El consentimiento. Como ocurre en el caso de la LrTRHA de 2006, la investigación con ovocitos y preembriones debe contar con el consentimiento de las personas de las que provengan, si bien, la LIB específica que éstas pueden revocarlo en cualquier momento sin que afecte a la investigación realizada. En el caso de los ovocitos objeto de donación, el consentimiento de los donantes debe hacer referencia expresa a su autorización para ser utilizados en la técnica o técnicas concretas que se vayan a aplicar. A tal fin, los profesionales sanitarios responsables de la obtención de los ovocitos deben suministrar a las donantes la información oportuna, con carácter previo al otorgamiento y deben dejar constancia escrita de todo ello.
b) Garantías y requisitos para la investigación. Como decíamos con anterioridad, tratándose de ovocitos o preembriones procedentes de la aplicación de las técnicas de reproducción humana asistida, o de sus estructuras bio-

lógicas, la investigación o experimentación con fines relacionados con la obtención, desarrollo y utilización de células troncales embrionarias o con otros fines no vinculados con el desarrollo y aplicación de las técnicas de reproducción asistida, se deben realizar de acuerdo con las condiciones señaladas en la LrTRHA de 2006 y, especialmente, con los principios éticos y el régimen jurídico aplicable, en especial lo dispuesto en la propia LIB y su normativa de desarrollo y responda a los principios de pertinencia, factibilidad, e idoneidad, en particular del investigador principal, del equipo de investigación y de las instalaciones del centro en que se realice la investigación;

c) Límites legales a la manipulación de células de origen embrionario. La LIB prohíbe expresamente la constitución de preembriones y embriones humanos exclusivamente con fines de experimentación. Consecuentemente, aunque se permite la utilización de cualquier técnica de obtención de células troncales humanas con fines terapéuticos o de investigación, incluidas, la activación de ovocitos mediante transferencia nuclear, aquéllas no pueden comportar la creación de tales preembriones o embriones exclusivamente con tales fines de investigación.

d) Autorización administrativa otorgada previo informe favorable del órgano *"ad hoc"*. En efecto, la investigación se debe fundamentar en un proyecto de investigación autorizado por la autoridad estatal o autonómica competente, previo informe favorable de la Comisión de Garantías para la Donación y la Utilización de Células y Tejidos Humanos que debe ser emitido en los siguientes casos: i) la investigación con preembriones para la derivación de las líneas celulares, para la investigación embriológica y para otros usos de investigación. Se exceptúan aquellas relacionadas con el desarrollo y aplicación de las técnicas de reproducción asistida; ii) la investigación con células troncales embrionarias; iii) la activación de ovocitos mediante transferencia nuclear para su uso con fines terapéuticos o de investigación; iv) cualquier otra técnica que, utilizando en todo o en parte muestras biológicas de origen humano, pueda dar lugar a la obtención de células troncales; v) la investigación con células o tejidos embrionarios obtenidos por cualquiera de los procedimientos señalados por la LIB; vi) cualquier otra línea de investigación que incluya material celular de origen embrionario humano u otro funcionalmente semejante; vii) la investigación con células troncales embrionarias que provengan de otro país, intracomunitario o extracomunitario, origen que debe venir especificado en el proyecto presentado a informe.

Es preciso destacar que, en cualquier caso, la aprobación de los proyectos de investigación queda condicionada a que el proyecto incorpore al menos —por tanto, con carácter obligatorio pero meramente enunciativo— los siguientes elementos: i) la autorización de la dirección del centro en el que se pretende realizar la investigación, así como el informe favorable del Comité de Ética de la Investigación que le corresponda, ii) la indicación de las relaciones e intereses comunes existentes de cualquier naturaleza o la ausencia de éstos, entre el equipo y el centro que haya llevado a cabo cada uno de los procesos de reproducción asistida que hayan generado los preembriones o intervenido para la obtención de los ovocitos; iii) el compromiso escrito de suministrar a la autoridad publica correspondiente los datos que permitan identificar y conocer la conservación de las líneas celulares que pudieran obtenerse en el desarrollo de la investigación; iv) el compromiso de la cesión con carácter gratuito de las líneas celulares que pudieran obtenerse en el desarrollo de la investigación, para su utilización por otros investigadores; v) en el caso de la utilización de ovocitos o prembriones, la indicación y la justificación de su número y origen y el documento de consentimiento informado firmado por los donantes o progenitores, respectivamente.

Finalmente, hay que indicar que la autoridad que autorizó los proyectos de investigación correspondientes, debe dar traslado anualmente de sus resultados a la Comisión de Garantías para la Donación de Células y Tejidos Humanos.

e) Registro de los proyectos autorizados. Una vez autorizado el proyecto de investigación correspondiente, se debe proceder a la inscripción de los mismos en el denominado Registro de Proyectos de Investigación. Se trata de un registro articulado a partir de los datos proporcionados por las autoridades competentes para autorizar aquellos proyectos y debe contar con la información actualizada sobre el registro de preembriones, ovocitos y líneas celulares disponibles en los centros de fecundación *in vitro*, en el Registro Nacional de Donantes y en el Banco de Líneas Celulares[56]. El Registro de Proyectos de Investigación debe comprender, al menos, los siguientes elementos: i) los datos identificativos del centro donde se realice el proyecto y del equipo investigador responsable de su ejecución; ii) la documentación aportada por el investigador principal en el que consten los objetivos, los protocolos, que se van a utilizar y los resultados esperables del proyecto; iii) el informe de la Comisión de Garantías para la Donación y Utilización de Células y Tejidos Humanos; iv) la certificación de la autorización para realizar la investigación otorgada por parte de la autoridad a la que corresponde darla; v) finalizada de la investigación autorizada, un informe de

56 De acuerdo con lo dispuesto en el art. 42 LIB. En relación con el funcionamiento de esta entidad, véase la Orden SCO/393/2006, de 8 de febrero, por la que se establece la organización y funcionamiento del Banco Nacional de Líneas Celulares.

evaluación de la Comisión de Garantías para la Donación y Utilización de Células y Tejidos Humanos.

f) Utilización de líneas celulares. La utilización con fines de investigación de líneas celulares o de muestras biológicas se rige por lo dispuesto en la LIB. La normativa relativa a ensayos clínicos resulta de aplicación, sin embargo, respecto de la utilización clínica de células y tejidos.

Es preciso destacar que la LIB procede también a tipificar como infracción administrativa determinadas conductas contrarias a esta regulación legal, pudiendo ser castigadas con la imposición de multas que pueden alcanzar hasta un millón de euros según su calificación.

Por otra parte, no se puede dejar de resaltar que, junto a las células troncales procedentes de embriones tempranos, la terapia celular puede utilizar también elementos procedentes tanto de embriones que se encuentran en un estado de mayor desarrollo biológico —embriones maduros—, como de fetos humanos. Quizás las más conocidas son las denominadas células troncales fetales germinales, presentes en el feto de entre cinco a diez semanas y son precursores de los gametos masculinos y femeninos. Pueden dar lugar a líneas celulares de distintos tejidos pero más limitadamente que las células madre embrionarias. También es posible citar a las células troncales fetales somáticas, células neuronales procedentes de fetos abortados y que se intentan aplicar en el cerebro de adultos con lesiones en dicho órgano.

La LIB consagra legalmente esta posibilidad, concretándola en relación con los embriones humanos que hayan perdido su capacidad de desarrollo biológico como los embriones o fetos muertos puedan ser donados con fines de investigación biomédica u otros fines diagnósticos, terapéuticos, farmacológicos, clínicos o quirúrgicos. Dado que esta posibilidad esta directamente relacionada con unos determinados estados de desarrollo biológico, es preciso, determinar ante todo que se entiende por aquellos conceptos. De acuerdo con el mismo texto legal, el concepto de embrión se refiere a la *"fase de desarrollo embrionario que abarca desde el momento en que el ovocito fecundado se encuentra en el útero de la mujer hasta que se produce el inicio de la organogénesis, y que finaliza a los 56 días a partir del momento de la fecundación, exceptuando del cómputo aquellos días en los que el desarrollo se hubiera podido detener."*. Por feto, se entiende el *"embrión con apariencia humana y con sus órganos formados, que va madurando desde los 57 días a partir del momento de la fecundación, exceptuando del cómputo aquellos días en los que el desarrollo se hubiera podido detener, hasta el momento del parto."*.

Pues bien, para que la utilización en fines de investigación sea posible, la LIB establece toda una serie de requisitos relativos, bien al estado vital de los embriones o fetos, bien a una serie de exigencias formales impuestas legalmente. Desde el primer punto de vista, constituye un como requisito *sine qua non* para toda posible utilización de los embriones o de los fetos que éstos estén muertos, o bien, tratándose de embriones exclusivamente que hayan perdido su capacidad de desarrollo biológico. Por ello, dispone el texto legal una ulterior cautela en el sentido de que la interrupción del embarazo nunca puede tener por finalidad la donación y la utilización posterior de los embriones o fetos o de sus estructuras biológicas[57]. En otras palabras, como reitera más adelante el propio texto legal, que se haya producido la expulsión, espontánea o inducida, en la mujer gestante de dichos embriones o fetos y que no haya sido posible mantener su autonomía vital.

Desde la segunda perspectiva es preciso el cumplimiento de los siguientes requisitos:

a) En primer lugar, es preciso que el donante o donantes de los embriones o los fetos hayan otorgado previamente su consentimiento de forma expresa y por escrito. Si alguno de estos fuera menor no emancipado o estuviera incapacitado, es necesario, además, el consentimiento de sus representantes legales.

b) En segundo, que el donante o los donantes o, en su caso, sus representantes legales, hayan sido informados por escrito, con carácter previo al otorgamiento, de los fines a que puede servir la donación, de las consecuencias de la misma, así como de las intervenciones que se vayan a realizar para extraer células o estructuras embriológicas o fetales, de la placenta o de las envolturas, y de los riesgos que pueden derivarse de dichas intervenciones.

c) En tercero, que la donación o utilización posterior nunca tenga carácter comercial o lucrativo.

d) Por último, en el caso de que hubieran fallecido las personas de las que provienen los embriones o los fetos, es necesario que no conste si oposición expresa. Si el fallecido fuera menor de edad o una persona incapacitada, la donación se debe verificar a no ser que conste la oposición de las personas que en vida hubieran ejercido la representación legal.

Finalmente, al margen de todas las consideraciones anteriores, es preciso indicar si para el desarrollo del correspondiente proyecto de investigación se solicitan líneas celulares almacenadas en el Banco Nacional de Líneas Celulares, la Comisión

---

57 En el mismo sentido, el art. 28.2 de la LIB prosigue afirmando que "*... El procedimiento y modo de la práctica del la interrupción del embarazo estarán únicamente supeditados a las exigencias y limitaciones legales y a las características y circunstancias que presente aquél.*". Además, "*Los profesionales integrantes del equipo médico que realice la interrupción del embarazo no intervendrán en la utilización de los embriones o de los fetos abortados ni de sus estructuras biológicas. A tal efecto, los integrantes del equipo investigador dejarán constancia por escrito de esta circunstancia, así como de la ausencia de conflicto de intereses con el equipo médico.*".

Técnica de dicha institución ha de informar preceptivamente sobre dicho proyecto, sobre cuyo alcance valen también las consideraciones realizadas con anterioridad[58].

B) Iniciativas autonómicas; el caso de Andalucía

Andalucía es la única Comunidad Autónoma que ha ejercido su iniciativa legislativa en este ámbito y ha incidido de manera muy importante en el mismo. Dos son los ámbitos que deben ser objeto de atención. En primer lugar, la investigación con preembriones humanos no viables; en segundo, la investigación en reprogramación celular con finalidad terapéutica.

La primera cuestión es objeto de regulación por la Ley 7/2003, de 20 de octubre, por la que se regula la investigación en Andalucía con preembriones humanos no viables para la fecundación in vitro. Este texto legal —cuya gestación se explica desde el contexto científico y social excesivamente optimista en torno a las posibilidades de la terapia celular reinante en los primeros años de este siglo— legitima el empleo de preembriones no viables en procedimientos de investigación biomédica. Dicha norma entiende por preembrión no viable, aquellos que han permanecido en estado de crioconservación durante más de cinco años.

Para que tal posibilidad se concrete es preciso cumplir una serie de requisitos:

a) La investigación se debe realizar en base a un proyecto de investigación que sea de carácter científico relevante y que carezca de interés lucrativo. El proyecto debe tener como objeto prembriones no desarrollados *"in vitro"* más allá de catorce días después de la fecundación del óvulo, descontando el tiempo en que pudieron haber estado crioconsevados.

b) Acreditación de la imposibilidad de desarrollar la investigación pretendida en modelo animal y que su finalidad es mejorar la salud y la calidad de vida de las personas.

c) Los preembriones objeto de la investigación deben ser excedentes de las técnicas de fecundación *"in vitro"* y ser donados a tal fin por los progenitores. Con anterioridad a la realización de la donación, los progenitores deben ser informados pormenorizadamente de los objetivos perseguidos con la investigación y de sus implicaciones y, posteriormente, deben prestar su consentimiento por escrito.

d) La investigación se debe desarrollar en un centro de investigación debida y específicamente autorizado con este fin.

---

58 Véase en este sentido, el art. 9.10 de la Orden SCO/393/2006, de 8 de febrero, por la que se establece la organización y funcionamiento del Banco Nacional de Líneas Celulares.

e) Es necesario contar con el informe de la Comisión Autonómica de Ética e Investigación Sanitaria de Andalucía. No obstante, en este caso, dado el silencio del texto legal al respecto, el informe carece de efecto vinculante para la Administración.
f) Finalmente, el proyecto de investigación debe ser autorizado preceptivamente por un órgano *"ad hoc"*, denominado Comité de Investigación con Preembriones Humanos[59]. Es preciso destacar que la atribución de la potestad de autorización a este órgano, lo diferencia tajantemente de los comités de ética que hemos visto con anterioridad, aunque por el nombre utilizado —"Comité"— puedan resultar algo más o menos próximo. En efecto, no se trata de un mero órgano consultivo; estamos ante un auténtico órgano de carácter ejecutivo al que corresponde, incluso, el seguimiento, la modificación de las condiciones de la autorización inicialmente concedida y su revocación si fuera preciso.

A diferencia de supuestos anteriores el Decreto 364/2003, de 22 de diciembre, por el que se regula la organización, composición y funcionamiento del Comité de Investigación con Preembriones Humanos y el procedimiento de autorización de los proyectos y centros de investigación con preembriones sobrantes de las técnicas de fecundación in vitro, establece un plazo máximo para resolver y notificar de seis meses, transcurrido el cual, sin que haya caído resolución expresa, se entiende estimada la solicitud por silencio.

La autorización está sometida a plazo. A tal efecto, la resolución de autorización del proyecto debe establecer un plazo máximo de vigencia que no puede exceder de cinco años y que está condicionada siempre a la realización del proyecto. No obstante, siempre que se demuestre que subsisten las circunstancias iniciales, determinantes del otorgamiento de la autorización, ésta puede ser renovada por un periodo máximo de cinco años. El incumplimiento de los requisitos legales o reglamentarios determina la revocación o suspensión —por un plazo máximo de seis meses— de la autorización concedida. Por lo demás, son reproducibles, también en este caso, todas las características que hemos ido apuntando con anterioridad respecto del alcance de las autorizaciones administrativas en el ámbito de la investigación médica. Tan sólo precisar que, del hecho de que el informe emitido

---

59 Previsto inicialmente por la Ley 7/2003, de 20 de octubre, por la que se regula la investigación en Andalucía con preembriones humanos no viables para la fecundación in vitro, fue objeto de regulación posterior por el Decreto 364/2003, de 22 de diciembre, por el que se regula la organización, composición y funcionamiento del Comité de Investigación con Preembriones Humanos y el procedimiento de autorización de los proyectos y centros de investigación con preembriones sobrantes de las técnicas de fecundación in vitro. No obstante, el Decreto 76/2004, de 24 de febrero, atribuyó a la Dirección General de Organización de Procesos y Formación, las funciones asignadas al Comité de Investigación con Preembriones Humanos.

por la Comisión Autonómica de Ética e Investigación Sanitaria de Andalucía no tenga carácter vinculante, no se puede desprender la conclusión de que el Comité de Investigación con Preembriones Humanos pueda omitir sin más toda valoración de la misma. Antes al contrario, de acuerdo con una posición jurisprudencial ampliamente conocida, hay que indicar que dicha circunstancia implica especiales exigencias de motivación de la correspondiente resolución.

En relación con la investigación en reprogramación celular con finalidad exclusivamente terapéutica es preciso destacar que estas prácticas encuentran legitimación en la Ley 1/2007, de 16 de marzo, por la que se regula la investigación en reprogramación celular con finalidad exclusivamente terapéutica —desarrollada, a su vez, por el Decreto 74/2008, de 4 de marzo, por el que se regula el Comité de investigación en el uso de reprogramación celular, así como los proyectos y centros de investigación en el uso de reprogramación celular con fines terapéuticos—. Para que ello sea posible es preciso cumplir también toda una serie de requisitos determinados normativamente, a saber:

a) Es necesario la existencia de un proyecto de investigación que sea de interés científico y que carezca de finalidad lucrativa y que acredite científicamente que su finalidad es mejorar la salud y la calidad de vida de las personas. Igualmente debe prever la destrucción del preembrión en el plazo máximo de catorce días a contar desde la aplicación de la reprogramación. El texto legal prohíbe expresamente la investigación mediante el uso de técnicas de reprogramación celular con células somáticas humanas para originar preembriones con fines reproductivos o con cualesquiera otros fines distintos a los mencionados con anterioridad.
b) Es preciso que los proyectos de investigación se desarrollen en centros de investigación expresamente autorizados para desarrollar esta clase de actividad y, además, que estén acreditados. A estos efectos se entiende por centro de reprogramación celular, el conjunto organizado de los medios técnicos e instalaciones en que profesionales capacitados, por su titulación oficial o reconocimiento profesional, realizan principalmente las actividades de investigación con el fin de mejorar la salud y la calidad de vida de las personas, utilizando las células somáticas y óvulos para las técnicas de reprogramación celular[60].
c) Con anterioridad a la donación de los preembriones, los donantes deben ser informados pormenorizadamente de los siguientes extremos: i) identidad del responsable de la investigación; ii) finalidad y beneficios esperados en la investigación; iii) naturaleza, extensión y duración de los procedimien-

60 Por Orden de 20 de diciembre de 2004, se establece un modelo de formulario de consentimiento informado para la utilización de preembiones con fines de investigación.

tos a utilizar y, en particular, los que afecten a la persona del donante; iv) derecho al acceso a los resultados relevantes para la salud, de acuerdo con los conocimientos científicos y médicos; v) derecho a la revocación del consentimiento en cualquier momento; vi) garantía de la confidencialidad de los datos; y fuente de financiación. Recibida esta información, las personas donantes deben prestar su consentimiento por escrito; consentimiento que es revocable y modificable.

d) El proyecto de investigación debe ser informado preceptiva y favorablemente por la Comisión Autonómica de Ética e Investigación Sanitaria.

e) Autorización, otorgada, caso a caso, por un órgano *"ad hoc"*, denominado Comité de Investigación de Reprogramación Celular y, en cuyo otorgamiento, se deben valorar los aspectos metodológicos, éticos y legales del proyecto de investigación, así como la cualificación del investigador principal y del equipo investigador.

f) Los proyectos autorizados deben ser objeto, finalmente, de registro en una base de datos, donde queden recogidos, al menos, los datos relativos a las células empleadas, así como la información básica, el nombre, la categoría profesional de la persona investigara principal, un resumen sobre el objetivo de la investigación, las condiciones a las que se debe sujetar la misma, el número de células utilizadas, la fecha de concesión, el periodo de validez de la autorización y la certificación de la fecha, método y responsable de la destrucción del embrión.

El plazo máximo para dictar y notificar la resolución expresa es de seis meses, transcurrido el cual, sin que se hubiera dictado y notificado resolución expresa, se entiende estimada la resolución por silencio.

Es preciso destacar en este punto que el régimen jurídico de la autorización expuesto en supuestos anteriores es plenamente aplicable también respecto de esta clase de investigaciones. Estamos, pues, ante autorizaciones de carácter mixto, de funcionamiento, operativas y cuasi constitutivas; por tanto, construidas a partir del reconocimiento y atribución a la Administración de importantes potestades de carácter discrecional que la aproximan mucho a una relación concesional. Destaquemos que la autorización esta sometida a plazo —establecido en la resolución de autorización del proyecto que no puede exceder de cinco años—, si bien, es renovable por un periodo máximo de cinco años. Igualmente, el Comité de Investigación de Reprogramación Celular puede revocar la autorización concedida en caso de que el equipo investigador incumpla los requisitos establecidos por las normas aplicables.

C) Experiencias controladas, con fines reproductivos, de fecundación de ovocitos o de tejido ovárico previamente congelados, relacionadas con las técnicas de reproducción humana asistida

La utilización para la fecundación con fines reproductivos de ovocitos y tejido ovárico congelado es una operación sumamente delicada que no ha proporcionado garantías suficientes de éxito hasta hace relativamente poco tiempo. De hecho, como tal procedimiento, estaba prohibido en el antiguo texto regulador de la reproducción humana asistida de 1988. Solamente, con posterioridad, el sucesivo conocimiento adquirido en torno a esta técnica, así como su evidente potencial para resolver ciertos casos de esterilidad, fueron determinando una progresiva aceptación de aquellas técnicas, si bien, su aplicación clínica quedó sometida a un régimen especial de intervención administrativa que todavía hoy permanece vigente. En efecto, fue el Real Decreto 120/2003, de 31 de enero, por el que se regula los requisitos para la realización de experiencias controladas, con fines reproductivos, de fecundación de ovocitos o de tejido ovárico previamente congelados, relacionadas con las técnicas de reproducción humana asistida, la norma que llevó a cabo la regulación de las condiciones en las que era posible desarrollar dichas técnicas para evaluar si existían garantías científicas suficientes que permitieran con carácter general proceder a la crioconservación de ovocitos o tejido ovárico y su posterior fecundación. Hoy en día esta posibilidad esta expresamente contemplada por la LrTRHA de 2006 que, de esta manera, ofrece la cobertura legal a dicha norma reglamentaria.

Es preciso destacar que, en cualquier caso, la realización de las dichos procedimientos de utilización de ovocitos y tejido ovárico crioconservado con fines reproductivos está condicionado a la previa obtención de la correspondiente autorización administrativa, previo informe favorable de la Comisión Nacional de Reproducción Humana Asistida, sin perjuicio de las posibles competencias que pudieran corresponder a las entidades homólogas que pudieran existir en las diferentes Comunidades Autónomas. Para su obtención es preciso cumplir ciertos requisitos que son básicamente los siguientes:

a) Presentación de un proyecto en el que se debe hacer constar: i) la identidad y cualificaciones profesionales del personal que va a desarrollar la experiencia; ii) la información general y el estado actual de los conocimientos científicos en relación con la experiencia a desarrollar; iii) la justificación y los objetivos del proyecto; iv) el diseño general de la experiencia; v) la selección de los sujetos de la experiencia; vi) la descripción de los procedimientos a desarrollar; vii) el desarrollo de la experiencia y la evaluación de resultados; viii) los acontecimientos adversos posibles; ix) el informe del Comité de Ética de la Investigación del centro que va a desarrollar la experiencia, o del comité autonómico competente en el caso de aquellas Comunidades Autónomas donde su legislación así lo prevea; x) el análisis estadístico.

b) Junto con dicho proyecto, la solicitud de autorización debe ir acompañada de la documentación siguiente: i) la especificación de las condiciones económicas del proyecto, entre las que se deberá incluir la referencia a la gratuidad de todas las actuaciones relacionadas con el desarrollo de la experiencia, hasta completar, en su caso, la gestación, para las pacientes que participen en aquélla. En la selección de los sujetos de la experiencia se debe acreditar que la gratuidad de las actuaciones llevadas a cabo no constituye un incentivo indebido a la participación en la propia experiencia; ii) un seguro de responsabilidad civil formalizado con entidades aseguradoras autorizadas, o aval u otra garantía financiera formalizada con entidades financieras autorizadas que cubra las responsabilidades de los profesionales participantes en la experiencia, así como las del titular del hospital o del centro donde se realice el proyecto. Los daños a los sujetos de la experiencia cubiertos son los generales relacionados con la fecundación, la gestación y el alumbramiento que no sean atribuibles a causas naturales. En cuanto a los riesgos cubiertos para las criaturas nacidas como consecuencia del desarrollo de la investigación, se deben incluir los daños en los que pueda probarse el nexo entre la realización de las prácticas correspondientes y el daño producido; iii) los modelos de formularios de consentimiento informado a suscribir por los participantes en el proyecto, en el que conste de manera expresa su carácter de experiencia controlada.
En cualquier caso, la Comisión Nacional de Reproducción Humana Asistida puede solicitar la ampliación de la información incluida en los proyectos, si lo considera adecuado a efectos de la emisión del informe correspondiente.

c) Los centros a los que se autorice para participar en la realización de experiencias controladas de fecundación de ovocitos o tejido ovárico previamente congelados, deben estar autorizados de acuerdo con lo establecido en el Real Decreto 413/1996, de 1 de marzo, sobre requisitos técnicos y funcionales precisos para la autorización y homologación de centros y servicios sanitarios relacionados con las técnicas de reproducción humana asistida, para lo cual, deben cumplir determinados requisitos de carácter material, humanos, organizativos y funcionales.

Los centros y servicios que sean autorizados para la realización de las experiencias controladas de fecundación de ovocitos congelados deben informar a la Comisión Nacional de Reproducción Humana Asistida de cualquier presentación pública de sus resultados que se realice en reuniones o publicaciones de carácter científico. Además, deben proporcionar a dicho órgano colegiado información sobre el desarrollo de las experiencias correspondientes al menos con una periodicidad anual, comprometiéndose, en su caso, a proporcionar dicha información a través de los sistemas de registro que, con carácter de experiencia previa a su generalización, se les pueda proponer por parte de la Administración sanitaria responsable de su desarrollo y aplicación. Finalmente, se debe indicar que, sin perjuicio de su inclusión en el informe anual correspondiente, cuando se produzcan acontecimientos adversos graves —aquéllos que se consideren o no, inicialmente relacionado con la experiencia y consistan en anomalías o malformaciones severas, que se manifiesten tanto en el feto como después del nacimiento, y, en todo caso, aquellos supuestos en los que se haya procedido a la interrupción voluntaria del embarazo de acuerdo con la normativa vigente— en el desarrollo de la experiencia los centros y servicios autorizados deben comunicar esta circunstancia de forma inmediata a la autoridad que hubiese autorizado la experiencia así como a la Comisión Nacional de Reproducción Humana Asistida.

También en este caso son reproducibles todos razonamientos realizados con anterioridad respecto del alcance de la autorización administrativa. Baste destacar, por tanto, dos cuestiones. En primer lugar que debido al silencio de la norma reglamentaria, el vencimiento del plazo máximo para resolver sin que se haya notificado al interesado la resolución expresa, legitima a éste para entender estimada su solicitud mediante silencio. En segundo que el incumplimiento de los requisitos mencionados con anterioridad, sin perjuicio de las posibles infracciones administrativas a que pudiera dar lugar, fundamenta la posible revisión de la autorización.

5. *Ensayos clínicos con medicamentos*

A) Planteamiento general

Como es sabido, de conformidad con lo dispuesto en la LM y PS, ningún medicamento elaborado industrialmente puede ser puesto en el mercado sin contar con una autorización previa de comercialización que otorga de la Agencia Española de Medicamentos y Productos Sanitarios y sin que se haya procedido a realizar la oportuna inscripción en el Registro de Medicamentos o, en su caso, sin haber obtenido la autorización de conformidad con lo dispuesto en las normas europeas que establecen los procedimientos comunitarios para la autorización y control de los medicamentos de uso humano y veterinario. Igualmente, debe ser objeto de autorización toda dosificación, forma farmacéutica, vía de administración y presentaciones adicionales, así como cualesquiera otras modificaciones y ampliaciones que se introduzcan en relación con un medicamento ya autorizado. Además, es precisa la inscripción en el Registro de Medicamentos de toda modificación, transmisión y extinción de las autorizaciones de los medicamentos[61].

---

[61] De acuerdo con lo dispuesto en la LM y PS son medicamentos los siguientes productos:
a) Los Medicamentos de uso humano y de uso veterinario elaborados industrialmente o en cuya fabricación intervenga un proceso industrial. Se entiende legalmente por medicamento de uso humano toda sustancia o combinación de sustancias que se presente como poseedora de propiedades para el tratamiento o prevención de enfermedades en seres humanos o que pueda usarse en seres humanos con el fin de restaurar, corregir o modificar las funciones fisiológicas ejerciendo una acción farmacológica, inmunológica o metabólica, de establecer un diagnóstico médico.
b) Las Formulas magistrales. Se entiende por Fórmula magistral, el medicamento destinado a un paciente individualizado, preparado por un farmacéutico o bajo su dirección, para cumplimentar expresamente una prescripción facultativa detallada de los principios activos que incluye, según las normas de correcta elaboración y control de calidad establecidas al efecto, dispensado en oficina de farmacia o servicio farmacéutico y con la debida información al usuario en los términos del art. 42.5.
c) Los Preparados oficiales. Se consideran Preparado oficial, aquel medicamento elaborado según las normas de correcta elaboración y control de calidad establecidas al efecto y garantizado por un farmacéutico o bajo su dirección, dispensado en una oficina de farmacia o servicio farmacéutico, enumerado y descrito por el Formulario Nacional, destinado a su entrega directa a los enfermos a los que abastece dicha farmacia o servicio farmacéutico.
d) Los Medicamentos especiales contemplados por la propia LM y PS. El concepto de medicamento especial hace alusión a un conjunto muy heterogéneo de sustancias de imposible reconducción a la unidad y que, precisamente, por revestir unas características particulares requieren una regulación específica. En relación con esta última clase medicamentos, la LM y PS diferencia los siguientes:
1) Vacunas y los productos biológicos utilizables como medicamentos como inmuno sueros, antígenos, hormonas, citoquinas, encimas y otros productos de fermentación —incluidos los anticuerpos monoclonares y los productos derivados del ADN r—.
2) Medicamentos de origen humano. Los derivados de la sangre, del plasma, y el resto de sustancias de origen humano (fluidos, glándulas, excreciones, secreciones, tejidos y cualesquiera otras sustancias), así como sus correspondientes derivados, cuando se utilicen con finalidad terapéutica.
3) Medicamentos de terapia avanzada, dentro de los cuales podemos diferenciar, a su vez, entre los Medicamentos de terapia génica y los Medicamentos de terapia celular somática. Los primeros son productos obtenidos mediante un conjunto de procesos de fabricación destinados a transferir, in vivo o ex vivo, un gen profiláctico, de diagnóstico o terapéutico, tal como un fragmento de ácido nucleico, a células humanas o animales y su posterior expresión in vivo. En todo caso, la transferencia genética supone un sistema de expresión contenido en un sistema de distribución denominado "vector" que puede ser de origen viral o no viral y que asimismo se puede incluir en una célula humana o animal. Por su parte, los Medicamentos de terapia celular somática suponen la utilización en seres humanos de células somáticas vivas, tanto autólogas, tanto procedentes del mismo paciente, como alogénicas, procedentes de otro ser humano, o xexogénicas, procedentes de animales, cuyas características biológicas han sido alteradas sustancialmente como resultado de su manipulación para obtener un efecto terapéutico, diagnóstico o preventivo por medios metabólicos, farmacológicos e inmunológicos. Dicha manipulación incluye la expansión o activación de poblaciones celulares autólogas ex vivo, tal como la inmuno terapia adoptiva y la utilización de células alogénicas y xexogénicas asociadas con productos sanitarios empleados ex

El otorgamiento de dicho título administrativo no es algo automático sin embargo. Para que la Agencia Española de Medicamentos y Productos Sanitarios pueda otorgar la autorización pertinente, el medicamento debe cumplir toda una serie de requisitos —denominados legalmente garantías— que determina la propia LM y PS, a saber:

a) Alcanzar unos determinados requisitos de calidad —garantía de calidad—, de tal modo, que todo medicamento debe tener establecida perfectamente su composición cualitativa y cuantitativa —en el caso de sustancias biológicas basta que puedan ser reproducibles sus procedimientos de preparación—.
b) Ser seguro y no producir en condiciones normales de utilización, efectos tóxicos o indeseables desproporcionados en relación con el beneficio que se procura mediante su administración —garantía de seguridad—. Para ello, los medicamentos, los principios activos y las materias primas que componen aquéllos deben ser objeto de los estudios toxicológicos y clínicos que permitan garantizar su seguridad en condiciones normales de uso y que debe estar en relación con la duración prevista del tratamiento[62].

---

vivo o in vivo, tales como microcápsulas, matrices y andamiajes intrínsecos, biodegradables o no biodegradables.

4) Radiofármacos. Cualquier producto que, cuando esté preparado para su uso, con finalidad terapéutica o diagnóstica, contenga uno o más radionucleidos (isótopos radio activos). La definición de radiofármaco implica, a su vez, tener presente los siguientes elementos: i) Generador. Cualquier sistema que incorpore un radionucleido (radionucleido padre) que en su desintegración origine otro radionucleido (radionucleido hijo) que se utilizará como parte integrante de un radiofármaco; ii) Equipo reactivo. Cualquier preparado industrial que deba combinarse con el radionucleido para obtener el radiofármaco final; iii) Precursor. Todo radionucleido producido industrialmente para el marcado reactivo de otras sustancias antes de su administración.

5) Medicamentos con sustancias psicoactivas con potencial adictivo. Se trata de las sustancias psicoactivas incluidas en las listas anexas a la Convención Única de 1961 sobre Estupefacientes y al Convenio de 1971 sobre Sustancias Psicotrópicas, así como los medicamentos que las contengan, que se rigen por su legislación específica.

6) Medicamentos homeopáticos. Se trata del medicamento obtenido a partir de sustancias denominadas cepas homeopáticas con arreglo a un procedimiento de fabricación homeopático descrito en la Farmacopea Europea o en la Real Farmacopea Española o, en su defecto, en una farmacopea utilizada de forma oficial en un país de la Unión europea. Un medicamento homeopático puede contener varios principios activos.

7) Medicamentos de plantas medicinales. Las plantas y sus mezclas, así como los preparados obtenidos de plantas en forma de extractos, liofilizados, destilados, tinturas, cocimientos o cualquier otra preparación galénica que se presente con utilidad terapéutica, diagnóstica o preventiva.

8) Gases medicinales. Son aquellos gases que presentan unas características específicas que permite su empleo en el ámbito clínico en diferentes terapias y aplicaciones médicas.

62 Dispone el art. 12.3 de la LM y PS que *"Complementariamente a los estudios toxicológicos y a los ensayos clínicos, los solicitantes de la autorización deberán acreditar la capacidad de realizar una adecuada vigilancia post-comercialización de la seguridad del medicamento. Asimismo, deberán*

Además, la garantía de seguridad del medicamento se debe extender a los posibles riesgos relativos a su utilización y, en particular, a cualquier riesgo de efectos no deseados sobre el medio ambiente.

c) Ser eficaz, es decir, capaz para producir los efectos terapéuticos deseados en las indicaciones para las que se ofrece —garantía de eficacia—. La eficacia de los medicamentos para cada una de sus indicaciones se debe establecer a partir de la realización previa de estudios preclínicos y ensayos clínicos que, como veremos seguidamente, se deben ajustar a las exigencias normativas y a las que se deriven en el conocimiento científico de la materia.

d) Estar correctamente identificado —garantía de identificación—. De acuerdo con dicha prescripción, a cada principio activo le debe ser atribuido una Denominación Oficial Española (D.O.E.) por la Agencia Española de Medicamentos y Productos Sanitarios que es de uso obligatorio, sin perjuicio de que se pueda expresar, además, en las correspondientes lenguas de las Comunidades Autónomas.

e) Suministrar una identificación precisa, en formato accesible y de forma comprensible por el paciente, para su correcta utilización —garantía de información—. Para la elaboración de esta información el titular debe proporcionar información escrita suficiente sobre su identificación, indicaciones y precauciones a observar en su empleo. Esta información se debe presentar, al menos, en la lengua oficial española y con ella se ha de elaborar la ficha técnica, el prospecto y el etiquetado del medicamento[63].

Es preciso recordar que, a partir de dichas exigencias legales, la autorización para comercializar un medicamento puede ser denegada cuando la relación beneficio-riesgo no sea favorable; cuando no se justifique adecuadamente la eficacia terapéutica; cuando no tenga la composición cualitativa y cuantitativa declarada o carezca de calidad adecuada; o cuando los datos e informaciones contenidos

---

presentar los planes específicos de farmacovigilancia y de gestión de riesgos que, de acuerdo con las directrices nacionales y europeas, se consideren necesarios, así como el compromiso fehaciente de desarrollo y ejecución de los mismos.". Igualmente, el ap. 5 del mismo precepto legal establece que *"Sin perjuicio de su propia responsabilidad, todas las autoridades y profesionales sanitarios así como los laboratorios farmacéuticos y almacenes mayoristas están obligados a colaborar diligentemente en el conocimiento de la seguridad del producto. Asimismo, los profesionales sanitarios, los laboratorios farmacéuticos y los almacenes mayoristas están obligados a comunicar a las autoridades sanitarias las anomalías de las que tuvieran noticia* [de acuerdo con los sistemas de farmacovigilancia y farmacoepidemiología legalmente previstos].

63 De acuerdo con el Real Decreto 1275/2011, de 16 de septiembre, por el que se crea la Agencia Estatal "Agencia Española del Medicamento y Productos Sanitarios" y se aprueban sus estatutos, estamos ante un organismo público de los previstos en el art. 43.1 a), de la LoFAGE y regulado por la Ley 28/2006, de 18 de julio, de Agencias Estatales para la mejora de los servicios públicos.

en la documentación de la solicitud de autorización sean erróneos o incumplan la normativa de aplicación en la materia[64]. La evaluación positiva de las garantías de seguridad y de eficacia de un medicamento es, por tanto, un aspecto esencial

---

64 Son competencias de la Agencia las siguientes:
1. Evaluar, autorizar, modificar, renovar, restringir, suspender o revocar la autorización de comercialización de los medicamentos de uso humano y veterinario elaborados industrialmente.
2. Resolver sobre la atribución de la condición de medicamento, producto sanitario, cosmético u otros productos dentro del ámbito de competencias de la Agencia.
3. Realizar la inscripción de autorizaciones y el mantenimiento y actualización de las mismas en el Registro de Medicamentos, así como asignar el Código Nacional a los medicamentos de uso humano y veterinario. Asimismo se procederá, de oficio, a la incorporación al Registro de Medicamentos de las autorizaciones otorgadas por la Comisión Europea conforme al Reglamento (CE) n.º 726/2004/CE del Parlamento Europeo y del Consejo, de 31 de marzo de 2004, por el que se establecen procedimientos comunitarios para la autorización y el control de los medicamentos de uso humano y veterinario y por el que se crea la Agencia Europea de Medicamentos, y de las incidencias con trascendencia jurídica derivadas de las mismas.
4. Promover la existencia, pervivencia o rehabilitación de medicamentos de uso humano, veterinario y productos sanitarios por causa de interés sanitario o de elevado interés terapéutico.
5. Limitar o someter a reservas los requisitos de prescripción y dispensación de los medicamentos de uso humano y veterinario, sin perjuicio de las facultades que, en este ámbito, le corresponden a la Dirección General de Farmacia y Productos Sanitarios respecto de la prestación farmacéutica del Sistema Nacional de Salud.
6. Autorizar, modificar, suspender o revocar los ensayos clínicos de medicamentos de uso humano y veterinario y de productos sanitarios. Autorizar la importación de medicamentos no autorizados en España para su utilización en el ámbito de los ensayos clínicos.
7. Autorizar el acceso individualizado a medicamentos en investigación, las autorizaciones temporales de uso, la importación de medicamentos para uso humano y veterinario no autorizados en España, y elaborar las recomendaciones de uso de los medicamentos utilizados en condiciones distintas a las autorizadas, con la participación de la Dirección General de Farmacia y Productos Sanitarios en los procesos correspondientes.
8. Ejercer las competencias correspondientes al Ministerio de Sanidad, Política Social e Igualdad sobre la importación, exportación y el comercio intracomunitario de medicamentos y sus materias primas, productos sanitarios, cosméticos, productos de higiene personal, y biocidas de uso clínico y personal, emitiendo, en su caso, los certificados necesarios para la autorización por la Aduana de su importación, exportación o de cualquier otro destino aduanero.
9. Actuar, en su caso, como la Autoridad Nacional Competente en España, en representación del Ministerio de Sanidad, Política Social e Igualdad, a efectos de la participación española en la red de Agencias europeas de medicamentos y la Agencia Europea de Medicamentos así como en los grupos correspondientes europeos de productos sanitarios y cosméticos.
10. Promover la información sobre los medicamentos de uso humano destinada a los profesionales sanitarios y al público en general así como autorizar la elaboración y distribución de muestras gratuitas.
11. Elaborar informes de utilidad terapéutica de los medicamentos, en el marco del artículo 90.3 de la Ley 29/2006, de 26 de julio, o a solicitud de la Dirección General de Farmacia y Productos Sanitarios.
12. Ejercer las funciones correspondientes a los Laboratorios Oficiales de Control de Medicamentos.

13. Someter a autorización previa, cuando sea necesario en interés de la salud pública en el caso de los productos biológicos, cada lote de fabricación de producto terminado y condicionar su comercialización a su conformidad, o los materiales de origen, productos intermedios y gráneles y condicionar a su conformidad su empleo en la fabricación.
14. Participar en la evaluación y control de medicamentos de uso humano y veterinario y productos sanitarios que autorice la Unión Europea, así como en las actividades que en este ámbito desarrollen la Unión Europea, el Consejo de Europa y otras organizaciones internacionales.
15. Identificar, evaluar y gestionar los riesgos derivados de los medicamentos autorizados, así como coordinar el Sistema Español de Farmacovigilancia de medicamentos de uso humano y veterinario, y participar en las correspondientes redes europeas. Actuar como centro nacional de referencia en materia de farmacovigilancia.
16. Evaluar y gestionar los riesgos derivados de problemas de calidad de los medicamentos autorizados en España.
17. Promover la realización de estudios farmacoepidemiológicos y de farmacoepizootiología, de acuerdo con lo dispuesto en la normativa sobre farmacovigilancia. Coordinar la evaluación y gestión de los estudios posautorización vinculados a la autorización de medicamentos incluidos en el Plan de Gestión de Riesgos.
18. Establecer y publicar las directrices técnicas de obligado cumplimiento en materia de calidad de los medicamentos, en particular las Denominaciones Oficiales Españolas (DOE) y la Real Farmacopea Española así como participar en la elaboración de las monografías de la Farmacopea Europea en su versión en español.
19. Elaborar y publicar el Formulario Nacional
20. Otorgar, modificar, restringir, suspender y revocar la autorización de la actividad de los laboratorios farmacéuticos de medicamentos de uso humano y veterinario y mantener debidamente actualizado el Registro de laboratorios farmacéuticos.
21. Verificar mediante inspecciones el cumplimiento de las normas de correcta fabricación, de las normas de buena práctica clínica, de las normas de buena práctica de farmacovigilancia, de las normas de buenas prácticas de laboratorio, y de las buenas prácticas de distribución en el ámbito de las competencias de la Administración General del Estado.
22. Mantener y publicar el catálogo de almacenes mayoristas de medicamentos.
23. Establecer, en coordinación con las comunidades autónomas, programas de inspección y control de medicamentos de uso humano y veterinario, de los productos sanitarios, cosméticos, productos de higiene personal y biocidas de uso clínico y personal y llevar a cabo las actividades que correspondan a la Administración General del Estado en este ámbito.
24. La adopción de medidas cautelares y el ejercicio de la potestad sancionadora en el ámbito de las competencias de la Agencia.
25. Realizar las actuaciones periciales y de asesoramiento que soliciten las autoridades judiciales.
26. Desarrollar las funciones de control en materia de medicamentos y otros productos del ámbito de competencia de la Agencia incluyendo las relativas a ilegales o falsificados.
27. Desarrollar las funciones y responsabilidades estatales de inspección y control en materia de tráfico y uso lícitos de estupefacientes y sustancias psicotrópicas.
28. Evaluar la idoneidad sanitaria y su conformidad con la normativa vigente de los productos sanitarios, cosméticos, productos de higiene personal y biocidas de uso clínico y personal, estableciendo dicha conformidad o autorizando su comercialización según proceda, así como actualizar sus registros unificados nacionales.
29. Modificar, restringir, suspender, renovar y revocar las certificaciones y autorizaciones, de los productos sanitarios, cosméticos, productos de higiene y biocidas de uso clínico y personal, pudiendo limitar, restringir, prohibir o someter a condiciones especiales su puesta en mercado, puesta en servicio, distribución, utilización, dispensación o venta.

30. Actuar como Organismo Notificado, evaluando la conformidad de los productos sanitarios, realizando las auditorías de los sistemas de calidad, certificando las normas específicas de dichos sistemas y emitiendo los certificados CE con vistas a la colocación del marcado CE en dichos productos, en los términos que establezca la designación efectuada por el Ministerio de Sanidad, Política Social e Igualdad, así como autorizar las entidades colaboradoras en la certificación de los productos sanitarios.
31. Autorizar, suspender o limitar la utilización excepcional de productos sanitarios por razones de interés sanitario.
32. Planificar, desarrollar y gestionar los sistemas españoles de vigilancia de los productos sanitarios y de los cosméticos actuando como centro de referencia nacional en las correspondientes redes europeas.
33. Desarrollar la actividad inspectora y el control de los productos sanitarios, cosméticos, productos de higiene personal y biocidas de uso clínico y personal en lo que corresponde a la Administración General del Estado.
34. Otorgar, modificar, restringir, renovar o revocar las autorizaciones de actividades de las empresas fabricantes, importadoras, agrupadoras y esterilizadoras de productos sanitarios, cosméticos, productos de higiene personal y biocidas de uso clínico y personal. Todo ello con la excepción de las autorizaciones de actividades de fabricación de productos sanitarios a medida.
35. Adoptar o proponer las medidas necesarias para garantizar el adecuado suministro y abastecimiento de medicamentos en el ámbito de las competencias de la Administración General del Estado.
36. Mantener un depósito estratégico de medicamentos y productos sanitarios para emergencias, catástrofes y cooperación internacional, coordinando el suministro de vacunas, medicamentos y productos sanitarios para campañas sanitarias cuya adquisición y distribución conjunta se decida por las distintas Administraciones sanitarias.
37. Organizar, coordinar e impartir docencia, promover y realizar proyectos de investigación y proporcionar asesoría científica y técnica, en todos los campos que le son propios.
38. Proponer la elaboración de proyectos de disposiciones generales, directrices técnicas, circulares e instrucciones en el ámbito de sus competencias.
39. Percibir y gestionar las tasas y demás ingresos correspondientes a la actividad de la Agencia, conforme a la Ley General Tributaria y demás normativa aplicable.
40. Coordinar el funcionamiento de las Áreas y Dependencias de Sanidad y, Política Social en las actividades de sanidad exterior para la realización de los controles previstos en el derecho de la Unión Europea o nacional referidos a medicamentos y sus materias primas, productos sanitarios, cosméticos, productos de higiene personal, y biocidas de uso clínico y personal, cuando se importen o exporten, con independencia de su destino aduanero para todos los productos y del carácter comercial o no de la expedición así como en las actividades de inspección farmacéutica. Coordinar asimismo sus actividades en materia de tráfico ilícito de sustancias estupefacientes y psicotrópicas, en sus contenidos técnico-analíticos.
41. Cooperar con países terceros, en especial con Iberoamérica en el ámbito del conocimiento científico y regulatorio en materia de medicamentos, productos sanitarios y otros productos competencia de la Agencia.
42. Cualesquiera otras que le asignen las disposiciones legales y reglamentarias.
Desde la misma perspectiva, la LM y PS dispone que dicha autorización puede ser temporalmente suspendida o revocada definitivamente en los siguientes casos: a) cuando el medicamento no tenga la composición cuantitativa o cualitativa autorizada o cuando se incumplan las garantías de calidad o cuando no se ejecuten los controles de calidad exigidos por la propia LM y PS; cuando, con base en los datos de seguridad, el medicamento tenga, en las condiciones habi-

para la futura comercialización y empleo del medicamento e implica el desarrollo de toda una serie de estudios preclínicos y clínicos comprensivos de cuestiones tales como ensayos de toxicidad aguda y crónica, ensayos de teratogenia, embriotoxicidad, fertilidad, ensayos de mutagénesis y, en su caso, de carcinogénesis o, en general, todos aquellos necesarios para una correcta evaluación de la seguridad y tolerancia de un medicamento en condiciones normales de uso o, desde otro plano, sobre el comportamiento de la sustancia en el organismo y su eficacia que son esenciales para la posterior comercialización y empleo del medicamento[65]. La LM y PS dispone, en efecto, que la evaluación de los efectos terapéuticos positivos del medicamento se deben apreciar en relación con cualquier riesgo relacionado con la calidad, la seguridad y la eficacia del medicamento para la salud del paciente o la salud pública, entendido como riesgo beneficio[66].

No está de más recordar que en este momento nos encontramos ante un "medicamento en investigación", definido por la LM y PS como *"Forma farmacéutica de un principio activo o placebo, que se investiga o se utiliza como referencia en un ensayo clínico, incluidos los productos con autorización cuando se utilicen o combinen (en la formulación o en el envase) de forma diferente a la utilizada, o cuando se utilicen para tratar una indicación no autorizada, o para obtener más información sobre un uso autorizado"*. Previamente, la LM y PS otorga también

---

tuales de usos, una relación beneficio/riesgo desfavorable; cuando el medicamento no resulte terapéuticamente eficaz; cuando los datos e informaciones contenidos en la documentación de la solicitud de autorización sean erróneos o incumplan la normativa de aplicación en la materia; cuando, por cualquier otra causa, suponga un riesgo previsible para la salud o seguridad de las personas; en cualquier otro caso en el que la Agencia Europea de Medicamentos así lo hubiera acordado. Igualmente, la Agencia Española de Medicamentos y Productos Sanitarios, a solicitud del titular de la autorización, puede suspender temporalmente o revocar la autorización de un medicamento, previa justificación en motivos tecnológicos, científicos o cualesquiera otros que resulten proporcionados, y siempre que la decisión no origine laguna terapéutica en la prestación farmacéutica del Sistema Nacional de Salud y no colisione con los criterios establecidos en la propia LM y PS para la inclusión de medicamentos en la citada prestación.

65 Aunque no es objeto de estudio en este trabajo, hay que recordar que si los estudios a realizar implicasen la utilización de animales, éstos se deben diseñar y realizar de forma que permita conocer el perfil farmacológico global de la sustancia. En todo caso, se debe cumplir la diferente normativa en materia de protección de animales utilizados para fines científicos. Entre ésta nos interesa destacar la siguiente: Declaración Universal de la Unesco para el cuidado de los animales; Convenio Europeo para la protección de los animales vertebrados utilizados con fines experimentales de 1986; Directiva 86/609/CEE del Consejo, relativa a la aproximación de las disposiciones legales, reglamentarias y administrativas, de los Estados miembros, respecto de la protección de los animales utilizados en la experimentación y otros fines genéticos; Ley 32/2007, de 7 de noviembre, para el cuidado de los animales; y, el Real Decreto 223/1988, de 14 de marzo, sobre protección de los animales utilizados en experimentación.

66 VVAA (Dir. Romeo Casabona C.M.), *Retos de la investigación y comercialización de nuevos fármacos*, Granada, ed. Comares, 2009.

el tratamiento legal de medicamento, a los efectos de aplicación del texto y de su control general, a las sustancias o combinaciones de sustancias autorizadas para su empleo en ensayos clínicos.

En cualquier caso hay que destacar que, de conformidad con el REC tanto la fabricación de medicamentos no autorizados en España, como la importación de medicamentos en investigación, en ambos casos, para su utilización en el ámbito de un ensayo clínico, exige contar con la previa autorización de la Agencia Española de Medicamentos y Productos Sanitarios, título que se mantiene vigente durante todo el tiempo de realización del ensayo clínico en el que se utilicen[67]. En el caso de importación de esta clase de medicamentos, el laboratorio farmacéutico debe garantizar, además, que el medicamento de que se trate ha sido elaborado por un fabricante debidamente autorizado en su país y que cumple normas de correcta fabricación, al menos, equivalentes a las vigentes en la Unión Europea, previsión legal que nos sitúa ante un supuesto muy próximo a una declaración responsable o a una comunicación previa. Nos vamos a encontrar, pues, ante un supuesto de concatenación de autorizaciones; una cuyo objeto es salvaguardar la garantía de calidad del medicamento en investigación y otra vinculada propiamente al ensayo clínico y, por tanto, al conjunto de bienes jurídicos implicados en el mismo. No se trata de un fenómeno extraño en el tráfico jurídico público. Como es sabido, es relativamente frecuente que sobre un mismo objeto confluyan diferentes competencias administrativas, competencias que se ordenan, cada una de ellas, para el

---

67 La Orden /SCO/256/2007, de 5 de febrero, por la que se establecen los principios y directrices destalladas de buena práctica clínica y los requisitos para autorizar la fabricación o importación de medicamentos en investigación de uso humano (art. 3), se refiere, en concreto, a la fabricación total parcial, incluyendo las diversas operaciones de división, acondicionamiento o presentación de medicamentos en investigación, incluso en los casos en que los medicamentos estén destinados a la exportación. Asimismo, es necesaria la autorización para la importación desde terceros países. Es más; cuando en el contexto de un ensayo clínico específico cuyo promotor sea un investigador o un grupo de investigadores, un servicio de farmacia autorizado desee realizar una operación de fabricación distinta a las contempladas con anterioridad, debe solicitar, igualmente, una autorización previa a la Agencia Española de Medicamentos y Productos Sanitarios y el medicamento sólo se puede utilizar en el concreto ensayo clínico de que se trate.

Tan sólo no es exigible la autorización citada, cuando tratándose del acondicionamiento final del medicamento por parte de un servicio de farmacia autorizado, dichos medicamentos en investigación estén destinados a ser utilizados únicamente en un centro sanitario dependiente de dicho servicio. En este punto presenta interés destacar dos circunstancias:

a) Que aunque el plazo para notificar el otorgamiento o denegación de la autorización es de 80 días —a contar desde la presentación de una petición válida—, en el caso de que la Agencia Española de Medicamentos y Productos Sanitarios precise datos complementarios, el plazo para resolver queda en suspenso hasta que se faciliten dichos datos.

b) Que dicha autorización puede quedar condicionada al cumplimiento de determinadas obligaciones impuestas en el momento de la concesión o, incluso, en una fecha posterior, con el fin de garantizar el cumplimiento de los requisitos establecidos en la misma.

cumplimiento de un fin institucional propio y cuya competencia de otorgamiento se reconoce, incluso —aunque no sea nuestro caso—, a administraciones públicas diferentes. Interesa destacar que tal posibilidad ha sido confirmada reiteradamente por la jurisprudencia del Tribunal Supremo que señala expresamente que *"... las diferentes autorizaciones y licencias son necesarias pero no suficientes por si mismas para desarrollar la actividad, dada la existencia legal de todas ellas, que recayentes sobre idéntico objeto o actividad, se encaminan al ejercicio de las propias potestades de cada una de las Administraciones fiscalizadoras, cada una obedeciendo a una finalidad diferente."* (STS de 27 de julio de 1994).

Además, es preciso destacar que el fabricante de un medicamento en investigación debe estar autorizado para el ejercicio de su actividad, de acuerdo con lo establecido en el Real Decreto 1564/1992, de 18 de diciembre, por el que se desarrolla y regula el régimen de autorización de los laboratorios farmacéuticos e importadores de medicamentos y la garantía de calidad de su fabricación industrial. En todo caso, todas las fases de la fabricación de un medicamento en investigación deben seguir las normas de correcta fabricación de medicamentos en la Unión Europea. Por su parte, el laboratorio importador debe garantizar que el medicamento ha sido elaborado por un fabricante debidamente autorizado en el país de origen y que cumple las normas sobre correcta fabricación, al menos equivalentes a las vigentes en la unión Europea, sin perjuicio de la posible responsabilidad del promotor del ensayo clínico.

Pues bien, recobrando nuestro objeto de estudio, es preciso destacar que la verificación de todas aquellas actuaciones y circunstancias, dirigidos a comprobar los extremos indicados, se realiza a través del desarrollo de los correspondientes ensayos clínicos que, en el caso de los realizados con medicamentos, están regulados por la LM y PS y el REC[68]. De acuerdo con estas dos normas, se entiende

---

68 Los ensayos clínicos con medicamentos fueron objeto de regulación ya por la antigua Ley 25/1990, de 20 de diciembre, del Medicamento —en adelante, LM—, desarrollada reglamentariamente en esta cuestión por el Real Decreto 561/1993, de 16 de abril, por el que se establecían los requisitos para la realización de ensayos clínicos con medicamentos. La Directiva 2001/20/CE del Parlamento Europeo y del Consejo, de 4 de abril de 2001, relativa a la aproximación de las disposiciones legales, reglamentarias y administrativas de los Estados miembros sobre la aplicación de las buenas prácticas clínicas en materia de realización de ensayos clínicos con medicamentos de uso humano, vino a incidir sobre dicha legislación y exigía la modificación de las normativa nacional en esta materia. Una primera iniciativa fue la Ley 53/2002, de 30 de diciembre, de Medidas Fiscales, Administrativas y del Orden social, que introdujo numerosas modificaciones en la LM con el fin de eliminar las numerosas discrepancias de dicha ley con la Directiva 2001/20/CE. Con posterioridad, la norma de 1993 fue sustituida por el REC, circunstancia que suponía no sólo, la transposición a derecho interno de toda la Directiva 2001/20/CE, sino la adecuación de la materia a las nuevas exigencias dispuestas por el Convenio de Oviedo sobre derechos Humanos y la Biomedicina, la LrAP y la Ley Orgánica 15/1999, de 13 de diciembre, de Protección de Datos

por ensayo clínico con medicamentos toda investigación efectuada en seres humanos, con el fin de determinar o confirmar los efectos clínicos, farmacológicos, y/o demás efectos farmacodinámicos, y/o de detectar las reacciones adversas, y/o estudiar la absorción, distribución, metabolismo y eliminación de uno o varios medicamentos en investigación con el fin de determinar su seguridad y/o eficacia. Por tanto, desde este punto de vista clínico, esta clase de ensayos clínicos tiene por objeto el posible uso de medicamento en seres humanos y va dirigido a determinar, como ya nos consta, la seguridad y eficacia de un medicamento. En este sentido, como ya nos consta, implica la realización de toda una serie de estudios tales como ensayos de toxicidad aguda y crónica, ensayos de teratogenia, embriotoxicidad, fertilidad, ensayos de mutagénesis y, en su caso, de carcinogénesis o, en general, todos aquellos necesarios para una correcta evaluación de la seguridad y tolerancia de un medicamento en condiciones normales de uso, así como de su eficacia terapéutica para las distintas dosis y en todas las indicaciones solicitadas. Sea como sea, es importante resaltar que para que se pueda hablar de ensayo clínico, estas pruebas deben cumplir tres notas:

a) Corrección metodológica, es decir, deben ser científicamente correctos. Su desarrollo exige una planificación y diseño de tal modo que sea posible obtener la información necesaria para conocer el comportamiento de la sustancia en el organismo y evaluar la eficacia del medicamento de que se trate.
b) Aceptación ética; por tanto, han de ser conformes desde dicho punto de vista.
c) Autenticidad de los datos. Sus datos y procedimientos deben ser verificables, para lo cual, deben seguir las normas de buena práctica clínica.

No son requisitos excluyentes entre sí. Para que un ensayo clínico sea éticamente aceptable, debe ser metodológicamente correcto. En otras palabras; no es ético un estudio que no está correctamente diseñado[69].

Llegados a este punto, es preciso diferenciar igualmente los ensayos clínicos con medicamentos respecto de los estudios posautorización tipo observacional y del denominado uso compasivo de los medicamentos. Dado que los primeros son objeto de tratamiento específico en otro lugar de este trabajo, basta destacar que por tales se entienden los estudios en los que los medicamentos se prescriben

---

de Carácter Personal. Más recientemente, en el año 2006, la LM de 1990 fue derogada por la vigente la LM y PS, norma legal que, sin embargo, no ha derogado formalmente el REC. Por tanto, esta norma reglamentariamente se entiende vigente, sin perjuicio, de las modificaciones que sea menester realizar con el fin de proceder a su acomodación al texto legal de 2006.

69 Sobre esta cuestión véase, VVAA, "Ensayos clínicos con medicamentos: características metodológicas y evaluación de la calidad" en *Ensayos clínicos en España. Aspectos científicos, bioéticos y Jurídicos (Coord. Sánchez Caro J.),* Granada, ed. Comares, 2006, págs. 19 y ss.

de la manera habitual, de acuerdo con las condiciones establecidas en la autorización. En este caso, la asignación de un paciente a una estrategia terapéutica concreta no está decidida de antemano por el protocolo de un ensayo sino que se determina por la práctica habitual de la medicina y la decisión de prescribir un medicamento determinado debe estar claramente disociada de la decisión de incluir al paciente en el estudio. Se trata, igualmente, del criterio seguido por la jurisprudencia (Sentencia de la Audiencia Provincial de Navarra 149/2005, de 20 de septiembre). En cualquier caso, no se puede aplicar a los pacientes ninguna intervención, ya sea diagnóstica, ya sea de seguimiento, que no sea la habitual de la práctica clínica, utilizándose los métodos epidemiológicos para el análisis de los datos recogidos. Como tales, no están sujetos a lo dispuesto por la LM y PS y por el REC en materia de ensayos clínicos.

El uso compasivo de medicamentos supone, por su parte, la utilización en pacientes aislados y al margen de un ensayo clínico, de medicamentos en investigación, incluidas, las especialidades farmacéuticas para indicaciones o condiciones de uso distintas de las autorizadas, cuando el médico bajo su exclusiva responsabilidad considere indispensable su utilización. Para que ello sea posible es requisito imprescindible el consentimiento informado del paciente o de su representante legal, un informe clínico en el que el médico debe justificar la necesidad de dicho tratamiento, la conformidad del director del centro donde se vaya a aplicar el tratamiento y la autorización de la Agencia Española de Medicamentos y Productos Sanitarios. Además, los resultados del tratamiento, así como las sospechas de reacciones adversas que puedan ser debidas al mismo, deben ser comunicados por el médico a la Agencia Española de Medicamentos y Productos Sanitarios. Finalizado el ensayo, toda continuación en la administración del medicamento en investigación, en tanto no se autorice el medicamento para esas condiciones de uso, se debe regir por las normas generales sobre ensayos clínicos.

La importancia de los ensayos clínicos desde las perspectivas apuntadas ha sido incluso reconocida por la jurisprudencia del Tribunal Supremo. Así la Sentencia de 9 de julio de 2001 confirma exclusión de la prestación farmacéutica de la Seguridad Social de un estimulante de la inmunidad denominado "inmunoferón" por su eficacia terapéutica no acreditada a través de los correspondientes ensayos clínicos. En efecto, a partir de la constatación de que «*A lo largo de los últimos 20 años han sido ensayados numerosos mecanismos inmunomoduladores, demostrándose que dada la enorme complejidad del sistema inmunitario, con frecuencia resultados muy alentadores eran luego seguidos de otros decepcionantes. Estas drogas en la mayoría de los casos no han conseguido demostrar consistencia en los estudios de eficacia y han ido siendo abandonados ...*», afirma dicho tribunal que «*Si bien los estudios presentados en este caso con el inmunoferón son alentadores, hay que reconocer que son aportados por la empresa comercializadora y, por tanto, pueden haber sido seccionados. Sorprende que pese a ser comercializado el fármaco hace casi 20 años, no se presentan estudios publicados en revistas de reconocido prestigio internacional. En casos tan difíciles de evaluar como el presente, pensamos que la publicación de los estudios en revistas de amplia difusión internacional es lo que realmente permite la amplia evaluación y discusión del problema y el llegar a conclusiones más definitivas. En resumen, pensamos que se trata de un medicamento que, si bien, tiene a su favor el no producir efectos secundarios y la existencia de resultados favorables en diversos ensayos, no ha superado después de 20 años las dudas sobre su eficacia terapéutica. Sólo la publicación de los resultados favorables a portados en revistas de gran difusión podría en este tiempo haber abierto la saludable controversia y permitido llegar a conclusiones. Por consiguiente, con independencia de la controversia científica en la que este Tribunal, obviamente, no puede terciar, desde el punto de vista estrictamente jurídico, no cabe calificar de arbitraria o sin fundamento una decisión del Consejo de Ministros que contempla un presupuesto fáctico acorde con la conclusión o criterio de un organismo del prestigio de la Real Academia de Medicina.».*

En relación con nuestro objeto de estudio, interesa destacar que se trata de un ámbito en el que tradicionalmente se ha reconocido a las Comunidades Autónomas un especial protagonismo. Ya el derogado Decreto 561/1993, de 16 de abril, por el que se desarrollaba la Ley 25/1990, de 20 de diciembre, del Medicamento, atribuyó a las diferentes Comunidades Autónomas, junto a la conocida competencia en materia de acreditación de los Comités Éticos de Investigación Clínica, competencias respecto de la especificación de los aspectos económicos de la realización de los ensayos clínicos y en las facultades de inspección, competencias que son reafirmadas hoy en día por la LM y PS y por el REC. En cualquier caso, es preciso destacar que, de acuerdo con dicho marco normativo,, la realización de un ensayo clínico queda sometido a unas exigencias legales muy rigurosas, construidas a través de la recíproca articulación de toda una serie de previsiones legales que se concretan en las denominadas legalmente garantías de idoneidad, de respeto a los postulados éticos, de asunción de responsabilidades y de transparencia y de las que forma parte esencial de las mismas, la articulación de un régimen de intervención administrativa especialmente intenso y del cual son elementos esenciales, junto a la propia autorización de la Agencia Española de Medicamentos y Productos Sanitarios, el consentimiento informado prestado por el sujeto del ensayo y un informe preceptivo que debe emitir en sentido favorable un Comité de Ético de la Investigación Clínica. El punto de partida de dicho sistema de intervención viene constituido dos principios que deben actuar conjuntamente entre sí y que constituyen la piedra angular del mismo. Se trata, por un lado, del principio "de respeto a la buena práctica clínica" y, por otro, del principio de promoción de los ensayos clínicos. De conformidad con el primero, todos los ensayos clínicos, incluidos los estudios de biodisponibilidad y bioequivalencia, deben ser diseñados, realizados y comunicados, de acuerdo con las normas de "buena práctica clínica" y con respeto a los derechos, la seguridad y el bienestar de los sujetos del ensayo, que prevalecerán sobre los intereses de la ciencia y la sociedad[70]. El segundo impone a las autoridades sanitarias el deber de facilitar la realización de los ensayos clínicos en el Sistema Nacional de Salud, tanto en el ámbito de la atención primaria como en la hospitalaria. Pasemos a continuación a examinar los requisitos legales de cuyo cumplimiento, depende la licitud de un determinado ensayo clínico.

B) Consentimiento informado

Como ya sabemos, el consentimiento informado supone la conformidad libre, voluntaria y consciente de un paciente, manifestada en el pleno uso de sus facultades mentales después de recibir la información adecuada, para que tenga lugar una actuación que afecta a su salud. En el campo concreto de los ensayos clínicos el REC se refiere a esta institución como la *"decisión, que debe figurar por escrito y estar fechada y firmada, de participar en un ensayo clínico adoptada voluntariamente por cada persona capaz de dar su consentimiento tras haber sido informada y documentada acerca de la naturaleza, importancia, implicaciones y riesgos."*. Como ya sabemos, los ensayos clínicos son uno de los ámbitos concretos en los que la LrAP remite expresamente a la legislación especial aplicable[71].

Pues bien, de acuerdo con la LM y PS, el sujeto que se somete al ensayo clínico debe prestar su consentimiento libremente, expresado por escrito y tras haber sido informado sobre la naturaleza, importancia, implicaciones y riesgos del ensayo clínico. El REC adopta una perspectiva más tuitiva al respecto y se refiere a la necesidad de prestar dicho consentimiento, expresamente, "*... después de haber entendido, mediante una entrevista con el investigador o un miembro del equipo de investigación, los objetivos del ensayo, sus riesgos e inconvenientes, así como las condiciones en las que se llevará a cabo, y después de haber sido informado de su derecho a retirarse del ensayo en cualquier momento sin que ello le ocasione*

---

70 Sobre esta cuestión véase, Sánchez Caro J., "Protección de los sujetos participantes, postulados éticos en la investigación con seres humanos. Ensayos con menores e e incapaces" en *Ensayos clínicos en España. Aspectos Científicos, Bioéticos y Jurídicos (Coord. Sánchez Caro)*, Granada, ed. Comares, 2006, págs. 54 y ss. Desde un punto de vista práctico véase el documento denominado "Buena práctica clínica y normativa de referencia en España", Agencia Española del Medicamento y Productos Sanitarios, 2008.

71 Abellán F., "El consentimiento informado, la intimidad y la confidencialidad de los datos en los ensayos clínicos...", págs. 99 y ss.

perjuicio alguno.". Además, el consentimiento se debe documentar mediante una hoja de información comprensiva únicamente de información relevante, expresada en términos claros y comprensibles para los sujetos y redactado en la propia lengua del sujeto. Si el sujeto del ensayo no está en condiciones de escribir, puede prestar —en casos excepcionales— su consentimiento en forma verbal, si bien, es necesaria la presencia de, al menos, un testigo mayor de edad que tenga capacidad de obrar. El sujeto participante en un ensayo clínico o su representante puede revocar, en todo momento, su consentimiento sin expresión de causa[72].

Como ocurre en otros casos, se trata de un requisito esencial cuya omisión o verificación defectuosa o insuficiente puede determinar la consiguiente responsabilidad. Es el caso planteado por la ya citada Sentencia de la Audiencia Provincial de Navarra 149/2005, de 20 de septiembre que aceptando los fundamentos de la sentencia apelada afirma expresamente que « ... *se entiende que no medió para la instauración del tratamiento con "politerapia" siguiendo la pauta ya expresada "Taf" consentimiento informado de la paciente, pues no se le informó* [...] *del riesgo vital que suponía la pauta terapéutica adoptada, tal ausencia de información plantea la evidencia de que no se cumple por las prescripciones exigidas por las normas aplicables sobre el consentimiento informado, y la información facilitada, con arreglo al documento 15 de la demanda* [...], *no sirven para integrar el "estándar de cumplimiento" del exigible deber de información clínica. De modo, que la Sra. Lucía, no pudo prestar su consentimiento plenamente informado, asumiendo*

---

72 Cuando el sujeto del ensayo no sea una persona capaz para dar su consentimiento o no esté en condiciones de hacerlo, el consentimiento se debe solicitar teniendo en cuenta si se trata de un individuo menor de edad o de un adulto sin capacidad para otorgar su consentimiento informado. En el primer caso, se debe obtener el consentimiento previo de los padres o del representante legal del menor, consentimiento que ha de reflejar la presunta voluntad de éste. No obstante, cuando el menor tenga doce o más años, es él quién debe prestar además su consentimiento para participar en el ensayo. En todo caso, el menor debe recibir, del personal sanitario implicado —que ha de contar con experiencia en el trato con menores—, una información sobre el ensayo, los riesgos y los beneficios adecuada a su capacidad de entendimiento. Además, el investigador debe aceptar el deseo explícito del menor de negarse a participar en el ensayo o de retirarse en cualquier momento, cuando éste sea capaz de formarse una opinión en función de la información recibida. Sobre el promotor pesa la obligación de poner en conocimiento del Ministerio Fiscal las autorizaciones de los ensayos clínicos cuya población incluya a menores.

En el segundo supuesto, es decir, cuando se trate de un individuo adulto sin capacidad para otorgar su consentimiento informado, quién debe prestar dicho consentimiento es el representante legal de éste una vez informado de los posibles riesgos, incomodidades y beneficios del ensayo. Como en el caso anterior, el consentimiento debe reflejar la presunta voluntad del sujeto y puede ser retirado en cualquier momento sin perjuicio para éste. Sea como sea, es preciso destacar que cuando las condiciones del sujeto lo permitan, este debe prestar además su consentimiento para participar en el ensayo, después de haber recibido toda la información pertinente adaptada a su nivel de entendimiento. En este caso, el investigador debe tener en cuenta la voluntad de la persona incapaz de retirarse del ensayo.

el riesgo o riesgos correspondientes, entre ellos la gravísima complicación surgida, —la neutopremia febril—, como riesgo inherente al tratamiento quimioterapéutico, articulado mediante la pauta "Taf". Estableciéndose una indemnización de 18.000 E, pues según se argumenta en el fundamento de derecho 7º de la sentencia recurrida, lo que ha de considerarse a efectos indemnizatorios, es la privación del derecho del paciente a obtener la información esclarecedora, previa al consentimiento, y derivados; tales como derecho a nuevas consultas, a elegir, a demorarse en la práctica de la intervención, etc ...»[73].

No obstante, este deber legal tampoco ahora tiene un carácter absoluto. Según la LM y PS puede ser exceptuado en dos supuestos concretos en los que se habilita a los facultativos a desarrollar las intervenciones clínicas indispensables en favor de la salud del paciente sin necesidad de contar con su consentimiento en el caso de que se de alguna de estas dos hipótesis:

a) Cuando existe un riesgo para la salud pública a causa de razones sanitarias establecidas por la ley que, en todo caso, una vez adoptadas deben ser comunicadas a la autoridad judicial en el plazo máximo de veinticuatro horas siempre que dispongan el internamiento obligatorio de personas.
b) Cuando exista riesgo inmediato y grave para la integridad física o psíquica del enfermo y no es posible conseguir su autorización, consultando, cuan-

---

73 Los hechos que motivan el pronunciamiento judicial citado son, en lo esencial, los siguientes. Dña. Lucía —esposa y madre de los actores— es diagnosticada en el Hospital Infanta Elena de Huelva, de un carcinoma infiltrante o inflamatorio de mama, cuyo estado de desarrollo se concreta en el grado T4 d) (estadio III b), en relación con el sistema de clasificación publicado en 1988, en el manual "For Staging Cancer" que lo define como una entidad clínico patológica distintas de otras lesiones d) 4, caracterizada por un endurecimiento en la piel del pecho, con un borde inflamatorio, sin que se pueda detectar normalmente una masa subcutánea. En el Hospital Infanta Elena de Huelva se recomienda a Dña. Lucia lisa y llanamente la mamectomía, es decir, la resección de su pecho izquierdo con el fin de acabar con el problema. No conformes con tal pauta de tratamiento, Dña. Lucia y los actores deciden acudir a la Clínica Universitaria de Navarra, en donde se confirma el anterior pronóstico y se indica como tratamiento, el consejo de *« iniciar tratamiento quimioterapico que incluya Adriamicina y después de 2-3 ciclos, valorar las posibilidades de cirugía»*. En el Departamento de Oncología de dicha institución se le comienda, que no pauta, "TAF Neobyurante", que consiste en la administración de Taxotere Adriamicina, y 5-Fluorocacido, que contiene los principios activos de los medicamentos: docetaxel (taxorete), Doxorubicina (Adriamicina) y 5-Fluorocacido (fluorouracilo), es decir, un tratamiento de quimioterapia, en régimen de politerapia.
De vuelta a Huelva sufre un repentino empeoramiento en su estado de salud por lo que es ingresada en la Clínica los Naranjos de dicha capital donde se contacta con el Departamento de Oncología de la Clínica Universitaria de Navarra. Por la noche Dña. Lucia presenta un cuadro brusco de estupor, cianosis, sudoración e hipo-perfusión periférica que inmediatamente le produce una parada cardiorespiratoria. En el certificado de defunción se hace constar "parada cardiorrespitatoria. Carcinoma de mama-neutropenia febril posquimioterapia".

do las circunstancias lo permitan, a sus familiares o a las personas vinculadas de hecho a él.

Junto a estos dos supuestos legales, el REC admite una tercera posibilidad con fundamento en la presunción de que el sujeto no sea capaz para tomar decisiones debido a su estado físico o psíquico y de que carezca de representante legal —el consentimiento lo han de prestar las personas vinculadas a él por razones familiares o de hecho—. Se trata de una hipótesis de difícil encaje con la LM y PS que simplemente prescinde de él —recordemos que es un texto legal posterior al REC— pero que, sin embargo, es perfectamente coherente desde el punto de vista de la teoría general contenida en la LrAP, motivo por el cual, se puede seguir estimando como valida.

En todos los caso, de acuerdo con el REC tal eventualidad y la forma en que se debe proceder ha de estar prevista en la documentación del ensayo aprobada por el Comité de Ética de la Investigación y el sujeto o su representante legal debe ser informado en cuanto sea posible con el fin de que pueda otorgar su consentimiento para continuar en el ensayo si procediera. Igualmente, el sujeto participante en un ensayo clínico, o su representante legal, pueden revocar su consentimiento en cualquier momento, sin expresión de causa y sin que por ello se derive para el sujeto participante responsabilidad ni perjuicio alguno.

Esta cuestión presenta, no obstante, dos problemas que no es posible omitir. Por un lado, uno derivado de la articulación de las previsiones citadas con el presupuesto del que parte la regulación contenida en el REC y al que es ajeno por completo el texto legal; que el ensayo clínico tenga un interés específico para la población en la que se realiza la investigación y lo justifiquen razones de necesidad en la administración del medicamento en investigación. Ocurre que, en tanto la LM y PS es una norma de rango legal posterior al REC, es posible plantear la vigencia de dicho supuesto de hecho. Por otro, no se puede dejar de cuestionar tampoco la perspectiva basada en la extrema urgencia desde la que se regulan las hipótesis analizada, óptica que casa muy mal con el proceder más pausado y meditado que implica necesariamente la realización de un ensayo clínico y cuya realización que va a seguir implicando, además, la necesidad de obtener una autorización administrativa y un informe favorable de un comité ético; tan sólo se dispensa la necesidad de contar con dicho consentimiento informado.

C) Aseguramiento de daños

De acuerdo con la LM y PS y el REC, la realización de todo ensayo clínico exige la contratación de un seguro o la constitución de otra clase de garantía financiera, destinada a garantizar previamente la cobertura de posibles daños y perjuicios que se puedan derivar para la persona como consecuencia de la realización de aquél.

Se trata de una obligación que recae sobre el promotor del ensayo que está destinada a cubrir las posibles responsabilidades en que pudieran incurrir, el propio promotor, el investigador principal y sus colaboradores y el hospital o centro donde se lleve a cabo el ensayo clínico y que queda sujeta al principio de reparación "in integrum" tal como pone de manifiesto la Sentencia 613/ 2006 de la Audiencia Provincial de Barcelona (Secc. 11ª), dictada con fecha de 24 de octubre[74].

No obstante, es preciso destacar que el REC establece la posibilidad de excepcionar dicha obligación cuando el ensayo se refiera únicamente a medicamentos autorizados en España, su utilización en el ensayo se ajuste a las condiciones de uso autorizadas y el Comité de Ética de la Investigación considere que las intervenciones a las que van a ser sometidos los sujetos por motivo de su participación en el ensayo suponen un riesgo equivalente o inferior al que se produce en la práctica clínica habitual.

Cuando por cualquier circunstancia, el seguro no cubra enteramente los daños causados, el promotor del ensayo clínico, el investigador responsable del mismo y el hospital o centro responden solidariamente, sin necesidad de que medie culpa, tanto por los daños que el sujeto del ensayo pueda sufrir en su salud, como por los posibles perjuicios económicos que se puedan producir. Además, a ellos les incumbe la carga de la prueba de que dichos perjuicios no son consecuencia del ensayo o de las medidas terapéuticas o diagnósticas adoptadas durante su realización. Y a estos efectos, ni la autorización administrativa, ni el dictamen favorable del

[74] Dicha sentencia estima parcialmente la demanda del actor, interpuesta en concepto de daños y perjuicios ocasionados durante su asistencia en el Hospital del Mar de Barcelona en el curso de un ensaño clínico, consistente en un tratamiento farmacológico diseñado pera investigar si los esquemas de tratamiento con infusión continua de 5-FU (5-Fluoroucacilo) a dosis altas resultaban superiores al F-FU + AF (5-Fluorouracilo +Acido Polínico) en embolada, al considerar acreditada la imprudencia del personal sanitario del hospital citado por la administración en embolada de un resto de quimioterapia que causó toxicidad y, consecuentemente, las secuelas al actor. Sin acoger todas las pretensiones indemnizatorias de éste, el pronunciamiento citado afirma que *«No obstante, si debe atenderse a la pretensión revocatoria del impugnante en cuanto a que la valoración económica del daño sufrido no sólo debe abarcar las secuelas sufridas, sino que también en aplicación del principio de reparación "in integrum" debe alcanzar los días de hospitalización que precisó el Sr. Carlos Jesús para la asistencia de las lesiones que le provocó la grave intoxicación de 5-FU y, en este sentido, como consta en documento acreditado y sin objeciones por las partes, el actor ingresó el día 12 de junio de 2002 en el servicio de oncología del Hospital del Mar, siendo dado de alta el día 1 de agosto del mismo año, tras su derivación al servicio de convalecencia del Hospital de l'Esperança en cuya institución siguió ingresado hasta el día 28 de agosto de 2002 para ser tratado del síndrome confusional que presentaba, de lo que resulta acreditado que el Sr. Carlos Jesús preciso de 78 días de estancia hospitalaria debiendo incluirse la indemnización correspondiente a estos días, a razón de 52,84 euros por día, lo que resulta un importe de 4.121,52 euros, que deberá añadirse a la cantidad fijada en concepto de secuelas, en el fallo de la sentencia dictada en primera instancia, revocándose en tal sentido tal resolución.»*.

Comité de ética de la Investigación, pueden eximir de responsabilidad a aquéllos. Es preciso destacar a estos efectos que el texto legal presume que, salvo prueba en contrario, los daños que afecten a la salud de la persona sujeta al ensayo durante la realización del mismo y durante el plazo de un año contado desde su finalización, se han producido como consecuencia del ensayo. Sin embargo, una vez concluido el año, el sujeto del ensayo está obligado a probar el daño y nexo entre el ensayo y el daño producido[75]

D) Contrato para la realización del ensayo clínico

Todos Los aspectos económicos relacionados con el ensayo clínico deben quedar reflejados en un contrato que deben suscribir el promotor y cada uno de los centros en los que se vaya a realizar el ensayo que debe ser puesto a disposición del Comité de Ética de la Investigación correspondiente. En este contrato debe constar el presupuesto inicial del ensayo y especificar los costes indirectos que aplica el centro y los costes directos extraordinarios —aquellos gastos ajenos a los que hubiera habido si el sujeto no hubiera participado en el ensayo, como análisis y exploraciones complementarias añadidas, cambios en la duración de la atención a los enfermos, rembolso por gastos a los pacientes, compre de aparatos y compensaciones para los sujetos del ensayo e investigadores. Asimismo debe ser comprensivo de los términos y plazos de los pagos, así como de cualquier otra responsabilidad subsidiaria que contraigan las partes.

Con este fin, las diferentes Administraciones sanitarias autonómicas han de establecer los requisitos comunes y condiciones de financiación, así como el modelo de contrato de conformidad con los principios generales de coordinación aprobados por el Consejo Interterritorial del Sistema Nacional de Salud[76].

---

75 De acuerdo con el art. 7.5 del REC, a los efectos del régimen de responsabilidad son objeto de resarcimiento todos los gastos derivados del menoscabo en la salud o estado físico del sujeto sometido al ensayo clínico, así como los perjuicios económicos que se deriven directamente de dicho menoscabo, siempre que éste no sea inherente a la patología objeto de estudio o se incluya dentro de las reacciones adversas propias de la medicación prescrita para dicha patología, así como la evolución propia de su enfermedad como consecuencia de la ineficacia del tratamiento. Por su parte, el ap. 6 del mismo precepto dispone que el importe mínimo que a efectos de responsabilidad debe estar garantizado es de 250.000 euros por sujeto sometido a ensayo clínico, como indemnización a tanto alzado. En caso de que la indemnización se fije como renta anual constante o creciente, el límite de la cobertura del seguro o de la garantía financiera ha de ser, al menos,, de 25.000 euros anuales por cada sujeto sometido al ensayo clínico, pudiéndose establecer como capital asegurado máximo o como importe máximo de la garantía financiera un sublímite por ensayo clínico y año de 2.500.000 euros. En todo caso, se autoriza al Ministerio de Sanidad, Asuntos Sociales e Igualdad para revisar estas cantidades.

76 A título de ejemplo, véase la Resol. de 23 de mayo de 2006, por la que se aprueba el nuevo modelo de contrato económico para la realización de ensayos clínicos con medicamentos en el

E) Informe preceptivo y favorable del Comité de Ética de la Investigación

Para poder realizar cualquier ensayo clínico es necesario un informe previo y favorable emitido por el Comité de Ética de la Investigación. Dispone, en efecto, la LM y PS que *"Ningún ensayo clínico podrá ser realizado sin informe previo favorable de un Comité ético de Investigación* [léase, por los motivos indicados con anterioridad, Comité de Ética de la Investigación], *que será independiente de los promotores e investigadores y de las autoridades sanitarias…"*[77]. En el mismo sentido se expresa, como no podía ser de otra manera, el REC[78]. Estamos, por tanto, ante una nueva excepción a la regla del procedimiento administrativo común.

Como ocurría en el caso de los proyectos de investigación que implican el desarrollo de procedimientos invasivos en seres humanos, la evaluación del comité debe estar debidamente motivada. Establece el texto legal al respecto que dicho comité debe ponderar los aspectos metodológicos, éticos y legales del protocolo propuesto, así como el balance de riesgos y beneficios anticipados dimanantes del ensayo[79]. Por tanto, es preciso destacar que tampoco en este caso, dicha evalua-

---

Sistema Sanitario Público de Andalucía; la Resol. de 14 de mayo de 2008, por la que se aprueba la Instrucción 2/2008, por la que se establece el procedimiento y requisitos para la realización de ensayos clínicos con medicamentos en los centros sanitarios del Servicio Murciano de Salud y aprueba el modelo-tipo de contrato a suscribir; y el Decreto 57/2010, de 5 de marzo, por el que se regula el procedimiento para la realización de ensayos clínicos con medicamentos y productos sanitarios en el Sistema Sanitario Público de la Comunidad Autónoma de Extremadura y aprueba el modelo-tipo de contrato a suscribir.

77 Art. 60.6 del texto legal y 15 del REC.

78 Con carácter general véase SERRANO M.A. y GRAU C., "Los CEIC: El dictamen en los ensayos unicéntricos clínicos y multicéntricos, y los aspectos económicos de los ensayos clínicos" en *Ensayos cínicos en España. Aspectos Científicos, Bioéticos y Jurídicos (Coord. Sánchez Caro J)*, Granada, ed. Comares, 2006, págs. 139 y ss.

79 En este punto, el REC concreta que el Comité de Ética de la Investigación, a la hora de emitir su dictamen, debe evaluar el protocolo, el manual del investigador y el resto de la documentación que acompañe a la solicitud tomando en consideración, en particular, los siguientes criterios:
a) La pertinencia del ensayo clínico, teniendo en cuenta el conocimiento disponible.
b) La pertinencia de su diseño para obtener conclusiones fundamentadas con el número adecuado de sujetos en relación con el objetivo del estudio.
c) Los criterios de selección y retirada de los sujetos del ensayo, así como la selección equitativa de la muestra.
d) La justificación de los riesgos e inconvenientes previsibles en relación con los beneficios esperables para los sujetos del ensayo, para otros pacientes y para la comunidad, teniendo en cuenta el principio de protección de los sujetos del ensayo desarrollado en el artículo 3.
e) La justificación del grupo control —ya sea placebo, ya sea un tratamiento activo—.
f) Las previsiones para el seguimiento del ensayo.
g) La idoneidad del investigador y de sus colaboradores.
h) La idoneidad de las instalaciones.

ción puede quedar reducida a las cuestiones de naturaleza metodológica o ética. Antes al contrario, deben estar presentes siempre por imperativo legal los aspectos de índole jurídica. Así, lo dispone expresamente la LM y PS cuando afirma expresamente que *"El Comité Ético de Investigación Clínica ponderará los aspectos metodológicos, éticos y legales del protocolo propuesto, así como el balance de riesgos beneficios anticipados, dimanantes del ensayo."*[80]. De esta manera, como en casos anteriores, el informe de los Comités de Ética de la Investigación debe comprender un auténtico juicio de legalidad del proyecto presentado que abarque el análisis de la comparación y subsunción del caso planteado en el supuesto de hecho regulado por las normas jurídicas. Todo ello, desde una visión global y totalizadora del Ordenamiento jurídico que tenga presente el juego de las diferentes relaciones de carácter interordinamental e internormativas que lo articulan y definen. Téngase en cuenta que, en casos extremos en los que se pudiera plantear una acción de responsabilidad patrimonial, debido a la condición y formación de los miembros que integran los Comités de Ética de la Investigación, estaríamos ante uno de los supuestos legales que cualifican justamente tal responsabilidad[81].

De acuerdo con esta perspectiva, parece evidente que una cuestión esencial a tener en cuenta por el Comité de Ética de la Investigación a la hora de realizar y emitir el informe pertinente, es la valoración de las cuestiones que la LM y PS denomina garantías de respeto a los postulados éticos que, con independencia de su denominación, comprenden auténticas normas jurídicas ordenadas a la protección de los sujetos del ensayo que vinculan también al comité en el desarrollo de su actividad de informe. Se trata de las siguientes:

a) Los ensayos clínicos se deben realizar en condiciones de respeto a los derechos fundamentales de la persona y a los postulados éticos que afectan a la investigación biomédica en la que resultan afectados seres humanos, siguiéndose a estos efectos la Declaración de Helsinki. Es preciso destacar que, en este último caso, nos encontramos ante una remisión directa de carácter legal a dicho texto internacional que juega, de esta manera, como si de un texto de Derecho interno se tratase. En otras palabras; en virtud

---

i) La idoneidad de la información escrita para los sujetos del ensayo y el procedimiento de obtención del consentimiento informado, y la justificación de la investigación en personas incapaces de dar su consentimiento informado.
j) El seguro o la garantía financiera previstos para el ensayo.
k) Las cantidades y, en su caso, previsiones de remuneración o compensación para los investigadores y sujetos del ensayo y los aspectos relevantes de cualquier acuerdo entre el promotor y el centro, que han de constar en el contrato suscrito por estos últimos.
l) El plan previsto para el reclutamiento de los sujetos.

80 Art. 60.8 de la LM y PS.

81 En efecto, recordemos que a tenor de lo dispuesto en el artículo de la LRJAP y PAC

de la remisión legal, la LM y PS acoge el contenido de la declaración que, de esta manera, pasa a formar parte de nuestro ordenamiento jurídico.

b) Todos los ensayos clínicos, incluidos los estudios de biodisponibilidad y bioequivalencia, deben ser diseñados, realizados y comunicados de acuerdo con las normas de "buena práctica clínica". De esta manera, no es posible iniciar ningún ensayo clínico en tanto no se disponga de suficientes datos científicos y, en particular, ensayos farmacológicos y toxicológicos en animales que garanticen que los riesgos que implica en la persona en que se realiza son admisibles[82].

---

82 Estos criterios se encuentran desarrollados exhaustivamente en el REC que, en relación con los mismos, regula diferentes supuestos según se trate de los requisitos generales a cumplir (art. 3), de los ensayos clínicos con menores (art. 4), de los ensayos clínicos con adultos incapacitados (art. 5) y de los ensayos clínicos sin beneficio directo para la salud de los sujetos afectados (art. 6). En efecto, de acuerdo con lo previsto en dicha norma, sólo es posible iniciar un ensayo clínico cuando el Comité de Ética de la Investigación Clínica que corresponda y la Agencia Española de Medicamentos y Productos Sanitarios hayan considerado que los beneficios esperados para el sujeto del ensayo y para la sociedad, justifican los riesgos; es más, el ensayo sólo puede proseguir si se supervisa permanentemente el cumplimiento de este criterio. Además, los ensayos clínicos se deben realizar en condiciones de respeto a los derechos del sujeto y a los postulados éticos que afectan a la investigación biomédica con seres humanos. En particular, se debe salvaguardar la integridad física y mental del sujeto, así como su intimidad y la protección de sus datos, de acuerdo con la LOPD, texto legal al cual se debe ajustar igualmente el tratamiento, comunicación y cesión de los datos de carácter personal de los sujetos participantes en el ensayo. Asimismo se ha de obtener y documentar el consentimiento informado de cada uno de los sujetos del ensayo, libremente expresado, antes de su inclusión en el ensayo. En cualquier caso, es necesario el cumplimiento de los siguientes requisitos:

a) Disponer de suficientes datos científicos y, en particular, ensayos farmacológicos y toxicológicos en animales, que garanticen que los riesgos que implica en la persona en que se realiza son admisibles

b) Que el estudio se base en los conocimientos disponibles, la información buscada suponga, presumiblemente, un avance en el conocimiento científico sobre el ser humano o para mejorar su estado de salud y su diseño minimice los riesgos para los sujetos participantes en él.

c) Que los riesgos e inconvenientes previsibles para los sujetos del ensayo se hayan ponderado con respecto a los beneficios previsibles para cada sujeto del ensayo y futuros pacientes.

El ensayo clínico debe estar diseñado para reducir al mínimo posible el dolor, la incomodidad, el miedo y cualquier otro riesgo previsible en relación con la enfermedad y edad o grado de desarrollo del sujeto; tanto el umbral de riesgo como el grado de incomodidad deben ser definidos de forma específica y monitorizados durante el ensayo, especialmente cuando los sujetos del ensayo sean menores, adultos incapaces o constituyan una población especialmente vulnerable en razón de su situación económica, médica o social. La atención sanitaria dispensada y las decisiones médicas adoptadas deben ser responsabilidad de un médico o de un odontólogo, debidamente cualificados. En todo caso, los sujetos del ensayo deben disponer de un punto donde puedan obtener mayor información sobre el ensayo, que constará en la hoja de información para el sujeto

En relación con la posible existencia de una remuneración económica, el REC diferencia dos supuestos. En primer lugar, cuando los sujetos participantes en un ensayo clínico no tengan un beneficio potencial directo en el mismo. En este caso pueden recibir del promotor la compensa-

c) Los ensayos clínicos se deben planificar y realizar de modo que permitan obtener la información necesaria para conocer el comportamiento de la

---

ción pactada por las molestias sufridas. La cuantía de la compensación económica ha de estar en relación con las características del ensayo, pero en ningún caso puede ser tan elevada como para inducir a un sujeto a participar por motivos distintos del interés por el avance científico. No obstante, dicha contraprestación puede ser reducida proporcionalmente según la participación del sujeto en la experimentación, en el supuesto que decida revocar su consentimiento y abandonar el ensayo. En los casos extraordinarios de investigaciones sin beneficio potencial directo para el sujeto en investigación en menores e incapaces, para evitar la posible explotación de estos sujetos, no se debe mediar ninguna compensación económica por parte del promotor, a excepción del reintegro de los gastos extraordinarios y pérdidas de productividad que se deriven de la participación del sujeto en el ensayo. En segundo término, en relación con los sujetos que puedan obtener un posible beneficio potencial directo en el ensayo, dispone la norma que únicamente pueden recibir el reintegro de los gastos extraordinarios y pérdidas de productividad que se deriven de su participación en el ensayo.

Solamente es posible realizar ensayos clínicos en menores de edad, cuando se cumplan, además de los requisitos anteriores, los siguientes:

a) Que los ensayos sean de interés específico para la población que se investiga, y solo cuando dicha investigación sea esencial para validar datos procedentes de ensayos clínicos efectuados en personas capaces de otorgar su consentimiento informado u obtenidos por otros medios de investigación. Además, la investigación debe guardar relación directa con alguna enfermedad que padezca el menor o bien ser de naturaleza tal que sólo pueda ser realizada en menores.

b) Que el bienestar del sujeto prevalezca siempre sobre los intereses de la ciencia y de la sociedad, y existan datos que permitan prever que los beneficios esperados superan los riesgos o que el riesgo que conlleva el ensayo es mínimo.

c) Que la obtención del consentimiento informado se ajuste a lo especificado con carácter general por el propio reglamento.

d) Que el protocolo sea aprobado por un Comité de Ética de la Investigación que cuente con expertos en pediatría o que haya recabado asesoramiento sobre las cuestiones clínicas, éticas y psicosociales en el ámbito de la pediatría.

e) Que se sigan las directrices científicas correspondientes de la Agencia Europea para la Evaluación de Medicamentos.

Tratándose de adultos incapacitados que no estén en condiciones de dar su consentimiento informado y que no lo hayan dado con anterioridad al comienzo de su incapacidad, cuando, sin perjuicio de la aplicación de las disposiciones generales, se cumplan, además, las siguientes condiciones especiales:

a) Que los ensayos sean de interés específico para la población que se investiga, y dicha investigación sea esencial para validar datos procedentes de ensayos clínicos efectuados en personas capaces de otorgar su consentimiento informado u obtenidos por otros medios de investigación. Además, la investigación debe guardar relación directa con alguna enfermedad que padezca el adulto incapaz, y que ésta le debilite o ponga en peligro su vida.

b) Que el bienestar del sujeto prevalezca sobre los intereses de la ciencia y de la sociedad, y existan datos que permitan prever que reporta algún beneficio al paciente que prevalezca sobre los riesgos o no produzca ningún riesgo.

c) Que el consentimiento informado se ajuste a las normas generales. En todo caso, los sujetos no deben haberse negado a dar su consentimiento informado con anterioridad al comienzo de su incapacidad.

sustancia en el organismo y evaluar su eficacia. Desde este punto de vista interesa destacar dos previsiones legales. En primer lugar, que el método de los ensayos debe ser tal que la evaluación de los resultados obtenidos con la aplicación de la sustancia o medicamento objeto del ensayo quede controlada por comparación con el mejor patrón de referencia, en orden a asegurar su objetividad, salvo las excepciones impuestas por la naturaleza de la propia investigación. En segundo, que la realización del ensayo se debe ajustar en todo caso al contenido del protocolo de investigación de cada ensayo, de acuerdo con el cual se hubiera otorgado la autorización, así como sus modificaciones posteriores.

d) Sólo es posible iniciar ensayos clínicos para demostrar la eficacia y seguridad de las modificaciones terapéuticas propuestas cuando existan dudas razonables sobre las mismas. Se trata, así, de evitar la existencia de investigaciones obsoletas o repetitivas.
e) Tiene que existir un consentimiento informado válidamente prestado, de conformidad con las normas que vimos con anterioridad.
f) Igualmente, se debe haber constituido un seguro o alguna clase de garantía financiera que permita atender los posibles perjuicios derivados del ensayo clínico.

Para el desarrollo de su labor, los Comités de Ética de la Investigación pueden requerir información completa sobre las fuentes y cuantía de la financiación del

---

d) Que el protocolo sea aprobado por un Comité de Ética que cuente con expertos en la enfermedad en cuestión o que haya recabado asesoramiento de este tipo de expertos sobre las cuestiones clínicas, éticas y psicosociales en el ámbito de la enfermedad y del grupo de pacientes afectado.
Finalmente, hay que señalar en relación con los ensayos clínicos sin beneficio potencial directo para la salud de los sujetos participantes, que el riesgo que éstos asuman debe estar justificado en razón del beneficio esperado para la colectividad. Cuando se trate de menores y sujetos incapacitados se pueden realizar ensayos sin beneficio potencial directo para ellos, cuando, además de tenerse en cuenta lo dispuesto con carácter general para estos sujetos, el Comité de Ética de la Investigación considere que se cumplen los siguientes requisitos:
a) Que se adoptan las medidas necesarias para garantizar que el riesgo es mínimo.
b) Que las intervenciones a que van a ser sometidos los sujetos del ensayo son equiparables a las que corresponden a la práctica médica habitual en función de su situación médica, psicológica o social.
c) Que del ensayo se pueden obtener conocimientos relevantes sobre la enfermedad o situación objeto de investigación, de vital importancia para entenderla, paliarla o curarla.
d) Que estos conocimientos no pueden ser obtenidos de otro modo.
e) Que existen garantías sobre la correcta obtención del consentimiento informado.
En mujeres gestantes o en período de lactancia, señalar finalmente que sólo se pueden realizar ensayos clínicos sin beneficio potencial directo para ellas cuando el Comité de Ética de la Investigación concluya que no suponen ningún riesgo previsible para su salud ni para la del feto o niño, y que se obtendrán conocimientos útiles y relevantes sobre el embarazo o la lactancia.

ensayo y la distribución de los gastos en cuestiones, entre otras, de rembolso de gastos a los pacientes, pagos por análisis especiales o asistencia técnica, compra de aparatos, equipos y materiales, pagos debidos a los hospitales o a los centros en los que se desarrolla la investigación por el empleo de sus recursos y compensaciones a los investigadores.

Desde un punto de vista formal, el procedimiento para la emisión del dictamen del Comité de Ética de la Investigación se inicia mediante escrito del promotor en el que solicita a dicho órgano la emisión de dicho acto, de acuerdo con las instrucciones previstas para la realización de ensayos clínicos en España o, en su caso, las directrices de la Comisión Europea. En este momento, el promotor puede solicitar también, de forma simultanea, la autorización de la Agencia Española de Medicamentos y Productos Sanitarios. La solicitud se debe acompañar de la siguiente documentación: i) el protocolo del proyecto; ii) el manual del investigador, iii) los documentos referentes al consentimiento informado, incluyendo la hoja de información para el sujeto de ensayo; iv) los documentos sobre la idoneidad del investigador y sus colaboradores; v) los documentos sobre la idoneidad de las instalaciones; vi) las cantidades y el modo en que los investigadores y sujetos puedan ser, en su caso, remunerados o indemnizados por su participación en el ensayo clínico, así como los elementos pertinentes de todo contrato previsto entre el promotor y el centro; vii) una copia de la póliza del seguro o del justificante de la garantía financiera del ensayo clínico o un certificado de ésta, cuando proceda; viii) en los casos en los que se autoriza prescindir de seguro o de garantía financiera, o cuando estas garantías ofrezcan sólo una cobertura parcial, se debe acompañarse documento firmado de asunción de responsabilidad en caso de daños producidos como consecuencia del ensayo; ix) los procedimientos y material utilizado para el reclutamiento de los sujetos del ensay; x) el compromiso de los investigadores que está previsto que participen en el ensayo.

En el caso de los ensayos clínicos unicéntricos, la solicitud se debe presentar ante el Comité de Ética de la Investigación correspondiente. Este órgano tiene un plazo de diez días naturales para verificar que la solicitud reúne los requisitos anteriores. Transcurrido este plazo, sin perjuicio de su posible subsanación —cuando proceda—, aquél debe comunicar al promotor, bien la admisión a trámite de su solicitud con indicación del calendario de evaluación, bien su inadmisión. Si la solicitud es admitida a trámite, el Comité de Ética de la Investigación dispone de un plazo máximo de sesenta días naturales, a contar desde la notificación de la admisión a trámite de la solicitud, para comunicar su dictamen motivado tanto al promotor, como a la Agencia Española de Medicamentos y Productos Sanitarios. Durante todo este periodo el comité de investigación puede solicitar por una sola vez información complementaria al promotor; en tal caso, el cómputo del plazo de evaluación queda en suspenso hasta que se reciba la información solicitada.

Si se trata de ensayos clínicos que se refieran a medicamentos de terapia génica, de terapia celular somática o que contengan organismos modificados genéticamente, el plazo para emitir la evaluación se eleva a noventa días naturales, si bien, dicho plazo puede ser prorrogado incluso por otros noventa días cuando se recabe el dictamen de un comité de expertos. Igualmente, es preciso destacar que cuando los ensayos clínicos se refieran a terapia celular xenogénica, no existe limitación alguna en cuanto al plazo de evaluación para la emisión del dictamen motivado.

Tratándose de ensayos clínicos en los que participen dos o más centros ubicados en España —ensayos multicéntricos—, se debe emitir un único dictamen con independencia del número de comités de ética implicados, dictamen que se ajusta al siguiente procedimiento. El promotor debe presentar la solicitud de evaluación del ensayo ante el Comité de Ética de la Investigación que actúe como Comité de referencia y que se responsabiliza de la emisión del dictamen único. Este último, en el plazo máximo de diez naturales, debe verificar que la solicitud reúne los requisitos exigidos y, sin perjuicio de su subsanación cuando corresponda y proceder a comunicar al promotor y a los demás Comités de Ética de la Investigación implicados en el ensayo, bien la admisión a trámite de la solicitud con indicación del calendario de evaluación, bien su inadmisión a trámite.

El Comité de referencia dispone de un plazo máximo de sesenta días naturales —a contar desde la notificación al promotor de la admisión a trámite del proyecto— para comunicar su dictamen motivado a éste, a la Agencia Española de Medicamentos y Productos Sanitarios y a los demás comités implicados en el ensayo. Durante dicho periodo de tiempo, el Comité de referencia puede solicitar por una sola vez información complementaria al promotor; en tal caso se suspende el cómputo del plazo de evaluación hasta que se reciba la información solicitada. Dicha información se debe presentar también a los demás comités de ética implicados. Además, cada uno de éstos debe remitir con tiempo suficiente al Comité de referencia un informe sobre los aspectos locales del ensayo, así como sobre cualquier otro aspecto del ensayo que considere relevante que deben ser tenidos en cuenta con el fin de poder emitir el dictamen único. En caso de discrepancia entre la opinión de los distintos comités sobre cualquier aspecto del ensayo, se exige una motivación más rigurosa pero el Comité de referencia sólo puede quedar vinculado por los aspectos locales.

En el caso de ensayos clínicos que se refieran a medicamentos de terapia génica, de terapia celular somática o que contengan organismos modificados genéticamente, el plazo establecido para emitir la evaluación es de noventa días naturales, plazo que se puede prorrogar, por un sola vez, por un nuevo plazo de idéntica duración cuando se recabe dictamen de un comité de expertos. Por el contrario, tratándose de ensayos clínicos que se refieran a terapia celular xenogénica, no existe ninguna limitación de plazo para la emisión del dictamen motivado.

En el caso de los ensayos multicéntricos, la idoneidad del investigador y de sus colaboradores, la idoneidad de las instalaciones y las previsiones relativas a la remuneración de los investigadores y sujetos del ensayo deben ser evaluadas para cada uno de los centros implicados en el ensayo clínico.

F) Autorización administrativa

La realización de un ensayo clínico requiere finalmente ser autorizados por la Agencia Española de Medicamentos y Productos Sanitarios, de conformidad con el procedimiento desarrollado reglamentariamente. No es finalidad, sin embargo, de este trabajo el análisis del correspondiente procedimiento administrativo. De acuerdo con el objeto del mismo, basta destacar que el procedimiento correspondiente puede terminar mediante silencio positivo o mediante silencio negativo, según se trate del denominado procedimiento ordinario o de procedimientos especiales. Es preciso destacar que esta exigencia de contar previamente con la pertinente licencia que legitime el desarrollo del ensayo lo es, para cada una de las diferentes fases del mismo. En otras palabras; cada una de las fases del ensayo debe ser autorizada[83].

---

[83] En efecto, de acuerdo con la Conferencia Internacional de Consenso ICH E8 de junio de 1996, todo ensayo clínico se articula a partir de la previsión de una serie de fases que sucesivamente van verificando aspectos como la farmacología humana, exploración terapéutica, confirmación terapéutica y uso terapéutico. Desde esta perspectiva, se diferencian las siguientes fases:
a) Fase 0. Se trata de descubrir si el nuevo fármaco es capaz de modular su objetivo en seres humanos, identificando su distribución en el cuerpo o describiendo el metabolismo de un fármaco. Todavía no se utiliza con la frecuencia que seria de desear pero constituye una pieza esencial en algunos estudios de farmacología humana en la última etapa de desarrollo preclínico del fármaco.
b) Fase I. Se trata ya, de un estudio de farmacología humana. Básicamente, se trata de comprobar en pequeñas poblaciones de seres humanos la toxicidad, la absorción, distribución, metabolismo, eliminación, duración de la acción, interacción con otros fármacos e interacciones con alimentos.
c) Fase II. Después de completar la Fase I, todo fármaco debe ser evaluado para conocer su seguridad y eficacia en una población más amplia de personas afectadas por la enfermedad o afección. En este sentido, los ensayos Fase II buscan tanto explorar la eficacia terapéutica en los pacientes hacia los que va dirigido el nuevo fármaco como calcular la dosis apropiada para los estudios subsiguientes y proporcionar una base para el diseño, los criterios de valoración y las metodologías relacionadas de ensayos confirmatorios.
d) Fase III. Una vez que se ha demostrado que el fármaco es razonablemente eficaz debe ser comparado con los tratamientos de referencia actuales para la afección de que se trata en un gran ensayo que implique un gran número de participantes. Generalmente, se hace más de un ensayo Fase III.

En el caso de que la autorización administrativa se tramite mediante el denominado procedimiento ordinario, dicho título se entiende otorgado por silencio si en el plazo de sesenta día naturales —a contar desde la notificación de la admisión a trámite de la solicitud, la Agencia Española de Medicamentos y Productos Sanitarios, no comunica objeciones motivadas al solicitante y siempre y cuando se le haya notificado de forma previa el dictamen favorable del Comité de Ética de la Investigación y la conformidad de la dirección del centro o centros participantes en el ensayo. Cuando se comuniquen objeciones motivadas, el solicitante dispone de un plazo de quince días naturales para modificar su solicitud de acuerdo con las objeciones planteadas, o, en caso de discrepancias con dichas objeciones, efectuar las alegaciones pertinentes y presentar los documentos que estime pertinentes en apoyo de su solicitud. Transcurrido dicho plazo sin que el solicitante haya modificado su solicitud o presentado alegaciones, se le entiende desistido en su solicitud. En caso contrario, a la vista de la modificación propuesta por el solicitante o, en su caso, de las alegaciones, la Agencia Española de Medicamentos y Productos Sanitarios debe emitir resolución expresa, autorizando o denegando el ensayo,

En ciertos casos determinados por el REC como procedimientos especiales —ensayos clínicos en los que la Agencia Española del Medicamento y Productos Sanitarios hay comunicado objeciones al promotor, ensayos clínicos con medicamentos que requieran la calificación de producto en fase de investigación clínica o ensayos con medicamentos de tearapia génica, terapia celular somática, incluidos, los de terapia celular xenogénica, así como todos los medicamentos que contengan organismos modificados genéticamente— la falta de resolución expresa de la Agencia Española del Medicamento y Productos Sanitarios en plazo —sesenta días en los dos primeros supuestos y noventa en el último— implica la desestimación de la solicitud.

Llegados a este punto es preciso realizar además dos observaciones que afectan al régimen de autorización de los ensayos clínicos:

a) En el caso de medicamentos de terapia celular xenogénica, la Agencia Española del Medicamento y Productos Sanitarios no tiene límite temporal alguno, ni para la comunicación de posibles objeciones, ni para proceder a la autorización o denegación del ensayo.
b) Que cuando se autorice un ensayo clínico con un medicamento en investigación —tratándose de medicamentos en investigación definidos en las instrucciones para la realización de ensayos clínicos en España o, en su caso, las directrices de la Comisión Europea que publica el Ministerio de

---

e) Fase IV. Esta ultima fase versa sobre el uso terapéutico del fármaco y en ella se realiza la vigilancia de la seguridad y se proporciona un soporte técnico continuo de ese concreto fármaco. En otros casos, se trata de estudiar la eficacia del mismo tras la aprobación de la comercialización.

Sanidad—, la Agencia Española de Medicamentos y Productos Sanitarios, debe hacer constar en la autorización del ensayo, la calificación de dicho medicamento como producto en fase de investigación clínica[84]. A estos efectos, la Agencia Española de Medicamentos y Productos Sanitarios deben mantener actualizado un registro de medicamentos en investigación calificados como productos en fase de investigación clínica en el que se deben enumerar las indicaciones concretas que pueden ser objeto de investigación clínica y las limitaciones, plazos, condiciones y plazos establecidos.

Además, como en otras clases de investigaciones sujetas a intervención previa, también en este caso cualquier modificación en las condiciones autorizadas para un ensayo clínico que se considere relevante —las detalladas como tales en las instrucciones para la realización de ensayos clínicos en España o, en su caso, las directrices de la Unión Europea— precisa, tanto de un nuevo dictamen favorable del Comité de Ética de la Investigación, como de una nueva autorización de la Agencia Española de Medicamentos y Productos Sanitarios. Sin que se verifiquen estos nuevos trámites no es posible modificar las condiciones inicialmente autorizadas. Constituye una excepción al respecto, la hipótesis de que la modificación afecte exclusivamente a documentos que deban ser evaluados, bien por el Comité de Ética la investigación, bien por la Agencia Española de Medicamentos y Productos Sanitarios. En tales casos, sólo se requiere el dictamen o la autorización según corresponda.

Todas las consideraciones realizadas en los epígrafes anteriores respecto del alcance y de los efectos de la autorización administrativa y de su relación con el dictamen del Comité de Ética de la Investigación son reproducibles con idéntico fundamento respecto de los ensayos clínicos. Por tanto, nos encontramos de nuevo ante una neta autorización de funcionamiento y de naturaleza operativa que da lugar a una relación permanente entre la Administración autorizante, a la que se dota de una potestades de carácter exorbitante que van mucho más allá del concepto tradicional de la autorización, y los sujetos responsables del ensayo que, consecuentemente, quedan sujetos a un régimen jurídico especial, y que da lugar a una verdadera delimitación positiva del derecho a la investigación en este ámbito. En ocasiones, se admite incluso el juego de ciertas "conditio iuris" a cuyo cumplimiento que condicionada la vigencia posterior de la autorización inicial-

[84] Art. 24.1 del REC. Es preciso destacar en este punto que la calificación es una técnica jurídico-administrativa conocida tradicionalmente ciertos sectores de nuestro ordenamiento —típicamente, la vivienda oficial— que supone la sujeción del bien de que se trate a un régimen jurídico especial. Sobre su alcance, véase DE LA SERNA BILBAO M.N., "El silencio administrativo en el procedimiento de calificación de viviendas de protección oficial" en *El silencio en la actividad de la administración pública (Dir. Parejo Alfonso)*, Valencia, ed. Tirant lo Blanch, 2011, págs. 391 y ss.

mente otorgada. En efecto, la STSJ de Galicia 251/2001, de 28 de febrero, dictada en un supuesto en el que se planteaba la posible existencia de irregularidades en la realización de ciertos ensayos clínicos y, después de recordar que «*No está demás, recordar que fueron los propios recurrentes quienes, guiados por móviles que se ignoran, pusieron en alerta al Comité al denunciar ante él la posible existencia de irregularidades o anormalidades en la realización de concretos ensayos clínicos por parte de ese servicio. Tal denuncia como no podía ser de otro modo, motivó la apertura de una información previa tendente a aclarar el problema planteado, por lo que la autorización para la práctica de tales ensayos al promotor de la investigación se hizo condicionada al resultado de aquella información previa.*», afirma, tajantemente, que « *Tal medida plenamente acertada a juicio de esta Sala, en modo alguno puede suponer del derecho a la producción científica y técnica, pues este sagrado derecho no puede ser considerado como absoluto cuando su ejercicio ha de ponerse en estrecha relación con el más sagrado derecho a la vida e integridad física de los pacientes que se someten a esos ensayos. Amplio, pero no ilimitado, debe ser el campo de la investigación clínica y de ahí su sujeción al control ético y Deontológico de Comités nacidos al efecto, pues llevado a sus últimos extremos el derecho a la libre producción científica y técnica, tal y como pretenden los recurrentes, graves consecuencias podrían seguirse para la humanidad al justificar el éxito de la Ciencia toda clase de prácticas, incluso las más deleznables, sobre el ser humano. En consecuencia, la aprobación condicionada de los ensayos es la única medida razonable que el Comité Ético podía adoptar en espera del resultado de la información previa abierta al respecto, por lo que ninguna vulneración se ha producido en relación con el derecho a la libre producción científica y técnica de los impugnantes.*».

Igualmente, para verificar por la correcta aplicación de la normativa sectorial aplicable, de las normas de buena práctica clínica y de las normas de correcta fabricación de los ensayos clínicos realizados en España se dota tanto la Agencia Española de Medicamentos y Productos Sanitarios como la Administración autonómica —cada una de ellas, evidentemente, en el ámbito de sus respectivas competencias— de potestades de inspección que les habilita para realizar actuaciones de tal clase en el centro o centros en los que se lleve a cabo el ensayo, en el lugar de fabricación del medicamento en investigación, en cualquier laboratorio de análisis utilizado en el ensayo clínico o en las instalaciones del promotor[85]. La Agencia Española del Medicamento y Producto Sanitario puede investigar, inclu-

---

[85] En relación con las normas comunes para la inspección de la buena práctica clínica, forma de realización y ámbito competencial, véase la Orden SCO/256/2007, de 5 de febrero, modificada en esste punto por la Orden SCO/361/2008, de 4 de febrero, por la que se modifica la anterior. Igualmente SERRA MANETAS J. y CASSANY POU S., "Inspecciones de ensayos clínicos de medica-

so, las historias clínicas individuales de los sujetos del ensayo, guardando siempre —claro está— su carácter confidencial. En todos estos caso, debe informar a la Agencia Europea de Evaluación de Medicamentos de las inspecciones efectuadas y de sus resultados.

Por otra parte, la Agencia Española de Medicamentos y Productos Sanitarios puede interrumpir en cualquier momento la realización de un ensayo clínico o exigir que se introduzcan modificaciones en su protocolo, cuando se viole la Ley pero también cuando se alteren las condiciones de la autorización; cuando no se cumplan los principios éticos consagrados legalmente y a los que hemos hecho referencia con anterioridad; o cuando sea necesario para proteger la salud de los sujetos del ensayo o defender la salud pública. Se trata de potestades que también se reconocen a las autoridades sanitarias de las Comunidades Autónomas que pueden ejercerlas de oficio o a instancia del correspondiente Comité de Ética de la Investigación, dando cuenta a la Agencia Española de Medicamentos y Productos Sanitarios que resuelve en última instancia sobre el mantenimiento o levantamiento de la medida cautelar.

Como apuntaba con anterioridad, los sujetos del ensayo quedan sometidos a un régimen jurídico especial que implica la verificación de toda una serie cargas legales y de cuyo cumplimiento depende ya no sólo la valida realización del ensayo sino la continuación de éste. En efecto, como ya hemos apuntado, el incumplimiento de tales deberes legales habilita a la Administración a adoptar alguna de las medidas descritas con anterioridad. Entre los deberes impuestos a los sujetos participantes en los ensayos podemos destacar los siguientes:

a) Son obligaciones legales del promotor: i) debe estar establecido en uno de los Estados miembros de la Unión Europea; ii) establecer y mantener un sistema de garantías y control de calidad, con procedimientos normalizados de trabajo escritos, de forma que los ensayos sean realizados y los datos generados, documentados y comunicados de acuerdo con el protocolo, las normas de buena práctica clínica; iii) firmar, junto con el investigador que corresponda, el protocolo y cualquiera de sus modificaciones; iv) seleccionar al investigador más adecuado según su cualificación y medios disponibles, y asegurarse de que éste lleve a cabo el estudio tal como está especificado en el protocolo; v) proporcionar la información básica y clínica disponible del producto en investigación, así como actualizarla a lo largo del ensayo; solicitar el dictamen del Comité Ético de Investigación Clínica y la autorización de la Agencia Española de Medicamentos y Productos Sanitarios, así como suministrarles la información y recabar las autoriza-

mentos de uso humano" en *Ensayos clínicos en España. Aspectos científicos, Bioéticos y Jurídicos (Coord. Sánchez Caro J.),* Granada, ed. Comares, 2006, págs. 158 y ss.

ciones que procedan, sin perjuicio de la comunicación a las Comunidades Autónomas, en caso de modificación o violación del protocolo o interrupción del ensayo, y las razones para ello; vi) suministrar de forma gratuita los medicamentos en investigación y garantizar que se han cumplido las normas de correcta fabricación y que las muestras están adecuadamente envasadas y etiquetadas. También es responsable de la conservación de muestras y sus protocolos de fabricación y control, del registro de las muestras entregadas y de asegurarse que en el centro donde se realiza el ensayo exista un procedimiento correcto de manejo, conservación y uso de dichas muestras; vii) designar el monitor que vigila la marcha del ensayo; viii) comunicar a las autoridades sanitarias, a los investigadores y a los Comités de Ética de la Investigación involucrados en el ensayo las sospechas de reacciones adversas graves e inesperadas; ix) proporcionar al investigador y al Comité de Ética de la Investigación, de forma inmediata, cualquier información de importancia a la que tenga acceso durante el ensayo; x) proporcionar compensación económica a los sujetos en caso de lesión o muerte relacionadas con el ensayo y proporcionar al investigador cobertura legal y económica en estos casos excepto cuando la lesión sea consecuencia de negligencia o mala práctica del investigador; xi) acordar con el investigador las obligaciones en cuanto al tratamiento de datos, elaboración de informes y publicación de resultados. En cualquier caso, el promotor es responsable de elaborar los informes finales o parciales del ensayo y comunicarlos a las entidades correspondientes[86]; xii) disponer de

86 Una vez finalizada la realización del ensayo y en el plazo máximo de 90 días, el promotor debe notificar a la Agencia Española de Medicamentos y Productos Sanitarios y a los comités de ética que hayan intervenido el final del mismo. En caso de terminación anticipada, en el plazo de 15 días, debe remitir a dichas entidades un informe comprensivo de los datos obtenidos hasta el momento de su conclusión anticipada, así como los motivos de ésta y, en su caso, las medidas adoptadas en relación con los sujetos participantes en el ensayo. Además, en todo caso, cuando la duración del ensayo sea superior a un año, es necesario que el promotor remita anualmente un informe sobre la marcha del ensayo.

Por otra parte, de acuerdo con la denominada garantía de transparencia (art 62 LM y PS), el promotor del ensayo está obligado a publicar los resultados del ensayo clínico, sean positivos o no. La publicación se debe realizar previa supresión de cualquier información comercial —por ejemplo, queda prohibida la publicidad de medicamentos en investigación— o de carácter confidencial —se debe mantener el anonimato de los sujetos participantes en el ensayo— y preferentemente en revistas científicas, antes de ser divulgados al público no sanitario. Es obligatorio que la publicación mencione dos cuestiones concretas. Por un lado, el Comité ético que informó el ensayo y, por otro, los fondos obtenidos por el autor para su realización y la fuente de financiación. En caso de que no se publiquen los resultados de los ensayos clínicos y cuando éstos permitan concluir que el medicamento presenta modificaciones de su perfil de eficacia o de seguridad, la Agencia Española de Medicamentos y Productos Sanitarios, debe hacer públicos los resultados.

un punto de contacto donde los sujetos del ensayo puedan obtener mayor información sobre éste y que puede delegar en el investigador.

b) Por su parte, son obligaciones del monitor las siguientes: i) trabajar de acuerdo con los procedimientos normalizados de trabajo del promotor, visitar al investigador antes, durante y después del ensayo para comprobar el cumplimiento del protocolo, garantizar que los datos son registrados de forma correcta y completa, así como asegurarse de que se ha obtenido el consentimiento informado de todos los sujetos antes de su inclusión en el ensayo; ii) cerciorarse de que los investigadores y el centro realiza la investigación son adecuados para este propósito durante el periodo de realización del ensayo; iii) asegurarse de que tanto el investigador principal como sus colaboradores han sido informados adecuadamente y garantizar en todo momento una comunicación rápida entre investigador y promotor; iv) verificar que el investigador cumple el protocolo y todas sus modificaciones aprobadas; v) comprobar que el almacenamiento, distribución, devolución y documentación de los medicamentos en investigación es seguro y adecuado; vi) remitir al promotor informes de las visitas de monitorización y de todos los contactos relevantes con el investigador.

c) Finalmente, son obligaciones del investigador: i) dirigir y responsabilizarse de la realización práctica del ensayo clínico en un centro y firmar junto con el promotor la solicitud, corresponsabilizándose con él; ii) conocer a fondo las propiedades de los medicamentos en investigación; iii) garantizar que la prestación del consentimiento informado realiza de forma adecuada; iv) recoger, registrar y notificar los datos de forma correcta y garantizar su veracidad; v) notificar inmediatamente los acontecimientos adversos graves o inesperados al promotor; vi) garantizar que todas las personas implicadas respetan la confidencialidad de cualquier información acerca de los sujetos del ensayo, así como la protección de sus datos de carácter personal; vii) informar regularmente al Comité de Ética de la Investigación de la marcha del ensayo; viii) corresponsabilizarse con el promotor de la elaboración del informe final del ensayo y dar su acuerdo con su firma.

En fin, es preciso destacar que todos los ensayos clínicos autorizados por la Agencia Española de Medicamentos y Productos Sanitarios, deben ser inscritos en un registro nacional de ensayos clínicos público, libre y accesible, si bien, algunas Comunidades Autónomas han procedido a crear sus propios instrumentos de tal carácter[87]. Además, toda la información sobre el ensayo se debe registrar, tratar y

---

87 Orden SAN/2206/2009, de 24 de noviembre, por el que se crea el Registro de Ensayos Clínicos y Estudios Postautorización Observacionales con Medicamentos de la Comunidad de Castilla-León.

conservar de manera que pueda ser comunicada, registrada y comprobada de manera precisa, protegiendo al mismo tiempo el carácter confidencial de los registros de los sujetos del ensayo. Constituye lo que se denomina "Archivo maestro del ensayo" que es comprensivo de toda la documentación relativa al ensayo clínico; de los documentos esenciales del mismo que han de permitir la evaluación de la realización del ensayo y de la calidad de los datos obtenidos y representa, por tal motivo, la base de las auditorias independientes y de las inspecciones de las autoridades competentes[88].

6. *Estudios posautorización de tipo obsevacional*

Cuando un determinado medicamento es evaluado positivamente por demostrar su seguridad y eficacia en los correspondientes ensayos clínicos y, en consecuencia, obtiene la preceptiva autorización que legitima su comercialización, es

---

[88] Como corolario de todo este modelo de intervención administrativa, LM y PS establece un sistema sancionador (art. 101), en el cual, se consideran infracciones graves y muy graves, las siguientes conductas relacionadas con nuestro objeto de estudio. Son Infracciones graves:

a) El incumplimiento, por parte del promotor o del investigador de un ensayo clínico, de las obligaciones establecidas en la legislación vigente o en las normas de buena práctica clínica, así como la realización de un ensayo clínico sin ajustarse al protocolo aprobado, cuando el hecho, en razón de los criterios contemplados en la Ley, no merezca la calificación de falta muy grave.

b) El incumplimiento, por parte del promotor de los ensayos clínicos, de los plazos de comunicación a las autoridades sanitarias de las reacciones adversas graves e inesperadas ocurridas en un ensayo clínico.

c) Facilitar al Comité Ético de Investigación Clínica o a las autoridades sanitarias, información y/o documentación, relacionada con un ensayo clínico, no veraz o que de lugar a conclusiones inexactas.

d) El incumplimiento, por parte del promotor del ensayo clínico, de la obligación de publicar los resultados de un ensayo clínico de acuerdo con lo establecido por la garantía de transparencia.

e) La actuación de los miembros del Comité Ético de Investigación Clínica, sin ajustarse a los requisitos de funcionamiento establecidos legalmente o sin estar debidamente acreditados.

Por su parte se consideran infracciones muy graves, la realización de las siguientes conductas:

a) La realización de ensayos clínicos sin la previa autorización administrativa.

b) La realización de ensayos clínicos sin contar con el consentimiento del sujeto del ensayo o, en su caso, de su representante legal o el incumplimiento, por parte del investigador, del deber de información sobre el ensayo clínico a quién participa como sujeto del mismo.

c) La no comunicación a las autoridades sanitarias, por parte del promotor de un ensayo clínico, de las reacciones adversas ocurridas en el desarrollo del mismo o los informes periódicos de seguridad.

d) El incumplimiento, por parte del promotor o investigador de un ensayo clínico, de las obligaciones establecidas en la legislación vigente o en las normas de buena práctica clínica, así como la realización de un ensayo clínico sin ajustarse al protocolo aprobado cuando suponga perjuicio en los derechos, seguridad y bienestar de los sujetos o afecte a la credibilidad de los datos obtenidos.

frecuente que todavía no se conozcan con exactitud todos los posibles efectos de los mismos. Aunque los ensayos clínicos son el mejor instrumento científico para determinar el efecto de los medicamentos en los seres humanos, puede ocurrir que ciertos parámetros —reacciones raras o poco frecuentes, posibles efectos en grupos de riesgo como niños, gestantes o ancianos etc …— no estén suficientemente establecidos, de tal forma que, para complementar la información disponible inicialmente, sea necesario la realización de nuevos estudios después de su comercialización. En este caso se habla de estudio posautorización[89]. La obtención de dicho conocimiento resulta esencial para orientar la práctica clínica y favorecer el uso racional de los medicamentos.

Desde esta perspectiva, el estudio post autorización se puede definir, al margen de la definición legal ya conocida, como cualquier estudio realizado con medicamentos, desarrollado de acuerdo con las condiciones de uso de su ficha técnica autorizada o con las condiciones normales de uso. En consecuencia, esta clase de ensayos pueden adoptar la forma, bien de un ensayo clínico —si los tratamientos son asignados de forma sistemática, mediante un esquema de aleatorización—, bien de un estudio observacional en el que el investigador no participa en la asignación de las intervenciones a los grupos de estudio sino que se limita, más bien, a observar la realidad sin pretender alterarla[90]. En cualquier caso, la finalidad de los estudios posautorización es contribuir a lograr una mejor utilización de los medicamentos mediante la consecución de información adicional sobre sus efectos o sus características, relacionadas con su práctica habitual. Se habla en este sentido de "Investigación de resultados en salud", refiriéndose a aquellas actividades que tratan de medir los resultados de intervenciones sanitarias en condiciones de práctica clínica habitual[91]. En concreto los estudios posautorización pueden perseguir alguno de los siguientes fines:

a) Determinar la efectividad del medicamento y los factores que pueden modificarla.
b) Identificar y cuantificar los efectos adversos y los factores de riesgo de los mismos.
c) Obtener nueva información sobre los patrones de utilización y precisar la eficacia de los tratamientos.

---

89 GARCÍA DEL POZO J. y DE ABAJO IGLESIAS F.J., "Estudios post autorización de tipo observacional en España", ICB digital, núm. 24 (julio de 2004), págs. 2 y ss.
90 VVAA, "Ensayos clínicos con medicamentos: características …", págs.. 20 y 21.
91 GARCÍA DEL POZO J. y DE ABAJO IGLESIAS F.J., "Estudios post autorización …", pág. 2.

d) Conocer los efectos de los medicamentos desde la perspectiva de los pacientes —en aspectos tales como la calidad de vida o la satisfacción con el tratamiento[92].

Cuando esta clase de estudios, no tengan el carácter de ensayo clínico, son regulados en nuestro ordenamiento por el Real Decreto 1344/2007, de 11 de octubre, por el que se regula la farmacovigilancia de medicamentos de uso humano —en adelante, RFM—, desarrollado, a su vez, por la Orden SAS/3470/2009, de 16 de diciembre, por la que se publican las directrices sobre estudios posautorización de tipo observacional para medicamentos de uso humano. En otro caso, en tanto ensayos clínicos, son regulados por el ya conocido REC. Se trata de normas —las primeras— que, en el contexto del concepto de gestión de riesgos[93], persiguen la prestación de forma continuada de la mejor información posible sobre la seguridad de los medicamentos para hacer posible la adopción de las medidas oportunas y asegurar que los medicamentos disponibles en el mercado presentan una relación beneficio-riesgo favorable para la población de acuerdo con las condiciones de uso autorizadas. En la consecución de dicho objetivo legal, resulta evidente que los estudios posautorización juegan un papel esencial.

En relación con nuestro objeto de estudio, interesa destacar la previsión de ciertos requisitos administrativos como condición legitimante para su realización y que, en lo esencial, no alteran en absoluto nuestras anteriores consideraciones a cercal del alcance de la intervención administrativa desarrollada en este ámbito de actividad. En la exposición de éstos y, a efectos de su esquematización seguimos el sistema previsto en la Orden SAS/3470/2009, de 16 de diciembre. Es preciso destacar que, en todo caso, queda prohibida la planificación, realización o financiación de estudios post autorización con la finalidad de promover la prescripción de los medicamentos de que se trate. Las hipótesis contempladas por dicha norma son las que se exponen a continuación[94].

---

92 Sobre esta cuestión, véase la Orden SCO/256/2007, de 5 de febrero, por la que se establecen los principios y las directrices detalladas de buena práctica clínica y los requisitos para autorizar la fabricación o importación de medicamentos en investigación en uso humano. Igualmente, las "Directrices sobre estudios post autorización de tipo observacional de uso humano", Comité de Seguridad de Medicamentos de Uso Humano/Ministerio de Sanidad, 2001.

93 De acuerdo con la exposición de motivos de la norma, se trata de la planificación de las actividades de farmacovigilancia con la intención de anticiparse a los problemas de seguridad de los medicamentos, así como la introducción de medidas que minimicen los riesgos conocidos de los medicamentos y que permitan su comunicación efectiva, con especial mención a la farmacoepidemiología y, en particular, a los estudios postautorización que deben contribuir a identificar y caracterizar los riesgos de los medicamentos y evaluar la efectividad de esas medidas de minimización de riesgos.

94 Algunas Comunidades Autónomas han incidido en esta materia de manera importante. En este sentido podemos citar el Decreto 73/2009, de 5 de junio, por el que se regula la gestión de en-

sayos clínicos y estudios post-autorización con medicamentos y productos sanitarios en Valencia, norma que, en el contexto de una reordenación y actualización del marco normativo valenciano y adecuación de este a la Declaración de Helsinki (versión 2008), establece diferentes previsiones que inciden en nuestro objeto de estudio:

a) En primer lugar, articula la participación de la "Agència Valenciana de Salut", a través de la Dirección General de Farmacia y Productos Sanitarios, como órgano competente en materia de gestión y control de la información en materia de ensayos clínicos y estudios post-autorización observacionales.

b) En segundo, desarrolla el modelo autonómico en la materia, mediante el establecimiento del Programa de Estudios Clínicos en Medicamentos y Productos Sanitarios de la Comunitat Valenciana, que moderniza el sistema de información autonómica y regula las actividades de formación y coordinación de los Comités Éticos de Investigación Clínica. Se trata de un instrumento, dependiente de la Agencia Valenciana de Salud, dirigido a gestionar las funciones de dichas entidades en materia de ensayos clínicos y estudios post autorización observacionales. En concreto persigue los siguientes objetivos: i) promover la correcta realización de ensayos clínicos y estudios post autorización observacionales de medicamentos y productos sanitarios tanto en la aplicación de la normativa vigente como desde el punto de vista científico, así como el adecuado conocimiento de los aspectos éticos y metodológicos por parte de todos los agentes implicados en la realización y evaluación de dichos ensayos y estudios; ii) garantizar que los miembros de los CEIC acreditados en la Comunitat Valenciana están capacitados para evaluar los protocolos de los ensayos clínicos y estudios post-autorización observacionales en sus aspectos metodológico, ético y legal, iii) establecer y organizar sistemas de información adecuados y fluidos entre la administración Sanitaria autonómica, la Agencia Española de Medicamentos y Productos Sanitarios, el Centro Coordinador de CEIC, los CEIC y los promotores e investigadores de los ensayos clínicos y estudios post-autorización observacionales.

c) Finalmente, establece el Comité Autonómico de Estudios Post autorización Observacionales Prospectivos de Medicamentos de la Comunidad Valenciana (CAEPO) como órgano de carácter consultivo para la autorización de la realización de dicha clase de estudios, encomendándole las siguientes funciones: i) evaluar la pertinencia de estudios post autorización observacionales prospectivos presentados en la dirección general competente en materia de farmacia y productos sanitarios; ii) establecer los criterios de valoración por lo que se debe regir el CAEPO para la evaluación de la pertinencia de los estudios post autorización observacionales prospectivos; iii) emitir informe motivado, a la persona titular de la dirección general competente en materia de farmacia y productos sanitarios, sobre la pertinencia de los estudios post autorización observacionales prospectivos.

Desde este punto de vista, presenta también gran interés el Decreto 102/2005, de 26 de abril, por el que se regula la realización de estudios de carácter observacional con medicamentos en el País Vasco, norma algo anterior que la regulación valenciana pero que se inserta en el mismo contexto de reivindicación de la importancia que presentan esta clase de estudio y que, tratándose de estudios de carácter prospectivo, somete su realización a un específico procedimiento administrativo de evaluación por el Comité Ético de Investigación Clínica de la Comunidad Autónoma del País Vasco y al deber de obtener una autorización administrativa previa, otorgada por la Dirección General de Farmacia. En relación con esta última interesa destacar tres aspectos:

a) La autorización se entiende otorgada si en el plazo de 60 días naturales —a contar desde la notificación de la admisión a trámite de la solicitud—, la Dirección de Farmacia no comunica al solicitante objeciones motivadas. Rige, pues, un sistema de silencio positivo.

1. Procedimiento para la autorización de estudios posautorización de tipo observacional que sea una condición establecida en el momento de la autorización de un medicamento, o bien que constituya una exigencia de la autoridad competente para aclarar cuestiones relativas a la seguridad del medicamento, o formen parte de la gestión del riesgo (EPA-LA)

El desarrollo de esta clase de estudio observacional requiere de un dictamen favorable de un Comité de Ética de la Investigación acreditado en España y autorización de la Agencia Española de Medicamentos y Productos Sanitarios que debe ser otorgada o denegada en el plazo máximo de sesenta días naturales. Transcurrido dicho plazo sin que haya recaído resolución expresa se debe entender otorgada por silencio. En el caso de que los estudios formen parte de un plan de gestión de riesgos, es preciso que se solicite su autorización a la Agencia Española de Medicamentos y Productos Sanitarios, de manera independiente al plan de gestión de riesgos.

2. Procedimiento simplificado para la autorización de estudios posautorización de tipo observacional de seguimiento prospectivo promovidos por las administraciones sanitarias o financiados con fondos públicos (EPA-AS)

En este caso, el promotor de un estudio posautorización de seguimiento prospectivo que responda a los criterios indicados, debe enviar el protocolo del estudio junto con el formulario resumen del mismo y el dictamen favorable del Comité de ética de la Investigación al Comité de Coordinación de Estudios Posautorización de la Agencia Española del Medicamento y Productos Sanitarios. Este Comité debe emitir un informe sobre la solicitud de autorización del estudio y, de acuerdo con dicho pronunciamiento, la Agencia Española de Medicamentos y Productos Sanitarios, otorga o no, la autorización. La resolución pertinente debe ser emitida en el plazo máximo de 30 días naturales, transcurrido el cual, se entiende autorizado el estudio.

3. Procedimiento para la autorización de estudios posautorización de tipo observacional de seguimiento prospectivo con medicamentos, ni incluidos en los supuestos anteriores (EPA-SP)

El promotor del estudio debe obtener un informe favorable del mismo, emitido por un Comité de Ética de la Investigación acreditado y, posteriormente, presentar

---

b) Cualquier modificación en las condiciones autorizadas para un estudio que se considere relevante implica la necesidad de obtener un nuevo dictamen del el Comité Ético de Investigación Clínica de la Comunidad Autónoma del País Vasco y una nueva autorización de la Dirección General de Farmacia.

c) La autorización de estudio se puede suspender o revocar, de oficio o a petición justificada del promotor, mediante resolución de la Dirección General de Farmacia en los supuestos de que se vulnere la ley, se alteren las condiciones de la autorización, se incumplan los postulados éticos o fuese necesario para proteger a los sujetos del estudio o los intereses de la salud pública.

el protocolo del estudio junto con el formulario resumen a los órganos competentes de la Comunidad Autónoma donde se vaya a realizar el estudio y, simultáneamente, a la Agencia Española de Medicamentos y Productos Sanitarios.

La Administración autonómica deben evaluar la pertinencia del estudio y resolver favorable o desfavorablemente en el plazo máximo de noventa días. Transcurrido dicho plazo sin que haya recaído resolución expresa, se entiende aprobado por silencio en el ámbito de la Comunidad Autónoma de que se trate. Ésta, a su vez, debe informar a la Agencia Española del Medicamento y Productos Sanitarios.

4. Procedimiento a seguir para otros estudios posautorización de tipo observacional (EPA-OD)

Se trata de estudios posautorización que no han sido clasificados como EPA-LA y que responden a diseños diferentes al de "seguimiento prospectivo" como los estudios de casos y controles, estudios trasversales o estudios de cohorte retrospectivos.

Pues bien, en este caso, una vez que la Agencia Española de Medicamento y Productos Sanitarios haya clasificado el estudio como un estudio posautorización de tipo observacional (EPA-OD), el promotor debe remitir el protocolo del mismo y un informe favorable emitido por un Comité de Ética de la Investigación acreditado en España a aquella entidad que procede a su registro y a informar a los órganos competentes de las Comunidades Autónomas. Esta clase de estudio no está sometida, por tanto, a autorización administrativa, ni por parte de la Agencia Española del Medicamento y Productos Sanitarios, ni por parte de la Administración autonómica. Sobre el promotor tan sólo pesa el deber de informar a los responsables de las entidades proveedoras de los servicios sanitarios donde se lleve a cabo el estudio, a los cuales, debe entregar copia del protocolo, de los documentos que acrediten la valoración positiva del comité de ética correspondiente y de la clasificación de Agencia Española del Medicamento y Productos Sanitarios. Estos documentos se deben entregar igualmente a los órganos competentes de la Administración autonómica.

La gestión y formalización del contrato correspondiente queda sujeta a los requisitos específicos que determinen, en cada caso, las Comunidades Autónomas.

5. Procedimiento para la realización de estudios observacionales que no sean posautorización (no-EPA)

Se trata de estudios en los que el factor de exposición fundamental de investigado no son medicamentos. En este supuesto, cuando se recoja información sobre medicamentos, el protocolo tiene que ser presentado a la Agencia Española de Medicamentos y Productos Sanitarios para su clasificación.

Tampoco en este caso se requiere autorización alguna, ni por parte de la Agencia Española del Medicamento y Productos Sanitarios, ni por parte de la Administración autonómica. Tan sólo es preciso obtener el informe favorable del Comité de Ética de la Investigación correspondiente. Con posterioridad, la entidad general mencionada debe proceder a registrar oportunamente el estudio y a informar a los órganos pertinentes de la Administración autonómica. Además, como en el supuesto anterior, el promotor del estudio recae el deber de informar a los responsables de las entidades proveedoras de los servicios sanitarios donde se lleve a cabo el estudio, a los que debe entregar copia del protocolo, de los documentos que acrediten la valoración positiva del comité de ética correspondiente y de la clasificación de Agencia Española del Medicamento y Productos Sanitarios. Estos documentos se deben entregar igualmente a los órganos competentes de la Administración autonómica cuando sea requerido para ello.

La gestión y formalización del contrato correspondiente queda sujeta a los requisitos específicos establecidos en cada Comunidad Autónoma.

IV. CONCLUSIONES

La investigación biomédica es actualmente uno de los principales ámbitos de desarrollo tecnológico y económico a nivel mundial. No obstante, debido a los delicadísimos problemas éticos que plantea en ocasiones, la intervención de los diferentes poderes públicos en dicho campo es una realidad en todos los países de nuestro entorno jurídico y cultural.

El análisis de la normativa vigente en nuestro país, reguladora de la investigación biomédica, pone de manifiesto que se trata de un sector fuertemente administrativizado, es decir, de un ámbito en el que la propia regulación establecida por el legislador exige, para su efectividad, la continuación de la acción del poder público, esta vez, en sede ejecutiva y en forma administrativa con el objetivo de conocer, determinar y resolver las cuestiones específicas que suscita, en la práctica, la legislación sectorial por razón de su objeto. Nuestro objeto de estudio no constituye una excepción en el tráfico jurídico público. Como ocurre en otros sectores administrativizados (urbanismo, medio ambiente, telecomunicaciones, energía ... etc...), tal configuración de la investigación biomédica obedece a la presencia de bienes y valores de interés general cuya realización no puede quedar confiada por tal motivo al mero proceso social espontáneo de los sujetos privados de Derecho en tanto que, en cuanto que decisión colectiva, corresponde constitucionalmente a la Administración. Desde este punto de vista, junto a las actuaciones de carácter reglamentario y las acciones de fomento, el control preventivo de la actividad investigadora que se pretende desarrollar, resulta la pieza esencial. El recurso a otras instituciones jurídico-administrativas como la declaración responsable o la comunicación previa, resulta realmente anecdótico. Se pueden observar técnicas más o menos próximas en el caso de la importación de medicamentos en investigación respecto del sujeto importador de los mismos o en algunas clases estudios posautorización tipo observacional. Al margen de un estudio más pausado y detallado sobre la aplicación de estas instituciones en el campo de la investigación biomédica, dada la relevancia de los valores y bienes jurídicos implicados, es posible señalar que su introducción podría implicar un mayor dinamismo y agilidad en un ámbito excesivamente lento y petrificado.

Es preciso destacar que en aquellos supuestos en los que el desarrollo de la actividad de investigación queda sometida a autorización previa, los diferentes regímenes jurídico administrativos aplicables, en función de la naturaleza de la investigación pretendida, atribuyen a la Administración unas potestades que van mucho más allá de las que definen a la tradicional autorización administrativa como acto reglado, debido y meramente declarativo. Por el contrario, en nuestro caso estamos unos títulos administrativos claramente de funcionamiento, operativos y cuasi constitutivos, construidos a partir del reconocimiento de un importantísimo margen de apreciación a la Administración y que permiten a ésta desarrollar su actividad de control no sólo en el momento inicial de proceder a otorgar o denegar la autorización pertinente sino, también, durante todo el desarrollo posterior de la actividad autorizada y que le habilitan para modificar el contenido de la autorización en función de las circunstancias sobrevenidas.

El reconocimiento de la investigación biomédica como ámbito material con sustantividad propia, diferenciado, consecuentemente, de la sanidad, encuentra fundamento constitucional suficiente no sólo en el propia Constitución sino en la doctrina afirmada reiteradamente por el Tribunal Constitucional. Desde esta perspectiva y, a partir, de la concepción amplia del concepto de fomento que sostiene dicho órgano constitucional, es posible defender con carácter general, la validez de las diferentes medidas de fomento de la investigación biomédica adoptadas tanto por las instancias generales como por las autonómicas, si bien, es preciso destacar que estas últimas instancias territoriales, salvo excepciones muy puntuales, se han mantenido en un discreto segundo plano tras el Estado, sin dar contenido pleno a su ámbito competencial propio. No se puede dejar de constar que, incluso, en sede administrativa, las instituciones generales —Comisión Nacional de Reproducción Humana Asistida, Comisión de Garantías para la Donación y Utilización de Células y Agencia Nacional de Medicamentos y Productos Sanitarios— continúan desarrollando un especial protagonismo.

Bibliografía

ABELLÁN F., "El consentimiento informado, la intimidad y la confidencialidad de datos del paciente en los ensayos clínicos, con especial referencia a las obligaciones en materia de protección de datos" en *Ensayos clínicos en España. Aspectos Científicos, Bioéticos y Jurídicos (Coord. Sánchez Caro J.)*, Granada, ed. Comares, 2006.

ABELLÁN F., "Claves bioéticas y jurídicas de los análisis y cribados genéticos con fines asistenciales y de investigación" en *Investigación Biomédica en España. Aspectos Bioéticos, Jurídicos y Científicos* (Coord. Sánchez Caro J.), Granada, ed. Comares/Fundación 2000, 2007.

BEST J.W. *Como investigar en educación*, New Yersey (USA), Englewood Cliffs, 1982 (3ª ed).

BORTOLOTTI L., "The concept of scientific reseach" en *Los nuevos horizontes de la investigación genética (Dir. Romeo Casabona C.M.)*, Granada, ed. Comares, 2005.

CHUECA RODRÍGUEZ R., "La investigación y la experimentación como objetos del derecho fundamental a la investigación científica" en *Los nuevos horizontes de la investigación genética* (Dir. Romeo Casabona C.M.), Granada, ed. Comares, 2005.

FERNÁNDEZ FERNÁNDEZ I., y VELÁZQUEZ MARTÍNEZ A., "Funciones, acreditación, composición y normas generales de funcionamiento de los Comités Éticos de Investigación Clínica" en *Ensayos clínicos en España. Aspectos Científicos, Bioéticos y Jurídicos (Coord. Sánchez Caro J.)*, Granada, ed. Comares, 2006.

FONSECA FERRANDIS F., "Reflexiones sobre un modelo de articulación constitucional del poder público en el ámbito de las Ciencias biomédicas" en Revista de Derecho y Genoma Humano (núm. 23 julio-diciembre 2005).

FONSECA FERRANDIS F., *Estado, Comunidades Autónomas y Ciencias Biomédicas; hacia un modelo de cohesión*, Pamplona, ed. Thomson/Civitas, 2007.

FONSECA FERRANDIS F., *Trasplantes, calidad y Administración pública*, Granada, ed. Comares, 2010.

GALÁN ALBIÑANA A. y SIMÓN VALLÉS C., "Modelo de Investigación básica con células madre embrionarias" en *Investigación Biomédica en España. Aspectos Bioéticos, Jurídicos y Científicos (Coord. Sánchez Caro J.)*, ed. Granada, Comares/Fundación Salud 2000, 2007.

GARCÍA DE ENTERRÍA E. y FERNÁNDEZ RODRÍGUEZ T.R., *Curso de Derecho Administrativo (Vol. II)*, Madrid, ed. Cívitas, 2010.

GÓMEZ SÁNCHEZ Y., "Libertad de creación y producción científica en la ley de investigación biomédica: objeto, ámbito de aplicación y principios generales de la ley" en *Investigación Biomédica en España. Aspectos bioéticos, jurídicos y científicos*, Granada, ed. Comares/Fundación Salud 2000, 2007.

JONAS H., "Humans a Research Subjects" en *Law, Medicine and Ethics (Dirs. KING P.A., AREEN J y GOSTIN L.O.)*, New York, Foundation Press/Thomnon West, 2006

MARTÍN MATEO R., *La Administración de la Ciencia*, Mallorca, Consejo Insular, 1980.

NOMBELA C., *Células Madre. Encrucijadas biológicas para la medicina: del tronco embrionario a la regeneración adulta*, Madrid, 2007.

- "La investigación en células madre y su desarrollo clínico; un camino con múltiples alternativas" en *Investigación Biomédica en España. Aspectos Bioéticos, Jurídicos y Científicos* (Coord. Sánchez Caro J.), Granada, ed. Comares/Fundación Salud 2000, 2007.

PAREJO ALFONSO L., *Estado Social y Administración Pública. Los postulados constitucionales de la reforma administrativa,* Madrid, ed. Cívitas, 1983.

PAREJO ALFONSO L., *Derecho Administrativo*, Barcelona, ed. Ariel, 2003.
PRIETO DE PEDRO J., *Cultura, culturas y Constitución*, Madrid, Centro de estudios constitucionales, 2004 (2ª ed.).
ROMEO CASABONA C.M. (Dir.), *El Convenio de Derechos Humanos y Biotecnología. Su entrada en vigoren el ordenamiento español*, Granada, ed. Comares, 2002.
ROMEO CABONA C.M., "Muestras biológicas", los dos trabajos en *Investigación Biomédica en España. Aspectos Bioéticos, Jurídicos y Científicos* (Cord. Sánchez Caro J.), Granada, ed. Comares/Fundación 2000, 2007.
SANCHEZ CARO J., "Protección de los sujetos participantes, postulados éticos en la investigación con seres humanos. Ensayos con menores e e incapaces" en *Ensayos clínicos en España. Aspectos Científicos, Bioéticos y Jurídicos (Coord. Sánchez Caro)*, Granada, ed. Comares, 2006.
SANCHEZ CARO J., "Principios de la investigación biomedica, con especial referencia a las investigaciones que implican procedimientos invasivos en seres humanos" en *Investigación Biomédica en España. Aspectos Bioéticos, Jurídicos y Científicos (Coord. Sánchez Caro J.),* ed. Granada, Comares/Fundación Salud 2000, 2007.
SANTALÓ J. y VEIGA A., "Donación y uso de gametos, embriones y muestras biológicas de naturaleza embrionaria para investigación biomédica", en *Investigación Biomédica en España. Aspectos Bioéticos, Jurídicos y Científicos*, Granada, ed. Comares/Fundación Salud 2000, 2007.
SANTAMARÍA PASTOR J.A., *Fundamentos de Derecho Administrativo*, Madrid, ed. Centro de Estudios Ramón Areces (CEURA), 1982.
DE LA SERNA BILBAO M.N., "El silencio administrativo en el procedimiento de calificación de viviendas de protección oficial" en *El silencio en la actividad de la administración pública (Dir. Parejo Alfonso*), Valencia, ed. Tirant lo Blanch, 2011.
SERRA MANETAS J. y CASSANY POU S., "Inspecciones de ensayos clínicos de medicamentos de uso humano" en *Ensayos clínicos en España. Aspectos científicos, Bioéticos y Jurídicos (Coord. Sánchez Caro J.),* Granada, ed. Comares, 2006
SERRANO M.A. y GRAU C., "Los CEIC: El dictamen en los ensayos unicéntricos clínicos y multicéntricos, y los aspectos económicos de los ensayos clínicos" en *Ensayos cínicos en España. Aspectos Científicos, Bioéticos y Jurídicos (Coord. Sánchez Caro J*), Granada, ed. Comares, 2006
VVAA, *Informed Consent. Legal Theory and Clinical Practice*, Oxford, University Press, 2001 (2ª ed.),
VVAA (Dir. ROMEO CASABONA C.M.), *Principio de Precaución, Biotecnología y Derecho*, Granada, ed. Comares, 2004.
VVAA, *The Ethics and Regulation of Research with Human Subjects*, New York, Lexis Nexis, 2005.
VVAA, "Ensayos clínicos con medicamentos: características metodológicas y evaluación de la calidad" en *Ensayos clínicos en España. Aspectos científicos, bioéticos y Jurídicos (Coord. Sánchez Caro J.),* Granada, ed. Comares, 2006.
VVAA, "Public Control of Science and Medicine" en *Law and Science (Dirs. GOLDBERG S. y GOSTIN L.O.*), New York, Foundation Press, 2006

VVAA, *The limits of consent. A socio-ethical approach to human subject research in Medicine*, Oxford University Press, 2009.

VVAA (Dir. ROMEO CASABONA C.M.), *Retos de la investigación y comercialización de nuevos fármacos*, Granada, ed. Comares, 2009.

ZILGARIS P., "Ethics and the European Commision. The importance of ethical and legal aspects in the evaluation and funding of reseach proyects" en *Los nuevos horizontes de la investigación genética (Dir. Romeo Casabona C.M.)*, Granada, ed. Comares, 2005.

LA AUTORIZACIÓN ADMINISTRATIVA DE APERTURA DE OFICINA DE FARMACIA

Isabel Hernández San Juan
Universidad Carlos III de Madrid

I. INTRODUCCIÓN

En este capítulo se intentará realizar un breve recorrido a través del contexto normativo y jurisprudencial que existe en el ámbito de la autorización administrativa de apertura de oficinas de farmacia. Al mismo tiempo se reflexionará sobre la libertad de establecimiento del derecho comunitario y su inaplicación parcial y con limitaciones en el mismo entorno.

Como ha señalado la doctrina (GONZÁLEZ PÉREZ, 1997): "la primera gran disyuntiva que se abre ante la reglamentación de este sector es la de libertad de establecimiento o planificación. Libertad de establecimiento no supone en modo alguno ausencia de cualquier tipo de intervención administrativa específica para abrir un establecimiento destinado a la atención farmacéutica. No supone que, obtenidas las autorizaciones que con carácter general exige el ordenamiento para ejercer una actividad profesional, comercial o industrial (v.gr. colegiación, alta en el impuesto de actividades empresariales o licencia municipal de apertura), puedan dispensarse medicamentos en el local abierto al público. Libertad de establecimiento supone, previo control de las condiciones objetivas del local e instalaciones, la libertad de todo farmacéutico al establecimiento en el lugar que le convenga, elegido libremente, cualquiera que sea el número y emplazamiento de las oficinas de farmacia existentes".

Es tradicional, y desde siempre con gran intensidad en nuestro país, la ordenación y la planificación de las farmacias, incluso desde la Instrucción General de

Sanidad Pública que previó a principios del siglo XX[1], la agrupación y concierto de municipios para lograr la apertura de farmacias, tal y como señalaba su precepto número 94:

> *Si por falta de recursos o por otros motivos no pudiera conseguirse en cada término municipal una oficina de farmacia, se agruparán y concertarán los Ayuntamientos limítrofes. De estos contratos y agrupaciones deberán dar cuenta los Ayuntamientos al Inspector provincial de Sanidad. La Junta provincial, en caso de divergencia, señalará el lugar donde haya de radicar la farmacia destinada á servir mancomunadamente á varios pueblos, y entenderá en las demás incidencias de carácter sanitario que ocurran en este servicio.*

Por otra parte hace ya más de dos décadas la curia europea, en aquellos tiempos el TJCE, dictaminó en sentencia de 21 de marzo de 1991 (asunto C-369/88):

> *"(...) en el estado actual del Derecho comunitario, en el que no se ha conseguido la armonización de las normas relativas a la comercialización en el interior de cada Estado miembro ... el establecimiento de normas relativas a la dispensación propiamente dicha de los productos farmacéuticos sigue siendo competencia de cada uno de los Estados miembros, siempre que se respeten las disposiciones del presente Tratado y, en particular, las que se refieren a la libre circulación de las mercancías (...) la existencia de monopolio farmacéutico puede estar justificada por uno de los intereses generales mencionados en el artículo 36 del Tratado, entre los que figura la protección de la salud y la vida de las personas. Además, al ser, en principio, indistintamente aplicable a los productos nacionales y a los importados, este monopolio también puede estar justificado por la protección de los consumidores que, conforme a la jurisprudencia de este Tribunal de Justicia, figura entre las exigencias imperativas que pueden justificar una medida que pueda obstaculizar el comercio intracomunitario (...)"*

Más recientemente el actual TJUE ha dictado sentencia[2] aclarando y volviendo a insistir en la competencia de los Estados miembros para ordenar en sus territorios el establecimiento y la concesión de autorización para la apertura de las oficinas de farmacia, sentencia ésta dictada en sede de cuestión prejudicial —y no de un procedimiento de infracción contra un Estado miembro—.

Sobre el fondo, la sentencia señala en las observaciones preliminares 43 y 50 lo siguiente:

---

1 Real Decreto de 12 de enero de 1904.

2 STJUE de 1 de junio de 2010 en los asuntos acumulados C-570/07 y C-571/07 ("Blanco Pérez y Chao Gómez"). El TJUE tuvo que pronunciarse sobre dos peticiones de decisión prejudicial planteadas, con arreglo al artículo 234 CE, por el Tribunal Superior de Justicia de Asturias en el marco de los litigios entre el Sr. Blanco Pérez y la Sra. Chao Gómez, por un lado, y la Consejería de Salud y Servicios Sanitarios (asunto C-570/07) y el Principado de Asturias (asunto C-571/07), por otro lado, relativos a un concurso para la concesión de autorizaciones de establecimiento de nuevas farmacias en la Comunidad Autónoma de Asturias.

43 (...) el Derecho de la Unión no supone merma alguna de la competencia de los Estados miembros para ordenar sus sistemas de seguridad social ni, en particular, para dictar disposiciones encaminadas a organizar servicios sanitarios, tales como las oficinas de farmacia. No obstante, al ejercitar su competencia los Estados miembros deben respetar el Derecho de la Unión y, en particular, las disposiciones del Tratado relativas a las libertades fundamentales, puesto que estas disposiciones implican la prohibición de que los Estados miembros establezcan o mantengan en vigor restricciones injustificadas al ejercicio de dichas libertades en el ámbito de la asistencia sanitaria (véanse, en este sentido, las sentencias Hartlauer, antes citada, apartado 29; de 19 de mayo de 2009, Comisión/Italia, C-531/06, Rec. p. I-0000, apartado 35, y Apothekerkammer des Saarlandes y otros, C-171/07 y C-172/07, Rec. p. I-0000, apartado 18).
50 (...) en particular, la distribución de las farmacias en el territorio sigue siendo competencia de los Estados miembros...

Más adelante, esta sentencia dedica fundamentalmente sus parágrafos 115, 117 y 120 a 125 a discernir si los apartados del baremo de méritos de la norma asturiana controvertidos vulneraban lo dispuesto en el art. 49 del TFUE[3], sobre todo si resultan discriminatorios y fundamentalmente porque ampararían a los farmacéuticos que hubieran desempeñado su función en territorio del Principado de Asturias, frente a quienes, en el resto de la Unión Europea, no lo hubieran hecho. Y todo porque el citado precepto exige que los criterios aplicables en el marco de un régimen de autorización administrativa no sean discriminatorios.

Concluye la misma sentencia que aunque avala la planificación farmacéutica, al mismo tiempo considera que primar la experiencia autóctona en los concursos de adjudicaciones de nuevas aperturas va en contra del derecho comunitario. La consecuencia directa de la sentencia ha sido la anulación del concurso asturiano, en el que se convocaban 24 nuevas oficinas de farmacia. En este mismo sentido y dentro de poco tiempo es razonable una eventual modificación de normativas autonómicas como consecuencia de esta sentencia acerca de la cuestión prejudicial asturiana. Se está pensando en los casos de Baleares y Valencia. La Comunidad Valenciana podría ver comprometida su legislación al mantener el baremo a tener en cuenta en el procedimiento de adjudicación de nuevas oficinas de farmacia,

3 "En el marco de las disposiciones siguientes, quedarán prohibidas las restricciones a la libertad de establecimiento de los nacionales de un Estado miembro en el territorio de otro Estado miembro. Dicha prohibición se extenderá igualmente a las restricciones relativas a la apertura de agencias, sucursales o filiales por los nacionales de un Estado miembro establecidos en el territorio de otro Estado miembro. La libertad de establecimiento comprenderá el acceso a las actividades no asalariadas y su ejercicio, así como la constitución y gestión de empresas y, especialmente, de sociedades, tal como se definen en el párrafo segundo del artículo 54, en las condiciones fijadas por la legislación del país de establecimiento para sus propios nacionales, sin perjuicio de las disposiciones del capítulo relativo a los capitales".

ya que hasta ahora se ha estado primando la experiencia profesional en esa CA, como se indica a continuación[4]:

> *"El procedimiento de autorización de nuevas oficinas de farmacia se efectuará sobre la base de los principios de publicidad y transparencia, con arreglo a los criterios de selección que reglamentariamente se establezcan. Dichos criterios de selección tendrán en cuenta principalmente la experiencia profesional, preferentemente en oficinas de farmacia de la Comunidad Valenciana, especialmente en poblaciones de menos de 800 habitantes, la valoración mediante una prueba escrita de los conocimientos de atención sanitaria y farmacéutica, con un peso porcentual del veinticinco por ciento del total de los puntos a obtener, currículum académico, formación profesional complementaria, docencia e investigación, conocimiento del valenciano y de otras lenguas de la Unión Europea".*

Otra consecuencia indirecta, pero en la misma línea que Valencia, debería darse en Baleares, donde podría verse eliminada la puntuación extra reconocida a la experiencia obtenida en dicha CA, según se establece en el baremo de méritos para el acceso a la titularidad de una oficina de farmacia[5]:

> *"Aquellos farmacéuticos cuyos méritos y experiencia profesional alegados se hubiera realizado en Baleares, se les incrementa en un 10% la puntuación obtenida por experiencia profesional y otros méritos adquiridos en Baleares".*

Efectivamente, se ha podido constatar la anulación de un precepto sobre valoración de méritos recogido en el Decreto 102/2006, de 12 de septiembre, de planificación farmacéutica y requisitos, personal y autorizaciones de las oficinas de farmacia y botiquines de Castilla la Mancha en este mismo sentido:

> *(...) De hecho, la nulidad se declara del art. 38 del Decreto 102/2006, de 12 de septiembre, en cuanto valora de forma señalada los méritos por participación en programas sanitarios o acreditación sanitaria que comporten desempeño de la función en territorio de Castilla-La Mancha (apartado segundo, fundamentalmente), y —apartado sexto— en cuanto valora especialmente los méritos para las Zonas Farmacéuticas Singulares, por semejante razón[6] (...)*

---

4 Artículo 18.4 de la Ley 6/1998, de 22 de junio, de ordenación farmacéutica de Valencia. (DO. Generalitat Valenciana 26 junio 1998, núm. 3273).

5 Anexo II del Decreto 25/1999, de 19 de marzo, que aprueba las zonas farmacéuticas y el procedimiento para autorización de nuevas oficinas de farmacia en Baleares. BO. Illes Balears de 30 de marzo de 1999, núm. 40.

6 STSJ de Castilla la Mancha de 19 de diciembre de 2011. Sentencia número 00598/2011 en los recursos contencioso-administrativos números 479 y 577/2008 (acumulados). Fundamentos jurídicos undécimo y duodécimo.

Pero en definitiva lo esencial de la jurisprudencia europea es el mantenimiento de la planificación sanitaria, la ordenación territorial farmacéutica y la autorización administrativa de apertura de farmacias:

> *"... es preciso recordar que, según la jurisprudencia del Tribunal de Justicia, los establecimientos e infraestructuras sanitarios pueden ser objeto de una planificación. Ésta puede comprender una autorización previa para el establecimiento de nuevos prestadores de asistencia, cuando resulta indispensable para colmar posibles lagunas en el acceso a las prestaciones sanitarias y para evitar una duplicidad de estructuras, de forma que se garantice una asistencia sanitaria adaptada a las necesidades de la población, que cubra la totalidad del territorio y que tenga en cuenta las regiones geográficamente aisladas o que de alguna otra manera se hallan en una situación desventajosa (véanse, por analogía, las sentencias de 12 de julio de 2001, Smits y Peerbooms, C-157/99, Rec. p. I-5473, apartados 76 a 80; de 16 de mayo de 2006, Watts, C-372/04, Rec. p. I-4325, apartados 108 a 110, y Hartlauer, antes citada, apartados 51 y 52).*
> *Pues bien, esta conclusión puede aplicarse plenamente a los prestadores de servicios sanitarios en el ámbito farmacéutico[7]".*

Así pues, en palabras de RAZQUIN LIZARRAGA (2010), "hay un respaldo al modelo español de oficinas de farmacia. El Tribunal de Justicia, ante un tema complejo, con sistemas distintos en la Unión Europea y sin regulación sectorial comunitaria, ha tratado de ofrecer una solución equilibrada y respetuosa con la discrecionalidad reguladora de los Estados miembros, a los que corresponde determinar su propio modelo de ordenación farmacéutica con respeto al Tratado, también en cuanto a la planificación territorial. La regulación española de oficinas de farmacia ha superado sustancialmente el difícil test de su compatibilidad con el Derecho de la Unión Europea, precisando de un mínimo ajuste o modulación aplicativa y sin perjuicio del obligado cumplimiento del principio de no discriminación".

II. LOS SERVICIOS FARMACÉUTICOS EXCLUIDOS DE LA DS

La DS, extensamente conocida como Bolkestein[8], excluye en su considerando número 22 los servicios farmacéuticos como sigue:

> *La exclusión de los servicios sanitarios del ámbito de aplicación de la presente Directiva debe abarcar los servicios sanitarios y farmacéuticos prestados por profesionales de la salud a sus pacientes con objeto de evaluar, mantener o restaurar su estado de salud cuando estas actividades están reservadas a profesiones reguladas en el Estado miembro en que se presta el servicio.*

---

7 Fundamentos 70 y 71 de la Sentencia de 2010.

8 Directiva 2006/123/CE del Parlamento Europeo y del Consejo de 12 de diciembre de 2006 relativa a los servicios en el mercado interior. DOUE de 27.12.2006. L 376/36.

En lo tocante a esta cuestión de la excepción de los servicios farmacéuticos en la DS y en la ley española de transposición, solicitada consulta a la CNC a la hora de la elaboración del informe para el anteproyecto de ley de transposición de la Directiva Bolkestein, señaló que[9] "el ámbito de aplicación del artículo 2 del Anteproyecto se refería a la definición del ámbito de aplicación y sus exclusiones precisas y que como quiera que la memoria del Anteproyecto señalaba también que el criterio era seguir un *"enfoque ambicioso para alcanzar ganancias de competitividad en relación con nuestros socios comunitarios también embarcados en el mismo proceso"*, consecuentemente la aplicación de este principio a la definición del ámbito de aplicación conduce a que el número de excepciones al principio general haya de ser limitado. Así, con carácter general, las excepciones que expresamente se contemplan en este artículo resultan similares a las de la Directiva, si bien destacan algunas diferencias entre las excepciones aludidas. En concreto, en el Anteproyecto no se mencionan expresamente los servicios no económicos de interés general. La Exposición de Motivos justifica esta omisión en el hecho de que "dada la ausencia de una definición a nivel comunitario de los servicios económicos de interés general, incluir este concepto puede dar lugar a una excepción ambigua y abierta que, además de reducir excesivamente el ámbito de aplicación del principio de libre prestación, generaría incertidumbre".

Sin embargo, otras diferencias de tratamiento en relación con la Directiva resultan menos justificadas a ojos de la CNC. Así, se mencionan expresamente en el apartado e) del art. 2.2 del Anteproyecto los servicios farmacéuticos como excluidos del ámbito de aplicación. En opinión del Consejo[10], "tal mención no resulta necesaria. En la actualidad, incluso sin alusión explícita a los mismos, los servicios farmacéuticos quedarían comprendidos dentro de los servicios sanitarios en consonancia con el considerando 22 de la Directiva, que dispone: "La exclusión de los servicios sanitarios del ámbito de aplicación de la presente Directiva debe abarcar los servicios sanitarios y farmacéuticos prestados por profesionales de la salud a sus pacientes con objeto de evaluar, mantener o restaurar su estado de salud cuando estas actividades están reservadas a profesiones reguladas en el Estado miembro en que se presta el servicio".

Por lo tanto, a juicio de la CNC, "no resultaba necesaria la mención a los servicios farmacéuticos para considerarlos excluidos del ámbito de aplicación, de acuerdo con la reserva actual de actividad que existe en relación con estos servicios en España. Tal reserva de actividad es la única razón, siguiendo la Directiva, por la

---

9 INFORME PN 0003/08 Actividades de servicios. Informe sobre el Anteproyecto de Ley sobre el libre acceso y ejercicio de las actividades de servicios de 5 de noviembre de 2008. Accesible en: *www.cnc.es*

10 Órgano de decisión de la Comisión Nacional de la Competencia.

que se encuentran excluidos. Sin embargo, si se hace explícita la alusión a servicios farmacéuticos, dichos servicios estarían excluidos de la nueva Ley incluso si en el futuro se levantase dicha reserva de actividad, lo cual supondría establecer una restricción cualificada a la que establece la Directiva".

En consecuencia, la CNC propuso eliminar la alusión a "servicios farmacéuticos" del art. 2.2.e), proponiendo lo siguiente:

> *"Los servicios sanitarios prestados por profesionales de la salud a sus pacientes con objeto de evaluar, mantener o restaurar su estado de salud".*

A pesar de que la CNC insistió en la conveniencia de que las excepciones al ámbito de aplicación resulten lo más tasadas posibles al objeto de reducir las posibilidades de interpretación acerca de si determinados servicios tienen o no cabida en alguna de las excepciones, sin embargo el legislador estatal en la transposición efectivamente realizada por la LLAAS fijó el art. 2.2.e) como sigue (actualmente apartado f):

> *Artículo 2. Ámbito de aplicación.*
> *1. Esta Ley se aplica a los servicios que se realizan a cambio de una contraprestación económica y que son ofrecidos o prestados en territorio español por prestadores establecidos en España o en cualquier otro Estado miembro.*
> *2. Quedan exceptuados del ámbito de aplicación de esta Ley:*
> *a) Los servicios no económicos de interés general.*
> *b) Los servicios financieros.*
> *c) Los servicios y redes de comunicaciones electrónicas, así como los recursos y servicios asociados en lo que se refiere a las materias que se rigen por la legislación sobre comunicaciones electrónicas.*
> *d) Los servicios en el ámbito del transporte, incluidos los transportes urbanos, y de la navegación marítima y aérea, incluidos los servicios portuarios y aeroportuarios necesarios para llevar a cabo la actividad de transporte, exceptuando la actividad de las plataformas logísticas de las empresas y de las actividades necesarias para su funcionamiento.*
> *e) Los servicios de las empresas de trabajo temporal.*
> *f) Los servicios sanitarios, incluidos los servicios farmacéuticos, realizados o no en establecimientos sanitarios e independientemente de su modo de organización y de financiación a escala estatal y de su carácter público o privado, prestados por profesionales de la salud a sus pacientes, con objeto de evaluar, mantener o restaurar su estado de salud, cuando estas actividades estén reservadas a profesiones sanitarias reguladas.*

Finalmente una muestra más, a efectos prácticos, que puede ayudar a explicar la exclusión de la prestación de servicios farmacéuticos dispensados en las oficinas de farmacia y que se prestan una vez autorizada la apertura de las mismas, es que no todos los servicios farmacéuticos se encuentran comprendidos en el portal de ayuda o ventanilla única de la DS que proyectó en su día el Ministerio de Política

Territorial y Administración Pública (hoy Ministerio de Hacienda y Administraciones Públicas): la denominada Ventanilla Única[11].

La Ventanilla Única abierta por el gobierno de España respondiendo así a las obligaciones establecidas por la DS e incorporadas al ordenamiento jurídico español en la LLAAS, proporciona ayuda al prestador de servicios para iniciar la realización de todos los trámites correspondientes a una actividad, su forma de prestación, su forma jurídica y localidad seleccionada haciendo de distribuidor e intermediario entre las distintas autoridades competentes responsables de cada trámite.

En dicho portal puede obtenerse información sobre los trámites necesarios para abrir un negocio o prestar servicios en nuestro país con un sencillo método de búsqueda basado en tres criterios: la localización del establecimiento, la actividad a desarrollar y el modo de prestación. O también búsqueda directa por tipo de actividad o servicio. Pues bien, al introducir entonces la actividad o servicio de "farmacia", la ventanilla única de servicios solamente ofrece como resultados relacionados entre otros, los siguientes: comercio al por mayor de productos farmacéuticos; comercio al por menor de productos cosméticos e higiénicos en establecimientos especializados; comercio al por menor en establecimientos de parafarmacia; etc. Pero en cualquier caso se comprueba que no figura la autorización para la apertura o el establecimiento de oficinas de farmacias.

El comercio al por mayor de productos farmacéuticos sería un ejemplo de actividad que pudiera tener relación con la actividad de dispensa de medicamentos que se lleva a cabo en las oficinas de farmacia. Esta actividad según la LM de 2006, entiende que es la actividad de los almacenes farmacéuticos consistente en obtener, conservar, suministrar o exportar medicamentos de uso humano y sustancias medicinales susceptibles de formar parte del medicamento elaborado por un laboratorio farmacéutico, así como los demás productos farmacéuticos y adicionalmente productos medicamentosos veterinarios que puedan ser objeto de venta en oficinas y servicios de farmacia. Las actividades descritas en los párrafos anteriores se considerarán propias de la distribución al por mayor cuando se realicen con laboratorios farmacéuticos, importadores, otros almacenes de distribución farmacéutica o con las oficinas y servicios de farmacia legalmente autorizados.

Otros tipos de actividades comprendidos y mencionados en el sistema Ventanilla Única son el comercio al por menor en establecimientos de parafarmacia y los intermediarios del comercio de productos farmacéuticos. Ejemplos todos ellos

---

11 Portal *www.eugo.es*. EUGO es el PSC central (Point of Single Contact) en España. Otros ejemplos de ventanilla única en Reino Unido y Portugal: *http://www.ukwelcomes.businesslink.gov.uk* *http://www.portaldaempresa.pt/cve/pt*
Vid.: artículos 6,7 y 8 de la DS y artículos 17, 18 y 19 de la LLAAS.

de servicios farmacéuticos ejercidos por prestadores en todo el territorio de la UE, pero no son objeto de análisis en este capítulo, aún tenido relación con la oficina de farmacia por ser el lugar donde pueden ser ofrecidos.

III. LA PLANIFICACIÓN FARMACÉUTICA

La planificación farmacéutica podría definirse como el conjunto de reglas y normas, tanto en el ámbito de la atención sanitaria como en el de la salud pública entre cuyos objetivos básicos se encuentra la garantía del acceso adecuado a los medicamentos y el fomento de su uso racional.

Resumidamente la planificación sanitaria de la organización del Sistema Nacional de Salud prevé que cada CA establece las áreas de salud (o departamentos) como principal unidad territorial donde se organizan los dos niveles asistenciales: atención primaria de salud y atención especializada. Cada área de salud se subdivide en varias zonas básicas de salud donde tiene lugar la atención primaria. Cada área dispone de un hospital general como referente para la atención especializada[12].

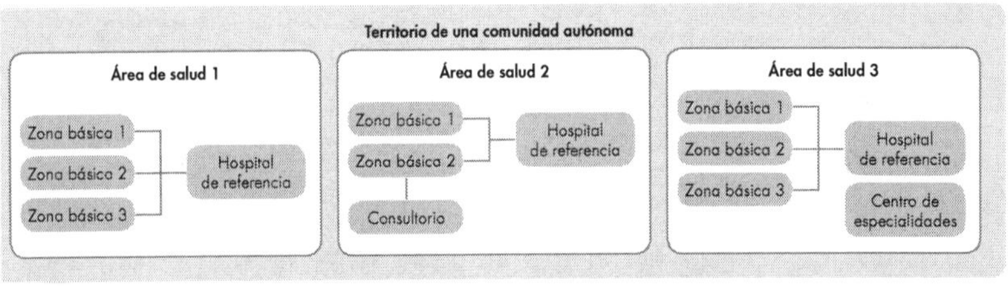

Derivado de lo anterior, el artículo 2 de la LROSF preceptúa que la planificación farmacéutica se realizará de acuerdo con la planificación sanitaria y las demarcaciones de referencia para la planificación farmacéutica serán las unidades básicas de atención primaria fijadas por las Comunidades Autónomas.

De acuerdo con la CE la planificación farmacéutica no es competencia exclusiva del Estado, sino una materia en la que el Estado se reserva la legislación básica y cada CA asume el desarrollo legislativo y ejecución de la misma. Y como indica GONZALEZ PEREZ (1997): "en ninguna de las leyes autonómicas ha tenido el más mínimo eco las corrientes liberalizadoras. En todas ellas se estima esencial la plani-

---

12 Artículo 56 de la Ley 14/1986, de 25 de abril, General de Sanidad. Tanto esta ley como la nueva Ley del Medicamento hacen referencia a la necesidad de establecer criterios de planificación farmacéutica para garantizar la adecuada asistencia a la población.

ficación, como medio para que la ubicación de las farmacias en todo caso garantice un adecuado servicio farmacéutico a los distintos núcleos de población".

También se ha hecho eco de este particular el TS[13]:

> *"La implantación del sistema de planificación farmacéutica tomando como referencia la unidad básica de salud y la fijación de los módulos de población que recoge el artículo 4º del Decreto citado suponen la reestructuración del sistema legal de apertura que hace inoperante el RD 909/78 y su complementario de 31 de julio de 1980, desaparecidos además los conceptos de partido farmacéutico y municipio como criterios de planificación en el ámbito de la Autonomía correspondiente..."*

En el sistema autorizatorio de oficinas de farmacia lo realmente básico es la confluencia de la planificación como sistema de ordenación ex-ante junto a la pormenorizada intervención del procedimiento de autorización administrativa de apertura de las mismas. La ordenación ex-ante mediante normas da lugar a una tipología de las normas de ordenación, una clase o tipo de estas normas es la planificación administrativa. Ésta puede definirse como la previsión sistemática global que integra las decisiones individuales en un conjunto lógico, como puede ser la planificación territorial y de los recursos naturales. Como ejemplo de esta planificación territorial se encuentran las directrices territoriales que contemplan los equipamientos de salud en los sistemas de ciudades y equipamientos comunitarios hasta el punto de establecer prioridades por rangos territoriales para las farmacias, como ocurre en las directrices de Aragón[14]:

Es primero, principal y previo el requisito de la planificación farmacéutica para que surja la autorización administrativa de apertura de farmacias. Es decir, la ordenación ex-ante a través de la técnica planificatoria es previa a la intervención administrativa de autorización de apertura de la farmacia. No hay autorización administrativa de apertura sin planificación y zonificación previas[15].

---

13 Sentencia del Tribunal Supremo de 18 mayo de 2005. Fundamento jurídico cuarto.

14 Ley 7/1998, de 16 julio, de directrices generales de la ordenación del territorio de Aragón. (BO. Aragón 29 julio 1998, núm. 89). D) Directrices de ordenación territorial. I. Población, sistema de ciudades y equipamientos comunitarios II. Cuarta. Equipamientos de salud.

15 Ver STSJ de Navarra de 25 de marzo de 2003. En el fundamento de derecho segundo: "... Concretamente y en relación a la Ley Foral de Atención Farmacéutica, ésta instaura un sistema de libre apertura subsidiario de la constitución de las farmacias previstas en base a la planificación farmacéutica que se realiza conforme a los preceptos citados de la Ley. De esta forma puede concluirse que no puede accederse a la constitución de tales farmacias que convencionalmente denominaremos de libre apertura, en tanto que no estén constituidas las que mínima y necesariamente han de existir. Por ello, conceptualmente, si la ley instaura un proceso de zonificación y constitución de tales farmacias de "mínimos" en la zonificación realizada, vendría a constituir una perversión del sistema el pretender la apertura de farmacias en régimen de libertad de apertura —siempre se insiste con sujeción a los requisitos previstos en la Ley— en tanto que no se han constituido las que resultan de la planificación farmacéutica instaurada. Sólo cuando está

Como se ha dicho antes, la LRSOF de 1997 establece que la planificación farmacéutica se realizará de acuerdo con la planificación sanitaria y que las demarcaciones de referencia para la planificación farmacéutica serán las unidades básicas de atención primaria fijadas por las Comunidades Autónomas. En Andalucía por ejemplo, el instrumento básico para la planificación territorial de las oficinas de farmacia es la unidad territorial farmacéutica[16] y su delimitación se realizará teniendo en cuenta la densidad demográfica, características geográficas y dispersión de la población, y atendiendo a criterios territoriales y a factores geográficos, socioeconómicos y sanitarios, con el objetivo de garantizar unas adecuadas condiciones de accesibilidad en la asistencia farmacéutica para la ciudadanía. Para su configuración se tomarán como referencia las zonas básicas de salud determinada en el Mapa de Atención Primaria de Andalucía[17].

Se trae aquí, por su interés, una reciente sentencia del pleno del TC[18], que ha venido a matizar en cierto sentido los condicionantes de realidad geográfica y demográficas propios de la planificación:

> *"Aun pudiendo partirse de la existencia de una realidad geográfica y demográfica propia en Extremadura (cada vez más tenue, merced a la globalización), ello no es nada más que una circunstancia objetiva (como la que pudiera existir en otras partes del territorio nacional). Sin embargo, lo que debería justificarse desde la óptica de la igualdad es la "razonabilidad" y "proporcionalidad" de dichos elementos objetivados. Desde el punto de vista de la razonabilidad, si la finalidad del servicio farmacéutico es la mejor dispensa y consejo en el suministro de medicamentos y fórmulas magistrales a los extremeños, por los farmacéuticos a priori con mejores conocimientos, más capaces y con mayor experiencia profesional, nada de esto tiene que ver con la realidad geográfica o demográfica esgrimida, que aunque pudiera adquirir trascendencia en el ámbito de la planificación, no puede ser valorada de nuevo (hiper-ponderada) en el de la autorización".*

---

garantizada la cobertura de todas las farmacias que garantizan la asistencia farmacéutica en cada una de las zonas de salud es posible atender a la creación de otras a mayores, como es la que se pretende sea autorizada por la recurrente..."

16 Artículos 2 u) y 28 de la ley 22/2007, de 18 de diciembre, de farmacia de Andalucía. (BO. De la Junta de Andalucía de 28 de diciembre de 2007, núm. 254).

17 La Orden de 7 de junio de 2002 actualiza el Mapa de Atención Primaria en Andalucía y establece la delimitación territorial para la prestación de servicios de atención primaria mediante la fijación de las distintas zonas básicas de salud y los municipios que las conforman. En este sentido, el artículo 28.2 de la Ley de farmacias andaluza determina que por Orden de la Consejería competente en materia de salud se establecerán las unidades territoriales farmacéuticas, para cuya configuración se tomarán como referencia las zonas básicas de salud determinadas en el Mapa de Atención Primaria de Andalucía. Las demarcaciones geográficas de las unidades territoriales farmacéuticas andaluzas han sido desarrolladas o establecidas por las unidades territoriales farmacéuticas para la planificación de oficinas de farmacia, ver Orden de 23 de octubre 2008. (BO. Junta de Andalucía 7 noviembre 2008, núm. 222).

18 STC núm. 161/2011 de 19 de octubre de 2011 (RTC 2011\161). Fundamento jurídico cuarto.

Y es que ya fue advertido por GONZÁLEZ PÉREZ (1997) que "no resulta fácil una planificación que permita alcanzar este elemental objetivo, dadas las características geográficas, densidad de población y dispersión de los núcleos. Puede ocurrir que en el intento de acercar la oficina de farmacia a los ciudadanos, se reduzcan tan drásticamente los módulos poblacionales, y, en la misma medida, se amplíe el número de farmacias, que los rendimientos no permitan atender debidamente la exigencia del servicio. Y que por mucho que se reduzcan los módulos poblacionales, sigan sin oficina de farmacia algunos —quizás, demasiados— núcleos de población, no ya pedanías o entidades locales menores sino constitutivos de municipios, porque sería tan ruinosa la instalación que, por grandes que fueran los deseos de un Licenciado en farmacia de trabajar y ser titular de una y por muchos que fueran los méritos que se adjudicara por ello para futuros concursos, le resultaría imposible sufrir durante unos años las pérdidas que le supondría tenerla abierta".

Es por ello que cada realidad territorial recuenta o cuenta los módulos poblacionales teniendo en cuenta diferentes circunstancias. Para contabilizar la población estacional en zonas de afluencia turística, la legislación autonómica de Andalucía, por ejemplo, remite al cómputo realizado por el Instituto de Estadística de Andalucía de las plazas de alojamientos turísticos en sus distintas modalidades multiplicadas por ciento ochenta y cuatro y divididas por trescientos sesenta y cinco días. La población estacional, si se trata de segunda residencia, se contabilizará multiplicando el número de viviendas por 3,5. La cifra resultante se multiplicará por noventa y dos días y se dividirá por trescientos sesenta y cinco días[19]. Y el Cómputo de habitantes de las unidades territoriales farmacéuticas, de los municipios y de los núcleos se hará teniendo en cuanta la población de derecho, en función del Padrón Municipal vigente; la población de hecho, residente y no censada, mediante la oportuna certificación emitida por el Ayuntamiento o por informe de la entidad correspondiente de donde procedan los datos. La población total será la suma de la población de derecho, la población de hecho no censada y la población estacional, ya sea de segunda residencia o población turística[20].

---

19 Como expresa el artículo 31.3) de la ley de farmacias de Andalucía de 2007.

20 O según las circunstancias previstas en el apartado 4 del artículo 29 de la presente Ley sobre criterios de planificación en relación con los módulos de población: "Por Orden de la Consejería competente en materia de salud, se podrán definir zonas especiales en las que en función de incrementos estacionales de población, por circunstancias ajenas a lo dispuesto en el apartado 3 del artículo 31 de la presente Ley, sea necesario establecer elementos correctores a lo establecido con anterioridad en este artículo".

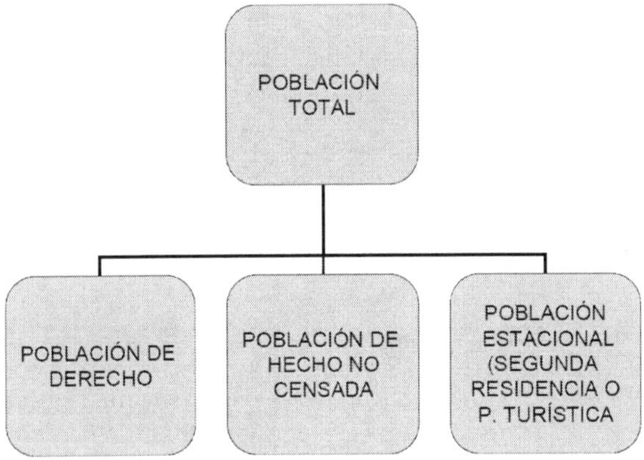

En Asturias[21] y con este mismo fin en el resto de las CCAA, las cifras de población provenientes de la Revisión del Padrón municipal a 1 de enero de los distintos municipios españoles se declaran oficiales mediante Real Decreto[22]:

---

21 Artículo 12 de la Ley 1/2007, de 16 de marzo, de atención y Ordenación Farmacéutica de Asturias. (BO. del Principado de Asturias 27 marzo 2007, núm. 72): A los efectos de la presente Ley, para el cómputo de habitantes se tendrá en cuenta la población que conste en la última revisión del padrón municipal vigente en el momento de iniciarse el procedimiento de autorización.

22 La Ley 4/1996 de 10 de enero, por la que se modifica la Ley 7/1985 de 2 de abril, Reguladora de las Bases del Régimen Local en lo relativo al Padrón Municipal, y su desarrollo reglamentario aprobado por el Real Decreto 2612/1996, de 20 de diciembre, por el que se modifica el Reglamento de Población y Demarcación Territorial de las Entidades Locales aprobado por el Real Decreto 1690/1986, de 11 de julio, establecen las normas para la formación del Padrón municipal y la obtención de las cifras de población provenientes de la Revisión del mismo a 1 de enero de cada año.

Cantabria a los efectos de establecer el cómputo de habitantes de cada zona farmacéutica en el momento de solicitud de apertura de nueva oficina de farmacia, tendrá en cuenta las siguientes circunstancias del gráfico[23]:

POBLACIÓN ADSCRITA A Zona Farmacéutica (ZF)

- padrón municipal de la ZF+en su caso parte del municipio integrado por zona básica de salud
- 20% plazas turísticas de toda laZF: plazas hoteleras, apartamentos turísticos y campings acreditatos por el órgano autonómico responsable del turismo
- 20% viviendas construidas segunda residencia; computando tres habitantes por cada vivienda, justificadas mediante cualquier medio de prueba admisible en derecho, siempre que resulte acreditada la procedencia o aprobación de tales datos por organismos oficiales

En el supuesto de que para autorizarse una nueva oficina de farmacia se computen plazas turísticas y viviendas de segunda residencia, la Consejería de Sanidad, Consumo y Servicios Sociales, teniendo en cuenta las necesidades de atención farmacéutica, delimitará el lugar donde se haya de ubicar la nueva oficina de farmacia, la cual deberá establecerse dentro de la zona acotada[24].

En sede jurisdiccional el TS tiene reconocido que la jurisprudencia del mismo en referencia a los requisitos de núcleo separado de población y del cómputo de los habitantes exigidos es archiconocida[25].

> *"Siendo archiconocida la jurisprudencia del TS en referencia a los requisitos de núcleo separado de población y del cómputo de los 2000 habitantes exigidos...*
> *Al respecto, la sentencia de 8 de abril de 2003, que recoge otras muchas sentencias del TS, sostiene que el concepto de núcleo de población ha sido definido por la jurisprudencia consolidada más reciente estableciendo de forma reiterada que:*
> *"a) Para la existencia de un núcleo de población en el casco urbano, a los efectos del servicio farmacéutico, es precisa la existencia de un elemento delimitador, que puede ser un accidente natural, una zona sin urbanizar, una carretera o cualquier otra circunstan-*

---

23 Artículo 21. 1 a), b) y c) de la Ley 7/2001, de 19 de diciembre, de Ordenación farmacéutica de Cantabria. (BO. Cantabria 27 diciembre 2001, núm. 249): Población adscrita a una zona farmacéutica.

24 Artículo 21. 2 de la Ley 7/2001, de 19 de diciembre, de Ordenación farmacéutica de Cantabria.

25 STS de 6 de julio de 2011 en el fundamento de derecho segundo.

cia, siempre que ello obligue a los usuarios del servicio a superar una dificultad, penosidad o peligrosidad superior a la normal. Lo trascendente no es el obstáculo o accidente por sí solo, sino su importancia para los usuarios del servicio.
b) Debe evitarse que, al amparo de una interpretación desmedida del artículo 3.1 b), pueda obtenerse la apertura de farmacias dentro del casco urbano de las poblaciones acudiendo a crear un supuesto núcleo diferenciado de manera totalmente artificial. Así ocurre cuando el núcleo propuesto no está dotado de una auténtica sustantividad e independencia frente al resto de la población urbana, bien por un accidente natural, bien por una distancia desmesurada, bien por un obstáculo artificial o por una vía de tránsito cuyo cruce hubiese de representar un peligro o incomodidad cierta para los usuarios (v. gr., sentencia de 24 de mayo de 2000)".

IV. LA AUTORIZACIÓN ADMINISTRATIVA DE APERTURA DE OFICINA DE FARMACIA. LEGISLACIÓN BÁSICA ESTATAL Y DESARROLLO AUTONÓMICO

El derecho directamente aplicable al procedimiento administrativo de autorización de apertura de oficinas de farmacia es autonómico. No obstante la legislación básica estatal, constituida por la LRSOF[26], declara en su disposición final primera que la ordenación territorial de las farmacias, la transmisión, la presencia y actuación profesional del farmacéutico en la oficina de farmacia y la jornada y horario de los servicios constituyen legislación básica del Estado sobre sanidad, dictada al amparo del artículo 149.1.16 de la CE (artículos 2.1, 2.2, 2.5, 4, 5 y 6 de la LRSOF).

Si bien la regulación íntegra en el nivel estatal y autonómico sobre las oficinas de farmacia contempla otras actividades y servicios como son los que se prestan en las farmacias de atención primaria, los servicios farmacéuticos de centros hospitalarios, los servicios farmacéuticos en centros sociosanitarios y penitenciarios así como almacenes de distribución, sólo se analizarán aquí los requisitos para prestar los servicios en las farmacias que exige la autorización administrativa de oficinas de farmacia.

Según la propia exposición de motivos de la LRSOF esta norma básica persigue, entre otros objetivos, la regulación de la definición y las funciones de las oficinas de farmacia, la fijación de los criterios básicos para la ordenación farmacéutica que deberán abordar las Comunidades Autónomas tomando como referencia a las unidades básicas de atención primaria. La simplificación y ordenación de los expedientes de autorización de apertura, estableciendo los principios de publici-

---

26 Ley 16/1997, de 25 de abril, de regulación de servicios de las oficinas de farmacia. BOE de 26 abril de 1997, núm. 100.

dad y transparencia en el otorgamiento de las autorizaciones, cuya competencia corresponde a las Comunidades Autónomas. La exigencia de la presencia constante de un farmacéutico[27] en la actividad de dispensación y el establecimiento de los criterios en virtud de los cuales las Comunidades Autónomas regularán la obligatoriedad de farmacéuticos adjuntos.

En la fijación de las bases estatales de la ordenación farmacéutica ha coadyuvado el Tribunal Constitucional en Sentencia 109/2003 de 5 de junio, (Fundamento jurídico tercero):

> *"Comenzando el examen de las infracciones de la Constitución aducidas por el Abogado del Estado en estos recursos de inconstitucionalidad por la relativa a las normas básicas en materia de "sanidad", se constata que el art. 103.2 de la Ley 14/1986, de 25 de abril, general de sanidad configura a las oficinas de farmacia como "establecimientos sanitarios". Este Tribunal ya se ha pronunciado en sus SSTC 32/1983, de 28 de abril, y 80/1984, de 20 de julio, acerca de la materia en que debe encuadrarse competencialmente el régimen jurídico de dichos establecimientos sanitarios, al señalar que "la determinación con carácter general de los requisitos técnicos y condiciones mínimas para la aprobación, homologación, autorización, revisión o evaluación de instalaciones, equipos, estructuras, organización y funcionamiento de centros, servicios, actividades o establecimientos sanitarios (...) debe entenderse como una competencia de fijación de bases, que es, por tanto, en virtud del mandato del art. 149.1.16 de la Constitución, de titularidad estatal en cuanto trata de establecer características comunes en los centros, servicios y actividades de dichos centros. En la citada Sentencia (STC 32/1983) se decía también que tales requisitos y competencias debían considerarse siempre como mínimos y que, por consiguiente, por encima de ellos, cada Comunidad Autónoma que posea competencia en materia sanitaria... puede establecer medidas de desarrollo legislativo y puede añadir a los requisitos mínimos determinados con carácter general por el Estado, otros que entienda oportunos o especialmente adecuados" (STC 80/1984, F. 1).*

---

27 La importancia de las funciones de estos así lo exige pues entre las que le corresponden a los farmacéuticos (licenciados en farmacia) se encuentran todas aquellas actividades dirigidas a la producción, conservación y dispensación de los medicamentos, así como la colaboración en los procesos analíticos, farmacoterapéuticos y de vigilancia de la salud pública, según establece el artículo 6.2 b) de la Ley 44/2003, de 21 de noviembre, de ordenación de las profesiones sanitarias. (BOE de 22 noviembre de 2003, núm. 280). Sin embargo hay que tener presente que la jurisprudencia ha suavizado esta exigencia de la presencia constante del farmacéutico en el establecimiento. Ver en este sentido el Auto del Pleno del TC 11/2008, de 16 de enero (Cuestión de Inconstitucionalidad núm. 7496/2007), fundamento jurídico 6: "...frente a una rígida interpretación literal de la base estatal del art. 5.1 de la Ley 16/1997, nada se opone a que la Comunidad Autónoma de Galicia, en el ejercicio de su competencia en materia de "establecimientos farmacéuticos" (art. 28.8 EAG), pueda prever, ante situaciones de grave y urgente necesidad y advertida la imposibilidad de contar con la presencia y actuación de un farmacéutico, fórmulas alternativas de dispensación de medicamentos para evitar, en defensa del interés público sanitario y del derecho a la protección de la salud de los ciudadanos, daños irreparables y asegurar, en último término, la consecución de la finalidad objetiva que corresponde a la citada competencia autonómica"...

Por tanto, habida cuenta de esta doctrina, ninguna dificultad existe en encuadrar en la materia sanitaria las regulaciones de las Leyes autonómicas (las enjuiciadas en esta sentencia eran las de Extremadura y Castilla-La Mancha) que aquí se controvierten. La autorización administrativa exigible para la apertura de las oficinas de farmacia constituye, sin duda, un requisito de organización y funcionamiento de un establecimiento sanitario, cuyo alcance y contenido debe ser examinado de acuerdo con la distribución de competencias en materia de "sanidad".

Si bien por cuestiones de espacio no se podrá afrontar aquí el estudio de las 17 legislaciones autonómicas que ordenan las farmacias, se hará referencia a algunas de ellas. Y en este sentido VILLALBA PÉREZ (2011) ha manifestado con acierto que "la falta de una legislación básica clarificadora del modelo de oficina de farmacia española y de la necesaria concreción de los criterios de planificación, las CCAA se han lanzado a regular cada una a su forma —según el matiz político de sus órganos de gobierno— el régimen de las oficinas de farmacia. El resultado es un caos absoluto legislativo y una maraña interminable de procedimientos. Basta comparar distintas leyes de ordenación farmacéutica aprobadas por las Comunidades Autónomas para comprobar que algunos aspectos esenciales de su regulación difieren de tal forma que han desdibujado las condiciones básicas garantizadoras de la igualdad en el ejercicio de los derechos y en el cumplimiento de los deberes constitucionales que proclama el artículo 149.1.1º CE".

Al hablar de legislación básica estatal no puede pasarse por alto la existencia de una norma que establece las bases generales estatales sobre la autorización de centros, servicios y establecimientos sanitarios[28]. Aún cuando en sus anexos se clasifica a las farmacias como centros o establecimientos sanitarios que ofrecen servicios sanitarios y asistenciales susceptibles de autorización de centros, la exclusión del ámbito de aplicación de este Decreto estatal ha sido operada por alguna normativa autonómica que desarrolla las bases de este decreto. Algunos ejemplos concretos son Castilla y León, País Vasco, Andalucía y Baleares[29]. Pero obsérvese

28 Real Decreto 1277/2003, de 10 de octubre. BOE núm. 254 de 23 octubre de 2003. Ver análisis realizado sobre el particular en el capítulo de Mª Nieves de la Serna Bilbao en este mismos libro.

29 El Decreto 49/2005, de 23 de junio, que establece el régimen jurídico y el procedimiento para la autorización de Centros, Servicios y Establecimientos Sanitarios de Castilla y León determina en el artículo 2.2 la exclusión de las oficinas de farmacia, los botiquines y aquellos otros establecimientos sometidos a un régimen específico de autorización del ámbito de aplicación del mismo remitiéndolos a la normativa específica las oficinas de farmacia. Igualmente por su parte, el artículo 2.2 c) del Decreto 31/2006, de 21 de febrero, de autorización de los centros, servicios y establecimientos sanitarios del País Vasco. (BO. País Vasco 15 marzo 2006, núm. 52), excluye del ámbito de aplicación, rigiéndose por su normativa específica a las oficinas de farmacia. También la legislación andaluza excluye del ámbito de aplicación de la autorización de establecimiento sanitario a las farmacias en el artículo 3.2 a) del Decreto 69/2008, de 26 de febrero, que establece los procedimientos de las autorizaciones sanitarias y crea el Registro Andaluz de Centros, Servicios

como este el decreto que aquí se referencia clasifica a las farmacias como establecimientos sanitarios del siguiente modo[30]:

> *Servicio sanitario: unidad asistencial, con organización diferenciada, dotada de los recursos técnicos y de los profesionales capacitados, por su titulación oficial o habilitación profesional, para realizar actividades sanitarias específicas. Puede estar integrado en una organización cuya actividad principal puede no ser sanitaria.*
> *Establecimiento sanitario: conjunto organizado de medios técnicos e instalaciones en el que profesionales capacitados, por su titulación oficial o habilitación profesional, realizan básicamente actividades sanitarias de dispensación de medicamentos o de adaptación individual de productos sanitarios.*
> *Autorización sanitaria: resolución administrativa que, según los requerimientos que se establezcan, faculta a un centro, servicio o establecimiento sanitario para su instalación, su funcionamiento, la modificación de sus actividades sanitarias o, en su caso, su cierre.*

En su ANEXO I establece la clasificación de centros, servicios y establecimientos sanitarios donde define a las farmacias como centros sanitarios que realizan oferta asistencial. La oferta asistencial de los centros sanitarios podrá estar integrada por uno o varios servicios o unidades asistenciales. Entre muchos de estos servicios o unidades asistenciales se encuentran:

> *Farmacia: unidad asistencial que, bajo la responsabilidad de un farmacéutico, o farmacéutico especialista en Farmacia hospitalaria en el caso de hospitales, lleva a cabo la selección, adquisición, conservación, dispensación, preparación, seguimiento e información sobre los medicamentos a utilizar en el centro y aquellos que requieren una especial vigilancia, supervisión y control del equipo multidisciplinar de salud.*

Además entre los establecimientos sanitarios sitúa a las:

> *Oficinas de farmacia.*

Así como la descripción del establecimiento sanitario de la oficina de farmacia como establecimiento que colabora en la protección de la salud de los ciudadanos[31].

---

y Establecimientos Sanitarios de Andalucía. (BO. Junta de Andalucía 14 marzo 2008, núm. 52). Y por último, también realiza similar exclusión el artículo 1.2 a) del Decreto 100/2010, de 27 de agosto, que regula el procedimiento de autorización sanitaria de los centros, servicios y establecimientos sanitarios y el funcionamiento del Registro de Centros, Servicios y Establecimientos Sanitarios de las Islas Baleares. (BO. Illes Balears 7 septiembre 2010, núm. 131).

30 Artículo 2. 1 b), c) y e) del Real Decreto 1277/2003.

31 Además, ya en 1980, una orden ministerial resaltaba el carácter de establecimiento sanitario de las farmacias: Artículo 1. 1. La Oficina de Farmacia abierta al público es el establecimiento sanitario donde se ejercen funciones, actividades y servicios asistenciales farmacéuticos, así como de salud pública en los casos y circunstancias establecidos o que se determinen. 2. Las funciones,

Obviamente se ha avanzado en la regulación y en la calificación legal de los establecimientos sanitarios "oficinas de farmacia", regulándose en la actualidad como establecimientos sanitarios privados de interés público sujetos a planificación sanitaria, siendo ésta una afirmación legal y jurisprudencial ya clásica en el ordenamiento jurídico. Desde el enfoque normativo tanto la LGS[32], la LM[33] (la de 1990 y la vigente de 2006), la LRSOF[34] así como por su parte la LCCSNS[35], así lo determinan.

De cualquier forma convenimos con VILLALBA PÉREZ (2011) en "la calificación por el ordenamiento jurídico español de interés público a la actividad desarrollada por el farmacéutico en oficina de farmacia conceptuándola como un establecimiento sanitario privado sujeto a planificación y exigiendo unidad de título entre la propiedad y la titularidad, quedando así la oficina de farmacia dotada de un estatuto jurídico específico. Al recaer la medida interventora pública sobre una actividad privada, los elementos patrimoniales que le sirven de base, como la propiedad, deberán ser contemplados no exclusivamente desde una consideración subjetiva o individualista, sino orientados hacia la función social que están llamados a desempeñar, entendida no como mero límite externo a su ejercicio sino como parte integrante del mismo, puesto que utilidad individual y función social definen inescindiblemente el contenido de la propiedad sobre cada categoría o tipo de bienes. [STC 109/2003, de 5 de junio]. El carácter híbrido de la naturaleza jurídica de la oficina de farmacia, la mixtura de las normas a las que queda sometida —públicas y privadas—, requiere eliminar toda confusión que ponga en entredicho la necesaria previsibilidad que debe existir en una materia que afecta a la salud de los ciudadanos".

---

actos y servicios que se desarrollen en las Oficinas de Farmacia se efectuarán bajo la dirección, responsabilidad, vigilancia y control de un Farmacéutico, asistido, en su caso, de aquellos profesionales que sean precisos. OM de 17 de enero de 1980 que establece las funciones y servicios de las Oficinas de Farmacia. (BOE 1 febrero 1980, núm. 28).

32 Ley 14/1986, de 25 de abril, general de sanidad. (BOE 29 abril 1986, núm. 102).

33 Artículo 84.6 de la Ley 29/2006, de 26 de julio, del medicamento. (BOE 27 julio 2006, núm. 178).

34 Artículo 1 de la ley 16/1997, de 25 de abril, de regulación de servicios de las oficinas de farmacia.

35 Ley 16/2003, de 28 de marzo, de cohesión y calidad del Sistema Nacional de Salud. BOE 29 mayo 2003, núm. 128.

1. *Características de la autorización administrativa de apertura de oficinas de farmacia*

Debe mantenerse la configuración del acto administrativo necesario para llevar a cabo la apertura de una farmacia como una autorización administrativa, como ya señalara MARTÍN-RETORTILLO BAQUER[36].

Siguiendo a VIDAL CASERO (2008), los rasgos más relevantes de la autorización administrativa de oficinas de farmacia pueden resumirse en los siguientes. Se trata de una autorización reglada, operativa, de funcionamiento y mixta, por los siguientes motivos. La Administración no es discrecional en su otorgamiento. Comprobados los requisitos objetivos y subjetivos y resuelto el concurso en su caso, con arreglo al baremo establecido, no cabe denegar la autorización a la persona que resulte con mayor puntuación en el mismo o a favor de quien la Ley otorgue preferencia[37]. Tiene no solamente una función de control, sino que pretende ir más lejos encauzando de modo positivo la actividad del sujeto en función de lo señalado en la propia norma o en planes o programas concretos. Se trata de una autorización de funcionamiento, ya que no afecta a una operación determinada, sino que se refiere a una actividad llamada a prolongarse en el tiempo lo que hace aparecer una relación de la Administración con el sujeto autorizado. Y es mixta puesto que la Administración antes de otorgarla debe comprobar tanto aspectos objetivos: que el local donde se va a desarrollar la actividad tiene los requisitos legales y guarda las distancias exigidas con otras farmacias o en su caso centros de salud; y subjetivos: que el solicitante de la farmacia tiene la titulación adecuada, que en caso de concurso de méritos tenga unos méritos concretos. También debe comprobarse, si procede la apertura de la farmacia de acuerdo con la planificación farmacéutica.

Porque como tiene estudiado LAGUNA DE PAZ (2006) "la concurrencia en las autorizaciones administrativas se produce por la limitación del número de éstas pues no siempre es posible o conveniente el otorgamiento de un número ilimitado de autorizaciones. La restricción de títulos reclama entonces arbitrar unos procedimientos que garanticen su otorgamiento de manera transparente y de acuerdo con criterios objetivos, proporcionados y razonables, asegurando la selección del más apto para realizar la actividad. Estos principios son también incorporados a

---

36 Martín-Retortillo Baquer, S., "Acción administrativa sanitaria: la autorización para la apertura de farmacias". *Revista de administración pública*, Nº 24, 1957, págs. 117-162. Concretamente en las páginas 154 y 155.

37 Ver Sentencia del Tribunal Supremo de 21 de noviembre de 2011 (fundamento jurídico segundo): "En cuanto al carácter reglado de las autorizaciones impone la tramitación de un procedimiento de concurrencia competitiva como se invoca en la reciente sentencia del TJUE (Gran Sala) de uno de junio de dos mil diez en los asuntos acumulados C-570/07 y C-571/07)".

la legislación sectorial. Así como muestra, el artículo 3.2 de la Ley 16/1997, de 25 de abril, dispone que "La autorización de nuevas oficinas de farmacia se tramitará con arreglo a los principios de publicidad y transparencia, previo el procedimiento específico que establezcan las Comunidades Autónomas, en el que se podrán prever la exigencia de fianzas o garantías, que —sin perjuicio del respeto a la seguridad jurídica y la correcta tramitación de los procedimientos— aseguran un adecuado desarrollo, en tiempo y forma de las actuaciones".

2. *Algunos caracteres del procedimiento administrativo de autorización administrativa de oficinas de farmacia*

El grado de densidad de la regulación o predeterminación del procedimiento es alto, estableciéndose un régimen jurídico detallado que se inicia tanto de oficio (Administración autonómica sanitaria competente)[38], como por parte de uno o más farmacéuticos interesados, los colegios de farmacéuticos, o incluso en algunas legislaciones cabe el inicio por parte de Ayuntamientos de municipios que puedan resultar beneficiados[39].

En la descripción del procedimiento tratado se destaca el control ejercido para la verificación y comprobación del cumplimiento de las condiciones y requisitos exigidos por la administración sanitaria autonómica al inicio y durante el funcionamiento de la actividad mediante funciones/tareas de inspección y vigilancia[40].

Si se estudia el transcurso de las oficinas de farmacia durante su funcionamiento, pueden surgir circunstancias como la del traslado forzoso. Si esto aconteciera, el control también es exigido por la Administración de forma que la jurisprudencia tiene dicho que el traslado forzoso de farmacias solicitado y concedido legalmente

---

38 Ver artículos 20.2 de la Ley 13/2001, de 20 de diciembre, de ordenación farmacéutica de la Comunidad de Castilla y León. (BO. Castilla y León de 26 de diciembre de 2001, núm. 249); artículo 27.1 de la Ley 4/2005, de 13 de julio, de ordenación farmacéutica de Canarias. (BO. de Canarias de 22 de julio de 2005, núm. 143); y artículo 34.1 de la Ley 11/1994, de 17 de junio, de farmacias del País Vasco. (BO. Del País Vasco de 15 de julio de 1994, núm. 135).

39 Ver artículo 7.2 de la Ley 31/1991, de 13 de diciembre, reguladora de la ordenación farmacéutica de Cataluña. (BOE de 6 de febrero de 1992, núm. 32); artículo 19.2 de la Ley 5/1999, de 21 de mayo, en materia de ordenación farmacéutica. (DO. De Galicia de 26 de mayo de 1999, núm. 99); y artículo 22. 2 de la Ley 5/2005, de 27 de junio, de ordenación del servicio farmacéutico de Castilla la Mancha. (DO. De Castilla la Mancha de 1 de julio de 2005, núm. 131).

40 Ver artículos 4.b) de la Ley 4/1999, de 25 de marzo, de ordenación farmacéutica de Aragón. Y artículo 15 b) de la Ley 31/1991, de 13 de diciembre de farmacia de Cataluña, publicada el 6 de febrero de 1992. En el mismo sentido ver también el artículo 7.5 de la Ley 5/1999, de 21 de mayo, de farmacia de Galicia. (DO. De Galicia de 26 de mayo de 1999, núm. 99): "previamente a la apertura y funcionamiento, traslado o modificación de las instalaciones, la autoridad sanitaria comprobará que se cumplen todos los requisitos establecidos, levantándose acta de inspección".

"conlleva la facultad de ubicar la nueva oficina de farmacia a una distancia inferior a los 250 metros de las farmacias más cercanas, distancia ésta que es exigida con carácter general por la misma Ley. La legislación permite el traslado forzoso de las oficinas de farmacia que, entre otros supuestos, "se encuentren en locales que no puedan ser reacondicionados para cumplir los requisitos que garanticen la adecuada conservación y custodia de especialidades farmacéuticas, materias primas y productos sanitarios". La Administración, en base a los informes presentados por el solicitante y el elaborado por el inspector técnico de la Consejería, considera que el local de la C/... presenta diversas deficiencias, como son humedades, tanto exteriores como interiores, consecuencia de capilaridad; filtraciones de aguas fecales en el servicio; carencia de agua caliente, calefacción o climatización y ventilación adecuada; una superficie útil de 29,80 metros, insuficiente para las distintas áreas del local, y unas condiciones de acceso que impiden la adaptación del establecimiento a la Ley 8/1993, de 22 de junio, sobre promoción de la Accesibilidad y Supresión de Barreras Arquitectónicas...[41]".

"... El Tribunal considera que no hay problemas interpretativos en la legislación sobre traslados forzosos y podrán acogerse a estos supuestos las oficinas de farmacia que se encuentren ubicadas en edificios sometidos a derribo, sin posibilidad de retorno, expropiación forzosa o cualquier otro tipo de actuación urbanística que impida la reubicación de la oficina de farmacia, así como aquellas que se encuentren en locales que no puedan ser reacondicionados para cumplir los requisitos que garanticen la adecuada conservación y custodia de especialidades farmacéuticas, materias primas y productos sanitarios. El incumplimiento de estos requisitos deben ser claramente objetivables. La norma admite tres causas de traslado forzoso: el derribo del edificio sin posibilidad de retorno, la expropiación que impida la reubicación de la oficina y, por último, la imposibilidad de reacondicionamiento (...) el último inciso, que sin duda se refiere a esta tercera causa de traslado forzoso, exige en términos inequívocos que el incumplimiento de las condiciones para la conservación y custodia de los productos sea "claramente objetivable". Con ello se suprime todo interés subjetivo que pudiera ostentar el farmacéutico en el traslado, y además se hace énfasis en el elemento que debe primar en la interpretación de la norma y en la exigencia de un especial rigor en la prueba. No debe olvidarse que la función de las normas sobre distancias no es ajena al interés público al que alude la resolución recurrida. La separación de 250 metros, ya tradicional en la regulación, trata de evitar la concentración de farmacias en los lugares más comerciales de las poblaciones, promoviendo así una distribución que acerque los establecimientos a los usuarios. La derogación de esta regla en

---

41 STS de 14 de junio de 2010: Fundamento de derecho segundo. En el caso de la Ley autonómica de farmacias de Madrid.

las hipótesis de traslados forzosos constituye una excepción, que como tal veda su interpretación extensiva".

En cuanto al carácter reglado de la autorización de traslado voluntario también hay jurisprudencia acerca del acuerdo de traslado voluntario de oficina de farmacia como un acto de autorización reglado. Esto significa que el farmacéutico que solicita dicho traslado tiene derecho a obtenerlo siempre que reúna las condiciones o requisitos establecidos por la norma, y que la Administración no puede denegar su petición más que en el caso de que no se cumplan los presupuestos o exigencias establecidos por aquélla" (...) "Las condiciones del traslado, que requiere en el caso del traslado voluntario una autorización administrativa fundada en la previa manifestación de voluntad del interesado y en la comprobación de las circunstancias concurrentes en el momento de la solicitud, pueden variar no sólo como consecuencia de la alteración de las circunstancias físicas y jurídicas que deben tenerse en cuenta, sino también como resultado de la modificación del criterio normativo sobre los requisitos y condiciones a que el interés público aconseja someter en cada época los referidos traslados. En consonancia con ello, esta Sala viene manteniendo que hay que realizar la medición de distancias y examen de las condiciones ateniéndose a la situación del momento en que se solicita el traslado (sentencia de 21 de mayo de 1998) o incluso del momento en que se acuerda éste cuando se dilata la tramitación del expediente (sentencia de 30 de abril de 1996). De no aceptarse así, resultaría una situación de petrificación normativa que haría imposible al autor de la norma reglamentaria atender a las nuevas circunstancias que en cada caso pueda exigir la atención farmacéutica de la población, pues resultaría imposible modificar de manera eficaz la regulación de los traslados de las oficinas de farmacia si la nueva regulación sólo pudiera aplicarse a las abiertas a partir de su entrada en vigor"[42].

El registro y catalogación de los establecimientos y servicios, así como la comunicación de la información y datos requeridos por las Administraciones públicas competentes y la colaboración con éstas para el fomento del uso racional del medicamento, son otras obligaciones exigidas a las oficinas de farmacia autorizadas, o dicho de otro modo, la autorización administrativa de oficinas de farmacia comporta todo un elenco de obligaciones con la administración sanitaria para el cabal cumplimiento de la legalidad.

Curiosamente ni siquiera dentro de las medidas de supuesta agilización y desburocratización de los procedimientos administrativos que, de forma general se anudan al sistema denominado "Administración electrónica", encuentra acomo-

---

42 STS de 11 marzo 2009 (fundamentos jurídicos 5 y 6) recupera la doctrina de la sentencia de 2 de julio de 2004 sobre traslados voluntarios que poseen una completa regulación y un régimen propio, citándose la STS de 2 de julio de 2004 (FJ duodécimo).

do el procedimiento administrativo de autorización de oficinas de farmacia, pues por ejemplo el reglamento de desarrollo castellanoleonés sobre ordenación de farmacias contempla la posibilidad de la teletramitación de los procedimientos en la Disposición adicional primera titulada: "Simplificación documental y Teletramitación", excepcionando no obstante, el procedimiento electrónico cuando se trate del relativo a la autorización de nuevas oficinas de farmacia que requerirá de la oportuna concreción en la resolución por la que se acuerde su inicio[43].

La fijación de los plazos máximos para resolver y en su caso el posible incumplimiento dan lugar a la figura del silencio administrativo que en el sector analizado está previsto en todos los casos con carácter negativo o desestimatorio. Como puede comprobarse en la legislación de ANDALUCÍA donde la legislación establece que transcurrido el plazo máximo legalmente establecido para la resolución y sin haberse dictado resolución expresa, se podrá entender desestimada la solicitud por silencio administrativo[44].

En CATALUÑA se diferencian los plazos para entender desestimada por silencio administrativo sin que se haya notificado la resolución expresa la solicitud: 9 meses en los casos de instalación y el cambio de titularidad de botiquines y de autorización para la instalación de nuevas oficinas de farmacia. En los casos de traslado de oficinas de farmacia, locales de oficina de farmacia y cierre de oficinas de farmacia, 6 meses sin que se haya notificado la resolución expresa legitima a la persona interesada para entender desestimada por silencio administrativo su solicitud. Y 2 meses para el silencio finalmente, en los casos de establecimiento de horarios y vacaciones y organización de los servicios de urgencia. En todos los casos, sin perjuicio de la obligación de la Administración de dictar la resolución expresa pertinente[45].

En CASTILLA Y LEÓN está prevista la desestimación por silencio administrativo en la Disposición adicional cuarta para los procedimientos administrativos iniciados a solicitud del interesado[46]:

---

43 La sede electrónica donde se pueden obtener y, en su caso, presentar los formularios en otros casos es *www.tramitacastillayleon.jcyl.es* Ver Disposición adicional primera del Decreto 12/2011, de 17 de marzo, que desarrolla parcialmente la Ley 13/2001, de 20 de diciembre de 2001, de ordenación farmacéutica de la comunidad de Castilla y León, en materia de oficinas de farmacia. BO. De Castilla y León de 23 de marzo de 2011, núm. 57.

44 Artículo 8.2 de la Ley 22/2007, de 18 de diciembre, de farmacia de Andalucía. (BO. Junta de Andalucía de 28 de diciembre de 2007, Núm. 254).

45 Disposición adicional Cuarta de la Ley 31/1991, de 13 de diciembre, reguladora de la ordenación farmacéutica de Cataluña. (BOE de 6 febrero de 1992, núm. 32).

46 Ley 13/2001, de 20 de diciembre, de Ordenación Farmacéutica de la Comunidad de Castilla y León. (BO. Castilla y León 26 diciembre 2001, núm. 249).

En los procedimientos administrativos regulados en la presente Ley iniciados a solicitud del interesado, el vencimiento del plazo máximo sin haberse notificado la resolución expresa legítima al interesado o interesados que hubieran deducido la solicitud para entenderla desestimada por silencio administrativo. Se excepcionan del anterior régimen de efectos desestimatorios los procedimientos relativos a designación de farmacéuticos regente, sustituto y adjunto.
Quedan asimismo excepcionados del anterior régimen, las comunicaciones de cierre definitivo o temporal de una oficina de farmacia, para cuya autorización la Administración dispondrá de un plazo máximo de dos meses desde la comunicación de la voluntad de cierre, al vencimiento del cual sin haberse notificado resolución expresa, legitima al interesado para entenderla estimada por silencio administrativo.

La ley castellanoleonesa prevé la competencia para la concesión de autorización administrativa de apertura de nuevas oficinas de farmacia al órgano de la Junta competente, la consejería competente en materia de sanidad. Competencia autonómica en todos los casos[47].

Asimismo, en la resolución del procedimiento en esta CA, se contempla la finalización del mismo no por silencio, sino que previa resolución dictada al efecto se establecerá que decaerá el derecho a la autorización de apertura por falta de requisitos para la instalación, si no se designase el local o no aportase la documentación reseñada en el plazo indicado, procediéndose a la incautación de la garantía constituida, o si el farmacéutico, transcurrido el plazo de tres meses, no comunica la finalización de las obras necesarias en la autorización para la instalación[48].

V. LA PARTICIPACIÓN DE LOS ENTES LOCALES EN LA AUTORIZACIÓN ADMINISTRATIVA DE APERTURA DE OFICINAS DE FARMACIA

Ya se ha indicado como en el inicio del procedimiento de autorización administrativa de apertura de oficinas de farmacia tienen los Ayuntamientos una intervención destacada pudiendo instar de oficio el procedimiento en algunos casos. En los demás aspectos del procedimiento como son los del control de los requisitos legales, la inspección y la vigilancia del cumplimiento de los mismos es la Administración autonómica la competente y la que interviene, como también se ha dicho ya.

---

47 En el reglamento de desarrollo parcial de la ley 13/2001 de Castilla y León, está recogido el procedimiento para la autorización de apertura de nuevas oficinas de farmacia (artículos 5-13).

48 Artículos 11, 12 y 13 del Decreto 12/2011, de 17 de marzo, que desarrolla parcialmente la Ley 13/2001, de 20-12-2001, de Ordenación Farmacéutica de la Comunidad de Castilla y León, en materia de Oficinas de Farmacia. (BO. Castilla y León 23 marzo 2011, núm. 57).

No obstante, y en relación a la licencia municipal de apertura del artículo 22.3 del RSCL, en el sector de las farmacias existe jurisprudencia que determina que la autorización de una nueva oficina de farmacia y la autorización de un nuevo establecimiento son trámites diferentes que deben llevarse por separado ante las administraciones competentes: la sanitaria en primer caso y la municipal en el segundo. Naturalmente la segunda no ha de cursarse hasta haberse resuelto positivamente la primera[49].

Así, la STS de 17 de octubre de 2000 dictamina en el FJ primero que:

> *"se ha alterado el orden lógico entre licencias, ya que, conforme al artículo 22.3 del Reglamento de Servicios de las Corporaciones Locales, lo que tuvo que solicitarse es la licencia de apertura para la instalación para ver si la actividad, tal como venía proyectada, en ambas plantas y con el almacén anejo en su caso, era autorizable. Y, una vez obtenida, tendría que haber solicitado licencia de obras, contemplando todas las precisas para la instalación autorizada, para terminar solicitando licencia de primera ocupación y puesta en funcionamiento de la actividad tras comprobar que la obra se ajusta a la licencia y la actividad se inicia cumpliendo con las medidas correctoras*
> *(...)*
> *si bien el Alcalde no tiene por qué entrar en si el local reúne o no los requisitos precisos desde el punto de vista de la legislación de farmacias, también es cierto que la licencia de apertura, licencia perfectamente reglada, no puede autorizar el desarrollo de una actividad en lugar donde el uso no está autorizado, ni permitir la primera ocupación de una obra sin licencia; y, al denegarla en dicho sentido, el Alcalde está actuando dentro de su competencia y ajustándose estrictamente a Derecho, aunque ciertamente tendría que haberse limitado a denegar la licencia para la actividad en planta alta y en anexo sin licencia".*

En parecido sentido de la no asimilación y no confusión del control municipal de la legalidad urbanística con la licencia de apertura para inicio de actividad farmacéutica o lo que es lo mismo, de autorización administrativa de apertura de farmacia, en la STS de 21 de julio de 2009 (fundamento jurídico noveno):

> *"puesto que lo que la sentencia ordenó es que el Ayuntamiento adoptase las medidas necesarias para proteger la legalidad urbanística, como así procedió el Ayuntamiento, sin que la sentencia le hubiese impuesto el deber de anular la licencia de apertura, por lo que no se adoptó acuerdo municipal alguno en relación con dicha licencia de apertura, confundiendo la parte recurrente la legalidad urbanística de un inmueble con la licencia de apertura para el ejercicio de una actividad, cual es una oficina de farmacia".*

---

[49] Artículo 22.3 del Decreto de 17 de junio de 1955, por el que se aprueba el Reglamento de servicios de las corporaciones locales: "Cuando, con arreglo al proyecto presentado, la edificación de un inmueble se destinará específicamente a establecimiento de características determinadas, no se concederá el permiso de obras sin el otorgamiento de la licencia de apertura si fuere procedente".

Es necesario traer aquí a colación el caso de Cataluña pues la propia motivación del legislador autonómico al redactar la ley[50] de ordenación de las farmacias en su territorio, hace posible la iniciación del procedimiento de autorización de nuevas oficinas de farmacia por parte de los entes locales, como hemos señalado más arriba ya:

> *"Debe destacarse la posibilidad que se otorga a las entidades locales[51] —...— de instar el inicio del procedimiento de autorización de nuevas oficinas de farmacia. Se instituye, pues, un mecanismo que concreta los criterios de participación democrática de los interesados a que se refiere el citado artículo, del que también se ha hecho eco la Ley de Ordenación Sanitaria de Catalunya".*

Si se avanza en el texto de la ley se comprueba que el procedimiento de autorización puede iniciarse a petición de los órganos de gobierno de la comarca, del municipio o de los municipios que puedan resultar sus beneficiarios[52].

Sin perjuicio de que esta posibilidad esté en vigor actualmente, es inevitable recordar también que la CA catalana ha asumido competencias más extensamente al declarar el TC, en lo que concierne ahora, la constitucionalidad de las competencias asumidas en materia de ordenación farmacéutica. Entre otros, el artículo 162 del Estatuto de Autonomía de Cataluña fue impugnado por recoger competencias asumidas por la CA en materias de "Sanidad, salud pública, ordenación farmacéutica y productos farmacéuticos", atribuyéndosele sustancialmente la infracción del artículo 149.1.16 CE. Pues bien, el TC por lo concerniente a la competencia autonómica sobre la organización y el funcionamiento interno, la evaluación, la inspección y el control de centros, servicios y establecimientos sanitarios desestimó la inconstitucionalidad luciendo hoy la competencia exclusiva

---

50 Ley 31/1991, de 13 de diciembre, reguladora de la ordenación farmacéutica de Cataluña. (BOE de 6 de febrero de 1992, núm. 32).

51 De acuerdo con lo que establecía el apartado quinto del artículo decimoséptimo del Estatuto de Autonomía de Cataluña aprobado por Ley Orgánica 4/1979, de 18 de diciembre. (Vigente hasta el 9 de agosto de 2006): "La Generalidad de Cataluña ajustará el ejercicio de las competencias que asuma en materia de sanidad y de seguridad social a criterios de participación democrática de todos los interesados, así como de los Sindicatos de trabajadores y Asociaciones empresariales en los términos que la Ley establezca".

52 Artículo 7.2b) de la ley 31/1991, de 13 de diciembre, reguladora de la ordenación farmacéutica de Cataluña. (BOE de 6 de febrero de 1992, núm. 32).

de la Generalitat sobre esta materia en el Estatuto de 2006[53]. El argumento del tribunal fue el siguiente[54]:

> *"El apartado 1 del art. 162 del Estatuto de Autonomía de Cataluña dispone que en materia de sanidad y salud pública corresponde a la Generalitat "la competencia exclusiva sobre la organización y el funcionamiento interno, la evaluación, la inspección y el control de centros, servicios y establecimientos sanitarios." Para los demandantes el precepto es inconstitucional porque determina lo que puede ser básico y lo que puede entrar en el ámbito de la coordinación general de la sanidad, aspectos que sólo corresponde delimitar en cada momento al Estado sin condicionamientos estatutarios, aunque admiten que difícilmente la competencia estatal sobre bases y coordinación general de la sanidad (art. 149.1.16 CE) pueda abarcar la organización y funcionamiento interno de los servicios sanitarios a los que se refiere el precepto recurrido, ya que la potestad de autoorganización refuerza la competencia autonómica. De nuevo se reprocha a un precepto estatutario, que confiere en este caso una competencia de carácter exclusivo a la Comunidad Autónoma, que supuestamente pueda impedir al Estado el ejercicio de competencias constitucionalmente reservadas, en lo que ahora interesa la competencia de bases y coordinación general de la sanidad (art. 149.1.16 CE).*
>
> *En relación con la organización y el funcionamiento de los centros sanitarios, como los propios recurrentes reconocen, opera con la máxima intensidad la competencia asumida en esta materia por la Comunidad Autónoma (STC 50/1999, FJ 3). Y respecto a las restantes dimensiones del apartado 1 ("evaluación, inspección y control" de centros, servicios y establecimientos), se trata de potestades de supervisión que son, sin duda, de competencia autonómica, sin perjuicio, de que, según señala el Abogado del Estado a propósito de la facultad de evaluación contemplada en el precepto recurrido, que expresamente se trae a colación en la demanda a título de ejemplo de su inconstitucionalidad, no excluyan en su caso la aplicación de normas básicas o coordinadoras del Estado."*

Dejando a un lado el reforzamiento de la competencia autonómica en la organización y funcionamiento de los establecimientos sanitarios visto ya, ¿qué ocurre en el ámbito normativo local con las ordenanzas y demás normas municipales en este campo? La correcta transposición de la Directiva de la que se viene hablando y, cuando la regulación afecte al ámbito de los servicios en la forma que determina la LLAAS, exigiría que se dictaran nuevas ordenanzas que modificaran la regulación de la actividad, en especial en lo que se refiere al régimen de auto-

---

53 Artículo 162 del Estatuto de Autonomía de Cataluña: Hoy día con la modificación del Estatuto de Autonomía de Cataluña operada en 2006, por Ley Orgánica 6/2006, de 19 de julio, de reforma del Estatuto de Autonomía de Cataluña, la comunidad ha asumido en materia de sanidad y salud pública, la competencia exclusiva sobre la organización y el funcionamiento interno, la evaluación, la inspección y el control de centros, servicios y establecimientos sanitarios; la ordenación farmacéutica en el marco del artículo 149.1.16 de la Constitución y la competencia ejecutiva de la legislación estatal en materia de productos farmacéuticos.

54 Fundamento jurídico 102, el pleno del TC en sentencia 31/2010, de 28 de junio de 2010 (BOE núm. 172, de 16 de julio de 2010).

rizaciones. Éste es un régimen de transposición muy complejo[55] por el número de disposiciones afectadas pero, aparentemente en la misma línea que marca la Ley 17/2009. Lo deseable sería que cada entidad local pudiera elaborar una "Ordenanza Ómnibus", a imagen y semejanza de la ley estatal, si bien esta opción resulta fuertemente limitada por el hecho de que ha de producirse previamente la adaptación a la DS de la legislación de cada Comunidad Autónoma, por lo que no siempre será posible acompasar ambos procesos. No cabe duda de que la DS contribuirá a liberalizar determinadas actividades y a eliminar requisitos innecesarios y simplificar procedimientos a través de las nuevas figuras de la comunicación previa y de la declaración responsable. No obstante, debe señalarse que la sustitución de los regímenes de autorización previa por regímenes de autorización a posteriori a través de estas figuras, tendrá un alcance muy limitado en el ámbito de la Administración local. Ello es debido a que la mayor parte de la actividad autorizatoria de las entidades locales se centra en dos ámbitos, el dominio público municipal y las licencias urbanísticas, en los que o bien existe una exclusión del ámbito de aplicación de la Directiva, o bien existen razones imperiosas de interés general que justifican el establecimiento de un régimen de autorización a posteriori. Además, en ambos casos existen razones imperiosas de interés general que justifican el establecimiento de regímenes de silencio administrativo negativo.

Lo anterior no excluye que, en aquellas ordenanzas municipales que regulen licencias urbanísticas u ocupación del dominio, deban eliminarse los requisitos

---

55 La opción legislativa de transposición es ciertamente confusa y comienza con la denominada "Ley paraguas", Ley 17/2009, de 23 noviembre que actúa como quiere manifestar su propio apodo como una Ley horizontal y que se dicta toda ella con la condición de norma básica como señala su Disposición Final primera atinente al título competencial: "Esta Ley, que tiene carácter básico, se dicta al amparo de lo establecido en el artículo 149.1.1, 13 y 18 de la Constitución Española".
A partir de este esquema general se deben producir cambios en cada uno de los titulares de las respectivas competencias. La transposición central en el ámbito de la AGE se produce con la publicación de la Ley "ómnibus", ley 25/2009, de 22 diciembre de modificación de diversas leyes para su adaptación a la Ley sobre el libre acceso a las actividades de servicios y su ejercicio que ha modificado cerca de 50 leyes estatales. Entre las leyes estatales que se han visto modificadas, la Ley 25/2009 establece en su artículo 41 Dos la modificación de la Ley 14/1986, de 25 de abril, General de Sanidad, del siguiente tenor: "Artículo ciento dos. 1. La información y promoción de los medicamentos y los productos sanitarios dirigida a los profesionales se ajustará a las condiciones técnicas y científicas autorizadas del producto y cumplirá con las exigencias y controles previstos en el artículo 76 de la Ley 29/2006, de 26 de julio, de garantías y uso racional de los medicamentos y productos sanitarios. 2. La publicidad de medicamentos y productos sanitarios dirigida al público requerirá autorización previa de los mensajes por la autoridad sanitaria". Por lo que ahora aquí importa sobre cuestiones de protección de la salud y sanidad. El Gobierno realizó en su día un análisis sobre la transposición concluyendo que el proceso había culminado en su fase estatal con la modificación de 115 Reales Decretos. Las CCAA van a modificar 185 leyes autonómicas, 477 decretos, 112 órdenes y 3 resoluciones aproximadamente.

prohibidos por la Directiva que pudieran encontrarse, ni tampoco que, en los supuestos en los que la legislación estatal o autonómica lo permita, las ordenanzas municipales puedan incluir supuestos de comunicación previa o declaración responsable, cuando se considere que ello puede suponer ventajas de cara a la simplificación y agilización en la tramitación de los procedimientos administrativos.

Van aquí algunos ejemplos del ámbito local. Hay Ayuntamientos que no han dictado formalmente ordenanzas que involucren la actividad de apertura de farmacia. Algunos entes locales hasta el momento, han dictado instrucciones sobre control municipal de apertura de establecimientos industriales y mercantiles y realización y funcionamiento de actividades calificadas, que establecen que las mismas, las instrucciones[56] "contienen una regulación detallada y constituye ante todo una instrucción de información general sobre los criterios que seguirá la Administración municipal en los procedimientos administrativos correspondientes en cuanto a los requisitos y condiciones que se deben cumplir para la apertura de establecimientos industriales y mercantiles y funcionamiento de instalaciones calificadas, en tanto se procede a la aprobación de Ordenanza municipal".

Pues bien, esta instrucción anexa las actividades excluidas de licencia de apertura, declaración responsable o comunicación previa por un lado; y las actividades sujetas a comunicación previa, por otro. Entre éstas últimas incluye actividades no calificadas y actividades calificadas. Como sigue:

> *1.- No calificadas: Con carácter general, todas las comerciales, de hospedaje, oficinas, de enseñanza, salas de exposiciones, sanitarias, almacenaje y terciarias en general, a excepción de las comprendidas en los dos siguientes. Se incluyen las 11 instalaciones de refrigeración y calefacción de potencias comprendidas respectivamente entre 12.500 y 25.000 frigorías y entre 50.000 y 100.000 Kcl/h. (ver en relación con esto último número 17º de la Instrucción).*
>
> *2.- Calificadas: Con carácter general, las comprendidas en el ámbito de aplicación del RAMINP.*
>
> *Específicamente, se consideran las siguientes actividades:*
>
> *2.1 Almacenaje de alimentos perecederos, aceites, bebidas alcohólicas, productos de droguería y perfumería, toda clase de combustibles, abonos y semillas, y en general productos tóxicos o peligrosos. Si forman parte de actividad principal, dentro del mismo inmueble del establecimiento, cuando la superficie conjunta destinada a estos productos sea igual o superior a 300 m2.*
>
> *2.2 Farmacias, droguerías, perfumerías, y establecimientos dedicados a la venta de productos alcohólicos, toda clase de combustibles, abonos y semillas, y en general productos tóxicos o peligrosos, con superficie igual o superior a 300 m2.*

---

56 *http://www.ayto-toledo.org/docof/ICAEI.pdf* Fecha de consulta: 4 de mayo de 2012.

Concluyéndose pues y para este municipio que aquellas farmacias con superficie igual o superior a 300 metros cuadrados serían actividades específicamente consideradas como calificadas y sujetas así a comunicación previa.

Esta vez sí, se da cuenta ahora de una "ordenanza ómnibus" que afecta a las farmacias. Se trata de la de adaptación al ámbito de la ciudad de Madrid de las previsiones contenidas en la normativa estatal y autonómica de transposición de la DS[57]. Esta Ordenanza modifica otras ordenanzas a su vez, entre ellas la reguladora de la publicidad exterior[58] para lo referente a las oficinas de farmacia:

> *"c) Se colocarán sobre la fachada propia del local como muestra o banderín. Solo se permitirá la instalación de una muestra y un banderín por fachada del local. En supuestos excepcionales por la dificultad de visualizar el local desde la vía pública, se podrá colocar un banderín en la fachada o en el espacio libre de parcela del propio edificio o de otro edificio distinto al del local en cuyo caso el bastidor será como máximo de noventa centímetros (90 cm.).*
> *d) Los huecos de ventanas existentes en el mismo edificio en el que se encuentre instalada la oficina de farmacia no deben considerarse incluidos en el régimen de distancia de las luces rectas y oblicuas establecido en el artículo 33.4. b) para los banderines con iluminación. Se evitará la contaminación lumínica a través de los huecos de ventana de otras piezas del edificio y, en caso de los soportes con iluminación digital, su haz de luz deberá orientarse en sentido descendente.*
> *e) La altura de más de tres metros (3 m.) establecida en el artículo 33.1 para los banderines luminosos es de aplicación a las cruces de farmacia incluidos aquellos supuestos que supongan colocarlas fuera de la fachada propia del local elevándolas hasta completar la altura exigida."*

En cuanto a las licencias de obras de modificación del establecimiento, obras de modificación o transformación del local destinado a farmacia, en el caso de Cantabria, por ejemplo, si la modificación del local afecta a los accesos se podrá autorizar la modificación aun cuando no se cumplan las distancias mínimas a otras oficinas de farmacia o centros públicos de asistencia sanitaria con consultas externas o dotados de servicios de urgencias en funcionamiento o en fase de proyecto o construcción, siempre que se respeten, al menos, las preexistentes. Podrán admitirse requisitos técnico-sanitarios excepcionales que, en todo caso, deberán suponer una mejora sobre las condiciones del local.

---

57 Ordenanza municipal de adaptación al ámbito de la ciudad de Madrid de las previsiones contenidas en la normativa estatal y autonómica de transposición de la Directiva 2006/123/CE, del Parlamento Europeo y del Consejo de 12 de diciembre de 2006, relativa a los servicios en el mercado interior, de 30 de marzo de 2011. Publicaciones en el BO. Ayuntamiento de Madrid 08/04/2011 núm. 6409 y BO. Comunidad de Madrid 08/04/2011 núm. 83. Artículo 16 Modificación de la Ordenanza reguladora de la Publicidad Exterior, de 30 de enero de 2009. El apartado catorce modifica la letra c) y se añaden dos nuevas letras, d) y e), al apartado 2 del artículo 35.

58 Ordenanza madrileña reguladora de la publicidad exterior, de 30 de enero de 2009.

El interesado presentará una solicitud de autorización de modificaciones del local en la Consejería de Sanidad, dirigida a la Dirección General de Ordenación, Inspección y Atención Sanitaria, acompañada de la siguiente documentación:

- Proyecto de obra redactado por técnico competente y visado por el colegio profesional correspondiente.
- Previsión de inicio de obras y plazo de ejecución.
- Garantías sobre el cumplimiento de las condiciones higiénico-sanitarias de los medicamentos y productos sanitarios durante la ejecución de las obras.
- Medidas para garantizar la adecuada atención farmacéutica en caso de que no se proceda al cierre.
- Certificación expedida por técnico competente visada por el correspondiente colegio profesional, en la que conste el estado de construcción del local, la superficie útil de que se dispone, detalle de su distribución, plantas que ocupará, localización exacta, características de sus accesos desde la vía pública, así como su situación y distancias respecto a las oficinas de farmacia más cercanas y cualquier otro centro público de asistencia sanitaria con consultas externas o dotados de servicios de urgencias en funcionamiento o en fase de proyecto o construcción, indicando expresamente que las mediciones se han realizado según lo establecido en el Decreto de planificación farmacéutica[59].

El órgano que resolverá el procedimiento de autorización de modificación de local de oficina de farmacia es autonómico: el Director General de Ordenación y Atención Sanitaria de la Consejería cántabra de sanidad y servicios sociales, teniendo un plazo de 3 meses para resolver, estableciéndose el efecto desestimatorio en caso de silencio administrativo[60].

En igual sentido la legislación autonómica murciana indica que las modificaciones del local en que se ubica una oficina de farmacia, en especial las que supongan desplazamiento en el centro de la fachada o afecte a los accesos al mismo, debe-

---

59 Artículo 3 del Decreto 7/2003, de 30 de enero, que aprueba la Planificación Farmacéutica y se establecen los requisitos Técnico-Sanitarios, el régimen jurídico y el procedimiento para la autorización, transmisión, traslados, modificaciones y cierre de las Oficinas de Farmacia. BO de Cantabria, núm. 33 de 18 de febrero de 2003.

60 El procedimiento no agota la vía administrativa, fijándose la posibilidad de recurso de alzada en 1 mes si la resolución es expresa y 3 meses si no lo es ante el Consejero de Sanidad y Servicios Sociales. Vid.: Ley 7/2001, de 19 de diciembre, de ordenación farmacéutica de Cantabria. BO. Cantabria 27 diciembre 2001, núm. 249. Y Decreto 7/2003, de 30 de enero, que aprueba la Planificación Farmacéutica y establece los requisitos Técnico-Sanitarios, el régimen jurídico y el procedimiento para la autorización, transmisión, traslados, modificaciones y cierre de las Oficinas de Farmacia. BO. Cantabria 18 febrero 2003, núm. 33.

rán ser autorizadas por la Consejería de Sanidad y Política Social, previa instrucción del oportuno expediente[61].

Por su parte la Ordenanza Municipal de Madrid de Tramitación de Licencias Urbanísticas[62] realiza una serie de determinaciones a algunos apartados de la LmEA en lo que respecta a la evaluación ambiental a las que tienen que someterse las actividades. De este modo la ordenanza madrileña concreta el alcance del ámbito de aplicación del procedimiento de evaluación ambiental de actividades para una aplicación uniforme de las licencias urbanísticas y de los procedimientos de control ambiental.

Las farmacias que realicen operaciones de granelado, mezcla o envasado son calificadas como "otras actividades" y se sujetarán a las prescripciones de la Ordenanza de licencias. Como quiera que el nomenclátor del RAMINP contiene una mera enumeración ejemplificativa de actividades se adhieren e incluyen las operaciones señaladas en farmacias de la siguiente forma:

> *1. Las actividades o proyectos sometidos a evaluación ambiental incluidos en el anexo V de LmEA, según lo dispuesto en el artículo 32.6 de la presente ordenanza, se sujetarán a las siguientes prescripciones:*
> *25. Instalaciones o actividades catalogadas como potencialmente contaminantes por ruido no incluidas en otros anexos.*
> *A) Espectáculos públicos y actividades recreativas. Se incluirán los siguientes locales y establecimientos indicados:*
> *...*
> *B) Otras actividades, se incluirán:*
> *Todas aquellas actividades establecidas en el RAMINP, cuando no estén recogidas en otros anexos. Se entenderá que quedarán incluidas todas las actividades que componen el nomenclátor, con las siguientes particularidades:*
> *Las carnicerías, casquerías, pollerías y pescaderías, cuando realicen operaciones de preparación o elaboración de productos distintas de la venta. Las droguerías, perfumerías y farmacias que realicen operaciones de granelado, mezcla o envasado.*

Por último es necesario tener en cuenta las Ordenanzas locales a las que remite alguna ley autonómica para medir las distancias entre farmacias. Por ejemplo el caso gallego, remite a las ordenanzas municipales de circulación y a sus aspectos más concretos de tránsito peatonal para la medición de las distancias:

> *Si para cruzar una plaza y otro espacio abierto las ordenanzas municipales permiten hacerlo por su centro, la medición debe practicarse en línea recta, o, en su caso, por la línea que permita realizar el itinerario más corto. Las manzanas abiertas o conformadas*

---

61 Artículo 22 (modificación de local) de la Ley 3/1997, de 28 de mayo, de Farmacia de Región de Murcia. (BO. Región de Murcia 25 junio 1997, núm. 144).

62 Ordenanza de 23 de diciembre de 2004. BO. Ayuntamiento de Madrid de 13 de enero de 2005 núm. 5634. ANEXO III.

por edificaciones aisladas tienen la consideración de espacio abierto a los efectos de esta norma.
El itinerario deberá transcurrir por vías públicas y accesos urbanos utilizables de acuerdo con las normas de aplicación al tráfico peatonal[63].

Bibliografía

GONZÁLEZ PÉREZ, J., "El futuro de la oficina de farmacia". *Revista Derecho y salud*, Vol. 5, Nº. 2, 1997, págs. 1-11.

LAGUNA DE PAZ, C., *La autorización administrativa*. Civitas, 2006, págs. 188-191.

MARTÍN-RETORILLO BAQUER, S., "Acción administrativa sanitaria: la autorización para la apertura de farmacias". *Revista de administración pública*, Nº 24, 1957, págs. 117-162.

RAZQUIN LIZARRAGA, J. A., "La ordenación territorial de las oficinas de farmacia en España y el Derecho de la Unión Europea (sentencia del Tribunal de Justicia de 1 de junio de 2010, C-570/07 y C-571/07, Blanco Pérez y Chao Gómez)". *Unión Europea Aranzadi*. Año XXXVI, n. 7 (2010), p. 7-14, págs. 12 y 13.

VIDAL CASERO, M. C., *Derecho farmacéutico*. Aranzadi, 2008, págs. 1321 y 1322.

VILLALBA PÉREZ, F., "La necesaria previsibilidad y estabilidad del ejercicio profesional del farmacéutico de oficina de farmacia". *Civitas Revista Española de Derecho administrativo*, número 152 (2011). Páginas 877-907, págs. 892 y 893.

63 Ver Capítulo III, artículo 11 sobre medidas de las distancias; medición por plazas y espacios abiertos del Decreto 146/2001, de 7 de junio, sobre planificación, apertura, traslado, cierre y transmisión de oficinas de farmacia en Galicia. (DO. de Galicia de 28 de junio de 2001, núm. 125).